주식거래 시 꼭 알아야 할 세금 바이블

최신판

주식거래 유형별 세무실무

피광준 · 김선명 공저

SAMIL | 삼일인포마인

www.samili.com 사이트 **제품몰** 코너에서 본 도서 **수정사항**을 클릭하시면 정오표 및 중요한 수정 사항이 있을 경우 그 내용을 확인하실 수 있습니다.

머리말

우리나라 국민이 소유하고 있는 재산 중 대부분은 부동산이다.

최근에는 경제규모가 커짐에 따라 국민의 소득증가 · 고령화 · 저출산에 따른 부동산가치의 불확실성 및 현금성 자산의 수익성 하락으로 전문가뿐만 아니라 일반인들도 주식에 대한 높은 관심과 실실적인 투자의 증가로 인해 수식의 보유가 늘어나는 추세이다. 이러한 주식은 양도 · 상속 및 증여 등으로 소유권이 이전되는 경우뿐만 아니라, 보유하는 중에도 세금 문제가 발생하기도 한다.

주식에 관련한 대표적인 세금은 소유권의 거래 유형별 내용에 따라 적용하는 양도소득세 · 증권거래세 · 법인세 · 상속세 및 증여세 · 취득세(과점주주)와 보유함으로써 발생한 수입배당금에 대하여 법인세 및 종합소득세가 발생한다. 이러한 세금은 우리의 일상 생활과 밀접하게 관련되어 있으므로 적극적인 세금 설계가 필요하다.

본 책에서는 주식의 취득 · 보유 및 양도 등 각각의 거래에서 발생하는 유형별 세금 내용을 널리 보급하기 위하여 다음과 같이 알기 쉽게 정리하였다.

① 주식을 취득할 때 발생하는 상속세 및 증여세 · 취득세(과점주주)와 주식을 양도할 때 발생하는 양도소득세 및 보유함으로써 얻게 되는 수입배당금에 대한 법인세 및 종합소득세의 과세 내용을 각 편으로 편집하였으며,

② 보완적인 내용은 **보충설명**으로 해당 설명을 자세히 덧붙였고,

③ 복잡한 내용은 실무중심으로 다양한 **사례**를 소개하고, 풀이하였으며,

④ 유사 예규 및 판례 등을 **관련예규 · 판례** 등으로 수록하여 이해를 증진시켰으며,

⑤ 2019년 개정된 세법내용을 반영하였다.

그리고 본 책의 구성은 독자가 필요한 내용을 쉽게 찾을 수 있도록 다음과 같이 주식의 거래 유형별로 개별 세법 내용 등을 배열 · 편제하였다.

제1편 주식의 이해

제2편 주식 취득과 관련한 세금(상속세 및 증여세 · 법인세 · 취득세)

제3편 주식 보유와 관련한 세금(종합소득세 · 법인세)

제4편 주식 양도와 관련한 세금(양도소득세 · 증권거래세)

제5편 주식의 평가(상속세 및 증여세 · 소득세)

제6편 기한 후 신고(국세기본법)

제7편 수정신고 및 경정청구(국세기본법)

제8편 부과제척기간(국세기본법)

제9편 징수권의 소멸시효(국세기본법)

제10편 과세전적부심사(국세기본법)

제11편 가산세(국세기본법 및 개별세법)

위 편제와 같이 주식 거래 유형별로 적용되는 세법 내용을 최선을 다해 집필하였으나, 미흡한 점 등은 선배 · 독자제현의 지도편달과 성원에 힘입어 앞으로 계속하여 보완할 것을 약속한다.

본 서를 출간하기까지 필자를 38여 년간 보살펴주신 공인회계사 신찬수 회장님께 이 기회를 빌려 감사드리고 언제나 건강하시길 기원드리며, 이 책의 간행에 각별한 관심과 수고를 아끼지 않은 송상근 대표이사님, 조원오 전무님 그리고 조윤식 이사님과 편집부 직원들에게도 심심한 감사를 드린다.

2019년 9월

저자

차례

제1편 주식의 이해 / 49

Ⅰ. 세무와 관련한 주식의 개념 / 51
1. 주식의 종류 / 51
(1) 보통주 / 51
(2) 우선주 / 52
(3) 전환주식 / 52
(4) 상환주식 / 52
2. 주식과 전환사채의 차이 / 53
Ⅱ. 출자지분 / 53
Ⅲ. 신주인수권 / 54
1. 신주인수권 / 55
(1) 개요 / 55
(2) 신주인수권부사채 / 55
(3) 신주인수권증서 / 56
2. 제3자 신주인수권 / 56
Ⅳ. 자기주식의 취득 및 소각 · 처분 / 56
1. 자기주식의 지위 / 57
2. 자기주식의 취득 / 57
(1) 개요 / 57
(2) 상법상 자기주식의 취득 / 58
❶ 개요 / 58
❷ 자기주식 취득의 한도(배당가능이익) / 58
❸ 자기주식의 취득절차 / 58
❹ 자기주식의 취득행위 무효 / 59
❺ 특정목적에 의한 자기주식의 취득 허용 / 59
(3) 자기주식의 회계처리 / 60
(4) 자기주식 취득에 따른 세무처리 / 60
❶ 상법을 위반하여 자기주식을 취득한 경우 / 60

❷ 자기주식 취득 목적에 적합한 세무처리 / 61
❸ 결손보전목적 등으로 자기주식을 무상으로 받은 경우 / 61
❹ 자기주식을 시가보다 낮게 매입하는 경우 / 62
❺ 자기주식을 시가보다 높게 매입하는 경우 / 62
❻ 자기주식을 시가보다 낮은 가액으로 양도한 경우 / 63
3. 자기주식의 소각·처분 / 63
(1) 개요 / 63
(2) 상법상 자기주식의 소각·처분 / 64
❶ 자기주식의 소각 / 64
❷ 자기주식의 처분 / 64
❸ 자기주식 소각 및 처분손익의 세무처리 / 64
(3) 자기주식 소각 등으로 다른 주주의 지분율이 증가할 경우 의제배당 / 65
❶ 자기주식 소각 등의 경우 / 65
❷ 자기주식 보유의 경우 / 65
【사례】 잉여금(주식발행액면초과액)의 자본전입에 따른 의제배당 / 66
4. 자기주식과 자기사채의 차이 / 67
(1) 자기주식 / 67
(2) 자기사채 / 67
Ⅴ. 주식 취득·보유 및 양도시 적용되는 세금 / 68

제**2**편 **주식 취득과 관련한 세금 – 상속세·증여세·법인세·취득세 – / 71**

제1장 상속세 / 73

| 제1절 | 상속의 이해 ···· 73
Ⅰ. 사망개시와 원인 / 73
Ⅱ. 상속효과 / 74

1. 유언 / 74
2. 유증 / 75
3. 사인증여 / 75
Ⅲ. 상속분과 재산분할 / 76
1. 지정상속 / 76
2. 법정상속 / 76
3. 협의분할 / 77
Ⅳ. 유류분 제도 / 79
Ⅴ. 상속승인 및 포기 / 79
1. 단순승인 / 80
2. 한정승인 / 80
3. 상속포기 / 81
| 제2절 | 상속세 총설 82
Ⅰ. 상속세계산 과정 / 82
Ⅱ. 상속개시일 / 83
Ⅲ. 상속세 과세대상 / 83
Ⅳ. 상속세 납부의무 / 84
1. 납부의무 / 84
(1) 개요 / 84
(2) 상속개시 전 10년 이내에 피상속인으로부터 증여받은 재산이 있는 경우 / 85
2. 연대납부의무 / 85
3. 납부의무 승계 / 86
Ⅴ. 납세지(관할관청) / 87
1. 상속세 과세표준신고의 관할 / 87
2. 결정 또는 경정결정의 관할 / 88
Ⅵ. 상속재산 / 88
1. 개요 / 89
2. 상속재산의 범위 / 89
3. 명의신탁재산 / 90
4. 매매계약 중에 상속이 개시되는 경우 / 91

(1) 피상속인이 재산을 매각하고 잔금 미수령상태에서 사망한 경우 / 91
(2) 피상속인이 재산을 매입하고 잔금지급 전에 사망한 경우 / 92
(3) 피상속인이 재산을 매각하고 사망 전에 잔금을 수령한 경우 / 92
5. 상속포기 대가로 현금을 수령한 경우 / 92

Ⅶ. 상속세 과세가액(사전증여재산가액) / 93
1. 개요 / 93
2. 사전증여재산가액 / 93
(1) 개요 / 93
(2) 명의신탁재산 / 94
(3) 합산배제증여재산 / 95
(4) 부담부증여재산 · 제3자의 채무담보를 위해 제공된 재산 / 96
3. 상속공제 / 96
(1) 기초공제 / 96
(2) 가업상속공제 / 96
(3) 영농상속공제 / 96
(4) 배우자상속공제 / 97
❶ 개요 / 97
❷ 배우자 상속재산의 분할기한 및 연장 / 97
❸ 배우자가 단독 상속인인 경우 / 98
(5) 기타인적공제 / 99
(6) 일괄공제 / 99
❶ 상속세 신고기한 내 신고한 경우 / 99
❷ 무신고한 경우 등 / 100
(7) 금융재산상속공제 / 100
❶ 개요 / 100
❷ 금융재산상속공제가 적용되는 금융재산의 범위 / 101
❸ 금융재산상속공제가 적용되지 않는 금융재산의 범위 / 101
(8) 상속공제 한도액 / 102

Ⅷ. 상속세 과세표준과 세액계산 / 103
1. 상속세 과세표준계산 / 103
(1) 개요 / 103
(2) 상속세 과세최저한 / 104
2. 상속세 산출세액계산 / 104

(1) 산출세액 / 104
(2) 세대를 건너뛴 상속세 할증과세 / 104
(3) 대습상속시 할증과세 여부 / 105
【사례】 세대생략가산액 계산과 기재실무 / 105

Ⅸ. 세액공제 / 112
1. 증여세액공제 / 112
(1) 개요 / 112
(2) 증여세액공제액 계산 / 112
(3) 증여세액공제액 한도액 / 113
2. 외국납부세액공제 / 114
3. 단기재상속세액공제 / 115
4. 신고세액공제 / 116

Ⅹ. 상속세 신고 · 납부 / 116
1. 상속세 신고의무자 / 116
(1) 개요 / 117
(2) 상속인이 확정되지 않은 경우 상속세 과세표준 신고 / 117
(3) 상속포기자의 상속세 신고 여부 / 118
2. 분할납부 / 118
3. 연부연납 / 118
4. 첨부서류 / 118
【사례 1】 연부연납세액의 계산과 기재실무 / 119
【사례 2】 상속세 과세표준 및 세액신고와 기재실무 / 123

| 제3절 | 가업승계 주식의 상속공제 ······ 133

Ⅰ. 가업상속공제 금액 / 133

Ⅱ. 가업상속공제 요건 / 134
1. 가업의 범위 / 134
(1) 중소기업의 경우 / 134
(2) 중견기업의 경우 / 135
(3) 가업상속공제를 적용받는 중소 · 중견기업의 해당 업종 【상증령 별표】 / 136
❶ 한국표준산업분류에 따른 업종 / 136

❷ 개별 법률의 규정에 따른 업종 / 137
2. 가업상속공제대상 피상속인과 상속인의 요건 / 138
Ⅲ. 가업상속재산의 범위 / 139
Ⅳ. 사후관리 / 140
1. 가업용 자산의 20%(5년 이내 10%) 이상 처분한 경우 / 140
2. 상속인이 가업에 종사하지 않은 경우 / 141
3. 상속받은 주식의 지분이 감소한 경우 / 141
4. 고용요건을 충족하지 못하는 경우 / 142
Ⅴ. 사후관리 위반시 추징세액 계산 / 142
Ⅵ. 가업상속공제 신청 / 143
【사례】 가업상속과 관련하여 승계받은 주식에 대한 상속세 계산과 서식작성 / 145

| 제4절 | 공익법인에 출연한 주식의 조세 지원 149
Ⅰ. 개요 / 149
1. 피상속인이 출연한 재산의 경우 / 149
2. 상속인이 출연한 재산의 경우 / 149
Ⅱ. 공익법인에 출연한 주식의 상속세 과세가액 불산입 / 150
1. 개요 / 150
2. 주식의 초과 출연을 허용하는 경우 / 151
Ⅲ. 출연기한 / 152
Ⅳ. 공익법인의 범위 / 152
Ⅴ. 출연재산을 사용·수익한 경우 상속세 추징 / 153
Ⅵ. 사후관리 / 153

제2장 증여세 / 154

| 제1절 | 총설 155
Ⅰ. 의의 / 155
Ⅱ. 증여세계산 과정 / 155

Ⅲ. 세법상 증여 / 156
1. 개념 / 156
2. 상속세와 증여세의 차이 / 157
3. 양도소득세와 증여세의 과세 관계 / 157
4. 증여의제 · 증여추정 / 157
Ⅳ. 증여세 납부의무 / 158
1. 납부의무 / 158
2. 연대납부의무 / 158
3. 명의신탁재산의 증여의제로 보는 경우 납세의무 / 160
Ⅴ. 납세지(관할관청) / 160
1. 과세표준신고의 관할 / 160
2. 결정 또는 경정결정의 관할 / 161

| 제2절 | 증여세 과세대상 ········ 162
Ⅰ. 의의 / 162
Ⅱ. 증여세 과세대상 / 162
1. 증여세 과세대상 재산 / 162
2. 증여세가 과세되지 않는 재산 / 163
3. 특수관계인 간의 저가양수 · 고가양도에 따른 소득처분금액의 증여세 과세 배제 / 164
Ⅲ. 상속재산의 분할에 따른 증여세 과세 / 164
1. 최초 협의분할로 법정상속지분을 초과 상속받는 경우 / 165
2. 상속지분이 확정되어 등기 등이 된 후 협의분할에 의해 당초 상속분을 초과하여 상속받는 경우 / 165
3. 상속포기로 다른 상속인의 법정지분을 초과 상속받는 경우 / 166
Ⅳ. 증여재산을 반환 · 재증여시 증여세 과세 / 167
1. 증여계약이 원인무효 · 취소로 무효인 경우 / 167
2. 증여재산을 반환 · 재증여시 증여세에 미치는 영향 / 167

| 제3절 | 비과세 및 공익목적출연재산의 조세지원 ········ 169
Ⅰ. 비과세 · 증여세 과세가액 불산입 재산의 성격 / 169
Ⅱ. 우리사주조합원이 받은 이익 / 169

Ⅲ. 공익법인이 출연받은 재산의 증여세 과세가액 불산입 / 170
1. 개요 / 170
2. 주식보유를 제한받지 않는 경우 / 170
3. 공익법인의 범위 / 171
4. 성실공익법인의 요건 / 171
5. 직접 공익목적사업의 사용 여부 판단 / 172
6. 사후관리대상 재산의 범위 / 172
7. 출연받은 재산의 매각대금 사용기준과 가산세 추징 / 173
8. 증여세 추징 사유 / 173
9. 보고의무와 미제출시 가산세 / 174
10. 외부전문가의 세무확인불이행가산세 / 174
Ⅳ. 장애인이 증여받은 주식의 증여세 과세가액 불산입 / 174
1. 요건 / 174
2. 장애인이 증여받은 주식의 증여세 과세가액 불산입 한도 / 175
3. 장애인의 범위 / 175
4. 증여세 추징 / 175
| 제4절 | 증여재산 취득시기 ······ 177
Ⅰ. 취득시기의 중요성 / 177
Ⅱ. 증여재산의 유형별 취득시기 / 177
1. 개요 / 177
2. 증여의제 등의 경우 / 178
| 제5절 | 증여세 과세가액 ······ 181
Ⅰ. 개요 / 181
Ⅱ. 채무 / 182
1. 개요 / 182
2. 배우자 또는 직계존비속 간의 부담부증여 / 182
Ⅲ. 증여재산가산액 / 183
1. 합산증여재산 / 183
2. 합산배제증여재산 / 183
3. 대신 납부한 증여세에 대한 증여세 과세 / 184

| 제6절 | 증여세 과세표준과 세액계산 – 과세표준, 산출세액, 할증과세, 세액공제 – 185

Ⅰ. 증여세 과세표준 / 185

1. 증여재산공제 / 186

(1) 개요 / 186

(2) 증여받은 재산을 합산시 증여재산공제 / 186

【시례 1】 종전에 증여받은 재산을 합산시 증여재산공제액 한도 내 금액인 경우 / 187

【사례 2】 종전에 증여받은 재산을 합산시 증여재산공제액의 한도를 초과하는 경우 / 187

【사례 3】 2 이상의 증여가 있는 경우 증여재산공제액 계산 / 188

(3) 배우자의 범위 / 188

(4) 직계존비속의 범위 / 188

(5) 친족의 범위 / 189

2. 신용평가수수료 등 / 189

3. 합산배제증여재산의 과세표준계산 / 190

Ⅱ. 과세최저한 / 190

Ⅲ. 산출세액 / 190

1. 세율 / 191

【사례】 증여세 과세표준이 2.5억원인 경우 증여세 산출세액 계산 / 191

2. 직계비속에 대한 증여세 할증과세 / 191

【사례】 직계비속에 대한 증여(제1차 · 제2차) 세대생략가산액 계산과 서식작성 / 192

Ⅳ. 세액공제 / 196

1. 납부세액공제 / 196

【사례】 증여세 납부세액공제액 계산 / 197

2. 외국납부세액공제 / 197

3. 신고세액공제 / 198

【사례 1】 직계비속에 대한 증여분(제1차 · 제2차) 세대생략가산액(할증과세), 신고세액공제 계산과 서식작성 / 198

【사례 2】 일반 증여세신고시 증여세 계산 / 202

【사례 3】 직계비속에 대한 세대생략가산액(할증과세) 계산과 서식작성 / 202

| 제7절 | 창업자금 및 가업승계 주식에 대한 증여세 과세특례 ······························ 206

Ⅰ. 창업자금에 대한 증여세 과세특례 / 206

1. 증여세 과세특례 요건 / 206
(1) 개요 / 206
(2) 창업의 범위 / 206
(3) 창업자금의 범위 / 207
(4) 창업자금에 대한 증여세 과세특례 대상 업종 / 208

2. 증여세 과세특례 내용 / 209
【사례】 창업자금에 대한 증여세 과세특례 / 209
(1) 중복 과세특례 적용배제 / 209
(2) 동일인으로부터 증여받은 증여재산합산과세 배제 / 209
(3) 증여자가 사망한 경우 상속세 과세가액계산 / 210
(4) 신고세액공제 및 연부연납 배제 / 210
(5) 상속세 계산시 증여세액공제 방법 / 210

3. 사후관리 / 211
(1) 창업자금사용명세 제출의무 / 211
(2) 창업자금사용명세서 미제출시 가산세 부과 / 211
(3) 증여세 추징 / 211
❶ 추징사유 / 211
❷ 이자상당액 계산 / 213
(4) 증여세 추징배제 / 213

4. 특례신청 / 214

Ⅱ. 가업승계 주식의 증여세 과세특례 / 214

1. 증여세 과세특례 요건 / 214

2. 증여세 특례계산 내용 / 215
(1) 증여세 계산 / 215
(2) 가업자산상당액의 범위 / 216
(3) 신고세액공제 배제 / 217
(4) 증여세액공제 방법 / 217
(5) 중복 과세특례 적용배제 / 217

(6) 동일인으로부터 증여받은 증여재산합산과세 배제 / 217
(7) 증여 후 상장 등에 따른 과세특례 / 217
(8) 가업주식을 받은 후 증여자가 사망한 경우 상속세 과세가액 계산 / 218
(9) 가업승계에 따른 과세특례대상 주식의 그 밖의 과세특례 / 218
3. 사후관리 / 219
(1) 증여세 추징 / 219
❶ 추징사유 / 219
❷ 이자상당액 / 220
(2) 증여세 추징배제 / 220
(3) 추징세액의 신고·납부 / 220
4. 특례신청 / 222

| 제8절 | 증여 유형별 주식의 취득 ······ 223

Ⅰ. 증여재산의 유형 / 223
1. 하나의 증여에 대해 다른 증여의제 규정의 중복적용 배제 / 223
2. 1년간 동일한 이익의 합산 / 224
3. 특수관계인 / 224

Ⅱ. 저가양수·고가양도에 따른 이익의 증여 / 225
1. 특수관계인 간의 저가양수·고가양도 거래 / 226
(1) 특수관계인 간의 주식을 저가매매시 양수인의 증여세 / 226
【사례 1】 특수관계인 간의 저가매매 / 227
(2) 특수관계인 간의 주식을 고가매매시 양도인의 증여세 / 228
【사례 2】 특수관계인 간의 고가매매 / 228
2. 비특수관계인 간의 현저한 저가양수·고가양도 거래 / 229
(1) 비특수관계인 간의 주식을 현저히 저가양수시 양수인의 증여세 / 229
【사례 1】 비특수관계인 간의 저가매매 / 230
(2) 비특수관계인 간의 주식을 현저히 고가양도시 양도인의 증여세 / 231
【사례 2】 비특수관계인 간의 고가매매 / 231
3. 개인과 법인 간의 저가양수·고가양도 거래 / 232
4. 특수관계인의 범위 / 232

5. 납부의무 및 연대납부의무 / 233
6. 증여시기 / 233
7. 저가양수·고가양도에 따른 이익의 증여가 배제되는 주식 / 233
8. 최대주주의 할증평가 / 234
Ⅲ. 합병에 따른 이익의 증여 / 234
1. 과세요건 / 235
(1) 특수관계법인 간의 합병 / 235
(2) 주가가 과대평가된 합병당사법인의 대주주 / 235
(3) 대주주가 얻은 이익이 일정 기준금액 이상 / 236
2. 증여시기 / 237
3. 합병에 따라 대주주가 얻은 이익의 계산 / 237
(1) 합병대가를 주식으로 교부받았을 경우 / 237
(2) 합병대가를 주식 외의 현금 등으로 지급받았을 경우 / 238
【사례 1】 합병비율이 1 : 1인 경우 / 238
【사례 2】 합병비율이 1 : 0.5인 경우 / 239
4. 납부의무 및 연대납부의무 / 241
5. 최대주주의 할증평가 / 241
Ⅳ. 증자에 따른 이익의 증여 / 241
1. 증자에 따른 이익 / 241
2. 신주의 저가·고가발행으로 인한 이익의 계산 / 243
3. 신주의 저가발행으로 인한 이익의 계산 / 244
(1) 저가발행한 주식의 실권주를 재배정하는 경우 / 244
【사례 1】 저가발행한 신주의 실권주를 재배정한 경우 / 245
(2) 저가발행한 신주의 실권주를 실권처리하는 경우 / 246
【사례 2】 저가발행한 신주의 실권주를 실권처리한 경우 / 247
(3) 저가발행한 신주의 실권주를 제3자배정·초과배정하는 경우 / 249
【사례 3】 저가발행한 신주의 실권주를 재배정·실권처리한 경우 / 250
【사례 4】 저가발행한 신주의 실권주를 제3자배정·초과배정한 경우 / 252
4. 신주의 고가발행으로 인한 이익 / 254
(1) 고가발행한 신주의 실권주를 재배정하는 경우 / 254

【사례 1】 고가발행한 신주의 실권주를 재배정한 경우 / 255
(2) 고가발행한 신주의 실권주를 실권처리하는 경우 / 256
【사례 2】 고가발행한 신주의 실권주를 실권처리한 경우 / 257
(3) 고가발행한 신주의 실권주를 제3자배정 · 초과배정하는 경우 / 258
【사례 3】 고가발행한 신주의 실권주를 제3자배정 · 초과배정한 경우 / 259
5. 전환주식의 전환에 따른 이익의 계산 / 261
6. 납부의무 및 연대납부의무 / 261
7. 증여시기 / 261
8. 최대주주의 할증평가 / 262
Ⅴ. 감자에 따른 이익의 증여 / 263
1. 감자방식에 따른 이익의 계산 / 263
2. 주식을 시가보다 낮은 대가로 소각한 경우(저가 불균등감자) / 264
(1) 과세대상 / 264
(2) 요건 / 264
(3) 증여재산가액 / 264
【사례 1】 주식을 시가보다 낮은 대가로 소각한 경우(저가 불균등감자) / 265
3. 감자주식이 시가보다 높은 대가로 소각한 경우(고가 불균등감자) / 266
(1) 과세대상 / 266
(2) 요건 / 266
(3) 증여재산가액 / 267
【사례 2】 감자주식을 시가보다 높은 대가로 소각한 경우Ⅰ(고가 불균등감자) / 267
【사례 3】 감자주식을 시가보다 높은 대가로 소각한 경우Ⅱ(고가 불균등감자) / 269
4. 납부의무 및 연대납부의무 / 269
5. 최대주주의 할증평가 / 270

Ⅵ. 현물출자에 따른 이익의 증여 / 271
1. 개요 / 271
(1) 과세요건과 납부의무자 / 271
(2) 현물출자 전·후의 1주당 평가액 / 272
2. 신주를 시가보다 낮은 가액으로 인수하는 경우 / 273
【사례 1】 신주를 시가보다 낮은 가액으로 인수하는 경우 / 273
3. 신주를 시가보다 높은 가액으로 인수하는 경우 / 275
【사례 2】 신주를 시가보다 높은 가액으로 인수하는 경우 / 275
4. 납부의무 및 연대납부의무 / 277
5. 최대주주의 할증평가 / 277
6. 증여시기 / 277
Ⅶ. 전환사채 등의 주식전환 등에 따른 이익의 증여 / 277
1. 전환증권의 종류 / 278
2. 거래단계별 과세요건 / 278
3. 전환사채의 거래단계별 및 수증자의 증여재산가액 계산 / 279
4. 전환사채의 인수·취득 거래단계에서 발생하는 증여재산가액 / 280
(1) 특수관계인으로부터 저가취득한 경우 / 280
【사례】 특수관계인으로부터 저가로 취득한 경우 / 280
(2) 최대주주가 배정비율을 초과하여 저가인수·취득한 경우 / 281
(3) 주주 외의 자가 발행회사로부터 저가취득한 경우 / 281
5. 전환사채의 주식전환단계에서 발생되는 증여재산가액 / 282
(1) 특수관계인으로부터 취득한 자가 주식전환한 경우 / 282
(2) 최대주주가 배정비율을 초과인수 후 주식전환한 경우 / 282
(3) 최대주주 외의 자가 전환사채 등을 인수 후 주식으로 전환한 경우 / 283
(4) 전환가액 등이 주식평가액보다 높은 경우 / 283
6. 전환사채 등을 높은 가액으로 양도하는 거래단계에서 발생되는 이익 / 284
7. 증여세 합산과세배제와 과세표준계산 / 284
(1) 증여세 합산과세배제 / 284
(2) 증여세 과세표준계산 / 284
8. 납부의무 및 연대납부의무 / 285

9. 최대주주의 할증평가 / 285

Ⅷ. 초과배당에 따른 이익의 증여 / 285

1. 개요 / 285
2. 소득세상당액 / 286
3. 세대생략 할증과세 / 287
4. 납부의무 및 연대납부의무 / 287

【사례 1】 초과배당에 따른 이익 / 287

【사례 2】 초과배당에 따른 증여이익 / 287

Ⅸ. 주식상장에 따른 이익의 증여 / 289

1. 개요 / 289
2. 과세요건 / 289
3. 증여재산가액 계산 / 290
4. 증여세액의 정산 / 291
5. 증여시기 / 292
6. 전환사채 등의 취득 간주 / 292
7. 증여세 합산과세배제와 과세표준계산 / 292
   (1) 증여세 합산과세배제 / 292
   (2) 증여세 과세표준 계산 / 292
8. 증여세 신고기한 / 293
9. 납부의무 및 연대납부의무 / 293

【사례 1】 상장 등에 따른 증여세 과세표준 정산신고 및 양도차익 계산 / 293

【사례 2】 상장차익 증여이익 계산(상증법 집행기준 41의3-31의3-6) / 294

Ⅹ. 합병에 따른 상장 등 이익의 증여 / 295

1. 개요 / 296
2. 과세요건 / 296
3. 증여재산가액 계산 / 297
4. 증여세액의 정산 / 298
5. 증여시기 / 298
6. 증여세 합산과세 배제와 과세표준의 계산 / 299
   (1) 증여세 합산과세배제 / 299

(2) 증여세 과세표준계산 / 299
7. 전환사채 등의 취득 간주 / 299
8. 납부의무 및 연대납부의무 / 299
9. 증여세 신고기한 / 300
XI. 법인의 조직변경 등에 따른 이익의 증여 / 300
1. 개요 / 300
2. 증여세 과세대상 / 300
3. 증여재산가액 계산 / 301
4. 납부의무 및 연대납부의무 / 301
XII. 주식취득 후 가치증가에 따른 이익의 증여 / 301
1. 개요 / 301
2. 재산가치 증가사유 / 302
3. 증여재산가액 계산 / 302
4. 증여세 합산과세 배제와 과세표준의 계산 / 303
(1) 증여세 합산과세배제 / 303
(2) 증여세 과세표준계산 / 303
5. 납부의무 및 연대납부의무 / 304
| 제9절 | 증여추정 및 증여의제 305
I. 배우자 등에게 양도한 주식의 증여 추정 / 305
1. 배우자 등에게 직접 양도한 경우 / 305
2. 배우자 등에게 간접(우회) 양도한 경우 / 305
3. 배우자 등의 범위 / 306
4. 양도한 사실이 명백한 경우 증여추정 배제 / 307
5. 증여시기 / 307
6. 납부의무 및 연대납부의무 / 307
II. 재산취득자금 등의 미입증금액에 대한 증여 추정 / 308
1. 개요 / 309
2. 재산취득자금의 증여추정 적용방법 / 309
3. 명의상 채무자와 사실상 채무자가 다른 경우 / 309
4. 증여추정의 배제기준 / 310
5. 증여시기 / 310

6. 납부의무 및 연대납부의무 / 310
【사례】 자금출처의 미입증금액별 증여추정 판단 사례 / 312
Ⅲ. 명의신탁주식 등의 증여 의제 / 312
1. 개요 / 313
2. 증여재산가액 계산 / 313
(1) 평가액 / 313
(2) 최대주주 할증평가 / 314
3. 장기간 명의개서하지 않은 주식의 증여의제 시기 / 314
4. 증여의제 제외 / 314
5. 증여의제 시기 / 314
6. 납부의무 및 연대납부의무 / 315
7. 명의신탁주식에 대한 물적 납세의무 / 315
8. 증여의제된 명의신탁주식의 상속재산 포함 여부 / 315
9. 명의신탁주식의 양도대금을 증여세 신고기한 내에 반환하는 경우 / 316
10. 명의신탁주식의 신탁해지와 취득무효 / 316
(1) 신탁해지 / 316
(2) 취득무효 / 316
11. 증여세 합산과세배제와 과세표준계산 / 317
(1) 증여세 합산과세배제 / 317
(2) 증여세 과세표준계산 / 317
Ⅳ. 특수관계법인과의 거래를 통한 이익의 증여 의제 / 319
1. 과세요건 / 320
2. 증여세 합산과세배제와 과세표준계산 / 320
(1) 증여세 합산과세배제 / 320
(2) 증여세 과세표준계산 / 320
3. 납부의무 및 연대납부의무 / 321
4. 증여세 신고 / 321
Ⅴ. 특수관계법인으로부터 제공받은 사업기회로 발생한 이익의 증여 의제 / 322
1. 개요 / 322
2. 사업기회를 제공받는 방법 / 322
3. 과세요건 / 322

4. 증여의제 이익과 정산 증여의제 / 323
5. 증여세 합산과세배제와 과세표준계산 / 324
(1) 증여세 합산과세배제 / 324
(2) 증여세 과세표준계산 / 324
6. 납부의무 및 연대납부의무 / 324
7. 증여세 신고 / 324
Ⅵ. 특정법인과의 거래를 통한 이익의 증여의제 / 324
1. 개요 / 325
2. 특정법인의 범위 / 325
3. 특정법인과의 거래유형 / 325
4. 증여의제 이익의 계산 / 326
5. 특정법인과 거래시 현저한 대가 판단기준 / 326
6. 증여세합산과세배제 / 327
7. 납부의무 및 연대납부의무 / 327
| 제10절 | 증여세 신고 · 납부 및 연부연납 329
1. 증여세 과세가액 및 과세표준 신고 · 납부 / 329
(1) 증여세 신고 · 납부기한 / 329
(2) 증여세 자진납부 / 329
(3) 증여세 신고관할 / 330
2. 분납 / 330
3. 연부연납 / 330
(1) 요건 / 331
(2) 연부연납 신청 및 허가 · 통지 / 331
(3) 연부연납 신청기한 / 332
(4) 연부연납과 납세담보 / 332
(5) 연부연납기간 중에 연부연납세액의 전부 또는 일부를 일시에 납부한 경우 / 333
(6) 연부연납세액에 대한 가산금 / 333
(7) 납세고지서상 납부기한 경과 후 연부연납 허가 · 통지한 경우 가산금 / 333
【사례 1】 비상장주식을 증여한 경우 증여세계산과 서식작성 / 334
【사례 2】 유가증권 · 부동산 및 금융재산(예 · 적금)을 함께 증여한 경

우 증여세계산과 서식작성 / 338

제3장 주식 취득 관련 법인세 / 343

| 제1절 | 제2차 납세의무 ········· 343

Ⅰ. 출자자의 제2차 납세의무 / 343

1. 개요 / 343

(1) 무한책임사원 / 344

(2) 과점주주 / 344

2. 제2차 납세의무 요건 / 345

3. 제2차 납세의무 한도 / 345

(1) 무한책임사원 / 345

(2) 과점주주 / 345

4. 과점주주 중 명의주주의 제2차 납세의무 / 346

5. 제2차 납세의무의 면제와 배제 / 346

(1) 제2치 납세의무의 면제 / 347

(2) 제2차 납세의무의 면제 배제 / 347

Ⅱ. 법인의 제2차 납세의무 / 347

1. 개요 / 348

2. 제2차 납세의무 요건 / 348

3. 제2차 납세의무 한도 / 348

4. 주권 미발행 법인의 제2차 납세의무 / 349

| 제2절 | 부당한 주식거래 ········· 350

Ⅰ. 주식을 시가보다 낮은 가액으로 매입한 경우 / 350

【사례 1】 법인이 특수관계인 개인으로부터 주식을 저가매입 / 351

【사례 2】 법인이 비특수관계인 개인으로부터 주식을 저가매입 / 352

Ⅱ. 주식거래가 부당행위계산 부인규정이 적용되는 경우 / 352

1. 개요 / 352

(1) 부당행위계산 부인규정의 적용 요건 / 352

(2) 개인과 법인 간의 저가매입 또는 고가양도시 증여세 배제 / 353

(3) 저가양도 또는 고가매입시 의제기부금 / 353
2. 주식을 고가매입하는 경우 / 354
【사례 1】 특수관계법인이 개인으로부터 주식을 고가매입 / 355
【사례 2】 비특수관계법인이 개인으로부터 주식을 고가매입 / 355
【사례 3】 법인이 특수관계법인으로부터 주식을 고가매입 / 356
【사례 4】 법인이 비특수관계법인으로부터 주식을 고가매입 / 357
3. 주식을 저가양도한 경우 / 358
【사례 5】 법인이 특수관계법인에게 주식을 저가양도 / 358
【사례 6】 법인이 비특수관계법인에게 주식을 저가양도 / 359
【사례 7】 법인이 특수관계있는 개인에게 주식을 저가양도 / 359
【사례 8】 법인이 비특수관계인 개인에게 주식을 저가양도 / 360
4. 주식을 고가양도하는 경우 / 361
【사례 9】 법인이 특수관계인 개인에게 주식을 고가양도 / 361
【사례 10】 법인이 비특수관계인 개인에게 주식을 고가양도 / 361
Ⅲ. 자본거래에 대한 부당행위계산의 부인 / 362
1. 불균등합병 / 362
2. 불균등증자 / 362
(1) 저가발행 신주의 실권주 재배정(제3자배정 · 초과배정) / 362
(2) 저가발행 신주의 실권주를 실권처리 / 363
(3) 저가발행 신주의 실권주를 직접배정 · 초과배정 / 363
(4) 고가발행 신주의 실권주를 재배정(제3자배정 · 초과배정) / 364
(5) 고가발행 신주의 실권주를 실권처리 / 364
(6) 고가발행 신주의 실권주를 재배정(제3자배정 · 초과배정) / 364
3. 불균등감자 / 365
4. 불공정자본거래 / 365
Ⅳ. 차등배당결의에 대한 부당행위계산 부인 / 366
| 제3절 | 수입배당금의 익금불산입 367
1. 일반 내국법인의 경우 / 367
2. 지주회사의 경우 / 367
| 제4절 | 주식 취득에 대한 과세특례 368

1. 중소기업창업투자회사 등의 주식양도차익 등에 대한 비과세 / 368
(1) 주식양도차익의 법인세 비과세 / 368
(2) 배당소득의 법인세 비과세 / 368
2. 중소기업창업투자회사, 창업기획자, 중소기업창업투자조합 출자분의 세액공제 / 368
(1) 개요 / 368
(2) 적용대상 법인 / 369
(3) 세액공제 배제 / 369
(4) 사후관리 / 370
(5) 공제세액의 이월공제 / 370
3. 기관투자자의 중소기업창업투자회사 등에 출자한 주식의 양도차익에 대한 법인세 감면 / 370
4. 주식매수선택권 행사비용의 손금불산입 / 371

| 제5절 | 주주명부 등의 작성 · 비치의무와 주식 등 변동상황명세서의 제출의무 … 372
Ⅰ. 주주명부 등의 작성 · 비치의무 / 372
Ⅱ. 주식 등 변동상황명세서 제출의무 / 372
Ⅲ. 상증법상 주식 등의 명의개서 등의 간주제출 / 373
1. 개요 / 373
2. 주식 등의 명의개서 취급자와 외화증권예탁자 / 373
3. 주식 등 변동상황명세서 제출불성실가산세 / 374

제4장 주식 취득 관련 취득세(과점주주) / 375

Ⅰ. 과점주주의 취득세 납세의무 / 375
1. 납세의무 성립시기 / 375
2. 과점주주의 간주취득 / 376
(1) 법인 설립시 과점주주인 경우 / 376
(2) 최초로 과점주주가 되는 경우 / 376
(3) 과점주주 상호간 주식 이동이 있는 경우 / 376
(4) 과점주주 주식의 비율이 증가된 경우 / 377
(5) 비과점주주가 과점주주가 되는 경우 / 377

3. 과점주주의 과세표준 / 378
4. 산출세액 / 378
(1) 세율 / 378
(2) 과점주주의 취득세 산출세액 계산 / 378
5. 과점주주의 취득세 신고·납부 / 379
【사례 1】 적용사례 / 379
【사례 2】 과점주주의 간주취득세 계산 사례 / 380
Ⅱ. 출자자의 제2차 납세의무 / 380
Ⅲ. 법인의 제2차 납세의무 / 381

제3편 주식 보유와 관련한 세금 / 383

| 제1절 | 배당의 이해 ······ 385
1. 현금배당 / 386
(1) 정기배당 / 386
(2) 중간배당 / 386
2. 주식배당 / 387

| 제2절 | 배당소득의 범위 ······ 388
Ⅰ. 개요 / 388
Ⅱ. 배당소득의 범위 / 389
1. 법인의 이익배당 / 389
2. 의제배당 / 389
(1) 주식의 소각·자본의 감소로 인한 의제배당 / 389
(2) 잉여금의 자본전입 / 390
(3) 법인의 해산 / 391
(4) 법인의 합병 / 393
(5) 자기주식 보유로 인한 지분 증가분에 대한 무상주 의제배당 / 393
【사례】 잉여금(주식발행액면초과액)의 자본전입으로 인한 의제배당 / 393

(6) 법인의 분할 및 분할합병 / 394
3. 배당결의 하자로 배당이 취소되어 반환한 경우 / 394
4. 증여받은 주식의 반환 전에 발생한 배당소득의 귀속자 / 395
5. 해외법인의 주식에 대하여 현금배당을 지급받는 경우 / 395
6. 주주가 배당지분 포기분을 다른 주주가 배당받는 경우 / 396
Ⅲ. 배당소득의 이중과세 조정 / 396
1. 개요 / 396
2. 배당가산(Gross-up) 적용대상 배당소득 / 397
3. 배당가산(Gross-up) 적용대상이 아닌 배당소득 / 397
Ⅳ. 배당기준일 이후 주식양도시 배당소득의 납세의무자 / 398
Ⅴ. 배당소득의 수입시기 / 398
Ⅵ. 금융소득의 종합과세 / 399
1. 금융소득의 과세방법 / 399
2. 금융소득의 종합과세시 세액계산 특례 / 400
| 제3절 | **배당소득에 대한 과세특례** ········ 401
Ⅰ. 중소기업창업투자회사 등에 출자하여 받은 배당소득의 비과세 / 401
Ⅱ. 선박투자회사의 주주에 대한 과세특례 / 402
Ⅲ. 우리사주조합원 보유주식의 배당소득 비과세 / 402
1. 개요 / 402
2. 소액주주 범위 / 403
3. 우리사주배당 비과세명세서 제출 / 403
Ⅳ. 농업협동조합법 등에 의한 출자지분의 배당소득 비과세 / 403
Ⅴ. 조합 등 출자금의 배당소득 비과세 / 404
Ⅵ. 해외자원개발투자회사 등에 출자하여 받은 배당소득의 비과세 등 / 404
Ⅶ. 해외주식투자전용집합투자기구에 대한 과세특례 / 404
| 제4절 | **명의신탁 주식에서 발생한 배당소득** ········ 406
| 제5절 | **양도소득과 배당소득의 차이** ········ 407
【사례】 배당소득에 대한 종합소득세 세액계산과 서식 작성 / 408

제4편 주식 양도와 관련한 세금 - 양도소득세, 증권거래세 - / 423

제1장 양도소득세 / 425

| 제1절 | 주식의 양도 개념 426

1. 매매 / 426
2. 교환 / 427
3. 대물변제와 양도담보 / 427
4. 부담부증여 / 427
5. 환매(Put-Option) / 428
6. 배우자 또는 직계존비속에게 양도한 주식의 증여추정 / 428
7. 특수관계인이 개입되어 양도한 주식의 증여추정 / 428

| 제2절 | 주식 등의 양도와 세금 429

Ⅰ. 양도소득세가 과세되는 주식 등의 종류 / 429

Ⅱ. 주식 등의 양도에 따른 양도소득세와 증여세 / 430

1. 양도소득의 부당행위계산 부인과 증여세 과세 / 430
   (1) 개요 / 430
   (2) 특수관계인 간에 주식의 고가매입·저가양도 / 431
   (3) 비특수관계인 간에 주식의 저가매입·고가양도 / 431
2. 배우자 등에게 주식의 양도시 증여세 관계 / 432
   (1) 배우자·직계존비속에게 주식을 직접 양도한 경우 / 432
   (2) 배우자·직계존비속에게 주식을 우회 양도한 경우 / 432
   (3) 특수관계인에게 주식을 우회 양도한 경우 / 433
3. 주식 양도시 증권거래세 부과 / 433

| 제3절 | 총설 435

Ⅰ. 납세의무자 / 435

1. 납세의무자의 유형 / 435
2. 양도소득세 납세의무 범위 / 436
   (1) 거주자의 납세의무 / 436
   (2) 비거주자의 납세의무 / 436

3. 특수한 경우 납세의무 / 437
(1) 피상속인의 양도소득세 납세의무 승계 / 437
(2) 상속인이 피상속인 명의로 상속한 주식을 양도한 경우 / 438
(3) 상속이 개시된 때 피상속인에게 부과된 세금의 납세의무 / 438
(4) 명의신탁주식을 양도한 경우 / 438
(5) 양도소득세를 매수자가 부담한 경우 / 438
(6) 상속유류분을 상속인이 금전으로 반환받은 경우 / 439
(7) 양도소득세를 감소시키기 위해 특수관계인에게 우회 양도한 경우 / 439
4. 연대납세의무 / 440
Ⅱ. 납세지(관할관청) / 440
1. 개요 / 440
(1) 거주자의 납세지 / 441
(2) 비거주자의 납세지 / 441
(3) 피상속인의 납세의무를 승계한 경우 납세지 / 441
(4) 비거주자로부터 주식 등을 양수한 양도소득세의 원천징수 납세지 / 441
2. 과세표준신고의 관할 / 442
3. 결정 또는 경정결정의 관할 / 442
Ⅲ. 양도소득세의 과세기간 / 443
| 제4절 | 양도소득세 과세대상 주식의 범위 ········· 444
Ⅰ. 주식의 구분 / 444
Ⅱ. 양도소득세 과세대상 주식의 범위 / 444
1. 개요 / 444
2. 전환사채 및 신주인수권부사채 / 445
Ⅲ. 대주주 / 446
1. 개요 / 446
2. 주권상장법인의 대주주 / 447
(1) 개요 / 447
(2) 대주주 적용시기별 소유주식 비율 및 시가총액 / 447
3. 비상장법인의 대주주 / 448
(1) 개요 / 448

(2) 비상장법인이 상장된 경우 대주주 판정 / 449
4. 대주주 판정시 특수관계인의 범위 / 449
5. 대주주의 적용시기 및 적용방법 / 450
(1) 적용시기 / 450
(2) 법인이 합병하거나 분할한 경우 대주주 판정 / 451
(3) 소유주식비율 또는 시가총액 변동에 따른 대주주의 적용방법 / 451
Ⅳ. 특정주식 / 452
1. 과점주주의 주식 / 453
(1) 부동산 등 보유비율 / 453
(2) 주식의 소유비율 / 454
(3) 주식의 양도비율 / 455
2. 부동산과다보유법인의 주식 / 456
(1) 부동산가액 비율 요건 / 456
(2) 업종기준 / 456
(3) 적용방법 / 457
3. 과점주주의 주식과 부동산과다보유법인의 주식 비교 / 457
| 제5절 | 양도소득세가 과세되는 거래유형 ········· 459
Ⅰ. 양도로 보는 거래유형 / 459
1. 매매 / 460
(1) 개요 / 460
(2) 배우자 또는 직계존비속 간의 매매 / 460
(3) 주식의 양도대금을 청산 전에 명의개서한 경우 / 460
2. 교환 / 461
3. 대물변제 / 462
4. 경매 / 463
5. 공동사업에 현물출자한 경우 / 463
6. 환매 / 463
7. 부담부증여 / 464
8. 자전거래 / 464
9. 상속지분 포기로 현금 등을 지급받은 경우 / 465
10. 특수관계인에게 우회 양도한 경우 / 465
11. 상속세 물납의 경우 / 466

Ⅱ. 양도로 보지 않는 거래유형 / 466

1. 개요 / 466
2. 합의해제나 매매원인 무효소송으로 소유권이 환원된 경우 / 467
3. 양도담보 / 468
4. 상속세신고기한 이내에 상속재산재분할로 상속지분이 감소된 경우 / 468
5. 명의신탁 / 469
6. 주식대차거래 / 469
7. 자본감소를 위해 주식소각하는 경우 / 469
8. 재산분할청구권의 행사로 소유권이 이전되는 경우 / 469
9. 자기소유의 주식을 본인이 경락받은 경우 / 470
10. 증여로 추정되는 경우 / 470
  (1) 배우자 또는 직계존비속에게 직접 양도한 경우 / 470
  (2) 배우자 또는 직계존비속(배우자 등)에게 우회 양도한 경우 / 471
11. 집합투자기구 등에 대한 과세특례 / 471

| 제6절 | 양도시기 및 취득시기 ········ 473

Ⅰ. 개요 / 474

1. 대금청산일이 분명한 경우 / 474
2. 대금청산일이 불분명한 경우 / 474
3. 대금청산일 전에 명의개서한 경우 / 475
4. 양도시기 또는 취득시기를 확인할 수 없는 경우 / 475
5. 잔금청산일이 잔금 지급약정일과 다른 경우 / 476
6. 장기할부조건 매매의 경우 / 476
  (1) 개요 / 476
  (2) 요건 / 476
  (3) 취득시기 및 양도시기 / 477

Ⅱ. 상장주식 등의 경우 / 477

Ⅲ. 장외거래주식 및 비상장주식의 경우 / 477

Ⅳ. 신주인수권증권 행사로 배정받은 주식의 경우 / 478

Ⅴ. 특정주식의 경우 / 479

Ⅵ. 의제취득시기 / 479

Ⅶ. 그 밖의 특수한 거래의 경우 / 479

1. 명의신탁주식의 경우 / 479
2. 사후정산형식으로 양도한 경우 / 480
3. 상속·증여로 취득한 경우 / 480
(1) 개요 / 480
(2) 유류분권리자에게 반환하는 경우 / 481
(3) 유증 또는 사인증여의 경우 / 481
4. 조건부매매의 경우 / 481
5. 교환 / 482
(1) 개요 / 482
(2) 주식의 포괄적교환 / 482
6. 대물변제 / 483
7. 과점주주의 주식 / 483
8. 양도소득세를 양수인이 부담하는 경우 / 483
9. 경락에 의하여 주식을 취득하는 경우 / 483
(1) 담보로 제공된 주식 등의 자산이 경매되어 본인이 경락받은 경우 / 484
(2) 경락대금의 지연납부 / 484
10. 재산분할청구로 소유권을 이전하는 경우 / 484
11. 부담부증여 / 484
12. 잔금청산 후 소송이 진행 중인 경우 / 485
13. 현물출자 / 485
(1) 개요 / 485
(2) 유한회사에 현물출자한 주식 / 485
14. 합병법인 주식의 취득시기 / 485

| 제7절 | 양도차익의 산정방법 ········· 486

Ⅰ. 양도차익 산정의 원칙 / 486
1. 개요 / 486
2. 실지거래가액, 매매사례가액(상장주식 제외), 환산가액의 개념 / 487
3. 실지거래가액에 의한 신고·결정방법 / 487

Ⅱ. 실지거래가액에 의한 양도차익 계산 / 488
1. 개요 / 488
2. 부당행위계산 부인이 적용되는 경우 / 489

3. 주식매수선택권을 행사하여 취득·양도한 경우 / 490
4. 추계결정·경정이 있는 경우 / 490
5. 부담부증여 / 491
(1) 취득가액 / 491
(2) 양도가액 / 491
(3) 총증여자산가액 계산 / 492
【사례】 부담부증여의 경우 양도차익과 증여재산가액 계산 / 492
Ⅲ. 기준시가에 의한 양도차익 계산 / 492
1. 개요 / 492
2. 실지거래가액에 의한 기준시가의 환산 / 493
Ⅳ. 양도차익 또는 양도차손의 계산 / 493
1. 자산별 구분 / 493
2. 동일 자산별의 세율별 양도차손의 통산 / 494
3. 국외 자산에서 발생한 양도차손의 통산 배제 / 494
4. 비과세되는 주식에서 발생한 양도차손의 통산 배제 / 494
5. 이월결손금 공제 불인정 / 495
6. 부당행위계산 부인 적용시 증여자의 양도차손 / 495
| 제8절 | 양도가액 또는 취득가액의 계산 496
Ⅰ. 양도가액 또는 취득가액의 산정기준 / 496
1. 실지거래가액 개념 / 496
2. 매매사례가액 개념 / 498
3. 환산가액 개념 / 498
4. 기준시가 개념 / 499
Ⅱ. 양도가액 계산 / 500
1. 개요 / 501
(1) 양도가액에 포함하는 금액 / 501
(2) 양도가액에 포함하지 않는 금액 / 502
2. 주식의 상호 교환시 양도가액 / 502
3. 사후정산형식으로 비상장주식을 양도한 경우 / 503
4. 부담부증여 / 504
5. 고가양도의 유형별 양도가액 / 504

(1) 개요 / 504
(2) 개인이 특수관계법인에게 주식을 고가양도한 경우 / 504
❶ 양도소득세 과세 / 504
❷ 증여세 과세 / 505
【사례 1】 특수관계법인과 개인 간의 고가매매 / 506
(3) 특수관계인 개인 간의 주식을 고가매매한 경우 / 506
【사례 2】 특수관계인 개인 간의 고가매매 / 507
(4) 비특수관계인에게 주식을 고가양도한 경우 / 507
❶ 양도소득세 과세 / 507
❷ 증여세 과세 / 508
【사례 3】 비특수관계인 개인 간의 고가매매 / 508
6. 저가양도의 유형별 양도가액 / 509
【사례 1】 특수관계법인과 개인 간의 저가매매 / 509
【사례 2】 비특수관계인 개인 간의 저가매매 / 510

Ⅲ. 취득가액의 계산 / 510
1. 개요 / 510
2. 취득가액 계산 / 511
3. 기준시가에 따른 취득가액의 계산 / 512
4. 실지거래가액에 의한 취득가액의 계산 / 512
(1) 개요 / 512
(2) 장기할부조건의 경우 이자상당액과 연체이자 / 513
(3) 취득에 관련된 소송비용 / 513
(4) 상속 · 증여로 취득한 경우 / 514
(5) 법인의 과점주주가 신고 · 납부한 취득세 / 515
(6) 합병으로 교부받은 주식의 경우 / 515
(7) 법인의 분할로 취득한 주식의 경우 / 516
【사례】 법인분할로 취득한 주식(소법 집행기준 97-163-9) / 516
(8) 무상감자시 주식의 취득가액 / 517
【사례】 무상감자시 주식의 취득가액(소법 집행기준 97-163-10) / 517
(9) 환산가액보다 자본적 지출액 등이 큰 경우 / 517
(10) 금융비용 / 518
(11) 신주인수권증서 / 518

(12) 배당주식의 취득가액 계산 / 518
(13) 주식평가비용 / 520
(14) 그 밖의 취득가액의 계산 / 520
5. 자전거래 / 520
6. 의제취득일 전에 취득한 주식 / 521
7. 추계로 취득가액을 환산하는 경우 / 521
8. 무상취득한 주식 등의 자산을 양도한 경우 / 522
9. 고가매입주식의 취득가액 / 522
10. 저가매입한 주식의 취득가액 / 522
(1) 특수관계인으로부터 저가매입 / 522
(2) 비특수관계인으로부터 저가매입 / 523
11. 부담부증여 / 523
12. 가업상속공제 재산에 대한 양도소득세 이월과세 / 524

| 제9절 | 특수한 거래 유형별 양도소득세 산정 ······ 525

Ⅰ. 부담부증여 / 525
1. 개념 / 525
2. 양도소득세와 증여세의 관계 / 526
(1) 요건 / 526
(2) 양도소득세와 증여세의 관계 / 526
3. 채무분의 부당행위계산 부인 / 528
4. 부담부증여 이후 가치상승분의 증여세 과세 / 528
5. 배우자·직계존비속에게 부담부증여시 증여세 과세 / 528
6. 증여자와 수증자 간의 연대납부의무 / 528
7. 증여재산을 반환한 경우 / 529
8. 양도소득세 예정신고납부기한 / 529
9. 현금증여와 부담부증여의 단순비교 사례 / 529
【사례 1】 현금증여의 경우 / 529
【사례 2】 부담부증여의 경우 / 530

Ⅱ. 주식 등의 명의신탁 / 531
1. 납세의무 / 532
(1) 개요 / 532
(2) 명의신탁을 해지한 경우 세금관계 / 532

2. 명의신탁과 증여세 과세 / 532
(1) 개요 / 532
(2) 명의개서와 증여시기 / 533
3. 명의신탁자 명의로 양도할 경우 가산세 적용 / 534
4. 명의신탁과 배당소득의 귀속 / 535
5. 명의신탁주식의 소유권회복을 위한 비용 / 535
6. 명의신탁주식 등의 국세부과제척기간 / 535
Ⅲ. 특수관계인 간의 저가양도 · 고가매입 / 536
1. 개요 / 536
2. 양도소득세를 부당하게 감소시키는 거래유형 / 537
3. 특수관계인의 범위 / 538
(1) 개요 / 538
(2) 특수관계인의 판단 / 539
4. 특수관계인에게 주식을 저가양도시 양도소득세 · 증여세 과세 / 540
(1) 저가양도시 양도소득세 · 증여세의 적용 기준금액 / 541
(2) 도해 사례 / 541
5. 특수관계인으로부터 주식을 고가매입시 양도소득세 · 증여세 과세 / 543
(1) 고가매입시 양도소득세 · 증여세의 적용 기준금액 / 543
(2) 도해 사례 / 543
6. 부당행위계산 부인의 적용시기 / 545
7. 최대주주의 할증평가 / 545
Ⅳ. 비특수관계인 간의 주식을 저가양수 · 고가양도시 양도소득세 · 증여세 과세 / 545
【사례 1】 비특수관계인 간의 고가매매 / 546
【사례 2】 비특수관계인 간의 저가매매 / 547
Ⅴ. 특수관계인에게 증여한 주식을 5년 이내 양도(우회양도) / 547
1. 개요 / 547
2. 부당행위계산 부인 적용시 납세의무와 가산세 적용 / 548
3. 부당행위계산 부인 적용시 증여세 및 양도소득세의 환급 / 549
Ⅵ. 상속 · 증여받은 주식 양도시 양도차익 계산 / 549
| 제10절 | 양도소득 과세표준과 세액 계산 ………… 550

Ⅰ. 양도소득세 과세표준의 구조 / 550
1. 양도차익 또는 양도차손의 계산 / 550
(1) 개요 / 550
(2) 환산취득가액이 양도가액을 초과하여 발생한 양도차손 / 551
2. 양도소득기본공제 / 551
【사례】 연간 양도소득기본공제의 적용 순서 / 552
Ⅱ. 주식의 종류 및 보유에 따라 적용하는 세율 / 552
1. 주식의 양도소득세 세율 / 553
2. 중소기업 판정 / 555
3. 하나의 자산이 2 이상의 세율에 적용되는 경우 / 555
| 제11절 | 양도소득세 신고 · 납부 ······ 556
1. 양도소득세 예정신고 · 납부 / 556
(1) 신고불성실가산세 / 556
(2) 납부지연가산세 / 556
2. 양도소득세 확정신고 · 납부 / 557
3. 예정신고 · 납부하지 않고 확정신고 · 납부하는 경우 / 557
4. 양도소득세의 분할 납부 / 557
5. 지방소득세 신고 · 납부 / 557
6. 예정(또는 확정)신고시 첨부할 서류 / 558
【사례 1】 비상장법인의 소액주주가 주식을 양도한 경우 / 558
【사례 2】 비상장법인의 대주주가 주식을 양도한 경우 / 566
【사례 3】 【사례1】의 비상장법인의 주식〈자료1〉과 부동산〈자료2〉을 함께 양도한 경우 / 575
【사례 4】 비상장법인의 주식과 부동산을 양도한 경우 양도차손의 통산 / 585
| 제12절 | 양도소득세의 비과세 ······ 596
Ⅰ. 중소기업창업투자회사 등에 출자한 주식 등의 양도소득세 비과세 / 596
1. 개요 / 596
2. 출자의 적용 범위 / 597
Ⅱ. 창업자 등에 출자한 주식 등의 양도소득 비과세 / 597
Ⅲ. 벤처기업 주식매수선택권 행사이익의 양도소득 비과세 / 599

Ⅳ. 적격주식매수선택권 행사이익에 대한 양도소득세 비과세 / 600
1. 개요 / 600
2. 적용배제 / 600
Ⅴ. 산업재산권 현물출자이익의 행사에 대한 양도소득세 비과세 / 601
Ⅵ. 기업구조조정 증권투자회사의 출자자에 대한 양도소득세 비과세 / 601
Ⅶ. 기업구조조정 전문회사 등의 출자자에 대한 양도소득세 비과세 / 601
Ⅷ. 부동산투자회사에 출자한 주식의 양도소득세 비과세 / 602
Ⅸ. 선박투자회사의 주주의 양도소득세 비과세 / 602
Ⅹ. 우리사주조합원이 보유한 주식의 양도소득세 과세특례 / 602
Ⅺ. 집합투자기구 등에 대한 과세특례 / 603
| 제13절 | 국외주식 등 자산의 양도소득세 ········· 604
Ⅰ. 개요 / 604
Ⅱ. 납세의무자 / 604
Ⅲ. 양도소득세 과세대상 주식 / 605
Ⅳ. 양도가액 / 606
Ⅴ. 필요경비 / 606
1. 취득가액 / 606
2. 자본적 지출액 / 606
3. 양도비 / 606
Ⅵ. 양도차익 계산 / 607
1. 개요 / 607
2. 양도차익의 외화환산 / 607
Ⅶ. 세율 / 608
Ⅷ. 신고 · 납부 / 608
Ⅸ. 외국납부세액공제 / 609
1. 개요 / 609
2. 국외자산 양도소득세액 / 609
3. 국외주식 양도소득세액공제 신청 / 609
Ⅹ. 양도소득기본공제 / 610

| 제14절 | 출국시 국내주식의 국외전출세 ········ 611

Ⅰ. 개요 / 611

Ⅱ. 납세의무자 / 611

Ⅲ. 과세표준과 산출세액 / 611

1. 양도가액 / 611
2. 과세표준 계산 / 612
3. 세율·산출세액 / 612

Ⅳ. 조정공제액 / 612

Ⅴ. 외국납부세액공제와 세액공제 신청 / 613

1. 외국납부세액공제 / 613
2. 외국납부세액공제의 적용배제 / 613
3. 세액공제 신청 / 613

Ⅵ. 비거주자의 국내원천소득세액공제 / 613

Ⅶ. 신고·납부 및 가산세 / 614

1. 국내주식의 보유현황 신고 / 614
2. 양도소득 과세표준신고서 및 납부계산서 신고·납부 / 614
3. 국외전출자 국내주식 등의 보유현황 미제출 등의 가산세 / 615

Ⅷ. 조정공제·외국납부세액공제 및 국내원천소득 세액공제의 경정청구 / 615

Ⅸ. 납부유예 / 615

1. 개요 / 615
2. 양도소득세 납부(5년 이내 양도하지 않은 경우) / 616
3. 양도소득세 납부(실제 양도한 경우) / 616

Ⅹ. 재전입 등에 따른 환급 / 616

| 제15절 | 비거주자의 주식양도소득의 원천징수 ········ 617

Ⅰ. 조세조약상 과세원칙 / 617

Ⅱ. 비거주자의 국내원천소득의 종류 / 617

Ⅲ. 양도소득세 과세대상 유가증권의 범위 / 618

1. 개요 / 618
2. 국내사업장이 있는 비거주자 / 619
3. 국내사업장이 있는 비거주자가 양도하는 주식 외의 유가증권 / 620

4. 국내사업장이 없는 비거주자가 양도하는 유가증권 / 620

Ⅳ. 원천징수의무자 / 621

1. 개요 / 621
2. 원천징수방법(양도소득세 징수 · 납부) / 621
3. 원천징수 및 가산세 / 622
   (1) 양수자(원천징수의무자)가 내국법인인 경우 / 622
   (2) 양수자(원천징수의무자)가 외국법인인 경우 / 622
   (3) 원천징수불이행시 가산세 적용 / 622

Ⅴ. 신고 · 납부 / 622

| 제16절 | 주식의 기준시가 산정 ········· 623

Ⅰ. 주식의 기준시가 산정방법 / 623

Ⅱ. 상장주식의 기준시가 / 624

1. 개요 / 624
2. 양도일 · 취득일 이전 1개월 중에 증자 · 합병의 경우 / 624
3. 매매거래 정지 등이 있는 경우 / 624
4. 취득일 이후에 상장된 경우 / 625
5. 최대주주의 할증평가 / 625
6. 주식교환으로 실지거래가액이 확인불능시 기준시가 환산 / 625

Ⅲ. 비상장주식의 기준시가 / 626

1. 적용대상 주식 / 626
2. 비상장주식의 기준시가 산정 / 626
   (1) 개요 / 626
   (2) 순손익가치 계산 / 627
      ❶ 각 사업연도의 순손익액 / 627
      ❷ 1주당 순손익액 / 627
   (3) 순자산가치 계산 / 627
      ❶ 1주당 순자산가치 / 628
      ❷ 취득일 또는 양도일이 속하는 사업연도의 직전 사업연도 종료일 현재 해당 법인의 순자산가액 / 628
      ❸ 자산총액 / 628
      ❹ 부채총액 / 628

(4) 발행주식총수 계산시 기준일 / 629
(5) 직전 사업연도가 없는 경우 / 629
(6) 다른 비상장주식 등을 소유한 경우 / 629
3. 순자산가치로만 평가하는 경우 / 630
4. 장부분실 등으로 취득당시 기준시가를 확인할 수 없는 경우 / 632
5. 최대주주의 할증평가 적용 여부 / 632
6. 상증법상 평가방법과 소득세법상 기준시가의 비교 / 632
Ⅳ. 신주인수권의 기준시가 / 633
1. 개요 / 633
2. 한국거래소에서 거래되는 경우 / 634
3. 그 밖의 경우 / 634
【사례 1】 양도가액은 실지거래가액이 확인되나 취득당시 실지거래가액 확인이 불가능한 경우 / 634
【사례 2】 양도가액은 실지거래가액이 확인되나 취득당시 실지거래가액 확인이 불가능한 경우(서식작성) / 635

제2장 증권거래세 / 654

| 제1절 | 총설 ········ 654
Ⅰ. 의의 / 654
Ⅱ. 납세의무자 / 654
1. 거래유형별 납세의무자 / 654
2. 특수한 거래유형별 납세의무자 / 655
3. 제3자에게 신탁하는 경우 납세의무자 / 656
Ⅲ. 납세지(관할관청) / 656
1. 과세표준신고의 관할 / 656
2. 결정 또는 경정결정의 관할 / 657
| 제2절 | 과세대상 ········ 658
Ⅰ. 개요 / 658
Ⅱ. 주권 등의 거래가 양도로 보는 경우 / 658

Ⅲ. 주권 등의 거래가 양도로 보지 않는 경우 / 660
1. 개요 / 660
2. 집합투자기구 등에 대한 과세특례 / 660

| 제3절 | 비과세 양도 ······ 661

| 제4절 | 양도시기 ······ 662

Ⅰ. 개요 / 662
Ⅱ. 조건부매매계약에 따라 거래선행조건이 충족되는 날에 잔금지급일로 약정한 경우 / 662
Ⅲ. 상속세를 상장주식으로 물납하는 경우 / 662

| 제5절 | 과세표준 및 세율 ······ 663

Ⅰ. 과세표준 / 663
1. 개요 / 663
2. 특수한 경우 / 664
(1) 주식 등의 교환 / 664
(2) 양도대금을 외화자산, 부채로 받는 경우 / 664
(3) 재무적 투자자가 매도선택권 행사를 철회 후 주권을 양도하는 경우 / 664
(4) 양도대가의 일부를 나중에 받기로 한 경우 / 665
(5) 주식매수선택권의 행사로 인한 자기주식 양도의 경우 / 665
(6) 명의신탁주식을 실지소유자의 특수관계인에게 양도한 경우 / 665
(7) 최대주주에게 시가보다 낮은 가격으로 양도한 경우 / 665
(8) 국내사업장이 없는 외국법인 간에 비상장내국법인 주식을 매매한 경우 / 665
(9) 외국법인이 비상장내국법인의 주권을 비특수관계인 외국법인에게 양도하는 경우 / 665
3. 주식 거래유형별 양도가액의 평가방법 / 666
Ⅱ. 세율 / 666
1. 거래시장별 주권에 적용하는 세율 / 666
2. 대금의 일부를 프리미엄 형태로 받는 경우 적용되는 세율 / 666
3. 상장주식을 계약금 지급, 시간외 대량매매 계좌결제, 잔금지급의 형태로 매각할 경우 적용할 세율 / 667

| 제6절 | 신고 · 납부 방법 ········ 668

Ⅰ. 신고 · 납부 / 668

Ⅱ. 조정환급 / 668

Ⅲ. 납세의무자가 사업장을 폐지한 경우 / 668

Ⅳ. 계약해제권에 따라 당초계약을 해제한 경우 / 668

Ⅴ. 신고 · 납부방법에 대한 사례 / 669

제5편 주식의 평가 / 671

| 제1절 | 주식평가의 원칙 ········ 673

Ⅰ. 주식평가의 이해 / 673

1. 의의 / 673
2. 주식 평가기준일 / 673
   (1) 상속주식의 평가시점 / 674
   (2) 증여받은 주식의 평가시점 / 674
   (3) 상속세 과세가액에 가산하는 사전증여재산의 평가시점 / 674
   (4) 상속재산으로 추정하는 상속개시 전 처분재산의 평가시점 / 674
   (5) 재차 증여시 합산하는 증여재산의 평가시점 / 675

Ⅱ. 시가 / 675

1. 의의 / 675
2. 평가기간 내 주식 등의 재산가액 / 675
   (1) 매매사실이 있는 경우 / 676
   (2) 수용 · 경매 · 공매사실이 있는 경우 / 676

Ⅲ. 시가산정이 곤란한 경우 보충적 평가방법 / 677

| 제2절 | 주식 유형별 평가 ········ 679

Ⅰ. 주권상장주식의 평가 / 679

1. 평가원칙 / 679
2. 증자 · 합병 등의 사유가 발생한 상장주식의 평가 / 679
   (1) 평가기준일 이전에 증자 · 합병 등의 사유가 발생한 경우 / 679

(2) 평가기준일 이후에 증자·합병 등의 사유가 발생한 경우 / 680
(3) 평가기준일 이전·이후에 증자·합병 등의 사유가 발생한 경우 / 680
3. 미상장 신주의 평가 / 681
4. 상장추진 중인 주식의 평가 / 681

Ⅱ. 코스닥시장 상장주식의 평가 / 682
1. 투자유의종목 등으로 지정된 경우 / 682
2. 증자·합병 등의 사유가 발생한 경우 / 683
3. 코스닥시장 상장추진 중인 주식의 평가 / 683
4. 미상장주식의 평가 / 684

Ⅲ. 전환사채 등의 평가 / 687
1. 전환사채의 평가 / 687
(1) 상장 전환사채 / 687
(2) 미상장 전환사채 / 688
2. 신주인수권증권의 평가 / 688
(1) 상장 신주인수권증권 / 688
(2) 미상장 신주인수권증권 / 689
3. 신주인수권증서의 평가 / 689
(1) 상장 신주인수권증서 / 690
(2) 미상장 신주인수권증서 / 690
4. 신주인수권부사채의 평가 / 690
(1) 상장 신주인수권부사채 / 691
(2) 미상장 신주인수권부사채 / 691

Ⅳ. 비상장주식의 평가 / 691
1. 개요 / 692
2. 비상장주식의 평가원칙 / 693
(1) 일반법인의 경우 / 693
(2) 부동산과다보유법인의 경우 / 693
(3) 다른 비상장주식을 10% 이하 소유한 경우 / 694
(4) 다른 비상장주식을 10% 초과 상호출자한 경우 / 694
3. 순자산가치의 산정 / 695
(1) 순자산가치계산 방법 / 695

❶ 자산총액 / 695
❷ 부채총액 / 696
(2) 평가기준일 / 697
(3) 발행주식총수 / 697
(4) 영업권 평가액 / 701
【사례】 1주당 순자산가치 계산 / 703
4. 순손익가치의 산정 / 703
(1) 순손익가치의 평가 / 704
(2) 순손익가치의 계산 방법 / 704
❶ 각 사업연도의 순손익액 / 705
❷ 1주당 순손익액 / 705
(3) 법인세 경정으로 주식평가액에 변동이 생긴 경우 / 708
(4) 1주당 추정이익 평가대상 법인 / 708
(5) 발행주식총수 / 709
【사례 1】 평가기준일이 속하는 사업연도 이전 3년 이내 증자한 경우 환산주식수 계산 / 709
【사례 2】 1주당 평가액 계산 / 710
Ⅴ. 최대주주의 할증평가 / 711
1. 개요 / 711
2. 최대주주의 범위 / 711
3. 최대주주 지분율 계산 / 712
4. 할증평가 적용배제 / 712
【사례 1】 최대주주 소유주식의 1주당 평가액(일반법인), 비상장주식평가서 작성 / 713
【사례 2】 최대주주 소유주식의 1주당 평가액(중소기업), 비상장주식 평가서 작성 / 724

제6편 기한 후 신고 / 739

Ⅰ. 개요 / 741

Ⅱ. 양도소득세 등의 경우 / 742

제7편 수정신고 및 경정청구 / 743

Ⅰ. 과세표준 수정신고 / 745

1. 개요 / 745
2. 수정신고로 자진납부시 가산세액의 감면 / 746
3. 수정신고서의 기재사항과 첨부서류 / 746

Ⅱ. 경정 등의 청구 / 747

1. 개요 / 747
2. 후발적사유로 인한 경정 등 청구 / 748
3. 경정청구신고서의 기재사항과 첨부서류 / 748

제8편 부과제척기간 / 749

Ⅰ. 개요 / 751

Ⅱ. 국세부과제척기간의 기산일 / 751

Ⅲ. 제척기간 / 752

Ⅳ. 제척기간 만료 효과 / 754

제9편 징수권의 소멸시효 / 755

Ⅰ. 개요 / 757
Ⅱ. 소멸시효완성 효과 / 758
Ⅲ. 국세부과제척기간과 국세징수권소멸시효의 비교 / 758

제10편 과세전적부심사 / 759

제11편 가산세 / 763

Ⅰ. 무신고가산세 / 766
1. 양도소득세의 경우 / 766
(1) 개요 / 766
(2) 부정행위란 / 766
(3) 적용사례 / 767
2. 상속세 및 증여세의 경우 / 767
Ⅱ. 과소신고가산세 / 769
1. 양도소득세의 경우 / 769
2. 상속세 및 증여세의 경우 / 770
Ⅲ. 납부지연가산세 / 771
1. 양도소득세의 경우 / 771
2. 상속세 및 증여세의 경우 / 771
Ⅳ. 기장불성실가산세 / 772
Ⅴ. 가산세 면제 / 772
Ⅵ. 처분청이 신고안내 하지 아니한 경우 가산세 감면 여부 / 773

일러두기

본 책의 내용 중 관련법 조문 표시는 다음과 같이 약어로 표시하였다.

- 민법 : 민법

- 상법 : 상법
- 상령 : 상법 시행령

- 상증법 : 상속세 및 증여세법
- 상증령 : 상속세 및 증여세법 시행령
- 상증칙 : 상속세 및 증여세법 시행규칙
- 상증법집행기준 : 상속세법 및 증여세법 집행기준
- 상증법기본통칙 : 상속세법 및 증여세법 기본통칙

- 부법 : 부가가치세법
- 부령 : 부가가치세법 시행령

- 소법 : 소득세법
- 소령 : 소득세법 시행령
- 소칙 : 소득세법 시행규칙
- 소법집행기준 : 소득세법 집행기준
- 소법기본통칙 : 소득세법 기본통칙

- 법법 : 법인세법
- 법령 : 법인세법 시행령
- 법칙 : 법인세법 시행규칙
- 법법집행기준 : 법인세법 집행기준

- 국기법 : 국세기본법
- 국기령 : 국세기본법 시행령
- 국기법기본통칙 : 국세기본법 기본통칙
- 국기법집행기준 : 국세기본법 집행기준

- 국징법 : 국세징수법
- 국징령 : 국세징수법 시행령

- 조특법 : 조세특례제한법
- 조특령 : 조세특례제한법 시행령
- 조특칙 : 조세특례제한법 시행규칙

- 농특법 : 농어촌특별세법
- 농특령 : 농어촌특별세법 시행령

- 증거법 : 증권거래세법
- 증거령 : 증권거래세법 시행령
- 증거법 집행기준 : 증권거래세법 집행기준

- 지방기본법 : 지방세기본법
- 지법 : 지방세법
- 지령 : 지방세법 시행령

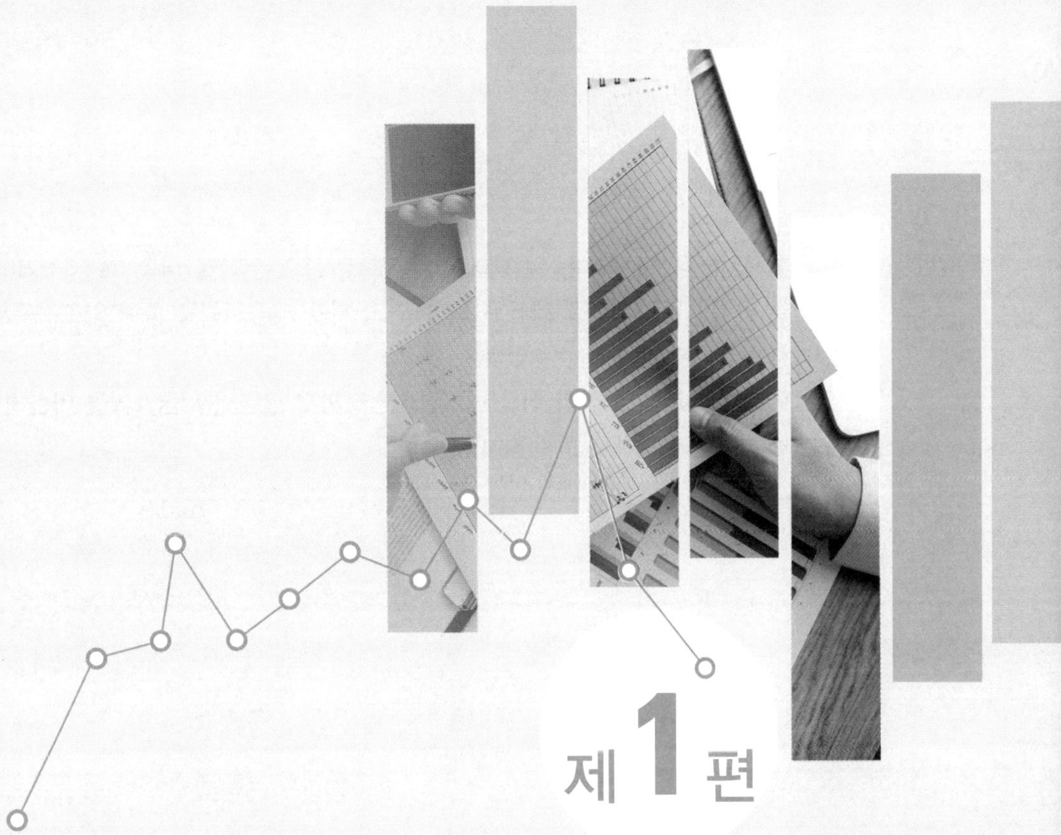

제 1 편

주식의 이해

주식(출자지분을 포함하며, 이 책에서 주식으로 표기한다)을 취득 · 보유하거나 양도하면서 재산이 늘어나면 필연적으로 세금은 피할 수 없지만 세금계획을 통해 양도소득세, 상속세 및 증여세 등의 세금을 절세할 수 있다.

이 책에서는 독자의 주식의 취득 · 보유와 양도까지 관련해 세금계획을 마련하는 데 도움을 주기 위해 "주식"에 대해서만 집필하였다.

I 세무와 관련한 주식의 개념

주식이란 주식회사에 있어서 사원의 지위를 말하며, 주식회사란 주식의 발행을 통해서 여러 사람(출자자)으로부터 자본금을 조달받고 설립된 회사를 말한다(상법 §288).

주식은 자본의 구성부분과 주주의 지위 또는 자격인 주권을 의미하며, 동 주식을 소유하고 있는 주주는 회사에 대하여 이익배당청구권 및 잔여재산분배청구권과 의결권 등을 갖는다.

주식은 주식회사의 자본금을 일정금액으로 분할한 자본의 구성단위로서 회사에 대하여 갖는 지분을 말하며, 재산에 대한 참가비율을 나타내고 주권의 형태로 모든 주주에게 발행된다.

주권은 주식을 소유한 주주가 회사에 대하여 법적 권리인 주주권사원(주주)을 행사할 수 있는 증서를 말하며, 주식과 주권은 동일한 개념으로 사용되고 있다.

1. 주식의 종류

(1) 보통주

증권시장에서 흔히 거래하는 주식의 종류는 보통주와 우선주가 있다.

보통주는 주주평등의 원칙에 따라 지분비율로 배당이나 잔여재산의 분배를 받을 수 있는 일반적인 기준이 되는 주식을 말한다. 또한 회사의 설립시 자금조달을 위해 발행하는 기본적인 주식으로서 회사의 경영에 따른 지배력을 행사할 수 있고, 주주로서 투표권, 의결권, 이익배당청구권 등의 권리를 가질 수 있으나 우선주에 비해 상대적으로 적은 편이다.

보충설명

의결권주는 주식 1주에 대하여 하나의 의결권이 부여된 주식을 말한다. 무의결권주는 주식에 대하여 의결권이 없거나 의결권행사에 제한이 있는 주식을 말한다. 이 경우 의결권이 없는 주식은 회사의 경영자 또는 지배주주로서 그의 지배력이 감소됨이 없이 자본조달수단으로 활용할 수 있다.*

* 회사법강의(이철송 저) 2012간 인용

(2) 우선주

우선주는 보통주에 비해 배당이나 잔여재산분배에 우선 참여할 수 있는 주식을 말한다.

회사에 대한 의결권은 없으나, 배당을 최우선적으로 발행한 주식으로 시세차익보다는 배당금을 목적으로 매매하는 주식으로서 보통주에 비해 발행주식수가 적으며 거래량도 적은 편이다. 우선주를 발행하는 이유는 대주주들이 자본금이 부족할 경우 증자를 하면 경영권의 위협을 받을 때 의결권이 없는 우선주를 발행・매각하여 자본금으로 활용하고 의결권이 없는 대신에 일정률의 추가배당을 함으로써 안전하게 회사경영권을 행사하기 위해서이다.

증권시장에서는 일반적으로 보통주에 비하여 우선주의 가격을 낮게 평가・거래되고 있다.

(3) 전환주식

전환주식은 주주가 보통주를 우선주로 전환하거나 또는 우선주를 보통주로 전환할 수 있는 권리가 부여된 주식 또는 회사가 전환권을 보유한 주식을 말한다. 일반적으로 전환주식은 우선주를 보통주로 전환하는 경우를 말하는데 이를 전환우선주라고 말하며, 회사의 사업전망이 밝다고 판단되면 투자자가 배당률이 확정된 우선주를 보통주로 전환하여 추가적인 이익배당에 참가할 수 있는 장점이 있다.

이러한 전환우선주를 발행하는 회사는 다른 주식 발행보다 원활하게 투자자금의 조달이 가능하다.

(4) 상환주식

상환주식은 주식 발행부터 일정기간이 지나면 회사 스스로 상환할 수 있는 주식과 주주가 상환기간 내에 청구에 의해 이익으로써 소각하기로 예정된 주식을 말한다.

전자는 회사가 우선 주식을 발행하여 자금을 조달하고 그 후 자금사정이 안정되면 그 주식을 상환함으로써 회사의 자금조달이 용이하다.

후자는 주주가 상환기간 내에 회사의 경영 상태를 살피면서 투자를 용이하게 회수할 수 있으므로 일시적인 자금조달수단이 되는 점에서 사채와 그 성격이 유사하다.

그러나 상환주식은 자기자본에 해당하고 사채는 타인자본이라는 점과 상환주식은 이익이 있을 때에만 상환의무가 있고, 사채는 이익발생과 관계없이 상환의무가 있는 점에서 차이가 있다. 상환주식을 발행한 회사가 계속 적자가 발생한다면 투자자 입장에서는 장점이 없다.

2. 주식과 전환사채의 차이

주식의 특징은 사채처럼 상환기간 및 이자지급의 규정은 없으나 기업에 대한 의결권 또는 경영권을 가질 수 있고 이익이 있는 경우에는 이익배당은 있지만, 주식을 발행한 회사가 파산하게 되면 소유한 그 주식은 휴지조각이 된다.

사채의 본질은 순수한 채권이며, 일정한 상환기간과 이율에 의해 발행하여 사채를 보유한 채권자에게 회사의 수익에 상관없이 주주의 이익배당에 우선하여 이자를 지급받을 수 있고, 회사가 해산될 경우에도 주주에 대한 잔여재산의 분배보다 우선하여 원리금 전액을 받을 수 있다.

전환사채는 일정한 전환조건에 따라 주식으로 전환할 수 있는 권리가 부여되어 있는 사채를 말한다. 여기서 일정한 전환조건이란 사전에 합의된 가격으로 발행회사의 주식으로 전환시킬 수 있는 권리를 말하며, 전환권은 채권의 보유자가 가지는 일종의 콜옵션이라고 할 수 있다.

기업이 전환사채를 발행할 때에는 보통의 회사채와 같지만 일정한 기간이 지나 주식전환권을 행사하면 투자자가 원할 때 채권이 주식으로 변환되어 주가상승에 따른 차익을 볼 수 있다. 이 경우 주식전환권을 행사하면 그 다음부터는 채권이 아닌 일반 주식으로 변환한다.

따라서 전환사채는 채권과 주식의 특성인 전환권 등의 특성을 함께 가질 수 있는 것으로 주가의 변동에 따라 가치가 변동하지만 채권의 속성인 안정성도 동시에 가지고 있으므로 위험이 적은 주식투자라고 할 수 있다.

Ⅱ 출자지분

출자지분이란 인적회사의 지분을 말하는 것으로서 상법에 의하여 설립된 합명회사(상법 §178) · 합자회사(상법 §268) · 유한책임회사(상법 §287의2)에 대하여 주주로서 권리를 말한다.

세법에서는 출자지분도 주식과 동일하게 양도소득세의 과세대상으로 규정하고 있다.

상법상 회사는 주식회사 외에 합명회사, 합자회사, 유한책임회사가 있다. 합명회사와 합자회사는 무한책임이 있기 때문에 오늘날의 기업운영에 있어서 부합하지 않지만 유한책임회사는 주식회사와 유사하여 기업경영에 적합한 회사이다.

기업형태별로 특징을 정리하면 다음과 같다.

회사형태	특 징
주식회사	① 주주의 책임은 그가 가진 주식의 인수가액을 한도로 간접책임을 지는 주주만으로 설립된 회사임(상법 §331) ② 주주는 간접 · 유한책임이며, 주주총회 결의는 참가하지만 업무집행에 참석하지 못함(상법 §335) ③ 주식 양도가 자유로움 ④ 많은 자본이 필요한 대기업에 적합함
합명회사	① 합명회사는 무한책임사원만으로 구성됨 ② 모든 사원이 무한책임사원으로서 회사채무 변제에 대하여 직접 · 연대 · 무한책임이 있음(상법 §212) ③ 회사의 업무를 집행할 권리와 의무가 있으며(상법 §200), 그 지위를 타인에게 자유롭게 이전할 수 없음(상법 §197) ④ 따라서 합명회사의 사원은 회사에 대한 관계가 깊고, 인적 신뢰관계가 있는 소수인의 공동기업에 적합함
합자회사	① 합명회사와 같은 무한책임사원(각 1인 이상 구성)과 회사채무 변제에 대해 출자액을 한도로 유한책임을 부담하는 사원으로 성립된 회사임(상법 §279) ② 무한책임사원은 기업경영을 담당하지만, 유한책임사원은 기업경영에 참여하지 아니함(상법 §78)
유한책임회사	① 주식회사의 주주와 같이 출자액을 한도로 간접 · 유한책임을 부담하는 사원만으로 설립된 회사임(상법 §553) ② 중소기업 경영에 적합하여 유한회사의 설립이 증가하는 추세임 ③ 지분양도에 대해 정관에 제한이 없으면 3자 양도 또는 상속 가능함(상법 §556) ④ 주식회사의 장점을 결합한 회사임

Ⅲ 신주인수권

신주인수권이란 회사가 신주를 발행할 경우 그 전부 또는 일부를 타인보다 우선 인수할 수 있는 권리를 말한다. 이는 인수에 우선할 뿐 발행가액이나 그 밖의 인수조건에서 우대 받을 수 있는 권리는 아니다.

상법에서는 설립 이후 자금조달을 위해 신주를 발행할 경우 주주가 각자 가진 주식수에 비례하여 우선적으로 신주의 인수를 청구할 수 있는 권리를 말한다(상법 §418).

상법에서는 신주인수권의 부여와 관련하여 주주의 이익을 보호하고 자본조달과 기업간의 결합을 용이하게 하기 위하여 신주인수권을 주주에게 부여하는 것을 원칙으로 하고 예외적으로 제3자에게도 신주인수권을 부여할 수 있다(상법 §418).

이와 같은 신주인수권의 장점은 기업 입장에서 보면 채권의 이자율을 낮추어 이자비용을 절감할 수 있으며, 반면에 채무자 입장에서 보면 저가로 주식을 행사할 수 있는 장점이 있다.

이 경우 제3자에 대하여 신주를 배정할 경우에는 정관의 규정이 있어야 한다.

1. 신주인수권

(1) 개요

신주인수권이란 정관에 다른 정함이 없는 한 주주가 소유하고 있는 주식수에 비례하여 우선적으로 신주를 배정받을 수 있는 권리를 말한다.

상법에서는 신주인수권의 부여와 관련하여 주주의 이익을 보호하고 자본조달과 기업간의 결합을 용이하게 하기 위하여 신주인수권을 주주에게 부여하고 있다.

▌신주인수권의 양도

주주의 신주인수권은 정관이나 이사회 결의로 가능한 것이며 이사회의 결의 없이 신주인수권을 양도하는 경우에는 회사에 대하여 효력이 없다. 따라서 정관이나 이사회 결의에 의하여 신주인수권의 양도를 인정한 때에는 회사는 신주인수권증서를 발행하여야 하며 신주인수권증서의 교부에 의해서만 가능하다(상법 §420의3).

(2) 신주인수권부사채

신주인수권부사채는 일반사채에 신주인수권이 부여된 사채이며, 신주인수권은 사채권자가 사채발행회사의 신주를 특정가격(행사가격)에 매입할 수 있는 권리를 말한다. 신주인수권을 행사한 경우에도 기존의 사채는 소멸하지 않는 점에서 전환사채와는 다르다.

신주인수권부사채는 신주인수권이 별도로 분리되어 거래될 수 있는지에 따라 분리형과 비분리형으로 구분되며, 분리형의 경우 신주인수권의 가치를 표방하는 유가증권을 신주인수권증권이라고 한다.

이 경우 신주인수권부사채를 매입하여 양도할 경우 신주인수권의 가치에 해당하는 부분은 양도소득세 과세대상이 된다(재재산-1737, 2004.12.31.).

(3) 신주인수권증서

신주인수권증서는 유상증자 등에 참여할 수 있는 기존주주의 권리로서 신주인수권을 증서화한 것을 말한다. 신주인수권증서를 발행하기 위해서는 정관에 규정되어 있거나 또는 이사회의 결의가 있어야 하며, 기존주주가 증서의 발행을 청구하여야 한다.

2. 제3자 신주인수권

신주인수권을 주주에게 부여하는 것이 원칙이며, 예외적으로 주주 이외의 제3자가 일정한 신주에 대하여 우선적으로 배정받을 수 있는 권리를 말한다.

제3자의 신주인수권이 발행되기 위해서는 정관에 규정이 있어야 하고 회사는 특정한 제3자와 계약이 전제되어야 한다.

주주는 정관에 다른 정함이 없으면 그가 가진 주식의 수에 따라서 신주의 배정을 받을 권리가 있다. 즉 주주는 법률의 규정에 따라서 당연히 신주인수권을 가지며, 주주 이외의 제3자의 신주인수권은 정관에 규정이 있어야 한다. 다만, 이 경우에는 신기술의 도입, 재무구조의 개선 등 회사의 경영상 목적을 달성하기 위하여 필요한 경우에 한한다(상법 §418).

Ⅳ 자기주식의 취득 및 소각 · 처분

상법에서는 자기주식 매입을 특별한 경우를 제외하고는 엄격히 제한하고 있다. 상장법인의 경우에는 자기주식 매입을 허용하고 있으나 일정한 요건을 충족하는 경우에 한한다.

자기주식 취득이란 기업이 회사 돈으로 자기회사 주식을 사는 행위를 말하는 것이며, 이는 기업에서 자기주식을 취득하게 될 때 법인세 부담을 줄여 지분을 이동할 수 있다.

기업이 현금배당 대신에 그 자금으로 자기주식을 매입하게 되면 발행주식총수가 줄어들게 되고 그 만큼 주식의 시장가치가 클 것이다.

기업이 일시적으로 많은 이익이 실현되는 경우 현금 대신에 자기주식 매입을 통해 배당금 규모를 조정할 수 있으며, 소액주주로부터 자기주식을 취득하게 되면 자기주식의 의결권이 제한되기 때문에 대주주의 의결권이 확대되어 결국은 경영권의 안정화에 도움도 될 것이다.

1. 자기주식의 지위

회사가 보유하고 있는 자기주식은 주주로서 어떠한 권리도 행사할 수 없다.

자기주식은 그 주식 자체에는 의결권이 있으나 이를 회사가 보유한 경우에는 의결권이 없다(상법 §369 ②). 또한 지배목적 보유주식(서면법령법인-520, 2017.11.3.)도 의결정족수의 계산상 발행주식총수에서도 제외된다(상법 §371 ①).

소수주주권이나 각종 소 제기권도 없다. 또한 이익배당청구권이나 잔여재산분배권도 없으며, 신주인수권을 받을 권리도 없다.

준비금의 자본전입으로 인한 무상주를 자기주식에 교부할 수 있는지 의견이 있으나 법부부에서는 자기주식은 무상주를 받을 권리가 없다고 해석하고 있다(법무부법심 2301-1386, 1990.2.2.).

2. 자기주식의 취득

(1) 개요

자기주식 취득은 기업이 이미 발행한 주식(보통주)을 발행법인이 매수(증여 포함)하여 그 법인이 보유하는 주식을 말한다.

자기주식을 취득하게 되면 주식의 유통물량이 줄어들어 기업의 주가가 상승하는 효과가 있으며, 자기주식을 취득한 후에 소각하게 되면 주주에게 이익이 환원되는 이점을 가지고 있다.

또한 자기주식을 취득하면 발행주식수가 감소하게 되므로 주식을 매도하지 않은 다른 주주의 지분과 배당이 증가하는 경향이 있다.

(2) 상법상 자기주식의 취득

❶ 개요

회사는 다음의 방법에 따라 자기의 명의와 계산으로 자기의 주식을 취득할 수 있다. 다만, 그 취득가액의 총액은 배당가능이익을 초과하지 못한다(상법 §341).

① 한국거래소에서 시세가 있는 주식의 경우에는 한국거래소에서 취득하는 방법

② 「상법」(§345 ①)에 따른 주식의 상환에 관한 종류주식의 경우 외에 각 주주가 가진 주식 수에 따라 균등한 조건으로 다음의 방법으로 취득하는 것

㉠ 회사가 모든 주주에게 자기주식 취득의 통지 또는 공고를 하여 주식을 취득하는 방법

㉡ 「자본시장과 금융투자업에 관한 법률」(§133~146)의 규정에 따른 공개매수의 방법

이 경우 자기주식을 취득한 회사는 지체없이 취득 내용을 적은 자기주식 취득내역서를 6개월간 갖추어 두어야 한다(상령 §9 ②).

❷ 자기주식 취득의 한도(배당가능이익)

자기주식 취득은 재무상태표의 순자산액으로부터 다음의 금액을 초과할 수 없다(상법 §462).

배당가능이익 = 〔재무상태표상 순자산가액(총자산-부채) - (①+②+③+④)〕

① 자본금의 액

② 그 결산기까지 적립된 자본준비금과 이익준비금의 합계액

③ 그 결산기에 적립하여야 할 이익준비금

④ 미실현이익(자산 및 부채에 대한 평가로 인하여 증가한 재무상태표상의 순자산액으로서, 미실현손실과 상계하지 아니한 금액을 말한다)

❸ 자기주식의 취득절차

자기주식을 취득하려는 회사는 미리 주주총회의 결의로 다음의 사항을 결정하여야 한다. 다만 이사회의 결의로 이익배당을 할 수 있다고 정관으로 정하고 있는 경우에는 이사회의 결의로써 주주총회의 결의를 갈음할 수 있으며, 다음의 사항을 정하고, 이 경우 주식 취득의 조건은 이사회가 결의할 때마다 균등하게 정하여야 한다(상령 §10).

주주총회의 결의로 결정하는 경우	이사회의 결의로 정관에 정하고 있는 경우
주주총회의 결의로 다음의 사항을 결정하여야 한다. ① 취득할 수 있는 주식의 종류 및 수 ② 취득가액의 총액의 한도 ③ 1년을 초과하지 아니하는 범위에서 자기주식을 취득할 수 있는 기간	이사회의 결의로써 다음의 사항을 정하고 주식 취득의 조건은 이사회가 결의할 때마다 균등하게 정하여야 한다. ① 자기주식 취득의 목적 ② 취득할 주식의 종류 및 수 ③ 주식 1주를 취득하는 대가로 교부할 금전이나 그 밖의 재산(해당 회사의 주식은 제외한다. 이하 "금전 등"이라 한다)의 내용 및 그 산정 방법 ④ 주식 취득의 대가로 교부할 금전 등의 총액 ⑤ 20일 이상 60일 내의 범위에서 주식양도를 신청할 수 있는 기간(이하 "양도신청기간"이라 한다) ⑥ 양도신청기간이 끝나는 날부터 1개월의 범위에서 양도의 대가로 금전 등을 교부하는 시기와 그 밖에 주식 취득의 조건

❹ 자기주식의 취득행위 무효

자기주식의 취득행위가 무효인 경우에는 회사가 취득한 해당 주식을 반환하여야 한다.

회사는 해당 영업연도의 결산기에 재무상태표상의 순자산액이 배당가능이익 금액의 합계액에 미치지 못할 우려가 있는 경우에는 자기주식의 취득을 해서는 안된다(상법 §341 ③).

만일 해당 영업연도의 결산기에 재무상태표상의 순자산액이 배당가능이익 금액의 합계액에 미치지 못함에도 불구하고 회사가 자기주식을 취득한 경우, 이사는 회사에 대하여 연대하여 그 미치지 못한 금액을 배상할 책임이 있다.

그러나 이사가 재무상태표상의 순자산액이 배당가능이익의 합계액에 미치지 못할 우려가 없다고 판단하는 때에 주의를 게을리하지 아니하였음을 증명한 경우에는 그러하지 아니하다.

❺ 특정목적에 의한 자기주식의 취득 허용

회사는 다음에 해당하는 경우에는 배당가능이익이 부족함에도 불구하고 자기주식을 취득할 수 있다(상법 §341의2).

① 회사의 합병 또는 다른 회사의 영업전부의 양수로 인한 경우

② 회사의 권리를 실행함에 있어 그 목적을 달성하기 위하여 필요한 경우

③ 단주(端株)의 처리를 위하여 필요한 경우

④ 주주가 주식매수청구권을 행사한 경우

(3) 자기주식의 회계처리

법인이 자기주식을 재취득한 경우에는 원가로 계상하고 재무상태표상 자본조정항목으로 하여 자본에서 차감 표시한다.

법인이 자기주식을 취득하면 해당 원가만큼 재무상태표상 자산총액과 자본총액이 감소한다.

자기주식을 증여받은 경우에는 자산과 부채의 변동이 없으므로 해당 증여받은 자기주식은 회계처리하지 않는다. 따라서 자기주식을 증여받은 경우에는 평균단가가 낮아지는 결과를 가져온다.

(4) 자기주식 취득에 따른 세무처리

❶ 상법을 위반하여 자기주식을 취득한 경우

상법상 회사가 자기주식의 취득요건을 구비하지 못한 경우에 자기주식의 취득은 당연히 무효이다(대법원 2001다44109, 2003.5.16.). 이 경우 자기주식은 돌려주고 매매대금은 회수하여야 한다.

법인이 취득한 자기주식이 「상법」(§341)에 위반되어 무효인 경우 해당 법인이 특수관계인 주주에게 자기주식 취득대금으로 지급한 금액은 법률상 원인 없이 지급된 것이므로 정당한 사유 없이 미회수 또는 지연회수하는 경우에는 업무무관가지급금으로 보는 것이며(법인-1147, 2010.12.9.), 이에 따른 지급이자 손금불산입과 인정이자상당액을 익금산입하는 세무조정이 필요하다.

그러나 내국법인이 「상법」(§341)에 따라 주주로부터 자기주식을 취득하여 소각하는 경우 해당 자기주식을 취득하기 위하여 지급한 금액은 업무무관가지급금(법령 §53)에 해당되지 아니한다(법규법인 2013-422, 2013.11.28.).

▌모든 주주에게 자기주식 취득통지 후 원하는 주주에 한하여 당사가 취득하는 자기주식

내국법인이 주주에게 우회적으로 자금을 지원할 목적이 없이 상법(§341)에 따라 주주로부터 자기주식을 취득하면서 지급한 금액은 업무와 관련이 없는 자금의 대여액에 해당되지 아니한다(서면법규-168, 2014.2.25.). 이에 해당하는지는 상법규정 위반 여부, 자기주식의 취득목적, 취득 후 주주에게 재매각하는지 등 거래 내용의 제반 사항을 종합적으로 고려하여 사실 판단하여야 한다.

❷ 자기주식 취득 목적에 적합한 세무처리*

세법상 자기주식의 취득이 적법하고 법인에게 자기주식을 이전하고 대가를 받는 경우에는 자기주식을 취득한 목적이 매매목적인지 소각목적인지에 따라 다음과 같이 주주와 주식발행법인에 대해 과세가 달라진다.

구분	매매목적	소각목적
주주	① 법인주주가 얻는 이익: 법인세(개인주주는 양도소득세) 과세 ② 증권거래세 과세 ③ 저가양도: 상여처분액(종합소득세 과세) *아래 ❻ 참조 ④ 고가양도: 상여처분액(종합소득세 과세)	① 주주가 얻는 이익에 의제배당으로 과세 ② 저가·고가 감자시 증여세(법인주주는 법인세) 과세
주식발행법인	① 특수관계인 개인으로부터 저가매입시: 저가매입분(익금산입: 유보) *아래 ❹ 참조 ② 특수관계인 개인으로부터 고가매입시: 부당행위계산 부인(손금산입:△유보, 익금산입: 상여) *아래 ❺ 참조	과세 없음

* 법인세실무 2018년 삼일인포마인간 신찬수·이철재·정창모 공저 인용

❸ 결손보전목적 등으로 자기주식을 무상으로 받은 경우

법인이 결손보전 목적으로 상법상 적법한 감자절차에 따라 주식을 무상소각하면서 발생한 이익은 세무상 감자차익에 해당하는 것이나, 자본감소의 절차의 일환으로 감자법인이 기존주주로부터 자기주식을 무상으로 증여받은 때에 그 정상가액을 자산수증이익으로 하여 익금산입한다(서면2팀-1447, 2004.7.12.).

그리고 법인이 자기주식을 상법상 적법한 감자절차에 의하지 않고 주주로부터 무상으로 기증받은 경우에는 결손보전목적 외에는 기증받은 당시의 시가(상장주식은 한국거래소의 최종시세가액; 법인-230, 2011.3.29.)를 기증받은 날이 속하는 사업연도의 소득금액을 계산할 때 익금산입(유보)한다(서면2팀-4774, 2016.11.22.).

그 후 해당 주식을 처분(소각)할 때 손금산입(△유보)하는 세무조정을 한다.

❹ 자기주식을 시가보다 낮게 매입하는 경우

법인이 특수관계인 개인으로부터 자기주식을 시가에 미달하게 매입하는 경우 시가와 매입가액의 차액은 익금으로 본다(법법 §15 ②).

그러나 감자목적(주식소각목적)인 경우에는 법인이 특수관계인 개인으로부터 자기주식을 시가에 미달하게 매입하는 경우라도 시가와 매입가액의 차액은 익금으로 보지 아니한다(법법 집행기준 15-0-3).

보충설명

법인이 상법(§438~446)에 의하여 자본을 감소할 목적으로 당해 법인이 특수관계인 특정주주로부터 자기주식을 저가로 매입소각하는 경우 특정주주의 저가양도 자체에 대하여는 부당행위계산 부인(법령 §88 ① 〈1,3〉)에 해당하지 아니하나, 특정주주가 주식을 저가로 양도함으로써 특정주주와 특수관계에 있는 다른 주주에게 이익을 분여한 것으로 인정되는 때에는 부당행위계산 부인(법령 §88 ① 〈1,3〉)을 적용한다(재법인-617, 2006.9.5.).

❺ 자기주식을 시가보다 높게 매입하는 경우

특수관계인과의 거래에 있어서 법인의 부당행위계산 부인은 정상적인 사인간의 거래, 건전한 사회통념 내지 상관행을 기준으로 판정한다(법법 집행기준 52-0-2).

법인이 자기주식의 고가매입에 대하여 부당행위계산 부인 규정을 적용하기 위해서는 당해 거래가 특수관계인 간의 거래로서 시가보다 높은 대가로 거래하여 조세부담을 부당히 감소시킨 것으로 인정되어야 하며, 이 경우 시가와 거래가액의 차액을 익금에 산입하여 당해 법인의 각 사업연도 소득금액을 계산하게 된다(서면2팀-194, 2007.1.26.).

상장주식 등의 경우와 같이 시가(한국거래소 최종시세가액)를 명백히 확인할 수 있는 경우를 제외하고는 시가와 거래가액의 차액이 3억원 이상이거나 시가의 5% 이상인 경우에는 부당행위계산 부인 대상이 된다.

❻ 자기주식을 시가보다 낮은 가액으로 양도한 경우

법인이 특수관계인 출자임원, 비출자임원 및 직원에게 자기주식을 시가보다 낮은 가액으로 양도함으로써 그 법인의 소득에 대한 조세의 부담을 부당히 감소시킨 것으로 인정되는 경우에는 부당행위계산 부인(법법 §52)이 적용된다(서면인터넷방문상담2팀-804, 2008.4.29.).

▌우회양도로 특수관계인에게 저가양도한 경우

법인이 자기주식을 취득한 후 우회양도를 통해 특수관계인에게 저가양도한 것은 부당행위계산 부인 규정에 해당된다(대법원 2016두31326, 2016.4.28.).

▌자기주식을 특수관계가 없는 자에게 저가양도시 정상가액과 양도가액과의 차액을 비지정기부금으로 보아 손금불산입 여부

액면가액으로 양도한 자기주식을 특수관계 없는 자에게 저가로 양도하였다 하여 상증법상 보충적 평가방법에 의하여 산정한 가액의 70%인 정상가액과 양도가액과의 차액을 비지정기부금으로 보아 손금불산입한 처분은 부당하다(국심 2007구3263, 2008.9.1).

3. 자기주식의 소각 · 처분

(1) 개요

세법상 자기주식의 취득 목적에 따라 두 가지로 분류된다.

첫째, 취득목적이 소각인 경우에는 발행 주식 수가 줄어들어 주주들의 지분율을 높여 주게 되며, 미래에 배당을 증가시키는 역할을 한다. **둘째**, 이익소각을 활용할 경우에는 주주배분 및 배당을 비교하였을 때보다 세금 절감이 효율적으로 이루어진다. 매매가 목적일 경우에는 양도소득으로 간주해 상여와 배당보다 세금 부담이 적을 수 있다.

예컨대 주식의 소각과 자본의 환급에 해당하는 자본거래일 경우 의제배당은 6~42%(2019년 세율)의 세율로 과세되며, 자기주식을 매도하는 자산거래에 해당하면 양도소득으로 간주해 10~30%(2019년 세율)의 세율로 과세한다.

(2) 상법상 자기주식의 소각 · 처분

❶ 자기주식의 소각

주식은 자본금 감소에 관한 규정(상법 §440, 441)에 의해서만 소각할 수 있다. 다만 이사회 결의에 의하여 회사가 보유하는 자기주식을 소각하는 경우에는 그러하지 아니하다(상법 §343).

> **▌상법(§343) 【주식의 소각】**
>
> 주식은 자본금 감소에 관한 규정에 따라서만 소각(消却)할 수 있다. 다만, 이사회의 결의에 의하여 회사가 보유하는 자기주식을 소각하는 경우에는 그러하지 아니하다.

> **보충설명**
>
> 자본을 감소할 목적으로 당해 법인의 특정주주로부터만 자기주식을 취득하여 소각하는 경우 당해 법인과 특정주주가 특수관계에 있는 경우에도 부당행위계산 부인의 유형에 해당되지 아니하다(서이 46012-10841, 2003.4.22.).

❷ 자기주식의 처분

회사가 보유하고 있는 자기주식을 처분하는 경우 다음의 사항으로서 정관에 규정이 없는 것은 이사회가 결정한다(상법 §342).

① 처분할 주식의 종류와 수

② 처분할 주식의 처분가액과 납입기일

③ 주식을 처분할 상대방 및 처분방법

❸ 자기주식 소각 및 처분손익의 세무처리

자기주식을 취득하여 소각함으로써 생긴 손익은 각 사업연도 소득금액계산상 익금 또는 손금에 산입하지 아니하지만 매각함으로써 생긴 매각차손익은 익금 또는 손금으로 한다(법법 집행기준 15-11…7). 이에 대한 세무처리는 다음과 같다.

구 분	세법상거래	세무조정	
		처분(소각)이익	처분(소각)손실
자기주식처분(소각)이익	손익거래	익금	손금
자기주식처분(소각)손실	자본거래	익금불산입	손금불산입

보충설명

자기주식의 양도소득세 부당행위계산 부인 규정(소법 §101 ①)은 개인이 특수관계인에게 자기주식을 저가로 양도한 경우로서 시가와 거래가액의 차액이 3억원 이상이거나 시가의 5%에 상당하는 금액 이상인 경우에 적용한다.

(3) 자기주식 소각 등으로 다른 주주의 지분율이 증가할 경우 의제배당

❶ 자기주식 소각 등의 경우

비상장법인이 자본감소 또는 이익소각의 방식으로 「증권거래법」(§21)에 의한 공개매수방법에 준하여 소액주주들로부터 자기주식을 취득하여 소각(상법 §343 ①)함으로써 주식을 소각하지 아니한 잔여주주의 지분비율이 증가하는 경우 당해 잔여주주의 지분비율 증가는 의제배당에 해당되지 아니한다(서면1팀-1029, 2005.9.1.).

❷ 자기주식 보유의 경우

법인이 자기주식을 보유하고 있는 상태에서 익금으로 과세되지 않은 주식발행액면초과액 등을 자본에 전입하여 무상주를 지급하는 경우 「상법」(§369)에 따르면 자기주식은 의결권이 없다는 규정 때문에 자기주식에 대해서는 무상주를 배정할 수 없다.

따라서 법인이 자기주식(자기출자지분 포함)을 보유한 상태에서 의제배당에서 제외되는 자본준비금·재평가적립금을 자본전입을 함에 따라 그 법인 외의 다른 주주의 지분비율이 증가한 경우에는 의제배당으로 과세되지 않는 잉여금의 자본전입이라 할지라도 증가한 지분비율에 상당하는 주식가액은 의제배당으로 취급한다.

의제배당금액 = 지분증가분에 따른 무상주의 가액

| 보충설명 : 잉여금 자본전입에 따른 의제배당 여부 |

<table>
<tr><th>구분</th><th colspan="4">무상주 재원이 되는 잉여금</th><th>의제배당 여부</th></tr>
<tr><td rowspan="10">자본잉여금</td><td colspan="4">주식발행액면초과액
주식의 포괄적 교환차익
주식의 포괄적 이전차익</td><td>×</td></tr>
<tr><td rowspan="4">감자차익</td><td colspan="3">원칙</td><td>×</td></tr>
<tr><td rowspan="3">자기주식 소각익</td><td rowspan="2">2년 후 자본전입</td><td>시가≤ 취득가액</td><td>×</td></tr>
<tr><td>시가> 취득가액</td><td>○</td></tr>
<tr><td colspan="2">2년 이내 자본전입</td><td>○</td></tr>
<tr><td rowspan="2">합병차익
분할차익</td><td colspan="3">일반적인 합병차익 · 분할차익</td><td>×</td></tr>
<tr><td colspan="3">합병평가차익 등, 분할평가차익 등</td><td>○</td></tr>
<tr><td rowspan="2">재평가적립금</td><td colspan="3">일반적인 재평가차액(3%)</td><td>×</td></tr>
<tr><td colspan="3">토지의 재평가차액(1%)</td><td>○</td></tr>
<tr><td colspan="4">기타 자본잉여금(자기주식 처분이익 등)</td><td>○</td></tr>
<tr><td>이익잉여금</td><td colspan="4">법정적립금, 임의적립금, 이익준비금, 이월이익잉여금</td><td>○</td></tr>
</table>

Q 사례 잉여금(주식발행액면초과액)의 자본전입에 따른 의제배당

① 갑 법인의 자본금은 10억원이며, 총발행주식총수는 100,000주(1주당 액면가액 10,000원)이다.

② 갑 법인의 주주구성원은 다음과 같다.

주주 구성원	지분율	보유주식수
을 법인주주	50%	50,000주
병 법인주주	30%	30,000주
자기주식	20%	20,000주
계	100%	100,000주

③ 갑 법인은 주식발행액면초과액 1억원을 자본에 전입하였으며, 주주들에게 무상주를 교부하다.

풀이

❶ 잉여금(주식발행액면초과액)의 자본전입으로 인한 주주별 지분율 변동현황

주 주	자본전입 전 구성비		자본전입에 따른 무상주 수령	자본전입 후 구성비	
	주식수	구성비		주식수	구성비
을 법인주주	50,000주	50%	6,250주(50/80)	56,250주	51.14%
병 법인주주	30,000주	30%	3,750주(30/80)	33,750주	30.68%
자기주식	20,000주	20%	-	20,000주	18.18%
계	100,000주	10%	10,000주*	110,000주	100%

* 10,000주 × 10,000원(액면가액) = 100,000,000원(자본전입액)

❷ 주주별 의제배당금액 계산

① 을 법인주주 : 110,000주 × (51.14% - 50%) × 10,000원 = 12,540,000원

② 병 법인주주 : 110,000주 × (30.68% - 30%) × 10,000원 = 7,480,000원

4. 자기주식과 자기사채의 차이

(1) 자기주식

자기주식은 세법상 자산에 포함되므로 자기주식을 매각함으로써 생긴 손익은 익금 또는 손금에 산입하지만 자기주식을 소각함으로써 생긴 손익은 자본거래로 보아 익금 또는 손금에 산입하지 아니한다.

또한 자기주식의 취득가액 산정은 해당 주식의 취득목적에 따라 매각목적 자기주식과 소각목적 자기주식으로 구분하여 유가증권평가규정을 적용한다(법법 기본통칙 15-11…7 ②).

기업회계상 자기주식을 재무제표에 표시하는 방법은 자기주식을 매각목적으로 재취득하든, 소각목적으로 재취득하든 구분하지 않고 자기주식의 취득은 모두 자본에서 차감하는 형식으로 기재한다.

(2) 자기사채

자기사채란 회사가 발행한 사채를 사채의 조기상환, 유휴자금의 운용 목적으로 취득하여 보유하는 것으로써 사채발행회사가 매입방법으로 재취득하여 보유하고 있는 자기의 사채를 말한다. 즉 사채발행회사가 만기일 전에 사채를 상환하여 회수한 후 이를 소각시키지 않고 보유하고 있을 때 그 보유사채를 자기사채라 한다.

매입소각하거나 상환일까지 보유할 목적으로 자기사채를 취득하는 경우 사채의 취득일까지의 이자상당액은 지급이자로 하여 원천징수하고, 자기사채의 발행가액과 취득가액과의 차액(사채할인발행차금 미상각액 포함)은 취득일이 속하는 사업연도의 손익에 산입한다.

취득일까지의 이자상당액이라 함은 다음의 합계액으로 한다(법법 기본통칙 19-19…38 ②, ③).

① 당해 사채 취득시까지 약정이자율에 의하여 계산한 미지급이자 상당액

② 사채할인발행차금 중 발행일로부터 취득시까지의 기간에 상당하는 금액

자기사채의 장부가액과 취득가액의 차이를 사채상환손익으로 처리한다. 세법에서도 자기사채의 발행가액과 취득가액과의 차액을 손익에 산입하도록 하고 있으며 이는 기업회계상 처리방법과 동일하다.

Ⅴ 주식 취득 · 보유 및 양도시 적용되는 세금

주식을 보유할 경우 그 회사가 영업활동으로 얻은 이익을 주주총회의 의결을 거쳐 주주가 가진 주식 수에 비례하여 주주에게 분배해 주는 배당소득(이익배당, 주식배당)으로 소득세가 과세되고, 주식을 양도하는 경우에는 양도자에게 양도소득세와 증권거래세가 과세된다.

상속 및 증여로 취득하게 되는 경우 상속인에게는 상속세 및 수증자에게는 증여세가 과세된다.

주식은 자유로이 양도할 수 있으며 정관에서 이를 금지하거나 제한하지 못한다.

따라서 상법에서는 주주가 투자한 자본을 언제라도 회수할 수 있도록 주식의 양도를 보장하고 있다.

회사의 소유권을 갖기 위해 주식을 매입하는 것보다 매매차익(양도차익)을 얻기 위해 주식에 투자하거나 상속 및 증여 등으로 취득하는 경우에는 다음의 세금이 부과되므로 각별한 관심으로 세금계획을 마련해야 한다.

① 주식 취득으로 인한 법인의 과점주주의 제2차 납세의무 및 법인의 제2차납세의무 등

② 과점주주의 취득세 납세의무 및 제2차 납세의무

③ 주식의 소각이나 자본감소 등으로 인한 의제배당인 경우 주식보유자(금융소득;

2천만원 초과)에게 과세되는 종합소득세(연간 금융소득이 2천만원 초과 금융소득종합과세)

④ 영업활동으로 얻은 이익을 주주가 가진 주식 수에 비례하여 주주에게 분배해 주는 이익배당 또는 신주를 발행하여 분배받는 주식배당에 대한 종합소득세(연간 금융소득이 2천만원이 넘는 경우 금융소득종합과세)

⑤ 증여받은 주식에 대해 증여받은 자(수증자)에게 과세되는 증여세

⑥ 상속받은 주식에 대해 상속인에게 과세되는 상속세

⑦ 주식을 양도할 때 양도차익 발생하여 양도자에게 과세하는 양도소득세

⑧ 주식 거래시 양도자에게 과세되는 증권거래세

제 2 편

주식 취득과 관련한 세금

- 상속세 · 증여세 · 법인세 · 취득세(과점주주) -

상속세 제1장
증여세 제2장
주식 취득 관련 법인세 제3장
주식 취득 관련 취득세(과점주주) 제4장

주식의 취득은 취득대가의 지급 여부에 따라 매매 · 교환 등에 의한 유상취득과 증여(의제, 추정)에 의한 무상취득이 있다.

주식 취득에 관련한 상속세 · 증여세 및 법인세의 전반적인 내용과 과점주주의 주식취득으로 인한 내용을 설명하고자 한다.

① 주식의 상속 및 증여 취득

② 주식의 증여이익 등

③ 법인의 제2차 납세의무

④ 자본거래와 법인세법상 부당행위계산 부인

⑤ 주식의 고가 · 저가 매입에 따른 법인세 및 소득세 등

⑥ 과점주주의 취득세 납세의무 및 과점주주의 제2차 납세의무 등

제 1 장

상속세

상속인이 상속받은 재산 중 주식을 상속받은 경우에는 상속세규정에 따라 신고·납부하여야 한다.

상속세란 사망으로 그 주식 등의 재산이 가족이나 친족 등에게 무상으로 이전되는 경우에 당해 상속재산에 대하여 부과하는 세금을 말한다.

이 책에서는 주식에 관련하여 일상적으로 필요한 세법과 관련한 법규 내용을 정리·설명하고자 한다.

제1절 상속의 이해

상속세와 관련하여 세법내용을 정확하게 이해하고 이를 차질없이 실행에 옮기기 위해서는 민법 중 상속편에 관한 규정을 알아야 할 필요가 있다.

상속은 자연인이 사망으로 인하여 그가 가진 권리와 의무를 상속인이 승계받는 것으로서 사망자를 피상속인이라고 하며, 피상속인의 권리와 의무를 포괄적으로 당연히 승계하는 자를 상속인이라 한다. 이 경우 상속인은 상속세 납세의무가 있으며 피상속인이 사망한 때에 상속이 개시된다.

I 사망개시와 원인

상속세 및 증여세법(이하 "상증법"이라 한다)상 사망개시일은 피상속인이 사망한 날을 말하며, 상속개시 시기는 사망원인이 되는 피상속인이 사망, 실종선고, 인정사망이 발생한 때이다.

또한 상속개시 시기는 상속세 납세의무의 성립일, 상속재산의 평가기준일, 상속세 신고기한의 제척기간, 소멸시효 등의 판단 기준일이 되므로 매우 중요하다.

만일 천재지변 등의 동일한 사고로 동시에 2인 이상이 사망한 경우에는 동시에 사망한 것으로 추정한다(민법 §30). 상속이 개시되는 원인으로는 자연적 사망·실종선고 및 인정사망이 있다.

① 자연적 사망 : 일반적으로 의사의 진단으로 사실상 사망한 때로 한다.

② 실종선고 : 부재자의 생사불명 상태가 일정기간 지속되어 사망했을 것으로 추측하여 실종기간이 만료한 때로 한다.

③ 인정사망 : 재난 등으로 사망한 사람의 시체가 없어도 사망으로 추정하고 사망자의 시·읍·면의 장에게 통보하여 가족관계등록부에 기재한 경우로 한다.

Ⅱ 상속효과

상속은 자연인이 사망하였을 때 사망과 동시에 그 사망자의 친족적 신분관계에 있는 사람에게 재산적 권리나 의무가 포괄적으로 당연히 승계되는 법률적 효과가 발생하는 것을 말한다.

이 경우 상속인은 상속이 개시된 때(사망개시일)부터 피상속인의 재산에 관한 포괄적 권리의무를 승계한다. 그러나 피상속인에게만 전속되는 권리·의무(일시전속권; 공인회계사, 세무사, 변호사 등)는 제외한다.

상속의 효과는 사망하는 때에 사망자의 재산상의 권리·의무의 자동으로 승계되므로, 매매나 증여의 경우처럼 특정인과 특정재산을 지정하여 개별의사에 의해 이전시키는 행위와 다르다.

상속은 사망으로 의사표시와 관계없이 당연히 이전되는 상속과 이외에 법률에 따라 재산이 변동되거나 이전되는 의사표시가 필요한 유언·유증과 사인증여가 있다.

상증법에서는 유증과 사인증여도 사망으로 상속인에게 재산이 무상이전되는 경우 상속세 과세대상으로 규정하고 있다(상증법 §2 〈1〉).

1. 유언

유언은 민법에서 정한 방식에 의하지 아니하면 효력이 발생하지 아니하며(민법

§1060), 유언의 방식은 다음과 같다.

이 경우 유언의 효력발생시기는 유언자가 사망한 때로부터 그 효력이 발생한다(민법 §1073 ①).

유언 방식	유 언 내 용	민법
자필증서	유언자가 그 전문과 연월일, 주소, 성명을 자필로 작성하고 날인하는 유언을 말함	§1066
녹음	유언자가 유언의 취지, 성명과 연월일을 구술하고 이에 참여한 증인이 유언의 정확함과 그 성명을 구술하는 유언을 말함	§1067
공정증서	유언자가 증인 2인이 참여한 공증인의 면전에서 유언의 취지를 구술하고 공증인이 이를 필기 낭독하여 유언자와 증인이 그 정확함을 승인한 후 각자 서명 또는 기명날인하는 유언을 말함	§1068

2. 유증

유증이란, 유언으로 재산을 타인에게 증여하는 상대방이 없는 단독행위를 말한다.

증여와 유증은 모두 재산의 무상이전이라는 점에서 동일하지만 증여는 생전행위이고 계약인 데 반하여 유증은 사인행위이고, 유언자의 단독행위라는 점에서 차이가 있다.

그리고 유증은 유언자의 재산처분의 자유를 인정하지만 유류분제도로 제한을 받을 수 있으며, 유언은 민법에서 정하는 방식에 따라야만 그 효력이 인정된다(민법 §1060).

3. 사인증여

사인증여란, 증여자의 사망으로 인하여 효력이 생기는 증여를 말한다.

사인증여나 유증은 증여자·유증자의 사망으로 인하여 효력이 발생하는 사인행위로써 재산의 무상이전인 점에서 동일하나, 사인증여는 증여자와 수증자 사이의 계약이고 유증은 유언으로 재산을 타인에게 증여하는 상대방이 없는 유언자의 단독행위라는 점에서 서로 다르다.

▌상속개시 후 피상속인 소유의 주식(예규내용은 부동산임)을 상속인이 증여를 원인으로 하여 취득한 경우

상속개시 후 피상속인 소유의 부동산을 상속인이 증여 또는 매매를 원인으로 하여 취득한 경우에 당해 부동산은 상속받은 것으로 보는 것이며, 「민법」상 적법한 유언절차 등에 의하지 않고 상속인 외의 자가 상속재산을 취득하는 경우에는 상속인이 상속받은 재산을 상속인 외의 자에게 증여한 것으로 보아 그 증여재산 취득시기를 소유권이전등기 접수일로 하여 상속인 외의 자에게 증여세가 과세되는 것이다(재산-707, 2009.4.8.).

Ⅲ 상속분과 재산분할

상속분이란, 상속재산 전체에 대하여 공동상속인이 각각 승계할 몫의 비율을 말하며, 각자 상속 몫으로 분배하여 개별상속인에게 상속재산을 귀속시키는 것을 말한다.

이 경우 상속재산의 분할은 상속이 개시된 때에 소급하여 그 효력이 있으므로(민법 §1015), 상속재산의 협의가 성립되어 분할등기 마친 후 특별한 사유 없이 상속세 신고기한이 지난 후에 재분배하는 경우에는 증여세 또는 양도소득세가 발생되어 최초에 상속재산의 협의로 분할등기할 때 주의가 필요하다.

민법상 상속분은 피상속인의 의사에 의해서 정해지는 지정상속과 법률의 규정에 의하여 정해지는 법정상속으로 구분한다.

1. 지정상속

피상속인은 유언에 의하여 공동상속인의 상속분을 지정할 수 있다. 즉 피상속인이 생전에 유언에 의하여 상속분을 지정하는 경우에는 이를 지정상속이라 한다.

이는 유언에 의하여 피상속인은 법정상속분에 우선하여 유증받은 자로 하여금 상속재산을 취득하는 것이다.

2. 법정상속

피상속인이 공동상속인의 상속분을 지정하지 아니한 경우에는 민법에 규정한 법정상속에 따라 상속재산을 분할하게 된다.

상속재산 전체에 대하여 공동상속인이 각각 승계할 법정상속지분은 다음의 예와 같다.

상속인수	상속인	법정상속분	상속비율
1	배우자	1	1
2	자 녀	1	1/2
	자 녀	1	1/2
3	배우자	1.5	3/7
	자 녀	1	2/7
	자 녀	1	2/7
4	배우자	1.5	3/9
	자 녀	1	2/9
	부	1	2/9
	모	1	2/9

유언으로 상속인을 지정한 경우에는 유언상속이 우선하며, 유언이 없는 경우에는 민법에 따라 직계비속·직계존속·형제자매·4촌 이내에 방계혈족 및 배우자에게 다음과 같은 순위로 상속권을 부여하고 있다.

상속개시 당시 태아가 있는 경우에는 태아도 상속순위에 대하여 출생한 것으로 본다.

제1순위	직계비속과 배우자	항상 상속인이 된다
제2순위	직계존속과 배우자	1순위가 없는 경우에는 상속인이 된다
제3순위	형제자매	1,2순위가 없는 경우에는 상속인이 된다
제4순위	4촌 이내의 방계혈족	1,2,3순위가 없는 경우에는 상속인이 된다

3. 협의분할

유언에 따른 상속의 경우를 제외하고 공동상속인은 협의에 의하여 상속재산을 분할할 수 있으며, 협의에는 공동상속인이 참가하여야 한다. 이 경우 상속재산의 분할은 상속이 개시된 때에 그 효력이 있다(민법 §1013).

상속개시 후 최초로 협의분할에 의한 상속등기함에 있어서 특정 상속인이 법정상속분을 초과하여 상속재산을 취득하는 경우 증여세가 과세되지 아니한다(재산-157, 2012.4.24.).

그러나 상속개시 후 상속재산에 대하여 등기·등록·명의개서 등에 의하여 각 상속인의 상속분이 확정되어 명의개서 등이 된 후에 그 상속재산에 대하여 공동상속인이 협의하여 분할한 결과 특정상속인이 당초 상속분을 초과하여 취득하게 되는 재산가액은 그 분할에 의하여 상속분이 감소한 상속인으로부터 증여받은 것으로 본다(상증법 §4 ③).

상속개시 후 상속재산에 대하여 상속인의 상속분이 확정되어 등기 등이 된 후에 공동상속인 간에 재협의 분할하여 특정상속인의 지분이 변경된 경우 다음과 같이 증여세 과세 여부가 달라진다(상증법 집행기준 4-3의2-1).

<table>
<tr><th colspan="2">구 분</th><th>증여세 과세대상 여부</th></tr>
<tr><td colspan="2">원 칙</td><td>재협의분할 결과 특정상속인의 지분이 증가함에 따라 취득하는 재산은 지분이 감소한 상속인으로부터 증여받은 재산으로 본다.</td></tr>
<tr><td colspan="2">① 상속세신고기한 내에 재협의분</td><td>상속세 신고기한 내에 재협의분할에 의하여 지분이 초과되는 경우에 취득하는 재산은 증여재산으로 보지 아니한다. 이 경우 상속재산의 분할의 협의에는 공동상속인의 전원이 참가하여야 하며 일부의 상속인만으로 이루어진 협의분할은 효력이 없다.</td></tr>
<tr><td rowspan="3">②
재분할
사유가
정당한
경우</td><td>법원판결</td><td>상속회복청구의 소에 의한 법원의 확정판결에 의하여 상속인 및 상속재산에 변동이 있는 경우 증여재산으로 보지 아니한다.</td></tr>
<tr><td>채권자
대위권
행사</td><td>피상속인의 채권자가 대위권을 행사하여 공동상속인들의 법정상속분대로 등기 등이 된 상속재산을 상속인 사이에 협의분할에 의하여 재분할 하는 경우 당초 지분보다 초과하는 자가 취득하는 재산은 증여재산으로 보지 아니한다.</td></tr>
<tr><td>물납관련</td><td>상속세 신고기한 내에 상속세를 물납하기 위하여 법정상속분으로 등기 등을 하여 물납을 신청하였다가 물납허가를 받지 못하거나 물납재산의 변경명령을 받아 당초의 물납재산을 상속인 간의 협의분할에 의하여 재분할하는 경우 당초지분보다 초과하는 자가 취득하는 재산은 증여재산으로 보지 아니한다.</td></tr>
</table>

보충설명

공동상속인이 상속재산을 협의분할함에 있어서 그 지분계산은 전체 상속재산을 대상으로 하는 것이며, 또한 그 재산가액은 상속개시일 현재를 기준으로 한다(재산 01254-1220, 1986.4.18.).

Ⅳ 유류분 제도

피상속인의 유언에 의하여 재산을 상속하는 경우로서 여러 사람의 상속인 중 어느 한 사람에게 지나치게 유증(유언에 의한 재산 증여를 말한다)하는 경우에는 사회적으로 바람직하지 아니하므로 민법에서는 각 상속인이 최소 한도로 받을 수 있는 상속분을 정하고 있는데, 이를 유류분제도라 한다.

유류분의 상속인별 상속가액은 다음의 비율에 의한다(민법 §1112).

① 피상속인의 배우자 또는 직계비속 : 법정상속분의 1/2

② 피상속인의 직계존속 또는 형제자매 : 법정상속분의 1/3

민법에서는 피상속인이 증여 또는 유증으로 인하여 유류분에 반하는 지정을 하였을 경우 유류분권리자는 그 부족한 한도에서 수증자에 대하여 재산의 반환을 청구할 수 있으며, 반환청구의 순서는 먼저 유증에 대하여 반환을 받고 그래도 부족분이 있을 때에는 증여에 대하여 반환청구를 하여야 한다.

반환청구행사는 증여 또는 유증의 사실을 안 때로부터 1년, 상속이 개시된 때로부터 10년 내에 하지 아니하면 소멸한다.

▌증여받은 재산을 금전으로 환가하여 유류분 권리자에게 반환하는 경우

증여받은 재산을 금전으로 환가하여 유류분 권리자에게 반환하는 경우 유류분 권리자는 당해 재산을 상속받아 양도한 것으로 보아 각각 상속세와 양도소득세의 납부의무가 있다(재산-35, 2012.2.2.).

Ⅴ 상속승인 및 포기

상속이 개시되면 피상속인의 재산상의 권리·의무는 상속인의 의사와는 관계없이 법률상 당연히 상속인에게 포괄적으로 자동 승계된다.

그러나 피상속인의 상속재산이 적극재산보다 채무가 많은 경우 상속인의 의사를 무시하고 법률상 당연히 상속인에게 포괄 승계시키는 것은 상속인에게 빚을 떠안게 되는 부담을 주게 되므로 이를 보호할 필요가 있다.

민법에서는 이러한 상속인을 보호하기 위해 상속의 한정승인 또는 상속포기제도를 두고 있다.

상증법에서는 피상속인의 상속재산이 적극재산보다 채무가 많은 경우에는 상속인이 다음과 같은 상속을 승인한 것인지 또는 상속을 포기하였는지 여부에 따라 상속세 납세의무가 달라질 수 있으므로 각별한 주의가 필요하다.

1. 단순승인

단순승인은 상속인이 피상속인의 권리·의무를 제한 없이 승계하는 것을 말한다.

상속인이 단순승인을 하면 상속채무에 대하여 무한적 책임을 지게 되어 피상속인의 채무를 상속받은 재산으로 변제할 수 없게 되는 경우에는 상속인은 상속받은 재산이 아닌 자기의 고유재산으로 변제하여야 하고, 피상속인의 채권자는 상속인의 고유재산에 대하여 강제집행할 수 있다.

민법에서는 단순승인을 본래의 형태로 보고 상속인이 상속개시 있음을 안 날로부터 3월 내에 한정승인 또는 포기를 하지 아니하면 상속인이 단순승인한 것으로 본다(민법 §1026).

2. 한정승인

한정승인은 상속인이 상속으로 인하여 얻은 재산의 한도 내에서 피상속인의 채무와 유증을 변제할 조건으로 상속을 승인하는 것을 말한다(민법 §1028).

이는 피상속인의 상속재산이 적극재산보다 채무가 많은 경우에 상속인의 의사를 묻지 않고 그 채무의 전부를 승계시키는 것은 상속인에게 부담을 주기 때문에 상속인을 보호할 목적으로 한정승인제도를 두고 있는 것이다.

상속인은 상속채무가 상속재산을 초과하는 중대한 과실없이 상속개시 있음을 안 날로부터 3월 이내에 알지 못하고 단순승인을 한 경우에는 그 사실을 안 날부터 3월 내에 한정승인을 할 수 있다(민법 §1030).

이 경우 한정승인을 한 상속인은 상속으로 취득한 재산의 한도 내에서만 피상속인의 채무와 유증의 변제를 하면 되는 것이며, 자기의 고유재산으로 변제할 필요는 없다.

▌한정승인한 상속인의 양도소득세 납세의무 범위

한정승인한 상속인의 상속재산에 대한 임의경매로 발생한 양도소득세 채무는 한정승인한 상속인 자신의 조세채무로서 한정승인자는 양도소득세 채무 전부에 대해 납세의무가 있고 상속으로 인하여 취득한 재산의 범위로 책임이 제한되지 않는다.

3. 상속포기

상속인은 상속개시에 의해 피상속인의 재산상의 권리·의무를 승계하게 되지만, 민법(§1019)에 따라 상속개시 있음을 안 날로부터 3월 내에 단순승인이나 한정승인 또는 상속포기를 할 수 있다. 공동상속의 경우에도 각 상속인은 단독으로 포기할 수 있다.

이 경우 상속포기 신고를 통하여 상속인은 상속재산의 전부 또는 일부의 승계를 거부할 수 있으며, 상속개시된 때에 소급하여 그 효력이 있으므로 상속개시된 때에 상속인이 아니었던 것이 되므로 상속포기를 한 자는 당연히 상속세 납부의무를 지지 아니한다.

제2절 상속세 총설

I 상속세계산 과정

상속인이 상속받은 재산에 대해 상속세를 계산하고 신고·납부하는 과정은 다음과 같다.

상속재산가액(①)
+ 민법상 상속재산
+ 간주 상속재산
+ 추정 상속재산
− 과세제외 재산

↓

상속세 과세가액(②) = 상속재산가액(①)
+ 사망 전에 증여한 재산(10년 이내 또는 5년 이내)
− 공과금
− 장례비용
− 채무

↓

상속세 과세표준(③) = 상속세 과세가액(②)
− 상속공제(기초공제, 가업공제, 배우자공제, 인적공제 및 일괄공제 등)
− 감정평가수수료

↓

상속세 산출세액(④) = 상속세 과세표준(③) × 세율
+ 세대생략 상속 할증 과세액

↓

상속세 신고결정세액(⑤) = 상속세 산출세액(④)
− 세액공제(기납부세액공제, 외국납부세액공제, 단기상속공제, 신고세액공제)
+ 가산세

↓

상속개시일이 속하는 달의 다음 달부터 6개월 이내에 신고·납부하여야 한다.
(예, 상속개시일이 2019.2.5.인 경우 상속세 신고기한은 2019.8.31.까지이다)

Ⅱ 상속개시일

사망인(피상속인)이 남긴 재산이 상속인에게 무상이전되는 시점(상속개시일)은 다음의 상속개시의 원인이 발생한 때로 한다(상증법 §2 〈2〉).

① 자연적 사망 : 실제로 사망한 사실이 발생한 시점이다.

② 인정사망 : 가족관계등록부에 기재된 사망 연·월·일·시로 한다.

③ 실종선고 : 실종선고일. 상속개시 시점은 실종기간 만료일이다.

④ 부재선고 : 선고일로 한다.

⑤ 동시사망 : 2인 이상이 동일 위난으로 사망시, 동시사망으로 추정한다.

Ⅲ 상속세 과세대상

상속세 과세대상은 피상속인이 상속개시일 현재 거주자 또는 비거주자인지 여부에 따라 다음과 같이 다르다.

① 피상속인이 거주자인 경우 : 모든 상속재산

② 피상속인이 비거주자인 경우 : 국내에 있는 모든 상속재산. 비거주자의 사망으로 상속이 개시되는 경우 국내에 있는 비거주자의 모든 상속재산에 대하여만 상속세가 과세된다(서면상속증여-1112, 2015.7.16.).

보충설명

거주자란 국내에 주소를 두거나 183일 이상 거소*를 둔 사람을 말하며, 비거주자란 거주자가 아닌 사람을 말한다.

* 거소는 주소지 외의 장소 중 상당기간에 걸쳐 거주하는 장소로서 주소와 같이 밀접한 일반적 생활관계가 형성되지 아니한 장소를 말한다.

▌피상속인의 소유재산을 상속인이 아닌 자에게 증여한 경우

피상속인이 소유재산을 상속인이 아닌 자에게 증여한 경우에는 해당 자산을 상속받아서 상속인이 아닌 자에게 증여한 것으로 보아 상속세와 증여세가 각각 과세된다(국심 1999서2436, 2000.7.21.).

Ⅳ 상속세 납부의무

상증법에 따라 부과된 상속세에 대하여 상속재산 중 각자가 받았거나 받을 재산(자산총액－부채총액－상속세액)을 한도로 납부할 의무가 있다.

1. 납부의무

(1) 개요

상속세의 납부의무자는 상속재산을 받는 자(상속인)이다.

상속세 신고·납부의무가 있는 납부의무자는 상속을 원인으로 주식 등의 재산을 물려받은 상속인과 유언과 증여계약 후 증여자의 사망으로 그 재산을 취득하는 수유자가 있다.

상속인 또는 수유자는 부과된 상속세에 대하여 상속받은 재산 중 각자가 받았거나 받을 재산을 기준으로 계산한 비율에 따라 상속세를 납부할 의무가 있으며, 상속재산 중 각자가 받았거나 받을 재산을 한도로 연대하여 상속세를 납부할 의무를 진다.

우리나라는 피상속인의 모든 상속재산에 대하여 상속세를 부과하는 유산세제도를 채택하고 있으므로 거주자의 사망으로 인하여 상속이 개시된 경우에는 상속재산이 국내에 있거나 국외에 있거나 상관없이 모두 상속세의 납부의무가 있다. 다만, 비거주자의 사망으로 인하여 상속이 개시된 경우에는 국내에 있는 상속재산에 대하여만 제한적 납부의무가 있다(상증법 §3의2).

보충설명

수유자가 영리법인인 경우에는 상속세 납부의무에서 제외된다.

▌상속인 각자가 받은 상속재산을 초과하여 대신 납부한 상속세액의 증여세 과세 여부

상속인은 상속재산 중 각자가 받았거나 받을 재산을 한도로 하여 상속세를 연대하여 납부할 의무가 있는 것이므로 상속인 각자가 받은 상속재산을 초과하여 대신 납부한 상속세액에 대하여는 다른 상속인에게 증여한 것으로 보아 증여세가 과세된다(제도46014－10886, 2001.4.30.).

▍상속개시일 전 5년 이내에 피상속인이 상속인이 아닌 자에게 증여한 재산의 납부의무 및 연대납부의무

피상속인으로부터 상속개시 전 5년 이내에 증여받은 재산만 있는 상속인 외의 자는 상속세 납부의무 및 연대납부의무는 없다. 상속인 또는 수유자가 아닌 자가 상속인 또는 수유자를 대신하여 납부한 상속세는 증여세 과세대상이다(서면4팀-3050, 2006.9.5.).

(2) 상속개시 전 10년 이내에 피상속인으로부터 증여받은 재산이 있는 경우

상속을 포기한 상속인이라도 상속개시 전 10년 이내에 피상속인으로부터 증여받은 재산이 있거나 사용처가 불분명한 추정상속재산이 있는 경우에는 상속세 납부의무 및 연대납부의무가 있다(상증법 §3의2).

▍사전증여재산가액을 상속세 과세가액에 합산하는 경우(상증법 집행기준 13-0-5)

① 상속개시 전 10년 이내에 상속인이 피상속인으로부터 재산을 증여받고, 상속개시 후 민법상 상속포기를 하는 경우에도 당해 증여받은 재산을 상속세 과세가액에 합산한다.

② 피상속인이 상속개시 전 5년 이내에 영리법인에게 증여한 재산가액 및 이익은 상속인 외의 자에게 증여한 재산가액으로 상속재산에 포함된다. 동 재산가액 및 이익에 대한 상증법에 따른 증여세 산출세액 상당액은 상속세 산출세액에서 공제한다.

③ 증여세 과세특례가 적용된 창업자금과 가업승계한 주식의 가액은 증여받은 날부터 상속개시일까지의 기간이 상속개시일로부터 10년 이내인지 여부와 관계없이 상속세 과세가액에 합산한다.

2. 연대납부의무

연대납부의무란 수인이 동일한 납부의무에 대하여 각각 독립하여 납부의무를 부담하고 그 중 1인이 전액을 부담하면 모든 납부의무자의 납부의무가 소멸하는 납부의무를 말한다.

상속세 납부의무자 중 일부가 상속세를 납부하지 아니한 경우에는 다른 상속세 납부의무자들이 미납된 상속세에 대하여 상속받은 재산 중 각자가 받았거나 받을 재산을 기준으로 계산한 비율에 따라 상속세를 납부할 의무가 있으며, 상속재산 중 각자가 받았거나 받을 재산을 한도로 연대하여 납부할 의무를 진다.

이 경우 각자가 받았거나 받을 재산에는 상속재산에 가산하는 증여재산이나 추정상속재산 중 상속인이나 수유자의 지분 상당액이 포함된다.

▌연대납세의무는 범위 내에서는 공동상속인 누구에게나 있다.

공동상속인의 연대납세의무는 다른 공동상속인이 각자가 납부할 상속세를 납부않거나 납세자력의 상실을 요건으로 성립되는 것이 아니므로 연대납세의무 범위 내에서는 공동상속인 누구에게나 상속세를 징수할 수 있다(재삼 46014-435, 1999.3.2.).

▌연대납부의무자에게 국세환급금이 발생한 경우 환급세액 계산

국세환급금은 환급하여야 할 국세 등을 납부한 해당 납세자에게 환급함이 원칙이나, 2인 이상의 연대납세의무자들이 납부한 국세 등에 발생한 국세환급금의 경우 각자가 납부한 금액에 따라 안분한 금액을 각자에게 환급한다(징세과-192, 2011.3.6.).

3. 납부의무 승계

상속이 개시된 때에 피상속인에게 부과되거나 피상속인이 납부할 국세 및 체납처분비는 상속인 또는 상속재산관리인에게 납세의무에 대한 별도의 지정조치없이 당연히 승계되는 것이며, 피상속인의 생전에 피상속인에게 행한 처분 또는 절차는 상속인 또는 상속재산관리인에 대하여도 효력이 있다.

이 경우 상속인은 피상속인의 국세와 체납처분비를 상속으로 받은 재산을 한도로 납부할 의무를 진다.

상속으로 받은 재산 = 상속으로 받은 재산(자산총액-부채총액) - 상속으로 인하여 부과되거나 납부할 상속세

▌납부의무 승계

국세기본법(§24 ①, ②)에서 "상속으로 받은 재산"에는 피상속인이 상속개시 전에 증여한 재산은 포함되지 아니하는 것이고, 상속인들이 추정상속재산 등이 포함된 상속받은 자산총액(사전증여재산을 차감한 가액)에서 상속인들이 상속으로 인하여 부과되거나 납부할 상속세를 차감한 '상속으로 받은 재산'의 한도에서 피상속인의 종합소득세 납세의무가 승계되는 것으로 본다(조심 2015서1245, 2016.2.1.).

▌상속인이 상속포기자인 경우 납부의무 범위

본래의 상속재산은 없고 사전증여재산만 있는 경우에는 상속인이 상속포기를 했더라도 상속세 납세의무가 있다(국심 2001부3083, 2002.6.5.).

Ⅴ 납세지(관할관청)

관할관청이란 법률상 유효하게 국가 등의 행위를 할 수 있는 권한 있는 행정관청을 말한다.

상속세의 납세지란 상속세의 납부의무자가 세법에 따라 제의무를 이행하고 권리를 행사하는 데 장소적 기준이 되는 곳(관할세무서)을 말하며, 상속세는 피상속인의 주소지(상속개시지)를 관할하는 세무서장이 과세한다(상증법 §6 ①). 이는 관할세무서를 정하는 기준이 된다.

1. 상속세 과세표준신고의 관할

상속세 과세표준신고의 제출은 신고당시 해당 상속세의 납세지를 관할하는 세무서장에게 한다. 만일 상속세 과세표준신고의 제출을 관할이 아닌 다른 세무서장에게 한 경우에도 그 신고의 효력에는 영향이 없다(국기법 §43).

거주자의 사망으로 인하여 상속이 개시되는 경우에는 상속재산의 소재지가 국내·국외에 관계없이 모든 상속재산은 과세대상이 되지만 비거주자의 사망으로 인하여 상속이 개시되는 경우에는 국내에 소재하는 상속재산만 상속세 과세대상이 되므로 상속재산의 소재지가 과세관할 결정의 기준이 되기도 한다.

피상속인의 주소지를 관할하는 과세관할을 요약하면 다음의 표와 같다(상증법 집행기준 6-0-1).

구 분	납세지(과세관할)
피상속인의 주소지(또는 거소지)가 국내인 경우	① 상속개시일 당시 피상속인의 주소지를 관할하는 세무서장 ② 국세청장이 특히 중요하다고 인정하는 것에 대해서는 관할지방국세청장
피상속인의 주소지(또는 거소지)가 국외인 경우	① 상속재산 소재지를 관할하는 세무서장 ② 상속재산이 둘 이상의 세무서장 등의 관할구역에 있는 경우에는 주된 재산의 소재지를 관할하는 세무서장
실종선고에 의한 상속개시의 경우	① 상속개시일 당시 피상속인의 주소지를 관할하는 세무서장 ② 피상속인의 상속개시지가 불분명한 경우에는 주된 상속인의 주소지를 관할하는 세무서장

2. 결정 또는 경정결정의 관할

상속세의 과세표준과 세액의 결정 또는 경정결정은 그 처분당시 그 상속세의 납세지를 관할하는 세무서장이 한다(국기법 §44).

만일 상속세의 과세표준과 세액을 결정 또는 경정결정하는 때에 그 상속세의 납세지를 관할하는 세무서장 이외의 세무서장이 행한 결정 또는 경정결정처분은 그 효력이 없다.

Ⅵ 상속재산

상속세의 과세대상이 되는 상속재산은 피상속인에게 귀속되는 모든 재산으로서 금전으로 환산할 수 있는 경제적 가치가 있는 모든 물건과 재산적 가치가 있는 법률상·사실상의 권리를 말한다.

총상속재산 = 민법상 상속재산 + 유증재산 + 사인증여재산 + 추정상속재산*

* 추정상속재산이란 피상속인이 재산을 처분하여 받은 금액이나 피상속인의 재산에서 인출한 금액이 다음에 해당하는 경우로서 용도가 분명하지 아니한 경우를 말한다.
① 상속개시일 전 1년 이내에 재산종류별로 계산하여 2억원 이상인 경우
② 상속개시일 전 2년 이내에 재산종류별로 계산하여 5억원 이상인 경우
여기서 재산종류별은 다음과 같이 구분한 재산을 말한다.

㉠ 현금·예금 및 유가증권
㉡ 부동산 및 부동산에 관한 권리
㉢ 그 외의 재산

1. 개요

본래의 상속재산은 법정상속, 유증, 사인증여 등으로 인하여 상속인 또는 수유자가 취득하는 재산을 말한다.

상속재산은 피상속인에게 귀속되는 재산으로서 금전으로 환가할 수 있는 경제적 가치가 있는 물건과 재산적 가치가 있는 법률상·사실상 권리를 모두 포함하나, 일신에 전속하는 권리로서 사망으로 소멸하는 것(변호사, 공인회계사, 세무사 등의 전문자격자)을 제외한다.

2. 상속재산의 범위

민법상 상속재산의 종류와 상속재산은 다음과 같다.

상속재산의 종류	상 속 재 산
물건	상속재산에 포함하는 물건이라 함은 유체물 및 전기 기타 관리할 수 있는 자연력을 말하며(민법 §98), 다음의 물건을 말한다(민법 §99). ① 부동산 : 토지 및 그 정착물 ② 동산 : 부동산 이외의 물건
물권	상속재산에 포함하는 물권은 특정 물건을 직접 지배하여 이익을 얻는 다음의 배타적 권리를 말한다. ① 점유권은 상속인에 이전한다(민법 §193). ② 소유권(민법 §211 외) ③ 용익물건(지상권:민법 §279 외, 지역권:민법 §291 외, 전세권:민법 §303 외) ④ 담보물건(유치권:민법 §320 외, 질권:민법 §329 외, 저당권:민법 §356 외) 등
준물권	상속재산에 포함하는 준물권은 특별법에 따라 배타적으로 이용되는 다음의 물권을 말한다. ① 광업권(광업법 §10) ② 어업권·입어권(수산업법 §2)

상속재산의 종류	상 속 재 산
채권	피상속인인 채권자가 채무자에게 청구할 수 있는 권리는 상속재산에 포함한다(민법 3편).
유증재산 · 사인증여재산 · 특별연고자가 분여받은 상속재산	유증에 의하여 받은 재산은 상속재산에 포함한다. 그리고 사인증여에 의해 받은 재산의 경우에도 상속재산에 포함하여 상속세가 부과된다. 특별연고자에 분여된 상속재산의 경우에도 상속재산에 포함하여 상속세가 부과된다.

▎공동상속인이 민법상의 상속지분대로 등기하였다가 같은날 특정상속인 앞으로 이전등기한 경우

공동상속인이 민법상의 상속지분대로 등기하였다가 같은날 특정상속인 앞으로 이전등기함으로써 사실상 민법상의 협의분할에 의하여 상업등기한 경우로 볼 수 있는 재산은 상속받은 재산에 해당한다(재산-913, 2009.12.3.).

▎영리법인에 부동산의 증여로 인하여 주식가치 상승분에 대한 증여세의 과세

특수관계인이 출자한 영리법인에 특수관계에 있는 자가 부동산의 증여로 해당 영리법인의 주식가치가 증가한 것에 대하여 해당 법인의 주주에게 증여세가 과세된 경우 해당 증여재산(주식가치 증가분)은 상속세 과세가액에 가산된다(재재산-899, 2011.10.24.).

▎유증 또는 사인증여로 취득한 재산의 상속세 및 증여세 과세 여부

피상속인의 유증 또는 사인증여에 의하여 취득한 재산은 상속재산에 포함되어 상속세가 부과되며 이 경우 그 재산에 대하여 별도로 증여세가 과세되지 아니하는 것임(재산-2724, 2008.9.9.).

3. 명의신탁재산

명의신탁은 실질적인 거래관계없이 매매 등의 형식을 빌려 특정재산의 명의를 다른 사람의 명의로 이전해 두는 것을 말한다. 이는 외관상 소유명의는 다른 사람(수탁자)이지만 실질적으로는 특정재산을 맡긴 위탁자가 그 재산의 관리와 처분권을 갖는 경우를 말한다.

이러한 명의신탁을 통해 실제 소유자인 명의신탁자가 세금을 회피하는 것을 방지하기 위해 명의자로 등기·명의개서 등을 한 날에 실제 소유자가 명의자에게 증여한 것으로 보아 증여세가 과세된다(상증법 §45의2).

이와 같이 피상속인이 타인 명의로 신탁한 재산은 명의신탁에 따른 증여세 부과와 관계없이 피상속인이 은닉한 재산에 해당하므로 상속재산에 포함한다(상증법 집행기준 2-0-4 ⑤). 그러나 명의수탁자가 사망한 경우로서 피상속인이 상속개시일 현재 명의수탁하고 있는 재산임이 명백히 확인되는 경우 당해 재산에 대하여는 상속세가 과세되지 아니한다(재산-1052, 2009.5.29.).

▌상속재산으로 보는 신탁재산의 범위(상증법 집행기준 9-5-1)

① 피상속인이 신탁한 재산은 상속재산으로 본다.
② 피상속인이 타인으로부터 신탁의 이익을 받을 권리를 소유하고 있는 경우에는 이익에 상당하는 가액은 상속재산에 포함한다.
③ 피상속인이 신탁한 재산 중 타인이 신탁의 이익을 소유하고 있는 경우 그 이익에 상당하는 가액은 상속재산에 포함하지 아니한다.

4. 매매계약 중에 상속이 개시되는 경우

매매계약 중에 상속이 개시되는 경우에는 다음에 따라 상속재산에 포함한다.

(1) 피상속인이 재산을 매각하고 잔금 미수령상태에서 사망한 경우

상속개시 전 피상속인이 재산을 매각하기 위해 매매계약을 체결하고 잔금을 영수하기 전에 사망한 경우에는 매각대금 전액에서 상속개시 전에 영수한 계약금과 중도금을 차감한 잔액은 상속재산으로 본다(상증법 집행기준 2-0-4 ③).

따라서 피상속인이 대금 일부만을 받은 상태에서 사망하였다면 상속개시시점에서는 아직 주식(판례내용은 부동산)의 양도가 완성되지 않은 상태이므로 해당 주식 자체는 상속재산에 포함된다.

다만, 그 상속재산으로서의 실체를 주식으로 보거나 대금채권으로 보건 간에 과세가액 산정에 있어서는 차이가 없다. 왜냐하면 상속재산을 주식으로 보더라도 그 과세가액은 전체의 대금에서 피상속인이 이미 수령한 대금을 공제한 나머지 가액으로 평가되기 때문이다(대법원 2001두5040, 2002.2.26.).

또한, 이 때 중도금까지 수령한 대금이 상증법상 추정상속재산규정의 금액 및 기간 요건을 충족하면 그 수령대금 만큼은 현금 상속된 것으로 추정되어 상속세 과세가액에 산입된다.

(2) 피상속인이 재산을 매입하고 잔금지급 전에 사망한 경우

상속개시 전 피상속인이 재산의 양수계약을 체결하고 잔금을 지급하기 전에 사망한 경우에는 이미 지급한 계약금과 중도금은 상속재산으로 본다(상증법 집행기준 2-0-4 ④).

따라서 피상속인이 매수하여 그 대금을 모두 지급한 재산이 피상속인 명의로 등기 또는 명의개서되었는지 여부에 관계없이 실질적으로 그 권리가 피상속인에게 귀속된 재산으로서 상속재산에 해당된다.

그러나 대금의 일부를 지급한 상태에서 사망한 경우 이전등기청구권을 상속재산으로 보게 되는데 상속개시 당시를 기준으로 한 가액은 피상속인이 양도인에게 지급한 매매대금으로 평가하게 된다(대법원 91도1609, 1992.4.24.).

(3) 피상속인이 재산을 매각하고 사망 전에 잔금을 수령한 경우

피상속인이 사망 전에 재산을 양도하고 잔금까지 수령하였으나 소유권이전등기(주식은 명의개서)를 완료하지 못한 경우라도 이미 양도는 완결된 상태이므로 해당 재산은 피상속인의 상속재산에 포함되지 않는다(서면상속증여-1471, 2017.6.16.).

5. 상속포기 대가로 현금을 수령한 경우

상속재산의 협의분할시 특정 상속인이 자신의 상속지분을 포기하고 그 대가로 다른 상속인으로부터 현금 등을 수령한 경우에 그 상속인의 지분에 해당하는 재산은 다른 상속인에게 유상으로 이전된 것으로 본다(상증법 집행기준 4-0-3).

Ⅶ 상속세 과세가액(사전증여재산가액)

상속세 과세가액은 상속세 과세표준을 계산하는 전단계인 다음의 상속재산의 가액을 말한다.

> 상속세 과세가액(거주자의 경우) = 〔총상속재산가액 - ① - ② - ③ + ④〕
> ① 비과세상속재산가액
> ② 과세가액 불산입
> ③ 공제금액
> ④ 사전증여재산가액
>
> 상속세 과세가액(비거주자의 경우) = 〔총상속재산가액 - ①+②〕
> ① 해당 상속재산의 공과금 및 채무
> ② 국내분 사전증여재산가액

1. 개요

상속세 과세가액을 산정함에 있어서 상속세 과세가액에 가산하는 사전증여재산가액과 공제하는 각종 공제에 대해서만 설명하면 다음과 같다.

2. 사전증여재산가액

(1) 개요

생전에 증여한 재산가액을 상속재산가액에 합산하여 과세하는 사전증여재산 가산제도는 사전증여를 통해 상속세의 누진세율을 회피하는 것을 방지하기 위해 마련된 것으로써 피상속인이 다음의 합산기간 10년(또는 5년) 이내에 증여한 재산가액(증여세 비과세분 및 합산배제증여재산은 배제)은 상속재산가액에 가산한다. 그러나 비거주자의 사망으로 인하여 상속이 개시되는 경우에는 국내에 있는 재산을 증여한 경우에만 상속재산에 가산한다(상증법 §13).

사전증여재산가액은 상속시점이 아닌 증여당시의 현황인 증여일 현재의 시가에 의한다. 만일 시가가 불분명한 경우에는 보충적 평가방법에 따라 평가한 가액에 의한다.

다만 조특법(§30의5)에 따른 「창업자금에 대한 증여세 과세 특례」 및 조특법(§30의6)에 따른 「가업의 승계에 대한 증여세 과세특례」 규정이 적용되는 증여자산은 합산기간에 관계없이 상속재산가액에 가산하여 정상세율(상증법 §26)로 정산한다.

사전증여재산의 구분	합산기간
피상속인이 상속인에게 증여한 재산	10년
피상속인이 상속인 외의 자에게 증여한 재산	5년

▌저가양도에 따른 증여재산가액은 상속재산에 가산한다

특수관계인으로부터 시가보다 낮은 가액으로 재산을 양수함에 따라 상증법(§35)에 의하여 그 재산이 양수자에게 증여세가 과세된 경우 당해 증여재산가액은 상속재산에 가산한다(재재산 46014-18, 2000.1.20.).
사전증여재산에 대한 합산과세는 분산증여를 통한 상속세 회피를 방지하고, 저가양도시 증여의제의 양도라는 형식을 빌려 변칙적인 방법으로 재산을 무상이전하는 것을 방지하려는 취지로 볼 때 증여의제가액을 증여한 재산과 달리 취급할 필요가 없기 때문이다.

(2) 명의신탁재산

명의신탁재산은 원칙적으로 사전증여재산으로 상속재산에 합산하나 명의신탁재산으로 증여세가 과세된 재산이 피상속인의 재산으로 환원되거나 피상속인의 상속재산에 포함되어 상속세가 과세되는 경우에는 사전증여재산으로 합산하지 아니한다(상증법 집행기준 13-0-6 ③).

▌명의신탁재산의 상속재산 포함 여부

상속인들에게 증여한 것이 아니라 명의신탁을 한 것으로 인정되고 증여의제에 따라 증여세가 부과될 수 있다하더라도 이는 실질적인 증여가 아니므로 상속재산에 해당한다(대법원 2003두14475, 2005.7.28.).

▌명의수탁한 재산의 상속재산 여부

피상속인이 상속개시일 현재 명의수탁하고 있는 재산임이 확인되는 경우로서 명의신탁재산에 대해 수탁자인 피상속인에게 증여세가 과세되었더라도 수탁한 재산임이 명백한 경우에는 상속재산에 포함하지 아니한다(재산-1052, 2009.5.29.).

(3) 합산배제증여재산

상속개시일 이전에 수증자(상속인 · 상속인 아닌 자)가 피상속인으로부터 재산을 증여받고 피상속인의 사망(상속개시일) 전에 사망한 경우에는 상속인 등에 해당하지 아니하므로 피상속인의 상속세 과세가액에 사전증여재산가액을 합산하지 아니한다.

그리고 피상속인이 상속인에게 증여한 재산을 증여세 신고기한을 경과해 반환받고 사망하여 증여세가 부과된 경우로서, 반환받은 재산이 상속재산에 포함되어 상속세가 과세되는 때에는 사전증여재산에 해당하지 않는다(상증법 집행기준 13-0-6 ①, ②).

그 외에 합산배제증여재산의 종류는 다음과 같은 재산이 있다(상증법 §13 ②).

① 비과세되는 증여재산(상증법 §46)
② 공익법인 등에 출연한 재산(상증법 §48 ①)
③ 공익신탁한 재산(상증법 §52)
④ 장애인이 증여받은 재산(상증법 §52의2 ①)
⑤ 재산취득 후 해당 재산의 가치 증가(상증법 §31 ① 〈3〉)
⑥ 전환사채 등의 주식전환이익, 양도이익(상증법 §40 ① 〈2,3〉)
⑦ 주식의 상장 등의 이익에 따른 증여(상증법 §41의3)
⑧ 합병에 대한 상장 등 이익의 증여(상증법 §41의5)
⑨ 재산취득 후 재산가치 증가에 따른 이익의 증여(상증법 §42의3)
⑩ 특수관계법인과의 거래를 통한 이익의 증여의제(상증법 §45의3)
⑪ 특수관계법인으로부터 제공받은 사업기회로 발생한 이익의 증여의제(상증법 §45의4)

▌상속개시 전 이혼한 배우자에 대한 사전증여재산가액을 상속세 과세가액에 산입하여서는 아니된다는 청구주장의 당부

피상속인으로부터 쟁점금액을 증여받을 당시에는 피상속인의 배우자였으나 이혼으로 인해 상속개시일 현재 그 지위를 상실한 경우 배우자 상속공제의 대상으로 보기 어려운 점 등에 비추어 상속개시일 전 5년 이내에 상속인이 아닌 자에게 증여한 쟁점금액을 상속재산가액에 가산하여 청구인에게 상속세를 부과한 처분은 잘못이 없다(조심 2015서1634, 2015.5.13.).

(4) 부담부증여재산 · 제3자의 채무담보를 위해 제공된 재산

상속개시일 전에 부담부증여한 재산을 상속재산가액에 합산하는 경우 증여재산가액에서 수증자가 인수한 채무를 차감한 증여세 과세가액을 합산한다.

만일 제3자의 채무담보를 위해 제공된 재산을 증여받은 경우에는 부담부증여가 아니므로 증여가액은 증여당시의 그 재산가액 전액으로 한다(재일 01254-121, 1987.1.17.).

3. 상속공제

상속인의 인적 및 물적 상황을 고려하여 다양한 상속공제를 두고 있으며 공제한도액 범위 내에서만 인정된다.

(1) 기초공제

상속세 기초공제는 상속세 과세가액에서 피상속인별로 공제되는 일괄 금액으로서 거주자 또는 비거주자의 사망으로 상속이 개시되는 경우에는 상속세 과세가액에서 2억원을 공제한다(상증법 §18 ①).

상속세 기초공제액은 상속재산가액을 상속인 지분별로 분배하기 전에 그 총액에 대해 공제한다(국심 97전897, 1997.9.30.).

(2) 가업상속공제

피상속인이 10년 이상 계속하여 경영한 가업을 상속인에게 상속하는 경우 가업상속재산가액의 전액(최대 500억원)을 상속세 과세가액에서 공제한다(상증법 §18 ② 〈1〉).

가업이란 상속개시일이 속하는 과세연도의 직전 과세연도 말 현재 중소기업 등으로서 피상속인이 10년 이상 계속하여 경영한 기업을 말한다.

자세한 내용은 "제3절 가업승계주식의 상속공제"를 참고하기 바란다.

(3) 영농상속공제

피상속인이 한국표준산업분류에 따른 농업, 임업 및 어업을 주된 업종으로 영위한 경우로서 영농상속재산을 상속인 중 영농에 종사하는 상속인이 상속받을 경우에 상속세 과세가액에서 영농상속재산가액을 15억원 한도로 공제한다(상증법 §18 ② 〈2〉).

(4) 배우자상속공제

❶ 개요

거주자의 사망으로 배우자가 상속받는 경우 다음의 금액을 상속세 과세가액에서 공제한다.

배우자는 민법상 혼인으로 인정되는 혼인관계에 의한 배우자를 말하며, 민법상 혼인은 「가족관계등록법」에 따라 혼인신고를 함으로써 성립되므로 사실혼 관계에 있는 배우자는 상속공제의 대상이 아니다(상증법 §19).

구분	분할기한 내에 배우자 상속재산을 분할한 경우	무신고, 미분할
배우자상속 공제액	① 배우자가 실제 상속받은 금액* ② 공제한도 : Min[㉠ (상속재산가액 × 법정지분율) − 배우자 사전증여재산의 증여세 과세표준, ㉡ 30억원] * "배우자가 실제 상속받은 금액"은 다음의 금액으로 한다. [배우자가 상속받은 상속재산가액(사전증여재산가액 및 추정상속재산가액 제외)] − 배우자가 승계하기로 한 공과금 및 채무액 − 배우자 상속재산 중 비과세 재산가액 − 배우자 상속재산 중 과세가액 불산입액 − 배우자가 실제 상속받은 금액	배우자가 실제 상속받은 금액이 없거나 실제 상속받은 금액이 5억원 미만인 경우 : 5억원

❷ 배우자 상속재산의 분할기한 및 연장

배우자 상속공제는 상속세 신고기한의 다음 날부터 6개월이 되는 날(배우자 상속재산분할기한)까지 배우자의 상속재산을 배우자의 상속재산을 분할한 경우에 적용하는 것이며, 명의개서 등을 요하는 재산의 경우에는 이 날까지 배우자 명의로 반드시 명의개서 등을 하여야 배우자가 실제로 상속받은 재산을 상속공제받을 수 있다.

이 경우 상속인은 상속재산의 분할사실을 배우자 상속재산분할기한까지 납세지 관할세무서장에게 신고하여야 한다.

만일 배우자 상속재산분할기한까지 다음의 부득이한 사유로 배우자의 상속재산을 분할할 수 없는 경우에는 납세지 관할세무서장에게 「상속재산미분할신고서」를 배우자 상속재산 분할기한(부득이한 사유가 소의 제기나 심판청구로 인한 경우에는 소송 또는 심판청구가 종료된 날)까지 제출하여야 한다.

① 상속인 등이 상속재산에 대하여 상속회복청구의 소를 제기하거나 상속재산분할의 심판을 청구한 경우

② 상속인이 확정되지 아니하는 부득이한 사유 등으로 배우자 상속분을 분할하지 못하는 사실을 관할세무서장이 인정하는 경우

❸ 배우자가 단독 상속인인 경우

피상속인의 배우자가 「민법」(§1003)의 규정에 의한 단독상속인이 되는 경우 상속세 과세가액에서 배우자공제를 차감하는 것이나 일괄공제(5억원)는 차감하지 아니한다(제도 46014-12244, 2001.7.19.).

▌동일 재산에 대하여 가업상속공제와 배우자상속공제의 중복 적용 여부

피상속인이 상속개시일 현재 10년 이상 계속하여 경영한 사업의 전부를 상속개시일 현재 18세 이상인 경우로서 상속개시일 2년 전부터 계속하여 직접 당해 가업에 종사한 피상속인의 배우자가 상속받은 것이 확인되는 경우 해당 상속재산에 대하여 가업상속공제와 배우자상속공제를 중복 적용하지 아니한다(법규재산 2013-65, 2013.3.29.).

▌배우자가 실제 상속받은 금액이 없거나 상속받은 금액이 5억원 미만인 경우

배우자가 실제 상속받은 금액이 없거나 상속받은 금액이 5억원 미만인 경우에도 5억원을 공제한다(재산-13, 2009.8.25.).

▌무신고한 경우

피상속인의 배우자로서 재산을 단독으로 상속받은 경우 상속세 등을 무신고하였다는 이유로 배우자 상속공제를 배제할 수 없다(조심 2008서2780, 2008.12.18.).

▌이혼 후 재결합한 경우

호적상 23여 년간 혼인관계를 유지하다가 이혼한 후 피상속인의 사망 직전에 혼인관계와 가족관계를 복원한 것이므로 배우자공제를 적용하는 것이 타당하다(국심 2007서3947, 2008.10.31.).

▌배우자가 동일자에 시차를 두고 사망한 경우

배우자가 동일자에 시차를 두고 사망한 경우 먼저 사망한 자에 대한 상속인으로서 배우자의 배우자 상속공제를 받을 수 있다(서면4팀-3255, 2006.9.25.).

▌상속개시일 현재 이혼조정이 성립된 경우

피상속인의 배우자가 「가사소송법」(§50)에 따라 이혼조정을 신청하여 상속개시일 현재 조정이 성립된 경우에는 호적정리 여부에 불구하고 배우자공제를 할 수 없다(서면4팀-1012, 2008.4.20.).

(5) 기타인적공제

거주자의 사망으로 상속이 개시되는 경우 상속인 및 동거가족에 대하여 다음의 금액을 상속세 과세가액에서 공제한다(상증법 §20). 피상속인의 배우자 및 자녀가 상속포기 등으로 상속세를 받지 아니한 경우에도 배우자 및 그 밖의 인적공제를 받을 수 있으나 공제한도 규정은 적용된다(상증법 §24).

구 분	공제 요건	공제액
자녀공제	피상속인의 자녀(인원에 관계없음)	1인당 5,000만원
미성년자공제	배우자를 제외한 상속인 및 동거가족 중 미성년자	1인당 1,000만원 × (19세에 달하기까지 연수)
연로자공제	배우자를 제외한 상속인 및 동거가족 중 65세 이상인 자	1인당 5,000만원
장애인공제	배우자를 포함한 상속인 및 동거가족 중 장애인	1인당 1,000만원 × 기대여명의 연수

태아는 상속인의 지위는 있으나 자연인에 해당하지 아니하므로 자녀공제 및 미성년자 공제를 받을 수 없다.

그리고 손자가 피상속인의 재산으로 생계를 유지하는 경우에는 인적공제 대상이나, 그의 부모가 부양능력이 있는 경우에는 인적공제를 받을 수 없다.

(6) 일괄공제

❶ 상속세 신고기한 내 신고한 경우

거주자의 사망으로 상속이 개시되는 경우 상속인이나 수유자는 다음의 금액으로 한다.

Max [① 기초공제(2억원)+그밖의 인적공제
② 일괄공제액(5억원)

❷ 무신고한 경우 등

거주자의 사망으로 상속이 개시되고 상속세를 무신고하거나 기초공제액과 기타 인적공제액이 5억원에 미달한 경우 기초공제액과 기타인적공제액을 일괄하여 5억원을 공제할 수 있다(상증법 §21).

구 분		일괄공제액
상속세 신고기한 내 신고하지 아니한 경우		5억원
배우자만 상속재산을 받은 경우	단독상속	일괄공제 불가
	공동상속인의 상속포기 또는 협의분할에 따라 배우자 혼자 상속받은 경우	5억원

(7) 금융재산상속공제

피상속인이 일반주주인 경우에는 상속받은 주식에 대해서 금융재산상속공제를 받을 수 있다(상증법 §22).

금융재산은 상속개시일 현재 시가로 평가하며, 시가가 불분명한 경우에는 보충적 평가방법에 따른 평가액으로 한다.

❶ 개요

거주자의 사망으로 상속이 개시되는 경우로서 상속재산가액 중 순금융재산(금융자산－금융부채)의 가액이 포함되는 경우에는 다음의 금액을 상속세 과세가액에서 공제하되, 그 금액이 2억원을 초과하면 2억원을 공제한다.

순금융재산가액(금융재산가액－금융채무)에 따라 다음의 금액을 상속세 과세가액에서 공제한다.

순금융재산가액	금융재산상속공제액
2,000만원 이하	순금융재산가액 전액
2,000만원 초과 ~ 1억원 이하	2,000만원
1억원 초과 ~ 10억원 이하	순금융재산가액 × 20%
10억원 초과	2억원

▌신고 누락한 금액

상속세 과세표준과 세액의 결정시 상속재산가액에 포함되어 있는 금융재산가액에 대하여는 무신고, 신고 누락한 금융재산에 대해서도 공제가 가능하다(재산-2098, 2008.8.1.).

❷ 금융재산상속공제가 적용되는 금융재산의 범위

금융재산상속공제가 적용되는 금융재산은 다음과 같다.

① 금융기관이 취급하는 예금・적금・부금・계금・출자금・금전신탁재산・보험금・공제금・주식・채권・수익증권・출자지분・어음 등의 금전 및 유가증권

② 비상장주식 또는 출자지분으로서 금융기관이 취급하지 아니하는 것

③ 발행회사가 금융기관을 통하지 않고 직접 모집하거나 매출하는 방법으로 발행한 회사채

④ 양도성예금증서(서면-542, 2008.3.4.)

그러나 위 금융재산에는 최대주주 또는 최대출자자가 보유하고 있는 주식 또는 출자지분과 타인 명의(상속세 신고기한까지 신고하지 아니한 차명재산은 제외)의 금융재산은 포함되지 아니한다.

보충설명

최대주주 또는 최대출자자란 주주 등 1인과 그의 특수관계인의 보유주식 등을 합하여 그 보유주식 등의 합계가 가장 많은 경우의 해당 주주 등 1인과 그의 특수관계인 모두를 말한다.

❸ 금융재산상속공제가 적용되지 않는 금융재산의 범위

금융재산상속공제가 적용되지 않는 금융재산은 다음과 같다.

① 상속개시일 전 10년 이내에 피상속인이 상속인에게 증여하거나 5년 이내에 상속인 이외의 자에게 증여한 금융재산가액을 상속세 과세가액에 합산한 경우

② 예금인출액 중 사용처가 불분명하여 상속세 과세가액에 산입하는 금액

③ 상속세 비과세 또는 과세가액 불산입되는 금융재산

④ 현금·수표(재삼 46014-3030, 1997.12.26.)

⑤ 퇴직금(재삼 46014-1609, 1998.8.28.)

보충설명

상속개시일 전 피상속인이 부동산 양도계약을 체결하고 중도금과 잔금을 영수하기 전에 사망한 경우로서 상속개시일 이후에 상속인 등의 예금계좌를 통하여 해당 중도금과 잔금을 수령한 경우에는 금융재산상속공제 대상이 아니다(서면4팀-3080, 2006.9.7.).

(8) 상속공제 한도액

상속공제 한도액은 기본적으로 본래의 상속인들이 받았거나 받을 총상속재산(상속·유증·사인증여+간주상속재산+추정상속재산)에 대한 과세가액의 합계액만을 상속공제로 허용하고 있다(상증법 §24).

상속공제액 한도액 = 상속세 과세가액 - (다음의 ① + ② + ③)
① 선순위인 아닌 자에게 유증 또는 사인증여한 재산가액
② 선순위인 상속포기로 그 다음 순위의 상속인이 상속받은 재산가액
③ 사전 증여재산가액*(증여재산공제 및 재해손실공제액 차감한 금액)
* 상속세 과세가액이 5억원을 초과하는 경우에만 적용

▌상속포기로 인한 다음 순위자

피상속인 사망으로 2순위 상속인이 법원 판결에 따라 상속포기를 하여(1순위 상속인 없음) 3순위 상속인이 상속을 받는 경우 상속공제한도액의 범위는 상속재산 중 3순위 상속인이 상속받은 재산을 공제한 범위 내에서 인정된다(국심사상속 2014-9, 2014.3.24.).

Ⅷ 상속세 과세표준과 세액계산

1. 상속세 과세표준계산

(1) 개요

상속세 과세표준은 상증법에 따른 상속세 과세가액에서 상속공제와 상속재산의 감정수수료 등을 뺀 금액을 말하며, 동 금액에 상속세 세율을 적용하여 상속세액을 산출하기 위한 기초가 되는 금액이다(상증법 §25).

구 분	공제액	한도액	공제요건
감정평가법인의 평가수수료 (상속세 납부목적용 한정)	해당 수수료	500만원	상속세 납부목적으로 감정을 실시하고 당해 평가가액으로 상속세를 신고·납부한 경우
비상장주식에 대한 신용평가전문기관의 평가수수료	해당 수수료	신용평가전문 기관별 각 1,000만원	-
판매용이 아닌 서화·골동품 등 예술적 가치가 있는 유형자산 평가에 대한 감정수수료	해당 수수료	500만원	-

상속세 과세표준은 상속개시 당시 피상속인이 거주자(무제한 납세의무자)인지 비거주자(제한 납세의무자)인지에 따라 다음과 같이 계산을 달리한다.

피상속인이 거주자인 경우 상속세 과세표준	=	상속세 과세가액 상속공제 (Min ①공제합계, ②공제한도액*)	-	상속재산의 감정평가수수료**
피상속인이 비거주자인 경우 상속세 과세표준	=	상속세 과세가액 상속공제 (Min ①기초공제 2억원, ②공제한도액*)	-	상속재산의 감정평가수수료**

* 공제한도액 = 상속세 과세가액 - (다음의 ① + ② + ③)
① 선순위인 아닌 자에게 유증 또는 사인증여한 재산가액
② 선순위인 상속포기로 그 다음 순위의 상속인이 상속받은 재산가액

③ 사전 증여재산가액이 5억원을 초과하는 경우만 적용(증여재산공제 및 재해손실공제액 차감한 금액)

** 상속세를 신고·납부하기 위하여 상속재산을 평가하는 데 소요되는 감정평가법인의 수수료 등은 상속세 과세표준에서 공제하여 납부의무자의 세부담을 덜기 위함이다(상증법 §52).

(2) 상속세 과세최저한

상속세 과세표준이 50만원 미만이면 상속세를 부과하지 않는다(상증법 §25).

2. 상속세 산출세액계산

(1) 산출세액

상속세 산출세액은 상속세 과세표준에 세율(상증법 §26)을 적용한 금액으로 한다.

(2) 세대를 건너뛴 상속세 할증과세

세법상 상속인이나 수유자가 피상속인의 자녀를 제외한 직계비속인 경우에는 상속세 산출세액에 상속재산 중 그 상속인 또는 수유자가 받았거나 받을 재산이 차지하는 비율을 곱하여 계산한 금액에 30%(피상속인의 자녀를 제외한 직계비속인 미성년자로서 받을 상속재산가액이 20억원을 초과하는 경우에는 40%)에 상당하는 금액을 가산한다. 다만 대습상속[아래 (3)을 말한다]의 경우에는 할증과세를 적용하지 아니한다.

$$\text{할증과세금액} = \text{상속세 산출세액} \times \frac{\text{피상속인의 자녀를 제외한 직계비속이 상속받은 재산가액}}{\text{총상속재산가액 (상속인 또는 수유자가 받은 사전증여재산가액 포함)}} \times 30\%\ (\text{또는 } 40\%)$$

세대를 건너뛴 상속에 대한 할증과세란, 부가 생존해 있는데도 조부가 유언 등을 통하여 손자에게 재산을 상속하는 경우에 동 상속재산에 상당하는 상속세 산출세액의 30%를 상속세액에 가산하여 과세함으로써 세대간에 순차적으로 재산을 상속하는 경우와 세부담 형평을 유지시키는 과세제도를 말하는 바, 피상속인인 조부가 자(아들)의 세대를 건너뛴 손(손자)의 세대에게 직접 유증할 경우 자(아들)세대에서 손(손자)의

세대로 상속될 때 부담해야 하는 상속세를 회피할 수 있으므로 이를 방지하기 위해 할증과세(30% 또는 40%)를 하고 있다.

(3) 대습상속시 할증과세 여부

상속인이 될 직계비속 또는 형제자매가 상속개시 전에 사망하거나 결격자가 된 경우에 그 직계비속이 있는 때에는 그 직계비속이 사망하거나 결격된 자의 순위에 갈음하여 상속인(민법 §1001에 따른 "대습상속인"이라 한다)은 다음에 따른다.

① 민법에 따른 대습상속의 경우에는 자의적으로 세대를 건너뛴 것이 아니므로 할증과세 하지 아니한다.

② 상속포기에 따라 후순위 상속인이 상속받게 되는 경우에는 대습상속이 아니므로 상속인이 피상속인의 자녀가 아닌 경우 할증과세 대상이다.

▌할증과세시 총상속재산가액의 범위

세대를 건너뛴 상속에 대한 할증과세시 총상속재산가액에는 상속인 또는 수유자가 아닌 자가 받은 증여재산은 포함하지 않는다(서면4팀-1447, 2008.6.17.).

▌조부가 사망한 후에 상속세를 신고하여야 할 자(부)가 상속세 과세표준 신고기한 전에 사망하여 그 사망한 부의 상속인(손자)이 조부 및 부의 재산을 함께 상속받는 경우

조부에 대한 상속재산을 분할하기 전에 상속인인 부가 사망함으로써 그 자녀(손자)가 사망한 부의 상속분을 승계한 경우에는 조부의 상속재산을 부가 상속받은 것으로 보아 상속세를 과세하고, 다시 그 재산을 손자가 부로부터 상속받은 것으로 보아 상속세를 과세하는 것이므로 세대를 건너뛴 상속에 해당되지 아니한다(서일 46014-10361, 2002.3.19.).

Q 사례 세대생략가산액 계산과 기재실무

다음 자료에 의해 세대를 건너뛴 상속에 대한 세대생략가산액을 계산하고 관련 상속세 과세표준신고서를 작성하여라.

〈상속 현황〉

① 피상속인 ; 김동일(거주자)

② 상속인 ; 김일남(직계비속으로서 미성년자이며 김동일의 손자이다)

③ 상속개시일 ; 2019.1.25.

④ 상속개시일 현재 상속재산 현황

〈상속재산 현황〉

① 총상속재산가액

비상장법인주식	부동산	예금	현금
① 상속받은 주식수 ; 50,000주 ② 상속당시 1주당 평가액 ; 11,000원(액면가액:5,000원) ③ 평가액 ; 50,000주 × 11,000원 = 550,000,000원	토지 ; 2억원 (상속 당시 평가액)	금융기관이 작성한 2019.1.25. 현재 잔액 증명서 ; 2.5억원	2019.1.25. 현재 현금 시재액 ; 5,000,000원

② 10년 이내에 증여받은 자산은 없음

③ 비상장주식에 대한 신용평가전문기관의 평가수수료 2곳 ; 20,000,000원(각각 10,000,000원)

④ 피상속인의 채무, 공과금은 없음

⑤ 영수증 등이 있는 장례비용은 20,000,000원(봉안시설비 8,000,000원 포함)임

⑥ 상속공제는 일괄공제 5억원으로 할 예정임

⑦ 피상속인이 보유한 비상장주식은 최대주주보유 주식이 아니다.

풀이

❶ 총상속세 재산가액

① 비상장주식 ; 550,000,000원

② 토지 ; 200,000,000원

③ 예금 ; 250,000,000원

④ 현금 ; 5,000,000원

⑤ 총상속세 재산가액

; 550,000,000원 + 200,000,000원 + 250,000,000원 + 5,000,000원 = 1,005,000,000원

❷ 과세가액

1,005,000,000원 - 15,000,000원(장례비용*) = 990,000,000원

* 장례비용: 10,000,000원, 봉안시설비: 5,000,000원

❸ 과세표준

① 금융상속공제 ; Min[Max(순금융자산×20%, 2천만원), 2억원]

Min[(550,000,000원 + 250,000,000원) × 20% = 160,000,000원, 2억원]

= 160,000,000원

② 일괄공제 ; 500,000,000원

③ 감정수수료 ; 20,000,000원

④ 과세표준 ; 990,000,000원 - 160,000,000원 - 500,000,000원 - 20,000,000원
= 310,000,000원

❹ 산출세액

10,000,000원 + (310,000,000원 - 100,000,000원) × 20% = 52,000,000원

❺ 세대생략가산액

52,000,000원 × 30%* = 15,600,000원

* 상속재산이 20억원 이하이므로 30%임

❻ 신고세액공세

(52,000,000원 + 15,600,000원) × 3%* = 2,028,000원

* 2019.1.1.부터 상속이 개시되는 경우 신고세액공제는 3%이다.

❼ 자진납부할 세액

(52,000,000원 + 15,600,000원) - 2,028,000원 = 65,572,000원

❽ 기재실무

[별지 제9호 서식] (2018.3.19. 개정)

관리번호	-

상속세 과세표준신고 및 자진납부계산서

[√]기한 내 신고, [ ]수정신고, [ ]기한 후 신고

※ 뒤쪽의 작성방법을 읽고 작성하시기 바랍니다. (앞쪽)

신고인	① 성 명	김일남	② 주민등록번호	×××	③ 전자우편 주소	
	④ 주 소	×××			⑤ 피상속인과의 관계	손자
	⑥ 전화번호	(자 택)	(휴대전화)		사후관리위반신고	
피상속인	⑦ 성 명	김동일	⑧ 주민등록번호	×××	⑨ 거 주 구 분	[√] 거주자 [ ] 비거주자
	⑩ 주 소	×××				
	⑪ 상속원인	[√] 사망 [ ] 실종 [ ] 인정사망 [ ] 기타			⑫ 상속개시일	2019. 1. 25
세무대리인	⑬ 성 명	×××	⑭ 사업자등록번호		⑮ 관리번호	
	⑯ 전화번호	(자 택)		(휴대전화)		

구 분	금 액	구 분	금 액
⑰ 상속세 과세가액	990,000,000	영리법인면제 유증 등 재산가액	
⑱ 상속공제액	660,000,000	영리법인면제 면제세액(「상속세 및 증여세법」 제3조의2)	
⑲ 감정평가수수료	20,000,000	㉟ 면제분 납부세액(합계액)	
⑳ 과세표준(⑰ - ⑱ - ⑲)	310,000,000	㊱ 신고불성실가산세	
㉑ 세율	20%	㊲ 납부불성실가산세	
㉒ 산출세액	52,000,000	㊳ 납부할 세액(합계액) (㉔+㉕-㉖-㉗+㉟+㊱+㊲)	65,572,000
㉓ 세대생략가산액(「상속세 및 증여세법」 제27조)	15,600,000	납부방법	납부신청 일자
㉔ 산출세액(㉒ + ㉓)	67,600,000	㊴ 연부연납	
㉕ 이자상당액		㊵ 물납	
㉖ 문화재 등 징수유예세액		현금 ㊶ 분납	
㉗ 계(㉘ + ㉛ + ㉜ + ㉝ + ㉞)	2,028,000	현금 ㊷ 신고납부	
㉘ 증여세액공제 소 계(㉙ + ㉚)			
㉘ 증여세액공제 ㉙ 「상속세 및 증여세법」 제28조			
㉘ 증여세액공제 ㉚ 「조세특례제한법」 제30조의5 및 제30조의6			
㉛ 외국납부세액공제(「상속세 및 증여세법」 제29조)			
㉜ 단기세액공제(「상속세 및 증여세법」 제30조)			
㉝ 신고세액공제(「상속세 및 증여세법」 제69조)	2,028,000		
㉞ 그 밖의 공제			

「상속세 및 증여세법」 제67조 및 같은 법 시행령 제64조 제1항에 따라 상속세의 과세가액 및 과세표준을 신고하며, **위 내용을 충분히 검토하였고 신고인이 알고 있는 사실을 그대로 적었음을 확인합니다.**

2019년 7월 31일

신 고 인 김일남 (서명 또는 인)

세무대리인은 조세전문자격자로서 위 신고서를 성실하고 공정하게 작성하였음을 확인합니다.

세무대리인 ××× (서명 또는 인)

×× **세무서장** 귀하

신청(신고)인 제출서류	1. 피상속인의 가족관계증명서 1부 2. 상속세 과세가액계산명세서(부표 1) 1부 3. 상속인별 상속재산 및 평가명세서(부표 2) 1부 4. 채무·공과금·장례비용 및 상속공제명세서(부표 3) 1부 5. 상속개시 전 1(2)년 이내 재산처분·채무부담 내역 및 사용처소명명세서(부표 4) 1부 6. 영리법인 상속세 면제 및 납부 명세서(부표 5) 1부	수수료 없음
담당공무원 확인사항	상속인의 가족관계증명서	

행정정보 공동이용 동의서

본인은 이 건 업무처리와 관련하여 담당 공무원이 「전자정부법」 제36조 제1항에 따른 행정정보의 공동이용을 통하여 위의 담당 공무원 확인 사항을 확인하는 것에 동의합니다.

* 동의하지 않는 경우에는 신청인이 직접 관련 서류를 제출하여야 합니다.

신청인 (서명 또는 인)

210mm×297mm[백상지 80g/㎡(재활용품)]

[별지 제9호 서식 부표 1] (2018.3.19. 개정)

관리번호	-

상속세 과세가액계산명세서

※ 뒤쪽의 작성방법을 읽고 작성하시기 바랍니다. (앞쪽)

가. 상속받은 총재산명세

①재산 구분 코드	②재산 종류	③지목 또는 건물·재산 종류	④ 소재지·법인명 등 국외자산 여부	국외재산 국가명		⑤사업자 등록 번호	⑥수량 (면적)	⑦ 단가	⑧ 가액
A11	유가증권	비상장주식	[ ]여 [√]부			×××	50,000	11,000	550,000,000
A11	토지	대	[ ]여 [√]부						200,000,000
A11	예금	예금	[ ]여 [√]부						250,000,000
A11	현금	현금	[ ]여 [√]부						5,000,000
			[ ]여 [ ]부						
⑨ 계									1,005,000,000

나. 상속세 과세가액 계산

총상속재산 가액	⑩상속재산가액	1,005,000,000
	⑪상속개시 전 처분재산등 산입액(「상속세 및 증여세법」 제15조)	
	⑫합계	1,005,000,000
비과세 재산가액(「상속세 및 증여세법」 제12조)	⑬계	
	⑭금양(禁養)임야등 가액(「민법」 제1008조의3)	
	⑮문화재가액	
	⑯기타	
과세가액 불산입액	⑰계	
	⑱공익법인 출연재산가액(「상속세 및 증여세법」 제16조)	
	⑲공익신탁 재산가액(「상속세 및 증여세법」 제17조)	
	⑳기타	
공제금액(「상속세 및 증여세법」 제14조)	㉑계	15,000,000
	㉒공과금	
	㉓장례비용	15,000,000
	㉔채무	
가산하는 증여재산가액	㉕계(㉖+㉗ 또는 ㉖+㉘)	
	㉖「상속세 및 증여세법」 제13조	
	㉗「조세특례제한법」 제30조의5	
	㉘「조세특례제한법」 제30조의6	
㉙ 상속세과세가액 [⑫ - (⑬ + ⑰ + ㉑) + ㉕]		990,000,000

210mm×297mm[백상지 80g/㎡(재활용품)]

[별지 제9호 서식 부표 2] (2018.3.19. 개정)

관리번호	-

상속인별 상속재산 및 평가명세서

※ 뒤쪽의 작성방법을 읽고 작성하시기 바랍니다. (앞쪽)

가. 상속인별 상속현황

① 피상속인과의 관계	② 성 명	③ 주민등록번호	④ 주소	⑤ 법정상속 지분율	⑥ 법정상속 재산가액	⑦ 실제상속 지분율	⑧ 실제상속 재산가액
손자	김일남	xxx	xxx	100%	1,005,000,000	100%	1,005,000,000

나. 상속인별 상속재산명세

⑨ 재산 구분 코드	⑩ 재산 종류	⑪ 지목 또는 건물·재산 종류	⑫ 소재지·법인명 등 국외자산 여부	국외재산 국가명		⑬ 사업자 등록번호	⑭ 수량 (면적)	⑮ 단가	⑯ 평가가액	⑰ 평가기준 코드
A11	유가증권	비상장주식	[ ]여 [√]부			xxx	50,000	11,000	550,000,000	08
A11	토 지	대	[ ]여 [√]부						200,000,000	08
A11	예 금	예 금	[ ]여 [√]부						250,000,000	08
A11	현 금	현 금	[ ]여 [√]부						5,000,000	08
			[ ]여 [ ]부							
			[ ]여 [ ]부							
			[ ]여 [ ]부							
			[ ]여 [ ]부							
			[ ]여 [ ]부							
			[ ]여 [ ]부							

계					
	⑱ 상속재산가액			1,005,000,000	
	⑲ 상속개시 전 처분재산등 산입액				
	비과세 재산가액	⑳ 금양임야 등 가액			
		㉑ 문화재 가액			
		㉒ 기타			
	과세가액 불산입액	㉓ 공익법인 출연재산가액			
		㉔ 공익신탁 재산가액			
		㉕ 기타			
	가산하는 증여재산 가액	㉖「상속세 및 증여세법」 제13조			
		㉗「조세특례제한법」 제30조의5			
		㉘「조세특례제한법」 제30조의5			
	㉙ 합계			1,005,000,000	

210mm×297mm[백상지 80g/㎡(재활용품)]

■ 상속세 및 증여세법 시행규칙 [별지 제5호 서식] (2016.3.21. 개정)

금융재산 상속공제 신고서

※ 뒤쪽의 작성방법을 읽고 작성하시기 바랍니다. (앞쪽)

1. 피상속인 및 신고인(상속인) 인적사항

피상속인	성명	김 동 성	주민등록번호	×××
상 속 인	성명	김 일 남	주민등록번호	×××

2. 금융재산 및 금융채무 명세

가-1. 금융재산

종류	계좌번호 등	상호	사업자등록번호	단가	가액
예 금	×××				250,000,000
비상장주식		×××	×××		550,000,000
				① 합계	800,000,000

가-2. 금융채무

종류	계좌번호 등	상호	사업자등록번호	단가	가액
				② 합계	

3. 금융재산 상속공제금액

③ 순금융재산가액 (①－②)	800,000,000
④ 금융재산 상속공제 한도액 (뒷면 작성방법 표 참조)	160,000,000
⑤ 금융재산 상속공제금액 (③과 ④중 적은 금액 기재)	160,000,000

「상속세 및 증여세법」 제22조 및 같은 법 시행령 제19조 제3항에 따라 금융재산 상속공제 신고서를 제출합니다.

2019 년 7 월 31 일

신고인 김 일 남 (서명 또는 인)

×× 세 무 서 장 귀하

신고인 제출서류	금융재산보유 및 금융채무 사실을 확인할 수 있는 서류	수수료 없음

210mm×297mm[백상지 80g/㎡(재활용품)]

Ⅸ 세액공제

상속세의 자진납부할 세액은 상속세 산출세액(세대생략가산액 포함)에서 다음에 해당하는 세액공제를 뺀 금액으로 한다.

상속세 세액공제	세법 내용
증여세액공제	상속재산에 가산한 증여재산에 대한 증여세 산출세액을 공제
외국납부세액공제	외국에 있는 상속재산에 대하여 외국의 법령에 의해 상속세를 부과받은 경우 그 상당액 공제
단기재상속에 대한 세액공제	상속이 개시된 후 10년 이내에 다시 개시된 경우 그 재상속이 개시되는 기간에 따라 일정액 공제
신고세액공제	상속세 과세표준 신고기한 이내에 신고한 경우 3% 공제

1. 증여세액공제

(1) 개요

상속세 과세가액을 계산할 때 상속개시 전 10년 이내에 피상속인이 상속인에게 증여한 재산과 상속개시 전 5년 이내에 피상속인이 상속인 이외의 자에게 증여한 재산이 있는 경우 상속재산에 가산하여 상속세를 과세한다(상증법 §28).

이 경우 상속세 과세가액에 가산한 사전증여재산은 이미 증여세를 과세하였기 때문에 상속세 과세가액에 합산하는 경우에는 동일한 증여재산에 대하여 상속세와 증여세가 이중으로 과세가 되므로 이를 방지하기 위해 상속세 과세시 증여세도 이미 납부하였거나 납부한 금액을 공제하게 되는데 이를 증여세액공제라 한다.

(2) 증여세액공제액 계산

상속재산에 가산한 사전증여재산에 대한 증여당시의 증여세 산출세액 상당액을 공제하되 다음의 금액 범위 내에서 증여세액을 공제한다. 만일 사전증여재산에 대하여 국세부과 제척기간 만료로 인하여 증여세가 부과되지 아니하는 경우와 상속세 과세가액이 5억원 이하인 경우에는 공제되지 않는다.

Min〔①, ②〕
① 상속세 과세가액에 가산한 증여재산에 대한 증여당시 증여세 산출세액
② 공제 한도액

▌증여당시는 배우자이었으나 상속개시 당시에는 이혼으로 상속인이 아닌 경우

증여당시 수증자가 배우자인 관계로 배우자증여공제를 받았다가 상속개시 당시에는 이혼으로 상속인이 아니어서 배우자상속공제를 받을 수 없게 된 경우, 상속세 산출세액에서 공제할 증여세액은 실제로 납부된 증여세액이 아니라 증여한 재산가액에 대하여 배우자 증여공제를 하지 아니하였을 때의 증여세 산출세액이다(서울고법 2012누12992, 2012.9.26.).

(3) 증여세액공제액 한도액

상속인이나 수유자에게 사전증여한 재산에 대한 증여세산출세액은 다음의 공제한도액을 상속인 수유자별 상속세 산출세액에서 공제한다.

① 수증자가 상속인 이외의 자인 경우

$$\text{공제 한도액} = \text{상속세 산출세액} \times \frac{\text{사전증여재산에 대한 증여세 과세표준}}{\text{상속세 과세표준(증여재산 포함)}}$$

② 수증자가 상속인 또는 수유자인 경우

$$\text{공제 한도액} = \frac{\text{상속인 등 각자가 납부}}{\text{할 상속세 산출세액}} \times \frac{\text{상속인 등 각자의 사전증여재산에 대한 증여세 과세표준}}{\text{상속인 등 각자가 받았거나 받을 상속재산(증여재산 포함)에 대한 상속세 과세표준 상당액*}}$$

* 상속인 등 각자가 받았거나 받을 상속재산에 대한 상속세 과세표준 상당액(상증법 집행기준 28-20의 4-1 ② 〈가, 나〉).

$$\left[\text{상속재산에 가산한 상속인·수유자별 사전증여재산 과세표준}\right] + \left[\left(\text{상속세 과세표준} - \text{사전 증여재산 과세표준}\right) \times \frac{\left(\text{상속인·수유자별 과세가액 상당액} - \text{가산한 상속인·수유자별 증여재산가액}\right)}{\left(\text{상속세 과세가액} - \text{사전증여재산가액}\right)}\right]$$

▌명의신탁으로 증여세가 과세된 재산에 대하여 피상속인에게 환원 등으로 상속세가 과세된 경우

명의신탁으로 증여세가 과세된 재산이 실질소유자인 피상속인에게 환원되거나 피상속인의 상속재산에 포함되어 상속세가 과세된 경우 그 재산가액은 사전증여재산에 해당되지 아니하는 것이며, 해당 증여세액은 상속세산출세액에서 공제되는 증여세액에 해당되지 아니한다(상속증여-151, 2014.5.21.).

▌증여세 할증과세액 공제 여부

수증자가 증여자의 자녀가 아닌 직계비속(손자 등)인 경우 기납부증여세공제는 증여 당시 해당 증여재산에 대한 증여세 산출세액으로 계산하므로 증여세할증과세액은 기납부 증여세액으로 공제되지 아니한다(국심 2001서104, 2001.4.3.).

2. 외국납부세액공제

피상속인이 거주자인 경우 국내·외에 있는 모든 상속재산에 대하여 상속세 과세대상이 되므로 외국에 소재한 상속재산에 대해 상속세가 부과된 경우에는 이중과세를 방지하기 위해 외국납부세액공제를 둔 것이다(상증법 §29).

따라서 거주자의 사망으로 외국에 있는 상속재산에 대해 상속세를 과세하는 경우에는 외국에서 납부한 상속세 상당액에 대해 다음의 외국납부세액을 상속세산출세액에서 공제한다.

외국납부세액공제 = Min(①, ②)

$$\text{① 상속세 산출세액} \times \frac{\text{외국법령에 의해 상속세가 부과된 상속재산에 대한 상속세 과세표준}}{\text{상속세 과세표준}}$$

② 외국의 법령에 의하여 부과된 상속세액

3. 단기재상속세액공제

상속개시 후 10년 이내에 상속인 또는 수유자의 사망으로 다시 상속이 개시되는 경우에는 전의 상속세가 부과된 상속재산 중 재상속분에 대한 전의 상속세 상당액을 상속세 산출세액에서 공제한다(상증법 §30).

이 경우 전의 상속재산이 재상속재산에 포함되어 있는 경우에 당해 재산별로 각각 구분하여 단기재상속세액공제를 계산한다.

전의 상속재산가액 중 재상속된 것이 전의 상속세 과세가액 상당액을 초과하면 그 초과액은 없는 것으로 본다.

단기재상속에 대한 세액공제 =

$$\frac{\text{전의 상속세 산출세액} \times \text{재상속분의 재산가액}^{*} \times \frac{\text{전의 상속세 과세가액}}{\text{전의 상속재산가액}}}{\text{전의 상속세 과세가액}} \times \text{공제율}$$

* 재상속분의 재산가액이란 전의 상속재산가액에서 전의 상속세 상당액을 뺀 것을 말한다(대법원 2010두16059, 2011.2.10.).

| 공제율 |

재상속 기간	공제율
1년 이내	100%
2년 이내	90%
3년 이내	80%
4년 이내	70%
5년 이내	60%
6년 이내	50%
7년 이내	40%
8년 이내	30%
9년 이내	20%
10년 이내	10%

4. 신고세액공제

상속세 과세표준 신고기한 내에 상속세 신고서를 제출한 경우에는 신고세액공제를 적용한다.

이는 상속세의 자진신고를 유도하기 위한 것으로 상속세 과세표준 신고기한 내에 상속세 신고서를 제출한 자에 대하여 상속세 산출세액(세대를 건너뛴 상속에 대한 할증과세액 포함)에서 산출세액에 포함된 문화재자료 등에 대한 상속세 징수유예금액과 상속세 및 증여세법 또는 다른 법률에 따라 상속세 산출세액에서 공제되거나 감면되는 금액을 공제한 금액의 3%를 상속세 산출세액에서 공제한다.

만일 상속세 신고기한 내에 상속세 신고서를 제출한 때에는 비록 상속세를 신고기한 내에 세액을 납부하지 못한 경우에도 신고세액공제를 적용받을 수 있다(상증법 집행기준 69－65의2－2 ③).

신고세액공제 ; 상속세 신고세액공제 대상액* × 3%

* 상속세 신고세액공제 대상액 ＝ 상속세 산출세액+①－(②+③+④+⑤)
① 세대생략 할증과세액
② 문화재자료 등의 징수유예액
③ 증여세액공제
④ 외국납부세액공제
⑤ 단기재상속에 대한 상속공제

X 상속세 신고 · 납부

상속세는 정부부과과세방식에 따라 납부의무가 확정된다.

상속이 개시되어 납부의무가 성립하면 납부의무자는 납세의무가 성립된 상속에 관련한 사항들을 정부에 신고하여야 한다. 이때 정부는 그 신고내용을 기초로 하여 조사한 후에 상속세의 납부의무를 확정시키고 그 결과를 납세의무자에 통지한다.

1. 상속세 신고의무자

상속세 과세표준 신고의무는 상속세 납부의무자이다. 이 경우 상속을 포기한 자 또는 상속세 과세가액에 가산되는 증여재산의 수증자 중 상속인 이외의 자는 신고의무가 없다.

보충설명

① 상속인 : 상속인은 상속세에 관한 과세표준신고 의무가 있다.
② 수유자 : 수유자도 상속인과 같이 과세표준신고 의무가 있다
③ 유언집행자 또는 상속재산관리인 ; 상속인의 유무가 불분명할 때 또는 상속인이 상속재산에 대하여 처분의 권한이 없을 때에는 유언집행자 또는 상속재산관리인이 상속세 과세표준을 신고하고 납부할 의무가 있다.

(1) 개요

상속세 납부의무가 있는 상속인 또는 수유자는 상속개시일이 속하는 달의 말일부터 6월 이내에 상속세의 과세가액 및 과세표준을 납세지 관할세무서장에게 신고하여야 한다(상증법 §67).

피상속인 또는 상속인이 외국에 주소를 둔 경우에는 상속개시일이 속하는 달의 말일부터 9월 이내에 상속세의 과세가액 및 과세표준을 납세지 관할세무서장에게 신고하여야 한다. 이 경우 상속인이 외국에 주소를 둔 경우란 상속인 전원이 외국에 주소를 둔 경우를 말한다.

(요약)

신고 의무자		상속세 신고기한
상속인 또는 수유자	피상속인이 거주자인 경우	상속개시일이 속하는 달의 말일부터 6개월 이내
	피상속인이 비거주자이거나 상속인 전원이 외국에 주소를 둔 경우	상속개시일이 속하는 달의 말일부터 9개월 이내
유언집행자・상속재산관리인		유언집행자 등으로 상속개시일이 속하는 달의 말일부터 6개월 이내에 지정되거나 선임되는 경우에 한정하며, 그 지정되거나 선임되는 날부터 6개월 이내

(2) 상속인이 확정되지 않은 경우 상속세 과세표준 신고

상속세 과세표준 신고기한까지 상속인이 확정되지 않은 경우에도 상속개시일부터 6개월(9개월) 이내에 상속세 과세표준 신고를 하여야 하며, 상속인이 확정된 날부터 30일 이내에 확정된 상속인의 상속관계를 기재한 서류를 납세지 관할세무서장에게 제출

하여야 한다.

(3) 상속포기자의 상속세 신고 여부

상속인은 상속개시가 있음을 안 날부터 3월 이내에 단순승인이나 한정승인 또는 상속포기를 할 수 있으며(민법 §1019, 1042), 이 경우 상속인이 상속을 포기하면 상속인이 아니다(자세한 내용은 전술한 "제1절 Ⅴ의 3. 상속포기" 참조).

그러나 상속을 포기한 상속인이라도 상속개시 전 10년 이내에 피상속인으로부터 증여받은 재산이 있거나 사용처가 불분명한 추정상속재산이 있는 경우에는 상속세 납부의무 및 연대납부의무가 있다(상증법 §3의2).

2. 분할납부

상속세의 분할납부는 상속세 신고기한 이내에 일시에 현금으로 납부하여야 하는 납세자의 과중한 세금부담을 완화시켜 주기 위한 제도이다. 상속세의 경우 납부할 세액이 1천만원을 초과하는 경우 2개월 이내에 분납할 수 있다. 그러나 연부연납을 신청하는 경우에는 분납할 수 없다.

납부할 세액	분 납 세 액
1천만원 초과 2천만원 이하	1천만원을 초과하는 금액
2천만원 초과	납부할 세액의 50% 이하 금액

3. 연부연납

상속세의 연부연납은 제2장 증여세 제10절 "3. 연부연납"을 참고하기 바란다.

4. 첨부서류

상속세 과세표준신고를 할 때에는 해당 신고서에 상속세 과세표준의 계산에 필요한 상속재산의 종류, 수량, 평가가액, 재산분할 및 각종 공제 등을 증명할 수 있는 다음의 서류 등을 첨부하여야 한다.

① 피상속인의 제적등본 및 상속인의 가족관계기록사항에 관한 증명서

② 상속재산명세 및 그 평가명세서

③ 채무사실을 입증할 수 있는 서류

④ 배우자의 상속재산이 분할된 경우에는 상속재산분할명세 및 그 평가명세서

⑤ 기타 서류

사례 1 연부연납세액의 계산과 기재실무

다음의 상속세액 자료에 의하여 상속세 신고와 관련한 납부세액과 연부연납세액의 계산 및 신고서를 작성하여라.

❶ 상속개시일 ; 2018.3.5.

❷ 일시 자진납부할 경우 : 2,090,141,340원

① 상속세 과세가액 ; 8,177,172,733원

② 상속공제액 ; 2,192,875,080원

③ 산출세액 ; 2,532,148,826원

④ 증여세액 공제액 ; 332,000,000원

⑤ 신고세액 공제액 ; 110,007,486원

⑥ 납부할 세액 ; 2,090,141,340원

⑦ 신고납부 세액 ; 348,356,890원

⑧ 연부연납할 세액 ; 1,741,784,488원

❸ 연부연납할 경우

① 신고납부할 세액 ; 348,356,890원

② 연부연납할 세액 ; 1,851,516,840원

③ 부담할 총세액 ; 2,199,873,730원

❹ 연부연납할 세액계산

구분	납부일자	연부연납세액	연부연납가산금	계
신고납부	2018.9.30.	174,178,445	-	174,178,445
분납	2018.11.30.	174,174,445	-	174,174,445
소계		348,356,890		348,356,890
〈연부납부〉				
1회	2019.9.30.	348,356,890	36,577,470	384,934,360
2회	2020.9.30.	348,356,890	29,261,970	377,618,860
3회	2021.9.30.	348,356,890	21,946,480	370,303,370

구분	납부일자	연부연납세액	연부연납가산금	계
4회	2022.9.30.	348,356,890	14,630,980	362,987,870
5회	2023.9.30.	348,356,890	7,315,490	355,672,380
소계		1,741,784,450	109,732,390	1,851,516,840
계		2,090,141,340	109,732,390	2,199,873,730

❺ 연부연납가산금 계산은 다음과 같다

① 1회 연부연납가산금 : (2,090,141,340원 - 348,356,890원) × 연2.1%
= 36,577,470원*

② 2회 연부연납가산금 : [2,090,141,340원 - (348,356,890원×2)] × 연2.1%
= 29,261,970원

③ 3회 연부연납가산금 : [2,090,141,340원 - (348,356,890원×3)] × 연2.1%
= 21,946,480원

④ 4회 연부연납가산금 : [2,090,141,340원 - (348,356,890원×4)] × 연2.1%
= 14,630,980원

⑤ 5회 연부연납가산금 : [2,090,141,340원 - (348,356,890원×5)] × 연2.1%
= 7,315,490원

* 최초 연부연납을 할 경우 상속세 신고납부일부터 연부연납 승인일까지의 기간은 가정하여 산정한 것임

❻ 기재실무

■ 상속세 및 증여세법 시행규칙 [별지 제9호 서식] (개정 2018.3.19.)

관리번호	-

상속세 과세표준신고 및 자진납부계산서

[√]기한 내 신고, [ ]수정신고, [ ]기한 후 신고

※ 뒤쪽의 작성방법을 읽고 작성하시기 바랍니다. (앞쪽)

신고인	①성 명	×××	②주민등록번호	×××	③전자우편 주소	
	④주 소				⑤피상속인과의 관계	배우자
	⑥전화번호	(자 택)	(휴대전화) 010-		사후관리위반신고	
피상속인	⑦성 명	김××	⑧주민등록번호	×××	⑨거 주 구 분	[√] 거주자 [ ] 비거주자
	⑩주 소	×××				
	⑪상속원인	[√] 사망 [ ] 실종 [ ] 인정사망 [ ] 기타			⑫상속개시일	2018.3.6
세무대리인	⑬성 명	×××	⑭사업자등록번호		⑮관리번호	
	⑯전화번호	(자 택)	(휴대전화)			

구 분	금 액	구 분		금 액
⑰상속세 과세가액	8,177,172,733	영리법인 면제	유증등 재산가액	
⑱상속공제액	2,192,875,080		면제세액 (「상속세 및 증여세법」 제3조의2)	
⑲감정평가수수료			㉟면제분 납부세액(합계액)	
⑳과세표준(⑰-⑱-⑲)	5,984,297,653	㊱신고불성실가산세		
㉑세율		㊲납부불성실가산세		
㉒산출세액	2,532,148,826	㊳납부할 세액(합계액) (㉔+㉕-㉖-㉗+㉟+㊱+㊲)		2,090,141,340
㉓세대생략가산액 (「상속세 및 증여세법」 제27조)		납부방법	납부·신청 일자	
㉔산출세액(㉒+㉓)	2,532,148,826	㊴연부연납	2018.9.30	1,741,784,450
㉕이자상당액		㊵물납		
㉖문화재 등 징수유예세액		현금 ㊶분납	2018.11.30	174,178,445
㉗계(㉘+㉛+㉜+㉝+㉞)	442,007,486	현금 ㊷신고납부	2018.9.30	174,178,445
㉘증여세액공제 소계(㉙+㉚)				
㉙「상속세 및 증여세법」 제28조	332,000,000			
㉚「조세특례제한법」 제30조의5 및 제30조의6				
㉛외국납부세액공제 (「상속세 및 증여세법」 제29조)				
㉜단기세액공제 (「상속세 및 증여세법」 제30조)				
㉝신고세액공제 (「상속세 및 증여세법」 제69조)	110,007,486			
㉞그 밖의 공제				

「상속세 및 증여세법」 제67조 및 같은 법 시행령 제64조 제1항에 따라 상속세의 과세가액 및 과세표준을 신고하며, 위 내용을 충분히 검토하였고 신고인이 알고 있는 사실을 그대로 적었음을 확인합니다.

2018년 9월 30일

신 고 인 ××× (서명 또는 인)

세무대리인은 조세전문자격자로서 위 신고서를 성실하고 공정하게 작성하였음을 확인합니다.

세무대리인 ××회계법인 (서명 또는 인)

×× 세무서장 귀하

신청(신고)인 제출서류	1. 피상속인의 가족관계증명서 1부 2. 상속세 과세가액계산명세서(부표 1) 1부 3. 상속인별 상속재산 및 평가명세서(부표 2) 1부 4. 채무·공과금·장례비용 및 상속공제명세서(부표 3) 1부 5. 상속개시 전 1(2)년 이내 재산처분·채무부담 내역 및 사용처소명명세서(부표 4) 1부 6. 영리법인 상속세 면제 및 납부 명세서(부표 5) 1부	수수료 없음
담당공무원 확인사항	상속인의 가족관계증명서	

행정정보 공동이용 동의서

본인은 이 건 업무처리와 관련하여 담당 공무원이 「전자정부법」 제36조 제1항에 따른 행정정보의 공동이용을 통하여 위의 담당 공무원 확인 사항을 확인하는 것에 동의합니다. * 동의하지 않는 경우에는 신청인이 직접 관련 서류를 제출하여야 합니다.

신청인 (서명 또는 인)

210mm×297mm[백상지 80g/㎡(재활용품)]

■ 상속세 및 증여세법 시행규칙 [별지 제11호 서식] (2016.3.21. 개정)

상속세(증여세) 연부연납 허가신청서

(앞쪽)

관리번호	-	
신청인	① 성 명 ×××	② 주민등록번호
	③ 주 소 ××× (☎ :)	전자우편주소

④신고(고지납부)기한		⑤ 총납부세액	2,090,141,385	⑥ 최초 납부세액	348,356,890	⑦ 연부연납 대상금액(⑤-⑥)	1,741,784,450

구 분	1 회	2 회	3 회	4 회	5 회	6 회	7 회	8 회	9 회	10회
납부예정일	2019.9.30.	2020.9.30.	2021.9.30.	2022.9.30.	2023.9.30.					
납부예정 세액	384,934,360	377,618,860	370,303,370	362,987,870	355,672,380					
구 분	11회	12회	13회	14회	15회	계				
납부예정일										
납부예정 세액						1,851,516,840				

「상속세 및 증여세법」 제71조 및 같은 법 시행령 제67조 · 제68조에 따라 위와 같이 연부연납 허가를 신청합니다.

2018년 9월 30일

신청인 ××× (서명 또는 인)

신청인 (서명 또는 인)

신청인 (서명 또는 인)

신청인 (서명 또는 인)

등 기 승 낙 서

년 월 일 납세담보제공서에 표시된 부동산에 대하여 납세담보의 목적으로 저당권을 설정할 것을 승낙합니다.

2018년 9월 30일

신청인 ××× (서명 또는 인)

×× **세무서장** 귀하

신청인 제출서류	1. 유가증권인 경우 공탁영수증 1부 2. 은행의 지급보증서 1부 3. 납세담보제공서 1부	수수료 없음
담당공무원 확인사항	1. 토지 등기사항증명서 2. 건물 등기사항증명서	

행정정보 공동이용 동의서

본인은 이 건 업무처리와 관련하여 담당 공무원이 「전자정부법」 제36조 제1항에 따른 행정정보의 공동이용을 통하여 위의 담당 공무원 확인사항을 확인하는 것에 동의합니다. * 동의하지 아니하는 경우에는 신청인이 직접 관련 서류를 제출하여야 합니다.

신청인 (서명 또는 인)

210mm×297mm[백상지 80g/㎡(재활용품)]

사례 2 상속세 과세표준 및 세액신고와 기재실무

다음의 상속 자료에 의하여 상속세 과세표준신고 및 자진납부계산서와 관련서식을 작성하여라.

〈상속 현황〉

① 상속개시일 : 2019.3.10.

② 상속원인 : 사망(병사)

③ 상속인(자녀) 현황

㉠ 김일남(50세)

㉡ 김일녀(48세)

㉢ 김이남(45세)

㉣ 김이녀(42세)

〈상속재산〉

① 상속개시당시(2019.3.10.) 상속재산별 평가한 금액은 다음과 같다.

상속재산	평가금액	비 고
토지 및 건물	66억원	상증법상 평가액
비상장주식	8억원	평가기관에 의뢰한 평가액(평가수수료 10,000,000원)
금융재산(예금)	2억원	상속개시일 현재 금융기관별 예금잔액 조회금액
합계	76억원	

② 피상속인이 상속개시일 전 10년 이내에 상속인에게 증여한 재산은 없다.

③ 피상속인의 상속재산 중에 채무와 공과금은 없다

④ 증빙이 있는 장례비용은 30,000,000원이며, 그 중 봉안시설비용은 8,000,000원이다.

⑤ 상속개시일 현재 피상속인의 배우자는 없다.

⑥ 상속인의 상속재산은 법정상속으로 협의분할하다.

풀이

❶ 상속세 과세가액 ;

토지	69억원
비상장주식	8억원
금융자산(예금)	2억원
계	79억원

❷ 상속공제액

① 기초공제 : 2억원 × 4인 = 8억원

② 일괄공제 : 5억원

③ 장례비용 : 15,000,000원(일반장례비용:10,000,000원, 봉안시설:5,000,000원)

④ 금융상속공제

1,000,000,000원* × 20% = 2억원(한도)

* 비상장주식(8억원)+금융자산(2억원)=10억원

⑤ 상속공제액 : 2억원 + 5억원 + 15,000,000원 + 2억원 = 915,000,000원

❸ 과세표준 ;

79억원 - (15,000,000원+900,000,000원+10,000,000원) = 6,975,000,000원

❹ 산출세액 ;

1,040,000,000원 + (6,975,000,000원 - 3,000,000,000원) × 50% = 3,027,500,000원

❺ 신고세액공제 ;

3,027,500,000원 × 3% = 90,825,000원

❻ 납부할 세액 ;

3,027,500,000원 - 90,825,000원 = 2,936,175,000원

❼ 분납할 세액 범위액 ;

2,936,175,000원 × 50% = 1,468,087,500원

■ 상속세 및 증여세법 시행규칙 [별지 제9호 서식] (개정 2018.3.19.)

상속세 과세표준신고 및 자진납부계산서

관리번호	-

[√]기한 내 신고, [ ]수정신고, [ ]기한 후 신고

※ 뒤쪽의 작성방법을 읽고 작성하시기 바랍니다. (앞쪽)

구분	항목	내용	항목	내용	항목	내용
신고인	① 성 명	김일남 외3인	② 주민등록번호	×××	③ 전자우편 주소	
	④ 주 소	×××			⑤ 피상속인과의 관계	자
	⑥ 전화번호	(자 택)		(휴대전화)	사후관리위반신고	
피 상 속 인	⑦ 성 명	김동일	⑧ 주민등록번호	×××	⑨ 거 주 구 분	[√] 거주자 [ ] 비거주자
	⑩ 주 소	×××				
	⑪ 상속원인	[√] 사망 [ ] 실종 [ ] 인정사망 [ ] 기타			⑫ 상 속 개 시 일	2019. 3. 10.
세 무 대리인	⑬ 성 명	×××	⑭ 사업자등록번호	×××	⑮ 관 리 번 호	
	⑯ 전화번호	(자 택)		(휴대전화)		

구 분	금 액	구 분		금 액
⑰ 상 속 세 과 세 가 액	7,885,000,000	영리법인 면제	유 증 등 재 산 가 액	
⑱ 상 속 공 제 액	900,000,000		면 제 세 액 (「상속세 및 증여세법」 제3조의2)	
⑲ 감 정 평 가 수 수 료	10,000,000		㉟ 면제분 납부세액(합계액)	
⑳ 과 세 표 준 (⑰ ⑱ ⑲)	6,975,000,000	㊱ 신 고 불 성 실 가 산 세		
㉑ 세 율		㊲ 납 부 불 성 실 가 산 세		
㉒ 산 출 세 액	3,027,500,000	㊳ 납 부 할 세 액 (합 계 액) (㉔ + ㉕ − ㉖ − ㉗ + ㉟ + ㊱ + ㊲)		2,936,175,000
㉓ 세 대 생 략 가 산 액 (「상속세 및 증여세법」 제27조)		납부방법	납부·신청 일자	
㉔ 산 출 세 액 (㉒ + ㉓)	3,027,500,000	㊴ 연 부 연 납		
㉕ 이 자 상 당 액		㊵ 물 납		
㉖ 문 화 재 등 징 수 유 예 세 액		현금 ㊶ 분 납	2019.11.30	1,468,087,500
㉗ 계(㉘ + ㉛ + ㉜ + ㉝ + ㉞)	90,825,000	현금 ㊷ 신 고 납 부	2019.9.30	1,468,087,500

구 분		금 액
㉘ 증여세액공제	소 계(㉙ + ㉚)	
	㉙ 「상속세 및 증여세법」 제28조	
	㉚ 「조세특례제한법」 제30조의5 및 제30조의6	
㉛ 외 국 납 부 세 액 공 제 (「상속세 및 증여세법」 제29조)		
㉜ 단 기 세 액 공 제 (「상속세 및 증여세법」 제30조)		
㉝ 신 고 세 액 공 제 (「상속세 및 증여세법」 제69조)		90,825,000
㉞ 그 밖 의 공 제		

「상속세 및 증여세법」 제67조 및 같은 법 시행령 제64조 제1항에 따라 상속세의 과세가액 및 과세표준을 신고하며, **위 내용을 충분히 검토하였고 신고인이 알고 있는 사실을 그대로 적었음을 확인합니다.**

2018년 9월 30일

신 고 인 김일남,김일녀,김이남,김이녀 (서명 또는 인)

세무대리인은 조세전문자격자로서 위 신고서를 성실하고 공정하게 작성하였음을 확인합니다.

세무대리인 ××× (서명 또는 인)

××× **세무서장** 귀하

신청(신고)인 제출서류	1. 피상속인의 가족관계증명서 1부 2. 상속세 과세가액계산명세서(부표 1) 1부 3. 상속인별 상속재산 및 평가명세서(부표 2) 1부 4. 채무·공과금·장례비용 및 상속공제명세서(부표 3) 1부 5. 상속개시 전 1(2)년 이내 재산처분·채무부담 내역 및 사용처소명명세서(부표 4) 1부 6. 영리법인 상속세 면제 및 납부 명세서(부표 5) 1부	수수료 없음
담당공무원 확인사항	상속인의 가족관계증명서	

행정정보 공동이용 동의서

본인은 이 건 업무처리와 관련하여 담당 공무원이 「전자정부법」 제36조 제1항에 따른 행정정보의 공동이용을 통하여 위의 담당 공무원 확인 사항을 확인하는 것에 동의합니다. * 동의하지 않는 경우에는 신청인이 직접 관련 서류를 제출하여야 합니다.

신청인 (서명 또는 인)

210mm×297mm[백상지 80g/㎡(재활용품)]

■ 상속세 및 증여세법 시행규칙 [별지 제9호 서식 부표 1] (개정 2018.3.19.)

관리번호	-

상속세 과세가액계산명세서

※ 뒤쪽의 작성방법을 읽고 작성하시기 바랍니다. (앞쪽)

가. 상속받은 총재산명세

①재산구분코드	②재산 종류	③지목 또는 건물·재산 종류	④ 소재지·법인명 등 국외자산 여부	국외재산 국가명		⑤사업자 등록번호	⑥수량 (면적)	⑦ 단가	⑧ 가액
A11	토지	보유분	[ ]여 [√]부						6,900,000,000
A11	비상장주식	보유분	[ ]여 [√]부						800,000,000
A11	금융자산	예금	[ ]여 [√]부						200,000,000
			[ ]여 [ ]부						
			[ ]여 [ ]부						
⑨ 계									7,900,000,000

987. 상속세 과세가액 계산

총상속재산 가액	⑩ 상속재산가액	7,900,000,000
	⑪ 상속개시 전 처분재산등 산입액 (「상속세 및 증여세법」 제15조)	
	⑫ 합계	7,900,000,000
비과세 재산가액 (「상속세 및 증여세법」 제12조)	⑬ 계	
	⑭ 금양(禁養)임야등 가액 (「민법」 제1008조의3)	
	⑮ 문화재가액	
	⑯ 기타	
과세가액 불산입액	⑰ 계	
	⑱ 공익법인 출연재산가액 (「상속세 및 증여세법」 제16조)	
	⑲ 공익신탁 재산가액 (「상속세 및 증여세법」 제17조)	
	⑳ 기타	
공제금액 (「상속세 및 증여세법」 제14조)	㉑ 계	15,000,000
	㉒ 공과금	-
	㉓ 장례비용	15,000,000
	㉔ 채무	-
가산하는 증여재산가액	㉕ 계(㉖+㉗ 또는 ㉖+㉘)	
	㉖ 「상속세 및 증여세법」 제13조	
	㉗ 「조세특례제한법」 제30조의5	
	㉘ 「조세특례제한법」 제30조의6	
㉙ 상속세과세가액 [⑫-(⑬+⑰+㉑)+㉕]		7,885,000,000

210mm×297mm[백상지 80g/㎡(재활용품)]

■ 상속세 및 증여세법 시행규칙 [별지 제9호 서식 부표 2] (개정 2018.3.19.)

관리번호	-

상속인별 상속재산 및 평가명세서

※ 뒤쪽의 작성방법을 읽고 작성하시기 바랍니다. (앞쪽)

가. 상속인별 상속현황

① 피상속인과의 관계	②성명	③주민등록번호	④ 주소	⑤법정상속지분율	⑥법정상속재산가액	⑦실제상속지분율	⑧ 실제상속재산가액
1남	김일남	×××	×××	25%	1,975,000,000	25%	1,975,000,000

나. 상속인별 상속재산명세

⑨ 재산구분코드	⑩ 재산종류	⑪ 지목 또는 건물·재산종류	⑫ 수 재 지 · 번인명 등			⑬ 사업자등록번호	⑭ 수량(면적)	⑮ 단가	⑯ 평가가액	⑰ 평가기준코드
			국외자산여부	국외재산국가명						
A11	토지	보유분	[ ]여 [√]부						1,750,000,000	08
A11	비상장주식	보유분	[ ]여 [√]부						200,000,000	08
A11	금융자산	예금	[ ]여 [√]부		조				50,000,000	06
			[ ]여 [ ]부							
			[ ]여 [ ]부							
			[ ]여 [ ]부						1,975,000,000	

계				평가가액	
계	⑱ 상속재산가액			1,975,000,000	
	⑲ 상속개시 전 처분재산등 산입액				
	비과세재산가액	⑳ 금양임야 등 가액			
		㉑ 문화재 가액			
		㉒ 기타			
	과세가액불산입액	㉓ 공익법인 출연재산가액			
		㉔ 공익신탁 재산가액			
		㉕ 기타			
	가산하는 증여재산가액	㉖「상속세 및 증여세법」 제13조			
		㉗「조세특례제한법」 제30조의5			
		㉘「조세특례제한법」 제30조의5			
	㉙ 합계			1,975,000,000	

210mm×29111117mm[백상지 80g/㎡(재활용품)]

■ 상속세 및 증여세법 시행규칙 [별지 제9호 서식 부표 2] (개정 2018.3.19.)

관리번호	-

상속인별 상속재산 및 평가명세서

※ 뒤쪽의 작성방법을 읽고 작성하시기 바랍니다. (앞쪽)

가. 상속인별 상속현황

① 피상속인과의 관계	②성명	③주민등록번호	④ 주소	⑤법정상속 지분율	⑥법정상속 재산가액	⑦실제상속 지분율	⑧실제상속 재산가액
1녀	김일녀	×××	×××	25%	1,975,000,000	25%	1,975,000,000

나. 상속인별 상속재산명세

⑨재산구분코드	⑩재산종류	⑪지목 또는 건물·재산종류	⑫ 소재지·법인명 등 국외자산 여부	국외재산 국가명		⑬사업자등록번호	⑭수량(면적)	⑮단기	⑯평가가액	⑰평가기준 코드
A11	토지	보유분	[ ]여 [√]부						1,750,000,000	08
A11	비상장주식	보유분	[ ]여 [√]부						200,000,000	08
A11	금융자산	예금	[ ]여 [√]부						50,000,000	06
			[ ]여 [ ]부							
			[ ]여 [ ]부							
			[ ]여 [ ]부						1,975,000,000	

계				
계	⑱ 상속재산가액		1,975,000,000	
	⑲ 상속개시 전 처분재산등 산입액			
	비과세 재산가액	⑳ 금양임야 등 가액		
		㉑ 문화재가액		
		㉒ 기타		
	과세가액 불산입액	㉓ 공익법인 출연재산가액		
		㉔ 공익신탁 재산가액		
		㉕ 기타		
	가산하는 증여재산가액	㉖「상속세 및 증여세법」 제13조		
		㉗「조세특례제한법」 제30조의5		
		㉘「조세특례제한법」 제30조의5		
	㉙ 합계		1,975,000,000	

210mm×29111117mm[백상지 80g/㎡(재활용품)]

■ 상속세 및 증여세법 시행규칙 [별지 제9호 서식 부표 2] (개정 2018.3.19.)

관리번호	-

상속인별 상속재산 및 평가명세서

※ 뒤쪽의 작성방법을 읽고 작성하시기 바랍니다. (앞쪽)

가. 상속인별 상속현황

① 피상속인과의 관계	② 성명	③ 주민등록번호	④ 주소	⑤ 법정상속 지분율	⑥ 법정상속 재산가액	⑦ 실제상속 지분율	⑧ 실제상속 재산가액
2남	김이남	×××	×××	25%	1,975,000,000	25%	1,975,000,000

나. 상속인별 상속재산명세

⑨ 재산 구분 코드	⑩ 재산 종류	⑪ 지목 또는 건물·재산 종류	⑫ 소재지·법인명 등: 국외자산 여부	국외재산 국가명		⑬ 사업자등록번호	⑭ 수량(면적)	⑮ 단가	⑯ 평가가액	⑰ 평가기준 코드
A11	토지	보유분	[ ]여 [√]부						1,750,000,000	08
A11	비상장주식	보유분	[ ]여 [√]부						200,000,000	08
A11	금융자산	예금	[ ]여 [√]부		조				50,000,000	06
			[ ]여 [ ]부							
			[ ]여 [ ]부							
			[ ]여 [ ]부						1,975,000,000	

구분				가액	
계	⑱ 상속재산가액			1,975,000,000	
	⑲ 상속개시 전 처분재산등 산입액				
	비과세 재산가액	⑳ 금양임야 등 가액			
		㉑ 문화재 가액			
		㉒ 기타			
	과세가액 불산입액	㉓ 공익법인 출연재산가액			
		㉔ 공익신탁 재산가액			
		㉕ 기타			
	가산하는 증여재산가액	㉖「상속세 및 증여세법」 제13조			
		㉗「조세특례제한법」 제30조의5			
		㉘「조세특례제한법」 제30조의5			
	㉙ 합계			1,975,000,000	

210mm×29111117mm[백상지 80g/㎡(재활용품)]

■ 상속세 및 증여세법 시행규칙 [별지 제9호 서식 부표 2] (개정 2018.3.19.)

관리번호	-

상속인별 상속재산 및 평가명세서

※ 뒤쪽의 작성방법을 읽고 작성하시기 바랍니다. (앞쪽)

가. 상속인별 상속현황

① 피상속인과의 관계	②성 명	③주 민 등 록 번 호	④ 주소	⑤법정상속 지 분 율	⑥법 정 상 속 재 산 가 액	⑦실제상속 지 분 율	⑧ 실 제 상 속 재 산 가 액
2녀	김이녀	×××	×××	25%	1,975,000,000	25%	1,975,000,000

나. 상속인별 상속재산명세

⑨ 재산 구분 코드	⑩재 산 종 류	⑪지목 또는 건물·재산 종 류	⑫ 소 재 지 · 법인명 등			⑬ 사업자등 록 번 호	⑭ 수 량 (면 적)	⑮단가	⑯평가가액	⑰ 평가기준 코 드
			국외자산 여 부	국외재산 국 가 명						
A11	토지	보유분	[ ]여 [√]부						1,750,000,000	08
A11	비상장주식	보유분	[ ]여 [√]부						200,000,000	08
A11	금융자산	예금	[ ]여 [√]부		조				50,000,000	06
			[ ]여 [ ]부							
			[ ]여 [ ]부							
			[ ]여 [ ]부						1,975,000,000	

계		⑱ 상 속 재 산 가 액		1,975,000,000	
		⑲ 상속개시 전 처분재산등 산입액			
	비 과 세 재산가액	⑳ 금 양 임 야 등 가 액			
		㉑ 문 화 재 가 액			
		㉒ 기 타			
	과세가액 불산입액	㉓ 공익법인 출연재산가액			
		㉔ 공 익 신 탁 재 산 가 액			
		㉕ 기 타			
	가산하는 증여재산 가 액	㉖「상속세 및 증여세법」 제13조			
		㉗「조세특례제한법」 제30조의5			
		㉘「조세특례제한법」 제30조의5			
	㉙ 합계			1,975,000,000	

210mm×29111117mm[백상지 80g/㎡(재활용품)]

■ 상속세 및 증여세법 시행규칙 [별지 제9호 서식 부표 3] (개정 2018.3.19.)

관리번호	-

채무·공과금·장례비용 및 상속공제명세서

가. 채무

①채무종류	② 발생 연월일	채권자			⑥금 액
		③ 성 명(상 호)	④ 주민등록번호 (사업자등록번호)	⑤ 주소(소재지)	
⑦ 계					

나. 공과금

⑧ 공과금종류코드	⑨ 연도별	⑩ 분기별	⑪ 금액
⑫ 계			

다. 장례비용

지급처		⑮ 지급내역	⑯ 금액
⑬ 주민등록번호 (사업자등록번호)	⑭ 성명(상호)		
×××	×××	장례식장	10,000,000
×××	×××	봉안시설	5,000,000
⑰ 계			15,000,000

라. 상속공제

기초공제 및 그 밖의 인적공제	⑱ 기초공제	200,000,000
	⑲ 자녀공제	
	⑳ 미성년자공제	
	㉑ 연로자공제	
	㉒ 장애인공제	
㉓ 일괄공제		500,000,000
추가상속공제	㉔ 가업상속공제	
	㉕ 영농상속공제	
㉖ 배우자상속공제		
㉗ 금융재산상속공제		200,000,000
㉘ 재해손실공제		
㉙ 동거주택상속공제		
㉚ 공제적용한도액		
㉛ 상속공제금액합계		900,000,000

신청(신고)인 제출서류	1. 채무부담 및 공과금·장례비·감정평가수수료 지급 입증서류

작성방법

1. 채무와 공과금은 상속개시 당시의 현황에 따라 적습니다.
2. "① 채무종류"란 : 금융채무, 개인사채, 상가 임대보증금 등 채무의 종류를 적습니다.
3. "⑧ 공과금종류코드"란 : 아래의 공과금종류구분에 해당하는 코드를 적습니다.

공과금종류	국세	지방세	공공요금	과태료/범칙금	회비
코드	01	02	03	04	05

210mm×297mm[백상지 80g/㎡(재활용품)]

■ 상속세 및 증여세법 시행규칙 [별지 제5호 서식] (개정 2016.3.21.)

금융재산 상속공제 신고서

※ 뒤쪽의 작성방법을 읽고 작성하시기 바랍니다. (앞쪽)

1. 피상속인 및 신고인(상속인) 인적사항

피상속인	성명	김동일	주민등록번호	×××
상 속 인	성명	김일남외 3인	주민등록번호	×××

2. 금융재산 및 금융채무 명세

가-1. 금융재산

종류	계좌번호 등	상호	사업자등록번호	단가	가액
예금					200,000,000
비상장주식					800,000,000
				① 합계	1,000,000,000

가-2. 금융채무

종류	계좌번호 등	상호	사업자등록번호	단가	가액
				② 합계	

3. 금융재산 상속공제금액

③ 순금융재산가액 (① - ②)	1,000,000,000
④ 금융재산 상속공제 한도액 (뒷면 작성방법 표 참조)	200,000,000
⑤ 금융재산 상속공제금액 (③과 ④중 적은 금액 기재)	200,000,000

「상속세 및 증여세법」 제22조 및 같은 법 시행령 제19조 제3항에 따라 금융재산 상속공제 신고서를 제출합니다.

2019년 9월 30 일

신고인 김일남,김일녀,김이남,김이녀 (서명)

××× 세 무 서 장 귀하

신고인 제출서류	금융재산보유 및 금융채무 사실을 확인할 수 있는 서류	수수료 없음

210mm×297mm[백상지 80g/㎡(재활용품)]

제3절 가업승계 주식의 상속공제

가업승계 주식의 상속공제(가업상속공제)란 피상속인이 생전에 영위한 사업에 대하여 10년 이상 계속하여 경영한 가업을 상속인에게 상속하는 경우 그 가업을 상속받은 상속인이 상속세 과세가액에서 가업상속재산가액을 일정 한도 내(최대 500억원)에서 공제받도록 함으로써 원활한 가업승계를 지원하기 위한 제도이다. 다만, 동일한 상속재산에 대해서는 가업상속공제와 배우자상속공제를 중복 적용하지 아니하며, 또한 가업상속공제와 영농상속공제의 경우에도 동시에 적용하지 아니한다.

이 경우 피상속인이 해당 주식을 발행한 법인의 최대주주 또는 최대출자자의 경우에는 상속받은 주식에 대하여 가업상속공제를 적용하는 것이며, 피상속인이 일반주주인 경우에는 금융재산상속공제를 적용한다.

I 가업상속공제 금액

거주자의 사망으로 상속이 개시되는 경우에는 상속인의 요건과 가업의 범위를 충족하는 경우에 한하여 가업상속재산가액(최대 500억원 한도)을 공제한다. 가업상속공제 금액은 개인가업과 법인가업으로 구분하여 다음과 같이 가업상속재산가액에 상당하는 금액을 상속세 과세가액에서 공제한다(상증법 §18 ② ⟨1⟩).

가업구분	기업 구분별 가업상속공제 금액
개인가업	**개인가업상속공제액** = (상속재산 중 가업에 직접 사용되는 토지, 건축물, 기계장치 등 사업용 자산의 가액) − 해당 자산에 담보된 채무가액
법인가업	**법인가업상속공제액** = 상속재산 중 가업에 해당하는 법인의 주식 등 × $\frac{\text{총자산가액} - \text{사업무관자산*}}{\text{총자산가액}}$

이 때 공제한도 금액은 다음의 피상속인의 가업 계속 영위기간에 따라 해당 금액을 공제한다.

영위기간	가업상속공제금액
10년 이상 20년 미만인 경우	200억원
20년 이상 30년 미만인 경우	300억원
30년 이상인 경우	500억원

가업상속공제한도를 적용함에 있어서 피상속인이 둘 이상의 독립된 가업을 영위한 경우에는 해당 기업 중 계속하여 경영한 기간이 긴 기업의 계속 경영기간에 대한 공제한도를 적용하며, 상속세 과세가액에서 피상속인이 계속하여 경영한 기간이 긴 기업의 가업상속재산가액부터 순차적으로 공제한다.

Ⅱ 가업상속공제 요건

1. 가업의 범위

가업상속은 피상속인이 10년 이상 계속하여 경영하고, 피상속인과 그의 특수관계인의 최대주주로서 지분이 50%(상장법인 30%) 이상을 계속하여 보유한 다음의 중소기업 또는 중견기업을 요건으로 한다.

보충설명

피상속인이 사업장을 이전하여 동일업종의 사업을 계속하여 영위하는 경우에는 종전 사업장에서의 사업기간을 포함하여 가업영위기간을 계산한다(상증법 집행기준 18-15-6).

(1) 중소기업의 경우

중소기업은 상속개시일이 속하는 과세연도의 직전 과세연도 말 현재 아래의 【상증령 별표】에 따른 업종을 주된 사업으로 영위하고 「중소기업기본법」상 매출액, 독립성 기준을 충족하는 기업으로 자산총액이 5천억원 미만인 기업을 말한다. 다만 매출액 증가 등으로 중소기업 유예기간 중인 경우에는 가업상속공제대상 중소기업이 아니다(재산세과-214, 2009.9.14.).

(2) 중견기업의 경우

중견기업은 상속개시일이 속하는 과세연도의 직전 과세연도 말 현재【상증령 별표】에 따른 업종을 주된 사업으로 영위하는 기업 중 중소기업이 아닌 기업으로 「중견기업 성장촉진 및 경쟁력 강화에 관한 특별법」(이하 "중견기업법"이라 한다)상 독립성 기준을 충족하는 기업으로서 직전 3년 평균매출액 3천억원 미만인 기업을 말한다.

매출액은 1년 미만의 경우 1년으로 환산한 매출액으로 하고 기업회계기준에 따라 작성한 손익계산서의 매출액을 기준으로 한다.

다만, 2019.1.1. 이후 가업상속분부터는 가업상속인의 가업상속재산 외의 상속재산이 가업상속인이 부담하는 상속세액의 2배보다 큰 경우에는 가업상속공제 적용을 배제한다(상증법 §18 ③).

▌개인기업의 법인 전환시 피상속인 가업 영위기간

개인사업자로서 영위하던 가업을 동일한 업종의 법인으로 전환하여 피상속인이 법인 설립일 이후 계속하여 당해 법인의 최대주주 등에 해당하는 경우에는 개인사업자로서 가업을 영위한 기간을 포함하여 가업영위기간을 계산한다.

▌연결재무제표 대상이 되는 종속법인의 매출액의 포함 여부

중견기업의 상속개시일 전 3년간의 평균매출액이 3천억원 이상에 해당하는지 여부를 판단할 때 연결재무제표 대상이 되는 종속법인의 매출액은 포함하지 않는다(서면법령재산-299, 2017.4.12.).

▌10년이 경과하지 아니한 주식

가업을 경영하는 자가 주식을 취득하고 10년이 경과하지 아니한 주식에 대해서는 가업상속공제를 적용하지 아니한다(2018-상속증여-1744[상속증여세과-731], 2018.8.7.).

(3) 가업상속공제를 적용받는 중소·중견기업의 해당 업종【상증령 별표】

❶ 한국표준산업분류에 따른 업종

표준산업분류상 구분	가업 해당 업종
가. 농업, 임업 및 어업(01~03)	작물재배업(011) 중 종자 및 묘목생산업(01123)을 영위하는 기업으로서 다음의 계산식에 따라 계산한 비율이 100분의 50 미만인 경우[제15조 제7항에 따른 가업용 자산 중 토지(「공간정보의 구축 및 관리 등에 관한 법률」에 따라 지적공부에 등록하여야 할 지목에 해당하는 것을 말한다) 및 건물(건물에 부속된 시설물과 구축물을 포함한다)의 자산의 가액] ÷ (제15조 제7항에 따른 가업용 자산의 가액)
나. 광업(05~08)	광업 전체
다. 제조업(10~33)	제조업 전체. 이 경우 자기가 제품을 직접 제조하지 않고 제조업체(사업장이 국내 또는 「개성공업지구 지원에 관한 법률」 제2조 제1호에 따른 개성공업지구에 소재하는 업체에 한정한다)에 의뢰하여 제조하는 사업으로서 그 사업이 다음의 요건을 모두 충족하는 경우를 포함한다. 1) 생산할 제품을 직접 기획(고안·디자인 및 견본제작 등을 말한다)할 것 2) 해당 제품을 자기명의로 제조할 것 3) 해당 제품을 인수하여 자기책임하에 직접 판매할 것
라. 하수 및 폐기물 처리, 원료 재생, 환경정화 및 복원업(37~39)	하수·폐기물 처리(재활용을 포함한다), 원료 재생, 환경정화 및 복원업 전체
마. 건설업(41~42)	건설업 전체
바. 도매 및 소매업(45~47)	도매 및 소매업 전체
사. 운수업(49~52)	여객운송업[육상운송 및 파이프라인 운송업(49), 수상 운송업(50), 항공 운송업(51) 중 여객을 운송하는 경우]
아. 숙박 및 음식점업(55~56)	음식점 및 주점업(56) 중 음식점업(561)
자. 정보통신업(58~63)	출판업(58)
	영상·오디오 기록물제작 및 배급업(59). 다만, 비디오물 감상실 운영업(59142)은 제외한다.
	방송업(60)
	우편 및 통신업(61) 중 전기통신업(612)
	컴퓨터 프로그래밍, 시스템 통합 및 관리업(62)

표준산업분류상 구분	가업 해당 업종
	정보서비스업(63)
차. 전문, 과학 및 기술서비스업(70~73)	연구개발업(70)
	전문서비스업(71) 중 광고업(713), 시장조사 및 여론조사업(714)
	건축기술, 엔지니어링 및 기타 과학기술 서비스업(72) 중 기타 과학기술 서비스업(729)
	기타 전문, 과학 및 기술 서비스업(73) 중 전문디자인업(732)
카. 사업시설관리 및 사업지원 서비스업(74~75)	사업시설 관리 및 조경 서비스업(74) 중 건물 및 산업설비 청소업(7421)
	사업지원 서비스업(75) 중 고용알선 및 인력 공급업(751, 농업노동자 공급업을 포함한다), 경비 및 경호 서비스업(7531), 보안시스템 서비스업(7532), 콜센터 및 텔레마케팅 서비스업(75991), 전시, 컨벤션 및 행사 대행업(75992), 포장 및 충전업(75994)
타. 임대업 : 부동산 제외(76)	무형재산권 임대업(764, 「지식재산 기본법」 제3조 제1호에 따른 지식재산을 임대하는 경우로 한정한다)
파. 교육 서비스업(85)	교육 서비스업(85) 중 사회교육시설(8564), 직원훈련기관(8565), 기타 기술 및 직업훈련학원(85669)
하. 사회복지 서비스업(86~87)	사회복지 서비스업 전체
거. 예술, 스포츠 및 여가관련 서비스업(90~91)	창작, 예술 및 여가관련 서비스업(90) 중 창작 및 예술관련 서비스업(901), 도서관, 사적지 및 유사 여가관련 서비스업(902). 다만, 독서실 운영업(90212)은 제외한다.
너. 협회 및 단체, 수리 및 기타 개인 서비스업(94~96)	기타 개인 서비스업(96) 중 개인 간병인 및 유사 서비스업(96993)

❷ 개별 법률의 규정에 따른 업종

① 「조세특례제한법」 제7조 제1항 제1호 커목에 따른 직업기술 분야 학원

② 「조세특례제한법 시행령」 제5조 제7항에 따른 엔지니어링사업

③ 「조세특례제한법 시행령」 제5조 제8항에 따른 물류산업

④ 「조세특례제한법 시행령」 제6조 제1항에 따른 수탁생산업

⑤ 「조세특례제한법 시행령」 제54조 제1항에 따른 자동차정비공장을 운영하는

사업

⑥ 「해운법」에 따른 선박관리업

⑦ 「의료법」에 따른 의료기관을 운영하는 사업

⑧ 「관광진흥법」에 따른 관광사업(카지노업, 관광유흥음식점업 및 외국인전용 유흥음식점업은 제외한다)

⑨ 「노인복지법」에 따른 노인복지시설을 운영하는 사업

⑩ 「노인장기요양보험법」 제32조에 따른 재가장기요양기관을 운영하는 사업

⑪ 「전시산업발전법」에 따른 전시산업

⑫ 「에너지이용 합리화법」 제25조에 따른 에너지절약전문기업이 하는 사업

⑬ 「근로자직업능력 개발법」에 따른 직업능력개발훈련시설을 운영하는 사업

⑭ 「도시가스사업법」 제2조 제4호에 따른 일반도시가스사업

⑮ 「국가과학기술 경쟁력 강화를 위한 이공계지원 특별법」 제2조 제4호 나목에 따른 연구개발지원업

⑯ 「민간임대주택에 관한 특별법」에 따른 주택임대관리업

⑰ 「신에너지 및 재생에너지 개발·이용·보급 촉진법」에 따른 신·재생에너지 발전사업

2. 가업상속공제대상 피상속인과 상속인의 요건

가업상속은 피상속인 및 상속인이 다음의 요건을 모두 갖춘 경우에만 적용한다.

피상속인의 요건	상속인의 요건
다음의 요건을 모두 충족하여야 한다. ① 피상속인이 상속개시일 현재 거주자일 것 ② 가업의 최대주주 등으로서 피상속인과 그의 특수관계인 주식 등을 합하여 해당 기업의 발행 주식총수 등의 50%(상장법인 30%) 이상을 10년 이상 계속하여 보유할 것 ③ 가업영위기간 중 대표이사의 재직기간이 다음 중 어느 하나에 해당할 것 ㉠ 50% 이상의 기간 ㉡ 10년 이상의 기간(상속인이 대표이사 등의 직을 승계하여 승계한 날부터 상속개	다음의 요건을 모두 충족하여야 한다. ① 상속개시일 현재 18세 이상인 경우 ② 상속개시일 전 2년 이상 직접 가업에 종사할 것(피상속인이 65세 이전에 사망, 천재·지변 등 사유로 사망은 2년 이상 적용 제외)* ③ 상속세 과세표준 신고기한까지 임원으로 취임하고 상속세 신고기한부터 2년 이내에 대표이사 등으로 취임할 것 * 상속개시일 전 상속인이 가업에 종사하다가 중도에 퇴사한 후 다시 입사한 경우에

피상속인의 요건	상속인의 요건
시일까지 계속 재직한 경우로 한정한다) ㉢ 상속개시일부터 소급하여 10년 중 5년 이상의 기간	는 재입사 전 가업에 종사한 기간을 포함하여 상속인의 가업 종사기간을 계산한다.

Ⅲ 가업상속재산의 범위

가업상속공제 대상이 되는 가업상속재산이란 개인가업과 법인가업에 따라 다음과 같이 범위를 달리하고 있다.

가업 구분	상 속 재 산
개인가업(소득세법을 적용받는 가업)	상속재산 중 가업에 직접 사용되는 토지, 건축물, 기계장치 등 사업용 자산의 가액에서 해당 자산에 담보된 채무를 뺀 가액으로 한다.
법인가업(법인세법을 적용받는 가업)	법인가업의 상속재산 $= \dfrac{\text{가업법인의}}{\text{주식가액}^{**}} \times \dfrac{\text{총자산가액} - \text{사업무관자산}^{*}}{\text{총자산가액}}$ * 사업무관자산은 다음의 자산을 말한다. ㉠ 법인세법상 업무무관자산 ㉡ 비사업용 토지, 임대용부동산 ㉢ 대여금 ㉣ 과다보유현금(상속개시일 직전 5개 사업연도 말 평균 현금보유액의 150% 초과) ㉤ 법인의 영업과 무관한 주식·채권 및 금융상품 ㉥ 투자자산은 기업 본연의 영업활동을 위해 보유하는 자산으로 보기 어렵다(조심 2016서1512, 2016.7.27.). ㉦ 가업에 해당하는 법인이 보유중인 자회사가 발행한 주식(서면상속증여-4060, 2016.6.21.) ** 의결권 없는 우선주는 제외

가업상속의 공제한도를 적용함에 있어서 피상속인이 둘 이상의 독립된 가업을 영위한 경우에는 해당 기업 중 계속하여 경영한 기간이 긴 기업의 계속 경영기간에 대한 공제한도를 적용하며, 상속세 과세가액에서 피상속인이 계속하여 경영한 기간이 긴 기업의 가업상속 재산가액부터 순차적으로 공제한다.

Ⅳ 사후관리

가업상속공제를 받은 후 상속개시일부터 10년 이내에

① 정당한 사유없이 가업용 자산을 처분하거나,

② 상속인이 가업에 종사하지 않거나,

③ 상속받은 주식의 지분이 감소되는 경우,

④ 고용요건을 충족하지 못하는 경우에는

일정 금액을 상속개시 당시의 상속세 과세가액에 산입하여 상속세를 부과하고 이자 상당액도 함께 가산하여 부과한다.

이 경우 과소신고가산세 및 납부지연가산세는 적용하지 아니한다.

1. 가업용 자산의 20%(5년 이내 10%) 이상 처분한 경우

가업상속공제를 받은 후 상속개시일부터 10년 이내에 정당한 사유없이 가업용자산의 처분비율이 20%(5년 이내 10%) 이상을 처분한 경우에는 가업상속공제가 추징된다.

처분비율 = 〔②/①〕
① 가업용 자산가액
㉠ 소득세법 적용받는 가업 : 가업상속재산
㉡ 법인세법 적용받는 가업 : 가업 법인사업에 직접 사용되는 사업용 고정자산
② 가업용 자산 중 처분(임대)한 자산의 상속개시일 현재의 가액

그러나 다음의 정당한 사유에 해당하는 경우에는 추징을 배제한다.

① 가업용 자산이 수용 등으로 처분되었으나 처분자산과 동일한 자산을 대체 취득하여 계속 사용하는 경우

② 가업용 자산을 국가 또는 지방자치단체에 증여하는 경우

③ 가업 상속받은 상속인이 사망한 경우

④ 합병・분할 등으로 소유권이 이전되었으나, 이전된 가업용 자산을 그 사업에 계속 사용하는 경우

⑤ 내용연수가 지난 가업용 자산을 처분하는 경우

2. 상속인이 가업에 종사하지 않은 경우

상속인이 가업에 종사하지 않은 것으로 된 경우에는 가업상속공제가 추징된다.

① 상속인이 대표이사 등으로 종사하지 아니하는 경우

② 가업의 주된 업종을 변경하는 경우[한국표준산업분류에 따른 소분류 내에서 업종을 변경하는 경우로서 상속개시일 현재 영위 업종(한국표준산업분류에 따른 세분류 업종)의 매출액이 사업연도 종료일 기준으로 30% 이상인 경우는 제외함]

③ 해당 가업을 1년 이상 휴업(무실적 포함)하거나 폐업하는 경우

그러나 다음의 정당한 사유에 해낭하는 경우에는 주징을 배제한다.

① 가업상속받은 상속인이 사망한 경우

② 가업상속받은 재산을 국가 또는 지방자치단체에 증여하는 경우

③ 상속인이 법률에 따른 병역의무의 이행, 질병의 요양, 취학상 형편 등으로 가업이나 농업 등에 직접 종사할 수 없는 경우

3. 상속받은 주식의 지분이 감소한 경우

다음의 사유로 상속인의 지분이 감소하거나 최대주주에서 제외된 경우에는 가업상속공제가 추징된다.

① 상속인이 상속받은 주식 등을 처분하는 경우

② 해당 법인이 유상증자할 때 상속인의 실권 등으로 지분율이 감소한 경우

③ 상속인과 특수관계인이 주식 등의 처분, 유상증자시 실권 등으로 상속인이 최대주주 등에 해당되지 아니하게 되는 경우

그러나 다음의 경우에는 정당한 사유에 해당하므로 추징을 배제한다.

① 합병·분할 등 조직변경에 따라 주식 등을 처분하였으나, 처분 후에도 최대주주 등에 해당하는 경우

② 해당 법인의 사업확장 등에 따라 유상증자할 때 상속인과 특수관계에 없는 자에게 주식 등을 배정함에 따라 상속인의 지분율이 낮아졌으나, 상속인이 최대주주 등에 해당하는 경우

③ 상속인이 사망한 경우. 다만, 사망한 자의 상속인이 당초 상속인의 지위를 승계하여 가업에 종사하는 경우에 한함

④ 주식 등을 국가 또는 지방자치단체에 증여하는 경우

⑤ 상장규정의 상장요건을 갖추기 위하여 지분을 감소시키는 경우로서 상속인이 최대주주 등에 해당하는 경우

⑥ 상속인이 상속받은 주식을 물납하여 지분이 감소하였으나 감소 후에도 최대주주 등에 해당하는 경우

▌가업상속공제 후 회사의 자본잠식으로 균등 무상감자를 실시하는 경우 "상속인이 상속받은 주식 등을 처분하는 경우"에 해당하여 가업상속공제를 추징하는지 여부

가업상속공제(상증법 §18 ② ⟨1⟩)를 받은 상속인이 상속개시일로부터 10년 이내에 정당한 사유없이 상속인이 상속받은 주식 등을 처분하는 경우 공제받은 금액을 상속개시 당시의 상속세 과세가액에 산입하여 상속세를 부과하는 것이나, 균등 무상감자를 하는 경우는 "상속인이 상속받은 주식 등을 처분하는 경우"에 해당하지 않는 것이다(서면법령해석재산 2017-323, 2018.6.21.).

4. 고용요건을 충족하지 못하는 경우

다음과 같은 고용요건을 충족하지 못하는 경우에는 가업상속공제가 추징된다.

① 상속이 개시된 사업연도 말부터 10년간 각 사업연도 말 기준 정규직 근로자수의 평균이 상속이 개시된 사업연도의 직전 2개 사업연도의 정규직 근로자수의 평균 80%에 미달하는 경우(매년 판단)

② 상속이 개시된 사업연도 말부터 10년간 정규직 근로자수의 전체 평균이 기준고용인원의 100%(중견기업의 경우에는 120%)에 미달하는 경우(10년 후 전체기간 판단)

Ⅴ 사후관리 위반시 추징세액 계산

가업상속공제의 사후관리를 강화하기 위하여 사후관리를 위반하는 경우에는 당초 상속세 과세표준 신고기한의 다음 날부터 추징사유가 발생한 날까지의 기간에 대해 이자상당액을 부과한다.

사후관리 위반시 추징하는 세액 =

상속세액 × 기간별 추징률 × 신고기한의 다음 날부터 추징 사유가 발생한 날까지의 기간 × 국세환급가산금의 이자율

이 경우 위반기간에 따라 경과기간별 추징세율은 다음과 같다.

경과기간	기간별 추징률
7년 미만	100%
7년 이상 8년 미만	90%
8년 이상 9년 미만	80%
9년 이상 10년 미만	70%
10년 이상	0%

Ⅵ 가업상속공제 신청

가업상속공제를 받으려는 자는 가업상속공제신고서 및 해당 상속이 가업상속에 해당됨을 증명할 수 있는 다음의 서류를 상속세 과세표준신고와 함께 납세지 관할세무서장에게 제출하여야 한다.

① 최대주주 등에 해당하는 자임을 입증하는 서류

② 기타 상속인이 당해 가업에 직접 종사한 사실을 입증할 수 있는 서류

▌합병법인과 피합병법인 모두 피상속인의 가업 계속영위기간이 10년 이상인 경우

합병법인과 피합병법인 모두 피상속인의 가업 계속 영위기간이 10년 이상인 경우로서 합병 후 존속법인에 대한 가업상속공제를 적용할 때 피상속인의 가업 계속 영위기간은 피합병법인의 사업영위기간을 포함한다(서면상속증여-2401, 2018.4.11.).

▌피상속인으로부터 배우자가 가업상속공제 요건을 충족하는 주식을 상속받은 경우

피상속인으로부터 배우자가 가업상속공제 요건을 충족하는 주식을 상속받은 경우 가업상속공제와 함께 배우자 상속공제도 적용할 수 있다(재재산-254, 2018.3.22.).

▌자기주식과 의결권 없는 우선주의 발행주식총수 포함 여부

가업상속공제를 적용함에 있어 발행주식총수 및 발행주식총수의 100분의 50을 계속

보유하였는지 여부를 판정할 때 상법에 따른 의결권 없는 우선주는 발행주식총수 및 피상속인과 그의 특수관계인이 보유하는 주식수에서 제외한다(서면법규-1386, 2013.12.22., 서면상속증여-3473, 2018.3.2.).

▌가업의 승계를 목적으로 주식 등을 증여받기 전에 해당 기업의 대표이사로 취임한 경우

가업승계에 대한 증여세 과세특례 규정은 수증자가 가업의 승계를 목적으로 주식을 증여받기 전에 해당 기업의 대표이사로 취임한 경우에도 적용된다(서면상속증여-1132, 2017.9.26.).

▌2개 이상의 가업을 각각 다른 상속인에게 상속하는 경우

2개 이상의 가업을 각각 다른 상속인에게 상속하는 경우 가업상속공제가 적용되며, 2개 이상 가업 전부를 승계받는 수증자 1인에 대하여만 가업승계 과세특례가 적용된다(서면상속증여-3616, 2016.5.17.).

▌상증법상 가업상속공제 요건을 충족하는 상속인으로서 (주)★★ 주식 전부를 상속받을 경우 가업상속공제와 배우자상속공제 모두를 적용받을 수 있는지 여부

피상속인이 상속개시일 현재 10년 이상 계속하여 경영한 사업의 전부를 상속개시일 현재 18세 이상인 경우로서 상속개시일 2년 전부터 계속하여 직접 당해 가업에 종사한 피상속인의 배우자가 상속받은 것이 확인되는 경우 해당 상속재산에 대하여 가업상속공제와 배우자상속공제를 중복 적용하지 아니한다(법규재산 2013-65, 2013.3.29.).

▌상속인이 사망하여 재상속하는 경우

가업상속공제를 받은 상속인이 상속개시일부터 10년 미만의 기간 내에 사망하여 당해 사망한 상속인의 자녀가 가업상속공제를 받은 가업을 재상속받은 경우에는 가업상속공제를 받을 수 없다(상증법 집행기준 18-15-5).

▌상속인이 공동대표로 취임하는 경우

상속인 1명이 가업의 전부를 상속받고 공동대표이사로 취임하는 경우에도 가업상속공제를 받을 수 있다(상증법 집행기준 18-15-9).

사례 가업상속과 관련하여 승계받은 주식에 대한 상속세 계산과 서식작성

상속인 김일남(아들)은 피상속인 김동성(부)의 가업을 승계받았으며, 상속세 신고시 가업상속공제를 받고자 한다.

상속세 과세가액은 300억원이며, 상속공제액은 5억원인 경우 다음 자료에 의하여 가업상속공제액을 계산하고 가업상속공제신고서와 가업상속재산명세서를 작성하여라.

〈상속 현황〉

① 피상속인 김동성은 갑법인(중소기업)의 설립(1995.4.1.) 이후 계속하여 대표이사로 재직하였다.

② 상속인 김일남은 상속개시일 당시 부사장으로 재직기간은 5년(2014.1.2. 부사장 취임)이다.

③ 상속개시일 : 2019.1.5.

④ 피상속인이 보유한 주식 모두를 가업에 종사하는 상속인 김일남에게 상속하다.

⑤ 상속인은 김일남뿐이다.

〈갑 법인 현황〉

① 주주 현황 : 피상속인 김동성은 갑법인의 총발행주식의 100% 보유

② 업종 : 제조업(중소기업)

③ 발행주식총수 : 200,000주(자본금: 200억원)

④ 상속개시일 현재 주식 평가액 : 100,000원(액면가액: 10,000원)

⑤ 총자산가액 : 500억원

⑥ 사업용자산 : 300억원

㉠ 토지 : 50억원

㉡ 건물 : 10억원

㉢ 기계장치 : 10억원

㉣ 기타 : 230억원

⑦ 사업무관자산 : 200억원

㉠ 임대부동산 : 120억원

㉡ 업무무관자산 : 50억원

㉢ 금융상품 : 30억원

풀이

❶ 가업영위기간 : 20년 이상으로 요건 충족

❷ 가업상속공제 대상금액 계산

① 주식가액 ; 200,000주 × 100,000원 = 200억원

② 총자산가액 ; 500억원

③ 사업무관 자산가액 ; 200억원

④ 사업관련 자산가액(②-③) = 300억원

⑤ 사업관련 자산가액 비율(④÷②) ; 60%

⑥ 가업상속공제 대상금액(①×⑤) ;
200억원 × 60% = 120억원(한도액 500억원 ; 20년 이상)

❸ 서식작성

[별지 제1호 서식] (2018.3.19. 개정)

가업상속공제신고서

가. 가업현황

상 호 (법인명)	갑 주식회사	사업자등록번호	xxx
성 명 (대표자)	김 일 남	주민등록번호	xxx
개 업 연 월 일	1995.4.1.	업 종	xxx
사 업 장 소 재 지	xxx	기준고용인원	xxx

나. 중소기업 또는 중견기업 여부(해당되는 곳에 √표 기재)

중소기업 여부	[√] 해당 [ ] 해당안됨	상장여부 (상장일)	[ ]상장(. .) [√]비상장
중견기업 여부	[ ] 해당 [ ] 해당안됨	직전 3개 사업연도 평균 매출액	

다. 피상속인

성 명	김동성	주민등록번호	xxx
가업영위기간	1995.4.1.부터 2019.1.5	대표이사(대표자) 재직기간	23년
최대주주 등 여부	최대주주	특수관계인포함 보유주식 등 지분율	100%

라. 가업상속인

성 명	김일남	주민등록번호	
가업종사기간	5년	임원/대표이사 취임일	2014.1.2.
주 소	xxx	(☎)	

마. 가업상속재산 명세

종 류	수 량 (면적)	단 가	가 액	비 고
주식	200,000	100,000	20,000,000,000	

바. 가업상속공제 신고액: 원

「상속세 및 증여세법」 제18조 제3항 및 같은 법 시행령 제15조 제15항에 따라 가업상속공제신고서를 제출합니다.

2019년 7월 31일

신고인 김 일 남 (서명 또는 인)

x x 세무서장 귀하

신청(신고)인 제출서류	1. 중소기업 등 기준검토표(「법인세법 시행규칙」 별지 제51호서식을 말합니다) 2. 가업상속재산이 주식 또는 출자지분인 경우에는 해당 주식 또는 출자지분을 발행한 법인의 상속개시일 현재와 직전 10년간의 사업연도의 주주현황 각 1부 3. 그 밖에 상속인이 해당 가업에 직접 종사한 사실을 입증할 수 있는 서류 1부	수수료 없음

작성방법

1. "가. 가업현황"에서 '업종'은 「상속세 및 증여세법 시행령」 별표에 따른 업종 중에서 해당 업종을 적습니다.
2. "가. 가업현황"에서 '기준고용인원'은 상속이 개시된 소득세 과세기간 또는 법인세 사업연도의 직전 2개 소득세 과세기간 또는 법인세 사업연도의 정규직근로자 수의 평균을 적습니다.
3. "나. 중소기업 또는 중견기업 여부"에서 '중소기업'은 「조세특례제한법 시행령」 제2조 제1항 제1호 및 제3호의 요건을 모두 충족하고 자산총액이 5천억원 미만인 기업을 말합니다.
4. "나. 중소기업 또는 중견기업 여부"에서 '중견기업'은 「조세특례제한법 시행령」 제9조 제4항 제1호 및 제3호의 요건을 모두 충족하고 상속개시일의 직전 3개 소득세 과세기간 또는 법인세 사업연도의 매출액 평균금액이 3천억원 미만인 기업을 말합니다.
5. "마. 가업상속재산 명세"와 "바. 가업상속공제 신고액"은 별지 제1호 서식 부표 1(가업상속재산명세서) 및 별지 제1호 서식 부표2(가업용 자산 명세)를 작성한 후 해당 금액 등을 적습니다.

210mm×297mm[백상지 80g/㎡(재활용품)]

[별지 제1호 서식 부표] (2017.3.10. 개정)

가업상속재산명세서

※ 뒤쪽의 작성방법을 읽고 작성하시기 바랍니다. (앞쪽)

가. 「소득세법」을 적용받는 가업

구 분	자 산 종 류	금 액(자산가액-담보채무액)
가업에 직접 사용되는 사업용 자산	토지	
	건축물	
	기계장치	
	기타	
	① 계	

나. 「법인세법」을 적용받는 가업

<table>
<tr><td colspan="3">② 상속개시일 현재 주식 등의 가액</td><td>20,000,000,000</td></tr>
<tr><td rowspan="9">사업관련
자산가액 비율</td><td colspan="2">③ 총자산가액</td><td>50,000,000,000</td></tr>
<tr><td rowspan="6">사업무관자산 가액</td><td>㉮ 「법인세법」 제55조의2 해당자산</td><td></td></tr>
<tr><td>㉯ 「법인세법 시행령」 제49조 해당자산 및 임대용부동산</td><td>12,000,000,000</td></tr>
<tr><td>㉰ 「법인세법 시행령」 제61조 제1항 제2호 해당자산</td><td>5,000,000,000</td></tr>
<tr><td>㉱ 과다보유현금</td><td></td></tr>
<tr><td>㉲ 영업활동과 직접 관련없이 보유하는 주식·채권 및 금융상품</td><td>3,000,000,000</td></tr>
<tr><td>④ 사업무관자산 가액 계</td><td>20,000,000,000</td></tr>
<tr><td colspan="2">⑤ 사업관련 자산가액 (③ - ④)</td><td>30,000,000,000</td></tr>
<tr><td colspan="2">⑥ 사업관련 자산가액 비율 (⑤ ÷ ③)</td><td>60%</td></tr>
<tr><td colspan="3">**⑦ 가업상속공제 대상금액 (② × ⑥)**</td><td>12,000,000,000</td></tr>
</table>

다. 한도액 계산

⑧ 가업영위기간	⑨ 가업상속공제 대상금액 (① 또는 ⑦)	⑩ 한도액	⑪ 가업상속공제액 (⑨와 ⑩ 중 적은 금액)
10년 이상 15년 미만		200억원	
15년 이상 20년 미만		300억원	
20년 이상	12,000,000,000	500억원	12,000,000,000

신청(신고)인 제출서류	1. 「소득세법」을 적용받는 가업의 경우, 가업에 직접 사용되는 사업용 자산 입증서류 2. 「법인세법」을 적용받는 가업의 경우, 주식평가내역 및 사업무관자산 가액을 확인할 수 있는 입증서류 (재무상태표 등)	수수료 없 음

210mm×297mm[백상지 80g/㎡(재활용품)]

제4절 공익법인에 출연한 주식의 조세 지원

국가 또는 지방자치단체가 수행해야 할 공익업무의 일부를 수행하는 비영리법인이 재단법인 또는 사단법인으로서 설립취지가 종교·자선·학술 관련 사업 등 영리사업이 아닌 사업을 목적으로 설립할 때에는 민법(§32)에 따라 주무관청의 허가를 받아야 하며, 이를 상증법상 공익법인이라고 하며 비영리법인에 포함한다.

공익법인은 재단법인 또는 사단법인으로서 설립취지가 사회일반의 이익에 공여하기 위하여 장학금 또는 연구비의 보조 및 지급과 학술·자선 등에 관한 사업을 목적으로 공익사업을 수행하는 자를 말한다. 정부는 조세지원정책으로 이러한 공익사업이 원활하게 수행할 수 있도록 하기 위해 공익사업에 출연한 재산에 대하여 상속세나 증여세를 부과하지 아니한다.

Ⅰ 개요

피상속인이나 상속인이 상속세 과세표준 신고기한 이내에 종교·자선·학술 또는 그 밖의 공익법인에게 상속세 과세표준 신고기한 이내에 출연한 상속재산의 가액에 대해서는 상속세 과세가액에 산입하지 아니한다(상증법 §16).

1. 피상속인이 출연한 재산의 경우

피상속인이 공익목적사업을 영위하는 공익법인 등에게 재산을 출연하는 경우에는 공익법인의 이사장 및 이사와 피상속인 또는 상속인과의 특수관계인 여부에 관계없이 그 출연재산에 대하여 상속세 과세가액에 산입하지 아니한다.

2. 상속인이 출연한 재산의 경우

상속인이 상속받은 재산을 다음의 요건을 갖추어 공익법인에게 출연하는 경우에는 상속세 과세가액에 산입하지 않는다.

① 상속받은 재산을 상속인의 의사[상속인이 2명 이상인 경우에는 상속인들의 전원 합의(법령해석과-3699, 2016.11.16.)에 의한 의사로 한다]에 따라 상속세 과세표준 신

고기한 이내에 출연해야 한다.

② 상속인이 출연한 공익법인의 이사(이사회의 의결권이 없는 감사는 제외) 현원(5명에 미달하는 경우에는 5명으로 본다)의 5분의 1을 초과하여 이사가 되지 아니하여야 하며, 이사의 선임 등 공익법인의 사업운영에 관한 중요사항을 결정할 권한을 가지지 않아야 한다.

▌비상장주식의 매각대금을 상속세 신고기한 이내에 공익법인 등에 출연한 경우

상속재산인 비상장주식을 매각하고 그 매각대금을 상속세 신고기한 이내에 공익법인 등에 출연하는 경우에는 해당 출연재산가액을 상속세 과세가액에 산입하지 아니한다 (재산-511, 2010.7.14.).

▌수익증권(펀드)의 매각대금을 출연한 경우

상속인이 상속세 신고기한 이내에 상속재산 중 수익증권(펀드)의 매각대금, 보험·정기예금의 해지 자금을 상속세 신고기한 이내에 공익법인 등에 출연한 경우 그 출연재산가액을 상속세 과세가액에 산입하지 아니한다(상속증여-351, 2014.9.18.).

Ⅱ 공익법인에 출연한 주식의 상속세 과세가액 불산입

1. 개요

공익법인이 내국법인의 주식(출자지분 포함)을 출연받는 경우로서 당해 출연받은 주식과 다음의 주식을 합한 주식수가 발행법인 총발행주식수(자기주식과 자기출자지분은 제외)의 5%(상호출자제한기업집단과 특수관계가 없는 성실공익법인은 10% 또는 20%) 이하의 경우에는 공익법인의 상속세 과세가액에 불산입한다. 다만 이를 초과하는 경우 그 초과하는 가액은 상속세 과세가액에 산입한다(상증법 §16 ②).

① 출연받을 당시 공익법인이 보유하고 있는 동일한 내국법인 주식

② 출연자 및 그와 특수관계인이 다른 공익법인에 출연한 동일한 내국법인의 주식

③ 출연당시 출연자와 특수관계인으로부터 재산을 출연받은 다른 공익법인 등이 출연당시 보유하고 있는 동일한 내국법인의 주식

보충설명

성실공익법인이란 주식 또는 출자지분의 출연비율을 10% 적용받는 성실공익법인은 다음의 요건을 모두 갖춘 공익법인으로서 외부감사, 전용계좌의 개설 및 사용, 결산서류 등의 공시 및 장부의 작성·비치를 이행하는 법인을 말한다.

① 해당 공익법인의 운용소득의 80% 이상을 직접 공익목적사업에 사용한 공익법인
② 출연자 또는 그와 특수관계인이 공익법인의 이사 현원의 5분의 1을 초과하지 아니하는 공익법인
③ 자기내부거래를 하지 아니할 것
④ 광고·홍보를 하지 아니할 것

성실공익법인 등의 요건을 모두 충족하였는지 여부는 대상 사업연도 전체를 기준으로 판단하며, 의료법인을 영위하는 경우 출연자(그의 특수관계인)가 이사현원의 5분의 1을 초과하지 않는 요건의 경우에는 해당 사업연도(성실공익법인 등으로 최초 확인받으려는 경우로 한정함)의 제2분기부터 제4분기까지를 기준으로 판단한다(상증법 집행기준 16-13-7).

이 경우 성실공익법인 등은 해당 성실공익법인 등의 요건을 모두 충족하였는지 여부를 주무관청을 통하여 납세지 관할 지방국세청장이 확인하고, 국세청장으로부터 그 결과를 통보받는 방법으로 확인받아야 하고 이후 5년마다 재확인을 받아야 한다.

2. 주식의 초과 출연을 허용하는 경우

공익법인 등에 주식을 출연하여 상속세 또는 증여세를 면제받은 후 해당 공익법인을 통한 계열회사의 지배를 방지하기 위해 주식을 5%, 10%(20%) 초과 출연하는 경우 상속세 과세가액에 산입하도록 하고 있다.

그러나 공익사업을 위한 안정적 재원조달과 공익목적사업을 효율적으로 수행하기 위하여 다음의 경우에는 예외적으로 초과 출연을 허용한다(상증법 §16 ③).

① 상호출자제한기업집단과 특수관계에 있지 아니한 공익법인 등에 그 공익법인 등의 출연자와 특수관계에 있지 아니한 내국법인의 주식을 출연하는 경우로서 주무관청이 당해 공익법인 등의 목적사업을 효율적으로 수행하기 위하여 필요하다고 인정하는 경우

② 상호출자제한기업집단과 특수관계에 있지 아니한 성실공익법인 등이 발행주식총수의 10%(또는 20%)를 초과하여 출연받은 경우로서 초과보유일부터 3년 이내에 초과하여 출연받은 부분을 매각하는 경우

③ 「공익법인의 설립·운영에 관한 법률」 및 그 밖의 법령에 따라 내국법인의 주식 등을 출연하는 경우

Ⅲ 출연기한

상속세 과세표준 신고기한 이내에 그 출연을 이행하여야 한다. 다만 다음과 같은 사유에 해당하는 경우에는 그 사유가 종료된 날이 속하는 달의 말일부터 6개월까지 그 출연을 이행하여야 한다.

① 재산의 출연에 있어서 법령상 또는 행정상의 사유로 출연재산의 소유권 이전이 늦어지는 경우

② 상속받은 재산을 출연하여 공익법인을 설립하는 경우로서 법령상 또는 행정상의 사유로 설립허가 등이 늦어지는 경우

▌채권자들에 의한 압류 및 경매개시결정은 법령상 또는 행정상의 사유로 볼 수 없다

채권자들에 의한 압류 및 경매개시결정 등은 출연목적으로 사용하기 어려워 보이는 점 등으로 보아 재산의 출연에 있어서 법령상 또는 행정상의 정당한 지연사유로 보기 어렵다(조심 2012중808, 2013.11.29.).

Ⅳ 공익법인의 범위

공익법인은 공익을 목적으로 하는 다음의 사업을 말한다

① 「유아·초·중·고등교육법」에 따른 학교, 유치원을 설립·경영하는 사업

② 「사회복지사업법」에 따른 사회복지법인이 운영하는 사업

③ 「의료법」, 「정신보건법」에 따른 의료법인 또는 정신의료법인이 운영하는 사업

④ 「공익법인의 설립·운영에 관한 법률」에 따른 공익법인이 운용하는 사업 등

▌공익법인 등이 아닌 경우 증여세 납부의무

상증법상 공익법인 등이 아닌 비영리법인이 다른 비영리법인으로부터 재산을 증여받는 경우에는 증여세를 납부할 의무가 있다(재재산-203, 2016.3.10.).

Ⅴ 출연재산을 사용 · 수익한 경우 상속세 추징

공익법인 출연재산에 대하여 상속세 과세가액 불산입한 후 출연재산 및 그 재산에서 생기는 이익의 전부 또는 일부가 상속인 및 그와 특수관계에 있는 자에게 귀속되는 경우에는 그 재산이나 이익에 대한 상속개시일 현재 평가가액을 상속세 과세가액에 산입하여 즉시 상속세를 부과한다(상증법 집행기준 16-13-6).

Ⅵ 사후관리

공익법인이 성실공익법인 등에 해당되지 아니하게 되거나 당해 출연자와 특수관계에 있는 내국법인의 주식을 당해 법인의 발행주식총수의 5%를 초과하여 보유하게 된 때, 성실공익법인 등이 내국법인의 발행주식총수의 5%를 초과하여 주식 등을 출연(출연받은 재산 및 출연받은 재산의 매각대금으로 주식 등을 취득하는 경우를 포함)받은 후 성실공익법인 등에 해당하지 아니하게 된 경우에는 사유가 발생한 날 현재 당해 공익법인 등이 초과하여 보유하고 있는 주식 등의 가액을 기준으로 상속세 과세가액에 산입한다(상증법 §48 ⑪).

제 2 장

증여세

주식의 취득은 대가의 지급 여부에 따라 매매 · 교환 등에 의한 유상취득과 상속 · 증여(의제, 추정)에 의한 무상취득이 있다.

상속세는 자연인의 사망으로 인하여 피상속인이 소유한 재산이 상속 이외에 유증 · 사인증여로 무상이전되는 경우에 부과하는 세금인 데 반하여, 증여세는 자연인이 사망하기 전에 민법상 증여계약 등을 통하여 무상이전하는 재산에 대하여 부과하는 세금을 말한다.

이 경우 증여세는 타인으로부터 주식 등의 재산을 무상으로 받은 수증인이 신고 · 납부하여야 한다. 특정한 경우에는 증여자도 수증자가 납부할 증여세에 대하여 연대하여 납부할 책임이 있다.

제1절 총설

Ⅰ 의의

「민법」(§554)에서 증여는 당사자 일방이 무상으로 재산을 상대방에게 준다는 의사표시를 하고 상대방은 이를 승낙함으로써 성립하는 계약을 말하며, 무상이전의 방식은 상속, 증여, 유증, 사인증여가 있다.

세법상 증여는 생전에 재산을 타인에게 거래의 명칭·형식·목적 등과 관계없이 직·간접방법으로 무상이전 또는 이익을 이전하거나 타인의 재산가치를 증가시키는 것을 말하며, 증여를 과세원인으로 하여 무상으로 얻는 증여재산에 대해 부과하는 세금을 증여세라 한다.

보충설명

민법에서는 증여계약으로 다음과 같이 특수한 형태의 증여가 있다.

① 부담부 증여 ; 수증자가 증여를 받는 동시에 채무를 부담할 것을 조건으로 하는 증여계약을 말함

② 정기증여 ; 정기적으로 재산을 무상으로 주는 증여를 말함

③ 사인증여 ; 생전에 증여계약을 맺었으나 그 효력은 증여자의 사망으로 인한 증여를 말함. 이 경우 사인증여로 이전되는 재산은 상속세 과세대상이다.

Ⅱ 증여세계산 과정

증여자로부터 증여받은 재산에 대해 증여세를 계산하고 신고·납부하는 과정은 다음과 같다.

증여재산가액(①) = 거주자*는 국내·외 모든 증여재산
* 비거주자는 국내 모든 증여재산

↓

증여세 과세가액(②) = **증여재산가액(①)**
− 비과세
− 과세가액 불산입
− 채무부담액
+ 증여재산가산액
(1천만원 이상 동일인 10년 이내분)

↓

과세표준(③) = **증여세 과세가액(②)**
− 증여공제(배우자, 직계존속, 직계비속, 기타친족; 거주자만 적용)
− 감정평가수수료

↓

산출세액(④) = **증여세 과세표준(③)** × 세율
+ 세대생략 상속 할증 과세액

↓

신고결정세액(⑤) = **산출세액(④)**
+ 세대생략 할증세액
− 세액공제(기납부세액공제, 외국납부세액공제, 신고세액공제)
* 비거주자는 기납부세액공제와 신고세액공제만 적용
+ 가산세

↓

증여일이 속하는 달의 다음 달부터 3개월 이내에 신고·납부하여야 한다.
(예컨대, 증여일이 2019.5.1.이면 2019.8.31.까지이다)

Ⅲ 세법상 증여

1. 개념

민법상 증여는 당사자 일방이 재산을 아무런 대가나 보상 없이 다른 사람에게 넘겨주는 행위를 말한다.

세법상 증여는 민법상 증여의 개념보다 더 포괄적이므로 생전에 행위 또는 거래의

명칭·형식·목적 등과 관계없이 직접 또는 간접적인 방법으로 타인에게 무상으로 유형·무형의 재산 또는 이익을 이전(현저히 낮은 대가를 받고 이전하는 경우를 포함한다)하거나 타인의 재산가치를 증가시키는 것을 말한다.

2. 상속세와 증여세의 차이

상속세와 증여세의 차이점은 아래와 같다.

① 상속세는 피상속인이 거주자 또는 비거주자에 따라 과세범위가 달라지지만, 증여세는 수증자가 거주자 또는 비거주자에 따라 과세범위가 달라진다.

② 상속세는 피상속인이 자연인인 개인의 경우에만 부과되지만, 증여세는 증여자가 개인 또는 법인에 관계없이 수증자가 개인 또는 비영리법인인 경우에 부과된다.

③ 상속세는 피상속인이 물려준 재산을 기준으로 과세하지만, 증여세는 수증자를 기준으로 증여자·수증자별로 세액을 계산하고 동일한 증여자로부터 증여받은 재산은 10년간 합산하여 증여세를 과세한다.

3. 양도소득세와 증여세의 과세 관계

주식 등을 증여에 의하여 취득한 후에 그 주식을 양도하는 경우에는 해당 주식의 양도차익 계산시 취득가액은 증여당시 가액(증여계약시성 금액)으로 한다.

이 경우 증여세 과세가액이 높으면 양도차익이 작아져 양도소득세를 적게 부담할 것이며, 증여세 과세가액이 적으면 양도차익이 높아져 양도소득세를 많이 부담하게 되는 상관관계가 있다.

4. 증여의제·증여추정

세법에서 증여세가 과세되는 증여재산의 범위를 규정함에 있어서 조세회피의 가능성이 큰 경우 일정한 의제사실에 있으면 그 사실을 증여로 의제하거나 증여로 추정함으로써 경제적 실질에 맞는 조세를 부과하고 있다.

증여의제란 증여에는 해당하지 아니하지만 조세정책적인 목적을 달성하기 위하여 세법에서 증여로 간주한 것을 말하며, 납세자가 반증이 있더라도 증여로 본다. 반면 증여추정은 납세자의 반증이 없는 한 증여로 본다.

Ⅳ 증여세 납부의무

1. 납부의무

수증자가 거주자인 경우에는 증여로 취득한 재산의 소재가 국내·국외인지를 불문하고 증여세 과세대상이 되는 모든 취득재산에 대하여 무제한 납부의무가 있다.

반면 수증자가 증여일 현재 비거주자인 경우에는 증여세 과세대상이 되는 국내에 있는 증여재산에 대해서만 제한적으로 납부할 의무가 있다. 따라서 비거주자가 국외에서 증여받은 재산을 국내에 반입하거나 증여받은 재산으로 국내 재산을 취득하여도 증여세는 과세되지 않는다. 이를 요약하면 다음과 같다.

수증자	증여자	국내소재 수증재산	국외소재 수증재산
거주자	거주자 또는 비거주자	과세	과세
비거주자	거주자 또는 비거주자	과세	과세 불능

* 영리법인이 증여를 받는 경우에는 증여세 납부의무가 없다. 그러나 비영리법인은 세법상 수익사업에 대하여만 법인세를 납부하기 때문에 목적사업(비수익사업)에 관련하여 무상으로 받은 자산은 법인세를 과세하지 않기 때문에 증여세를 과세하여도 이중과세의 문제가 발생하지 않는다.

보충설명

거주자는 상속개시일 또는 증여일 현재 국내에 주소를 두거나 183일 이상 거소를 둔 사람을 말한다. 이 경우 국내에 183일 이상 계속하여 거소를 두었는지 여부는 거주기간의 계산에 있어 생계를 같이하는 가족의 거주지나 자산소재지 등에 비추어 그 출국목적이 명백하게 일시적인 것으로 인정되는지 여부를 확인하여 판단할 사항이며, 주소를 두었는지 여부는 국내에 생계를 같이하는 가족 및 국내에 소재하는 자산의 유무 등 생활관계의 객관적 사실에 따라 판단한다(재산세과-160, 2011.3.28.).

2. 연대납부의무

증여세는 원칙적으로 수증자가 납부의무를 진다. 그러나 다음의 사유가 발생한 경우에는 증여자도 증여세의 연대납부의무자가 되어 납부의무를 진다(상증법 §4의2 ⑤).

① 수증자의 주소나 거소가 분명하지 아니한 경우로서 증여세에 대한 조세채권을 확보하기 곤란한 경우

② 수증자가 증여세를 납부할 능력이 없다고 인정되는 경우로서 체납처분을 하여도 증여세에 대한 조세채권을 확보하기 곤란한 경우

③ 수증자가 비거주자인 경우

그러나 증여자에게 연대납부의무 요건이 충족하였다 하더라도 다음의 경우에는 증여자에게 연대납부의무를 부담하지 아니한다(상증법 §4의2 ④).

① 현저히 낮거나 높은 대가로 재산·이익 이전, 재산 취득 후 가치 증가 등

② 저가 양수 또는 고가 양도에 따른 이익의 증여

③ 합병에 따른 이익의 증여

④ 증자에 따른 이익의 증여

⑤ 감자에 따른 이익의 증여

⑥ 현물출자에 따른 이익의 증여

⑦ 전환사채 등의 주식전환 등에 따른 이익의 증여

⑧ 주식 등의 상장 등에 따른 이익의 증여

⑨ 합병에 따른 상장 등 이익의 증여 등

▌연대납부의무자로서 수증자의 증여세를 대신 납부한 경우 재차증여로 보는지?

수증자가 증여일 현재 비거주자인 경우에는 증여자가 수증자와 연대하여 납부할 의무가 있는 것이며, 증여자가 연대납세의무자로서 수증자의 증여세를 대신 납부한 경우 재차증여에 해당하지 아니한다(서면4팀-1130, 2007.4.6.).

▌증여자에게 증여세 납부통지를 하지 않는 경우

증여자에게 증여세 납부통지를 하지 않는 경우(납부통지가 취소된 경우 포함)에는 증여세 연대납부의무가 성립되지 않아 결과적으로 납세고지의 효력이 발생되지 아니한다(재재산 46014-103, 1995.3.20.).

▌피상속인에게 부과되거나 납부할 국세에 대한 상속인의 납부의무

피상속인이 연대납부의무자로서 납부할 책임이 있는 증여세는 피상속인에게 부과되거나 그 피상속인이 납부할 국세는 상속인이 납부할 의무를 지게 되는 것이며, 상속재산에 가산한 증여재산에 대한 증여세액은 상속세 산출세액에서 공제하는 것이다(재산 01254-1883, 1985.6.20.).

3. 명의신탁재산의 증여의제로 보는 경우 납세의무

명의신탁재산의 증여의제(상증법 §45의2)에 따라 재산을 증여한 것으로 보는 경우(명의자가 영리법인인 경우를 포함한다)에는 실제 소유자가 해당 재산에 대하여 증여세를 납부할 의무가 있다(상증법 §4의2 ②).

실제 소유자가 명의신탁재산의 증여의제(상증법 §45의2)에 따른 증여세·체납처분비를 체납한 경우에 그 실제 소유자의 다른 재산에 대하여 체납처분을 집행하여도 징수할 금액에 미치지 못하는 경우에는 「국세징수법」에서 정하는 바에 따라 명의자에게 증여한 것으로 보는 재산으로써 납세의무자인 실제 소유자의 증여세·가산금 또는 체납처분비를 징수할 수 있다(상증법 §4의2 ⑨).

보충설명

명의신탁재산의 증여의제의 규정은 토지와 건물에 대해서는 적용되지 않는다(서면4팀-38, 2004.2.12.).

Ⅴ 납세지(관할관청)

관할관청이란 법률상 유효하게 국가 등의 행위를 할 수 있는 권한 있는 행정관청을 말한다.

1. 과세표준신고의 관할

과세표준신고의 제출은 신고당시 해당 증여세의 납세지를 관할하는 세무서장에게 한다. 만일 증여세 과세표준신고의 제출을 관할이 아닌 다른 세무서장에게 한 경우에도 그 신고의 효력에는 영향이 없다(국기법 §43).

증여세는 수증자의 주소지(주소지가 없거나 불분명한 경우에는 거소지)를 관할하는 세무서장 등이 과세하는 것이 원칙이다. 다만, 다음에 해당하는 경우에는 증여자의 주소지를 관할하는 세무서장 등이 과세한다(상증법 §6 ②).

① 수증자가 비거주자인 경우

② 수증자의 주소 및 거소가 분명하지 아니한 경우

③ 명의신탁재산의 증여의제(상증법 §45의2)에 따라 재산을 증여한 것으로 보는 경우

이를 요약 정리하면 다음과 같다(상증법 집행기준 6-0-3).

주소 또는 거소의 구분	납세지(과세관할)
수증자의 주소지가 분명한 경우	수증자의 주소지 관할세무서장
수증자의 주소가 없거나 불분명한 경우	수증자의 거소지 관할세무서장
수증자의 거소지가 불분명한 경우	증여자의 주소지 관할세무서장
수증자가 비거주자인 경우	
수증자·증여자 모두 비거주자인 경우	증여재산의 소재지 관할세무서장
수증자·증여자 모두 주소·거소가 불분명한 경우	
합병·증자·현물출지에 따른 이익의 증여 등	

보충설명

주식의 소재지는 그 주식을 발행한 법인(그 출자가 되어 있는 법인 포함)의 본점 또는 주된 사무소의 소재지이다. 다만, 외국법인이 국내법에 따라 국내에서 발행한 주식(출자지분 포함)에 대해서는 그 거래를 취급하는 금융회사 등 영업장의 소재지이다.

2. 결정 또는 경정결정의 관할

증여세의 과세표준과 세액의 결정 또는 경정결정은 그 처분당시 그 증여세의 납세지를 관할하는 세무서장이 한다(국기법 §44).

만일 증여세의 과세표준과 세액의 결정 또는 경정결정을 하는 때에 그 증여세의 납세지를 관할하는 세무서장 이외의 세무서장이 행한 결정 또는 경정결정처분은 그 효력이 없다.

제2절 증여세 과세대상

증여재산이란 증여로 인하여 수증자에게 귀속되는 모든 재산 또는 이익을 말하며, 다음의 물건, 권리 및 이익을 포함한다.

① 금전으로 환산할 수 있는 경제적 가치가 있는 모든 물건

② 재산적 가치가 있는 법률상 또는 사실상의 모든 권리

③ 금전으로 환산할 수 있는 모든 경제적 이익

이외에도 합병・상장함에 따라 증가한 이익도 증여재산으로 본다.

Ⅰ 의의

증여세 과세대상은 수증자가 증여로 인하여 취득한 재산이나, 수증자의 주체적 요건에 따라 증여일 현재 증여재산이 있는 경우에는 수증자에 따라 다음과 같이 증여세를 부과한다.

수 증 자	증여세 과세대상
거주자・비영리내국법인	증여받은 국내・국외 모든 재산
비거주자・비영리외국법인	① 증여받은 재산 중 국내의 재산 ② 거주자로부터 증여받은 국외 예・적금과 외국법인의 주식 등

현행 우리나라의 상속세 제도는 유산과세형으로서 상속개시일 현재 피상속인의 모든 상속재산을 과세대상으로 하고 있다. 즉 피상속인을 기준으로 상속세 과세가액을 산정하며 공동상속의 경우에도 피상속인의 전체 상속재산에 대하여 세율을 적용한 후 각자가 받은 상속재산의 비율에 따라 상속세를 납부하도록 하고 있다. 그러나 증여세는 취득과세형으로서 수증자가 취득한 재산을 기준으로 증여세 과세가액을 산정한다.

Ⅱ 증여세 과세대상

1. 증여세 과세대상 재산

증여세가 과세대상이 되는 재산을 살펴보면 다음과 같은 것이 있다.

① 무상으로 이전받은 재산 또는 이익

② 현저히 낮은 대가를 주고 재산 또는 이익을 이전받음으로써 발생하는 이익이나 현저히 높은 대가를 받고 재산 또는 이익을 이전함으로써 발생하는 이익. 다만, 특수관계인이 아닌 자 간의 거래인 경우에는 거래의 관행상 정당한 사유가 없는 경우로 한정한다.

③ 재산취득 후 해당 재산가치가 증가한 경우의 그 이익. 다만, 비특수관계인 간의 거래인 경우에는 거래의 관행상 정당한 사유가 없는 경우로 한정한다.

③ 상속재산의 협의분할시 특정 상속인이 자신의 상속지분을 포기하고 그 대가로 다른 상속인으로부터 현금 등을 수령한 경우 그 상속인의 지분에 해당하는 재산은 다른 상속인에게 유상으로 이전된 것으로 본다.

④ 당초 상속분을 초과하여 취득하는 재산가액

⑤ 상속재산을 협의분할 후 상속재산의 매각대금을 분배한 것은 증여에 해당한다(국심사증여 2016-5, 2016.5.9.).

▌피상속인의 재산을 상속인 외의 자가 취득한 경우

피상속인의 유언없이 상속개시 후에 피상속인의 소유재산을 상속인 외의 자가 취득한 경우에 해당 자산은 상속인이 상속받아 상속인 외의 자에게 증여한 것이 되므로 상속인에게는 상속세가 과세되고, 상속인 외의 자에게는 증여세가 과세된다(재삼46014-2068, 1997.8.30.).

2. 증여세가 과세되지 않는 재산

다음의 재산의 경우에는 증여세를 부과하지 아니한다.

① 증여세 과세대상이 되는 재산이 취득원인무효의 판결에 따라 그 재산상의 권리가 말소되는 때에는 증여세를 과세하지 아니하며 과세된 증여세는 취소한다. 단, 형식적인 재판절차만 경유한 사실이 확인되는 경우에는 그러하지 아니한다(상증법 집행기준 4-0-5).

② 피상속인의 증여에 의하여 재산을 수증받은 자가 민법에 따라 증여받은 재산을 유류분 권리자에게 반환한 재산가액은 당초부터 증여가 없었던 것으로 본다(상증

법 집행기준 4-0-6).

③ 이혼 등에 의하여 정신적 또는 재산상 손해배상의 대가로 받는 위자료는 조세포탈의 목적이 있다고 인정되는 경우를 제외하고는 이를 증여로 보지 아니한다(상증법 집행기준 4-0-7).

④ 명의수탁자가 증여의제일로부터 3개월 이내에 실제 소유자(명의신탁자)에게 명의신탁재산을 반환한 경우 증여세 과세대상에서 제외한다(조심 2008중1823, 2008.12.18.).

⑤ 불공정합병으로 이익을 받은 주주가 합병등기일로부터 3개월 이내에 이익에 상당하는 주식을 과소평가된 상대방 법인의 주주에게 무상으로 이전하는 경우에는 증여가 없었던 것으로 본다(서면4팀-1085, 2007.4.3.).

⑥ 재산을 취득함에 있어서 단순히 매매계약서상의 매수자를 타인 명의로 기재하였으나, 소유권이전등기를 실지취득자 명의로 한 경우 증여세가 발생하지 아니한다(서일 46014-10322, 2003.3.17.).

3. 특수관계인 간의 저가양수 · 고가양도에 따른 소득처분금액의 증여세 과세 배제

특수관계법인으로부터 저가로 재산을 취득하거나 고가로 양도한 것에 대하여 부당행위계산 부인에 따라 법인세를 과세하고, 저가 취득자 또는 고가 양도자에게 배당 등으로 소득처분하여 소득세가 과세되는 경우에는 저가 취득자 또는 고가 양도자에게 증여세를 과세하지 않는다(상속증여-238, 2013.6.19.).

Ⅲ 상속재산의 분할에 따른 증여세 과세

상속재산의 분할은 상속인 간의 청산절차인 것으로 분할방법은 유언에 의한 방법, 공동상속인 간의 협의에 의한 방법, 조정에 의한 방법이 있다. 상속재산의 분할은 상속개시 시점에 소급하여 효력이 있기 때문에 분할 후 재산은 상속개시 시점에 피상속인으로부터 직접 승계받는 것으로 한다(민법 §1015).

세법상 상속개시 후 상속재산에 대하여 상속인의 상속분이 확정되어 등기 등이 된 후에 공동상속인 간에 재협의 분할하여 특정상속인의 지분이 변경된 경우에는 다음과 같이 증여세 과세 여부가 달라진다(상증법 집행기준 4-3의2-1).

<table>
<tr><th colspan="2">구 분</th><th>증여세 과세대상 여부</th></tr>
<tr><td colspan="2">원칙</td><td>재협의분할 결과 특정상속인의 지분이 증가함에 따라 취득하는 재산은 지분이 감소한 상속인으로부터 증여받은 재산으로 본다.</td></tr>
<tr><td colspan="2">상속세신고기한 내에 재협의 분할</td><td>상속세 신고기한 내에 재협의분할에 의하여 지분이 초과되는 경우에 취득하는 재산은 증여재산으로 보지 아니한다.</td></tr>
<tr><td rowspan="3">재분할 사유가 정당한 이유</td><td>법원판결</td><td>상속회복청구의 소에 의하여 법원의 확정판결에 의하여 상속인 및 상속재산에 변동이 있는 경우 증여재산으로 보지 아니한다.</td></tr>
<tr><td>채권자 대위권 행사</td><td>피상속인의 채권자가 대위권을 행사하여 공동상속인들의 법정상속분대로 등기 등이 된 상속재산을 상속인 사이에 협의분할에 의하여 재분할하는 경우 당초 지분보나 초과하는 자가 취늑하는 재산은 증여재산으로 보지 아니한다.</td></tr>
<tr><td>물납관련</td><td>상속세 신고기한 이내에 상속세를 물납하기 위하여 법정상속분으로 등기 등을 하여 물납을 신청하였다가 물납허가를 받지 못하거나 물납재산의 변경명령을 받아 당초의 물납재산을 상속인 간의 협의분할에 의하여 재분할하는 경우 당초지분보다 초과하는 자가 취득하는 재산은 증여재산으로 보지 아니한다.</td></tr>
</table>

이 경우 상속재산의 분할에 의한 증여세 과세는 다음에 따라 판단한다.

1. 최초 협의분할로 법정상속지분을 초과 상속받는 경우

공동상속인이 상속개시 후 상속재산을 최초로 협의분할에 의하여 공동상속인 중 일부가 법정상속지분을 초과하여 재산을 취득한 경우라도 이는 다른 공동상속인으로부터 증여받은 것으로 볼 수 없다(서면4팀-818, 2007.3.8.). 만일 협의분할시 증여세를 과세한다면 법정상속분을 우선하고, 피상속인으로부터 상속재산이 직접 승계되는 것을 부인하는 결과가 되기 때문이다.

이 경우 상속재산의 분할의 협의에는 공동상속인의 전원이 참가하여야 하며 일부의 상속인만으로 이루어진 협의분할은 효력이 없다.

2. 상속지분이 확정되어 등기 등이 된 후 협의분할에 의해 당초 상속분을 초과하여 상속받는 경우

민법상 상속재산은 협의분할이 언제든지 가능하여 상속개시당시로 소급효가 인정되고 있으나 상증법에서는 상속개시 후 상속재산에 대하여 등기·등록·명의개서 등

("등기 등"이라 한다)에 따라 각 상속인의 상속분이 확정된 상속재산에 대해서 공동상속인 간의 협의에 따른 분할로 특정 상속인이 당초 상속분을 초과하는 재산가액은 해당 분할에 의하여 상속분이 감소된 상속인으로부터 증여받은 것으로 본다.

▌신고기한이 경과하여 법원의 특정상속인이 당초 상속분을 초과하여 취득하게 되는 재산가액은 증여로 본다

상속세 신고기한 이내 미성년자에 대한 특별대리인선임신청이 있더라도 신고기한이 경과하여 법원의 특별대리인선임승인이 있는 경우에는 특정상속인이 당초 상속분을 초과하여 취득하게 되는 재산가액은 그 분할에 의하여 상속분이 감소한 상속인으로부터 증여받은 재산으로 본다(재재산-175, 2015.2.12.).

▌법원 확정판결로 법정지분을 초과 상속받은 경우

상속개시 후 법원의 확정판결에 따른 상속등기의 내용이 상속재산의 최초 분할에 해당하는 경우에는 특정상속인이 법정상속분을 초과하여 재산을 취득하는 경우에도 증여세가 과세되지 아니한다(재산-388, 2012.10.31.).

3. 상속포기로 다른 상속인의 법정지분을 초과 상속받는 경우

상속포기를 하는 경우에는 상속이 개시된 때로부터 소급하여 상속의 효력이 발생하지 아니하는 것이므로(민법 §1042), 다른 상속인이 법정지분을 초과하여 상속재산을 취득한 경우에도 증여문제는 발생하지 아니한다.

▌상속인이 상속지분을 포기하고 다른 상속인으로부터 현금을 수령한 경우

상속재산의 협의분할시 특정 상속인이 자신의 상속지분을 포기하고 그 대가로 다른 상속인으로부터 현금 등을 수령한 경우에 그 상속인의 지분에 해당하는 재산은 다른 상속인에게 유상으로 이전된 것으로 본다(상증법 집행기준 4-0-3).

Ⅳ 증여재산을 반환 · 재증여시 증여세 과세

1. 증여계약이 원인무효 · 취소로 무효인 경우

법률행위의 무효란 당사자가 의도한 법률행위의 효력이 법률상 당연히 처음부터 발생하지 않는 것을 말하며, 법률행위의 취소란 취소권자가 일단 발생하고 있는 법률행위를 후에 소급하여 효력을 잃게 하는 것이다.

증여 행위가 이루어졌으나 당초 증여계약이 원인무효이거나 취소로 무효가 되면 원상회복의무가 발생하기 때문에 이미 이행된 증여나 이의 반환은 증여세 과세대상이 아니며, 기부과된 증여세 과세처분은 취소되어야 한다.

2. 증여재산을 반환 · 재증여시 증여세에 미치는 영향

증여받은 재산을 다시 증여자에게 반환하거나 재증여하는 경우에는 그 반환 또는 재증여한 시기에 따라 증여세 과세 여부가 달라진다.

합의해제로 이미 이행이 완료된 증여재산(금전 제외)을 반환하는 경우(반환하기 전에 과세표준과 세액을 결정받은 경우 제외)로서 증여세 과세표준 신고기한 이내에 반환하는 것은 처음부터 증여가 없었던 것으로 본다.

그러나 합의해제에 의하여 수증자가 증여받은 재산(금전 제외)을 증여세 과세표준 신고기한 이후에 반환하는 경우에는 당초의 증여에 대해서 증여세가 과세된다.

증여받은 금전 및 금전 외의 재산을 반환 또는 재증여할 때 증여세 과세 여부를 요약 · 정리하면 다음과 같다.

구분	증여받은 재산의 반환 또는 증여시기	당초 증여에 대한 증여세 과세 여부	반환증여재산에 대한 증여세 과세 여부
금전	금전(재증여시기 관계없음)	과세	과세
금전 외	증여세 신고기한 이내(증여받은 날이 속하는 달의 말일부터 3개월 이내)	과세 제외	과세 제외
	증여세 신고기한 경과 후 3개월 이내(증여받은 날이 속하는 달의 말일부터 6개월 이내)	과세	과세 제외
	증여세 신고기한 경과 후(증여받은 날이 속하는 달의 말일부터 6개월 후)	과세	과세
	증여재산 반환 전 증여세가 결정된 경우	과세	과세

▌금전(현금)의 증여에 대해서는 그 금전을 증여세 신고기한 이내에 반환한 경우

금전(현금)의 증여에 대해서는 그 금전을 증여세 신고기한 이내에 반환한 경우라도 증여가 없었던 것으로 보지 아니한다(국심사증여 2006-74, 2007.12.21.).

현실적으로 당초 증여받은 금전과 반환하는 금전의 동일성 여부를 확인할 방법이 없고, 또한 금전은 그 증여와 반환이 용이하여 증여세 신고기한 이내에 증여와 반환을 반복하는 방법으로 증여세를 회피하는 데 악용될 우려가 크기 때문이다.

▌주식 취득사실이 원인무효로 판결받은 경우

부가 자에게 비상장주식을 증여했으나 부의 당해 주식취득사실이 원인무효로 판결돼 당초 소유자에게 반환됐으므로 증여세 과세되지 아니한다(국심 2000중2436, 2001.2.20.).

▌이혼합의서에 의한 재산분할의 증여 해당 여부

이혼합의서에 재산분할청구로 인한 소유권이전임을 확인할 수 있는 경우에는 조세포탈의 목적이 있다고 인정할 경우를 제외하고는 증여세가 과세되지 않는다(서면4팀 1753-2007.5.29.).

▌저가양도에 따른 증여 규정을 적용할 수 없는지 여부

저가양도한 주식을 양도일부터 3개월 이내에 양도자에게 동일가액으로 재양도한 경우 당초 증여일로부터 3개월 이내 반환한 것으로 보아 증여의제규정을 적용할 수 없다(국심 2004중2146, 2005.4.6.).

▌유류분의 반환

피상속인의 유증을 받아 상속재산을 취득한 자가 민법(§1115)에 따라 법정상속인에게 해당 상속재산을 유류분으로 반환한 사실이 확인된 경우 반환한 재산가액은 반환받은 상속인이 상속받은 것으로 본다(재산-751, 2010.10.13.).

제3절 비과세 및 공익목적출연재산의 조세지원

공익법인은 재단법인 또는 사단법인으로서 설립취지가 사회일반의 이익에 공여하기 위하여 장학금 또는 연구비의 보조 및 지급과 학술·자선 등에 관한 사업을 목적으로 하고 있는 공익사업을 수행하는 자를 말한다. 정부는 이러한 공익사업이 원활히 수행할 수 있도록 하기 위해 공익사업에 출연한 재산에 대하여는 조세지원정책적으로 상속세나 증여세를 부과하지 아니한다.

만일 세금 회피의 수단으로 이용되거나 공익사업을 성실하게 유도하기 위해 출연재산에 대해 사후관리를 통해 의무를 위반한 경우에는 상속세·증여세를 추징하거나 가산세를 부과하고 있다.

Ⅰ 비과세·증여세 과세가액 불산입 재산의 성격

증여세가 과세되지 않는 재산은 다음의 두 가지로 구분된다.

① 증여세의 과세가액에 원천적으로 배제하는 비과세 증여재산

② 증여세 과세가액 불산입하는 재산

Ⅱ 우리사주조합원이 받은 이익

내국법인의 종업원으로서 「근로복지기본법」 또는 「자본시장과 금융투자업에 관한 법률」에 따른 우리사주조합에 가입한 자가 해당 법인의 주식을 우리사주조합을 통하여 취득한 경우로서 그 조합원이 소액주주에 해당하는 경우에는 그 주식의 취득가액과 시가와의 차액으로 인하여 받은 이익에 상당하는 가액에 대하여 증여세를 부과하지 아니한다(상증법 §46 〈2〉).

여기서 소액주주란 당해 법인의 발행주식총수의 100분의 1 미만을 소유하는 경우로서 주식의 액면가액의 합계액이 3억원 미만인 주주를 말한다.

Ⅲ 공익법인이 출연받은 재산의 증여세 과세가액 불산입

비영리법인이 재산을 증여받는 경우 비영리법인에게 증여세가 과세되나, 비영리법인 중 문화의 향상, 사회복지 및 공익의 증진을 목적으로 하는 공익법인이 출연받은 재산가액에 대해서는 증여세 과세가액에 산입하지 아니한다.

1. 개요

공익법인이 출연받은 재산의 가액은 증여세 과세가액에 산입하지 아니한다(상증법 §48).

그러나 공익법인이 내국법인의 주식(출자지분 포함. 이하 같다)을 출연받는 경우로서 당해 출연받은 주식과 다음의 주식을 합하여 주식수가 발행법인 총발행주식수의 5%(상호출자제한기업집단과 특수관계가 없는 성실공익법인은 10%) 이하의 경우에는 공익법인의 증여세 과세가액 불산입하고, 이를 초과하는 경우 초과하는 가액은 증여세를 부과한다.

① 출연받을 당시 공익법인이 보유하고 있는 동일한 내국법인 주식

② 출연자 및 그와 특수관계자가 다른 공익법인에 출연한 동일한 내국법인의 주식

③ 출연당시 출연자와 특수관계인으로부터 재산을 출연받은 다른 공익법인 등이 출연당시 보유하고 있는 동일한 내국법인의 주식

2. 주식보유를 제한받지 않는 경우

다음의 요건을 모두 충족하는 경우로서 상호출자제한기업집단과 특수관계에 있지 아니한 성실공익법인 등(설립된 날부터 3개월 이내에 주식 등을 출연받고, 설립된 사업연도가 끝난 날부터 2년 이내에 성실공익법인 등이 되는 경우 포함)이 3년 이내 초과출연 부분을 매각하는 경우 및 공익법인의 설립허가에 관한 법령 등에 따라 출연한 경우에는 주식 등 보유비율에 관계없이 전액 증여세 과세가액에 불산입한다(상증법 §16 ③ 및 상증법 집행기준 48-37-2).

① 「독점규제 및 공정거래에 관한 법률」 제9조에 따른 상호출자제한기업집단과 특수관계에 있지 아니한 공익법인일 것

㉠ 성실공익법인

㉡ 국가 · 지방자치단체가 출연하여 설립한 공익법인

㉢ 「공공기관의 운영에 관한 법률」 제4조 제1항 제3호에 따른 공공기관이 재산을 출연하여 설립한 공익법인

㉣ 위 "㉢"에 해당하는 공익법인이 재산을 출연하여 설립한 공익법인

② 위 ①의 공익법인의 출연자와 특수관계에 있지 아니한 내국법인의 주식을 출연받을 것

③ 주무부장관의 인정요건주무부장관이 공익법인 등의 목적사업을 효율적으로 수행하기 위하여 필요하다고 인정하는 경우일 것

보충설명

공익법인의 출연자와 특수관계에 있지 아니한 내국법인은 다음에 해당하지 아니하는 내국법인을 말한다(상증법 집행기준 48-37-3).

① 출연자 또는 그와 특수관계인이 주주인 내국법인으로서 출연자 또는 그와 특수관계인이 최대주주인 내국법인

② 출연자 또는 그와 특수관계인이 임원의 현원 중 5분의 1을 초과하는 내국법인으로서 출연자 및 그와 특수관계인이 최대주주인 내국법인

③ 출연자 또는 그와 특수관계인이 주주 등이거나 임원의 현원 중 5분의 1을 초과하는 내국법인에 대하여 출연자, 그와 특수관계인 및 공익법인 등 출자법인이 최대주주인 경우에는 당해 공익법인 등 출자법인

3. 공익법인의 범위

공익법인은 공익을 목적으로 하는 다음의 사업을 말한다.

① 「유아 · 초 · 중 · 고등교육법」에 따른 학교, 유치원을 설립 · 경영하는 사업

② 「사회복지사업법」에 따른 사회복지법인이 운영하는 사업

③ 「의료법」, 「정신보건법」에 따른 의료법인 또는 정신의료법인이 운영하는 사업

④ 「공익법인의 설립 · 운영에 관한 법률」에 따른 공익법인이 운용하는 사업 등

4. 성실공익법인의 요건

주식 또는 출자지분의 출연비율을 10% 적용받는 성실공익법인은 다음의 요건을 모두 갖춘 공익법인으로서 외부감사, 전용계좌의 개설 및 사용, 결산서류 등의 공시 및

장부의 작성 · 비치를 이행하는 법인을 말한다(상증법 집행기준 16-13-3).

① 해당 공익법인의 운용소득의 80% 이상을 직접 공익목적사업에 사용한 공익법인

② 출연자 또는 그와 특수관계에 있는 자가 공익법인의 이사 현원의 5분의 1을 초과하지 아니하는 공익법인

③ 자기내부거래를 하지 아니할 것

④ 광고 · 홍보를 하지 아니할 것

위 성실공익법인 중 출연받은 주식 등의 의결권을 행사하지 아니하고(정관에 규정) 자선 · 장학 또는 사회복지를 목적으로 하는 경우 주식 또는 출자지분의 출연비율은 20%를 적용한다(상증법 집행기준 16-13-4).

5. 직접 공익목적사업의 사용 여부 판단

직접 공익목적사업의 사용은 다음에 의한다.

① 공익법인이 정관상 공익목적사업에 사용해야 한다.

② 공익목적사업에 직접 사용하는 시설의 관리비(예 : 수선비, 전기료, 전화료) 및 고유목적에 지출한 것으로 보는 금액은 정관상 공익목적사업에 사용한 것으로 본다.

③ 공익법인이 출연재산을 직접공익목적사업에 효율적으로 사용하기 위하여 주무부장관의 허가를 받아 다른 공익법인에 출연한 경우에도 공익목적사업에 사용한 것으로 본다.

④ 공익법인의 운용소득으로 수익용 재산을 취득한 금액은 직접 공익목적사업 사용금액으로 보지 아니한다.

⑤ 직접공익목적에 사용한 금액이 재원별로 구분할 수 있는 경우에는 실제 구분에 의하고 구분할 수 없는 경우에는 출연재산의 운용소득, 출연재산의 매각금액, 출연받은 재산, 기타재산의 순서대로 사용한 것으로 본다.

6. 사후관리대상 재산의 범위

공익법인이 출연받은 재산의 증여세 추징요건 해당 여부를 판단하기 위한 사후관리대상 재산의 범위는 다음과 같다.

① 출연받은 재산, 운용소득, 출연받은 재산의 매각대금, 공익목적사업이 종료한 경우의 잔여재산을 대상으로 한다.

② 공익법인의 이사 또는 사용인의 불법행위(출연자 및 그 특수관계인의 불법행위 제외)로 인하여 출연받은 재산 등이 감소된 경우에는 당해 재산가액은 사후관리 대상이 아니다.

③ 분실하거나 도난당한 출연재산가액은 사후관리대상이 아니다.

7. 출연받은 재산의 매각대금 사용기준과 가산세 추징

공익법인이 출연받은 재산의 매각대금을 다음과 같이 사업연도 종료일부터 3년 이내에 직접 공익목적사업에 사용하지 아니할 경우 가산세 또는 증여세를 추징한다. 여기서 매각대금은 매각대금에 의하여 증가한 재산을 포함하되, 해당 재산매각에 따라 부담하는 국세 및 지방세를 제외한다.

매각대금 사용기간	매각대금의 최소사용실적	최소사용실적 미달시 추징방법
1년 이내	30%	가산세 부과(미달사용액의 10%)
2년 이내	60%	가산세 부과(미달사용액의 10%)
3년 이내	90%	증여세 추징(미달사용액)

위 출연받은 재산의 매각대금 사용기준금액 사후관리규정을 적용할 경우 당해 출연받은 재산의 매각대금에는 수익용·수익사업용 재산의 매각대금, 운용소득으로 취득한 재산의 매각대금, 매각대금으로 취득한 다른 재산의 매각대금을 포함한다.

8. 증여세 추징 사유

공익법인이 출연받은 재산에 대하여 증여세가 추징되는 사유는 다음과 같으며, 이 경우 증여세를 즉시 부과한다.

① 출연받은 재산을 직접 공익목적사업 용도 외에 사용하거나 출연받은 날부터 3년 이내에 직접 공익목적사업에 사용하지 않는 경우

② 출연받은 재산 및 출연받은 재산의 매각대금을 내국법인의 주식의 취득에 사용한 경우로서 그 내국법인의 의결권 있는 발행주식총수의 5%(성실공익법인 10%)를 초과하는 경우

③ 출연재산 운용소득을 직접 공익목적사업 외에 사용하거나 매각한 날부터 3년이 지난날까지 직접 공익목적사업에 사용한 실적이 매각대금의 90%에 미달하는 경우

④ 성실공익법인 등이 출연받은 주식의 의결권을 행사하는 경우
⑤ 출연재산을 특수관계인에게 사용・수익하게 하는 경우
⑥ 그 밖의 의무 위반의 경우

9. 보고의무와 미제출시 가산세

출연자로부터 재산을 출연받은 공익법인은 출연자의 의도에 맞추어 출연재산을 사용하여야 하므로 상속세 및 증여세 과세가액에 산입하지 아니한 재산을 출연받은 공익법인은 그 출연받은 재산의 사용에 대한 계획 및 진도에 관한 보고서를 제출하여야 한다.

만일 보고서를 제출하지 아니하였거나 제출된 보고서의 내용이 불분명한 경우에는 그 미제출분 또는 불분명한 부분의 금액에 상당하는 상속세액 또는 증여세액의 1%에 상당하는 금액을 가산세로 징수한다.

10. 외부전문가의 세무확인불이행가산세

공익법인 출연재산의 운용에 관한 투명성을 확보하기 위해 외부전문가의 세무확인 및 검사제도를 도입하였으며 이를 불이행시에는 가산세를 납부하여야 한다.

외부전문가의 세무확인불이행가산세 = (해당 사업연도 수입금액 + 출연받은 재산가액) × 0.07%

Ⅳ 장애인이 증여받은 주식의 증여세 과세가액 불산입

장애인이 재산을 증여받고 증여세 과세표준 신고기한까지 일정한 요건을 갖춘 경우에는 그 증여받은 재산을 증여세 과세가액에 포함하지 아니한다(상증법 §52의2).

1. 요건

장애인이 재산(금전, 유가증권, 부동산)을 증여받고 증여세 과세표준 신고기한까지 다음의 요건을 모두 갖춘 경우에는 그 증여받은 재산가액(해당 장애인이 살아 있는 동안 증여받은 재산가액을 합친 금액을 말하며, 5억원 한도로 한다)은 증여세 과세가액에 불산입된다.

① 증여받은 재산 전부를 신탁업자에게 신탁하여야 한다.

② 장애인이 신탁의 이익 전부를 받는 수익자이어야 한다.

③ 신탁기간이 그 장애인이 사망할 때까지로 되어 있어야 하며 장애인이 사망하기 전에 신탁기간이 끝나는 경우에는 그 신탁기간을 장애인이 사망할 때까지 계속 연장하여야 한다.

2. 장애인이 증여받은 주식의 증여세 과세가액 불산입 한도

증여세 과세가액 불산입 금액 = Min(①,②)
① 그 장애인이 살아 있는 동안 증여받은 재산가액을 합친 금액
② 5억원

3. 장애인의 범위

장애인이란 다음에 해당하는 자를 말한다.

① 「장애인복지법」에 따른 장애인 및 「장애아동 복지지원법」(§21 ①)에 따른 발달재활서비스를 지원받고 있는 장애아동

② 「국가유공자 등 예우 및 지원에 관한 법률」에 의한 상이자 및 이와 유사한 사람으로서 근로 능력이 없는 자

③ 위 "① 또는 ②" 외에 항시 치료를 요하는 중증환자

4. 증여세 추징

재산을 증여받은 장애인이 다음 어느 하나에 해당하는 경우에는 그 재산을 증여받은 것으로 보아 즉시 증여세를 부과한다.

① 신탁을 해지하거나, 신탁기간이 끝난 경우에 그 기간을 연장하지 아니한 경우

② 신탁기간 중 수익자를 변경하거나 증여재산가액이 감소한 경우

③ 신탁의 이익 전부 또는 일부가 해당 장애인이 아닌 자에게 귀속되는 것으로 확인된 경우

다만, 다음의 장애인이 본인의 의료비 등과 특수교육비의 지출을 위해 원금인출을 하는 경우에는 그 신탁재산이 감소하더라도 증여세를 부과하지 아니한다.

① 「5.18 민주화운동 관련자 보상 등에 관한 법률」에 따라 장해등급 3급 이상으로 판정된 사람
② 「고엽제후유의증 등 환자지원 및 단체설립에 관한 법률」에 따른 고엽제후유의증 환자로서 장애등급 판정을 받은 사람
③ 「장애인고용촉진 및 직업재활법」 제2조 제2호에 따른 중증장애인

제4절 증여재산 취득시기

Ⅰ 취득시기의 중요성

증여재산이 주식 등인 경우에는 수증자가 배당금의 지급이나 주주권의 행사 등에 의하여 해당 주식 등을 인도받은 사실이 객관적으로 확인되는 날에 취득한 것으로 본다.

증여재산의 취득시기는 증여에 의하여 그 재산을 취득한 때이며, 다음과 같은 이유 때문에 매우 중요하다.

① 증여세의 납부의무는 증여재산을 취득한 때 성립하는 것이며,

② 증여세 신고기한은 증여받은 날이 속하는 달의 말일부터 3개월 이내이며,

③ 부과제척기간 기산일(증여세 신고기한 다음 날부터 기산)이 되는 기준일이며,

④ 증여재산의 가액은 증여일 현재의 시가평가 등의 기준일이 된다.

⑤ 증여세합산과세(동일인으로부터 10년 이내 증여받은 재산 등), 수정신고 및 경정청구 등에 적용하는 시점에 따라 증여세에 영향을 미치므로 매우 중요하다.

Ⅱ 증여재산의 유형별 취득시기

1. 개요

증여재산의 취득시기는 증여재산의 종류에 따라 그 시기를 달리하고 있으나, 증여재산이 주식인 경우에는 수증자가 배당금의 수령이나 주주권의 행사사실 등에 의하여 당해 주식을 인도받은 사실이 객관적으로 확인되는 날에 취득한 것으로 본다. 다만 인도받은 날이 불분명하거나 주식을 인도받기 전에 주주명부 또는 사원원부에 기재한 경우에는 그 명의개서일 또는 기재일로 한다.

그리고 주식의 상장 및 비상장주식의 등록, 법인합병의 경우 취득시기는 그 주식의 상장일 또는 비상장주식의 등록일, 법인의 합병일로 한다.

▌명의개서가 되지 않은 비상장주식의 증여시기

명의개서가 되지 않은 비상장주식의 증여시기는 증여계약 당사자의 의사가 표시되어 있는 증여계약서상의 증여일자로 본다(조심 2008서2469, 2009.3.13.).

▌증여일로부터 6월 후에 합의해제로 증여재산을 반환받은 경우의 취득시기

남편이 부인에게 증여하고 당초 증여일로부터 6월 후에 합의해제를 원인으로 증여재산을 반환받은 경우의 취득시기는 증여계약 해제등기일이다(서면5팀-1263, 2006.12.18.).

▌조건부거래시 취득시기

유상증자로 받게 될 비상장주식의 거래는 실제로 주식을 받기 전까지는 양도 가능한 것이 아닌 조건부거래의 경우 증자대금을 청산하였더라도 조건이 성취된 날에 주식을 증여받아 청구인에게 명의를 개서해 준 그 주식의 명의개서일을 취득시기로 본다(조심 2010광3949, 2011.5.19.). 만일 명의개서가 되지 않은 비상장주식의 증여시기는 증여계약 당사자의 의사가 표시되어 있는 증여계약서상의 증여일자로 본다(조심 2008서2469, 2009.3.13.).

▌상장주식을 증여한 경우 증여시기

상장주식을 증여한 경우에 그 증여시기는 수증자가 당해 상장주식을 인도받은 것으로 확인되는 날이며, 당해 상장주식을 인도받은 날이 불분명하거나 당해 상장주식을 인도받기 전에 상법(§337)의 규정에 의하여 수증자의 주소와 성명 등을 주주명부에 기재한 경우에는 그 명의개서일이 증여시기가 된다(서면4팀-1455, 2005.8.19.).

2. 증여의제 등의 경우

다음의 증여의제 등의 취득시기는 해당 증여의제 등 후술하는 제8절 및 제9절의 주제별 내용을 참고하기 바란다.

① 신탁의 증여(상증법 §33)

② 저가 양수 또는 고가 양도에 따른 이익의 증여(상증법 §35)

③ 합병에 따른 이익의 증여(상증법 §38)

④ 증자에 따른 이익의 증여(상증법 §39)

⑤ 감자에 따른 이익의 증여(상증법 §39의2)

⑥ 현물출자에 따른 이익의 증여(상증법 §39의3)

⑦ 전환사채 등의 주식전환 등에 따른 이익의 증여(상증법 §40)

⑧ 초과배당에 따른 이익의 증여(상증법 §41의2)

⑨ 주식 등의 상장 등에 따른 이익의 증여(상증법 §41의3)

⑩ 합병에 따른 상장 등 이익의 증여(상증법 §41의5)

⑪ 법인의 조직 변경 등에 따른 이익의 증여(상증법 §42의2)

⑫ 재산 취득 후 재산가치 증가에 따른 이익의 증여(상증법 §42의3)

⑬ 배우자 등에게 양도한 재산의 증여 추정(상증법 §44)

⑭ 재산 취득자금 등의 증여 추정(상증법 §45)

⑮ 명의신탁재산의 증여 의제(상증법 §45의2)

⑯ 특수관계법인과의 거래를 통한 이익의 증여 의제(상증법 §45의3)

⑰ 특수관계법인으로부터 제공받은 사업기회로 발생한 이익의 증여 의제(상증법 §45의4)

⑱ 특정법인과의 거래를 통한 이익의 증여 의제(상증법 §45의5)

▌스톡옵션으로 받은 비상장주식

원고가 원고의 부친으로부터 스톡옵션으로 받은 비상장주식에 대한 권리를 원고에게 넘겨 원고 명의로 명의개서를 한 날이 증여재산에 대한 취득시기에 해당한다(대법원 2017두47557, 2017.8.18.).

▌당초 상속분을 초과하여 취득 상속분의 취득시기

상속세 과세표준 신고기한 이후의 상속재산에 대하여 공동상속인이 협의하여 분할한 결과 특정상속인이 당초 상속분을 초과하여 취득하게 되는 재산가액은 증여재산에 포함하여 상속개시일이 아니라 증여등기접수일을 취득시기로 한다(조심 2011서1791, 2011.6.17.).

▌주주권 행사로 인도받은 주식의 취득시기

증여받는 재산이 주식 또는 출자지분인 경우에는 수증자가 배당금의 지급이나 주주권의 행사 등에 의하여 당해 주식 등을 인도받은 사실이 객관적으로 확인되는 날에 취득한 것으로 본다(조심 2009서3021, 2010.4.9.).

▌합병상장이익에 대한 증여세 취득시기 정산기준일

합병상장이익에 대한 증여세는 정산기준일을 기준으로 증여이익을 계산할 수 있을 때 비로소 과세표준과 세액을 산정할 수 있고, 증여세 과세표준 정산 신고기한은 정산기준일부터 3개월이 되는 날이고, 재차 증여 합산과세 역시 증여세 과세표준을 산정하기 위한 것이므로, 합병상장이익이 합산배제증여재산에 해당하는지 여부도 정산기준일을 기준으로 정하는 것이 타당하다(대법원 2015두3096, 2017.9.26.).

제5절 증여세 과세가액

증여세 과세가액은 증여일 현재 수증재산 중 비과세되는 증여재산가액과 수증자가 인수한 증여자의 채무를 뺀 금액에 동일인 증여자로부터 해당 증여일 전 10년 이내에 증여받은 재산가액이 1천만원 이상인 경우 이를 합산한 금액을 말한다.

증여재산을 취득하는 데 소요된 부대비용을 증여자가 부담하는 경우에는 그 부대비용도 증여가액에 포함한다.

I 개요

증여세 과세가액이란 증여세 과세표준을 계산하기 전단계로서 증여세가 과세되는 재산가액을 말한다.

증여세 과세가액은 증여일 현재 증여재산가액을 합친 금액(합산배제증여재산가액은 제외)에서 그 증여재산에 담보된 채무로서 수증자가 인수한 금액과 비과세되는 증여재산가액을 차감하고, 증여일 전 10년 이내 동일인(증여자가 직계존속인 경우에는 그 직계존속의 배우자를 포함)으로부터 받은 증여재산의 합계액이 1천만원 이상인 경우 그 사전증여가액(합산배제증여재산가액 제외)을 합산하여 계산한 금액을 말한다(상증법 §47). 이를 산식으로 표시하면 다음과 같다.

증여세 과세가액 = 증여재산가액(합산배제증여재산가액 제외)의 합계액
– 채무
– 비과세되는 증여재산가액, 증여세 과세가액 불산입
+ 동일인의 10년 이내 증여재산가액(합산배제증여재산가액 제외)

증여일 전 10년 이내 동일인이 증여자가 직계존속인 경우에는 그 직계존속의 배우자를 포함한다. 그러나 증여자가 부・모일 경우 계모・계부는 동일인에 포함되지 아니하며, 부와 조부는 직계존속이라 할지라도 동일인에 해당하지 아니한다.

Ⅱ 채무

1. 개요

증여재산가액에서 공제할 수 있는 채무는 증여일 현재 해당 증여재산에 담보된 임대보증금 및 금융기관 차입금과 증여자의 채무로서 수증자가 인수한 채무(부담부증여 포함)를 말한다.

부담부증여는 증여재산에 담보된 증여자의 채무를 수증자가 인수한 경우를 말한다. 수증자가 인수하고 이를 승계한 채무는 증여재산의 가액에서 차감되며, 증여자는 채무액만큼의 재산을 양도한 것으로 보아 양도소득세를 부담한다.

그러나 제3자 채무의 담보로 제공된 재산을 조건없이 증여받는 경우 이 채무는 증여가액에서 공제하지 아니하며, 수증자가 담보된 채무를 변제한 때에는 그 채무 상당액을 채무자에게 증여한 것으로 본다.

2. 배우자 또는 직계존비속 간의 부담부증여

배우자 또는 직계존비속 간의 부담부증여에 대해서는 수증자가 증여자의 채무를 인수한 경우에도 그 채무액은 수증자에게 인수되지 아니한 것으로 추정하지만, 부모로부터 자녀가 증여받은 당해 재산에 담보된 채무(부담부증여)를 수증자가 인수한 사실이 입증되는 경우에는 증여재산가액에서 공제한다(서면상속증여-3043, 2018.3.23.).

| 배우자 또는 직계존비속 간의 부담부증여시 객관적으로 인정되는 채무의 범위(상증법 집행기준 47-36-2) |

구 분	채무의 입증방법
① 국가 · 지방자치단체 · 금융기관에 대한 채무	당해 기관에 대한 채무임을 확인할 수 있는 자료
② ① 외의 자에 대한 채무	금융거래 증빙, 채무부담계약서, 채권자확인서, 담보설정 및 이자지급 관련서류

▌ 대출금 명의자가 증여받는 자의 명의로 되어 있는 경우 증여 재산의 부채로 볼 수 있는지?

직계존비속 간의 부담부증여시 인수할 채무가 증여자가 아닌 수증자 명의로 되어 있는 경우 그 채무가 사실상 증여자의 채무임이 명백히 확인되고 수증자가 그 채무를 인수한 사실이 객관적으로 입증되는 경우에 한하여 그 채무액을 증여재산가액에서 공제한다(서면상속증여-2313, 2015.12.1.).

▌ 수증자가 인수한 채무액이 증여재산가액을 초과하는 경우

수증자가 인수한 채무액이 증여재산가액을 초과하는 경우에는 해당 초과하는 금액에 대하여 수증자가 증여자에게 증여한 것으로 본다(재산-614, 2009.2.23.).

Ⅲ 증여재산가산액

1. 합산증여재산

증여일 전 10년 이내에 동일인(증여자가 직계존속인 경우에는 그 직계존속의 배우자 포함)으로부터 증여받은 증여세 과세가액의 합계액이 1천만원 이상인 경우에는 그 가액을 증여세 과세가액에 가산한다.

이 경우 증여일 전의 의미는 증여일은 포함되지 않고 증여 전일부터 기산한다.

2. 합산배제증여재산

다음의 증여재산은 증여세 과세가액에서 가산하지 아니한다(상증법 §47 ①).

이에 대한 자세한 내용은 "제8절"을 참고하기 바란다.

① 재산취득 후 해당 재산가치 증가에 따른 이익(상증법 §31 ①)

② 전환사채 등에 의하여 주식으로의 전환·교환 또는 주식의 인수를 하거나 전환사채 등을 양도함으로써 얻은 이익(상증법 §40 ①)

③ 주식 등의 상장 등에 따른 이익(상증법 §41의3)

④ 합병에 따른 상장 등 이익(상증법 §41의5)

⑤ 재산취득 후 재산가치 증가에 따른 이익(상증법 §42의3)

⑥ 명의신탁재산의 증여의제(상증법 §45의2)

⑦ 특수관계법인과의 거래를 통한 이익의 증여의제(상증법 §45의3)

⑧ 특수관계법인으로부터 제공받은 사회기회로 발생한 이익의 증여의제(상증법 §45의4)

3. 대신 납부한 증여세에 대한 증여세 과세

연대납부의무자에 해당하지 아니한 자가 수증자를 대신하여 납부한 증여세는 대신 납부할 때마다 증여에 해당하므로 합산과세한다. 그러나 주식명의수탁자에게 과세된 증여세를 명의신탁자가 대신 납부한 경우에는 재차 증여에 해당하지 아니한다(조심 2012구1408, 2012.11.29.).

▌모친으로부터 증여받은 재산에 부친으로부터 증여받은 재산을 포함하는지?

증여일 전 10년 이내에 父로부터 받은 증여재산가액의 합계액이 1천만원 이상인 경우에는 그 가액을 증여세 과세가액에 가산하는 것이나, 母에게 증여받기 전에 父가 사망한 경우에는 父를 母의 동일인으로 보아 합산과세하지 아니한다(서면상속증여-5454, 2017.9.18.).

▌증여재산 반환 후 동일인으로부터 다른 재산을 증여받는 경우

증여받은 재산을 증여세 신고기한으로부터 3개월이 지난한 후에 증여자에게 반환하고 해당 증여일로부터 10년 이내에 동일인으로부터 다른 재산을 증여받은 경우 당초 증여받은 재산가액을 합산하여 과세한다(서면상속증여-2213, 2015.12.1.).

▌재차 증여시 증여세의 부과제척기간이 만료한 경우 증여재산을 합산 여부

재차증여의 증여세 과세가액에 가산하는 증여에 대한 증여세의 부과제척기간이 만료한 경우에도 당해 증여일 전 10년 이내 동일인으로부터 받은 증여재산의 합산은 적법하다(수원지법 2016구합70582, 2017.6.20.).

▌합의해제 후 증여받을 경우

민법 상 증여계약이 합의해제된 경우에는 당초 증여계약의 효력이 소멸되었으므로 동일 재산에 대하여 증여재산 합산과세규정을 적용함에 있어서 당초 증여는 없는 것이며, 재차 증여만 있는 것으로 보아 합산배제하는 것이 타당하다(조심 2011서2867, 2011.12.14.).

제6절 증여세 과세표준과 세액계산

– 과세표준, 산출세액, 할증과세, 세액공제 –

증여세 과세표준(①) = 증여세 과세가액 – 증여재산공제 – 감정평가수수료
산출세액(②) = 증여세 과세표준(①) × 세율
자진납부할 세액 = 산출세액(②) + 세대생략할증세액 – 세액공제·감면

I 증여세 과세표준

증여세 과세표준이란 세액산정을 위한 기준금액이며, 동 과세표준에 세율을 적용하여 산출세액을 계산하게 된다.

증여세 과세표준은 증여과세가액에서 증여재산공제와 감정평가수수료를 뺀 금액으로 한다(상증법 §55).

재차증여분에 대한 증여세 과세표준은 증여가 있을 때마다 각 증여자별로 계산하는 것이 원칙이다. 예컨대, 갑이 부와 모로부터 동시에 증여를 받는다면, 부와 모에 대하여 증여세 과세표준을 각각 계산하여 증여세를 계산하는 것이며, 동일인으로부터 10년 이내에 재차증여를 받는 경우(1천만원 이상에만 해당함)에는 이를 합산과세하여 증여세 과세표준을 계산하여야 한다.

1. 증여재산공제

증여재산공제는 수증자와 증여자가 밀접한 친척관계에 있는 경우 증여세 과세가액에서 일정금액을 공제하는 일종의 조세혜택이다.

(1) 개요

증여세 과세표준을 계산하기 위하여 증여세 과세가액에서 다음의 증여재산공제액을 공제한 금액으로 한다. 이 경우 증여재산공제는 수증자(거주자에 한함)가 증여자와 친족관계에 있는 경우로서 친족으로부터 증여받은 재산에 대해서만 증여자별로 일정액을 공제하는 것이며, 친족이 아닌 자로부터 증여받은 재산에 대해서는 증여재산공제를 하지 아니한다(서면4팀-3043, 2007.12.23.).

증여자	증여재산공제 한도액
배우자	6억원
직계존속	5천만원 (수증자가 19세 미만인 미성년자인 경우 2천만원) * 결혼한 경우에도 포함한다.
직계비속	5천만원
기타친족	1천만원

만일 수증자가 비거주자인 경우에는 증여재산공제가 적용되지 아니하며 또한 증여재산이 명의신탁의 증여의제, 합산배제증여재산에 해당되면 증여재산공제를 적용하지 않고 과세표준에서 일정금액을 뺀다.

그리고 창업자금에 대한 증여세 과세특례(조특법 §30의5), 가업승계주식의 증여세 과세특례(조특법 §30의6)의 경우에는 5억원을 공제한다(제7절 참조).

(2) 증여받은 재산을 합산시 증여재산공제

수증자가 10년 이내에 증여가 여러 번 있거나 2 이상의 증여가 동시·달리하는 경우 등의 증여재산공액 계산 방법은 다음에 따른다(상증법 집행기준 53-46-1).

① 수증자를 기준으로 그 증여를 받기 전 10년 이내에 공제받은 금액과 해당 증여가액에서 공제받을 금액(해당 증여가액을 초과하지 못한다)을 합친 금액이 증여자 및 수증자별 공제한도액을 초과하는 경우 초과하는 부분은 공제하지 않는다.

② 2 이상의 증여가 그 증여시기를 달리하는 경우에는 2 이상의 증여 중 최초의 증여세 과세가액에서부터 순차로 공제한다.

③ 2 이상의 증여가 동시에 있는 경우에는 각각의 증여세 과세가액에 대하여 안분하여 공제한다.

④ 한 사람이 하나의 증여재산을 2인 이상의 수증자에게 증여하는 경우 친족공제액은 각 수증자별로 계산한다.

Q 사례 1 종전에 증여받은 재산을 합산시 증여재산공제액 한도 내 금액인 경우

2015.1.1. 손자(미성년자)가 직계존속인 조부로부터 비상장법인의 주식 2천만원(평가액) 상당액을 증여받았고, 그 후 2018.12.1.에 동일인 조부로부터 비상법인의 주식 2천만원(평가액) 상당액을 증여받은 경우 증여재산공제액은 얼마인가?

풀이 1

① 2015.1.1. 증여분에 대한 증여재산공제액 : 2천만원

② 2018.12.1. 증여분에 대한 증여재산공제액 : 2천만원

Q 사례 2 종전에 증여받은 재산을 합산시 증여재산공제액의 한도를 초과하는 경우

2012.1.1. 장남이 직계존속인 부로부터 비상장법인의 주식 4천만원(평가액) 상당액을 증여받았고, 그 후 2018.12.1.에 조부로부터 비상장법인의 주식 4천만원(평가액) 상당액을 증여받은 경우 증여재산공제액은 얼마인가?

풀이 2

① 2012.1.1. 증여분에 대한 증여재산공제액 : 1.5천만원(2012.1.1. 증여 당시 적용할 세법상 증여재산공제액은 1.5천만원임)

② 2018.12.1. 증여분에 대한 증여재산공제액 : 3.5천만원(2018.12.1. 증여 당시 적용할 세법상 증여재산공제액은 5천만원임)

사례 3 2 이상의 증여가 있는 경우 증여재산공제액 계산

갑이 다음과 같이 2 이상(직계존속)의 증여가 있는 경우 증여세 과세표준을 계산하여라.

① 2019.1.5.에 부로부터 A법인의 주식(시가;1억원)을 증여받았다.

② 2019.1.10.에 모로부터 A법인의 주식(시가;6천만원)을 증여받았다.

③ 갑은 2019.1.5. 전 10년 이내에 부모로부터 증여받은 사실이 없으며, 성년이다.

풀이 3

2 이상의 증여가 동시에 있는 경우에는 다음과 같이 각각의 증여세 과세가액에 비례하여 안분하여 공제한다.

① 2019.1.5.에 부로부터 A법인의 주식(시가:1억원)에 대한 증여재산공제액

$$5천만원 \times \frac{1억원}{1억원+6천만원} = 31,250,000원$$

② 2019.1.10.에 모로부터 A법인의 주식(시가;6천만원)에 대한 증여재산공제액

$$5천만원 \times \frac{6천만원}{1억원+6천만원} = 18,750,000원$$

(3) 배우자의 범위

배우자는 민법상 혼인으로 인정되는 혼인관계에 있는 자를 말하며, 민법상 혼인은 「가족관계등록법」에 따라 혼인신고를 함으로써 성립되므로 사실혼 관계에 있는 배우자는 상속공제의 대상이 아니다.

거주자가 비거주자인 배우자로부터 재산을 증여받은 경우에도 증여재산공제를 적용받을 수 있다(재산상속 46014-1704, 1999.9.18.).

(4) 직계존비속의 범위

직계존비속은 민법에 의한 수증자의 직계존속과 직계비속인 혈족을 말하며, 다음에 따라 판단한다.

① 직계존속은 수증자의 직계존속과 혼인(사실혼 제외)중인 배우자를 포함하며, 직계비속에는 수증자와 혼인중인 배우자의 직계비속을 포함한다.

② 출양한 자가 수증자인 경우에는 양가 및 생가의 직계존비속에 모두 해당한다.

③ 출가녀는 친가에서는 직계존속과의 관계, 시가에서는 직계비속과의 관계에만 해당한다.

④ 외조부모와 외손자는 직계존비속에 해당한다.

(5) 친족의 범위

친족의 범위는 배우자와 직계존비속을 제외하고 수증자를 기준으로 6촌 이내의 혈족과 4촌 이내의 인척을 말한다. 시부모와 며느리관계는 기타친족에 해당한다(재산세과-1473, 2009.7.17.).

2. 신용평가수수료 등

증여세의 과세표준은 증여과세가액에서 증여재산공제와 다음의 감정평가수수료를 뺀 금액으로 한다(상증법 §55).

여기서 증여세 과세가액에서 차감하는 감정평가수수료라 함은 증여세를 신고·납부하기 위하여 증여재산을 평가하는 데 소요된 수수료로서 수증자가 부담하는 것을 의미한다(서면4팀-143, 2006.1.27.).

구 분	증여세 과세표준
① 명의신탁재산의 증여의제(상증법 §45의2)	명의신탁재산가액 - 감정평가수수료
② 특수관계법인과의 거래를 통한 이익의 증여의제(상증법 §45의3) ③ 특수관계법인으로부터 제공받은 사업기회 발생한 이익의 증여의제(상증법 §45의4)	증여의제이익 - 감정평가수수료
④ 합산배제증여재산(②, ③ 제외)	증여재산가액 - 3천만원* - 감정평가수수료
⑤ 그 외의 증여재산	증여세 과세가액 - 증여재산공제 - 재해손실공제 - 감정평가수수료

* 합산배제증여재산의 경우에는 다른 일반적인 증여세 과세가액에 합산하여 과세되지 아니하므로 증여재산공제가 적용되지 아니하므로 일정금액(3천만원)을 차감하여 과세표준을 계산하도록 한 것이다.

위 감정평가수수료는 증여세를 신고·납부하기 위하여 증여재산을 평가하는 데 소요되는 수수료로서 다음에 해당하는 금액을 말한다.

수 수 료	공제 금액
감정평가업자의 평가에 따른 수수료 (증여세 납부목적)	5백만원 한도로 공제
신용평가전문기관의 평가에 따른 평가수수료	신용평가전문기관의 수별로 각 1천만원 한도 내에서 공제
유형재산 평가에 대한 감정수수료	5백만원 한도로 공제

3. 합산배제증여재산의 과세표준계산

다음의 합산배제증여재산은 과세표준계산은 증여재산가액에서 3천만원을 공제한 금액으로 한다(상증법 §55 ① 〈3〉).

① 재산취득 후 해당 재산가치 증가에 따른 이익(상증법 §31 ①)

② 전환사채 등에 의하여 주식으로의 전환·교환 또는 주식의 인수를 하거나 전환사채 등을 양도함으로써 얻은 이익(상증법 §40 ①)

③ 주식 등의 상장 등에 따른 이익(상증법 §41의3)

④ 합병에 따른 상장 등 이익(상증법 §41의5)

⑤ 재산 취득 후 재산가치 증가에 따른 이익(상증법 §42의3)

Ⅱ 과세최저한

증여세 과세표준이 50만원 미만인 때에는 증여세가 부과되지 않는다.

Ⅲ 산출세액

납부할 증여세액 = 산출세액(증여세 과세표준 × 세율)
+ 세대생략(직계비속) 증여세 할증세액
− 세액공제

1. 세율

증여세 산출세액은 증여세 과세표준에 다음의 세율을 적용하여 계산한 금액으로 한다.

과세표준	세율	누진공제액
1억원 이하	10%	-
5억원 이하	20%	1천만원
10억원 이하	30%	6천만원
30억원 이하	40%	1.6억원
30억원 초과	50%	4.6억원

Q 사례 증여세 과세표준이 2.5억원인 경우 증여세 산출세액 계산

풀이

(2.5억원 × 20%) - 10,000,000원 = 40,000,000원

2. 직계비속에 대한 증여세 할증과세

직계비속에 대한 증여의 할증과세는 조부가 손자에게 증여하는 것이 증여자와 수증자 사이에 2대 이상의 차이가 있는 증여를 말하는 것이며, 증여자의 자가 부담하여야 할 한 번의 증여세를 회피하는 결과가 되기 때문에 세대생략증여에 대하여 할증과세가 도입된 것이다.

수증자의 부모를 제외한 직계존속으로부터 증여재산가액에 대한 증여세계산은 증여세 산출세액에 30%(피상속인의 자녀를 제외한 직계비속인 미성년자인 경우로서 증여재산가액이 20억원 초과 : 40%)에 상당하는 금액을 가산한다(세대생략 증여세 할증세액). 단, 증여자의 최근친인 직계비속이 사망하여 그 사망자의 최근친인 직계비속(대습상속)이 증여받은 경우에는 증여세를 할증하여 과세하지 않는다.

세대생략 증여세 할증과세액 =

$$\text{증여세 산출세액} \times \frac{\text{수증자 부모외 직계존속 증여재산가액}}{\text{증여재산가액}} \times 30\%(\text{또는 } 40\%) - \text{기 할증과세된 증여세액*}$$

* 기 할증과세된 증여세액이 큰 경우에는 "0"으로 한다.

사례 직계비속에 대한 증여(제1차 · 제2차) 세대생략가산액 계산과 서식작성

다음 자료에 의하여 김동일씨(손자)는 직계존속(조부)인 김형성씨로부터 1차・2차에 걸쳐 비상장주식을 증여받은 경우 증여합산으로 인한 증여세 산출세액 계를 계산하고, 1차・2차분의 증여세 과세표준신고 및 자진납부 계산서 [상증법 시행규칙 별지 제10호 서식]을 작성하여라.

구 분	제1차 증여	제2차 증여
① 증여일	2019.2.25.	2019.6.20.
② 증여재산가액(평가액)	2억원	5억원
③ 증여재산 가산		2억원(제1차 증여분)
④ 증여재산공제	5천만원	5천만원
⑤ 합산과세표준(②+③-④)	1.5억원	6.5억원

풀이

직계존속(조부)으로부터 1차・2차에 걸쳐 증여받은 경우 2차 증여시(증여합산) 증여세 산출세액은 다음과 같다.

구 분	제1차 증여	제2차 증여
① 증여일	2019.2.25.	2019.6.20.
② 증여재산가액	2억원	5억원
③ 증여재산 가산	-	2억원(제1차 증여분) : ②란
④ 증여재산공제	5천만원	5천만원
⑤ 합산과세표준(②+③-④)	1.5억원	6.5억원
⑥ 세율	20%	30%
⑦ 산출세액	(1.5억원 × 20%) - 1천만원 = 2천만원	(6.5억원 × 30%) - 3천만원 = 165,000,000원

구 분	제1차 증여	제2차 증여
⑧ 할증과세액(⑦×30%)	2천만원 × 30% = 6백만원	165,000,000원 × 30% = 49,500,000원
⑨ 기할증과세액	-	6백만원(제1차 증여분:⑧)
⑩ 할증과세액 공제한도액	-	38,076,923원*
⑪ 차감할 기할증과세액 (MIN : ⑨,⑩)	-	6백만원
⑫ 추가 할증액(⑧-⑪)	6백만원	43,500,000원
⑬ 산출세액 계(⑦+⑫)	26,000,000원	208,500,000원

* 2차분의 "⑩ 할증과세액 공제한도액"의 계산은 다음과 같다(Ⅳ. 세액공제 참조).

$$\text{할증과세액 공제한도액} = \text{산출세액} \times \frac{\text{가산한 증여재산의 과세표준}}{\text{합산증여재산의 과세표준}} \times 30\%$$

$$\text{할증과세액 공제한도액} = 165{,}000{,}000\text{원} \times \frac{150{,}000{,}000\text{원}}{650{,}000{,}000\text{원}} = 38{,}076{,}923\text{원}$$

[별지 제10호 서식] (2018.3.19. 개정)

관리번호	-

증여세 과세표준신고 및 자진납부계산서
(기본세율 적용 증여재산 신고용)

[√]기한 내 신고 [ ]수정신고 [ ]기한 후 신고

※ 뒤쪽의 작성방법을 읽고 작성하시기 바랍니다. (앞쪽)

구분	항목	내용	항목	내용	항목	내용
수증자	①성명	김동일	②주민등록번호		③거주구분	[√] 거주자 [ ]비거주자
	④주소				⑤전자우편주소	
	⑥전화번호	(자택)		(휴대전화)	⑦증여자와의 관계	손자
증여자	⑧성명	김형성	⑨주민등록번호		⑩증여일자	2019. 2. 25. (제1차)
	⑪주소				⑫전화번호	(자택) (휴대전화)
세무대리인	⑬성명		⑭사업자등록번호		⑮관리번호	
	⑯전화번호	(사무실)		(휴대전화)		

증여재산

⑰재산구분코드	⑱재산종류	⑲지목 또는 건물·재산종류	⑳ 소재지·법인명 등: 국외자산 여부	국외재산 국가명	소재지·법인명 등	㉑수량(면적)	㉒단가	㉓금액
xx	xx	xx	[ ]여 [√]부		xx			200,000,000
			[ ]여 [√]부					
			[ ]여 [√]부					
계								200,000,000

구분		금액	구분		금액
㉔ 증여재산가액		200,000,000	세액공제	㊹세액공제 합계(㊺+㊻+㊼+㊽)	xxx
㉕ 비과세재산가액				㊺기납부세액(「상속세 및 증여세법」 제58조)	
과세가액 불산입	㉖ 공익법인 출연재산가액(「상속세 및 증여세법」 제48조)			㊻외국납부세액공제(「상속세 및 증여세법」 제59조)	
	㉗ 공익신탁 재산가액(「상속세 및 증여세법」 제52조)			㊼신고세액공제(「상속세 및 증여세법」 제69조)	xxx
	㉘ 장애인 신탁재산가액(「상속세 및 증여세법」 제52조의2)			㊽그 밖의 공제·감면세액	
㉙ 채무액			㊾ 신고불성실가산세		
㉚ 증여재산가산액(「상속세 및 증여세법」 제47조 제2항)			㊿ 납부불성실가산세		
㉛ 증여세과세가액(㉔-㉕-㉖-㉗-㉘-㉙+㉚)			(51) 공익법인 등 관련 가산세(「상속세 및 증여세법」 제78조)		
증여재산공제	㉜ 배우자		(52) 자진납부할 세액(합계액)(㊶+㊷-㊸-㊹+㊾+㊿+(51))		xxx
	㉝ 직계존비속	50,000,000	납부방법		납부 및 신청일
	㉞ 그 밖의 친족		(53)연부연납		
㉟ 재해손실공제(「상속세 및 증여세법」 제54조)			현금	(54)분납	
㊱ 감정평가수수료				(55)신고납부	
㊲ 과세표준(㉛-㉜-㉝-㉞-㉟-㊱)		150,000,000	「상속세 및 증여세법」 제68조 및 같은 법 시행령 제65조 제1항에 따라 증여세의 과세가액 및 과세표준을 신고하며, **위 내용을 충분히 검토하였고 신고인이 알고 있는 사실을 그대로 적었음을 확인합니다.** 2019년 5월 31일 신고인 김동일 (서명 또는 인)		
㊳ 세율		20%			
㊴ 산출세액		20,000,000			
㊵ 세대생략가산액(「상속세 및 증여세법」 제57조)		6,000,000			
㊶ 산출세액계(㊴+㊵)		26,000,000	세무대리인은 조세전문자격자로서 위 신고서를 성실하고 공정하게 작성하였음을 확인합니다. 세무대리인 (서명 또는 인)		
㊷ 이자상당액					
㊸ 박물관자료 등 징수유예세액			**세무서장** 귀하		

신청(신고)인 제출서류	1. 증여재산 및 평가명세서(부표) 1부 2. 채무사실 등 그 밖의 증명서류 1부 3. 증여자 및 수증자 관계를 알 수 있는 가족관계등록부 1부	수수료
담당공무원 확인사항	주민등록표등본	없음

행정정보 공동이용 동의서

본인은 이 건 업무처리와 관련하여 담당 공무원이 「전자정부법」 제36조 제1항에 따른 행정정보의 공동이용을 통하여 위의 담당 공무원 확인 사항을 확인하는 것에 동의합니다. * 동의하지 않는 경우에는 신청인이 직접 관련 서류를 제출하여야 합니다.

신청인 (서명 또는 인)

210mm×297mm[백상지 80g/㎡(재활용품)]

[별지 제10호 서식] (2018.3.19. 개정)

관리번호	-

증여세 과세표준신고 및 자진납부계산서 (기본세율 적용 증여재산 신고용)

[√]기한 내 신고 [ ]수정신고 [ ]기한 후 신고

※ 뒤쪽의 작성방법을 읽고 작성하시기 바랍니다. (앞쪽)

수증자	①성명	김동일	②주민등록번호		③거주구분	[√] 거주자 [ ]비거주자
	④주소				⑤전자우편주소	
	⑥전화번호	(자택)	(휴대전화)		⑦증여자와의 관계	손자
증여자	⑧성명	김형섭	⑨주민등록번호		⑩증여일자	2019.6.20.(제2차)
	⑪주소				⑫전화번호	(자택) (휴대전화)
세무대리인	⑬성명		⑭사업자등록번호		⑮관리번호	
	⑯전화번호	(사무실)	(휴대전화)			

증여재산

⑰재산구분코드	⑱재산종류	⑲지목 또는 건물·재산종류	⑳ 소재지·법인명 등: 국외자산여부	국외재산국가명		㉑수량(면적)	㉒단가	㉓금액
×××	×××	×××	[ ]여 [√]부		×××			500,000,000
			[ ]여 [√]부					
			[ ]여 [√]부					
계								500,000,000

구분		금액	구분		금액
㉔ 증여재산가액		500,000,000	세액공제	㊹세액공제 합계(㊺+㊻+㊼+㊽)	
㉕ 비과세재산가액				㊺기납부세액(「상속세 및 증여세법」 제58조)	
과세가액불산입	㉖공익법인 출연재산가액(「상속세 및 증여세법」 제48조)			㊻외국납부세액공제(「상속세 및 증여세법」 제59조)	
	㉗공익신탁 재산가액(「상속세 및 증여세법」 제52조)			㊼신고세액공제(「상속세 및 증여세법」 제69조)	×××
	㉘장애인 신탁재산가액(「상속세 및 증여세법」 제52조의2)			㊽그 밖의 공제·감면세액	
㉙ 채무액			㊾ 신고불성실가산세		
㉚ 증여재산가산액(「상속세 및 증여세법」 제47조 제2항)		200,000,000	㊿ 납부불성실가산세		
㉛ 증여세과세가액(㉔-㉕-㉖-㉗-㉘-㉙+㉚)		700,000,000	51 공익법인 등 관련 가산세(「상속세 및 증여세법」 제78조)		
증여재산공제	㉜배우자		52 자진납부할 세액(합계액)(㊶+㊷-㊸-㊹+㊾+㊿+51)		×××
	㉝직계존비속	50,000,000	납부방법	납부 및 신청일	
	㉞그 밖의 친족		현금	53연부연납	
㉟ 재해손실공제(「상속세 및 증여세법」 제54조)				54분납	
㊱ 감정평가수수료				55신고납부	
㊲ 과세표준(㉛-㉜-㉝-㉞-㉟-㊱)		650,000,000			
㊳ 세율		30%			
㊴ 산출세액		165,000,000			
㊵ 세대생략가산액(「상속세 및 증여세법」 제57조)		43,500,000			
㊶ 산출세액계(㊴+㊵)		208,500,000			
㊷ 이자상당액					
㊸ 박물관자료 등 징수유예세액					

「상속세 및 증여세법」 제68조 및 같은 법 시행령 제65조 제1항에 따라 증여세의 과세가액 및 과세표준을 신고하며, **위 내용을 충분히 검토하였고 신고인이 알고 있는 사실을 그대로 적었음을 확인합니다.**

2019년 9월 30일

신고인 김동일 (서명 또는 인)

세무대리인은 조세전문자격자로서 위 신고서를 성실하고 공정하게 작성하였음을 확인합니다.

세무대리인 (서명 또는 인)

세무서장 귀하

신청(신고)인 제출서류	1. 증여재산 및 평가명세서(부표) 1부 2. 채무사실 등 그 밖의 증명서류 1부 3. 증여자 및 수증자 관계를 알 수 있는 가족관계등록부 1부	수수료
담당공무원 확인사항	주민등록표등본	없음

행정정보 공동이용 동의서

본인은 이 건 업무처리와 관련하여 담당 공무원이 「전자정부법」 제36조 제1항에 따른 행정정보의 공동이용을 통하여 위의 담당 공무원 확인 사항을 확인하는 것에 동의합니다. * 동의하지 않는 경우에는 신청인이 직접 관련 서류를 제출하여야 합니다.

신청인 (서명 또는 인)

210mm×297mm[백상지 80g/㎡(재활용품)]

Ⅳ 세액공제

산출세액 = 과세표준 × 세율
자진납부할 세액 = 산출세액 − 세액공제(납부세액공제, 외국납부세액공제, 신고세액공제)

1. 납부세액공제

분할증여에 따른 조세회피를 방지하기 위하여 해당 증여일 전 10년 이내에 동일인으로부터 받은 증여재산가액(증여재산공제를 하기 전 금액)을 합친 금액이 1천만원 이상이 되어 증여세 과세가액에 가산한 경우에는 재차 증여시점마다 증여세액을 계산하여 납부하여야 한다.

따라서 증여세 과세가액에 가산하는 증여재산가액(둘 이상의 증여가 있는 경우 그 가액의 합계액)에 대하여 납부하였거나 납부할 증여세액(증여당시 해당 증여재산에 대한 증여세 산출세액을 말한다)을 증여세 산출세액에서 공제하는 것을 말한다(상증법 §58).

이 경우 이중과세를 방지하기 위해서는 증여세 산출세액에서 공제하는 납부세액공제는 다음의 금액을 한도로 한다.

납부세액공제 = Min〔①, ②〕
① 가산한 증여재산에 대한 증여세 산출세액
② 공제한도액 ; 증여세 산출세액 $\times \dfrac{\text{가산한 증여재산에 대한 과세표준}}{\text{(당해 증여재산과 가산한 증여재산가액)의 합계액에 대한 과세표준}}$

증여세액은 증여당시 해당 증여재산에 대한 산출세액을 말한다. 따라서 국세부과의 제척기간의 만료로 인하여 증여세가 부과되지 아니하는 경우에는 납부세액공제를 적용하지 아니한다.

사례 증여세 납부세액공제액 계산

다음의 자료에 의해 증여세 납부세액공제액을 계산하여라.

① 1차 증여 ; 아버지가 2018.12.1에 아들에게 다음의 아파트를 부담부증여하였다.

㉠ 아파트 시가는 5억원이다.

㉡ 전세보증금 3.5억원을 아들이 인수하였다.

② 2차 증여 ; 아버지가 2019.3.1.에 아들에게 주식(평가액 : 4억원)을 증여하였다.

③ 2018.12.1. 전 10년 이내에 증여받은 재산은 없다.

풀이

❶ 제1차 증여분에 대한 증여세 산출세액 계산

① 증여세 과세가액 : 5억원 - 3.5억원(부채) = 1.5억원

② 증여세 과세표준 : 1.5억원 - 5천만원(증여재산공제) = 1억원

③ 증여세 산출세액 : 1억원 × 10% = 1천만원

❷ 제2차 증여시 증여세 납부세액공제액 계산

① 증여세 과세가액 : (5억원 - 3.5억원) + 4억원 = 5.5억원

② 증여세 과세표준 : 5.5억원 - 5천만원(증여재산공제) = 5억원

③ 증여세 산출세액 : (5억원 × 20%) - 1천만원 = 9천만원

④ 납부세액 공제액 : Min(㉠,㉡) = 1천만원

㉠ 기 납부증여세 산출세액 : 1천만원

㉡ 한도액 : $9천만원 \times \frac{5억원-3.5억원-5천만원}{(5억원-3.5억원)+4억원-5천만원} = 18,000,000원$

2. 외국납부세액공제

거주자가 외국에 소재한 재산을 타인으로부터 증여받은 경우로서 그 외국에 소재한 재산에 대하여 외국의 법령에 의하여 증여세를 부과받은 때에는 국내법에 의하여 또 증여세를 부과하게 되면 이중과세의 현상이 발생하므로 증여세 산출세액에서 외국에 납부한 세액을 공제한다.

따라서 외국에 있는 증여재산에 대하여 외국의 법령에 의하여 증여세를 부과받은 경우 그 부과받은 증여세를 다음의 금액을 한도로 증여세 산출세액에서 공제한다.

외국납부세액공제액 = Min〔①, ②〕

$$① \text{ 증여세 산출세액} \times \frac{\text{외국납부 증여세 과세표준}}{\text{총 증여세 과세표준}}$$

② 한도액 ; 외국의 법령에 의하여 부과된 증여세액

3. 신고세액공제

증여세 과세표준 신고기한 이내에 증여세 신고서를 제출하는 자에 대해서는 신고세액(산출세액)에서 다음과 같이 계산한 신고세액공제액을 신고세액에 포함된 증여세액공제, 외국납부세액공제, 단기재상속에 대한 세액공제 및 다른 법률에 따른 공제·감면금액을 공제한 금액의 3%(2018.1.1.부터 2018.12.31까지의 증여분은 5%)를 공제한다.

다만 증여세신고시 증여재산을 합산하여 신고하지 않은 경우에는 증여세신고를 법정기한 이내에 하였더라도 그 금액에 대하여는 신고세액공제를 적용하지 아니한다.

신고세액공제 = [증여세 산출세액 − 증여세 할증과세액 − 박물관자료의 징수유예액 − 외국납부세액공제 − 기납부세액공제] × 3%(2018.1.1.~ 2018.12.31. 까지의 증여분 ; 5%)

사례 1 직계비속에 대한 증여분(제1차 · 제2차) 세대생략가산액(할증과세), 신고세액공제 계산과 서식작성

다음 자료에 의하여 김동일씨(손자)는 직계존속(조부)인 김형성씨로부터 1차·2차에 걸쳐 증여받은 경우 증여합산에 대해 증여세 자진납부할 세액을 계산하고, 1차·2차분의 증여세 과세표준신고 및 자진납부계산서[상증법 시행규칙 별지 제10호 서식]를 작성하여라.

구 분	제1차 증여	제2차 증여
① 증여일	2019.1.25.	2019.6.20.
② 증여재산가액	2억원	5억원
③ 증여재산 가산		2억원(제1차 증여분: 2억원)
④ 증여재산공제	5천만원	5천만원
⑤ 합산과세표준(②+③-④)	1.5억원	6.5억원

풀이1

직계존속(조부)으로부터 1차·2차에 걸쳐 증여받은 경우 1차·2차(증여합산)에 대해 증여세 자진납부할 세액(세대생략 증여세 할증세액)은 다음과 같다.

구 분	제1차 증여	제2차 증여
① 증여일	2019.1.25.	2019.6.20.
② 증여재산가액	2억원	5억원
③ 증여재산 가산	-	2억원(제1차 증여분;②란)
④ 증여재산공제	5천만원	5천원
⑤ 합산과세표준(②+③-④)	1.5억원	6.5억원
⑥ 세율	20%	30%
⑦ 산출세액	(1.5억원 × 20%) - 1천만원 = 2천만원	(6.5억원×30%) - 3천만원 = 165,000,000원
⑧ 할증과세액(⑦×30%)	2천만원 × 30% = 6백만원	165,000,000원 × 30% = 49,500,000원
⑨ 기할증과세액	-	6,000,000원(제1차 증여;⑧란)
⑩ 할증과세액 공제한도액	-	11,423,076원*
⑪ 차감할 기할증과세액 (MIN ; ⑨,⑩)	-	6,000,000원
⑫ 추가 할증액(⑧-⑪)	6,000,000원	43,500,000원
⑬ 산출세액합계(⑦+⑫)	26,000,000원	208,500,000원
⑭ 가산한 증여세산출세액		2천만원(제1차 증여;⑦란)
⑮ 납부세액공제한도		38,076,923원**
⑯ 납부세액공제 Min(⑭,⑮)		20,000,000원
⑰ 신고세액공제(⑬-⑯)×3%	780,000원	5,655,000원
⑱ 자진납부 할 세액(⑬-⑯-⑰)	25,220,000원	182,845,000원

* 2차분의 "⑩ 할증과세액 공제한도액"의 계산은 다음과 같다.

$$\text{할증과세액 공제한도액} = \text{산출세액} \times \frac{\text{가산한 증여재산의 과세표준}}{\text{합산증여재산의 과세표준}} \times 30\%$$

$$\text{할증과세액 공제한도액} = 165{,}000{,}000\text{원} \times \frac{150{,}000{,}000\text{원}}{650{,}000{,}000\text{원}} \times 30\% = 11{,}423{,}076\text{원}$$

** 2차분의 "⑮ 납부세액 공제한도액"의 계산은 다음과 같다.

$$\text{납부세액 공제한도액} = \text{산출세액} \times \frac{\text{가산한 증여재산의 과세표준}}{\text{합산증여재산의 과세표준}}$$

$$\text{납부세액 공제한도액} = 165{,}000{,}000\text{원} \times \frac{150{,}000{,}000\text{원}}{650{,}000{,}000\text{원}} = 38{,}076{,}923\text{원}$$

[별지 제10호 서식] (2018.3.19. 개정)

관리번호	-

증여세 과세표준신고 및 자진납부계산서
(기본세율 적용 증여재산 신고용)

[√]기한 내 신고 [ ]수정신고 [ ]기한 후 신고

※ 뒤쪽의 작성방법을 읽고 작성하시기 바랍니다. (앞쪽)

구분	항목	내용	항목	내용	항목	내용
수증자	① 성명	김동일	② 주민등록번호		③ 거주구분	[√] 거주자 [ ]비거주자
	④ 주소				⑤ 전자우편주소	
	⑥ 전화번호	(자택)	(휴대전화)		⑦ 증여자와의 관계	손자
증여자	⑧ 성명	김형성	⑨ 주민등록번호		⑩ 증여일자	2019. 1. 25. (제1차)
	⑪ 주소				⑫ 전화번호	(자택) (휴대전화)
세무대리인	⑬ 성명		⑭ 사업자등록번호		⑮ 관리번호	
	⑯ 전화번호	(사무실)	(휴대전화)			

증여재산

⑰ 재산 구분 코드	⑱ 재산 종류	⑲ 지목 또는 건물·재산종류	⑳ 소재지·법인명 등: 국외자산 여부	국외재산 국가명		㉑ 수량 (면적)	㉒ 단가	㉓ 금액
xx	xx	xx	[ ]여 [√]부		xx			200,000,000
			[ ]여 [ ]부					
			[ ]여 [ ]부					
계								200,000,000

구분		금액
㉔ 증여재산가액		200,000,000
㉕ 비과세재산가액		
과세가액불산입	㉖ 공익법인 출연재산가액 (「상속세 및 증여세법」 제48조)	
	㉗ 공익신탁 재산가액 (「상속세 및 증여세법」 제52조)	
	㉘ 장애인 신탁재산가액 (「상속세 및 증여세법」 제52조의2)	
㉙ 채무		
㉚ 증여재산가산액 (「상속세 및 증여세법」 제47조 제2항)		
㉛ 증여세과세가액 (㉔ - ㉕ - ㉖ - ㉗ - ㉘ - ㉙ + ㉚)		
증여재산공제	㉜ 배우자	
	㉝ 직계존비속	50,000,000
	㉞ 그 밖의 친족	
㉟ 재해손실공제 (「상속세 및 증여세법」 제54조)		
㊱ 감정평가수수료		
㊲ 과세표준(㉛ - ㉜ - ㉝ - ㉞ - ㉟ - ㊱)		150,000,000
㊳ 세율		20%
㊴ 산출세액		20,000,000
㊵ 세대생략가산액 (「상속세 및 증여세법」 제57조)		6,000,000
㊶ 산출세액계(㊴ + ㊵)		26,000,000
㊷ 이자상당액		
㊸ 박물관자료 등 징수유예세액		

구분		금액
세액공제	㊹ 세액공제 합계 (㊺ + ㊻ + ㊼ + ㊽)	
	㊺ 기납부세액 (「상속세 및 증여세법」 제58조)	
	㊻ 외국납부세액공제 (「상속세 및 증여세법」 제59조)	
	㊼ 신고세액공제 (「상속세 및 증여세법」 제69조)	780,000
	㊽ 그 밖의 공제·감면세액	
㊾ 신고불성실가산세		
㊿ 납부불성실가산세		
51 공익법인 등 관련 가산세 (「상속세 및 증여세법」 제78조)		
52 자진납부할 세액(합계액) (㊶ + ㊷ - ㊸ - ㊹ + ㊾ + ㊿ + 51)		25,220,000
납부방법		납부 및 신청일
53 연부연납		
현금	54 분납	
	55 신고납부	

「상속세 및 증여세법」 제68조 및 같은 법 시행령 제65조 제1항에 따라 증여세의 과세가액 및 과세표준을 신고하며, **위 내용을 충분히 검토하였고 신고인이 알고 있는 사실을 그대로 적었음을 확인합니다.**

2019년 5월 31일

신 고 인 김동일 (서명 또는 인)

세무대리인은 조세전문자격자로서 위 신고서를 성실하고 공정하게 작성하였음을 확인합니다.

세무대리인 (서명 또는 인)

세무서장 귀하

신청(신고)인 제출서류	1. 증여재산 및 평가명세서(부표) 1부 2. 채무사실 등 그 밖의 증명서류 1부 3. 증여자 및 수증자 관계를 알 수 있는 가족관계등록부 1부	수수료
담당공무원 확인사항	주민등록표등본	없음

행정정보 공동이용 동의서

본인은 이 건 업무처리와 관련하여 담당 공무원이 「전자정부법」 제36조 제1항에 따른 행정정보의 공동이용을 통하여 위의 담당 공무원 확인 사항을 확인하는 것에 동의합니다. * 동의하지 않는 경우에는 신청인이 직접 관련 서류를 제출하여야 합니다.

신청인 (서명 또는 인)

210mm×297mm[백상지 80g/㎡(재활용품)]

[별지 제10호 서식] (2018.3.19. 개정)

증여세 과세표준신고 및 자진납부계산서 (기본세율 적용 증여재산 신고용)

관리번호	-

[√]기한 내 신고 [ ]수정신고 [ ]기한 후 신고

※ 뒤쪽의 작성방법을 읽고 작성하시기 바랍니다. (앞쪽)

수증자	① 성명	김동일	② 주민등록번호		③ 거주구분	[√] 거주자 [ ]비거주자
	④ 주소				⑤ 전자우편주소	
	⑥ 전화번호	(자택)	(휴대전화)		⑦ 증여자와의 관계	손자
증여자	⑧ 성명	김형성	⑨ 주민등록번호		⑩ 증여일자	2019.6.20. (제2차)
	⑪ 주소				⑫ 전화번호	(자택) (휴대전화)
세무대리인	⑬ 성명		⑭ 사업자등록번호		⑮ 관리번호	
	⑯ 전화번호	(사무실)	(휴대전화)			

증여재산

⑰ 재산구분코드	⑱ 재산종류	⑲ 지목 또는 건물·재산종류	⑳ 소재지·법인명 등: 국외자산 여부	국외재산 국가명		㉑ 수량(면적)	㉒ 단가	㉓ 금액
××	××	××	[ ]여 [√]부		××			500,000,000
			[ ]여 [ ]부					
			[ ]여 [ ]부					
					계			500,000,000

구분		금액	구분		금액
㉔ 증여재산가액		500,000,000	세액공제	㊹ 세액공제 합계 (㊺ + ㊻ + ㊼ + ㊽)	
㉕ 비과세재산가액				㊺ 기납부세액 (「상속세 및 증여세법」 제58조)	20,000,000
과세가액 불산입	㉖ 공익법인 출연재산가액 (「상속세 및 증여세법」 제48조)			㊻ 외국납부세액공제 (「상속세 및 증여세법」 제59조)	
	㉗ 공익신탁 재산가액 (「상속세 및 증여세법」 제52조)			㊼ 신고세액공제 (「상속세 및 증여세법」 제69조)	5,655,000
	㉘ 장애인 신탁재산가액 (「상속세 및 증여세법」 제52조의2)			㊽ 그 밖의 공제·감면세액	
㉙ 채무액			㊾ 신고불성실가산세		
㉚ 증여재산가산액 (「상속세 및 증여세법」 제47조 제2항)		200,000,000	㊿ 납부불성실가산세		
㉛ 증여세과세가액 (㉔ - ㉕ - ㉖ - ㉗ - ㉘ - ㉙ + ㉚)		700,000,000	51 공익법인 등 관련 가산세 (「상속세 및 증여세법」 제78조)		
증여재산공제	㉜ 배우자		52 자진납부할 세액(합계액) (㊶ + ㊷ - ㊸ - ㊹ + ㊾ + ㊿ + 51)		182,845,000
	㉝ 직계존비속	50,000,000	납부방법		납부 및 신청일
	㉞ 그 밖의 친족		53 연부연납		
㉟ 재해손실공제 (「상속세 및 증여세법」 제54조)			현금	54 분납	
㊱ 감정평가수수료				신고납부	
㊲ 과세표준(㉛ - ㉜ - ㉝ - ㉞ - ㉟ - ㊱)		650,000,000	「상속세 및 증여세법」 제68조 및 같은 법 시행령 제65조 제1항에 따라 증여세의 과세가액 및 과세표준을 신고하며, 위 내용을 충분히 검토하였고 신고인이 알고 있는 사실을 그대로 적었음을 확인합니다.		
㊳ 세율			2019년 9월 30일		
㊴ 산출세액		165,000,000	신고인 김동일 (서명 또는 인)		
㊵ 세대생략가산액 (「상속세 및 증여세법」 제57조)		43,500,000	세무대리인은 조세전문자격자로서 위 신고서를 성실하고 공정하게 작성하였음을 확인합니다.		
㊶ 산출세액계(㊴ + ㊵)		208,500,000	세무대리인 (서명 또는 인)		
㊷ 이자상당액					
㊸ 박물관자료 등 징수유예세액			**세무서장** 귀하		

신청(신고)인 제출서류	1. 증여재산 및 평가명세서(부표) 1부 2. 채무사실 등 그 밖의 증명서류 1부 3. 증여자 및 수증자 관계를 알 수 있는 가족관계등록부 1부	수수료 없음
담당공무원 확인사항	주민등록표등본	

행정정보 공동이용 동의서

본인은 이 건 업무처리와 관련하여 담당 공무원이 「전자정부법」 제36조 제1항에 따른 행정정보의 공동이용을 통하여 위의 담당 공무원 확인 사항을 확인하는 것에 동의합니다. * 동의하지 않는 경우에는 신청인이 직접 관련 서류를 제출하여야 합니다.

신청인 (서명 또는 인)

210mm×297mm[백상지 80g/㎡(재활용품)]

사례 2 일반 증여세신고시 증여세 계산

다음의 자료에 의해 자진납부할 증여세를 계산하여라.

① 1차분 : 김일남씨(부)가 2019.4.1.에 김성동씨(자)에게 다음의 아파트 1채를 부담부증여하였다.

㉠ 아파트 시가는 5억원이다.

㉡ 전세보증금 3.5억원을 김성동씨가 인수하였다.

② 2차분 : 김일남씨는 2019.3.1.에 김성동씨에게 주식(평가액 : 4억원)을 증여하였다.

③ 김성동씨는 2019.3.1. 전 10년 이내에 증여받은 재산이 없다.

풀이 2

❶ 1차분의 증여세 산출세액 계산

① 증여세 과세가액 : 5억원 − 3.5억원 = 1.5억원

② 증여세 과세표준 : 1.5억원 − 5천만원 = 1억원

③ 증여세 산출세액 : 1억원 × 10% = 1천만원

❷ 2차분의 증여세 납부세액공제액 계산

① 증여세 과세가액 : (5억원 − 3.5억원) + 4억원 = 5.5억원

② 증여세 과세표준 : 5.5억원 − 5천만원 = 5억원

③ 증여세 산출세액 : (5억원 × 20%) − 1천만원(④) = 9천만원

④ 납부세액공제액 : Min(㉠, ㉡)

㉠ 기 납부증여세 산출세액 : 1천만원

㉡ 한도액 : $9천만원 \times \frac{5억원-3.5억원-5천만원}{(5억원-3.5억원)+4억원-5천만원} = 18,000,000원$

❸ 2차분의 증여세신고시 자진납부할 세액계산

① 증여세 산출세액 : 90,000,000원

② 납부세액공제액 = 1천만원

③ 신고세액공제 : 9천만원 × 3% = 2,700,000원

④ 자진납부할 세액(①−②−③) :

90,000,000원 − 10,000,000원 − 2,700,000원 = 77,300,000원

사례 3 직계비속에 대한 세대생략가산액(할증과세) 계산과 서식작성

다음 자료에 의하여 직계존속(조부)으로부터 증여받은 재산에 대해 증여세 산출세액 및 신고세액공제액을 계산하고, 증여세 과세표준신고 및 자진납부 계산서[상증법 시

행규칙 별지 제10호 서식]를 작성하여라.

〈증여 현황〉

① 증여일자 ; 2019.1.25.

② 증여재산의 종류 ; 비상장법인주식

③ 증여주식의 현황

㉠ 증여받은 주식수 ; 20,000주

㉡ 증여당시 1주당 평가액 ; 12,500원(액면가액; 5,000원)

③ 2019.1.25. 전 10년 이내에 증여받은 자산은 없다.

④ 비상장주식에 대한 신용평가전문기관의 평가수수료 2곳 ; 20,000,000원(각각 10,000,000원)

〈증여자 및 수증자 인적 현황〉

① 증여자 ; 김동일(조부)

② 수증자 ; 김일남(손자)

풀이 3

❶ 증여재산가액

12,500원 × 20,000주 = 250,000,000원

❷ 과세표준

① 증여재산공제 ; 50,000,000원

② 평가수수료 ; 20,000,000원

③ 과세표준 ; 250,000,000원 − 50,000,000원 − 20,000,000원 = 180,000,000원

❸ 산출세액

10,000,000원 + (180,000,000원 − 100,000,000원) × 20% = 26,000,000원

❹ 세대생략가산액

26,000,000원 × 30% = 7,800,000원

❺ 신고세액공제

(26,000,000원+7,800,000원)× 3% = 1,014,000원

❻ 자진납부할 세액

(26,000,000원 + 7,800,000원) − 1,014,000원 = 32,786,000원

❼ 서식작성

[별지 제10호 서식] (2018.3.19. 개정)

관리번호	-

증여세 과세표준신고 및 자진납부계산서
(기본세율 적용 증여재산 신고용)

[√]기한 내 신고 [ ]수정신고 [ ]기한 후 신고

※ 뒤쪽의 작성방법을 읽고 작성하시기 바랍니다. (앞쪽)

구분	항목	내용	항목	내용	항목	내용
수증자	① 성명	김익남	② 주민등록번호	×××	③ 거주 구분	[√] 거주자 [ ]비거주자
	④ 주소	×××			⑤ 전자우편주소	
	⑥ 전화번호	(자택)		(휴대전화)	⑦ 증여자와의 관계	손자
증여자	⑧ 성명	김동일	⑨ 주민등록번호	×××	⑩ 증여일자	2019.1.25
	⑪ 주소	×××			⑫ 전화번호	(자택) (휴대전화)
세무대리인	⑬ 성명	×××	⑭ 사업자등록번호		⑮ 관리번호	
	⑯ 전화번호	(사무실)		(휴대전화)		

증여재산

⑰ 재산구분코드	⑱ 재산종류	⑲ 지목 또는 건물·재산종류	⑳ 소재지·법인명 등: 국외자산 여부	국외재산 국가명		㉑ 수량(면적)	㉒ 단가	㉓ 금액
A11	유가증권	비상장법인	[ ]여 [ ]부			20,000	12,500	250,000,000
			[ ]여 [ ]부					
			[ ]여 [ ]부					
계								250,000,000

구분		금액
㉔ 증여재산가액		250,000,000
㉕ 비과세재산가액		
과세가액 불산입	㉖ 공익법인 출연재산가액(「상속세 및 증여세법」 제48조)	
	㉗ 공익신탁 재산가액(「상속세 및 증여세법」 제52조)	
	㉘ 장애인 신탁재산가액(「상속세 및 증여세법」 제52조의2)	
㉙ 채무액		
㉚ 증여재산가산액(「상속세 및 증여세법」 제47조 제2항)		
㉛ 증여세과세가액(㉔ - ㉕ - ㉖ - ㉗ - ㉘ - ㉙ + ㉚)		250,000,000
증여재산 공제	㉜ 배우자	
	㉝ 직계존비속	50,000,000
	㉞ 그 밖의 친족	
㉟ 재해손실공제(「상속세 및 증여세법」 제54조)		
㊱ 감정평가수수료		20,000,000
㊲ 과세표준(㉛ - ㉜ - ㉝ - ㉞ - ㉟ - ㊱)		180,000,000
㊳ 세율		20%
㊴ 산출세액		26,000,000
㊵ 세대생략가산액(「상속세 및 증여세법」 제57조)		7,800,000
㊶ 산출세액계(㊴ + ㊵)		33,800,000
㊷ 이자상당액		
㊸ 박물관자료 등 징수유예세액		

구분		금액
세액공제	㊹ 세액공제 합계(㊺ + ㊻ + ㊼ + ㊽)	
	㊺ 기납부세액(「상속세 및 증여세법」 제58조)	
	㊻ 외국납부세액공제(「상속세 및 증여세법」 제59조)	
	㊼ 신고세액공제(「상속세 및 증여세법」 제69조)	1,014,000
	㊽ 그 밖의 공제·감면세액	
㊾ 신고불성실가산세		
㊿ 납부불성실가산세		
(51) 공익법인 등 관련 가산세(「상속세 및 증여세법」 제78조)		
(52) 자진납부할 세액(합계액)(㊶ + ㊷ - ㊸ - ㊹ + ㊾ + ㊿ + (51))		32,786,000
납부방법		납부 및 신청일
(53) 연부연납		
현금	(54) 분납	
	(55) 신고납부	

「상속세 및 증여세법」 제68조 및 같은 법 시행령 제65조 제1항에 따라 증여세의 과세가액 및 과세표준을 신고하며, **위 내용을 충분히 검토하였고 신고인이 알고 있는 사실을 그대로 적었음을 확인합니다.**

2019년 4월 30일

신고인 김익남 (서명 또는 인)

세무대리인은 조세전문자격자로서 위 신고서를 성실하고 공정하게 작성하였음을 확인합니다.

세무대리인 (서명 또는 인)

세무서장 귀하

신청(신고)인 제출서류	1. 증여재산 및 평가명세서(부표) 1부 2. 채무사실 등 그 밖의 증명서류 1부 3. 증여자 및 수증자 관계를 알 수 있는 가족관계등록부 1부	수수료 없음
담당공무원 확인사항	주민등록표등본	

행정정보 공동이용 동의서

본인은 이 건 업무처리와 관련하여 담당 공무원이 「전자정부법」 제36조 제1항에 따른 행정정보의 공동이용을 통하여 위의 담당 공무원 확인 사항을 확인하는 것에 동의합니다. * 동의하지 않는 경우에는 신청인이 직접 관련 서류를 제출하여야 합니다.

신청인 (서명 또는 인)

210mm×297mm[백상지 80g/㎡(재활용품)]

[별지 제10호 서식 부표] (2018.3.19. 개정)

관리번호	-

증여재산 및 평가명세서

※ 뒤쪽의 작성방법을 읽고 작성하시기 바랍니다. (앞쪽)

① 재산구분 코드	② 재산 종류	③ 지목 또는 건물·재산 종류	④ 소재지·법인명 등			⑤ 사업자 등록번호	⑥ 수량 (면적)	⑦ 단가	⑧ 평가가액	⑨ 평가 기준 코드
			국외자산 여부	국외재산 국가명						
A11	유가증권	비상장주식	[ ]여 [√]부				20,000주	12,500원	250,000,000	08
			[ ]여 [ ]부							
			[ ]여 [ ]부							
			[ ]여 [ ]부							
			[ ]여 [ ]부							
			[ ]여 [ ]부							
			[ ]여 [ ]부							
			[ ]여 [ ]부							
			[ ]여 [ ]부							
			[ ]여 [ ]부							

계				
	⑩ 증여재산가액		250,000,000	
	⑪ 비과세재산가액			
	과세가액 불산입액	⑫ 공익법인 출연재산가액		
		⑬ 공익신탁 재산가액		
		⑭ 장애인 신탁재산가액		
	⑮ 증여재산가산액			
	⑯ 합계		250,000,000	

첨부서류	증여재산 증명서류 [예: 주주(증권계좌)번호 및 잔고증명서, 예금통장 사본 등]	수수료 없음

210mm×297mm[백상지 80g/㎡(재활용품)]

제7절 창업자금 및 가업승계 주식에 대한 증여세 과세특례

Ⅰ 창업자금에 대한 증여세 과세특례

창업자금에 대한 증여세 과세특례는 18세 이상인 거주자가 창업지원대상업종을 영위하는 중소기업을 창업할 목적으로 60세 이상의 부모로부터 창업자금을 증여받은 경우 증여세 과세가액에서 5억원을 공제하고 일반적인 증여의 경우처럼 누진세율을 적용받지 않고 단일세율(10%)의 낮은 세율로 증여세를 과세하고, 증여한 부모가 사망한 때에는 증여당시의 가액을 상속재산가액에 가산하여 상속세로 정산하는 제도이다.

1. 증여세 과세특례 요건

(1) 개요

창업자금에 대한 증여세 과세특례는 다음의 요건을 모두 충족하는 경우에 적용받을 수 있다(조특법 §30의5).

① 수증자가 18세 이상의 거주자일 것

② 증여자가 60세 이상의 부모일 것. 증여 당시 부 또는 모가 사망한 경우에는 사망한 부 또는 모의 부모를 포함한다.

③ 증여재산이 양도소득세 과세대상이 아닌 재산

④ 증여받은 날부터 1년 이내에 중소기업을 창업하며, 증여받은 날부터 3년이 되는 날까지 창업자금을 모두 당해 목적에 사용할 것

⑤ 증여세 신고기한까지 증여세신고와 함께 「창업자금 특례신청 및 사용내역서」를 제출할 것

(2) 창업의 범위

창업자금을 증여받은 자는 증여받은 날로부터 1년 이내에 중소기업(조특법 §6 ③의 창업중소기업을 말함)을 창업하여야 한다. 여기서 창업이란 수증자인 거주자가 해당 중소기업을 새로 설립, 사업을 개시하는 것으로 실제로 독립적인 경영을 하는 것을 말한다(재산-369, 2012.10.9.).

그러나 다음에 해당하는 경우에는 창업으로 보지 아니한다. 이 경우 창업자금을 증여받아 창업을 한 자가 새로 창업자금을 증여받아 당초 창업한 사업과 관련하여 사용하는 경우에는 다음의 "④와 ⑤"에 대하여 과세특례를 배제하지 아니한다.

① 합병・분할・현물출자 또는 사업의 양수를 통하여 종전의 사업을 승계

② 종전의 사업에 사용되던 자산을 인수 또는 매입하여 같은 종류의 사업을 하는 경우

③ 거주자가 하던 사업을 법인으로 전환하여 새로운 법인을 설립하는 경우

④ 폐업 후 사업을 다시 개시하여 폐업 전의 사업과 같은 종류의 사업을 하는 경우

⑤ 다른 업종을 추가하는 등 새로운 사업을 최초로 개시하는 것으로 보기 곤란한 경우

▌창업의 범위

- 독립된 인적・물적 설비를 갖추어 신설법인을 새로이 설립한 것은 창업에 해당하지만 사업의 확장 등 새로운 사업을 최초로 개시하는 것으로 보기 곤란한 경우에는 창업에 해당하지 아니한다(대법원 2015두36317, 2015.6.1.).
- 프랜차이즈(맥도날드 사업)의 기존 가맹점 매장을 임차하여 가맹점사업자로 계약을 체결하고 동일업종을 영위하는 경우에는 「조세특례제한법」 제30조의5에 따른 창업자금에 대한 증여세 과세특례를 적용받을 수 있는 창업으로 보지 아니한다(상속증여 273-2013.6.26.).

(3) 창업자금의 범위

창업자금이란 증여를 통해 양도소득세를 회피하는 것을 방지하고자 양도소득세 과세대상 재산이 아닌 재산(현금)의 가액 중 창업에 직접 사용되는 다음에 해당하는 자금을 말한다.

① 사업용자산의 취득자금(감가상각자산을 말함)

② 사업장의 임차보증금(전세금을 포함함) 및 임차료 지급액

▌창업 후 해당 사업을 폐업하고 부동산임대업을 영위하는 경우

창업 후 해당 사업을 폐업하여 창업자금중소기업에 해당하지 않는 업종인 부동산임대업을 영위하는 경우에는 증여받은 창업자금(창업으로 인한 가치증가분을 포함)에

대하여 증여세를 부과한다(상속증여-576, 2013.10.14.).

▌창업 이후 대출금을 상환할 목적으로 창업자금을 증여받은 경우

중소기업을 창업한 이후에 본인의 증자대금에 사용된 금융기관 대출금을 상환할 목적으로 60세 이상의 부모로부터 증여받은 자금에 대해서는 창업자금에 대한 증여세 과세특례를 적용하지 아니한다(재산-434, 2012.12.3.).

▌창업자금에 대한 증여세로 납부하는 경우

창업자금을 증여받은 자가 창업자금에 대한 증여세를 창업자금으로 납부하는 경우 증여세 납부세액 상당액은 해당 사업용도 외의 용도로 사용된 창업자금에 해당한다(재산-361, 2011.7.28.).

(4) 창업자금에 대한 증여세 과세특례 대상 업종

창업자금에 대한 증여세 과세특례를 적용받는 대상 중소기업은 광업, 제조업, 건설업, 음식점업, 출판업, 영상·오디오 기록물 제작 및 배급업(비디오물 감상실 운영업은 제외), 방송업, 전기통신업, 컴퓨터 프로그래밍, 시스템통합 및 관리업, 정보서비스업(뉴스제공업은 제외), 연구개발업, 광고업, 그 밖의 과학기술서비스업, 전문디자인업, 전시·컨벤션 및 행사대행업, 창작 및 예술관련 서비스업(자영예술가는 제외), 엔지니어링사업, 물류산업, 직업기술분야학원, 직업능력개발훈련시설운영업(직업능력개발훈련을 주된 사업으로 하는 경우에 한함), 관광숙박업, 국제회의업, 유원시설업 및 관광객이용시설업, 노인복지시설운영업, 전시산업 인력공급 및 고용알선업(농업노동자 공급업을 포함), 건물 및 산업설비 청소업, 경비 및 경호 서비스업, 시장조사 및 여론조사업, 사회복지 서비스업, 보안시스템 서비스업, 통신판매업, 개인 및 소비용품 수리업, 이용 및 미용업을 영위하는 기업을 말하며, 조특법에 특별한 규정이 있는 경우를 제외하고는 통계법(§22)의 규정에 의하여 통계청장이 고시하는 한국표준산업분류에 의한다.

▌업종의 분류

업종의 분류는 같은법에 특별한 규정이 있는 경우를 제외하고는 통계청장이 고시하는 한국표준산업분류에 의한다(서면-2018-상속증여-2112, 2019.2.11.).

2. 증여세 과세특례 내용

증여세 과세특례가 적용되는 창업자금에 대한 증여가액(30억원 또는 50억원)에서 증여재산공제(상증법 §53)에 불구하고 5억원을 공제한 금액에 10%의 낮은 세율로 증여세를 과세한다. 이 경우 과세특례를 적용받을 수 있는 증여재산은 30억원(창업을 통해 10명 이상을 신규 고용한 경우에는 50억원)을 한도로 하며, 30억원 또는 50억원을 초과하는 금액에 대해서는 누진세율(10%~50%)을 적용하여 증여세를 부과한다.

이 경우 창업자금을 2회 이상 증여받거나 부모로부터 각각 증여받는 경우에는 각각의 증여세 과세가액을 합산하여 적용한다.

$$\text{창업자금에 대한 증여세 산출세액} = \left[\begin{array}{c}\text{창업자금에 대한 증여가액} \\ \text{(30억원 또는 50억원 한도)}\end{array} - \text{5억원} \right] \times 10\%$$

사례 창업자금에 대한 증여세 과세특례

창업자금에 대한 증여가액이 34억원(창업 신규 고용인 9명)인 경우 증여세 산출세액은 얼마인가?

풀이

① 창업자금에 대한 증여세 산출세액 :
(30억원 - 5억원) × 10% = 2.5억원

② 30억원 초과분(4억원=34억원 - 30억원)에 대한 증여세 산출세액 :
1천만원 + (4억원 - 1억원) × 20% = 7천만원

③ 증여세 산출세액 : 2.2억원 + 7천만원 = 2.9억원

(1) 중복 과세특례 적용배제

창업자금에 대한 증여세 과세특례(조특법 §30의5)를 적용받는 자는 가업의 승계에 대한 증여세 과세특례(조특법 §30의6)를 적용받을 수 없다.

(2) 동일인으로부터 증여받은 증여재산합산과세 배제

일반적으로 증여세를 과세함에 있어서 동일인으로부터 여러 차례에 걸쳐 증여를 받

게 되면 재차증여에 따른 합산과세(상증법 §47 ②)하는 것이 원칙이다. 이 규정에도 불구하고 창업자금에 대한 증여세 과세특례를 적용받는 자가 동일인(그 배우자 포함)으로부터 가업승계 주식 외의 재산을 증여받는 경우에는 재차증여에 대한 합산규정을 적용하지 아니한다.

이는 동일한 창업자금의 증여재산에 대해서만 합산하는 것을 말한다.

▌창업자금을 2회 이상 증여받는 경우에는 각각의 증여세 과세가액을 합산하여 적용한다

창업자금을 2회 이상 증여받거나 부모로부터 각각 증여받는 경우에는 각각의 증여세 과세가액을 합산하여 적용하는 것이며, 창업자금을 증여받아 창업을 한 자가 새로이 창업자금을 증여받아 1년 이내에 당초 창업한 사업과 관련하여 사용하는 경우에는 동 특례규정이 적용된다(재산-345, 2011.7.19.).

(3) 증여자가 사망한 경우 상속세 과세가액계산

증여한 부모가 사망한 경우에는 증여당시의 가액을 상속재산가액에 가산하여 상속세로 정산하여 과세한다. 이 경우 창업자금은 증여받은 날부터 상속개시일까지의 기간(10년)에 관계없이 상속세 과세가액에 가산한다.

그리고 창업자금에 대하여 증여세 과세특례를 적용한 증여세액은 상속세 산출세액에서 공제하며, 증여세액 공제한도액 적용을 배제한다.

만일 공제할 증여세액이 상속세 산출세액보다 많을 경우에는 그 차액에 상당하는 증여세액은 환급하지 아니한다.

(4) 신고세액공제 및 연부연납 배제

창업자금에 대한 증여세 과세표준신고서를 제출한 경우에도 해당 증여세액에 대하여 신고세액공제와 연부연납을 적용하지 아니한다.

(5) 상속세 계산시 증여세액공제 방법

창업자금에 대하여 증여세 과세특례를 적용한 증여세액에 대하여 증여세액공제를 적용하는 경우에는 상속세 산출세액에서 해당 창업자금에 대한 증여세액을 공제하며(증여세액 공제한도액 적용배제), 공제할 증여세액이 상속세 산출세액보다 많은 경우 그 차액에 상당하는 증여세액은 환급하지 아니한다.

3. 사후관리

(1) 창업자금사용명세 제출의무

창업자금을 증여받은 자가 해당 창입자금을 증여받은 날부터 1년 이내에 창업하는 경우에는 다음에 해당하는 날에 창업자금사용명세(증여받은 창업자금이 30억원을 초과하는 경우 고용명세 포함)를 증여세 납세지 관할세무서장에게 제출하여야 한다.

① 창업일이 속하는 달의 다음 달 말일

② 창업일이 속하는 과세연도부터 4년 이내의 과세연도(창업자금을 모두 사용한 경우에는 그날이 속하는 과세연도)까지 매 과세연도의 과세표준신고기한

(2) 창업자금사용명세서 미제출시 가산세 부과

창업자금사용명세를 제출하지 아니하거나 제출된 창업자금사용명세가 분명하지 아니한 경우에는 그 미제출분 또는 불분명한 부분의 금액에 1천분의 3을 곱하여 산출한 금액을 창업자금사용명세서 미제출가산세로 부과한다.

(3) 증여세 추징

❶ 추징사유

창업자금을 증여받은 경우로서 다음에 해당하는 경우에는 다음 각각의 금액에 대하여 증여세와 상속세를 각각 부과한다.

① 증여받은 날부터 1년 이내에 창업하지 아니한 경우 → 창업자금

② 창업자금으로 창업자금중소기업 외의 업종을 영위하는 경우 → 창업자금중소기업 외의 업종에 사용된 창업자금

③ 새로 증여받은 창업자금을 목적에 따라 사용하지 아니한 경우 → 해당 목적에 사용되지 아니한 창업자금

④ 창업자금을 증여받은 날부터 3년이 되는 날까지 모두 해당 목적에 사용하지 아니

한 경우 → 해당 목적에 사용되지 아니한 창업자금

⑤ 증여받은 후 10년 이내에 창업자금 등을 해당 사업용도 외의 용도로 사용한 경우 → 당해 사업용도 외의 용도로 사용된 창업자금 등

⑥ 창업 후 10년 이내에 수증자가 사망하거나 해당 사업을 폐업하거나 휴업(실질적 휴업을 포함)한 경우

▌그러나 수증자의 사망인 경우로서 다음에 해당하는 경우를 제외한다.

① 수증자가 창업자금을 증여받고 창업하기 전에 사망한 경우로서 수증자의 상속인이 당초 수증자의 지위를 승계하여 창업하는 경우

② 수증자가 창업자금을 증여받고 창업한 후 창업목적에 사용하기 전에 사망한 경우로서 수증자의 상속인이 당초 수증자의 지위를 승계하여 창업하는 경우

③ 수증자가 창업자금을 증여받고 창업을 완료한 후 사망한 경우로서 수증자의 상속인이 당초 수증자의 지위를 승계하여 창업하는 경우

▌또한 당해 사업을 폐업하거나 휴업(실질적 휴업을 포함)한 경우로서 다음에 해당하는 사유로 폐업하거나 휴업하는 경우를 제외한다.

① 부채가 자산을 초과하여 폐업하는 경우

② 최초 창업 이후 영업상 필요 또는 사업전환을 위하여 1회에 한하여 2년(폐업의 경우에는 폐업 후 다시 개업할 때까지 2년) 이내의 기간 동안 휴업하거나 폐업하는 경우(휴업 또는 폐업 중 어느 하나에 한한다)

⑦ 증여받은 창업자금이 30억원을 초과하는 경우로서 창업한 날이 속하는 과세연도의 종료일부터 5년 이내에 각 과세연도의 근로자 수가 다음 계산식에 따라 계산한 수보다 적은 경우 → 30억원을 초과하는 창업자금. 이 경우 근로자는 상시근로자를 말하며, 근로자 수는 해당 과세연도의 매월 말일 현재의 인원을 합하여 해당 월수로 나눈 인원을 기준으로 계산한다.

창업한 날의 근로자 수 – (창업을 통하여 신규 고용한 인원 수 – 10명)

❷ 이자상당액 계산

창업자금을 증여받은 후 추징사유가 발생하여 상증법에 따라 증여세와 상속세가 과세되는 경우 다음의 이자상당액을 그 부과하는 증여세에 가산하여 부과한다.

이자상당액 = 추징대상금액에 대한 결정 증여세액 × (증여세의 과세표준 신고기한의 다음 날부터 추징사유가 발생한 날까지의 기간) × 1일 3/10,000

(4) 증여세 추징배제

창업자금에 대한 증여세 추징이 배제되는 사유는 다음과 같다.

① 수증자가 창업자금을 증여받고 창업 전에 사망한 경우로서 수증자의 상속인이 당초 수증자의 지위를 승계하여 창업하는 경우

② 수증자가 창업자금을 증여받고 창업한 후 창업목적에 사용하기 전에 사망한 경우로서 수증자의 상속인이 당초 수증자의 지위를 승계하여 창업하는 경우

③ 수증자가 창업자금을 증여받고 창업을 완료한 후 사망한 경우로서 수증자의 상속인이 당초 수증자의 지위를 승계하여 창업하는 경우

④ 부채가 자산을 초과하여 폐업하는 경우

⑤ 최초 창업 이후 영업상 필요 또는 사업전환을 위하여 1회에 한하여 2년(폐업의 경우에는 폐업 후 다시 개업할 때까지 2년) 이내의 기간 동안 휴업하거나 폐업하는 경우(휴업 또는 폐업 중 어느 하나에 한한다)

▌증여받은 자금으로 공동사업을 창업한 후 폐업하는 경우 창업자금에 대한 증여세 과세특례 사후관리

2개의 공동사업을 창업한 후 공동사업의 지분을 정리하여 단독사업으로 한 뒤 그 사업을 폐업하는 것은 2회 이상 폐업에 해당하므로 증여세 추징사유에 해당한다(서면법규-528, 2013.5.9.).

▌창업을 한 자가 새로 창업자금을 증여받아 그 자금으로 증자를 하는 경우 창업자금 증여세 과세특례 적용 여부

창업자금을 증여받아 1년 이내에 창업을 한 자가 새로 창업자금을 증여받아 그 자금으로 증자를 하여 당초 창업자금중소기업의 사업과 관련하여 사용하는 경우에도 창

업자금에 대한 증여세 과세특례를 적용받을 수 있다(재산-247, 2012.7.4.).

▍창업 후 기계장치 취득에 사용할 목적으로 증여받은 자금에 대한 창업자금에 대한 증여세 과세특례 적용여부

중소기업을 창업(개인사업자로 납세지 관할 세무서장에게 사업자등록하는 것을 말함)한 후에 60세 이상의 부모로부터 증여받은 자금에 대해서는 그 자금을 사업에 필요한 기계장치의 취득자금으로 사용하였다 하더라도 창업자금에 대한 증여세 과세특례를 적용하지 아니한다(재산-446, 2012.12.10.).

4. 특례신청

창업자금에 대한 증여세 과세특례를 적용받고자 하는 자는 증여세 과세표준신고와 함께 창업자금 특례신청서 및 사용내역서를 납세지 관할세무서장에게 제출하여야 하며, 그 신고기한까지 특례신청을 하지 아니한 경우에는 이 특례규정을 적용하지 아니한다(조특칙 §61 ① 〈12의6〉).

Ⅱ 가업승계 주식의 증여세 과세특례

가업요건을 갖춘 중소기업 등의 가업승계 목적으로 증여받은 주식에 대한 증여세 과세특례는 중소·중견기업의 경영자가 생전에 자녀에게 사전상속을 함으로써 그 기업의 영속성을 유지·발전 및 경제활력의 증진을 도모하기 위해 도입된 제도로서 일반적인 증여의 경우 적용하는 누진세율을 적용받지 않고 단일세율(10% 또는 20%)의 저율로 증여세를 과세한다.

여기서 가업이란 가업상속공제를 적용받는 중소·중견기업의 해당 업종을 주된 사업(조특령 별표)으로 영위하는 가업을 말하며, 중소·중견 법인기업의 주식에 대해서만 적용한다.

1. 증여세 과세특례 요건

가업의 승계를 목적으로 증여받은 주식(출자지분 포함)에 대한 증여세 과세특례는 다음의 요건을 모두 충족하는 경우에 적용받을 수 있다. 다만 가업승계 후 가업의 승계

당시 해당 최대주주(최대출자자 포함)에 해당하는 자(가업의 승계 당시 해당 주식을 증여받는 자는 제외)로부터 증여받는 경우에는 제외한다(조특법 §30의6).

구 분	요 건
증여자	① 증여일 현재 중소기업의 가업을 10년 이상 경영한 60세 이상의 부모(증여당시 사망한 경우에는 그 부모의 부모를 포함)일 것 ② 증여자인 부모가 특수관계인의 주식을 합하여 발행주식총수의 50%(상장법인은 30%) 이상의 주식을 소유할 것(재산-2390, 2008.8.22.)
수증자	① 증여일 현재 18세 이상인 자녀로서 거주자일 것 ② 가업 주식을 증여받은 수증자 또는 그 배우자가 증여세 신고기한까지 가업에 종사하고 증여일로부터 5년 이내에 대표이사로 취임할 것 ③ 최대주주의 1인에 대해서만 적용 ④ 수증자가 해당 가업의 승계를 목적으로 주식을 증여받을 것 ⑤ 증여세 신고기한까지 증여세신고와 함께 「가업주식 등 증여세 과세특례신청서」를 제출할 것

2. 증여세 특례계산 내용

(1) 증여세 계산

가업의 승계를 목적으로 주식을 증여받은 과세특례대상 주식에 대하여는 증여재산공제(상증법 §53) 및 증여세율(상증법 §56)의 규정에 불구하고 그 주식의 가액 중 가업자산상당액에 대한 증여세 과세가액(100억원 한도)에서 증여재산공제와 기본세율에 관계없이 5억원을 공제한 금액에 10%(과세표준 30억원 초과금액은 20%)의 낮은 세율을 적용하여 증여세를 부과한다.

$$\text{증여세 산출세액} = \left[\begin{array}{c}\text{가업자산상당액에 대한 증여세}\\ \text{과세가액(100억원 한도)}\end{array} - \text{5억원}\right] \times \begin{array}{c}\text{10\%(과세표준 30억원}\\ \text{초과분 20\%)}\end{array}$$

$$\text{가업자산상당액} = \begin{array}{c}\text{가업에 해당하는}\\ \text{법인의 주식가액}\end{array} \times 1 - \frac{\text{사업무관자산}}{\text{법인의 총자산가액}}$$

▌증여세 과세가액의 합산

가업승계 특례가 적용되는 주식 등을 2회 이상 증여받은 경우에는 각각의 증여세 과세가액을 합산하여 30억원을 한도로 증여세 과세특례를 적용한다(재산-2392, 2008.8.22.).

(2) 가업자산상당액의 범위

가업의 승계를 목적으로 증여세 과세특례를 적용받는 주식은 법인세법을 적용받는 가업에 해당하는 법인의 주식의 가액을 말한다. 이 경우 해당 주식의 가액에 그 법인의 총자산가액(상속법상 평가한 가액을 말함) 중 상속개시일 현재 다음에 해당하는 자산(상속개시일 현재를 기준으로 상속법상 평가한 가액을 말함. 이하 "사업무관자산"이라 한다)을 제외한 자산가액이 차지하는 비율을 곱하여 계산한 금액에 해당하는 것을 말한다.

① 토지 등 양도소득에 대한 과세특례(법법 §55의2)에 해당하는 자산

② 업무와 관련 없는 자산(법령 §49)에 해당하는 자산 및 타인에게 임대하고 있는 부동산(지상권 및 부동산임차권 등 부동산에 관한 권리를 포함한다)

③ 대여금(법령 §61 ① 〈2〉)

④ 과다보유 현금[상속개시일 직전 5개 사업연도 말 평균 현금(요구불예금 및 취득일부터 만기가 3개월 이내인 금융상품을 포함한다)보유액의 100분의 150을 초과하는 것을 말한다]

⑤ 법인의 영업활동과 직접 관련이 없이 보유하고 있는 주식 등, 채권 및 금융상품(위 "④"에 해당하는 것은 제외)

$$\text{가업자산상당액} = \text{가업에 해당하는 법인의 주식가액} \times \frac{1 - \text{사업무관자산}}{\text{법인의 총자산가액}}$$

▌일시 보유한 자기주식

가업승계에 대한 증여세 과세특례 적용시 가업에 해당하는 법인이 일시 보유 후 처분할 목적인 자기주식은 사업무관자산에 해당한다(서면법령재산-1711, 2015.11.13.).

(3) 신고세액공제 배제

가업의 승계를 목적으로 증여받은 주식에 대한 증여세 과세표준신고서를 제출한 경우에도 해당 증여세액에 대하여 신고세액공제를 적용하지 아니한다.

(4) 증여세액공제 방법

가업의 승계를 목적으로 증여 주식에 대한 증여세 과세특례를 적용받은 증여세액에 대하여 증여세액공제를 적용하는 경우에는 상속세 산출세액에서 가업승계 주식에 대한 증여세액을 공제하며(증여세액 공제한도액 적용배제), 공제할 증여세액이 상속세 산출세액보다 많은 경우 그 차액에 상당하는 증여세액은 환급하지 아니한다.

(5) 중복 과세특례 적용배제

가업의 승계를 목적으로 증여받은 주식에 대한 증여세 과세특례(조특법 §30의6)를 적용받는 자는 창업자금에 대한 증여세 과세특례(조특법 §30의5)를 적용받을 수 없다.

(6) 동일인으로부터 증여받은 증여재산합산과세 배제

일반적으로 증여세를 과세함에 있어서 동일인으로부터 여러 차례에 걸쳐 증여를 받게 되면 재차증여에 따라 합산과세(상증법 §47 ②)하는 것이 원칙이다. 이 규정에도 불구하고 가업승계 증여세 과세특례를 적용받는 자가 동일인(그 배우자 포함)으로부터 가업승계 주식 외의 재산을 증여받는 경우에는 재차증여에 대한 합산규정을 적용하지 아니한다.

이는 동일한 가업승계의 증여재산에 대해서만 합산하는 것이다.

(7) 증여 후 상장 등에 따른 과세특례

가업의 승계에 대한 증여세 과세특례가 적용되는 주식을 증여받은 후 해당 주식에 대하여 다음에 해당하는 증여이익이 발생하는 경우에는 당초 증여세 과세특례대상 주식의 과세가액과 해당 증여이익을 합하여 100억원까지 납세자의 선택에 따라 증여세 과세특례를 적용받을 수 있다.

① 주식 또는 출자지분의 상장 등에 따른 이익의 증여(상증법 §41의3)

② 합병에 따른 상장 등 이익의 증여(상증법 §41의5)

(8) 가업주식을 받은 후 증여자가 사망한 경우 상속세 과세가액 계산

가업의 승계를 목적으로 주식을 증여받은 후 상속이 개시되는 경우에는 증여재산가액의 합산기간 10년을 적용하지 않고 증여받은 주식을 증여받은 날부터 상속개시일까지의 기간에 관계없이 상속세 과세가액에 가산한다.

이 경우 상속개시일 현재 다음의 요건을 모두 갖춘 경우에는 가업상속(상증법 §18 ② ⟨1⟩)으로 보아 가업상속공제 규정을 적용한다. 다만 상속공제한도액 계산시 상속세 과세가액에서 빼지 아니한다.

① 피상속인의 10년 이상 가업영위 등 가업상속공제요건 충족할 것. 다만 피상속인이 가업의 영위기간 중 일정기간을 대표이사 재직 요건은 적용하지 아니한다.

② 상속개시일의 직전 사업연도 말 현재 중소기업에 해당할 것

③ 수증자가 증여받은 주식을 처분하거나 지분율이 낮아지지 아니한 경우로서 가업에 종사하거나 대표이사로 재직하고 있을 것

(9) 가업승계에 따른 과세특례대상 주식의 그 밖의 과세특례

가업승계에 따른 과세특례대상 주식에 대하여 그 밖의 과세특례가 적용되는 내용은 다음과 같다.

① 가업승계주식 및 출자지분은 각 상속인별 상속세 납부의무와 연대납부의무를 적용할 때 상속재산에 가산하는 증여재산으로 본다.

② 가업승계주식 및 출자지분은 증여받은 날부터 상속개시일까지의 기간과 관계없이 상속세 과세가액에 가산하되, 상속공제의 한도를 적용할 때에는 상속세 과세가액에 가산한 증여재산가액으로 보지 아니한다.

③ 가업승계주식 및 출자지분에 대한 증여세액에 대하여 증여세액공제를 적용하는 경우에는 상속세 산출세액에서 주식 및 출자지분에 대한 증여세액을 공제하며 공제할 증여세액이 상속세 산출세액보다 많은 경우 그 차액에 상당하는 증여세액은 환급하지 아니한다.

3. 사후관리

(1) 증여세 추징

❶ 추징사유

주식을 증여받은 수증자가 가업을 승계(수증자가 증여세 과세표준 신고기한까지 가업에 종사하고 증여일부터 5년 이내에 대표이사에 취임)하지 아니하거나 해당 주식을 증여받고 가업을 승계한 수증자가 증여일부터 7년 이내에 정당한 사유 없이 다음의 추징사유에 해당되는 경우에는 해당 주식의 가액에 대하여 증여세를 부과한다.

사후관리적용구분	추 징 사 유
가업에 종사하지 아니하거나 해당 가업을 휴업하거나 폐업하는 경우	① 수증자(수증자의 배우자 포함)가 주식의 증여일부터 5년 이내에 대표이사로 취임하지 아니하거나 7년까지 대표이사직을 유지하지 아니하는 경우 ② 가업의 주된 업종을 변경하는 경우(한국표준산업분류에 따른 소분류 내에서 변경하는 경우로서 증여일 현재 영위하고 있는 한국표준산업분류에 따른 세분류 업종의 매출액이 사업연도 종료일을 기준으로 전체매출액의 30% 이상인 경우 제외) ③ 가업을 1년 이상 휴업(실적이 없는 경우를 포함)하거나 폐업하는 경우
주식을 증여받은 수증자의 지분이 감소되는 경우	① 수증자(수증자의 배우자 포함)가 증여받은 주식을 처분하는 경우. 다만, 합병·분할 등 조직변경에 따른 처분으로서 수증자가 최대주주에 해당하거나 「자본시장과 금융투자업에 관한 법률」(§390 ①)에 따른 상장규정의 상장요건을 갖추기 위하여 지분을 감소시킨 경우는 제외한다. ② 증여받은 주식을 발행한 법인이 유상증자 등을 하는 과정에서 실권 등으로 수증자의 지분율이 낮아지는 경우. 다만 다음에 해당하는 경우는 제외한다. ㉠ 해당 법인의 시설투자·사업규모의 확장 등에 따른 유상증자로서 수증자의 특수관계인 외의 자에게 신주를 배정하기 위하여 실권하는 경우로서 수증자가 최대주주에 해당하는 경우 ㉡ 해당 법인의 채무가 출자전환됨에 따라 수증자의 지분율이 낮아지는 경우로서 수증자가 최대주주에 해당하는 경우 ③ 수증자와 특수관계에 있는 자의 주식처분 또는 유상증자 시 실권 등으로 지분율이 낮아져 수증자가 최대주주 등에 해당되지 아니하는 경우

❷ 이자상당액

증여세 과세특례대상 주식에 대해서 추징사유가 발생하여 증여세가 과세되는 경우에는 다음의 이자상당액을 그 부과하는 증여세에 가산하여 부과한다.

이자상당액 = 결정한 증여세액 × 추징기간(당초 증여받은 주식에 대한 증여세의 과세표준 신고기한의 다음 날부터 추징사유가 발생한 날까지의 기간) × 3/10,000(2020년 이후 2.5/10,000)

(2) 증여세 추징배제

가업승계에 대한 증여세의 추징이 배제되는 정당한 사유는 다음과 같다(상증법 집행기준 30의6-27의6-4).

① 수증자가 사망한 경우로서 수증자의 상속인이 상속세 과세표준 신고기한까지 당초 수증자의 지위를 승계하여 가업에 종사하는 경우

② 수증자가 증여받은 주식 등을 국가 또는 지방자치단체에 증여하는 경우

③ 수증자가 병역의무의 이행, 질병의 요양, 취학상 형편 등으로 가업에 직접 종사할 수 없는 경우

④ 수증자가 합병 · 분할 등 조직변경을 사유로 주식 등을 처분하는 경우로서 수증자가 최대주주 등에 해당하는 경우

⑤ 상장요건을 갖추기 위하여 지분을 감소시킨 경우

⑥ 해당 법인의 시설투자 · 사업규모의 확장 등에 따른 유상증자로서 수증자와 특수관계에 있는 자 외의 자에게 신주를 배정하기 위하여 실권하는 경우로서 수증자가 최대주주 등에 해당하는 경우

⑦ 해당 법인의 채무가 출자전환됨에 따라 수증자의 지분율이 낮아지는 경우로서 수증자가 최대주주 등에 해당하는 경우

(3) 추징세액의 신고 · 납부

증여세 추징사유에 해당하는 경우에는 그 사유에 해당하게 되는 날이 속하는 달의 말일부터 3개월 이내에 가업승계 증여세 과세특례 추징사유 신고 및 자진납부 계산서를 납세지 관할 세무서장에게 제출하여 신고하고 해당 증여세와 이자상당액을 납부하

여야 한다.

▌가업승계 적용 후 사후관리 위반으로 증여세가 추징된 후 가업의 주식을 추가로 증여받는 경우

가업승계에 따른 증여세 과세특례 적용 후 사후관리 위반으로 증여세가 추징된 후, 증여자 및 수증자의 요건을 다시 갖추어 부로부터 가업의 주식을 추가로 증여받는 경우에는 과세특례 한도 내에서 증여세 과세특례를 적용받을 수 있다(서면법령재산-1801, 2016.12.9.).

▌가업의 재차승계 가능 여부

가업의 승계 후 증여받는 경우 가업승계과세특례가 적용되지 아니하나, 승계를 받은 그 자녀에게 재차증여한 경우에는 100억원 한도 내에서 가업승계특례 적용된다(재재산-683, 2016.10.26.).

▌가업승계 후 증여받은 주식을 코스닥상장에 따른 유상증자로 시분이 감소하는 경우

가업승계 후 증여받은 주식을 발행한 법인이 규모의 확장을 위하여 코스닥 시장에 상장에 따른 유상증자로 인하여 수증자의 지분이 감소하는 경우에는 증여세가 부과되지 아니한다(재재산-651, 2015.10.5.).

▌인적분할한 경우 분할신설법인의 사업영위기간 계산

인적분할한 경우 해당 분할신설법인의 사업영위기간은 분할 전 분할법인의 사업개시일부터 계산하여 가업상속공제를 적용한다(서면상속증여-2447, 2016.7.12.).

▌법인전환한 경우 개인사업자로서 영위한 기간은 가업영위기간 포함 여부

가업상속공제 적용시 개인사업의 사업용 자산의 일부를 제외하고 법인전환한 경우 개인사업자로서 영위한 기간은 가업영위기간에 포함하지 않는다(서면상속증여-2127, 2015.11.16.).

▌회생계획인가결정으로 주식이 감소되는 경우

가업승계를 목적으로 주식 등을 증여받은 수증자의 지분이 법원의 회생계획인가결정에 따라 감소하는 경우 추징배제되는 정당한 사유에 해당하지 아니한다(기준법령재산-21, 2016.4.5.).

▌여러 차례에 걸쳐 주식 등을 증여받는 경우 증여세 과세가액 30억원 한도 적용

여러 차례에 걸쳐 주식 등을 증여받는 경우에도 증여일 현재 증여자가 가업을 10년 이상 계속하여 경영하는 등 증여자 및 수증자의 요건을 갖춘 경우에는 증여세 과세가액 30억원을 한도로 가업승계에 대한 증여세 과세특례를 적용한다(상속증여-548, 2013.9.11.).

4. 특례신청

가업승계 목적으로 주식을 증여받은 수증자가 증여세 과세특례를 적용받고자 하는 경우에는 증여세 과세표준신고와 함께 가업승계 「주식 등 특례신청서」[조특칙 별지 제11호의7 서식]를 납세지 관할세무서장에게 제출하여야 하며, 만일 증여세신고기한까지 「주식 등 특례신청서」를 제출하지 아니하는 경우에는 이를 적용하지 아니한다.

제8절 증여 유형별 주식의 취득

Ⅰ 증여재산의 유형

1. 하나의 증여에 대해 다른 증여의제 규정의 중복적용 배제

하나의 증여에 대하여 다음의 증여의제 규정이 2 이상 동시에 적용되는 경우에는 그 중 이익이 가장 많게 계산되는 하나만을 적용한다(상증법 §43 ①).

① 신탁의 증여(상증법 §33)

② 저가양수 또는 고가양도에 따른 이익의 증여(상증법 §35)

③ 합병에 따른 이익의 증여(상증법 §38)

④ 증자에 따른 이익의 증여(상증법 §39)

⑤ 감자에 따른 이익의 증여(상증법 §39의2)

⑥ 현물출자에 따른 이익의 증여(상증법 §39의3)

⑦ 전환사채 등의 주식전환 등에 따른 이익의 증여(상증법 §40)

⑧ 초과배당에 따른 이익의 증여(상증법 §41의2)

⑨ 주식 등의 상장 등에 따른 이익의 증여(상증법 §41의3)

⑩ 금전 무상대출 등에 따른 이익의 증여(상증법 §41의4)

⑪ 합병에 따른 상장 등 이익의 증여(상증법 §41의5)

⑫ 재산사용 및 용역제공 등에 따른 이익의 증여(상증법 §42)

⑬ 법인의 조직 변경 등에 따른 이익의 증여(상증법 §42의2)

⑭ 재산 취득 후 재산가치 증가에 따른 이익의 증여(상증법 §42의3)

⑮ 배우자 등에게 양도한 재산의 증여 추정(상증법 §44)

⑯ 재산 취득자금 등의 증여 추정(상증법 §45)

⑰ 명의신탁재산의 증여 의제(상증법 §45의2)

⑱ 특수관계법인과의 거래를 통한 이익의 증여 의제(상증법 §45의3)

⑲ 특수관계법인으로부터 제공받은 사업기회로 발생한 이익의 증여 의제(상증법 §45의4)

⑳ 특정법인과의 거래를 통한 이익의 증여 의제(상증법 §45의5)

이 책자에서는 주식과 관련된 "②~⑨, ⑪, ⑬~⑳"에 대해서만 설명하고자 한다.

2. 1년간 동일한 이익의 합산

다음의 이익의 증여재산가액을 계산할 때 그 증여일부터 소급하여 1년 이내에 동일한 거래 등이 있는 경우에는 각각의 거래 등에 따른 이익(시가와 대가의 차액을 말한다)을 해당 이익별로 합산(금액기준)하여 계산한다(상증법 §43 ②).

구 분	금액기준	상증법
① 재산의 유상이전에 따른 이익	3억원	§31 ① 〈2〉
② 저가 양수 및 고가 양도에 따른 이익	3억원	§35 ①
③ 합병에 따른 이익	3억원	§38 ①
④ 증자에 따른 이익 (상증법 §39 ① 각호의 이익별로 구분된 이익을 말함)	3억원	§39 ①
⑤ 감자에 따른 이익 (상증법 §39의2 ① 각호의 이익별로 구분된 이익을 말함)	3억원	§39의2 ①
⑥ 현물출자에 따른 이익 (상증법 §39의3 ① 각호의 이익별로 구분된 이익을 말함)	3억원	§39의3 ①
⑦ 전환사채 등의 주식전환 등에 따른 이익 (상증법 §40 ① 각호의 이익별로 구분된 이익을 말함)	1억원	§40 ①
⑧ 금전무상대출에 따른 이익	1천만원	§41의4 ①
⑨ 재산사용 및 용역제공 등에 따른 이익 (상증법 §42 ① 각호의 이익별로 구분된 이익을 말함)	1천만원	§42 ①
⑩ 특정법인과의 거래를 통한 이익 (상증법 §45의5 ① 각호의 이익별로 구분된 이익을 말함)	1억원	§45의5 ①
⑪ 특정법인과의 거래를 통한 이익 (상증법 §45의5 ② 각호의 이익별로 구분된 이익을 말함	3억원	§45의5 ②

이 책에서는 주식에 관련된 "②~⑦, ⑨~⑪"에 대해서만 설명하고자 한다.

3. 특수관계인

증여의제 적용시 특수관계인이란 본인과 친족관계, 경제적 연관관계 또는 경영지배관계 등 상증령(§2의2 ①)에 해당하는 관계에 있는 자를 말한다. 이 경우 본인도 특수관계인의 특수관계인으로 본다.

저가양수 · 고가양도에 따른 이익에 대하여 증여세를 과세함에 있어서 거래 당사자 간의 특수관계인의 성립시기는 매매계약일(상장주식평가: 평가기준일 전후 2개월 종가 평균액)을 기준으로 판단(재산-83, 2015.2.3.)하고, 양수대가와 양도대가 및 시가의 산정일인 양수일 또는 양도일은 각각 해당 자산의 대금청산일을 기준으로 한다.

▎콜옵션을 행사하여 비상장주식을 재취득한 경우 특수관계인 성립시기

콜옵션이 부여조건으로 비상장주식을 양도하고 콜옵션을 행사하여 비상장주식을 재취득하여 상장된 경우 고 · 저가 양도에 따른 이익 증여 및 상장에 따른 이익 증여 적용시 특수관계 성립 여부는 원칙적으로 매매계약일을 기준으로 판단한다(서면법령재산-5164, 2017.9.27.).

▎임원의 범위

상증법상 특수관계 판단시 임원은 법인세법에 따른 임원의 범위를 준용하며(임원은 직무의 실질에 따라 판단), 퇴직 후 특수관계 판단기준일 5년(2019.1.1. 시행; 3년) 이전에 임원이었던 자는 임원의 범위에 포함된다(서면법령재산-2841, 2016.4.21.).

▎남편의 조카사위가 특수관계인에 해당되는지?

양도소득의 부당행위계산 부인 및 상증법상 저가양도에 의한 증여의제 규정을 적용할 때 남편의 조카사위는 특수관계인에 해당한다(재산세제과-1589, 2006.12.29.).

▎사실혼 관계에 있는 배우자 란?

사실혼 관계에 있는 배우자는 당사자의 배우자에 한하는 것이므로 혈족의 사실혼 배우자는 세법상 4촌 이내의 인척에 해당하지 않는다(서면법령기본-5939, 2017.3.8.).

Ⅱ 저가양수 · 고가양도에 따른 이익의 증여

특수관계인 간에 시가보다 높은 가액으로 주식 등의 재산을 양도하거나 또는 시가보다 낮은 가액으로 양수함으로써 이익이 발생한 경우에는 저가양수로 그 이익을 얻은 자(양수자)에게 시가와 대가 또는 고가양도로 그 이익을 얻은 자(양도자)에게 대가와 시가와의 차액에서 **기준금액**(Min; 시가의 30%, 3억원)을 뺀 금액을 그 이익을 얻은 자의 증여재산가액으로 하여 증여세를 과세한다.

이 경우 증여계약이 아닌 양도계약에 의해 저가양수 · 고가양도에 따른 이익이 증여가 적용되기 위해서는 다음의 요건을 모두 충족한 경우 증여받은 것으로 추정하여 증여세가 과세된다(상증법 §35).

① 주식 등의 재산이 저가양수·고가양도일 것

② 특수관계인 간의 거래일 것

③ 비특수관계인 간의 거래인 경우 거래의 관행상 정당한 사유가 없이 현저히 저가·고가 거래일 것

1. 특수관계인 간의 저가양수·고가양도 거래

특수관계인 간의 거래에 있어서 주식 등(전환사채 및 상장주식 제외. 다만 시간외시장에 매매되는 것은 제외)의 재산을 저가양수·고가양도하는 경우 그 거래차액에서 기준금액(Min; 시가의 30%, 3억원)을 뺀 금액을 그 이익을 얻은 자(저가양수인 경우에는 양수자, 고가양도인 경우에는 양도자)의 증여재산가액으로 하여 증여세를 과세한다(상증법 §35 ①).

(1) 특수관계인 간의 주식을 저가매매시 양수인의 증여세

특수관계인으로부터 주식을 시가보다 낮은 가액으로 양수한 경우 시가에서 양수대가의 차액에 상당하는 이익이 실질적으로 양수자에게 무상으로 이전되는 효과가 발생하고 증여세 과세요건에 충족되는 경우에는 그 시가와 양수대가의 차액에서 기준금액을 뺀 금액(증여재산가액)을 그 이익을 얻은 자(양수자)에게 증여세를 과세한다.

구 분	납부 의무자	증여세 과세요건	증여재산가액
저가양수	양수자	(시가-양수대가)의 차액이 시가의 30% 이상 또는 그 차액이 3억원 이상일 것	(시가-양수대가)-Min(시가×30%, 3억원)

이 경우 저가로 양도한 자의 양도소득세 계산시 양도가액은 저가가 아닌 시가로 양도차익을 계산하여야 한다(소법 §101 ①).

보충설명

특수관계인 간의 양도소득세가 과세되는 주식 등을 저가양도하는 경우로서 양도인에게 양도소득세의 부당행위계산의 부인이 적용되는 경우에는 양도자의 양도소득세 계산시 시가로 과세한다(소법 §101 ①). 또한 저가로 양수한 자에게는 저가양수에 따른 이익에 대하여 증여세가 과세된다(상증법 §35).

사례 1 특수관계인 간의 저가매매

아들이 아버지로부터 시가 11억원인 비상장주식을 6억원에 저가로 양수한 경우, 저가양수자인 아들에게 증여세가 과세되는 증여재산가액을 계산하여라.

풀이

아들이 아버지로부터 저가양수한 비상장주식이 시가(11억원)와 양수대가(6억원)의 차액(5억원)이 시가의 30% 이상 또는 차액이 3억원 이상이 되는 경우(증여세 과세요건)에는 저가양수에 따른 증여재산가액을 양수자에게 증여세를 부과한다.

> **증여세 과세요건(저가양수)**
> 다음의 계산과 같이 (시가 - 양수대가)의 차액이 시가의 30% 이상 또는 그 차액이 3억원 이상의 증여세 과세요건을 충족한다.
> ① 30% 기준 : (11억원 - 6억원) ÷ 11억원 = 45% ↔ 30% 이상
> ② 3억원 기준 : 11억원 - 6억원 = 5억원 ↔ 3억원 이상

따라서 저가양수인(아들)에게 증여세가 과세되는 증여재산가액은 2억원이다.
= (11억원 - 6억원) - Min[11억원 × 30%, 3억원]
= 5억원 - 3억원 = 2억원(증여재산가액)

〈보충설명〉

저가양수인(아들)에게 증여세 과세대상 증여재산가액 외에 발생하는 ① 저가양도인(아버지)의 양도소득세 계산시 적용할 양도가액과 ② 저가양수인(아들)이 동 비상장주식을 그 후에 양도할 경우 양도소득세 계산시 적용할 취득가액은 각각 다음의 금액으로 한다.

① 저가양도인(아버지)이 양도소득세 계산시 적용할 양도가액 : 11억원(시가)
② 저가양수인(아들)이 해당 비상장주식을 그 후에 양도할 경우 양도소득세 계산시 적용할 취득가액 계산
6억원(저가로 취득한 가액) + 2억원(증여재산가액) = 8억원

〈요약〉

양도인(아버지)	양수인(아들)
양도소득세 계산시 적용할 양도가액 ; 11억원(시가)	① 증여세 과세대상 증여재산가액 ; 2억원 ② 양도소득세 계산시 적용할 취득가액 ; 8억원

(2) 특수관계인 간의 주식을 고가매매시 양도인의 증여세

특수관계인에게 주식을 시가보다 높은 가액으로 양도한 경우 양도대가에서 시가의 차액에 상당하는 이익이 실질적으로 양도자에게 무상으로 이전되는 효과가 발생하고 증여세 과세요건에 충족되는 경우에는 그 양도대가와 시가와의 차액에서 기준금액을 뺀 금액(증여재산가액)을 그 이익을 얻은 자(양도자)에게 증여세를 과세한다.

구분	납부 의무자	증여세 과세요건	증여재산가액
고가양도	양도자	(양도대가－시가)의 차액이 시가의 30% 이상 또는 그 차액이 3억원 이상일 것	(양도대가－시가)－Min(시가의 30%, 3억원)

이 경우 양도대가와 시가의 차액에 대하여 양도소득세와 증여세가 이중과세되는 것을 조정하기 위해 양도자의 양도소득세 계산시 양도가액(실제거래가액)은 양도대가에서 증여재산가액을 뺀 금액으로 한다(소법 §96 ③).

Q 사례 2 특수관계인 간의 고가매매

아버지가 아들에게 시가 6억원인 비상장주식을 11억원에 고가로 양도한 경우 고가 양도자(아버지)에게 증여세가 과세되는 증여재산가액을 계산하여라.

풀이

아버지가 아들에게 고가양도한 대가(11억)와 시가(6억원)의 차액(5억원)이 시가의 30% 이상 또는 차액이 3억원 이상이 되는 경우에는 고가양도에 따른 증여재산가액을 양도자에게 증여세를 부과한다.

증여세 과세요건(고가양도)
다음의 계산과 같이 (양도대가 − 시가)의 차액이 시가의 30% 이상 또는 그 차액이 3억원 이상의 증여세 과세요건을 충족한다. ① 30% 기준 : (11억원 − 6억원)÷11억원=45% ↔ 시가의 30% 이상 ② 3억원 기준 : 11억원 − 6억원 = 5억원 ↔ 3억원 이상

고가양도자(아버지)에게 증여세가 과세되는 증여재산가액은 3.2억원이다.
= (11억원 − 6억원) − Min[6억원 × 30%, 3억원]
= 5억원 − 1.8억원 = 3.2억원(증여재산가액)

〈보충설명〉

고가양도인(아버지)에게 증여세 과세대상 증여재산가액 외에 발생하는 ① 고가양도인(아버지)의 양도소득세 계산시 적용할 양도가액 ② 고가양수인(아들)이 동 비상장주식을 그 후에 양도할 경우 양도소득세 계산시 적용할 취득가액은 각각 다음의 금액으로 한다.

① 고가양도인(아버지)이 양도소득세 계산시 적용할 양도가액 :
11억원 − 3.2억원(증여재산가액) = 7.8억원

② 고가양수인(아들)이 동 비상장주식을 그 후에 양도할 경우 양도소득세 계산시 적용할 취득가액 계산 : 6억원(시가)

〈요약〉

양도인(아버지)	양수인(아들)
① 증여세 과세대상 증여재산가액 : 3.2억원 ② 양도소득세 계산시 적용할 양도가액 : 7.8억원	양도소득세 계산시 적용할 취득가액 : 6억원(시가)

2. 비특수관계인 간의 현저한 저가양수·고가양도 거래

비특수관계인 간의 거래에 있어서 관행상 정당한 사유없이 주식 등의 재산을 시가보다 현저하게 낮은 가액 또는 높은 가액으로 양수 또는 양도하는 경우에는 그 거래차액에서 기준금액(30% 기준)을 뺀 금액(증여재산가액)을 그 이익을 얻은 자에게 증여세가 과세된다(상증법 §35 ②).

(1) 비특수관계인 간의 주식을 현저히 저가양수시 양수인의 증여세

비특수관계인으로부터 주식을 시가보다 현저하게 낮은 가액으로 양수한 경우에는 그 대가와 시가와의 차액에서 기준금액(30% 기준)을 뺀 금액(증여재산가액)을 그 이익을 얻은 자에게 증여세가 과세된다.

구 분	납부 의무자	증여세 과세요건	증여재산가액
저가양수	양수자	(시가-양수대가)의 차액이 시가의 30% 이상일 것	(시가-양수대가) - 3억원

이 경우 저가양도한 자의 양도소득세 계산시 양도가액은 저가로 양도한 금액이 아닌 시가상당액을 적용하여 양도차익을 계산한다(소득세법 §101 ①).

사례 1 비특수관계인 간의 저가매매

김일남씨는 친구(최성일)로부터 시가 11억원인 비상장주식을 6억원에 저가로 양수한 경우, 저가양수인 김일남씨에게 증여세가 과세되는 증여재산가액을 계산하여라.

풀이

김일남씨는 친구(최성일)로부터 저가양수한 비상장주식이 시가(11억원)와 양수대가(6억원)의 차액(5억원)이 시가의 30% 이상이 되는 경우에는 저가양수에 따른 증여재산가액을 그 이익을 얻은 자(양수인)에게 증여세를 과세한다.

증여세 과세요건(저가양수)

다음의 계산과 같이 (시가-양수대가)의 차액이 시가의 30% 이상이므로 증여세 과세요건을 충족한다.

(11억원-6억원) ÷ 11억원 = 45% ↔ 30% 이상

저가양수인(김남일)에게 증여세가 과세되는 증여재산가액은 2억원이다.

= 증여재산가액 : (시가 - 대가) - 3억원

= (11억원 - 6억원) - 3억원 = 2억원

〈보충설명〉

저가양수인(김남일)에게 증여세 과세대상 증여재산가액 외에 발생하는 ① 저가양도인(최성일)의 양도소득세 계산시 적용할 양도가액과 ② 저가양수인(김남일)이 동 비상장주식을 그 후에 양도할 경우 양도소득세 계산시 적용할 취득가액은 각각 다음의 금액으로 한다.

① 저가양도인(최성일)의 양도소득세 계산시 적용할 취득가액 : 11억원(시가)

② 저가양수인(김남일)이 동 비상장주식을 그 후에 양도할 경우 양도소득세 계산시 적용할 취득가액 계산 : 6억원 + 2억원(증여재산가액) = 8억원

〈요약〉

양수인(김남일)	양도인(최성일)
① 증여세 과세대상 증여재산가액 : 2억원	양도소득세 계산시 적용할 양도가액 : 11억원(시가)
② 양도소득세 계산시 적용할 취득가액 : 8억원	

(2) 비특수관계인 간의 주식을 현저히 고가양도시 양도인의 증여세

비특수관계인에게 주식을 현저하게 시가보다 높은 가액으로 양도한 경우에는 그 대가와 시가와의 차액에서 기준금액(30% 기준)을 뺀 금액(증여재산가액)을 그 이익을 얻은 자에게 증여세가 과세된다.

구분	납부 의무자	증여세 과세요건	증여재산가액
고가양도	양도자	(양도대가 - 시가)의 차액이 시가의 30% 이상일 것	(양도대가 - 시가) - 3억원

이 경우 양도대가와 시가의 차액에 대하여 양도소득세와 증여세가 이중과세되는 것을 조정하기 위해 양도자의 양도소득세 계산시 양도가액은 양도대가에서 증여재산가액을 뺀 금액으로 한다(소득세법 §93 ③).

Q 사례 2 비특수관계인 간의 고가매매

김남일씨는 친구(최성일)에게 시가 6억원인 비상장주식을 11억원에 고가양도한 경우, 고가양도인인 김남일씨에게 증여세가 과세되는 증여재산가액을 계산하여라.

풀이

김일남씨는 친구로부터 고가양도한 비상장주식이 시가(11억원)와 양수대가(6억원)의 차액(5억원)이 시가의 30% 이상이 되는 경우(증여세 과세요건)에는 고가양도에 따른 증여재산가액을 그 이익을 얻은 자(양도인)에게 증여세를 부과한다.

증여세 과세요건(고가양도)

다음의 계산과 같이 (시가 - 양수대가)의 차액이 시가의 30% 이상이므로 증여세 과세요건을 충족한다.

(11억원 - 6억원) ÷ 11억원 = 45% ↔ 30% 이상

고가양도인(김남일)에게 증여세가 과세되는 증여재산가액은 2억원이다.
= 증여재산가액 ; (시가 - 대가) - 3억원
= (11억원 - 6억원) - 3억원 = 2억원

〈보충설명〉

고가양도인(김남일)에게 증여세 과세대상 증여재산가액 외에 발생하는 ① 고가양도인(김남일)의 양도소득세 계산시 적용할 양도가액 ② 고가양수인(최성일)이 동 비상장주식을 그 후에 양도할 경우 양도소득세 계산시 적용할 취득가액은 각각 다음의 금액으로 한다.

① 고가양도인(김남일)의 양도소득세 계산시 적용할 양도가액 ; 11억원(시가) - 2억원(증여재산가액) = 9억원
② 고가양수인(최성일)이 동 비상장주식을 그 후에 양도할 경우 양도소득세 계산시 적용할 취득가액 계산 ; 11억원(시가)

〈요약〉

양도인(김남일)	양수인(최성일)
① 증여세 과세대상 증여재산가액 ; 2억원	양도소득세 계산시 적용할 양도가액 ; 11억원
② 양도소득세 계산시 적용할 양도가액 ; 9억원	

3. 개인과 법인 간의 저가양수·고가양도 거래

개인과 법인 간의 주식 등의 재산을 양수 또는 양도하는 경우로서 그 대가가 법인세법의 시가에 해당되는 경우에는 저가양수·고가양도에 따른 이익의 증여규정을 적용하지 않는다(상증법 §35 ③).

왜냐하면 법인의 자산을 특수관계인에게 시가에 미달하게 양도하거나 특수관계인으로부터 시가를 초과하여 매입함에 따라 법인세법상 부당행위계산부인 규정이 적용되는 경우에는 상속세 또는 증여세를 감소시킨 것으로 인정되는 경우를 제외하고는 해당 시가와 대가의 차액에 대하여 그 귀속자에게 상여 등으로 처분하여 소득세가 부과되기 때문이다.

4. 특수관계인의 범위

특수관계 여부는 쌍방관계에 의하여 특수관계인 여부를 판단한다.

저가양수·고가양도에 따른 이익에 대하여 증여세를 과세함에 있어서 거래 당사자 간의 특수관계인의 성립시기는 매매계약일(상장주식평가; 평가기준일 전후 2개월 종

가 평균액)을 기준으로 판단(재산-83, 2015.2.3.)하고, 양수대가와 양도대가 및 시가의 산정일인 양수일 또는 양도일은 각각 해당 자산의 대금청산일을 기준으로 한다.

5. 납부의무 및 연대납부의무

수증자가 상증법에 따라 증여세 납부의무를 부담하므로 저가·고가양도에 따른 이익을 분여받은 자는 수증자로서 납부의무를 부담한다.

만일 수증자의 재산으로 조세채권이 확보하기가 곤란한 경우에도 증여자는 수증자가 납부하여야 할 증여세를 연대하여 납부할 의무를 지지 아니한다(상증법 §4의2 ⑥).

▌증여세와 양도소득세의 납세의무 성립요건과 시기

증여세와 양도소득세는 납세의무의 성립요건과 시기 및 납세의무자를 서로 달리하는 것이어서, 과세관청이 각 부과처분을 함에 있어서는 각각의 과세요건에 따라 실질에 맞추어 독립적으로 판단하여야 할 것으로, 위 규정들의 요건에 모두 해당할 경우 양자의 중복적용을 배제하는 특별한 규정이 없는 한 어느 한 쪽의 과세만 가능한 것은 아니다(국심사증여 2015-16, 2015.6.16.).

6. 증여시기

저가양수·고가양도에 따른 이익의 증여를 적용함에 있어서 증여시기 및 시가의 산정기준일은 해당 재산의 대금을 청산한 날로 한다. 대금청산일이 불분명한 경우에는 명의개서일로 한다.

7. 저가양수·고가양도에 따른 이익의 증여가 배제되는 주식

다음에 해당하는 재산은 저가양수·고가양도에 따른 이익의 증여로 보지 아니한다(상증령 §26 ①).

① 전환사채, 신주인수권부사채 또는 그 밖의 주식으로 전환·교환하거나 주식을 인수할 수 있는 권리가 부여된 사채

② 「자본시장과 금융투자업에 관한 법률」에 따라 한국거래소에 상장되어 있는 법인의 주식 및 출자지분으로서 유가증권시장 또는 코스닥시장에서 거래된 것. 다만,

시간외 대량매매방법으로 거래된 것 중 당일 종가가 아닌 가격으로 거래가 이루어진 경우는 저가·고가양도에 따른 이익의 증여 규정이 적용된다.

8. 최대주주의 할증평가

특수관계인에게 비상장주식을 양도하는 경우로서 저가양수·고가양도에 따른 이익을 계산할 때 해당 비상장주식이 최대주주 등의 주식에 해당하면 할증평가하여 증여이익을 계산하여야 한다(서면4팀-939, 2008.4.15.). 그러나 중소기업의 최대주주 등의 보유주식은 저가양수·고가양도에 따른 이익을 계산할 때 조특법(§101)상 중소기업 최대주주 등의 주식 할증평가 적용특례규정이 적용된다(재경부재산-614, 2007.5.28.).

▌특수관계자 간의 자산을 저가양도한 경우 부당행위계산 부인을 적용하여 양도인에게 양도소득세를 부과하고, 양수인에게 증여세를 부과하는 것이 이중과세인지?

특수관계자 간 재산을 저가양도한 경우에는 부당행위계산 부인규정을 적용하여 양도인에게 양도소득세를 부과하고, 상증법에 의하여 양수인에게 증여세를 부과하는 것이 동일한 담세력의 원천에 대하여 중복과세하는 결과를 가져온다 하더라도 이중과세 금지원칙에 위배되지 않는다(대법원 2012두10932, 2012.9.13.).

▌수개의 자산을 일괄양도한 경우 저가양도는 어떻게 하는가?

여러 자산을 포괄적으로 양도한 것으로 인정되는 경우에는 각각의 자산별로 그 거래가격과 시가를 비교하여 저가양도에 해당하는지 여부를 판단하는 것이 아니라, 그 자산들의 전체 거래가격과 시가를 비교하여 포괄적 거래 전체로서 저가양도에 해당하는지 여부를 판단한다(대법원 95누13296, 1997.2.14.).

Ⅲ 합병에 따른 이익의 증여

합병이란 일반적으로 2 이상의 회사가 상법에 따라 하나의 회사(흡수합병, 신설합병, 분할합병)가 되는 것을 말한다.

특수관계인 법인 간의 불공정합병으로 소멸하거나 흡수되는 법인 또는 신설·존속하는 법인(합병당사법인)의 대주주가 얻은 이익이 일정금액 이상인 경우에는 당해 합병일에 그 이익에 상당하는 금액(증여재산가액)을 증여로 보아 증여세가 과세된다.

1. 과세요건

합병에 의하여 합병당사법인의 대주주가 받는 이익이 증여세가 과세되는 증여재산가액이 되기 위해서는 다음의 각 요건을 모두 충족하여야 한다(상증법 §38).

① 특수관계에 있는 법인 간의 합병(분할합병 포함)일 것

② 주가가 과대평가된 합병당사법인의 대주주가 존재할 것

③ 대주주가 얻는 이익이 일정 **기준금액**(비율기준; 30%, 금액기준; 3억원) 이상일 것

여기서 합병당사법인이란 법인의 합병으로 인하여 소멸되거나 흡수되는 법인 또는 신설하거나 존속하는 법인을 말한다.

(1) 특수관계법인 간의 합병

특수관계법인 간의 합병이란, 합병등기일이 속하는 사업연도의 직전 사업연도 개시일(그 개시일이 서로 다른 법인이 합병한 경우에는 먼저 개시한 날을 말한다)부터 합병등기일까지의 기간 중 다음에 해당하는 법인 간의 합병을 말한다(상증령 §28 ②).

① 특수관계법인

② 기업집단에 소속되는 기업

③ 동일인이 임원의 임면권의 행사 또는 사업방침의 결정 등을 통하여 합병당사법인(합병으로 인하여 소멸·흡수되는 법인 또는 신설·존속하는 법인을 말한다)의 경영에 대하여 영향력을 행사하고 있다고 인정되는 관계에 있는 법인

보충설명

합병등기일이 속하는 사업연도의 직전 사업연도 개시일부터 합병등기일까지의 기간 중 1회라도 두 법인 간에 특수관계가 있는 경우에는 합병시 특수관계가 있는 것으로 본다. 다만, 주권상장법인이 자본시장과 금융투자업에 관한 법률에 따라 다른 법인과 합병할 경우에는 특수관계법인 간의 합병으로 보지 아니한다.

(2) 주가가 과대평가된 합병당사법인의 대주주

주가가 과대평가된 합병당사법인의 대주주란 해당 주주의 지분 및 그와 특수관계인의 지분을 모두 합하여 법인의 발행주식총수의 1% 이상을 소유하고 있거나, 소유하고 있는 주식의 액면가액이 3억원 이상인 주주를 말한다.

(3) 대주주가 얻은 이익이 일정 기준금액 이상

대주주가 합병으로 인하여 얻은 이익이 다음과 같이 합병 후 신설법인 또는 존속하는 법인의 1주당 평가가액이 30% 이상(비율기준)이거나, 3억원 이상(금액기준)인 경우에는 합병에 따른 대주주가 얻은 증여재산가액으로 보아 증여세가 과세된다.

증여재산가액은 비율기준이나 금액기준 중 적은 금액이다.

30% 비율기준	3억원 금액기준	적용
[(합병 후 법인의 1주당 평가액 - 주가과대법인의 합병 전 1주당 평가액) / 합병 후 신설·존속법인의 1주당 평가액] ≥ 30%	(합병 전·후 1주당 평가 차액 × 합병 후 대주주 등의 주식수) ≥ 3억원	Min

대주주가 얻는 평가차액이 3억원 이상인지 여부는 대주주 중 각각의 주주 1인을 기준으로 판단하는 것이며, 대주주 1인과 특수관계인이 얻은 모든 이익을 합하여 판정하는 것은 아니다.

▌합병시 증여의제된 증여의제가액을 합병으로 교부받은 주식을 양도할 때 양도차익계산시 실지거래가액으로 산정하는 경우 양도소득 필요경비로 계산할 수 있는지 여부

양도자산의 보유기간 중에 불공정합병시의 증여 의제의 규정에 따라 증여세가 부과되는 경우 그 증여세 과세가액은 양도가액에서 공제할 필요경비에 포함되지 않는다(서일 46014-11004, 2002.7.31.).

▌피합병법인이 합병법인의 주식을 100% 소유한 경우

특수관계 있는 법인이 합병할 때 주가가 과대평가된 합병당사법인의 대주주가 합병으로 인하여 이익을 얻는 경우 증여세가 과세되는 것이나 피합병법인이 합병법인의 주식을 100% 소유하여 피합병법인의 대주주들이 보유하고 있는 각자의 합병 전·후 주식가치에 변동이 발생하지 아니하며, 당해 대주주들이 합병으로 인하여 다른 주주로부터 얻은 이익이 없는 때에는 그러하지 않는다(재산-507, 2011.10.27.).

▌합병으로 인해 의제배당이 과세된 경우 이익의 계산

대주주가 합병으로 인하여 의제배당소득으로 소득세가 과세되는 경우 합병에 따른 증여이익 계산시 동 의제배당소득을 증여이익에서 차감한다(재산상속 46014-465, 2000.4.17.).

2. 증여시기

합병에 따른 증여시기는 해당 증여를 받은 날인 합병일(합병등기일)이다.

3. 합병에 따라 대주주가 얻은 이익의 계산

합병에 따라 증여세가 과세되는 대주주가 얻은 이익은 다음 구분에 따라 계산한 금액으로 하며, 동 이익은 증여세 과세 대상이 되는 대주주의 증여재산가액이 된다.

(1) 합병대가를 주식으로 교부받았을 경우

주가가 과대평가된 합병당사법인의 대주주가 얻은 이익은 다음에 따라 계산한 금액으로 한다.

주가가 과대평가된 합병당사법인의 대주주가 얻은 이익 = (A-B) × 대주주가 합병으로 교부받은 주식수

A : 합병 후 법인의 1주당 평가액 :

① 상장법인 또는 코스닥 상장법인의 경우 : Min[㉠, ㉡]

㉠ 합병등기일 이후 2월간 최종시세가액의 평균액

㉡ 단순평균액 : $\frac{\text{과대평가법인의 합병 직전 주식가액} + \text{과소평가법인의 합병 직전 주식가액}}{\text{합병 후 신설·존속하는 법인의 주식수}}$

② 비상장법인의 경우 : 단순평균액(재무상태표 공시일 현재 평가액)

B : 합병비율 반영한 주가가 과대평가된 법인의 합병 전 1주당 평가액 :

$\text{주가가 과대평가된 합병당사법인의 1주당 평가액} \times \frac{\text{주가가 과대평가된 합병당사법인의 합병 전 주식수}}{\text{주가가 과대평가된 합병당사법인의 주주 등이 합병으로 교부받은 주식수}}$

이 경우 신설 또는 존속하는 법인의 주식의 평가가액의 30% 기준 미만이고, 3억원 미만인 경우에는 주가가 과대평가된 합병당사법인의 대주주가 얻은 이익이 발생한 경우에도 증여세가 과세되지 아니한다.

(2) 합병대가를 주식 외의 현금 등으로 지급받았을 경우

주가가 과대평가된 합병당사법인의 대주주가 얻은 이익 = (C − D) × 대주주 주식수

C : 1주당 액면가액(단, 액면가액 〉 합병대가 → 합병대가)

D : 합병당사법인의 1주당 평가액

* 합병당사법인의 1주당 평가가액이 액면가액에 미달하는 경우로서 그 평가가액을 초과하여 지급받은 경우에 한정함.

이 경우 합병 전·후 1주당 평가 기준금액이 3억원 미만인 경우에는 주가가 과대평가된 합병당사법인의 대주주가 얻은 이익이 발생한 경우에도 증여세 과세대상 증여재산가액으로 보지 아니한다.

Q 사례 1 합병비율이 1 : 1인 경우

다음 자료에 의하여 불공정합병에 따른 증여재산가액을 계산하여라.

① 갑법인(합병법인)이 특수관계인인 을법인(피합병법인)을 신설합병하다(갑·을법인은 비상장법인임).

② 합병 전 갑법인과 을법인의 주식평가액과 합병 후 병법인(존속법인)의 주식평가액은 다음과 같다.

구 분	갑법인(합병법인)	을법인(피합병법인)	병(합병 후 존속법인)
총발행주식수	2,500,000주	2,500,000주	5,000,000주
1주당 평가액	30,000원	23,000원	26,500원
총주식평가액	750억원	575억원	1,325억원

③ 합병 전·후의 갑법인과 을법인의 주주 구성원은 다음과 같다.

갑법인(합병법인)			을법인(피합병법인)			병법인(합병 후 존속법인)		
주주	주식수	지분	주주	주식수	지분	주주	주식수	지분
A	1,200,000	48%	C	1,500,000	60%	A	1,200,000	24%
B	1,000,000	40%	D	1,000,000	40%	B	1,000,000	20%
소액주주	300,000	12%				C	1,500,000	30%
						D	1,000,000	20%
						소액주주	300,000	6%
계	2,500,000	100%		2,500,000	100%		5,000,000	100%

④ 갑법인과 을법인은 비상장법인이다.

풀이 1

❶ 합병 전·후 주가 차이 비율(30% 비율기준)

① 합병 후 존속법인의 1주당 평가액 계산

$$= \frac{(30,000원 \times 2,500,000주) + (23,000원 \times 2,500,000주) = 1,325억원}{2,500,000주 + 2,500,000주 = 5,000,000주}$$

= 26,500원

② 30% 비율기준 ; (합병 후 법인의 1주당 평가액 - 주가과대법인의 합병 전 1주당 평가액) / 합병 후 신설·존속법인의 1주당 평가액 ≥ 30%

$$= \frac{26,500원(합병 후 신설법인의 평가액) - 23,000원(합병 전 을법인의 평가액)}{26,500원(합병 후 존속법인의 평가액)}$$

= 13.2% ≤ 30%

❷ 합병 전·후 주가 차액(3억원 금액기준) ;

(합병 전·후 1주당 평가 차액 × 합병 후 대주주의 주식수) ≥ 3억원

① C주주 = (26,500원 - 23,000원) × 1,500,000주
= 52.5억원 → 증여세 과세대상 증여재산가액

② D주주 = (26,500원 - 23,000원) × 1,000,000주
= 35억원 → 증여세 과세대상 증여재산가액

※ 따라서 ❶ 30% **비율기준**에 충족하지 않지만, 을법인의 대주주인 C주주와 D주주가 합병에 따라 얻은 이익(❷ **합병 전·후 주가차액; 3억원 금액기준**)이 각각 3억원 이상이 되므로 증여재산가액은 다음과 같다.

수증자	증여재산 가액	증여자		
		(갑법인의 A주주)	(갑법인의 B주주)	(갑법인의 소액주주)
C주주(을법인)	52.5억원	52.5억원×48% = 25.2억원	52.5억원×40% = 21억원	52.5억원×12% = 6.3억원
D주주(을법인)	35억원	35억원×48% = 16.8억원	35억원×40% = 14억원	35억원×12% = 4.2억원

Q 사례 2 합병비율이 1 : 0.5인 경우

다음 자료에 의하여 불공정합병에 따른 증여재산가액을 계산하여라.

① 갑법인(합병법인)이 특수관계인인 을법인(피합병법인)을 흡수합병하다(갑법인과 을법인은 비상장법인임).

② 합병전 갑법인과 을법인의 1주당 주식평가액과 합병 후 병법인(존속법인)의 1주당

주식평가액은 다음과 같다.

구 분	갑법인(합병법인)	을법인(피합병법인)	병(합병 후 존속법인)
총발행주식수	250,000주	250,000주	375,000주
1주당 평가액	60,000원	15,000원	50,000원
총주식평가액	150억원	37.5억원	187.5억원

③ 합병 전후의 갑법인과 을법인의 주주구성원은 다음과 같다.

갑법인(합병법인)			을법인(피합병법인)			병법인(합병 후 존속법인)		
주주	주식수	지분	주주	주식수	지분	주주	주식수	지분
A	125,000	50%	A	150,000	60%	A	240,000	64%
B	100,000	40%	D	100,000	40%	B	100,000	26.6%
C	25,000	10%				C	25,000	6.7%
						소액주주	10,000	2.7%
계	250,000	100%		250,000	100%		375,000	100%

④ 갑법인과 을법인은 비상장법인이다.

풀이 2

❶ 합병 전 을법인의 주식평가액의 환산(합병비율 1:0.5)

15,000원 × 500,000주 ÷ 250,000주 = 30,000원

❷ 합병 전·후 주가 차이 비율(30% 비율기준)

① 합병 후 존속법인의 1주당 평가액 계산

$$= \frac{(60{,}000\text{원}\times 250{,}000\text{주}) + (15{,}000\text{원}\times 250{,}000\text{주}) = 187.5\text{억원}}{250{,}000\text{주} + 125{,}000\text{주} = 375{,}000\text{주}}$$

= 50,000원

② 30% 비율기준 ;[(합병 후 법인의 1주당 평가액 – 주가과대법인의 합병 전 1주당 평가액) / 합병 후 신설·존속법인의 1주당 평가액] ≥ 30%

$$= \frac{50{,}000\text{원(합병 후 존속법인의 평가액)} - 30{,}000\text{원(을법인의 평가액)}}{50{,}000\text{원(합병 후 존속법인의 평가액)}}$$

= 40% ≥ 30%

❸ 합병 전·후 주가 차액(3억원 금액기준) ;

(합병 전·후 1주당 평가 차액 × 합병 후 대주주의 주식수) ≥ 3억원

A주주 : (50,000원 – 30,000원) × (240,000주 – 125,000주) = 23억원

※ 따라서 ❷ 30% **비율기준**을 충족하므로 을법인의 대주주인 A주주에게 합병에 따라 얻은 증여이익상당액 23억원은 갑법인의 A주주, B주주 및 소액주주로부터 증여받은 것으로 보아 증여세를 과세한다.

수증자	증여재산 가액	증여자		
		(갑법인의 A주주)	(갑법인의 B주주)	(갑법인 소액주주)
A주주(을법인)	23억원	23억원×50%=11.5억원	23억원×40%=9.2억원	23억원×10%=2.3억원

4. 납부의무 및 연대납부의무

수증자가 상증법에 따라 증여세 납부의무를 부담하므로 합병에 따른 이익을 분여받은 자는 납부의무를 부담한다.

만일 수증자의 재산으로 조세채권이 확보하기가 곤란한 경우에도 증여자는 수증자가 납부하여야 할 증여세를 연대하여 납부할 의무를 지지 아니한다(상증법 §4의2 ⑥).

5. 최대주주의 할증평가

합병에 따른 이익을 계산함에 있어 최대주주에 대한 할증평가 규정은 적용하지 아니한다(상증령 §53 ⑥ 〈3〉). 다만 합병 전 합병당사법인의 순자산가액을 계산하는 경우 합병당사법인이 보유하고 있는 다른 상장법인의 주식가액은 할증평가 규정을 적용한다(재삼 46014-1411, 1999.7.23.).

Ⅳ 증자에 따른 이익의 증여

증자는 법인이 수권자본 범위 내에서 자본금을 증가시키는 것을 말하며, 주주는 증자시 주주평등의 원칙에 따라 그가 가진 주식 수에 따라 신주의 배정을 받을 권리가 있다.

법인이 자본금(출자금 포함)을 증가시키기 위해 새로운 주식 또는 지분을 발행(신주)함에 있어서 주주(출자자 포함)들의 증자 전 주식소유지분대로 신주를 인수하지 아니하여 지분율이 변동되거나 주식가치가 증감됨으로써 무상이전되는 효과가 발생한 경우에는 이를 증여로 보아 주식대금 납입일(주금납입일 이전에 신주인수권증서를 교부받은 경우에는 그 교부일)을 증여일로 하여 그 이익을 얻은 자에게 증여세를 과세한다.

1. 증자에 따른 이익

법인이 자본금을 증가시키면서 신주를 저가·고가발행한 경우로서 신주인수포기로 인한 실권주 재배정 등으로 얻은 이익의 증여는 유상 증자시 발행가액이 시가와 대비하여 실권주의 추가배정 유무 및 제3자 직접배정 등에 따라 발생된다.

구 분		과세 요건		수증자(납부의무자)
		특수관계인 적용 여부	30% 요건 적용 여부	
신주 저가발행 (신주 〈 시가)	① 실권주 재배정	×	×	① 실권주인수자
	② 실권주 실권처리	○	○	② 신주인수자
	③ 제3자 직접배정	×	×	③ 신주인수자
	④ 초과배정	×	×	④ 신주인수자
신주 고가발행 (신주 〉 시가)	⑤ 실권주 재배정	○	×	⑤ 신주인수권포기자
	⑥ 실권주 실권처리	○	○	⑥ 신주인수권포기자
	⑦ 제3자 직접배정	○	×	⑦ 기존주식보유자
	⑧ 초과배정	○	×	⑧ 기존주식보유자

그리고 위 표에서 신주의 저가・고가발행에 따른 이익의 증여에 사용하는 용어를 설명하면 다음과 같다.

용 어	설 명
실권주의 발생	회사의 유상증자는 신주 배정일을 공고하고 기존주주에게 청약을 통보하여 청약한 주주가 주금을 납입함으로써 완료된다. 이 경우 기존주주가 청약을 하지 아니하거나 주금을 납입하지 않을 경우 실권주가 발생하게 되며, 실권주는 정관에서 정하는 방식에 따라 공모방식 또는 제3자 직접배정방식 등으로 처리하게 된다.
실권주 재배정	실권주 재배정이란, 기존주주가 지분비율에 따라 신주를 배정받을 수 있는 권리의 전부 또는 일부를 포기한 경우, 그 포기한 신주(실권주)를 이사회 결의를 통해 기존의 다른 주주 또는 제3자에게 직접배정하는 것을 말한다.
실권주 실권처리	실권주 실권처리란, 실권주를 재배정하지 않고 실권처리하는 것을 말한다.
제3자 직접배정	제3자 직접배정이란, 기존주주의 지분에 관계없이 기존주주 또는 제3자에게 신주를 인수시키는 것을 말한다.
신주인수권	신주인수권이란 우선적으로 신주를 배정받을 수 있는 권리를 말한다.
신주 1주당 인수가액	신주 1주당 인수가액은 1주당 주식대금 납입액을 말한다.
소액주주	소액주주가 2명 이상인 경우에는 소액주주가 1명인 것으로 보아 현물출자에 따른 이익을 계산한다. 소액주주란 발행주식총수의 1% 미만을 소유하는 경우로서 주식의 합계액이 3억 미만인 주주를 말한다.

2. 신주의 저가 · 고가발행으로 인한 이익의 계산

법인이 설립 후 추가적인 자금조달 등의 목적으로 자본금(출자액 포함)을 증가시키기 위해 신주를 발행함에 있어서 신주인수포기로 다음과 같이 실권주의 재배정, 실권처리, 제3자배정 및 직접배정의 신주발행구분별로 이익을 얻은 경우 그 이익을 얻은 자에게 증여세를 과세한다(상증법 §39).

신주발행 구분	수증자 (납부의무자)	과세 요건 특수관계	 30% 요건**	증여재산가액*
〈신주의 저가발행〉				Ⓐ : 증자 후 1주당 평가액 Ⓑ : 신주 1주당 인수가액
① 실권주 재배정	신주를 소유 지분보다 초과 인수한 자	×	×	① (Ⓐ − Ⓑ) × 배정받은 실권주수
② 실권주 실권처리		○	○	② (Ⓐ − Ⓑ) × 실권주총수 × 증자 후 신주인수권자 지분비율 × (신주인수권자와 특수관계인의 실권주수 / 실권수총수)
③ 제3자 배정, 주주초과배정		×	×	③ (Ⓐ − Ⓑ) × 배정받은 실권주수
〈신주의 고가발행〉				
① 실권주 재배정	신주인수를 포기한 자 (신주를 배정 받을 수 있는 권리를 포기한 자)	○	×	① (Ⓑ − Ⓐ) × 신주인수 포기한 실권주수 × (실권주주와 특수관계인이 인수한 주식수 / 증자 전 지분대로 균등하게 증자하는 경우 증자 주식수)
② 실권주 실권처리		○	○	② (Ⓑ − Ⓐ) × 신주인수 포기한 실권주총수 × 증자 후 신주인수권자 지분비율 × (신주인수권자와 특수관계인의 실권주수 / 실권주총수)
③ 제3자 배정, 주주초과배정		○	×	③ (Ⓑ − Ⓐ) × 배정받은 실권주수

* 위 표에서 증여재산가액 계산시 사용하는 용어를 설명하면 다음과 같다.

Ⓐ 증자 후 1주당 평가액 : 다음의 이론주가로 하되 유가증권시장 · 코스닥시장 상장주식의 증자시에는 권리락 이후 2개월 간의 종가평균액과 이론주가 중 적은 금액으로 한다.

$$\text{이론 주가} = \frac{(\text{증자 전 1주당가액} \times \text{증자 전 주식수}) + (\text{신주 1주당 인수가액} \times \text{증자 주식수})}{\text{증자 전 주식수} + \text{증자 주식수}}$$

Ⓑ 1주당 신주인수가액 : 법인이 자본을 증가시키기 위해 발행하는 신주를 인수하는 주주가 회사에 납 입하는 1주당 주식대금 납입액을 말한다.

** 30% **요건**이란 증자 후 1주당 평가액과 신주인수가액의 차액이 증자 후 1주당 평가액의 30% 이상 차이가 있거나, 1인별 증여가액이 3억원 이상인 경우를 말한다.

신주 저가발행 실권주 실권처리(30% 요건)	신주 고가발행 실권주 실권처리(30% 요건)
Ⓐ : 증자 후 1주당 평가가액 Ⓑ : 1주당 인수가액 Ⓒ : 배정받은 실권주	
$\frac{Ⓐ - Ⓑ}{Ⓐ} \geq 30\%$ 또는 [(Ⓐ-Ⓑ)×Ⓒ]의 증여재산가액이 3억원 이상	$\frac{Ⓑ - Ⓐ}{Ⓐ} \geq 30\%$ 또는 [(Ⓑ-Ⓐ)×Ⓒ]의 증여재산가액이 3억원 이상

3. 신주의 저가발행으로 인한 이익의 계산

법인이 자본금을 증가시키기 위해 신주를 시가보다 저가발행한 신주인수포기로 인한 실권주의 추가배정 유무 및 제3자 직접배정 등에 따라 이익의 증여가 발생한다.

(1) 저가발행한 주식의 실권주를 재배정하는 경우

법인이 자본금을 증가시키면서 신주를 시가보다 저가발행한 경우로서 직접적 이익을 얻을 수 있음에도 불구하고 동 이익을 포기한 경우에는 신주인수포기자의 실권주를 재배정받은 자에게 이익을 증여하는 효과가 발생한다. 세법에서는 이러한 실권주를 재배정받음으로써 직접적으로 얻은 이익을 증여로 보아 실권주를 재배정받은 자에게 증여세를 과세한다.

즉, 법인이 신주를 시가보다 저가발행가액으로 증자하면서 기존주주가 신주인수를 포기하여 발생한 신주인수권의 전부 또는 일부 포기한 신주(실권주)를 이사회 결의를 통해 다른 기존주주 또는 제3자에게 직접 배정함에 따라 실권주를 배정받은 자가 자본금을 납입한 금액(신주인수가액)보다 증자 후 주식평가액이 높은 경제적 이익(증여재산가액)에 대해서는 특수관계인 여부 및 30% 요건에 관계없이 증여세를 과세한다.

증여재산가액 = (증자 후 1주당 평가액 - 신주 1주당 인수가액) × 배정받은 실권주수

평가액	상장 · 코스닥 상장법인	비상장법인
증자후 1주당 평가액	Min[①,②] ① 권리락일 이후 2개월 간의 최종시세가액의 평균액 ② 이론적 권리락 주식평가액 = $\frac{(\text{증자 전 1주당 평가액} \times \text{증자 전 주식수}) + (\text{신주 1주당 인수가액} \times \text{증자 주식수})}{\text{증자 전 주식수} + \text{증자 주식수}}$	② 이론적 권리락 주식평가액
증자전 1주당 평가액	증자에 따른 권리락일 이전 2개월 간의 종가액을 말한다.	증자일 현재 보충액 평가가액

※ 위 표에서 권리락이란 신주배정일이 경과되어 구주에게 부여되는 신주인수권 등이 소멸됨에 따라 이론적으로 계산된 가격(권리부가격과 권리락가격의 차이)만큼 주가를 하락시키는 조치(신주배정일의 전일)를 말한다.

Q 사례 1 저가발행한 신주의 실권주를 재배정한 경우

갑법인은 자본금을 증가시키기 위해 유상증자하면서 신주를 시가보다 낮게 발행할 계획이다. 다음 자료에 의해 신주의 실권주를 재배정받음으로써 얻은 이익(증여재산가액)을 계산하여라.

① 갑법인의 증자 전 현황은 다음과 같다.

상장 여부	발행주식총수	액면가액	1주당 평가액
비상장법인	50,000주	5,000원	40,000원

② 갑법인은 신주 발행가액을 1주당 10,000원으로 하여 2019.4.1.에 50,000주를 발행하였으며, A(아버지)의 신주인수포기한 실권주 30,000주 중 B(아들)와 C(딸)가 각각 15,000주씩 재배정받았으며, 증자 후 주식은 다음과 같이 변동되었다.

주주	증자 전 주식 현황		인수주식	실권주 재배정	증자 후 주식 현황	
	주식수	지분율			주식수	지분율(%)
A(아버지)	30,000	60%	실권	-	30,000	30%
B(아들)	10,000	20%	10,000	15,000	35,000	35%

주주	증자 전 주식 현황		인수주식	실권주 재배정	증자 후 주식 현황	
	주식수	지분율			주식수	지분율(%)
C(딸)	10,000	20%	10,000	15,000	35,000	35%
계	50,000주	100%	20,000	30,000	100,000	100%

풀이 1

❶ 증자 후 1주당 평가액 계산

증자 후 1주당 평가액 계산(이론적 권리락) =

$$\frac{(\text{증자 전 1주당 평가액} \times \text{증자 전 주식수}) + (\text{신주 1주당 인수가액} \times \text{증자 주식수})}{\text{증자 전 주식수} + \text{증자 주식수}}$$

$$= \frac{(40{,}000\text{원} \times 50{,}000\text{주}) + (10{,}000\text{원} \times 50{,}000\text{주}) = 2{,}500{,}000{,}000\text{원}}{50{,}000\text{주} + 50{,}000\text{주} = 100{,}000\text{주}}$$

= 25,000원

❷ 증여재산가액

저가 발행한 신주의 실권주를 재배정함으로써 얻은 이익의 증여재산가액 계산은 다음과 같다.

증여이익 = (증자 후 1주당 평가액 − 신주 1주당 인수가액) × 배정받은 실권주수

① B(아들)의 증여재산가액 : (25,000원 − 10,000원) × 15,000주 = 225,000,000원
② C(딸)의 증여재산가액 : (25,000원 − 10,000원) × 15,000주 = 225,000,000원

❸ 유의사항

저가 발행한 신주의 실권주를 재배정함으로 인해 경제적 이익을 얻는 경우에는 특수관계 여부 및 30% 요건에 관계없이 무조건 증여세가 과세된다.

(2) 저가발행한 신주의 실권주를 실권처리하는 경우

법인이 자본금을 증가시키면서 신주를 시가보다 저가발행한 신주의 실권주를 실권처리하게 되면 신주인수자는 지분율이 상승하여 신주인수포기자의 이익을 간접적으로 얻는 효과가 있다. 세법에서는 이러한 간접적 이익에 대하여 일정 요건을 갖추면 증여세를 과세하고 있다.

즉, 법인이 신주를 시가보다 저가발행가액으로 증자하면서 저가 발행한 신주를 기존주주가 신주인수권 행사를 포기하여 발생한 실권주를 이사회 결의를 통해 다른 기존주주 또는 제3자에게 실권처리함으로써 신주인수포기자와 특수관계인이 신주를 인수함에 따라 간접적으로 얻은 경제적 이익(증여재산가액)에 대해 30% 요건에 충족되면 증

여세가 과세된다.

$$\text{증여재산가액} = (\text{증자 후 1주당 평가액} - \text{신주 1주당 인수가액}) \times \text{실권주 총수} \times \text{증자 후 신주인수권자 지분비율} \times \frac{\text{신주인수권자와 특수관계인의 실권주 수}}{\text{실권주 총수}}$$

평가액	상장 · 코스닥 상장법인	비상장법인
증자후 1주당 평가액	Min[Ⓐ,Ⓑ] Ⓐ 권리락일 이후 2개월간의 최종시세가액의 평균액 Ⓑ 이론적 권리락 주식평가액 = $\frac{(\text{증자 전 1주당 평가액} \times \text{증자 전 발행주식총수}) + (\text{신주 1주당 인수가액} \times \text{증자 전 지분대로 균등하게 증자하는 경우의 증가주식수})}{\text{증자 전 주식수} + \text{증자 전 지분대로 균등하게 증자하는 경우의 증가주식수}}$	Ⓑ 이론적 권리락 주식 평가액
증자전 1주당 평가액	증자에 따른 권리락일 이전 2개월 간의 종가액을 말한다.	증자일 현재 보충액 평가액

사례 2 저가발행한 신주의 실권주를 실권처리한 경우

갑법인은 자본금을 증가시키기 위해 유상 증자하면서 신주를 시가보다 낮게 발행할 계획이다. 다음 자료에 의해 저가발행한 신주의 실권주를 실권처리함으로써 얻는 이익(증여재산가액)을 계산하여라.

① 갑법인의 증자 전 현황은 다음과 같다.

상장 여부	발행주식총수	액면가액	1주당 평가액
비상장법인	50,000주	5,000원	40,000원

② 갑법인은 발행가액을 1주당 10,000원으로 하여 2019.4.1.에 신주(50,000주)를 발행하였으며, A(아버지)에게 배정된 30,000주를 실권처리하였다. 증자 후 주식은 다음과 같이 변동되었다.

주주	증자 전 주식 현황		인수주식	실권주 재배정	증자 후 주식 현황	
	주식수	지분율			주식수	지분율(%)
A(아버지)	30,000	60%	실권	-	30,000	42.86%
B(아들)	10,000	20%	10,000	-	20,000	28.57%
C(딸)	10,000	20%	10,000	-	20,000	28.57%
계	50,000	100%	20,000	-	70,000	100%

풀이 2

❶ 증자 후 1주당 평가액 계산

증자 후 1주당 평가액 계산(이론적 권리락) =

$$\frac{(\text{증자 전 1주당 평가액} \times \text{증자 전 주식수}) + (\text{신주 1주당 인수가액} \times \text{증자 주식수})}{\text{증자 전 주식수} + \text{증자 주식수}}$$

$$= \frac{(40{,}000\text{원} \times 50{,}000\text{주}) + (10{,}000\text{원} \times 50{,}000\text{주})}{50{,}000\text{주} + 50{,}000\text{주}}$$

= 25,000원

❷ 과세요건 검토

특수관계가 성립되거나, 30% 요건에 충족되는 경우에는 증여세를 과세한다.

30% 요건 =

$$\frac{\text{증자 후 1주당 평가가액} - \text{1주당 인수가액}}{\text{증자 후 1주당 평가가}} \geq 30\% \text{ 또는 증여가액 3억원 이상}$$

$$= \frac{25{,}000\text{원} - 10{,}000\text{원}}{25{,}000\text{원}} = 60\% \geq 30\%$$이므로 증여세 과세요건에 충족된다.

❸ 증여재산가액

저가 발행한 신주의 실권주를 실권처리함으로 인하여 얻은 이익에 대한 수증자별 증여재산가액의 계산은 다음과 같다.

증여재산가액 =

(증자 후 1주당 평가액 - 신주 1주당 인수가액) × 실권주 총수

$$\times \text{증자 후 신주인수권자 지분비율} \times \frac{\text{신주인수권자와 특수관계인의 실권주수}}{\text{실권주 총수}}$$

① B(아들)의 증여재산가액

$$= (25{,}000\text{원} - 10{,}000\text{원}) \times 30{,}000\text{주} \times 28.57\% \times \frac{30{,}000\text{주}}{30{,}000\text{주}}$$

= 128,540,000원

② C(딸)의 증여재산가액

$$= (25{,}000원 - 10{,}000원) \times 30{,}000주 \times 28.57^{*}\% \times \frac{30{,}000주}{30{,}000주}$$

$$= 128{,}540{,}000원$$

〈검증〉

주주명	① 증자 전 주식가액	② 납입증자금액	③ 계(①+②)	④ 증자 후 주식가액	⑤ 증감(③-④)
A(아버지)	12억원	-	12억원	942,920,000원	- 257,080,000원
B(아들)	4억원	1억원	5억원	628,540,000원	+ 128,540,000원
C(딸)	4억원	1억원	5억원	628,540,000원	+ 128,571,429원
계	20억원	2억원	22억원	22억원	0원

❹ 유의사항

저가 발행한 신주의 실권주를 실권처리함으로써 경제적 이익을 얻은 경우에는 신주인수 포기한 주주와 신주인수자 간에 특수관계가 성립하거나, 30% 요건에 충족이 되면 실권처리로 인하여 얻은 이익(증여재산가액)을 증여세로 과세한다.

(3) 저가발행한 신주의 실권주를 제3자배정 · 초과배정하는 경우

법인이 자본금을 증가시키면서 신주를 시가보다 저가발행한 실권주를 제3자배정이나 해당 법인의 주주가 배정받을 수 있는 주식수를 초과하여 직접 배정받음으로써 얻은 경제적 이익(증여재산가액)에 대해 증여세를 과세한다.

즉, 법인이 신주를 시가보다 저가발행가액으로 증자하면서 주주평등의 원칙에 대한 예외로써 기존주주의 지분율에 관계없이 정관상 규정 또는 주주총회의 특별결의를 통해 제3자 또는 기존주주에게 그 저가 발행한 신주를 주주가 아닌 자가 직접 인수하거나 기존주주가 지분비율을 초과하여 배정받음으로써 얻은 경제적 이익(증여재산가액)에 대해서 증여세를 과세하는 것이다.

이 경우 특수관계 여부 및 30% 요건에 관계없이 증여세를 과세한다.

증여재산가액 = (증자 후 1주당 평가액 - 신주 1주당 인수가액) × 배정받은 실권주수

평가액	상장 · 코스닥 상장법인	비상장법인
증자후 1주당 평가액	Min[Ⓐ,Ⓑ] Ⓐ 권리락일 이후 2개월 간의 최종시세가액의 평균액 Ⓑ 이론적 권리락 주식평가액 = $\dfrac{\left(\text{증자 전 1주당 평가액} \times \text{증자 전 주식수}\right) + \left(\text{신주 1주당 인수가액} \times \text{증자 주식수}\right)}{\text{증자 전 주식수} + \text{증자 주식수}}$	Ⓑ 이론적 권리락 주식평가액
증자전 1주당 평가액	증자에 따른 권리락일 이전 2개월 간의 종가액을 말한다.	증자일 현재 보충액 평가가액

Q 사례 3 저가발행한 신주의 실권주를 재배정 · 실권처리한 경우

갑법인은 자본금을 증가시키기 위해 유상증자하면서 신주를 시가보다 낮게 발행할 계획이다. 다음 자료에 의해 저가발행한 신주의 실권주의 재배정 및 실권처로 인하여 얻은 이익(증여재산가액)을 계산하여라.

① 갑법인의 증자 전 현황은 다음과 같다.

상장 여부	발행주식총수	액면가액	1주당 평가액
비상장법인	50,000주	5,000원	40,000원

② 갑법인은 발행가액을 1주당 10,000원으로 하여 2019.4.1.에 신주(50,000주)를 발행하였으며, A(아버지)에게 배정된 30,000주 중 B(아들)에게 10,000주를 재배정하고 나머지 20,000주는 실권처리 하였다. 증자 후 주식은 다음과 같이 변동되었다.

주주	증자 전 주식 현황		인수주식	실권주 재배정	증자 후 주식 현황	
	주식수	지분율			주식수	지분율(%)
A(아버지)	30,000	60%	실권	–	30,000	37.5%
B(아들)	10,000	20%	10,000	10,000	30,000	37.5%
C(딸)	10,000	20%	10,000	–	20,000	25%
계	50,000	100%	20,000	10,000	80,000	100%

풀이 3

❶ 저가발행한 신주의 실권주를 재배정함으로 인하여 얻은 수증자의 증여재산가액 계산의 경우 30% 요건을 적용하지 아니한다.

① 증자 후 1주당 평가액 계산

$$\text{증자 후 1주당 평가액 계산} = \frac{\left(\text{증자 전 1주당 평가액} \times \text{증자 전 발행주식총수}\right) + \left(\text{신주 1주당 인수가액} \times \text{증자주식수}\right)}{\text{증자 전 주식수} + \text{증자주식수}}$$

$$= \frac{(40{,}000\text{원} \times 50{,}000\text{주}) + (10{,}000\text{원} \times 30{,}000\text{주}) = 2{,}300{,}000{,}000\text{원}}{50{,}000\text{주} + 30{,}000\text{주} = 80{,}000\text{주}}$$

= 28,750원

② 실권주를 재배정(B:아들)받음으로써 얻은 이익의 증여재산가액 계산

증여재산가액 =
(증자 후 1주당 평가액 - 1주당 신주인수가액) × 배정받은 실권주수

= (28,750원 - 10,000원) × 10,000주(실권주재배정) = 187,500,000원

❷ 저가발행한 실권주를 실권처리함으로 인하여 얻은 이익의 증여재산가액

① 증자 후 1주당 평가액 계산

$$\text{증자 후 1주당 평가액 계산} = \frac{\left(\text{증자 전 1주당 평가액} \times \text{증자 전 발행주식총수}\right) + \left(\text{신주 1주당 인수가액} \times \text{증자 전 지분대로 균등하게 증자하는 경우의 증가주식수}\right)}{\text{증자 전 주식수} + \text{증자 전 지분대로 균등하게 증자하는 경우의 증가주식수}}$$

$$= \frac{(40{,}000\text{원} \times 50{,}000\text{주}) + (10{,}000\text{원} \times 50{,}000\text{주})}{50{,}000\text{주} + 50{,}000\text{주}}$$

= 25,000원

② 과세요건 검토

특수관계가 성립되거나, 30% 요건에 충족되는 경우에는 증여세를 과세한다.

$$\textbf{30\% 요건} = \frac{\text{증자 후 1주당 평가가액} - \text{1주당 인수가액}}{\text{증자 후 1주당 평가가}} \geq 30\% \text{ 또는 증여가액 3억원 이상}$$

$$= \frac{25{,}000\text{원} - 10{,}000\text{원}}{25{,}000\text{원}} = 60\% \geq 30\%\text{이므로 증여세 과세요건을 충족한다.}$$

③ 실권주를 실권처리함으로써 얻은 수증자별 증여재산가액 계산

증여재산가액 =
(증자 후 1주당 평가액 - 신주 1주당 인수가액) × 실권주 총수

$$\times \text{증자 후 신주인수권자 지분비율} \times \frac{\text{신주인수권자와 특수관계인의 실권주수}}{\text{실권주 총수}}$$

㉮ B(아들)의 증여재산가액

$$= (25{,}000\text{원} - 10{,}000\text{원}) \times 20{,}000\text{주} \times 25\%^{*} \times \frac{20{,}000\text{주}}{20{,}000\text{주}}$$

= 75,000,000원

* 증자 후 신주인수자의 지분비율

$$\frac{30{,}000\text{주} - 10{,}000\text{주}}{80{,}000\text{주}} = 25\%$$

재배정한 10,000주에 대해서는 증여이익을 별도로 계산하였기에 차감하여 계산한다. 「상속세 및 증여세법 시행령」 제29조 제3항 제2호의 증여이익을 산정시 증자 후 신주인수자의 지분비율은 재배정받은 주식을 차감한 신주인수자의 주식수를 증자 후의 발행주식총수로 나누어 계산함(재산세과-60, 2010.2.1.).

㉯ C(딸)의 증여재산가액

$$= (25{,}000\text{원} - 10{,}000\text{원}) \times 20{,}000\text{주} \times 25\% \times \frac{20{,}000\text{주}}{20{,}000\text{주}}$$

= 75,000,000원

❸ 수증인별 증여이익 합계

수증인	실권주재배정	실권주실권처리	계
B(아들)	187,500,000	75,000,000	262,500,000
C(딸)	-	75,000,000	75,000,000

❹ 유의사항

저가 발행한 신주의 실권주를 실권처리함으로 인하여 경제적 이익을 얻은 경우에는 신주인수포기한 주주와 신주인수자 간에 특수관계가 성립하거나, 30% 요건에 충족되면 증여세를 과세한다.

Q 사례 4 저가발행한 신주의 실권주를 제3자배정·초과배정한 경우

갑법인은 자본금을 증가시키기 위해 유상증자하면서 신주를 시가보다 낮게 발행할 계획이다. 다음 자료에 의해 저가발행한 신주의 실권주를 제3자배정 및 초과배정받음으로 인한 이익(증여재산가액)을 계산하여라.

① 갑법인의 증자 전 현황은 다음과 같다.

상장 여부	발행주식총수	액면가액	1주당 평가액
비상장법인	50,000주	5,000원	40,000원

② 갑법인은 발행가액을 1주당 10,000원으로 하여 2019.4.1.에 50,000주를 발행하였으며, A(아버지)의 신주인수포기(실권주)분 30,000주 중 B(아들)에게 20,000주를 초

과배정하고, 나머지 10,000주는 C(딸)에게 직접 배정하였다. 증자 후 주식은 다음과 같이 변동되었다.

주주	증자 전 주식 현황		인수주식	초과배정	제3자배정	증자 후 주식 현황	
	주식수	지분율				주식수	지분율(%)
A(아버지)	30,000	60%	실권	–		30,000	30%
B(아들)	15,000	20%	15,000	20,000		50,000	50%
C(딸)	–	–	–	–	10,000	10,000	10%
소액주주	5,000	10%	5,000	–		10,000	10%
계	50,000	100%	20,000	20,000	10,000	100,000	100%

풀이 4

❶ 증자 후 1주당 평가액 계산

$$\text{증자 후 1주당 평가액 계산(이론주가)} = \frac{(\text{증자 전 1주당 평가액} \times \text{증자 전 주식수}) + (\text{신주 1주당 인수가액} \times \text{증자 주식수})}{\text{증자 전 주식수} + \text{증자 주식수}}$$

$$= \frac{(40{,}000\text{원} \times 50{,}000\text{주}) + (10{,}000\text{원} \times 50{,}000\text{주})}{50{,}000\text{주} + 50{,}000\text{주}}$$

$$= 25{,}000\text{원}$$

❷ 증여재산가액

저가 발행한 신주의 실권주를 재배정(B:아들) 및 초과배정(C:딸)하여 수증자별 증여재산가액 계산은 다음과 같다.

증여이익 =
(증자 후 1주당 평가액 - 신주 1주당 인수가액) × 배정받은 실권주수

① 실권주 초과배정으로 인한 B(아들)의 증여재산가액
= (25,000원 - 10,000원) × 20,000주 = 300,000,000원

② 제3자배정으로 인한 C(딸)의 증여재산가액
= (25,000원 - 10,000원) × 10,000주 = 150,000,000원

❸ 유의사항

저가 발행한 신주의 실권주를 초과배정 및 제3자배정으로 경제적 이익을 얻은 경우에는 특수관계 여부 및 30% 요건에 관계없이 무조건 증여세를 과세한다.

4. 신주의 고가발행으로 인한 이익

(1) 고가발행한 신주의 실권주를 재배정하는 경우

법인이 자본금을 증가시키면서 신주를 시가보다 고가발행한 신주를 기존주주들이 인수하지 아니하여 발생된 실권주를 신주인수포기자의 특수관계인이 배정받아 신주인수를 포기한 자가 자본금을 납입하지 아니하고도 증자 후 가치가 높아짐으로써 얻은 경제적 이익(증여재산가액)에 대해 증여받은 것으로 보아 증여세를 과세한다.

즉, 법인이 신주를 시가보다 고가발행가액으로 증자하면서 고가발행한 신주를 기존주주가 신주인수를 전부 또는 일부를 포기하여 발생한 실권주를 그와 특수관계인에게 재배정함에 따라 신주인수권포기자가 자본금을 납입하지 아니하고도 증자 후 주식가치가 높아짐에 따라 얻은 경제적 이익(증여재산가액)에 대하여 증여세를 과세하는 것이다.

이 경우 실권주를 배정받은 자와 신주인수권포기자 간에 특수관계가 성립한 경우에는 30% 요건에 관계없이 증여세를 과세한다.

$$\text{증여재산가액} = (\text{신주 1주당 인수가액} - \text{증자 후 1주당 평가액}) \times \text{신주 인수를 포기한 주주의 실권주수} \times \frac{\text{신주 인수를 포기한 주주와 특수관계있는 자가 인수한 실권주수}}{\text{실권주 총수}}$$

평가액	상장 · 코스닥 상장법인	비상장법인
증자후 1주당 평가액	Min[Ⓐ,Ⓑ] Ⓐ 권리락일 이후 2개월 간의 최종시세가액의 평균액 Ⓑ 이론적 권리락 주식평가액 = $\frac{\left(\text{증자 전 1주당 평가액} \times \text{증자 전 주식수}\right) + \left(\text{신주 1주당 인수가액} \times \text{증자 주식수}\right)}{\text{증자 전 주식수} + \text{증자 주식수}}$	Ⓑ 이론적 권리락 주식평가액
증자전 1주당 평가액	증자에 따른 권리락일 이전 2개월 간의 종가액을 말한다.	증자일 현재 보충액 평가가액

Q 사례 1 고가발행한 신주의 실권주를 재배정한 경우

갑법인은 자본금을 증가시키기 위해 유상증자하면서 신주를 시가보다 높게 발행할 계획이다. 다음 자료에 의해 고가발행한 실권주의 재배정으로 인하여 신주인수권포기자가 얻은 이익의 증여(증여재산가액)를 계산하여라.

① 갑법인의 증자 전 현황은 다음과 같다.

상장 여부	발행주식총수	액면가액	1주당 평가액
비상장법인	50,000주	5,000원	10,000원

② 갑법인은 신주 발행가액을 1주당 인수가액을 40,000원으로 하여 2019.4.1.에 50,000주를 발행하였으며, B(아들)과 C(딸)은 A(아버지)의 주식지분율에 상당하는 신주인수권포기분(실권주) 30,000주를 재배정받았다. 증자 후 주식은 다음과 같이 변동되었다.

주주	증자 전 주식 현황		인수주식	실권주 재배정	증자 후 주식 현황	
	주식수	지분율			주식수	지분율(%)
A(아버지)	30,000	60%	실권	-	30,000	30%
B(아들)	10,000	20%	10,000	15,000	35,000	35%
C(딸)	10,000	20%	10,000	15,000	35,000	35%
계	50,000	100%	20,000	30,000	100,000	100%

풀이 1

❶ 증자 후 1주당 평가액 계산

$$\text{증자 후 1주당 평가액 계산(이론주가)} = \frac{(\text{증자 전 1주당 평가액} \times \text{증자 전 주식수}) + (\text{신주 1주당 인수가액} \times \text{증자 주식수})}{\text{증자 전 주식수} + \text{증자 주식수}}$$

$$= \frac{(10{,}000\text{원} \times 50{,}000\text{주}) + (40{,}000\text{원} \times 50{,}000\text{주})}{50{,}000\text{주} + 50{,}000\text{주}}$$

$= 25{,}000$원

❷ 고가발행한 신주의 실권주를 재배정함으로써 신주인수권포기자가 얻는 이익(증여재산액)의 계산은 다음의 산식에 의해 계산한다.

증여재산가액 =

$$(\text{신주 1주당 인수가액} - \text{증자 후 1주당 평가액}) \times \text{신주 인수를 포기한 주주의 실권주수} \times \frac{\text{신주 인수를 포기한 주주와 특수관계인이 인수한 실권주수}}{\text{실권주 총수}}$$

① 신주 1주당 인수가액 : 40,000원
② B(아들)로부터 받은 증여재산가액 :

$$(40,000원 - 25,000원) \times 30,000주(실권주) \times \frac{15,000주}{30,000주} = 225,000,000원$$

③ C(딸)로부터 받은 증여재산가액 :

$$(40,000원 - 25,000원) \times 30,000주(실권주) \times \frac{15,000주}{30,000주} = 225,000,000원$$

❸ 유의사항

고가발행한 신주의 실권주를 재배정함으로 인해 경제적 이익을 얻은 경우에는 특수관계가 성립되면 30% 요건에 관계없이 증여세를 과세한다.

(2) 고가발행한 신주의 실권주를 실권처리하는 경우

법인이 자본금을 증가시키면서 신주를 시가보다 고가발행한 실권주를 실권처리함에 따라 신주인수권포기자가 경제적 이익을 얻은 경우에는 증여세를 과세한다.

즉, 법인이 신주를 시가보다 고가발행가액으로 증자하면서 고가발행한 신주를 기존주주가 신주인수를 포기하여 발생한 실권주를 재배정하지 않고, 실권처리함으로써 신주인수권포기자가 자본금을 납입하지 아니하고도 증자 후 주식가치가 높아짐에 따라 얻은 경제적 이익(증여재산가액)에 대하여 증여세를 과세하는 것이다.

이 경우 실권주를 배정받은 자와 신주인수를 포기한 주주 간에 특수관계가 성립하거나, 30% 요건에 충족되면 증여세를 과세한다.

증여재산가액 =

$$(신주\ 1주당\ 인수가액 - 증자\ 후\ 1주당\ 평가액) \times 신주\ 인수를\ 포기한\ 실권주수 \times \frac{신주\ 인수를\ 포기한\ 주주와\ 특수관계있는\ 자가\ 인수한\ 실권주수}{증자\ 전\ 지분대로\ 균등하게\ 증자하는\ 경우\ 증자\ 주식수}$$

평가액	상장 · 코스닥 상장법인	비상장법인
증자후 1주당 평가액	Min[Ⓐ,Ⓑ] Ⓐ 권리락일 이후 2개월간의 최종시세가액의 평균액 Ⓑ 이론적 권리락 주식평가액 = $\frac{\left(증자\ 전\ 1주당\ 평가액 \times 증자\ 전\ 주식수\right) + \left(신주\ 1주당\ 인수가액 \times 증자\ 주식수\right)}{증자\ 전\ 주식수 + 증자\ 주식수}$	Ⓑ 이론적 권리락 주식평가액

평가액	상장·코스닥 상장법인	비상장법인
증자전 1주당 평가액	증자에 따른 권리락일 이전 2개월간의 종가액을 말한다.	증자일 현재 보충액 평가가액

Q 사례 2 고가발행한 신주의 실권주를 실권처리한 경우

갑법인은 자본금을 증가시키기 위해 유상증자하면서 신주를 시가보다 높게 발행할 계획이다. 다음 자료에 의해 고가발행한 신주의 실권주를 실권처리로 인하여 신주인수권포기자가 얻은 이익(증여재산가액)을 계산하여라.

① 갑법인의 증자 전 현황은 다음과 같다.

상장 여부	발행주식총수	액면가액	1주당 평가액
비상장법인	50,000주	5,000원	10,000원

② 갑법인은 발행가액을 1주당 40,000원으로 2019.4.1.에 40,000주를 발행할 계획이었으나, A(아버지)에게 배정된 30,000주를 포기하여 갑법인은 이를 실권처리하였다. 증자 후 주식 현황은 다음과 같이 변동되었다.

주주	증자 전 주식 현황		배정주식	인수주식	증자 후 주식 현황	
	주식수	지분율			주식수	지분율(%)
A(아버지)	30,000	60%	30,000	실권	30,000	42.86%
B(아들)	10,000	20%	10,000	10,000	20,000	28.57%
C(딸)	10,000	20%	10,000	10,000	20,000	28.57%
계	50,000	100%	50,000	20,000	70,000	100%

풀이 2

❶ 증자 후 1주당 평가액 계산

$$증자\ 후\ 1주당\ 평가액\ 계산(이론주가) = \frac{(증자\ 전\ 1주당\ 평가액 \times 증자\ 전\ 주식수) + (신주\ 1주당\ 인수가액 \times 증자\ 주식수)}{증자\ 전\ 주식수 + 증자\ 주식수}$$

$$= \frac{(10{,}000원 \times 50{,}000주) + (40{,}000원 \times 20{,}000주) = 1{,}300{,}000{,}000원}{50{,}000주 + 20{,}000주(인수주식) = 70{,}000주}$$

= 18,571원

❷ 신주인수가액 ; 40,000원

❸ 증여재산가액 계산

고가발행한 신주의 실권주 실권처리분에 대한 증여재산가액은 다음과 같이 계산한다.

> 증여재산가액 =
>
> (신주 1주당 인수가액 − 증자 후 1주당 평가액) × 신주인수를 포기한 실권주수
>
> $\times \dfrac{\text{신주 인수를 포기한 주주와 특수관계인이 인수한 실권주수}}{\text{증자 전 지분대로 균등하게 증자하는 경우 증자 주식수}}$

① 과세요건

특수관계가 성립되거나, 30% 요건에 충족되는 경우에는 증여세를 과세한다.

> **30% 요건** =
>
> $\dfrac{\text{1주당 인수가액} - \text{증자 후 1주당 평가가액}}{\text{증자 후 1주당 평가가액}} \geq 30\%$ 또는 증여가액 3억원 이상

$= \dfrac{40{,}000\text{원} - 18{,}571\text{원}}{18{,}571\text{원}} = 115.4\% \geq 30\%$이므로 증여세 과세요건이 충족된다.

② 증여재산가액

= (40,000원 − 18,571원) × 30,000주 × {(10,000주+10,000주) ÷ 50,000주}

= 257,148,000원

❹ 유의사항

고가발행한 신주의 실권주를 실권처리로 인하여 경제적 이익을 얻은 경우에는 신주인수 포기한 주주와 신주인수자 간에 특수관계가 성립하거나, "30% 비율 요건"에 충족한 경우 증여세를 과세한다.

(3) 고가발행한 신주의 실권주를 제3자배정 · 초과배정하는 경우

법인이 자본금을 증가시키면서 증자 전 주식평가액보다 높은 가액으로 발행한 신주를 기존주주들의 지분비율대로 균등하게 인수하지 아니하고 특수관계인에게 직접 배정함으로써 신주인수를 포기하거나 균등하게 배정받지 아니한 주주가 자본금을 납입하지 아니하고도 증자 후 주식가치가 높아짐에 따라 얻은 경제적 이익(증여재산가액)에 대하여 증여세를 과세한다.

이 경우 신주인수를 포기하거나 균등하게 배정받지 아니한 주주와 신주를 직접 배정받거나 지분율을 초과하여 배정받은 자 간에 특수관계가 성립하는 경우에는 30% 요건에 관계없이 증여세를 과세한다.

증여재산가액 = (신주 1주당 인수가액 - 증자 후 1주당 평가액)

$$\times \frac{\text{신주를 배정받지 않거나 균등 조건에 의하여 배정받을 신주수에 미달하는 신주를 배정받은 주주의 배정받지 않거나 그 미달하게 배정받은 부분의 신주수}}{}$$

$$\times \frac{\text{신주인수를 배정받지 않거나 미달되게 배정받은 주주와 특수관계인이 인수한 신주수}}{\text{주주가 아닌 자에게 배정된 신주 및 당해 법인의 주주가 균등 조건에 의하여 배정받을 신주수를 초과하여 인수한 신주의 총수}}$$

평가액	상장 · 코스닥 상장법인	비상장법인
증자후 1주당 평가액	Min[Ⓐ,Ⓑ] Ⓐ 권리락일 이후 2개월간의 최종시세가액의 평균액 Ⓑ 이론적 권리락 주식평가액 = $\frac{\left(\text{증자 전 1주당 평가액} \times \text{증자 전 주식수}\right) + \left(\text{신주 1주당 인수가액} \times \text{증자 주식수}\right)}{\text{증자 전 주식수} + \text{증자 주식수}}$	Ⓑ 이론적 권리락 주식평가액
증자전 1주당 평가액	증자에 따른 권리락일 이전 2개월간의 종가액을 말한다.	증자일 현재 보충액 평가가액

Q 사례 3 고가발행한 신주의 실권주를 제3자배정 · 초과배정한 경우

갑법인은 자본금을 증가시키기 위해 유상증자하면서 신주를 시가보다 높게 발행할 계획이다. 다음의 자료에 의해 고가발행한 신주의 실권주를 제3자 배정과 초과배정에 따라 신주인수권포기자가 얻는 이익(증여재산가액)을 계산하여라.

① 갑법인의 증자 전 현황은 다음과 같다.

상장 여부	발행주식총수	액면가액	1주당 평가액
비상장법인	50,000주	5,000원	10,000원

② 갑법인은 발행가액을 1주당 40,000원으로 하여 2019.4.1.에 50,000주를 발행할 계획이며, A(아버지)의 신주인수포기(실권주)분 30,000주 중 B(아들)에게 20,000주를 초과배정하고, 나머지 10,000주는 C(딸)에게 직접 배정하였다. 증자후 주식은 다음과 같이 변동되었다.

주주	증자 전 주식 현황		배정주식	인수 주식	직접 배정	증자 후 주식 현황	
	주식수	지분율				주식수	지분율(%)
A(아버지)	30,000	60%	신주인수포기	-		30,000	37.5%
B(아들)	20,000	20%	20,000	20,000		40,000	50.0%
C(딸)	-	-	-	-	10,000	10,000	12.5%
계	50,000	100%	20,000	20,000	10,000	80,000	100%

풀이 3

❶ 증자 후 1주당 평가액 계산

$$\text{증자 후 1주당 평가액 계산(이론주가)} = \frac{(\text{증자 전 1주당 평가액} \times \text{증자 전 주식수}) + (\text{신주 1주당 인수가액} \times \text{증자 주식수})}{\text{증자 전 주식수} + \text{증자 주식수}}$$

$$= \frac{(10{,}000\text{원} \times 50{,}000\text{주}) + (40{,}000\text{원} \times 50{,}000\text{주}) = 2{,}500{,}000{,}000\text{원}}{50{,}000\text{주} + 50{,}000\text{주} = 100{,}000\text{주}}$$

= 25,000원

❷ 신주인수가액 ; 40,000원

❸ 증여재산가액 계산

고가발행한 신주의 실권주를 직접 배정받음으로써 얻은 경제적 이익의 실권주에 대한 증여재산가액은 다음과 같이 계산한다.

$$\text{증여재산가액} = (\text{신주 1주당 인수가액} - \text{증자 후 1주당 평가액}) \times \text{신주를 배정받지 않거나 균등 조건에 의하여 배정받을 신주수에 미달하는 신주를 배정받은 주주의 배정받지 않거나 그 미달하게 배정받은 부분의 신주수} \times \frac{\text{신주인수를 배정받지 않거나 미달되게 배정받은 주주와 특수관계인이 인수한 신주수}}{\text{주주가 아닌 자에게 배정된 신주 및 당해 법인의 주주가 균등 조건에 의하여 배정받을 신주수를 초과하여 인수한 신주의 총수}}$$

① B(아들)로부터 받은 실권주분 증여재산가액 :

$$= (40{,}000\text{원} - 25{,}000\text{원}) \times 30{,}000\text{주} \times \frac{20{,}000\text{주}}{30{,}000\text{주}} = 300{,}000{,}000\text{원}$$

② C(딸)로부터 받은 증여재산가액 :

$$= (40{,}000\text{원} - 25{,}000\text{원}) \times 30{,}000\text{주} \times \frac{10{,}000\text{주}}{30{,}000\text{주}} = 150{,}000{,}000\text{원}$$

❸ 유의사항

고가 발행한 신주의 실권주 직접 배정으로 인하여 경제적 이익을 얻은 경우로서 특수관계가 성립하는 경우에는 30% 비율 요건에 관계없이 증여세를 과세한다.

5. 전환주식의 전환에 따른 이익의 계산

법인이 자본금을 증가시키기 위하여 증자를 할 때 상법(§346)에 따른 전환주식을 발행한 경우 그 발행 이후 다른 종류의 주식으로 전환한 때에는 그 전환에 따라 추가로 전환이익이 발생할 수 있다.

전환권이 행사됨에 따라 교부받았거나 교부받을 주식의 가액이 전환주식 발행 당시 전환주식의 가액보다 높거나 낮아지게 되는 경우에는 주식을 교부받은 자 또는 그 특수관계인에게 경제적 이익이 무상이전되는 효과가 발생한다.

이 경우 전환주식을 시가보다 낮은 가액으로 발행한 경우 전환주식의 가액이 전환주식 발행당시 전환주식가액을 초과함으로써 그 주식을 교부받은 자가 얻은 경제적 이익(증여재산가액)과 전환주식을 시가보다 높은 가액으로 발생한 경우 전환주식의 가액이 전환주식 발행당시 전환주식가액보다 낮음으로써 얻는 경제적 이익(증여재산가액)은 전환한 날(증여시기)에 증여한 것으로 보아 증여세를 과세한다.

6. 납부의무 및 연대납부의무

수증자가 상증법에 따라 증여세 납부의무를 부담하므로 증자에 따른 이익을 분여받은 자는 증여세 납부의무가 있다.

만일 수증자의 재산으로 조세채권이 확보하기가 곤란한 경우에도 증여자는 수증자가 납부하여야 할 증여세를 연대하여 납부할 의무를 지지 아니한다(상증법 §4의2 ⑥).

7. 증여시기

주식의 증여시기는 다음에 따라 판단한다.

주식의 종류	증여시기
유가증권시장에 상장된 법인 또는 코스닥시장에 상장된 법인이 해당 법인의 주주에게 신주를 배정하는 경우	권리락이 있는 날
비상장법인의 경우	유상증자에 따른 주식대금 납입일(주금납입일 이전에 실권주를 재배정받은 자가 신주인수권증서를 교부받은 경우에는 그 교부일)

8. 최대주주의 할증평가

증자로 인하여 이익은 최대주주에 대한 할증평가 규정을 적용하지 아니한다(상증령 §53 ⑥ 〈3〉).

▌특정주주가 얻은 이익이 없는 경우

법인이 주주의 지분비율대로 균등하게 증자를 실시하여 특정주주가 얻은 이익이 없는 경우에는 증자에 따른 이익의 증여규정이 적용되지 아니한다(서면상속증여-1286, 2015.8.12.).

▌자기주식을 제외한 지분율로 균등 유상증자하는 경우 상증법상 증자에 따른 이익의 증여 해당 여부

법인이 자기주식을 제외한 각 주주의 지분비율대로 균등하게 증자를 실시함으로써 특정주주가 얻은 이익이 없는 경우에는 증자에 따른 증여이익 규정이 적용되지 아니한다(서면상속증여-2216, 2015.11.23.).

▌소액주주의 증여이익 계산

신주를 배정받을 수 있는 권리를 포기하거나 그 소유주식수에 비례하여 균등한 조건으로 배정받을 수 있는 수에 미달되게 신주를 배정받은 소액주주가 2명 이상인 경우에는 소액주주 1명이 그 권리를 포기하거나 신주를 미달되게 배정받은 것으로 본다(조심 2013중3451, 2013.10.8.).

▌회생절차로 주주의 의결권이 법률상 제한된 상태에서 증자 · 감자가 이루어진 경우

불균등 증자로 인하여 어느 주주가 이익을 분여받은 경우에는 증여세 과세대상에 해당하는 것이나, 「채무자 회생 및 파산에 관한 법률」에 따른 회생절차로 주주의 의결권이 법률상 또는 사실상 제한된 상태에서 증자가 이루어지고 이러한 행위가 증여세 회피목적 없이 이루어진 경우에는 증여세 과세대상에서 제외한다(재산-244, 2012.6.28.).

▌증여시기(상환우선주)

증자에 따른 이익의 계산은 주식대금 납입일을 기준으로 해야 하므로 주식 대금을 납입한 날을 기준으로 한 증여세 부과처분하여야 한다(의정부지법 2016구합7557, 2017.1.12.). 따라서 상환전환우선주에 의한 불균등증자에 따른 증여세 과세시 증여이익은 주식대금 납입일(주식대금 납입일 이전에 실권주를 배정받은 자가 신주인수권증서를 교부받은 경우에는 그 교부일)을 기준으로 계산한다(재재산-82, 2015.2.9.).

Ⅴ 감자에 따른 이익의 증여

법인이 감자를 실행함에 있어서 균등한 비율대로 감자하는 경우에는 지분의 변동이 없다.

그러나 일부 주주들의 주식에 대해서만 불균등하게 주식을 소각하고 1주당 평가액을 초과하여 감자대가를 지급하는 경우에는 해당 평가액과 감자대가와의 차액은 증여세가 과세된다.

즉, 법인의 자본금을 감소시키기 위해 일부 주주의 주식(출자지분 포함)을 다음과 같이 불균등감자(자기주식소각 제외)하는 경우 그 감소된 지분권이 다른 주주에게 경제적 이익(증여재산가액)이 무상으로 이전되는 효과가 발생하는 경우에는 증여세가 과세된다.

① 주식을 시가보다 낮은 대가로 소각한 경우(저가 불균등감자) ; 주식 등을 소각한 주주 등의 특수관계인에 해당하는 대주주 등이 얻은 이익

② 감자주식이 액면가액 이하이고, 주식을 시가보다 높은 대가로 소각한 경우(고가 불균등 감자) ; 대주주 등의 특수관계인에 해당하는 주식 등을 소각한 주주 등이 얻은 이익

▌과세기준금액을 초과하는 감자에 따른 이익의 증여재산가액 산정 방법

감자를 통해 얻은 이익이 기준금액을 초과하는지 여부는 대주주 등이 얻은 이익 전부로 판단하는 것이 아니라 대주주 각자가 얻은 이익을 기준으로 판단하는 것이다(사전법령해석재산 2016-569, 2017.8.8.).

1. 감자방식에 따른 이익의 계산

법인이 특정주주의 주식을 감자하는 경우로서 감자대가가 1주당 평가액의 30% 이상이거나 감자로 인한 대주주의 이익이 3억원을 초과하는 경우(30% 요건) 그 특정주주와 특수관계에 있는 대주주가 상대적으로 이전받게 되는 경제적 이익에 대하여 증여세를 과세하는 것으로 감자방식에 따른 증여이익 발생 여부는 다음과 같다(상증법 집행기준 39의2-0-3).

감자방식		감자시 주주에 대한 영향	증여세 과세 여부
액면감소		모든 주주의 소유주식 동일하게 적용	×
주식병합			
주식소각	유상소각	특정주주에게만 적용하는 경우	○
	무상소각		

2. 주식을 시가보다 낮은 대가로 소각한 경우(저가 불균등감자)

(1) 과세대상

법인이 자본금을 감소시키기 위해 주식을 소각하는 것으로서 일부 주주들의 주식에 대해 시가보다 낮은 대가로 감자(저가 불균등감자)함에 따라 그 감소된 지분권이 주식을 소각한 주주의 특수관계인에 해당하는 대주주에게 당해 감자한 주식의 평가액과 소각 대가와의 차액 상당액이 무상이전되는 이익은 증여로 보아 증여세를 과세한다(상증법 §39의2 ① 〈1〉).

(2) 요건

저가 불균등감자에 따른 이익의 증여는 다음의 요건을 모두 충족한 경우에 적용된다.

① 주식을 시가보다 낮은 대가로 소각한 경우

② 주식소각을 수반하는 불균등감자일 것

③ 주식을 소각한 주주와 특수관계인에 해당하는 대주주일 것

(3) 증여재산가액

저가불균등감자에 따른 이익(증여재산가액)은 다음의 금액으로 한다.

$$\text{증여재산가액} = (①-②) \times ③ \times ④ \times \frac{\text{대주주와 특수관계인의 감자 주식의 수}}{③}$$

① ; 감자한 주식의 1주당 평가액
② ; 주식 소각시 지급한 1주당 금액
③ ; 총감자 주식의 수
④ ; 대주주의 감자 후 지분비율

증여재산가액은 수증인별로 다음의 기준 이상인 경우에만 적용된다.

30% 요건 ; Min〔①, ②〕

① $\frac{\text{감자한 주식 평가액 − 주식소각시 지급한 1주당 금액}}{\text{감자한 주식 평가액}}$ × 30%에 상당하는 금액

② 3억원

사례 1 주식을 시가보다 낮은 대가로 소각한 경우(저가 불균등감자)

「갑」법인은 사업규모상 2019.4.1. 현재 자본금이 과잉상태이므로 주주에게 일정금액을 되돌려주기 위해 실질적인 자본을 감소할 계획이다.

다음의 자료에 의해 「갑」법인의 주식을 시가보다 낮은 대가로 지급한 경우(저가 불균등감자) 증여재산가액을 계산하어라.

① 갑법인의 감자 전 현황은 다음과 같다.

상장 여부	발행주식총수	액면가액	1주당 평가액
비상장법인	50,000주	5,000원	40,000원

② 갑법인은 2019.4.1.에 A(아버지)의 주식보유분(30,000주)을 1주당 10,000원을 지급하고 10,000주를 소각하였으며, 감자 후 주주별 지분율은 다음과 같이 변동되었다.

주주	감자 전 주식 현황		감자 내용		감자 후 주식 현황	
	주식수	지분율	감자 주식수	감자대가	주식수	지분율(%)
A(아버지)	30,000	60%	10,000	4억원	20,000	50%
B(아들)	15,000	30%	–	–	15,000	37.5%
C(딸)	5,000	10%	–	–	5,000	12.5%
계	50,000	100%	10,000	4억원	40,000	100%

풀이 1

❶ 증여세 과세대상 증여재산가액의 검토

30% **요건** = Min[①, ②]

① $\frac{\text{감자한 주식 1주당 평가액 − 소각시 지급한 1주당 금액}}{\text{감자한 주식 1주당 평가가액}}$ ≥ 30%에 상당하는 금액

② 3억원 이상

$= \dfrac{40,000\text{원} - 10,000\text{원}}{40,000\text{원}} =$ 75% ≥ 30% 이상이므로 3억원 이상 여부에 관계없이 증여세 과세대상이다.

❷ 수증자별 증여재산가액 계산

> **증여재산가액** = (①−②) × ③ × ④ × $\dfrac{\text{대주주와 특수관계인의 감자 주식의 수}}{③}$
>
> ① : 감자한 주식의 1주당 평가액
> ② : 주식 소각시 지급한 1주당 금액
> ③ : 총감자 주식의 수
> ④ : 대주주의 감자 후 지분비율

① B(아들)의 증여재산가액
(40,000원 − 10,000원) × 10,000주 × 37.5% × 10,000주 ÷ 10,000주 = 112,500,000원

② C(딸)의 증여재산가액
(40,000원 − 10,000원) × 10,000주 × 12.5% × 10,000주 ÷ 10,000주 = 37,500,000원

❸ 유의사항

주식을 시가보다 낮은 대가로 소각한 경우로써 특정주주인 A(아버지)만 불균등감자하여 특수관계인 B와 C의 지분율이 증가하고, 30% 요건에 충족하므로 3억원 이상 여부에 관계없이 B와 C에게 감자에 따른 이익(증여재산가액)을 증여로 보아 증여세를 과세한다.

3. 감자주식이 시가보다 높은 대가로 소각한 경우(고가 불균등감자)

(1) 과세대상

법인이 자본금을 감소시키기 위해 주식을 소각하는 것으로서 일부 주주들의 주식에 대해서 감자주식이 액면가액 이하이고, 시가보다 높은 대가로 감자(고가 불균등감자)함에 따라 그 감소된 지분권이 주식을 소각한 주주와 대주주의 특수관계인에 해당하는 주식을 소각한 주주에게 해당 주식의 소각대가와 감자한 주식의 평가액과의 차액 상당액이 무상으로 이전되는 이익을 증여로 보아 증여세를 과세한다.

(2) 요건

고가 불균등감자에 따른 이익의 증여는 다음의 요건을 모두 충족한 경우에 적용된다.

① 감자주식이 액면가액 이하이고, 주식을 시가보다 높은 대가로 소각한 경우
② 주식소각을 수반하는 불균등감자일 것
③ 주식 등을 소각한 주주와 대주주의 특수관계인에 해당하는 주식을 소각한 주주일 것

(3) 증여재산가액

고가 불균등감자에 따른 이익의 증여(증여이익)는 다음에 따라 계산한 금액으로 한다. 이 경우 감자에 따라 대주주가 얻은 이익 계산시 최대주주의 할증평가 규정은 적용하지 아니한다.

증여재산가액 = (①−②) × 해당 주주의 감자한 주식의 수

① ; 주식 소각시 지급한 1주당 금액
② ; 감자한 주식의 1주당 평가액

증여재산가액은 수증인별로 다음의 기준금액 이상(30% 요건)인 경우에 적용된다.

30% 요건 ; Min〔①, ②〕

① $\frac{\text{주식소각시 지급한 1주당 금액 - 감자한 주식 평가액}}{\text{감자한 주식 평가액}}$ × 30%에 상당하는 금액

② 3억원

Q 사례 2 감자주식을 시가보다 높은 대가로 소각한 경우 I (고가 불균등감자)

갑법인은 사업규모상 2019.4.1. 현재 자본금이 과잉상태이므로 주주에게 일정금액을 되돌려주기 위해 실질적인 자본을 감소할 계획이다.
다음의 자료에 의해 주식을 시가보다 높은 대가로 지급하고 감자에 따른 증여재산가액을 계산하여라.

① 갑법인의 감자 전 현황은 다음과 같다.

상장 여부	발행주식총수	액면가액	1주당 평가액
비상장법인	50,000주	5,000원	3,000원

② 갑법인은 2019.4.1.에 A(아버지)의 주식보유분(30,000주)을 1주당 5,000원을 지급하고 30,000주를 소각하였다. 감자 후 주주별 지분율은 다음과 같이 변동되었다.

주주	감자 전 주식 현황		감자 내용		감자 후 주식 현황	
	주식수	지분율	감자 주식수	감자대가	주식수	지분율(%)
A(아버지)	30,000	60%	30,000	12억원	-	-
B(아들)	15,000	30%	-	-	37,500	75%
C(딸)	5,000	10%	-	-	12,500	25%
계	50,000	100%	30,000	12억원	50,000	100%

풀이 2

❶ 증여세 과세대상 증여재산가액의 검토

다음과 같이 30% 요건에 충족하므로 증여세를 과세한다.

> **30% 요건** = Min[①, ②]
>
> ① $\dfrac{\text{소각시 지급한 1주당 금액} - \text{감자한 주식1주당 평가가액}}{\text{감자한 주식 1주당 평가가액}} \geq$ 30%에 상당하는 금액
>
> ② 3억원 이상

$= \dfrac{5{,}000\text{원} - 3{,}000\text{원}}{3{,}000\text{원}} =$ 66.7% ≥ 30% 이상이므로 3억원 이상 여부에 관계없이 증여세 과세대상이다.

❷ 수증자별 증여재산가액 계산

> **증여재산가액** = (①-②) × 해당 주주의 감자한 주식의 수
>
> ① : 주식 소각시 지급한 1주당 금액
>
> ② : 감자한 주식의 1주당 평가액

① B(아들)의 증여재산가액

(5,000원 - 3,000원) × 30,000주 × 75% × 30,000주 ÷ 30,000주 = 45,000,000원

② C(딸)의 증여재산가액

(5,000원 - 3,000원) × 30,000주 × 25% × 30,000주 ÷ 30,000주 = 155,000,000원

❸ 유의사항

주식을 시가보다 높은 대가로 소각한 경우로서 특정주주인 A(아버지)만 불균등감자하여 특수관계인 B와 C의 지분율이 증가하고, 30% 요건에 충족하므로 3억원 이상 여부에 관계없이 B와 C에게 감자에 따른 이익을 증여로 보아 증여세를 과세한다.

사례 3 감자주식을 시가보다 높은 대가로 소각한 경우Ⅱ(고가 불균등감자)

A사는 사업규모상 2019.4.1. 현재 자본금이 과잉상태이므로 주주에게 일정금액을 되돌려주기 위해 실질적인 자본을 감소할 계획이다.
다음의 자료에 의해 주식을 시가보다 높은 대가로 지급하고 감자에 따른 증여재산가액을 계산하여라(상증법 집행기준 39의2-29의2-5).

① A사 감자결의내역

㉠ 乙 주주의 소유주식 500주 무상으로 감자

㉡ A사 주식 액면가액 : 5,000원

㉢ 감자주식 1주당 평가액 : 15,000원

② 감자 전·후 주주별 지분 현황

구분	감자 전 현황		감자 후 현황	
	주식수	지분율	주식수	지분율
갑(부)	1,200	60%	1,200	80%
을(자)	500	25%	0	0%
병(자)	300	15%	300	20%
계	2,000	100%	1,500	100%

풀이 3

❶ 30% 요건 검토

① 을의 특수관계인 대주주 검토 : 갑, 을 모두 해당함

② 30% 요건 적용 : (15,000 − 0)/15,000 = 100% ≥ 30% : 요건 충족함

❷ 증여이익 계산

① 甲의 증여이익 : (15,000 − 0) × 500주 × 80% × 500/500 = 6,000,000원

② 丙의 증여이익 : (15,000 − 0) × 500주 × 20% × 500/500 = 1,500,000원

4. 납부의무 및 연대납부의무

불균등감자로 인해 주식 등을 소각한 주주와 대주주의 특수관계인에 해당하는 주식을 소각한 주주가 얻은 이익은 증여세 납부의무가 있다.

만일 수증자의 재산으로 조세채권이 확보하기가 곤란한 경우에도 증여자는 수증자가 납부하여야 할 증여세를 연대하여 납부할 의무를 지지 아니한다(상증법 §4의2 ⑥).

보충설명

대주주란 해당 주주 등의 지분 및 그와 특수관계인의 지분을 포함하여 해당 법인의 발행주식총수 등의 1% 이상을 소유하거나 소유 주식의 액면가액이 3억원 이상인 주주를 말한다. 이 경우 증여일부터 소급하여 1년 이내에 동일한 거래 등이 있는 경우에는 각각의 거래 등에 따른 이익을 해당 이익별로 합산하여 금액기준(3억원)을 계산한다.

특수관계인이란 본인과 친족관계, 경제적 연관관계 또는 경영지배관계 등 상증령(§2의2 ①)에 해당하는 관계에 있는 자를 말한다. 이 경우 특수관계인 여부는 쌍방관계를 기준으로 판단한다. 즉 어느 한 쪽을 기준으로 하여 특수관계인에 해당하면 다른 쪽을 기준으로 하여도 특수관계인에 해당한다.

5. 최대주주의 할증평가

감자로 인하여 이익은 최대주주에 대한 할증평가 규정을 적용하지 아니한다(상증령 §53 ⑥ 〈3〉).

▌평가기준일

감자한 주식 1주당 평가일은 감자를 위한 주주총회 결의일을 기준으로 평가한다(서면4팀-1698, 2001.10.22.). 감자(주식소각)에 따른 증여이익의 산정기준시점은 소각을 위하여 자기주식을 취득하는 이사회 결의일이 아니라 주식소각을 위한 주주총회 결의일이다(수원지법 2017구합67194, 2018.4.26.).

▌감자를 통해 얻은 이익의 기준금액 적용 방법

감자를 통해 얻은 이익이 기준금액을 초과하는지 여부는 대주주 등이 얻은 이익 전부로 판단하는 것이 아니라 대주주 각자가 얻은 이익을 기준으로 판단한다(사전법령재산-569, 2017.8.8.).

▌퇴직이사의 감자결의일 당시 퇴직 후 3년(2019.1.1. 전은 5년)이 경과하지 아니한 특수관계인 여부

법인의 이사였다가 감자결의일 당시 퇴직 후 3년이 경과하지 아니한 자는 특수관계자에 해당한다(서울행법 2015구합57512, 2015.12.10.).

▌주식을 매입하여 소각하여 이익이 없는 경우

감자 전에 각 주주들이 소유하고 있는 주식수대로 균등하게 주식을 매입하여 소각함으로써 특정주주가 얻은 이익이 없는 경우에는 증여세가 과세되지 아니한다(재산-411, 2012.11.19.).

▌회생절차로 주주의 의결권이 법률상 제한된 상태에서 감자가 이루어진 경우

불균등 감자로 인하여 어느 주주가 이익을 분여받은 경우에는 증여세 과세대상에 해당하는 것이나, 「채무자 회생 및 파산에 관한 법률」에 따른 회생절차로 주주의 의결권이 법률상 또는 사실상 제한된 상태에서 감자가 이루어지고 이러한 행위가 증여세 회피목적 없이 이루어진 경우에는 증여세 과세대상에서 제외한다(재산-244, 2012.6.28.).

Ⅵ 현물출자에 따른 이익의 증여

현물출자는 금전 이외의 재산으로 출자하는 것을 의미하는 것으로 법인이 설립시 또는 증자시 주식대금을 현금이 아닌 부동산이나 유가증권 등을 출자하고, 출자한 법인의 주식을 교부받는 것을 말한다.

세법상 현물출자에 따른 과세유형은 신주를 시가보다 낮은 가액으로 인수(발행가격)하여 현물출자자가 이익을 얻거나, 신주를 시가보다 높은 가액으로 인수(발행가격)하여 현물출자자의 특수관계인의 주주(출자자 포함)가 이익을 얻는 경우에 따라 현물출자한 주금납입일(증여시기)에 그 이익을 얻는 자(납부의무자)에게 증여를 받은 것으로 보아 증여세를 과세한다(상증법 §39의3).

1. 개요

(1) 과세요건과 납부의무자

현물출자에 따른 이익에 대하여 증여세를 과세하는 경우 과세요건과 납부의무자는 다음과 같다.

현물출자시 신주의 인수가액	과세 요건		증여자	수증자 (납부의무자)
	특수관계인 적용 여부	30% 요건 적용 여부		
신주를 저가인수한 경우	×	×	현물출자자 외 다른 주주	현물출자자
신주를 고가인수한 경우	○	○	현물출자자	현물출자자와 특수관계인 현물출자자 외의 기존주주

위 표에서 30% 요건이란 다음과 같이 현물출자 후 1주당 평가가액과 신주 1주당 인수가액의 차액이 현물출자 후 1주당 평가액의 30% 이상 차이가 있거나, 1인별 증여가액이 3억원 이상인 경우를 말한다.

신주를 시가보다 높은 가액으로 인수하는 경우에만 적용하는 30% 요건을 적용
Ⓐ ; 신주 1주당 인수가액 Ⓑ ; 현물출자 후 1주당 평가가액 Ⓒ ; $\text{현물출자자의 인수주식수} \times \dfrac{\text{현물출자자의 특수관계인인 주주의 현물출자 전 주식수}}{\text{현물출자 전 발행주식총수}}$
30% **요건** ; Max[①, ②] ① 비율기준 ; $\dfrac{Ⓐ - Ⓑ}{Ⓐ} \geq 30\%$ ② 금액기준 ; [(Ⓐ − Ⓑ) × Ⓒ]의 증여가액이 3억원 이상

(2) 현물출자 전·후의 1주당 평가액

현물출자에 따른 이익 계산시 현물출자 전·후의 1주당 평가액은 상장·코스닥 상장법인 및 비상장법인에 따라 다음과 같이 계산한다.

평가액	상장·코스닥 상장법인	비상장법인
현물출자 후 1주당 평액	Min[①, ②] ① 권리락일 이후 2개월 간의 최종시세가액의 평균액 ② 이론적 권리락 주식평가액 = $\dfrac{\left(\text{현물출자 전 1주당 평가액} \times \text{현물출자 전 발행주식총수}\right) + \left(\text{신주 1주당 인수가액} \times \text{현물출자로 증가한 주식수}\right)}{\text{현물출자 전 발행주식총수} + \text{현물출자로 증가한 주식수}}$	Ⓑ 이론적 권리락 주식평가액

평가액	상장·코스닥 상장법인	비상장법인
현물출자 전 1주당 평가액	현물출자 전 2개월이 되는 날부터 현물출자일 전일까지 2개월간의 최종시세가액의 평균액을 말한다.	현물출자일 현재 보충액 평가가액

2. 신주를 시가보다 낮은 가액으로 인수하는 경우

현물출자에 의하여 신주를 시가보다 낮은 가액으로 인수(발행가격)하여 현물출자자가 이익을 얻는 경우에는 그 이익을 얻는 자에게 증여받은 것으로 보아 증여세가 과세된다. 이 경우 증여재산가액은 현물출자자와 기존주주 사이에 특수관계 여부 및 30% 요건에 관계없이 증여세를 과세한다.

증여재산가액 = (①-②) × ③ × ④
① 현물출자 후 1주당 평가액
② 1주당 신주인수가액
③ 현물출자자가 배정받은 신주수
④ $\frac{\text{현물출자 전 현물출자자와 특수관계인인 주주의 주식수}}{\text{현물출자 전 발행주식총수}}$

현물출자자가 아닌 주주 중 소액주주가 2명 이상인 경우에는 소액주주가 1명인 것으로 보아 현물출자에 따른 이익을 계산한다. 소액주주란 발행주식총수의 1% 미만을 소유하는 경우로서 주식의 합계액이 3억 미만인 주주를 말한다.

Q 사례 1 신주를 시가보다 낮은 가액으로 인수하는 경우

갑법인은 현물출자에 통해 자본금을 증자할 계획이다.
다음의 자료에 의해 현물출자시 신주를 시가보다 낮은 가액으로 인수함에 따른 증여이익을 계산하여라.
① 갑법인의 현물출자 전 현황은 다음과 같다.

상장 여부	발행주식총수	액면가액	1주당 평가액
비상장법인	50,000주	5,000원	40,000원

② 갑법인의 B(아들)는 2019.4.1.에 시가 10억원 상당의 부동산을 현물출자하고 신주 50,000(발행가격; 20,000원)를 교부받았다. 현물출자 후 주식 현황은 다음과 같이 변동되었다.

주 주	현물출자 전 주식 현황		인수주식	현물출자 후 주식 현황	
	주식수	지분율		주식수	지분율(%)
A(아버지)	30,000	60%	–	30,000	30%
B(아들)	10,000	20%	50,000	60,000	60%
C(딸)	10,000	20%	–	10,000	10%
계	50,000	100%	50,000	100,000	100%

풀이 1

❶ 현물출자 후 1주당 평가액 계산

$$\text{현물출자 후 1주당 평가액} = \frac{\left(\begin{matrix}\text{현물출자 전}\\ \text{1주당 평가액}\end{matrix} \times \begin{matrix}\text{현물출자 전}\\ \text{발행주식총수}\end{matrix}\right) + \left(\begin{matrix}\text{신주 1주당}\\ \text{인수가액}\end{matrix} \times \begin{matrix}\text{현물출자로}\\ \text{증가한 주식수}\end{matrix}\right)}{\text{현물출자 전 발행주식총수} + \text{현물출자로 증가한 주식수}}$$

$$= \frac{(40{,}000\text{원} \times 50{,}000\text{주}) + (20{,}000\text{원} \times 50{,}000\text{주}) = 3{,}000{,}000{,}000\text{원}}{(50{,}000\text{주} + 50{,}000\text{주}) = 100{,}000\text{주}}$$

= 30,000원

❷ B(아들)의 증여재산가액 계산은 다음과 같다.

증여재산가액 = (① − ②) × ③ × ④

① 현물출자 후 1주당 평가액

② 1주당 신주인수가액

③ 현물출자자가 배정받은 신주수

④ $\dfrac{\text{현물출자 전 현물출자자와 특수관계인인 주주의 주식수}}{\text{현물출자 전 발행주식총수}}$

① A(아버지)로부터 받은 증여재산가액

= (30,000원 − 20,000원) × 50,000주 × 60%(현물출자 전 지분율) = 300,000,000원

② C(딸)로부터 받은 증여재산가액

= (30,000원 − 20,000원) × 50,000주 × 20%(현물출자 전 지분율) = 100,000,000원

❸ 유의사항

현물출자에 의하여 주식을 시가보다 낮은 가액으로 인수(발행가격)함으로 인하여 현물출자자가 이익을 얻는 경우에는 특수관계 여부 및 30% 요건에 관계없이 증여세가 과세된다.

3. 신주를 시가보다 높은 가액으로 인수하는 경우

현물출자에 의하여 신주를 시가보다 높은 가액으로 인수(발행가격)하여 현물출자자와 특수관계인 현물출자자 외의 주주 또는 출자자에게 발생한 이익(증여이익)을 증여로 보아 증여세를 과세한다. 이 경우 증여이익은 현물출자자와 기존주주사이에 특수관계가 성립하거나 또는 증여이익 규모가 30% 요건에 충족되면 증여세를 과세한다.

증여재산가액 = (② - ①) × ③ × ④
① 현물출자 후 1주당 평가액
② 1주당 신주인수가액
③ 현물출자 자가 배정받은 신주수
④ $\frac{\text{현물출자 전 현물출자자와 특수관계인인 주주의 주식수}}{\text{현물출자 전 발행주식총수}}$

여기서 특수관계인이란 본인과 친족관계, 경제적 연관관계 또는 경영지배관계 등 상증령(§2의2 ①)에 해당하는 관계에 있는 자를 말한다. 이 경우 본인도 특수관계인의 특수관계인으로 본다.

Q 사례 2 신주를 시가보다 높은 가액으로 인수하는 경우

갑주식회사는 자본금을 증가시키기 위해 현물출자에 의해 증자할 계획이다.
다음의 자료에 의해 현물출자시 신주를 시가보다 높은 가액으로 인수함에 따른 증여이익을 계산하여라.

① 갑법인의 현물출자 전 현황은 다음과 같다.

상장 여부	발행주식총수	액면가액	1주당 평가액
비상장법인	50,000주	5,000원	20,000원

② 갑법인의 B(1자)는 2019.4.1.에 시가 10억원 상당의 부동산을 현물출자하고 신주 50,000주(발행가격; 40,000원)를 교부받았다. 현물출자 후 주식 현황은 다음과 같이 변동되었다.

주 주	현물출자 전 주식 현황		인수주식	현물출자 후 주식 현황	
	주식수	지분율		주식수	지분율(%)
A(아버지)	30,000	60%	-	30,000	30%
B(아들)	10,000	20%	50,000	60,000	60%
C(딸)	10,000	20%	-	10,000	10%
계	50,000	100%	50,000	100,000	100%

풀이 2

❶ 현물출자 후 1주당 평가액 계산

$$\text{현물출자 후 1주당 평가액} = \frac{\left(\begin{matrix}\text{현물출자 전}\\\text{1주당 평가액}\end{matrix} \times \begin{matrix}\text{현물출자 전}\\\text{발행주식총수}\end{matrix}\right) + \left(\begin{matrix}\text{신주 1주당}\\\text{인수가액}\end{matrix} \times \begin{matrix}\text{현물출자로}\\\text{증가한 주식수}\end{matrix}\right)}{\text{현물출자 전 발행주식총수} + \text{현물출자로 증가한 주식수}}$$

$$= \frac{(20{,}000\text{원} \times 50{,}000\text{주}) + (40{,}000\text{원} \times 50{,}000\text{주}) = 3{,}000{,}000{,}000\text{원}}{(50{,}000\text{주} + 50{,}000\text{주}) = 100{,}000\text{주}}$$

= 30,000원

❷ 증여재산가액 계산

증여재산가액 = (②-①) × ③ × ④

① 현물출자 후 1주당 평가액

② 1주당 신주인수가액

③ 현물출자 자가 배정받은 신주수

④ $\dfrac{\text{현물출자 전 현물출자자와 특수관계인인 주주의 주식수}}{\text{현물출자 전 발행주식총수}}$

① A(아버지)의 증여재산가액 :

(40,000원 - 30,000원) × 50,000주 × 60%(현물출자 전 지분율) = 300,000,000원

② C(딸)의 증여재산가액 :

(40,000원 - 30,000원) × 50,000주 × 20%(현물출자 전 지분율) = 100,000,000원

❸ 유의사항

현물출자에 의하여 주식을 시가보다 높은 가액으로 인수(발행가격)함으로써 현물출자자와 특수관계인 현물출자자 외의 주주 또는 출자자가 이익을 얻는 경우에는 현물출자자와 기존주주 사이에 특수관계가 성립하거나 30% 요건에 충족되면 증여세를 과세한다.

▍상장법인이 공개매수방식으로 현물출자받는 경우

상장법인이 공개매수방식으로 현물출자받는 것은 증권거래법상 유가증권의 모집에 해당하지 아니하므로 증여세 과세제외 사유에 해당하지 아니한다(법규-357, 2012.4.10.).

▍증여시기

현물출자로 인한 증여이익의 계산기준일은 주금납입일로 하되 주금납입 이전에 실권주를 재배정받은 자가 신주인수권증서를 교부받은 경우에는 그 교부일을 기준으로 한다(서면4팀-4140, 2006.12.21.).

4. 납부의무 및 연대납부의무

수증자가 상증법에 따라 증여세 납부의무를 부담하므로 현물출자에 따른 이익을 분여받은 자는 납부의무를 부담한다.

만일 수증자의 재산으로 조세채권이 확보하기가 곤란한 경우에도 증여자는 수증자가 납부하여야 할 증여세를 연대하여 납부할 의무를 지지 아니한다(상증법 §4의2 ⑥).

5. 최대주주의 할증평가

현물출자로 인하여 이익을 계산함에 있어 최대주주에 대한 할증평가 규정은 적용하지 아니한다(상증령 §53 ⑥ 〈3〉).

6. 증여시기

현물출자시 증여시기는 주금납입일이다. 다만 주금납입일 전에 실권주를 받은 자가 신주인수권증서를 교부받은 경우에는 그 교부일이다(서면4팀-4140, 2006.12.21.).

Ⅶ 전환사채 등의 주식전환 등에 따른 이익의 증여

사채, 신주인수권부사채(신주인수권증권이 분리된 경우에는 신주인수권증권을 말한다) 또는 그 밖의 주식으로 전환·교환하거나 주식을 인수할 수 있는 권리가 부여된 사채(이하 "전환사채 등"이라 한다)를 인수·취득·양도하거나, 전환사채 등에 의하여 주식으로 전환·교환 또는 주식의 인수(이하 "주식전환 등"이라 한다)를 함으로써 거래단계별 경제적 이익을 얻은 경우에는 그 이익에 상당하는 금액을 얻은 자에게 증여받은 것으로 보아 증여세를 과세한다(상증법 §40).

1. 전환증권의 종류

전환사채 등이란 주식으로 전환·교환하거나 신주를 인수할 수 있는 권리가 부여된 다음의 전환사채, 신주인수권부사채, 교환사채 등을 말한다.

① 전환사채(CB ; Convertible bonds)는 일반사채에 전환권이 부여된 사채이다. 즉 일정기간 후에 사채권자가 주식전환을 청구하면 사채가 소멸하고 주식으로 전환할 수 있는 권리가 부여된 사채를 말한다.

② 신주인수권부사채(BW ; Bond with warrants)는 일반사채에 신주인수권이 부여된 사채이다. 즉 신주를 인수할 수 있는 권리가 부여된 사채로서 사채의 기능은 그대로 유지하면서 새로이 주금을 납입하여 신주를 인수할 수 있는 권리가 부여된 사채를 말한다.

③ 교환사채(EB ; Exchangeable bond)는 채권자가 상장법인이 보유하고 있는 타사의 상장유가증권으로 교환을 청구할 수 있는 권리가 부여된 증권을 말한다.

2. 거래단계별 과세요건

전환사채 등의 발행으로부터 인수·취득, 주식전환 및 양도의 거래단계별 경제적 이익이 발생하여 증여세의 과세요건은 다음과 같다.

거래단계별 유형	증여세 과세 요건
① 전환사채 등의 인수·취득	Min(㉠,㉡) : ㉠ $\frac{(\text{시가} - \text{인수·취득가액})}{\text{시가}} \geq 30\%$ 이상 ㉡ 시가 − 인수·취득가액 ≥ 1억원
② 전환사채 등의 주식전환	[교부받은 주식수−전환가액) × 주식수 − (이자손실분−①의 증여이익)] ≥ 1억원
③ 전환사채 등의 양도	① 과 같음

3. 전환사채의 거래단계별 및 수증자의 증여재산가액 계산

전환사채 등의 주식전환 등에 따른 이익의 증여세 과세는 전환사채 등의 발행으로부터 인수·취득, 주식전환 및 양도의 거래단계별 경제적 이익과 수증자의 증여재산가액을 요약하면 다음과 같다.

<table>
<tr><th>거래
단계</th><th>수증자(납부의무자)</th><th>증여재산가액</th><th>요 건</th></tr>
<tr><td rowspan="3">인수
·
취득</td><td>① 특수관계인으로부터 시가보다 저가로 취득한 자가 얻은 이익</td><td rowspan="3">(Ⓐ-Ⓑ)</td><td rowspan="3">30% 또는
1억원
이상
요건</td></tr>
<tr><td>② 최대주주 등이 자기지분비율을 초과하여 저가 인수·취득함으로써 얻은 이익</td></tr>
<tr><td>③ 주주 외의 자가 최대주주의 특수관계인이 저가로 인수·취득함으로써 얻은 이익</td></tr>
<tr><td rowspan="4">주식
전환</td><td>④ 특수관계인으로부터 취득한 자가 주식으로 전환하여 얻은 이익</td><td>[(Ⓒ-Ⓔ) × 교부받은 주식수수]-Ⓕ-①</td><td rowspan="3">1억원
이상
요건</td></tr>
<tr><td>⑤ 최대주주 및 그의 특수관계인 주주로서 배정 비율을 초과하여 인수·취득한 자가 주식으로 전환하여 얻은 이익</td><td>[(Ⓒ-Ⓔ) × 자기지분초과하여 교부받은 주식수]-Ⓕ - ①</td></tr>
<tr><td>⑥ 최대주주의 특수관계인인 주주 외의 자로서 발행회사로부터 인수·취득한 자가 주식으로 전환함으로써 얻은 이익</td><td>[(Ⓒ-Ⓔ) × 교부받은 주식수]-Ⓕ-③</td></tr>
<tr><td>⑦ 전환가액등이 주식평가액보다 높아 전환사채 등으로 주식을 교부받지 아니한 자가 얻은 이익</td><td>(Ⓔ-Ⓒ) × 전환 등에 의해 증가한 주식수 × 주식을 교부받은 자의 특수관계인 전환 전 지분비율</td><td>-</td></tr>
<tr><td>양도</td><td>⑧ 특수관계인에게 시가보다 높은 가액으로 양도 한 자가 얻은 이익</td><td>(양도가액 - 전환사채 등의 시가)</td><td>30% 요건
적용</td></tr>
</table>

〈부호설명〉 Ⓐ : 전환사채 등의 시가
Ⓑ : 전환사채 등의 인수·취득가액
Ⓒ : 교부받은 주식수
Ⓓ : 교부받을 주식수
Ⓔ : 주식 1주당 전환가액 등
Ⓕ : 이자손실분(Ⓐ-Ⓑ)

〈기준금액〉 ㉮ : 30% 요건 : $\frac{(Ⓐ-Ⓑ)}{Ⓐ}$ ≥ 30% 이상 또는 (Ⓐ-Ⓑ)이 1억원 이상

㉯ ; 전환사채 등의 주식전환은 1억원
㉰ ; 고가 주식전환의 경우는 0원

보충설명

위 표에서 특수관계인이란 본인과 친족관계, 경제적 연관관계 또는 경영지배관계 등 상증령(§2의2 ①) 에 해당하는 관계에 있는 자를 말하며, 본인도 특수관계인의 특수관계인으로 본다.
최대주주란 주주 등 1인과 그의 특수관계인의 보유주식 등을 합하여 그 보유주식 등의 합계가 가장 많은 경우의 보유주식 등의 수가 가장 많은 1인을 말하며, 최대주주에 대한 할증평가 규정을 적용하지 아니한다.

4. 전환사채의 인수 · 취득 거래단계에서 발생하는 증여재산가액

(1) 특수관계인으로부터 저가취득한 경우

특수관계인으로부터 전환사채 등을 시가보다 낮은 가액으로 취득함으로써 얻은 이익이 발생한 경우에는 그 이익을 얻은 자에게 전환사채 등을 인수·취득한 때(증여시기; 사채대금 청산일, 청산일 전에 교부받은 경우에는 그 교부일)에 증여재산가액으로 하여 증여세를 과세한다(상증법 §40 ① 〈1, 가〉).

과세 요건	증여재산가액
① 특수관계인 간의 거래일 것 ② 전환사채 등을 취득한 자가 얻은 이익이 다음의 금액[Max ; ㉠,㉡] 이상일 것 ㉠ ; $\frac{\text{전환사채 등의 시가}-\text{전환사채 등의 취득가액}}{\text{전환사채 등의 시가}} \geq 30\%$ ㉡ ; 취득한 자가 얻은 이익(시가－인수·취득가액) ≥ 1억원	[전환사채 등의 시가(Ⓐ) － 전환사채 등의 취득가액(Ⓑ)]

사례 특수관계인으로부터 저가로 취득한 경우

B(아들)는 A(아버지)로부터 2019.4.1.에 전환청구(2019.1.1.~2019.12.31.) 내에 있는 갑법인의 전환사채 10억원(액면가액)을 취득하였다. 다음 자료에 의하여 증여재산가액을 계산하여라.

① 취득당시 전환사채의 시가 : 1,010,000,000원

② B(아들)는 갑법인의 전환사채를 2019.1.5.에 9억원에 취득하였다.

풀이

증여재산가액 계산 : 1,010,000,000원 − 9억원 = 110,000,000원 ≥ 1억원
특수관계인으로부터 전환사채를 시가보다 낮은 가액으로 취득함으로써 얻은 이익 110,000,000원을 증여세로 과세한다.

(2) 최대주주가 배정비율을 초과하여 저가인수·취득한 경우

전환사채 등을 발행한 법인의 최대주주나 그의 특수관계인 주주가 시가보다 낮은 가액으로 발행된 전환사채 등을 소유주식수에 비례하여 배정받을 수 있는 수를 초과하여 인수·취득함으로써 얻은 이익이 발생한 경우에는 그 이익을 얻은 자에게 전환사채 등을 인수·취득한 때(증여시기; 사채대금 청산일, 청산일 전에 교부받은 경우에는 그 교부일)에 증여재산가액으로 하여 증여세를 과세한다(상증법 §40 ① 〈1, 나〉).

이 경우 전환사채 등의 인수·취득은 자본시장과 금융투자업에 관한 법률(§9 ⑫)에 따른 전환사채 등의 인수인으로부터 전환사채 등을 인수·취득하는 경우와 제3자에게 증권을 취득시킬 목적으로 그 증권의 전부 또는 일부를 취득한 자로부터 인수·취득하는 경우를 포함한다.

과세 요건	증여재산가액
① 특수관계인 간의 거래일 것 ② 전환사채 등을 취득한 자가 얻은 이익이 다음의 [Max ㉠, ㉡] 이상일 것 ㉠ : $\frac{\text{전환사채 등의 시가} - \text{전환사채 등의 취득가액}}{\text{전환사채 등의 시가}} \geq 30\%$ ㉡ : 취득한 자가 얻은 이익(시가−인수·취득가액) ≥ 1억원	[전환사채 등의 시가(Ⓐ) − 전환사채 등의 취득가액(Ⓑ)]

(3) 주주 외의 자가 발행회사로부터 저가취득한 경우

전환사채 등을 발행한 법인의 주주가 아닌 자가 그 법인의 최대주주의 특수관계인이 그 법인으로부터 전환사채 등을 시가보다 낮은 가액으로 인수·취득함으로써 얻은 이익이 발생하는 경우에는 그 이익을 얻은 자에게 전환사채 등을 인수·취득한 때(증여시기; 사채대금 청산일, 청산일 전에 교부받은 경우에는 그 교부일)에 증여재산가액으

로 하여 증여세를 과세한다(상증법 §40 ① ⟨1, 다⟩).

과세 요건	증여재산가액
① 발행법인의 주주가 아닌 자로서 최대주주의 특수관계인이 인수·취득할 것 ② 전환사채 등을 취득한 자가 얻은 이익이 다음의 [Max ㉠, ㉡] 이상일 것 ㉠ ; $\frac{\text{전환사채 등의 시가} - \text{전환사채 등의 취득가액}}{\text{전환사채 등의 시가}} \geq 30\%$ ㉡ ; 취득한 자가 얻은 이익(시가－인수·취득가액) ≥ 1억원	[전환사채 등의 시가(Ⓐ) － 전환사채 등의 취득가액(Ⓑ)]

5. 전환사채의 주식전환단계에서 발생되는 증여재산가액

(1) 특수관계인으로부터 취득한 자가 주식전환한 경우

전환사채 등을 특수관계인으로부터 취득한 자가 전환사채 등에 의하여 교부받거나 교부받을 주식가액이 전환·교환 또는 인수가액(전환가액 등)을 초과함으로써 얻은 이익이 발생한 경우에는 그 이익을 얻은 자에게 전환사채 등을 주식으로 전환 등을 한 때(증여시기)에 증여재산가액으로 하여 증여세를 과세한다(상증법 §40 ① ⟨가⟩).

과세 요건	증여재산가액
① 전환사채 등을 특수관계인으로부터 취득한 경우 ② 전환사채 등을 한 시점에서 추가로 얻은 이익이 1억원 이상일 것(30% 요건 배제)	[교부받은 주식수(Ⓒ) － 주식 1주당 전환가액 등] × 교부받은 주식수 － 이자손실분(Ⓕ) － 취득시점에서 과세된 금액

(2) 최대주주가 배정비율을 초과인수 후 주식전환한 경우

전환사채 등을 발행한 법인의 기존주주는 자신의 소유주식비율에 따라 전환사채, 신주인수권부사채 등을 인수할 수 있는 권리를 가지고 있다(상법 §513의2, §516의2). 다만, 정관에 다른 정함이 있거나 주주총회의 특별결의가 있는 경우 기존주주가 아닌 자 또는 기존주주가 자신의 소유주식비율과 달리 전환사채 등을 인수할 수 있도록 하고 있다(상증법 §40 ① ⟨2, 나⟩).

이와 같이 전환사채 등을 발행한 법인의 최대주주나 그의 특수관계인 주주가 그 법인으로부터 균등한 조건을 초과하여 인수·취득한 경우로서 전환사채 등에 의하여 교부받거나 교부받을 주식가액이 전환가액 등을 초과함으로써 얻은 이익이 발생한 경우에는 그 이익을 얻은 자에게 전환사채 등을 주식으로 전환 등을 한 때(증여시기)에 증여재산가액으로 하여 증여세를 과세한다.

과세 요건	증여재산가액
① 해당 법인의 주주로서 최대주주 및 그의 특수관계인인 경우 ② 전환사채 등을 초과인수한 주주가 전환사채 등을 전환함으로써 추가로 얻은 이익이 1억원 이상일 것(30% 요건 배제)	[교부받은 주식수(Ⓒ) - 주식 1주당 전환가액 등(Ⓔ)] × 소유지분을 초과하여 교부받은 주식수 - 이자손실분(Ⓕ) - 취득시점에서 과세된 금액

(3) 최대주주 외의 자가 전환사채 등을 인수 후 주식으로 전환한 경우

전환사채 등을 발행한 법인으로부터 인수·취득한 최대주주의 특수관계인 주주 외의 자가 전환사채 등에 의하여 교부받거나 교부받을 주식가액이 전환·교환 또는 인수가액을 초과함으로써 얻은 이익이 발생한 경우에는 그 이익을 얻은 자에게 전환사채 등을 주식으로 전환 등을 한 때(증여시기)에 증여재산가액으로 하여 증여세를 과세한다(상증법 §40 ① 〈2, 다〉).

과세 요건	증여재산가액
① 해당 법인의 최대주주의 특수관계인 주주 외의 자가 전환 등을 한 경우 ② 전환 등을 한 시점에서 추가로 얻은 이익이 1억원 이상일 것(30% 요건 배제)	[교부받은 주식수(Ⓒ) - 주식 1주당 전환가액 등(Ⓔ)] × 교부받은 주식수 - 이자손실분(Ⓕ) - 인수·취득한 시점에서 과세된 금액

(4) 전환가액 등이 주식평가액보다 높은 경우

전환가액 등이 전환사채 등에 의하여 전환 등을 한 주식가액보다 높아 주식으로 전환 등을 한 자의 특수관계인인 다른 주주의 주식가치가 상승함으로써 얻은 이익이 발생하는 경우에는 전환사채 등을 인수·취득한 때(증여시기; 사채대금 청산일, 청산일 전에 교부받은 경우에는 그 교부일)에 증여재산가액으로 하여 증여세를 과세한다(상증법 §40 ① 〈2, 라〉).

과세 요건	증여재산가액
주식으로 전환 등을 한 자와 특수관계인 주주가 주식전환 등 시점에서 얻은 이익이 있는 경우(30%, 1억원 요건 배제)	[주식 1주당 전환가액 등(Ⓔ) － 교부받은 주식수(Ⓒ)] × 전환 등에 의하여 증가한 주식수 × 전환자의 특수관계인 주주의 전환 전 지분비율

6. 전환사채 등을 높은 가액으로 양도하는 거래단계에서 발생되는 이익

전환사채 등을 시가보다 높은 가액으로 특수관계인에게 양도함으로써 얻은 이익이 발생한 경우에는 전환사채 등을 양도한 때(증여시기)에 증여재산가액으로 하여 증여세를 과세한다.

과세 요건	증여재산가액
① 특수관계인에 양도한 경우 ② 전환사채 등을 양도한 자가 얻은 이익이 다음의 금액(Max ㉠, ㉡)일 것 ㉠ ; $\frac{\text{전환사채 등의 양도가액} - \text{전환사채 등의 시가}}{\text{전환사채 등의 시가}} \geq 30\%$ ㉡ ; 양도한 자가 얻은 이익 ; 1억원	(전환사채 등의 양도가액 － 전환사채 등의 시가)

7. 증여세 합산과세배제와 과세표준계산

(1) 증여세 합산과세배제

증여자가 동일인 경우 해당 증여일 전 10년 이내에 동일인으로부터 받은 증여재산가액의 합계액이 1천만원 이상인 경우에는 그 가액을 증여세 과세가액에 가산하지만, 전환사채 등의 주식전환 등에 따른 이익 중 전환사채 등의 주식전환 등에 따른 이익의 증여(상증법 §40 ① 〈2, 3〉 ; 위 5와 6을 말함)는 합산배제증여재산이므로 개별 건으로 증여세를 과세한다(상증법 §47 ①).

(2) 증여세 과세표준계산

전환사채 등의 주식전환 등에 따른 증여 이익 중 합산배제증여재산의 과세표준 계산은 합산배제증여재산가액에서 3천만원을 뺀 금액으로 한다(상증법 §55 ①).

8. 납부의무 및 연대납부의무

전환사채 등의 주식전환 등에 따른 증여 이익을 분여받은 자는 납부의무를 부담한다.

만일 수증자의 재산으로 조세채권이 확보하기가 곤란한 경우에도 증여자는 수증자가 납부하여야 할 증여세를 연대하여 납부할 의무를 지지 아니한다(상증법 §4의2).

9. 최대주주의 할증평가

전환사채 등의 주식선환 등에 따른 이익을 계산함에 있어 최대주주에 대한 할증평가 규정은 적용하지 아니한다(상증령 §53 ⑥ 〈3〉).

Ⅷ 초과배당에 따른 이익의 증여

법인의 최대주주 등이 자신이 받아야 할 배당금 또는 분배금(이하 "배당"이라 한다)을 포기함으로써 그 배당금을 받은 자는 배당을 포기한 최대주주로부터 증여(증여재산가액)를 받은 것과 같은 효과가 있으므로 증여세가 과세된다.

구분	요약
납부의무자	최대주주 등의 특수관계인이며, 증여자의 연대납부의무는 없음
증여재산가액	최대주주의 특수관계인 (배당금액 - 본인 보유지분배당액) × 최대주주 등의 과소배당금액(균등 배당금액 - 배당금액) / 전체 과소배당금액(균등 배당금액 - 배당금액)
증여세 납부할 세액	증여세 산출세액 - 초과배당금에 대한 소득세상당액 (초과배당금액에 대한 소득세 상당액 계산시 적용할 세율적용)
직계비속이 초과배당이익을 얻은 경우 증여세 계산	초과배당 이익을 자녀가 아닌 직계비속이 얻는 경우에는 세대생략 할증과세를 적용함
증여시기	법인이 배당 등을 한 날(법인이 실제 배당금을 지급한 날을 의미함)

1. 개요

법인이 이익이나 잉여금을 배당하는 경우 그 법인의 최대주주가 배당의 일부 또는 전부를 포기하거나 보유지분에 비해 과소하게 배당받음으로써 해당 최대주주 등의 특수관계인이 본인의 보유지분을 초과하여 얻은 배당이 발생한 경우에는 그 초과배당을 한 날(증여시기)에 그 초과배당금액상당액을 다음에 따라 계산한 증여재산가액으로 하여 증여세를 과세한다(상증법 §41의2).

$$\text{초과배당금액} = \text{최대주주의 특수관계인}\left(\text{배당금액} - \text{본인 보유 지분배당액}\right) \times \frac{\text{최대주주 등의 과소배당금액(균등 배당금액 - 배당금액)}}{\text{전체 과소배당금액(균등배당금액 - 배당금액)}}$$

이 경우 증여세를 계산할 때 초과배당금에 대한 소득세상당액은 증여세 산출세액에서 공제하는 것이며, 만일 초과배당금액에 대한 증여세가 소득세상당액보다 적은 경우에는 증여세를 과세하지 아니한다.

2. 소득세상당액

소득세상당액은 초과배당금액에 아래의 "소득세율을 감안한 율"을 곱한 금액을 말한다. 초과배당금액에 대하여 증여세를 부과할 때 초과배당금액에 대한 소득세상당액은 상증법(§56)에 따른 증여세 산출세액에서 공제한다(상증칙 §10의3).

초과배당금액	소득세율을 감안한 율
5천220만원 이하	초과배당금액 × 100분의 14
5천220만원 초과 8천800만원 이하	731만원 + (5천220만원을 초과하는 초과배당금액 × 100분의 24)
8천800만원 초과 1억5천만원 이하	1천590만원 + (8천800만원을 초과하는 초과배당금액 × 100분의 35)
1억5천만원 초과 3억원 이하	3천760만원 + (1억5천만원을 초과하는 초과배당금액 × 100분의 38)
3억원 초과 5억원 이하	9천460만원 + (3억원을 초과하는 초과배당금액 × 100분의 40)
5억원 초과	1억7천460만원 + (5억원을 초과하는 초과배당금액 × 100분의 42)

3. 세대생략 할증과세

초과배당의 이익을 자녀가 아닌 직계비속이 얻는 경우에는 증여세 산출세액의 30%(미성년자인 경우로써 증여재산가액이 20억원을 초과하는 경우에는 40%)의 세대생략 할증과세가 적용된다.

4. 납부의무 및 연대납부의무

초과배당에 따른 이익을 분여받은 자는 납부의무를 부담한다.

만일 수증자의 재산으로 조세채권이 확보하기가 곤란한 경우에도 증여자는 수증자가 납부하여야 할 증여세를 연대하여 납부할 의무를 지지 아니한다(상증법 §4의2 ⑥).

Q 사례 1 초과배당에 따른 이익

일반증여(1차 증여) 후 초과배당에 따른 이익의 증여(2차 증여)가 발생하고, 다시 일반증여(3차 증여)가 발생한 경우로서 해당 증여 모두 최초 증여일로부터 10년 이내에 동일인으로부터의 증여인 경우 초과배당금액에 대한 증여세는 어떻게 계산하는가?

풀이 1

초과배당금액에 대한 소득세 상당액과 비교하는 초과배당금액에 대한 증여세액은 해당 증여일 전 10년 이내에 동일인으로부터 증여받은 재산을 합하여 계산하는 것이며, 초과배당에 따른 이익의 증여 후 다른 증여가 발생한 경우에 합산하는 증여재산가액은 초과배당금액 전액이며, 공제하는 납부세액은 직전 증여의 산출세액 상당액이다(서면법령재산-6076, 2017.6.30.).

Q 사례 2 초과배당에 따른 증여이익

다음의 자료를 보고 초과배당에 따른 이익의 증여세를 계산하여라.

① 갑법인(감면대상 법인 아님)의 주주구성은 A(父):70%, B(子):10%, C(A의 동생):20%이며, 갑법인은 2019.2.15. 주주총회를 개최하여 10억원을 다음과 같이 배당하기로 결의하고 2019.3.2.에 각 주주에게 지급하다.

주주구성	지분율	균등배당액	실지배당지급액	초과 · 과소(△)배당액
A(부)	70%	7억원	2억원	△5억원
B(자)	10%	1억원	8억원	7억원(초과배당)
C(숙부)	20%	2억원		△2억원
계	100%	10억원	10억원	0

② B는 최근 10년 이내에 증여받은 사실이 없다.

풀이 2

증여재산가액 및 증여세 계산은 다음과 같다.

1. B(자)의 초과배당금액의 계산

   8억원 - 1억원 = 7억원

2. A로부터 받은 초과배당금액 5억원에 대한 증여세부과대상 산출세액

   ① A로부터 받은 초과배당금액 5억원에 대한 소득세 산출세액
   5억원에 대한 소득세 산출세액 : 174,600,000원*

   * 9천460만원 + (3억원을 초과하는 초과배당금액 × 40%) = 174,600,000원

   ② 증여세산출세액 : 1천만원+(4.5억원* - 1억원)×20% = 80,000,000원

   * 증여세 과세표준 : 5억원(과세가액) - 0.5억원(증여재산공제) = 4.5억원

   ③ 증여세산출세액(80,000,000원)이 소득세산출세액(174,000,000원)보다 적으므로 증여세를 과세하지 아니한다.

3. C로부터 받은 초과배당금액 2억원에 대한 증여세부과대상

   ① C로부터 받은 초과배당금액 2억원에 대한 소득세 산출세액
   2억원에 대한 소득세 산출세액 : 56,600,000원*

   * 3천760만원 + (1억5천만원을 초과하는 초과배당금액 × 38%) = 56,600,000원

   ② 증여세산출세액 : 1천만원+(1.9억원* - 1억원)×20% = 28,000,000원

   * 증여세 과세표준 : 2억원(과세가액) - 0.1억원(증여재산공제) = 1.9억원

   ③ 증여세산출세액(28,000,000원)이 소득세산출세액(56,600,000원)보다 적으므로 증여세를 과세하지 아니한다.

4. B의 합산증여재산의 증여세 계산(비교과세)

   ① 증여세 과세가액 : 20억원+5억원 = 25억원
   ② 증여세 과세표준 : 25억원 - 0.5억원 = 24.5억원
   ③ 증여세 산출세액 : 24.5억원×40% - 1.6억원(누진공제) = 8.2억원
   ④ 비교대상 초과배당에 대한 증여세 산출세액 : 8.2억원 - 6.2억원(기납부세액공제) = 2억원
   ⑤ 초과배당금에 대한 소득세 산출세액보다 증여세 산출세액이 더 크므로 증여세 과세대상이다.

㉮ 초과배당에 대하여 납부할 증여세 산출세액 계산
200,000,000 - 174,600,000원 = 25,400,000
㉯ 신고세액공제액 : 25,400,000 × 3% = 762,000원
㉰ 자진납부세액 : 25,400,000 - 762,000 = 24,638,000원

Ⅸ 주식상장에 따른 이익의 증여

기업 내부정보를 가진 최대주주(최대출자자 포함)의 특수관계인에게 주식(출자지분 포함)을 증여 또는 배각한 후 그 주식을 상장하게 됨으로 인하여 막대한 시세차익을 얻은 경우에는 이에 해당하는 상장차익에 대해 증여세를 과세한다.

예컨대, 비상장법인의 최대주주가 특수관계인에게 당해 법인의 주식 또는 동 주식에 대한 취득자금 등을 증여한 후 당해 주식이 상장될 경우 특수관계인이 받은 재산은 명목적으로는 비상장주식 또는 취득자금이나 실질적 재산은 상장주식의 가치이므로 이러한 실질적 증여이익에 대하여 최초 비상장주식 등의 증여단계에서 당시 평가액으로 증여세를 과세하고, 상장 후 가치증가분을 반영하여 증여재산가액을 정산하여 증여세를 과세한다.

1. 개요

기업의 경영 등에 관하여 공개되지 아니한 정보를 이용할 수 있는 지위에 있는 최대주주로부터 특수관계인이 해당 법인의 주식을 증여받거나 취득한 이후 해당 법인의 주식을 증여 또는 유상 취득일부터 5년 이내에 상장함에 따라 그 가액이 증가한 경우에는 증여 또는 취득시점과 정산기준일의 주식가액이 일정 기준금액 이상 차이가 나는 이익을 얻은 자(납세의무자; 증여자의 연대납부의무 배제)에게 증여재산가액으로 하여 증여세를 과세한다(상증법 §41의3).

2. 과세요건

주식의 상장에 따른 이익을 증여세로 과세하기 위해서는 다음의 요건을 갖추어야 한다.

유 형	과세 요건
증여·유상취득	① 최대주주가 특수관계인이 최대주주로부터 주식을 증여받거나 유상 취득의 경우 ② 최대주주로부터 증여받은 재산(유상 취득한 날부터 소급하여 3년 이내에 증여받은 것일 것)으로 비최대주주로부터 주식을 취득한 경우. 주식 취득자금 중에 증여받은 재산과 다른 재산이 섞여 있어 증여받은 재산으로 주식을 취득한 것이 불분명한 경우에는 그 증여받은 재산으로 주식을 취득한 것으로 추정한다. ③ 증여받은 재산을 담보로 한 차입금으로 주식을 취득한 경우에는 증여받은 재산으로 취득한 경우
인수·배정	주식을 증여받거나 취득한 후 자본을 증가시키기 위하여 신주를 발행함에 따라 인수·배정받은 경우
5년 이내 상장 요건	증여일 등으로부터 5년 이내에 그 주식이 유가증권시장 및 코스닥시장에 상장한 경우(코넥스시장 제외). 상장 전 5년 이내에 무상증자에 따른 신주의 인수·배정받은 주식을 포함한다.

만일 위 과세요건을 적용할 때 거짓이나 그 밖의 부정한 방법으로 증여세를 감소시킨 것으로 인정되는 경우에는 비특수관계인 간의 증여에 대해서는 증여·유상취득과 인수·배정요건은 적용하나 5년 이내 상장 요건은 적용하지 아니한다.

3. 증여재산가액 계산

주식의 상장에 따른 이익(증여재산가액)의 계산은 다음에 따른다.

증여재산가액 =

정산기준일 현재 1주당 평가액(Ⓐ) − { 주식의 증여일·취득일 현재 1주당 증여세과세가액 또는 취득가액 + 1주당 기업가치의 실질적 증가로 인한 이익*(Ⓒ) } × 증여·유상 취득 수

* 동 금액은 다음 중 Max[①, ②]이어야 한다.
① ; [(증여·취득당시 1주당 증여과세가액·취득가액 + 1주당 기업가치의 실질적 증가분) × 증여·취득한 주식 등의 수] × 30%
② ; 3억원

위 산식에서 증여재산가액을 계산하는 용어를 설명하면 다음과 같다.

Ⓐ 정산기준일 현재 1주당 평가액은 (①-②)로 한다.

① 정산기준일 현재 1주당 평가액은 정산기준일 이전·이후 2개월 간에 공포된 매일의 거래소 최종 시세가액의 평균을 말하며,

② 증여일 등 비상장주식의 1주당 평가액은 증여받은 경우 비상장주식을 최대주주로부터 증여받은 날의 시가 또는 보충적 평가액을 말하며, 유상취득의 경우에는 1주당 취득가액을 말한다. 이 경우 최대주주의 주식은 할증평가 규정(중소기업 배제)을 적용한다.

Ⓑ 주식의 증여일·취득일 현재 1주당 증여세 과세가액 또는 취득가액 ; 주식을 증여받은 경우로써 해당 주식을 증여받은 날 현재의 1주당 증여세 과세가액 또는 취득의 경우에는 해당 주식의 취득일 현재 1주당 취득가액을 말한다. 여기서 증여세 과세가액이란 증여받은 재산으로 주식을 취득한 경우에는 그 증여받은 재산에 대하여 이미 증여세가 과세된 증여세 과세가액을 말한다.

Ⓒ 1주당 기업가치의 실질적 증가로 인한 이익 ; (㉠ × ㉡)

㉠ ; 1주당 순손익액의 합계액을 당해 기간의 월수로 나눈 금액

㉡ ; 당해 주식의 증여일·취득일부터 정산기준일까지 월수(월수계산시 1월 미만은 1월로 한다)

4. 증여세액의 정산

정산기준일(상장 후 3개월이 되는 날, 3개월 이내에 사망하거나 증여·양도한 경우에는 사망일, 증여일, 양도일을 말한다)을 기준으로 주식의 상장 등에 따른 증여이익을 얻거나 상장 후 주식가치가 현저히 하락하여 당초의 증여세 과세가액(증여받은 재산으로 주식을 취득한 경우에는 그 증여받은 재산에 대하여 이미 증여세가 과세된 증여세 과세가액을 말한다)보다 적은 증여이익이 발생한 경우에는 당초 증여받은 때에 납부한 증여세액을 환급받을 수 있다.

이 경우 증여일 전 10년 이내에 동일인(증여자가 직계존속인 경우에는 그 직계존속의 배우자를 포함)으로부터 받은 증여재산가액을 합친 금액이 1천만원 이상인 경우에는 그 가액을 증여세 과세가액에 가산한다(상증법 §47).

그러나 주식의 상장에 따른 증여이익의 경우에는 개별 건별로 과세하고 다른 증여재산과 합산하지 아니하며, 증여세 과세표준 계산시 3천만원과 감정평가수수료를 공제한다.

5. 증여시기

주식의 상장에 따른 이익의 증여시기는 당초의 증여일을 말한다. 만일 그 주식 등을 보유한 자가 상장일(증권시장에서 최초매매거래일을 말함)부터 3개월 이내에 사망하거나 증여·양도한 경우에는 사망일, 증여일, 양도일을 정산기준일로 하고 그 기준으로 증여이익을 계산한 후 정산하므로 당초의 증여일을 증여시기로 한다.

6. 전환사채 등의 취득 간주

전환사채 등을 증여받거나 유상으로 취득(발행법인으로부터 직접 인수·취득하는 경우 포함)하고 그 전환사채 등이 5년 이내에 주식으로 전환되거나 정산기준일까지 주식으로 전환되지 아니한 경우에는 정산기준일에 주식 등으로 전환된 것으로 보아 주식의 상장에 따른 증여이익을 계산하며 그 전환사채 등의 만기일까지 주식으로 전환되지 아니한 경우에는 정산기준일을 기준으로 과세한 증여세액을 환급한다.

여기서 전환사채 등이란 전환사채, 신주인수권부사채(신주인수권증권이 분리된 경우에는 신주인수권증권을 말함) 또는 그 밖의 주식으로 전환·교환하거나 주식을 인수할 수 있는 권리가 부여된 사채를 말한다.

7. 증여세 합산과세배제와 과세표준계산

(1) 증여세 합산과세배제

증여자가 동일인인 경우 해당 증여일 전 10년 이내에 동일인으로부터 받은 증여재산가액의 합계액이 1천만원 이상인 경우에는 그 가액을 증여세 과세가액에 가산하지만, 주식을 취득 후 주식의 상장에 따른 이익의 경우에는 합산배제증여재산이므로 개별건으로 증여세를 과세한다(상증법 §47 ①).

(2) 증여세 과세표준 계산

주식의 상장에 따른 이익 중 합산배제증여재산의 과세표준 계산은 합산배제증여재산가액에서 3천만원을 뺀 금액으로 한다(상증법 §55 ①).

8. 증여세 신고기한

증여세 납부의무가 있는 자는 일반적으로 증여받은 날이 속하는 달의 말일부터 3개월 이내에 납세지 관할 세무서장에게 신고하여야 한다.

그러나 비상장주식의 상장 등에 따른 증여세 과세표준 정산 신고기한은 정산기준일이 속하는 달의 말일부터 3개월이 되는 날로 한다.

9. 납부의무 및 연대납부의무

수증자가 상증법에 따라 증여세를 납부의무를 부담하므로 주식의 상장에 따른 이익을 분여받은 자는 납부의무를 부담한다.

만일 수증자의 재산으로 조세채권이 확보하기가 곤란한 경우에도 증여자는 수증자가 납부하여야 할 증여세를 연대하여 납부할 의무를 지지 아니한다(상증법 §4의2 ⑥).

사례 1 상장 등에 따른 증여세 과세표준 정산신고 및 양도차익 계산

2018.10.5.	2019.2.1.	2019.4.30.	2019.5.10.
주식증여(ⓐ)	상장(ⓑ)	정산시점(Ⓒ)	양도(ⓓ)
20,000원	50,000원	200,000원	300,000원
(증여세 납부)	(주식상장)	(정산기준일)	(양도가액)

풀이 1

① 2018.10.5.(@)에 증여가액 20,000원에 대해 증여세신고 · 납부

② 2019.2.1.(ⓑ) 상장(주식 증여일부터 5년 이내)주식에 대해 증여세 과세요건 충족

③ 정산기준일인 2019.4.30.(Ⓒ)과 당초 증여시점인 2018.10.5.(ⓐ)의 상장차익 정산기준일 현재 평가차액 180,000원(=200,000원−20,000원)에 대해 추가 증여세신고 추가납부(정산신고)

④ 2019.5.10.(ⓓ)에 양도당시 양도차익 100,000원(=300,000원−200,000원)에 대해 양도소득세 과세

※ 위 사례는 2018. 한국공인회계사회 발행, 양도소득세 · 증여세 실무가이드 중 인용하여 일부 수정보완

사례 2 상장차익 증여이익 계산(상증법 집행기준 41의3-31의3-6)

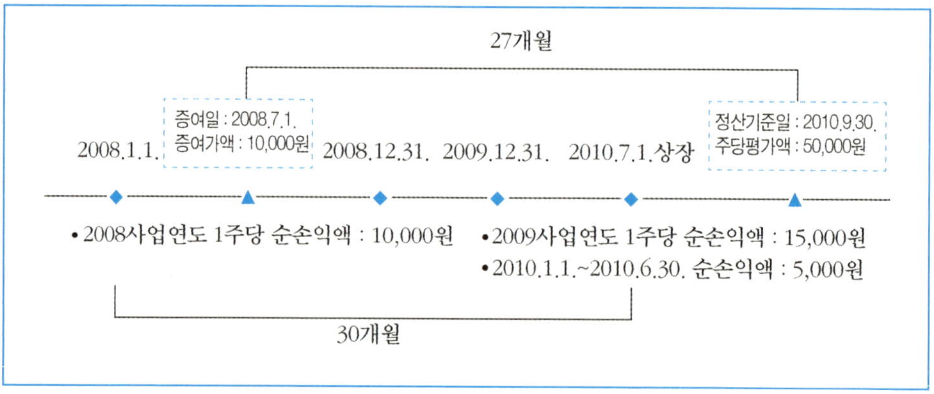

풀이 2

① 정산기준일(2010.9.30.) 주당 평가액 : 50,000원

② 증여일(2008.7.1.) 현재 주당 증여재산가액 : 10,000원

③ 1주당 기업가치 실질적 증가로 인한 이익 : 27,000원

㉮ 1개월당 순손익액 ; (10,000원+15,000원+5,000원) ÷ 30개월 = 1,000원

㉯ 1주당 기업가치 실질적 증가분 = 1,000 × 27개월(2008.7.1.~2010.9.30.) = 27,000원

④ 증여이익 ; 50,000원 − 10,000원 − 27,000원 = 13,000원*

증여재산가액 =

정산기준일 현재 1주당 평가액(Ⓐ − { 주식의 증여일·취득일 현재 1주당 증여세 과세가액 또는 취득가액 + 1주당 기업가치의 실질적 증가로 인한 이익*(Ⓒ) } × 증여·유상취득 수

* 동 금액은 Max[①, ②]이어야 한다.

①: [(증여·취득당시 1주당 증여과세가액·취득가액 + 1주당 기업가치의 실질적 증가분) × 증여·취득한 주식 등의 수] × 30%

②: 3억원

= 13,000원 ≥ (10,000원 + 27,000원) × 30% ; 기준요건 충족

▌상장차익 이외의 상장차익에 대한 상장 등에 따른 이익의 증여세 과세대상 여부

특수관계에 있는 최대주주 등으로부터 증여 또는 유상으로 취득하거나 증여받은 재산으로 취득한 주식의 상장차익 이외의 상장차익은 상장 등에 따른 이익의 증여세 과세대상이 아니다(대구지법 2017구합23188, 2018.2.8.).

▌주식을 제3자 배정 인수를 주식 취득으로 볼 수 있는지?

최대주주 등이 인수를 포기함으로써 실권된 주식을 회사로부터 직접 취득하였을 뿐, 최대주주 등으로부터 주식 등을 증여 또는 유상 취득하였거나, 최대주주 등으로부터 증여받은 재산으로 주식 등을 취득한 사실이 없으므로, 실권된 주식을 제3자 배정으로 인수한 것은 상증세법(§41의3) 규정이 정하는 '주식 등의 취득'이라고 볼 수 없다(서울행법 2015구합71792, 2016.4.22.). 그러나 주식 등의 취득에는 법인이 자본(출자액 포함)을 증가시키기 위하여 신주를 발행함에 따라 인수하거나 배정받은 신주를 포함한다(서면상속증여-1757, 2015.9.25.)는 예규도 있다.

▌법인의 최대주주 간에 해당 법인이 발행한 주식 양수·도 거래 이후 5년 이내 해당 법인의 자회사가 유가증권시장에 상장된 경우

최대주주로부터 주식을 취득한 후 해당 주식의 자회사가 거래소에 상장된 경우 상증법(§41의3)을 적용하지 아니한다. 다만 조세회피목적이 있는 경우에는 예외이다(사전법령재산-423, 2016.1.13.).

▌증여시기를 당초 주식의 증여(취득)시기로 하여 정산시점에 수증인별로 정산한 증여재산가액 총액을 합산 과세하는 것인지?

수회에 걸쳐 유상취득 또는 증여받은 경우 주식이 같은 날 상장되어 상장 등에 따른 이익의 증여가 발생한 경우, 상장 등에 따른 이익을 합산하여 증여세 과세표준 및 세액을 계산한다(기준법령재산-14264, 2015.2.13.).

▌자기주식의 상장의 경우

상법상 자기주식 관련규정에 비추어 법인이 일시적으로 자기주식을 보유하였다 하여 동 법인의 주주로 보기 어렵고, 사실관계 등에 비추어 상증법상 주식 등의 상장 등에 따른 이익 증여과세규정의 취지에 부합하지 않는 등 법인으로부터 자기주식을 취득한 후 상장되었다 하여 이는 증여세 과세대상이 아니다(조심 2011부167, 2011.11.14.).

Ⅹ 합병에 따른 상장 등 이익의 증여

최대주주(최대출자자 포함)의 특수관계인이 최대주주로부터 해당 법인의 주식(출자지분 포함)을 증여받거나 유상 취득한 날부터 5년 이내에 그 법인이나 다른 법인이 특수관계에 있는 상장법인과 합병됨에 따라 비상장주식 등이 상장되는 효과가 발생한다. 이 경우 증여·유상 취득시점과 정산기준일의 주식가액이 일정금액 차이가 있는 경우에는 그 이익을 얻은 자에게 증여세가 과세된다(상증법 집행기준 41의5-0-1).

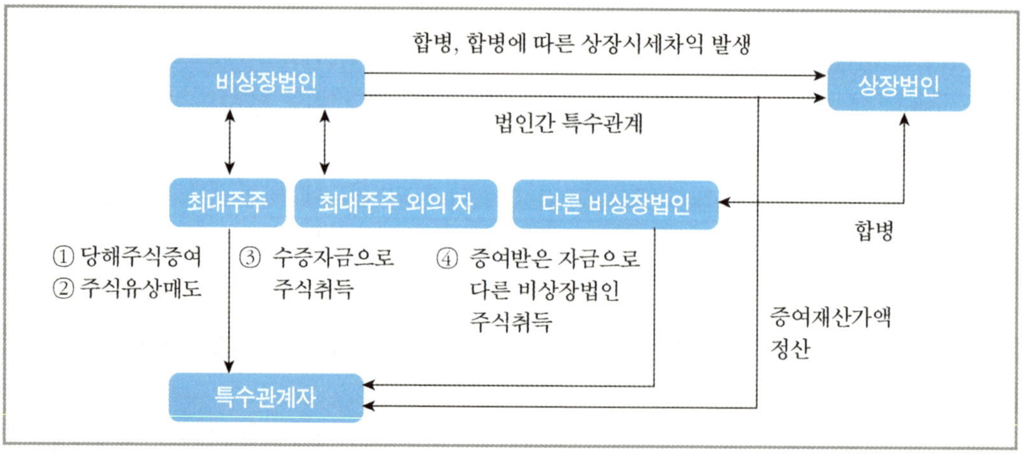

1. 개요

상장법인 등과 합병을 이용하여 상장시세차익을 증여로 증여세를 과세하기 위해서는 기업의 경영 등에 관하여 공개되지 아니한 정보를 이용할 수 있는 최대주주의 특수관계인이 최대주주로부터 해당 법인의 주식을 증여받거나 유상 취득한 그 날부터 5년 이내에 그 주식을 발행한 법인 또는 다른 법인이 특수관계에 있는 상장법인과 합병함에 따라 주식의 가액이 증가된 경우로서 정산기준일 현재와 증여·유상 취득당시 증여세 과세가액·취득가액이 일정 기준금액 이상 차이가 발생한 경우에는 그 이익을 얻은 자에게 증여세가 과세된다(상증법 §41의5).

2. 과세요건

합병에 따른 상장 등 이익의 증여를 증여세로 과세하기 위해서는 다음의 요건을 갖추어야 한다.

유 형	과세 요건
유상·취득	① 최대주주의 특수관계인이 최대주주로부터 주식을 증여받거나 유상취득의 경우 ② 증여받은 재산(유상 취득한 날부터 소급하여 3년 이내에 증여받은 것)으로 비최대주주로부터 해당 법인의 주식을 취득한 경우 ③ 증여받은 재산으로 최대주주가 주식을 보유하고 있는 다른 법인의 주식을 최대주주가 아닌 자로부터 취득함으로써 최대주주와 그의 특수관계인이 보유한 주식을 합하여 그 다른 법인의 최대주주에 해당한 경우

유 형	과세 요건
인수 · 배정	주식을 증여받거나 취득한 후 그 법인이 자본을 증가시키기 위하여 신주를 발행함에 따라 신주를 인수 · 배정받는 경우

만일 위 과세요건을 적용할 때 거짓이나 그 밖의 부정한 방법으로 증여세를 감소시킨 것으로 인정되는 경우에는 비특수관계인 간의 증여에 대해서는 증여 · 유상취득과 인수 · 배정요건은 적용하나 5년 이내 상장 요건은 적용하지 아니한다.

3. 증여재산가액 계산

합병에 따른 상장 등 이익의 증여(증여재산가액)의 계산은 다음에 따른다.

증여재산가액 =

정산기준일 현재 1주당 평가액(Ⓐ) - { 주식의 증여일 · 취득일 현재 1주당 증여세 과세가액 또는 취득가액(Ⓑ) + 1주당 기업가치의 실질적 증가로 인한 이익*(Ⓒ) } × 증여 · 유상취득 수

* 동 금액은 다음 중 Max[①, ②]이어야 한다.

① : [(증여 · 취득당시 1주당 증여과세가액 · 취득가액 + 1주당 기업가치의 실질적 증가분) × 증여 · 취득한 주식 등의 수] × 30%

② : 3억원

위 산식에서 증여재산가액을 계산하는 용어를 설명하면 다음과 같다.

Ⓐ **정산기준일 현재 1주당 평가액**은 (①-②)로 한다.

① 정산기준일 현재 1주당 평가액은 정산기준일 이전 · 이후 2개월 간에 공포된 매일의 거래소 최종 시세가액의 평균을 말하며,

② 증여일 등 비상장주식의 1주당 평가액은 증여받은 경우 비상장주식을 최대주주로부터 증여받은 날의 시가 또는 보충적 평가액을 말하며, 유상취득의 경우에는 1주당 취득가액을 말한다. 이 경우 최대주주의 주식은 할증평가 규정(중소기업 배제)을 적용한다.

Ⓑ **주식의 증여일 · 취득일 현재 1주당 증여세 과세가액 또는 취득가액** : 주식을 증여받은 경우로써 해당 주식을 증여받은 날 현재의 1주당 증여세 과세가액과 또는 취득의 경우에는 해당 주식의 취득일 현재 1주당 취득가액을 말한다. 여기서 증여세 과세가액이란 증여받은 재산으로 주식을 취득한 경우에는 그 증여받은 재산에

대하여 이미 증여세가 과세된 증여세 과세가액을 말한다.

Ⓒ **1주당 기업가치의 실질적 증가로 인한 이익** : (㉠ × ㉡)

㉠ : 1주당 순손익액의 합계액을 당해 기간의 월수로 나눈 금액

㉡ : 당해 주식의 증여일 · 취득일부터 정산기준일까지 월수(월수계산시 1월 미만은 1월로 한다)

4. 증여세액의 정산

정산기준일(상장 후 3개월이 되는 날, 3개월 이내에 사망하거나 증여 · 양도한 경우에는 사망일, 증여일, 양도일을 말함)을 기준으로 합병에 따른 상장 등 이익의 증여를 얻거나 합병 후 주식가치가 현저히 하락하여 당초의 증여세 과세가액(증여받은 재산으로 주식을 취득한 경우에는 그 증여받은 재산에 대한 이미 증여세가 과세된 증여세 과세가액을 말한다)보다 적은 증여이익이 발생한 경우에는 당초 증여받은 때에 납부한 증여세액을 환급받을 수 있다.

이 경우 증여일 전 10년 이내에 동일인(증여자가 직계존속인 경우에는 그 직계존속의 배우자를 포함)으로부터 받은 증여재산가액을 합친 금액이 1천만원 이상인 경우에는 그 가액을 증여세 과세가액에 가산한다.

그러나 합병에 따른 상장 등 이익의 증여의 경우에는 개별 건별로 과세하고 다른 증여재산과 합산하지 아니하며, 증여세 과세표준 계산시 3천만원과 감정평가수수료를 공제한다(상증법 §47).

5. 증여시기

합병에 따른 상장 등 이익의 증여시기는 당초의 증여일을 말한다. 만일 그 주식을 보유한 자가 합병등기일부터 3개월 이내에 사망하거나 증여 · 양도한 경우에는 사망일, 증여일, 양도일을 정산기준일로 하고 그 기준으로 증여이익을 계산한 후 정산하므로 당초의 증여일을 증여시기로 한다.

6. 증여세 합산과세 배제와 과세표준의 계산

(1) 증여세 합산과세배제

증여자가 동일인인 경우 해당 증여일 전 10년 이내에 동일인으로부터 받은 증여재산가액의 합계액이 1천만원 이상인 경우에는 그 가액을 증여세 과세가액에 가산하지만, 합병에 따른 상장 등 이익의 경우에는 합산배제증여재산이므로 개별 건으로 증여세를 과세한다(상증법 §47 ①).

(2) 증여세 과세표준계산

합병에 따른 상장 등 이익 중 합산배제증여재산의 과세표준 계산은 합산배제증여재산가액에서 3천만원을 뺀 금액으로 한다(상증법 §55 ①).

7. 전환사채 등의 취득 간주

전환사채 등이란 전환사채, 신주인수권부사채(신주인수권증권이 분리된 경우에는 신주인수권증권을 말함) 또는 그 밖의 주식으로 전환·교환하거나 주식을 인수할 수 있는 권리가 부여된 사채를 말한다.

전환사채 등을 증여받거나 유상으로 취득(발행법인으로부터 직접 인수·취득하는 경우 포함)하고 그 전환사채 등이 5년 이내에 주식으로 전환되거나 정산기준일까지 주식으로 전환되지 아니한 경우에는 정산기준일에 주식으로 전환된 것으로 보아 합병에 따른 상장 등 이익의 증여를 계산하며 그 전환사채 등의 만기일까지 주식으로 전환되지 아니한 경우에는 정산기준일을 기준으로 과세한 증여세액을 환급한다.

8. 납부의무 및 연대납부의무

수증자가 상증법에 따라 증여세를 납부의무를 부담하므로 합병에 따른 상장의 이익을 분여받은 자는 납세의무를 부담한다.

만일 수증자의 재산으로 조세채권이 확보하기가 곤란한 경우에도 증여자는 수증자가 납부하여야 할 증여세를 연대하여 납부할 의무를 지지 아니한다(상증법 §4의2 ⑥).

9. 증여세 신고기한

증여세 납부의무가 있는 자는 일반적으로 증여받은 날이 속하는 달의 말일부터 3개월 이내에 납세지 관할 세무서장에게 신고하여야 한다.

그러나 합병에 따른 상장 등 이익의 증여세 과세표준 정산 신고기한은 정산기준일이 속하는 달의 말일부터 3개월이 되는 날로 한다.

XI 법인의 조직변경 등에 따른 이익의 증여

주식의 포괄적 교환 및 이전, 사업의 양수・양도, 사업의 교환 및 법인의 조직 변경 등에 의하여 소유지분이나 그 가액이 변동됨에 따라 이익을 얻은 경우에는 그 이익에 상당하는 금액(소유지분이나 그 가액의 변동 전・후 재산의 평가차액을 말한다)을 얻은 자에게 증여세를 과세한다(상증법 §42의2).

1. 개요

주식의 포괄적 교환 및 이전, 사업의 양수・양도, 사업 교환 및 법인의 조직 변경 등에 의하여 소유지분이나 그 가액이 변동됨에 따라 이익을 얻은 경우에는 그 이익에 상당하는 금액(소유지분이나 그 가액의 변동 전・후 재산의 평가차액을 말한다)을 그 이익을 얻은 자의 증여재산가액으로 하여 증여세를 과세한다. 다만, 그 이익에 상당하는 금액이 다음의 기준금액 미만인 경우는 증여세 과세대상에서 제외한다.

기준금액 = Min〔① 변동 전 해당 재산가액 × 30%, ② 3억원〕

2. 증여세 과세대상

법인의 조직변경 등에 따른 이익의 증여세 과세대상은 특수관계 성립 여부를 불문하고 모든 거래를 과세대상으로 하고 있다. 다만, 비특수관계인 간의 거래인 경우에는 거래의 관행상 정당한 사유가 없는 경우에 한정하여 적용한다.

3. 증여재산가액 계산

법인의 조직 변경 등에 따른 이익을 얻은 자의 증여재산가액은 다음의 구분에 따라 계산한 금액으로 한다.

증여 유형	증여 이익
소유지분이 변동된 경우	(변동 후 지분 - 변동 전 지분) × 지분 변동 후 1주당 가액
평가액이 변동된 경우	변동 후 가액 - 변동 전 가액

4. 납부의무 및 연대납부의무

수증자가 상증법에 따라 증여세를 납부의무를 부담하므로 법인의 조직변경 등에 따른 이익을 분여받은 자는 납세의무를 부담한다.

만일 수증자의 재산으로 조세채권이 확보하기가 곤란한 경우에도 증여자는 수증자가 납부하여야 할 증여세를 연대하여 납부할 의무를 지지 아니한다(상증법 §4의2 ⑥).

XII 주식취득 후 가치증가에 따른 이익의 증여

미성년자 등이 특수관계인으로부터 기업의 경영 등에 관하여 공표되지 아니한 내부정보를 제공받아 그와 관련한 주식을 취득·증여로 취득하고 그 후 그 주식이 상장 및 합병 등의 사유(재산가치 증가)로 가치가 증가함으로 인하여 얻는 증여이익에 대해 그 이익을 얻은 자에게 증여세를 과세한다(상증법 §42의3).

1. 개요

직업·연령·소득·재산상태로 보아 자신의 계산으로 해당 행위를 할 수 없다고 인정되는 자가 주식(출자주식 포함)을 다음의 사유(과세 요건)로 취득하고 그 주식을 취득한 날부터 5년 이내에 재산가치 증가사유로 주식의 가치가 증가로 인하여 이익을 얻은 경우에는 그 이익에 상당하는 금액을 그 이익을 얻은 자에게 증여한 것으로 보아 증여세를 과세한다.

① 특수관계인으로부터 재산을 증여받은 경우. 다만 거짓이나 기타 부정한 방법으로 상속세나 증여세를 감소시킨 경우에는 5년의 기간 제한 규정은 적용하지 않고, 비

특수관계인으로부터 재산을 증여받는 등의 경우에도 해당 증여 규정을 적용한다.

② 특수관계인으로부터 기업의 경영 등에 관하여 공표되지 아니한 내부 정보를 제공받아 그 정보와 관련된 재산을 유상으로 취득한 경우

③ 특수관계인으로부터 차입한 자금 또는 특수관계인의 재산을 담보로 차입한 자금으로 재산을 취득한 경우

2. 재산가치 증가사유

재산가치 증가는 자기의 계산으로 다음의 형질변경·개발사업시행 등 해당 행위를 할 수 없다고 인정되는 자가 타인의 증여 등으로 재산을 취득한 후 5년 이내 당해 사업 등으로 재산가치가 상승되는 경우를 의미한다.

① 개발사업의 시행

② 형질변경

③ 공유물의 분할

④ 지하수개발·이용권 등의 인가·허가 및 그 밖에 사업의 인가·허가

⑤ 비상장주식인 경우에는 한국금융투자협회에의 등록

⑥ 위와 유사한 것으로서 재산가치를 증가시키는 사유

3. 증여재산가액 계산

주식 취득 후 주식의 가치 증가에 따른 이익의 증여시 증여재산가액은 다음에 따른 금액으로 한다.

증여재산가액 = 해당 재산가액(Ⓐ)-〔해당 재산의 취득가액(Ⓑ)+통상적 가치 상승분(Ⓒ)+가치상승기여분(Ⓓ)〕

〈용어설명〉

Ⓐ 해당 재산가액 : 재산가치 증가사유가 발생한 날 현재의 가액

Ⓑ 해당 재산의 취득가액 : 실제 취득하기 위하여 지불한 금액(증여받은 재산의 경우에는 증여세 과세가액을 말함)

Ⓒ 통상적인 가치 상승분 : 기업가치의 실질적인 증가로 인한 이익과 연평균지가상승률·연평균주택 가격상승률 및 전국소비자물가상승률 등을 감안하여 해당 재산의 보유기간 중 정상적인 가치상승분에 상당하다고 인정되는 금액

Ⓓ 가치상승기여분 : 개발사업의 시행, 형질변경, 사업의 인가·허가 등에 따른 자본적 지출액 등 해당 재산가치를 증가시키기 위하여 지출한 금액

그러나 그 이익에 상당하는 금액(증여재산가액)이 다음의 기준금액 미만인 경우에는 증여세를 과세하지 아니한다.

기준금액 = Min(①, ②)
① (해당 재산의 취득가액+통상적인 가치 상승분+가치상승기여분) × 30%,
② 3억원

4. 증여세 합산과세 배제와 과세표준의 계산

(1) 증여세 합산과세배제

증여자가 동일인인 경우 해당 증여일 전 10년 이내에 동일인으로부터 받은 증여재산가액의 합계액이 1천만원 이상인 경우에는 그 가액을 증여세 과세가액에 가산하지만, 주식을 취득 후 주식의 가치 증가에 따른 이익의 경우에는 합산배제증여재산이므로 개별 건으로 증여세를 과세한다(상증법 §47 ①).

(2) 증여세 과세표준계산

주식 등을 취득 후 주식의 가치 증가에 따른 이익 중 합산배제증여재산의 과세표준 계산은 합산배제증여재산가액에서 3천만원을 뺀 금액으로 한다(상증법 §55 ①).

▌부(父)의 예금을 담보로 은행에서 자금을 차입하여 외국법인의 주식 취득으로 이익이 발생한 경우 증여세 과세대상에 해당하는지?

특수관계인의 재산을 담보로 차입한 자금으로 주식 등을 취득하고 그 주식 등을 취득한 날부터 5년 이내에 당해 주식 등의 상장 및 합병 등 재산가치 증가사유로 인하여 이익을 얻은 경우 이익상당액은 증여세가 과세된다(서면4팀-757, 2005.5.16.).

▌재산을 증여받음으로써 주식가치가 증가한 경우

특정법인에 해당하지 아니하는 법인이 당해 법인의 주주와 특수관계인으로부터 재산을 증여받음으로써 주식가치가 증가한 경우 당해 법인의 주주에게 증여세가 부과된다(재산-363, 2012.10.5.).

▌미성년자인 청구인들이 아버지로부터 현금을 증여받아 아버지가 설립한 쟁점법인의 주식을 취득한 후 5년 이내에 주식가치가 증가되는 이익을 얻었다고 보아 「상속세 및 증여세법」 제42조를 적용하여 증여재산가액을 산정하여 과세한 처분의 당부

청구인들의 아버지는 쟁점산업단지 개발을 목적으로 쟁점법인을 설립한 후 쟁점산업단지 면적을 확대하는 것으로 개발계획이 변경되기 직전 쟁점법인의 지분을 청구인들에게 취득하게 하였는바, 이는 아버지가 쟁점주식을 직접 취득하여 청구인들에게 증여한 것과 그 경제적 실질이 다르지 아니한 점, 쟁점주식의 재산가치가 상승하였으나 청구인들이 쟁점주식의 가치를 증가시키기 위하여 지출한 비용이 달리 확인되지 아니하는 점 등에 비추어 처분청이 상증법에 따라 쟁점주식가치 상승이익을 산정하여 청구인들에게 증여세를 과세한 처분은 달리 잘못이 없다(조심 2013구3435, 2014.11.27.).

5. 납부의무 및 연대납부의무

수증자가 상증법에 따라 증여세를 납부의무를 부담하므로 주식취득 후 가치증가에 따른 이익을 분여받은 자는 납세의무를 부담한다.

만일 수증자의 재산으로 조세채권이 확보하기가 곤란한 경우에도 증여자는 수증자가 납부하여야 할 증여세를 연대하여 납부할 의무를 지지 아니한다(상증법 §4의2 ⑥).

제9절 증여추정 및 증여의제

I 배우자 등에게 양도한 주식의 증여 추정

배우자 또는 직계존비속(이하 "배우자 등"이라 한다)에게 양도한 주식(출자를 증여로 추정하는 것)의 증여추정은 배우자 등 간에 매매 등의 유상양도를 가장하여 주식을 양도함으로써 발생할 수 있는 증여세의 탈루를 방지하기 위해 이 제도를 마련한 것이다. 그러나 배우자 등에게 유상으로 양도한 사실이 명백히 인정(금융자료 등)되는 경우에는 증여추정을 적용하지 아니한다(상증법 §44).

1. 배우자 등에게 직접 양도한 경우

배우자 등에게 양도(①)한 주식 등의 자산은 양도자가 그 주식을 양도한 때에 그 재산의 가액을 배우자 등이 증여받은 것으로 추정(② 증여추정)하여 이를 배우자 등의 증여재산가액(시가 또는 시가불분명시 보충법평가액)으로 한다. 이 경우 증여추정은 납세자의 반증이 없으면 증여로 추정하여 증여세가 과세된다. 다만 양도(①)한 것이 명백한 경우에는 제외한다(상증법 집행기준 44-0-1).

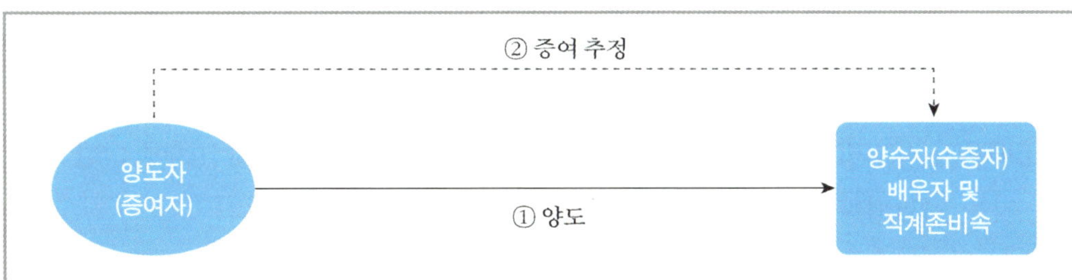

2. 배우자 등에게 간접(우회) 양도한 경우

특수관계인에게 양도(①)한 주식 등의 자산을 그 특수관계인(양수자)이 양수일부터 3년 이내에 당초 양도자의 배우자 또는 직계존비속(이하 "배우자 등"이라 한다)에게 다시 양도(②)한 경우에는 배우자 등에게 양도한 당시의 재산가액을 그 배우자 등이 증여(③)받은 것으로 추정하여 이를 배우자 등의 증여재산가액(시가 또는 시가불분명시 보충법평가액)으로 하여 증여세가 과세된다.

이 경우 당초 양도자 및 양수자(특수관계인)가 부담한 소득세법에 따른 결정세액을 합친 금액이 그 배우자 등이 증여받은 것으로 추정할 경우의 증여세액보다 적은 경우에 적용한다.

다만 양도한 것이 명백한 경우에는 제외한다.

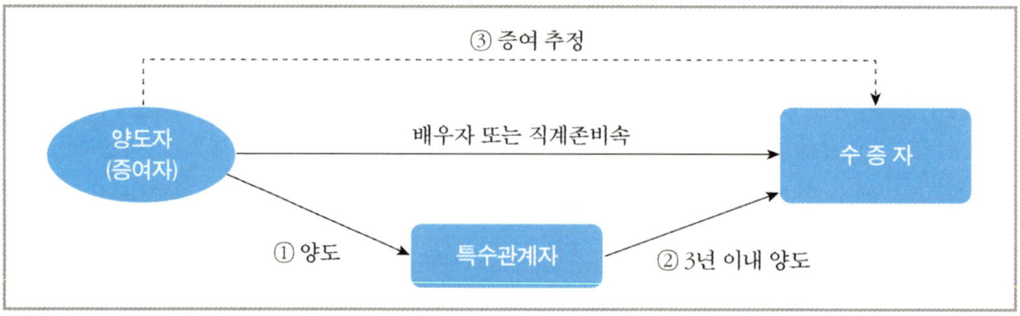

보충설명

특수관계인 : 본인과 친족관계, 경제적 연관관계 또는 경영지배관계 등 상증령(§2의2 ①)에 해당하는 관계에 있는 자를 말하며, 본인도 특수관계인의 특수관계인으로 본다.

3. 배우자 등의 범위

배우자 등에게 양도한 주식 등의 자산에 대해 증여추정 적용시 배우자 등의 범위는 다음과 같다.

① 배우자는 민법상 혼인관계에 의한 배우자를 말한다. 따라서 사실혼에 의한 배우자는 포함되지 아니한다.

② 직계비속에는 친양자 및 출양자도 포함된다.

③ 계모자 관계, 적모서자 관계는 직계존비속 관계에 해당되지 아니한다.

④ 며느리와 시아버지 · 시어머니 관계 그리고 사위와 장인 · 장모의 관계는 직계존비속 관계가 아니라 친족관계이다.

⑤ 입양으로 인한 부모자녀관계인 법정친자관계도 직계존비속으로 본다.

4. 양도한 사실이 명백한 경우 증여추정 배제

다음의 경우에는 증여추정을 적용하지 아니한다.

① 법원의 결정으로 경매절차에 따라 처분된 경우

② 파산선고로 인하여 처분된 경우

③ 「국세징수법」에 따라 공매된 경우

④ 「자본시장과 금융투자업에 관한 법률」에 따른 증권시장을 통하여 유가증권이 처분된 경우. 다만 시간외 매매방법에 의하여 매매된 것(당일종가로 매매된 것 제외)은 증여추정 배제에서 제외한다.

⑤ 배우자 등에게 대가를 받고 양도한 사실이 명백히 인정되는 경우. 다만 양도일 현재 대가를 추후 지급하기로 한 경우에는 명백히 양도한 것으로 보지 아니한다.

⑥ 특수관계인을 통한 간접양도에 따른 증여추정의 경우 소득세법에 따라 당초 양도자 및 양수자가 부담한 결정세액의 합계액이 그 배우자 등이 증여받은 것으로 추정할 경우의 증여세액보다 큰 경우

⑦ 이미 과세(비과세 또는 감면 포함)되었거나 신고한 소득금액 또는 상속 및 수증재산의 가액으로 그 대가를 지급한 사실이 입증되는 경우

⑧ 배우자 등의 채무 부담사실이 명백하고 동 채무로 대가를 지급한 경우

5. 증여시기

배우자 등에게 주식 등의 자산을 양도하여 증여추정이 적용되는 증여시기는 해당 주식을 배우자 등에게 양도하는 때이며, 특수관계인에게 양도 후 다시 배우자 등에게 양도하는 경우에 증여시기는 특수관계인이 배우자 등에게 양도하는 때이다.

6. 납부의무 및 연대납부의무

수증자는 상증법에 따라 증여세를 납부의무를 부담한다.

만일 수증자의 재산으로 조세채권이 확보하기가 곤란한 경우에는 증여자는 수증자가 납부하여야 할 증여세를 연대하여 납부할 의무를 진다(상증법 §4의2).

▌비특수관계인이 취득일로부터 3년 이내에 피상속인의 직계비속에게 당해 재산을 양도한 경우 증여추정 규정 적용여부

비특수관계인으로부터 양수한 재산을 당초 양도자의 배우자 또는 직계존비속에게 양도하는 경우, 증여추정규정이 적용되지 아니한다(제도 46014-12398, 2001.7.26.).

▌거래의 입증

거래실질이 양도에 해당하는지 또는 증여에 해당하는지는 계약내용 및 대금지급관계 등의 구체적인 사실에 따라 판단하는 것이며, 양도에 해당하는 경우에는 이를 주장하는 자가 입증해야 한다(서면4팀-4069, 2006.12.14.).

Ⅱ 재산취득자금 등의 미입증금액에 대한 증여 추정

일정한 직업 또는 소득이 없는 자가 재산상태 등으로 볼 때, 재산을 자력으로 취득하였다고 인정하기 어려운 경우에는 그 재산의 취득자금을 증여받은 것으로 추정한다. 또한 일정한 직업 또는 소득이 있다고 할지라도 그 직업 또는 소득에 비해 현저히 많은 재산의 재산을 취득한 경우로서 해당 재산에 대하여 납득할 만한 자금출처를 소명하지 못하는 경우에는 직계존속 등으로부터 증여받았다고 추정한다.

다만, 일정금액 이하에 해당하는 경우와 취득자금 · 채무상환자금에 대해 충분한 소명이 있는 경우에는 증여의 추정으로 보지 아니한다.

| 증여추정에 관련 규정별 비교 |

구 분	배우자 등에게 양도한 재산의 증여추정	재산취득 · 채무상환자금의 증여추정	상속개시 전 처분 재산의 상속추정
법조문	상증법 §44	상증법 §45	상증법 §15
입증 금액	양도금액 전액	취득 · 채무상환자금 - Min(재산취득의 20%, 2억원)	처분금액 - Min(처분재산의 20%, 2억원)
추정 금액	입증하지 못한 금액 전액	입증하지 못한 금액 전액	미입증금액 - Min(처분재산의 20%, 2억원)

1. 개요

재산 취득자의 직업, 연령, 소득 및 재산 상태 등으로 볼 때 자력으로 취득하였다고 인정하기 어려운 경우 또는 채무를 자력으로 상환하였다고 인정하기 어려운 경우에는 그 재산의 취득한 자 또는 채무를 상환자가 증여받은 것으로 추정하여 증여세를 과세한다. 이 경우 입증되지 아니한 금액(증여재산가액)은 다음에 따라 증여추정 판단한다 (상증법 §45).

증여추정 여부	입증하지 못한 금액(미입증금액)
×	(취득재산 · 채무상환자금 − 입증된 금액) ≤ Min(취득재산 · 채무상환자금× 20%, 2억원)
○	(취득재산 · 채무상환자금 − 입증된 금액) ≥ Min(취득재산 · 채무상환자금× 20%, 2억원)

이 경우 증여세가 과세되는 증여재산가액은 다음에 의한다.

증여재산가액 =입증하지 못한 금액(취득재산 · 채무상환자금 − 입증된 금액)

2. 재산취득자금의 증여추징 적용방법

재산취득자금 등의 증여추정 적용방법은 다음에 의한다.

① 재산취득자금 등의 증여추정 규정은 재산취득 또는 채무상환이 있을 때마다 그 해당 여부를 판단한다.

② 재산취득자금 등의 증여추정 배제 규정은 10년간 재산취득 누적금액 또는 상환누적금액으로 적용한다.

3. 명의상 채무자와 사실상 채무자가 다른 경우

금융기관으로부터 타인명의로 대출받았으나 그 대출자금에 대한 이자지급, 원금상환 및 담보제공 등으로 사실상의 채무자가 그 재산취득자임이 확인되는 경우에는 당해 대출금은 재산의 취득자금의 출처로 인정된다.

4. 증여추정의 배제기준

연령・세대주・직업・재산상태・사회경제적 지위 등을 고려하여 재산취득일 전 또는 채무상환일 전 10년 이내에 해당 재산취득자금 또는 해당 채무상환자금의 합계액이 다음의 기준금액 미만인 경우에는 증여추정 규정을 적용하지 아니한다. 다만, 기준금액 이하이더라도 취득가액 또는 채무상환 금액이 타인으로부터 증여받은 사실이 확인되는 경우에는 증여세 과세대상이 된다.

구 분	취득 재산		총액 한도
	주택	주식 등	
〈세대주인 경우〉 ① 30세 이상인 자 ② 40세 이상인 자	1.5억원 3억원	5천만원 1억원	2억원 4억원
〈세대주가 아닌 경우〉 ① 30세 이상인 자 ② 40세 이상인 자	7천만원 1.5억원	5천만원 1억원	1.2억원 2.5억원
〈30세 미만인 자〉	5천만원	5천만원	5천만원

5. 증여시기

재산의 취득자금을 증여로 추정하는 경우에는 그 재산을 취득한 때를 증여시기로 본다.

6. 납부의무 및 연대납부의무

수증자는 상증법에 따라 증여세 납부의무를 부담한다.

만일 수증자의 재산으로 조세채권이 확보하기가 곤란한 경우에는 증여자는 수증자가 납부하여야 할 증여세를 연대하여 납부할 의무를 진다(상증법 §4의2).

보충설명

① 차명계좌에 대하여도 원칙은 증여추정규정을 적용하지만 실질소유자가 별도로 있는 차명계좌임을 입증하는 경우에는 취득자금에 대한 증여추정규정은 적용되지 않는다. 다만, 금융실명법 위반으로 벌금 부과 및 5년 이하의 징역 등 형사처벌 대상에 해당한다.

② 최근 재산취득자금에 대한 조사경향은 특정금융거래정보자료(FIU)를 활용하여 조사대상자를 선정하고 있으므로 고액의 현금거래(CTR)를 하거나 또는 의심거래(STR)를 하는 경우 조사대상자로 선정될 가능성이 매우 높으므로 유의해야 한다.

③ 국세청은 PCI 시스템을 이용하여 신고된 소득에 비해 재산증가액과 소비지출액이 과도한 경우 탈루혐의가 있는 것으로 보아 세무조사한다.

④ 법인을 경영하는 사람이 재산취득자금 소명대상자로 선정이 되는 경우에는 해당 법인과 연관해서 소명을 하여야 하며, 취득자금에 대한 소명이 명확하지 않은 경우에는 실지조사 대상자로 선정되면서 통상 법인에 대한 세무조사도 병행됨을 유의해야 한다.

▌대출받은 증자대금에 대해 자력이 없는 경우에는 증여받은 것으로 본다

대출금으로 증자대금을 불입한 사실은 확인되나 증자대금을 불입할 당시 일정한 직업이나 소득이 없었고 자금출처를 입증하여 증여세 회피하기 위한 것으로 보여지므로 증자대금을 증여받은 것으로 봄은 타당하다(국심 94서5061, 1995.1.5.).

▌다수의 부동산을 취득한 경우, 취득자금 증여추정 배제기준 적용에 있어 재산을 취득하는 때마다 적용하는지 또는 총 취득가액을 기준으로 적용하는지 여부

취득자금 등이 직업·연령·소득·재산상태 등을 감안하여 국세청장이 정하는 금액 이하여서 증여추정규정을 적용하지 아니하는 경우 취득자금 등은 10년 이내의 취득자금 등의 합계액에 의하는 것이며, 재산취득자금 등의 80% 상당액 이상을 소명함으로써 증여추정의 배제 규정은 재산취득 또는 채무상환이 있을 때마다 그 해당 여부를 판단한다(서일 46014-10766, 2003.6.12.).

▌증여추정

일정한 직업 또는 소득이 있다고 할지라도 소득금액에 비해 현저히 많은 재산을 취득한 경우 당해 재산에 관하여 납득할 만한 자금출처를 소명하지 못하는 경우에는 재력 있는 자로부터 (직계존속)증여받았다고 추정한다(서울행법 2017구합57257, 2017.10.27.).

▌공동소유자 1인 명의로 대출받은 경우 취득자금출처

공동소유자 1인 명의로 대출받아 해당 대출금으로 부동산취득자금에 충당하였으나, 사실상 채무자가 공동소유자로 확인되는 경우 각자가 부담하는 대출금은 각자의 취득자금출처로 인정된다(서면상속증여-2398, 2015.12.18.).

사례 자금출처의 미입증금액별 증여추정 판단 사례

다음의 예에 따라 주식의 취득가액과 자금출처의 미입증금액이 있는 경우 해당 금액별 증여추정의 판단은 다음에 따른다.

주식 취득가액	입증금액	미입증금액	증여추정 판단기준	증여추정 금액
8억원	7억원	1억원	1억원 〈 Min[8억×20%, 2억원] = 1.6억원	-
9억원	6.5억원	2.5억원	2.5억원 ≥ Min[9억×20%, 2억원] = 1.8억원	2.5억원
15억원	13.5억원	1.5억원	1.5억원 〈 Min[15억×20%, 2억원]= 2억원	-
19억원	16.5억원	2.5억원	2.5억원 ≥ Min[19억×20%, 2억원]= 2억원	2.5억원

Ⅲ 명의신탁주식 등의 증여 의제

명의신탁 증여의제 규정의 입법 취지는 명의신탁제도를 이용한 조세회피행위를 효과적으로 방지하여 조세정의를 실현한다는 취지에서 제정된 것이다.

세법상 명의신탁 증여의제란 권리의 이전이나 행사에 명의개서를 필요로 하는 주식(출자지분 포함)에 있어서 실제 소유자와 다른 경우에는 실질과세(국기법 §14)의 규정에 불구하고 그 명의자로 명의개서 등을 한 날에 실제 소유자가 그 명의자에게 그 재산을 증여한 것으로 본다(상증법 §45의2).

이 경우 명의신탁은 성립하기 위한 요건으로 실제 소유자와 명의자가 다르고, 조세회피가 있으며, 실제 소유자와 주주명부상 등 명의자 간에 계약이 성립된 것으로서 당사자 간에 합의가 있어야 한다. 따라서 당사자의 일방이 상대방과의 합의 없이 주식의 명의개서한 것은 명의신탁 설정을 위한 것이었다 하더라도 명의신탁은 성립되지 아니한다.

보충설명

차명주식에 대하여 조세회피 목적이 있는 것으로 추정되는 경우 명의자가 이러한 추정을 벗어나기 위하여는 그가 조세회피 목적이 없었다는 점에 대해 주장하거나 입증할 책임이 있다(대법원 2005두3882, 2005.7.22.).

▌참고내용

1995.7.1.부터 「부동산 실권리자명의 등기에 관한 법률」이 시행되어 실제 소유자와 명의자가 다른 토지·건물의 명의신탁에 대해서는 과징금이 부과되며, 1997.1.1. 이후 실제 소유자와 명의자가 다른 토지·건물의 명의신탁에 대해서는 상증법상의 증여의제로 과세되지 아니한다.

1. 개요

주식(사채권 포함)의 명의신탁이란 당사자 간의 합의로 실제 소유자의 이름이 아닌 제3자의 명의로 주주명부에 등재되어 있어 주식의 실소유자와 주주명부상 명의자가 다른 경우를 말한다.

이와 같이 실제 소유자와 명의자가 다른 경우에는 실질과세원칙에 불구하고 조세회피목적이 없는 경우 등을 제외하고는 그 명의자로 명의개서를 한 날(증여시기)에 그 주식의 가액(명의개서를 하는 재산은 소유권 취득일을 기준으로 평가한 가액)을 명의자가 실제 소유자로부터 증여받은 것으로 보아 증여세를 과세한다.

여기서 명의개서는 권리자를 변경할 때 이에 대응하여 증권·장부상의 명의인을 고쳐 씀으로써 제3자에 대하여 권리이진의 대항요건이 된다.

▌실질과세

과세의 대상이 되는 소득, 수익, 재산, 행위 또는 거래의 귀속이 명의(名義)일 뿐이고 사실상 귀속되는 자가 따로 있을 때에는 사실상 귀속되는 자를 납세의무자로 하여 세법을 적용한다(국기법 §14 ①).

2. 증여재산가액 계산

(1) 평가액

증여세가 과세되는 명의신탁주식의 증여재산가액은 증여의제일 현재 시가 또는 보충적 평가액으로 평가하며 명의개서를 하는 재산인 경우 소유권 취득일을 기준으로 평가한 가액으로 한다(상증법 집행기준 45의2-0-12).

(2) 최대주주 할증평가

명의신탁주식에 대해서는 최대주주의 할증평가를 적용한다. 다만 중소기업 주식은 할증평가를 하지 아니한다.

3. 장기간 명의개서하지 않은 주식의 증여의제 시기

증여세가 과세되는 명의신탁주식 등의 증여의제를 적용할 때 주식명의개서를 필요로 하는 재산의 소유권을 취득한 자가 그 주식의 명의를 타인 명의로 개서한 경우에는 그 명의개서일에 타인에게 명의신탁한 것으로 보는 것이며, 그 소유권 취득일이 속하는 연도의 다음 연도 말일까지 실제 소유자 명의로 명의개서를 하지 아니하고 종전 소유자의 명의로 둔 경우에는 취득일이 속하는 연도의 다음 연도 말일의 다음 날에 종전 소유자에게 명의신탁한 것으로 본다.

4. 증여의제 제외

타인의 명의로 주식을 실제 소유자 명의로 명의개서를 하지 아니한 경우 및 유예기간에 주식의 명의를 실제 소유자 명의로 전환하지 아니하는 경우에는 조세회피목적이 있는 것으로 추정한다.

다만 실제 소유자 명의로 명의개서하지 아니하였으나 다음의 경우에는 증여추정으로 보지 아니한다.

① 조세회피목적 없이 타인의 명의로 주식의 명의개서를 하거나 소유권을 취득한 실제 소유자 명의로 명의개서를 하지 아니한 경우

② 자본시장과 금융투자업에 관한 법률에 따른 신탁등기한 경우

③ 비거주자가 법정대리인 또는 재산관리인의 명의로 등기 등을 하는 경우

④ 명의신탁한 재산을 해지하여 그 재산의 실질상 소유자인 위탁자 명의로 환원하는 경우

5. 증여의제 시기

주식은 명의개서한 날을 증여의제 시기로 보며, 명의개서를 한 날은 「상법」에 의하

여 취득자의 주소와 성명을 주주명부에 기재한 때를 말하며, 명의개서를 한 날이란 「상법」(§337)에 따라 취득자의 주소와 성명을 주주명부(「자본시장과 금융투자업에 관한 법률」에 따른 실질주주명부*를 포함한다)에 기재한 때를 말한다.

주주명부 또는 사원명부가 작성되지 아니한 경우에는 법인의 납세지 관할세무서장에게 제출한 주주 등에 관한 서류 및 주식 등변동상황명세서 등에 따라 명의개서 여부를 판정한다.

* 실질주주명부는 발행법인 등이 배당 등을 위하여 주주명부를 폐쇄하는 경우 폐쇄기준일 현재 주주의 성명·주소·주식의 종류와 수량을 증권예탁원으로부터 받아 작성하는 주주명부를 말한다.

6. 납부의무 및 연대납부의무

수증자는 상증법에 따라 증여세의 납부의무를 부담한다.

그러나 증여세가 과세되는 명의신탁주식 등의 증여세 납부의무자는 수증자인 명의자이다. 그러나 명의신탁주식을 증여한 것으로 보는 경우(명의자가 영리법인인 경우를 포함)에는 실제 소유자가 해당 주식에 대하여 증여세를 납부할 의무가 있다(상증법 §4의2).

명의신탁한 재산에 대하여 명의수탁자에게 부과된 증여세를 당해 명의신탁재산의 실질소유자 명의로 환원한 후 그 실질소유자(증여자)가 납부한 경우에는 대신 납부한 증여세액에 대하여 다시 증여세를 과세하지 아니한다.

7. 명의신탁주식에 대한 물적 납세의무

실제 소유자가 명의신탁(상증법 §45의2)에 따른 증여세·가산금 또는 체납처분비를 체납한 경우에 그 실제 소유자의 다른 재산에 대하여 체납처분을 집행하여도 징수할 금액에 미치지 못하는 경우에는 「국세징수법」에서 정하는 바에 따라 명의자에게 증여한 것으로 보는 재산으로써 납세의무자인 실제 소유자의 증여세 또는 체납처분비를 징수할 수 있다(상증법 §4의2 ⑨).

8. 증여의제된 명의신탁주식의 상속재산 포함 여부

피상속인이 명의신탁한 주식 등의 재산에 대하여 그 수탁자에게 증여의제 규정이 적용되어 증여세가 부과되어도 그 재산은 신탁자인 피상속인의 소유에 속하는 것이므로 피상속인의 사망시 상속재산에 포함시킨다(대법원 2002두12137, 2004.9.24.).

9. 명의신탁주식의 양도대금을 증여세 신고기한 내에 반환하는 경우

금전을 제외한 증여받은 주식 등의 재산을 증여세 신고기한 3개월 이내에 반환하는 경우에는 처음부터 증여가 없었던 것으로 본다(상증법 §31 ④).

그러나 명의수탁자가 증여받은 것으로 의제되는 것은 명의신탁된 재산 자체이므로, 양도대금의 반환은 증여받은 재산의 반환으로 볼 수는 없다. 또한 명의신탁을 증여의제로 과세하는 법의 취지가 조세회피목적의 명의신탁을 억제하려는 것임을 감안할 때, 조세회피목적의 명의신탁에서 당연히 예정된 행위인 명의신탁재산을 처분하여 그 대금을 신탁자가 가져가는 경우까지 증여받은 재산의 반환으로 보아 처음부터 증여가 없었던 것으로 볼 수 없다(국심 2004서3011, 2005.12.7.).

10. 명의신탁주식의 신탁해지와 취득무효

(1) 신탁해지

명의신탁의 법률관계는 신탁자와 수탁자 사이의 해지 의사표시로 해제되고, 신탁자는 언제든지 수탁자에게 해지의 의사표시로 명의신탁을 해지할 수 있다.

이 경우 명의신탁 증여에 해당하는 주식의 신탁을 해지하여 그 주식의 실제 소유자인 위탁자 명의로 환원하는 것은 증여에 해당하지 아니하며, 실질소유자는 증여세신고의무가 없다.

명의신탁해지한 사실에 대하여 관할세무서에서 소명자료를 요구할 때 그 사실을 입증하는 서류를 제출하면 된다.

(2) 취득무효

명의신탁재산의 증여의제에 의하여 증여세를 과세한 후 원인무효에 의하여 취득무효판결이 나면 그 재산상의 권리가 말소되므로 이미 부과한 증여세는 취소한다.

11. 증여세 합산과세배제와 과세표준계산

(1) 증여세 합산과세배제

증여자가 동일인인 경우 해당 증여일 전 10년 이내에 동일인으로부터 받은 증여재산가액의 합계액이 1천만원 이상인 경우에는 그 가액을 증여세 과세가액에 가산하지만, 명의신탁재산의 증여의제에 따른 이익의 경우에는 합산배제증여재산이므로 개별 건으로 증여세를 과세한다(상증법 §47 ②).

(2) 증여세 과세표준계산

명의신탁재산의 증여의제에 따른 이익 중 합산배제증여재산의 과세표준 계산은 합산배제증여재산가액에서 3천만원과 그 증여재산의 감정평가수수료를 차감한 금액으로 한다(상증법 §55 ①). 따라서 증여재산 공제를 적용하지 아니한다.

▌최초에 과세된 명의신탁주식 매도대금으로 취득하여 다시 동일인 명의로 명의개서 된 주식의 증여세 과세 여부

최초로 증여의제 대상이 되어 과세되었거나 과세될 수 있는 명의신탁주식의 매도대금으로 취득하여 다시 동일인 명의로 명의개서 된 주식은 그것이 최초의 명의신탁주식과 시기상 또는 성질상 단절되어 별개의 새로운 명의신탁주식으로 인정되는 등의 특별한 사정이 없는 한 다시 증여세가 과세될 수는 없다(대법원 2018두159, 2018.6.15.).

▌명의신탁관계

명의신탁관계는 신탁자와 수탁자 사이의 명시적 계약에 의하여만 성립하는 것이 아니라 묵시적 합의에 의하여도 성립할 수 있고, 묵시적 합의가 있었는지 여부는 위탁자와 수탁자 사이의 관계, 수탁자가 그 재물을 보관하게 된 동기와 경위, 위탁자와 수탁자 사이의 거래 내용과 태양 등 모든 사정을 종합하여 판단하여야 한다(대법원 2017두69885, 2018.2.28.).

▌부모가 자식에게 재산의 명의를 이전하여 준 이후에도 그 재산에 대한 관리·처분권을 계속 행사하는 경우

부모가 생전에 자신이 일군 재산을 자식에게 물려준 때에는 그 후에도 자식의 협조 내지 승낙하에 부모가 여전히 당해 재산에 대한 관리·처분권을 행사하는 경우가 흔히 있을 수 있는 모습이므로 부모가 자식에게 재산의 명의를 이전하여 준 이후에도 그 재산에 대한 관리・처분권을 계속 행사하였다고 해서 곧바로 이를 증여가 아닌 명의신탁이라고 단정하기 어렵다(조심 2017서4290, 2018.2.22.).

▌명의신탁자가 사망하여 주식이 상속된 경우 증여의제 제외 여부

주식이 명의신탁되어 명의수탁자 앞으로 명의개서가 된 후에 명의신탁자가 사망하여 주식이 상속된 경우에는 명의개서 해태 증여의제규정의 적용대상에 해당하지 않는다(서울고법 2017누60637, 2018.1.16.).

또한 주식의 명의신탁자가 사망한 후 일정기간 내에 상속인이 명의개서를 하지 않았다고 하여 명의개서해태 증여규정에 의하여 명의수탁자가 다시 증여세 과세대상이 된다고 보는 것은 지나치게 가혹할 뿐만 아니라 자기책임의 원칙에 반하여 부당하므로 피상속인이 명의신탁한 미개서주식을 상속받은 상속인이 명의개서하지 아니하였다 하여 재차 명의신탁한 것으로 보아 증여세를 과세한 처분은 잘못이다(조심 2016서4227, 2017.11.14.).

▌증여세 과세당시 명의신탁주식이 무상 소각된 경우 증여의제 여부

증여세 과세가액의 계산은 증여시점인 명의신탁일을 기준으로 계산하는 것이므로 명의신탁 이후 명의신탁주식이 무상 소각되어 재산적 가치가 없어진 경우에도 증여의제 대상으로 봄(심사증여 2003-3018, 2005.8.22.).

▌흡수합병에 따라 교부받은 합병법인의 주식을 실제 소유자가 아닌 타인 명의로 다시 명의개서를 하는 경우

주식을 실제 소유자가 아닌 타인명의로 명의개서를 한 경우 그 명의개서한 날에 실제 소유자가 명의자에게 증여한 것으로 보아 증여세를 과세하는 것이며, 흡수합병에 따라 교부받은 합병법인의 주식을 실제 소유자가 아닌 타인 명의로 다시 명의개서를 하는 경우 새로운 명의신탁으로 증여세를 과세한다. 다만, 타인 명의로 명의개서한 것에 대하여 조세회피 목적이 없다고 인정되는 경우에는 그러하지 아니하다(재재산-722, 2013.10.23.).

▌명의신탁 증여의제로 이미 과세되었던 구주식에 대해 합병에 따라 신주식이 배정된 경우

특별한 사정이 없는 한 기존의 명의신탁 주식 외에 이익잉여금의 자본전입에 따라 기존의 명의수탁자에게 그 보유주식에 비례하여 배정된 무상주는 명의신탁증여의제에 따른 증여의제 적용대상이 아니다(대법원 2009두21352, 2011.7.14.).

▌잉여금의 자본전입

의제배당 과세대상 자본잉여금 또는 이익잉여금의 자본전입으로 기존 명의신탁된 주식에 배정된 무상주에 대하여는 명의신탁 증여의제 규정을 적용하지 않는다(재재산-739, 2014.11.14.).

▌주식의 포괄적 교환

주식의 명의신탁을 받은 자가 주식의 포괄적 교환으로 인하여 그의 명의로 완전모회사의 신주를 교부받아 명의개서를 마친 경우 그 신주에 관하여는 명의신탁자와 명의수탁자 사이에 종전의 명의신탁관계와는 다른 새로운 명의신탁관계가 형성되므로 그에 관하여 새로운 조세회피의 목적이 없다는 등의 특별한 사정이 없는 한 이는 상증세법 제45조의2 제1항이 규정하고 있는 명의신탁재산 증여의제의 적용대상이 된다(대법원 2013두5791, 2013.8.23.).

Ⅳ 특수관계법인과의 거래를 통한 이익의 증여 의제

특수관계법인과의 거래를 통한 이익의 증여의제는 특수관계법인이 수혜법인(내국법인에 한정함)에 일감을 몰아주는 방법으로 수혜법인의 지배주주 등에게 다음과 같이 부를 이전하여 발생한 이익에 대하여 증여세를 과세하는 규정이다.

세법상 특수관계법인이 수혜법인(내국법인에 한정)에 일감을 몰아주는 방법으로 수혜법인의 지배주주 등에게 부를 이전하는 다음의 사례에 대하여 증여세를 과세하는 규정으로서 수혜법인의 사업연도를 기준으로 수혜법인과 특수관계법인의 거래비율이 정상거래비율을 초과하는 경우 수혜법인의 지배주주와 그 친족이 수혜법인의 영업이익을 기준으로 계산한 이익을 증여받은 것으로 보아 증여세가 과세된다.

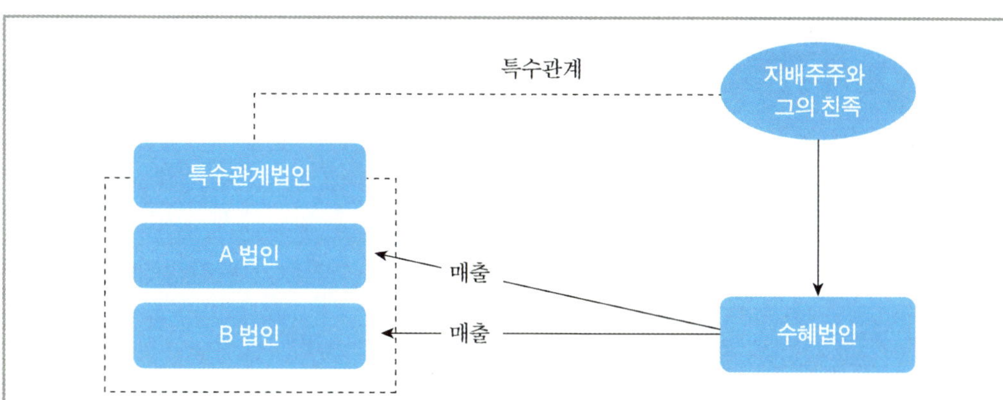

1. 과세요건

증여세가 과세되는 증여의제는 다음의 증여의제 과세요건에 따라 수혜법인의 사업연도를 기준으로 수혜법인과 특수관계법인의 거래비율이 정상거래비율을 초과하는 경우 수혜법인의 지배주주와 그 친족에게(납세의무자) 수혜법인의 영업이익을 기준으로 계산한 이익을 증여받은 것으로 본다(상증법 §45의3).

① 수혜법인의 세후영업이익이 있을 것

② 일감을 받은 법인(수혜법인)의 사업연도 매출거래 중 특수관계법인과의 거래비율이 정상거래비율(30%, 중소기업 50%, 중견기업 40%)을 초과할 것(중소기업 및 중견기업이 아닌 경우 특수관계법인 거래비율이 20%를 초과하면서 특수관계법인과의 거래금액이 1천억을 초과하는 경우 포함). 여기서 특수관계법인 거래비율이란 수혜법인의 총 매출액 중 특수관계법인과의 매출액이 차지하는 비율을 말하며, 특수관계법인이 둘 이상인 경우에는 각각의 매출액을 모두 합하여 계산한다.

③ 수혜법인의 지배주주와 그 친족으로서 각자의 수혜법인 지분(간접보유비율 포함)이 한계보유비율(3%, 중소·중견기업 10%)을 초과하는 개인 대주주가 있을 것

2. 증여세 합산과세배제와 과세표준계산

(1) 증여세 합산과세배제

증여자가 동일인인 경우 해당 증여일 전 10년 이내에 동일인으로부터 받은 증여재산가액의 합계액이 1천만원 이상인 경우에는 그 가액을 증여세 과세가액에 가산하지만, 특수관계법인과의 거래를 통한 이익의 증여의제의 경우에는 합산배제증여재산이므로 개별 건으로 증여세를 과세한다(상증법 §47 ①).

(2) 증여세 과세표준계산

특수관계법인과의 거래를 통한 이익의 증여의제이익 중 합산배제 증여재산의 과세표준 계산은 합산배제 증여재산가액에서 3천만원과 그 증여재산의 감정평가수수료를 차감한 금액으로 한다(상증법 §55 ①).

3. 납부의무 및 연대납부의무

수증자가 상증법에 따라 증여세를 납부의무를 부담하므로 특수관계법인과의 거래를 통한 이익을 분여받은 자는 납세의무를 부담한다.

만일 수증자의 재산으로 조세채권이 확보하기가 곤란한 경우에도 증여자는 수증자가 납부하여야 할 증여세를 연대하여 납부할 의무를 지지 아니한다(상증법 §4의2 ⑥).

4. 증여세 신고

특수관계법인이 수혜법인에 일감을 몰아주는 방법으로 이익을 얻은 수혜법인의 증여세 신고는 법인세법(§60 ①) 규정에 따른 과세표준의 신고기한이 속하는 달의 말일부터 3개월이 되는 날이다.

▌특수관계법인과의 거래를 통한 이익의 증여의제와 관련한 예규 등

① 수혜법인의 사업연도 중 지배주주와 특수관계법인 간 특수관계가 성립하는 경우라도'특수관계법인거래비율'은 증여시기인 수혜법인의 사업연도 종료일 현재 특수관계법인의 전체 매출액을 기준으로 산정한다(서면법규-1487, 2012.12.14.)

② 지배주주와 그 친족이 합하여 100분의 100을 출자한 법인은 "완전지배법인"에 해당하지 않는다(상속증여-332, 2013.7.8.).

③ '특수관계법인거래비율' 산정시 제외되는 매출액 중 국외소재 특수관계법인과 거래한 매출액은 제품·상품의 수출에 한하여 적용되는 것이며, 세후영업이익 계산시 전기 결손금을 이월하여 공제하는 별도의 규정은 없다(재산-361, 2012.10.5.).

④ 지배주주와 특수관계에 있는 법인과의 매출액비율이 30%를 초과하는 경우 증여의제 규정이 적용되는 것이며, 국외 특수관계법인에 대한 용역매출은 매출액비율 산정시 차감하지 않는다(재산-316, 2012.9.6.).

⑤ 특수관계법인과의 거래를 통한 이익의 증여의제규정 적용할 때 개인사업자는 특수관계법인에 해당하지 아니한다(상속증여-382, 2013.7.22.).

⑥ 수혜법인과 특수관계법인은 명의신탁한 주식에 해당하여 완전지배법인에 해당하므로 특수관계법인과의 거래를 통한 이익의 증여의제 규정을 적용하지 아니한다(대법원 2016두44247, 2016.9.28.).

V 특수관계법인으로부터 제공받은 사업기회로 발생한 이익의 증여 의제

1. 개요

특수관계법인으로부터 사업기회를 제공받는 방법 등으로 부를 이전하는 변칙적인 증여를 방지하기 위하여, 특수관계법인(중소기업과 수혜법인의 주식보유비율이 50% 이상인 법인은 제외)으로부터 사업기회를 제공받은 경우에는 그 사업기회를 제공받은 날이 속하는 사업연도의 종료일에 수혜법인의 3년간 영업이익을 기준으로 계산한 이익을 지배주주 등이 증여받은 것으로 의제하여 수혜법인의 지배주주 등에게(납세의무자, 연대납세의무 없음) 증여세를 과세한다(상증법 §45의4).

2. 사업기회를 제공받는 방법

사업기회 제공방법이란 수혜법인이 직접 수행하거나 다른 법인이 수행하고 있던 사업기회를 임대차계약, 입점계약, 대리점 계약 및 프랜차이즈 계약 등 명칭여하를 불문한 약정의 방식으로 제공하는 것을 말한다.

3. 과세요건

지배주주 등(지배주주와 그 친족을 말한다)의 주식보유비율이 30% 이상인 수혜법인이 지배주주와 특수관계법인(중소기업과 수혜법인의 주식보유비율이 50% 이상인 법인 제외)으로부터 사업기회를 제공받아야 한다.

보충설명

지배주주와 그 친족 : 지배주주란 다음에 해당하는 자를 말한다.

① 수혜법인의 최대주주 등 중에서 수혜법인에 대한 직접보유비율이 가장 높은 자가 개인인 경우에는 그 개인

② 수혜법인의 최대주주 등 중에서 수혜법인에 대한 직접보유비율이 가장 높은 자가 법인인 경우에는 수혜법인에 대한 직접보유비율과 간접보유비율을 모두 합하여 계산한 비율이 가장 높은 개인.

다만, 다음에 해당하는 자는 제외한다.

㉠ 수혜법인의 주주 등이면서 수혜법인의 최대주주 등에 해당하지 아니한 자

㉡ 수혜법인의 최대주주 등 중에서 수혜법인에 대한 직접보유비율이 가장 높은 자에 해당하는 법인의 주주 등이면서 최대주주 등에 해당하지 아니한 자

지배주주의 친족이란 지배주주의 친족으로서 수혜법인의 사업연도 말에 수혜법인에 대한 직접보유 비율과 간접보유비율을 합하여 계산한 비율이 한계보유비율을 초과하는 자를 말한다.

수혜법인 : 수혜법인은 지배주주와 그 친족의 주식보유비율이 30% 이상인 법인을 말한다.

특수관계법인 : 특수관계법인이란 지배주주와 상증령(§2의2 ① 〈3~8〉)에 따른 관계에 있는 자를 말하며, 중소기업과 수혜법인의 주식보유비율이 50% 이상인 법인은 제외한다.

4. 증여의제 이익과 정산 증여의제

특수관계법인으로부터 제공받은 사업기회로 발생한 이익의 증여의제이익은 다음의 금액으로 한다.

증여의제 이익 =
〔{(제공받은 사업기회로 인하여 발생한 개시사업연도의 수혜법인의 이익 × 지배주주 등의 주식보유비율) - 개시사업연도분의 법인세 납부세액 중 상당액} ÷ 개시사업연도의 월 수 × 12〕 × 3

수혜법인의 개시사업연도부터 정산사업연도(사업기회제공일 이후 2년이 경과한 날이 속하는 사업연도)까지 수혜법인이 제공받은 사업기회로 발생한 실제 이익을 반영하여 계산한 다음의 정산증여의제이익과 당초 증여의제이익과 차액을 관할 세무서장에게 납부하여야 한다. 다만, 정산증여의제이익이 당초의 증여의제이익보다 적은 경우에는 그 차액에 상당하는 증여세액(납부한 세액을 한도로 한다)을 환급받을 수 있다.

정산증여의제이익 = (사업기회 제공받은 개시 사업연도부터 정산사업연도까지 발생한 수혜법인의 이익 합계액) × 지배주주 등의 주식보유비율) - 개시사업연도분부터 정산사업연도분까지 법인세 납부세액 중 상당액

5. 증여세 합산과세배제와 과세표준계산

(1) 증여세 합산과세배제

증여자가 동일인인 경우 해당 증여일 전 10년 이내에 동일인으로부터 받은 증여재산가액의 합계액이 1천만원 이상인 경우에는 그 가액을 증여세 과세가액에 가산하지만, 특수관계법인으로부터 제공받은 사업기회로 발생한 이익의 증여의제의 경우에는 합산배제증여재산이므로 개별 건으로 증여세를 과세한다(상증법 §47 ①).

(2) 증여세 과세표준계산

특수관계법인으로부터 제공받은 사업기회로 발생한 이익의 증여의제이익 중 합산배제증여재산의 과세표준 계산은 합산배제 증여재산가액에서 3천만원과 그 증여재산의 감정평가수수료를 차감한 금액으로 한다(상증법 §55 ①).

6. 납부의무 및 연대납부의무

수증자가 상증법에 따라 증여세를 납부의무를 부담하므로 특수관계법인으로부터 제공받은 사업기회로 발생한 이익을 분여받은 자는 납세의무를 부담한다.

만일 수증자의 재산으로 조세채권이 확보하기가 곤란한 경우에도 증여자는 수증자가 납부하여야 할 증여세를 연대하여 납부할 의무를 지지 아니한다(상증법 §4의2 ⑥).

7. 증여세 신고

특수관계법인으로부터 제공받은 사업기회로 발생한 이익의 경우 증여세 과세표준의 신고기한은 법인세법(§60 ①) 규정에 따른 법인세 과세표준의 신고기한이 속하는 달의 말일부터 3개월이 되는 날로 한다. 정산의 경우에는 정산사업연도의 법인세 과세표준의 신고기한이 속하는 달의 말일부터 3개월이 되는 날로 한다.

Ⅵ 특정법인과의 거래를 통한 이익의 증여의제

결손법인에게 증여하는 것은 법인세를 납부하지 아니하면서도 해당 법인의 주주에게 사실상 경제적 이익을 주는 변칙적인 증여방법으로서 주식을 낮은 가격으로 자녀에게 취득시킨 후 당해 법인에 재산을 증여하거나 채무를 대신 변제함으로써 우량기업으로 성장시켜 세금(법인세, 증여세) 부담없이 부를 이전하는 경우에는 그 우량기업의 주주(출자자 포함)가 얻은 이익을 주주(출자자 포함)가 증여받은 것으로 본다.

1. 개요

특정법인의 주주와 특수관계인이 특정법인과 재산·용역 무상 제공 등 거래를 하는 경우에는 거래를 한 날을 증여일로 하여 그 특정법인의 주주가 특정법인의 이익에 주식보유비율을 곱하여 계산한 금액을 증여받은 것으로 의제한다(상증법 §45의5, 집행기준 45의5-1-1).

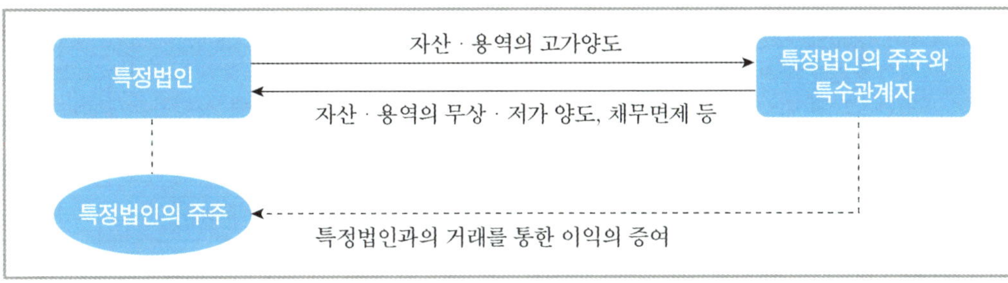

2. 특정법인의 범위

특정법인은 증여일이 속하는 사업연도까지 결손금이 있거나 휴업·폐업 중인 법인 또는 지배주주 등의 주식보유비율이 50% 이상인 영리법인을 말한다.

3. 특정법인과의 거래유형

증여세가 과세되는 특정법인과의 거래를 통한 이익의 증여의제는 다음의 특정법인의 주주와 특수관계인이 그 법인과 통상적인 범위(현저한 대가를 말한다)를 초과하는 가격 등으로 거래를 말한다.

① 재산이나 용역을 무상으로 제공하는 거래

② 재산이나 용역을 통상적인 거래 관행에 비추어 볼 때 현저히 낮은 대가로 양도·제공하는 거래

③ 재산이나 용역을 통상적인 거래 관행에 비추어 볼 때 현저히 높은 대가로 양수·제공받는 거래

④ 당해 법인의 채무를 면제·인수 또는 변제하는 것. 다만, 해산(합병 등에 의한 해산 제외) 중인 법인의 주주 등이 채무를 변제한 후 잔여재산이 없을 경우는 제외한다.

⑤ 시가보다 낮은 가액으로 당해 법인에 현물출자하는 것

4. 증여의제 이익의 계산

특정법인과의 거래를 통한 이익의 증여의제이익은 다음의 계산한 금액으로 한다.

증여의제 이익 = 특정법인의 이익* × 특정법인의 주주 등의 주식보유비율**

* 특정법인의 이익은 아래 '①에서 ②'를 뺀 금액을 말한다.

① 다음의 구분에 따른 금액

㉠ 재산을 증여하거나 해당 법인의 채무를 면제·인수 또는 변제하는 경우 : 증여재산가액 또는 그 면제·인수 또는 변제로 인하여 해당 법인이 얻는 이익에 상당하는 금액

㉡ 위 '㉠' 외의 경우 : 시가와 대가와의 차액에 상당하는 금액

② [㉠×㉡]

㉠ 특정법인의 법인세법(§55 ①)에 따른 산출세액(토지 등 양도소득에 대한 법인세액 제외)에서 법인세액의 공제·감면액을 뺀 금액

㉡ 위 '①'에 따른 이익이 특정법인의 법인세법(§14)에 따른 각 사업연도의 소득금액에서 차지하는 비율(1을 초과하는 경우 1로 함)

** 특정법인의 주주 등의 주식보유비율은 다음에 따른다. 다만 1억원 이상인 경우에 한정한다.

① 특정법인의 결손금이나 증여일 현재 휴업 또는 폐업 상태인 법인 : 그 특정법인의 최대주주 등의 주식 등의 비율

② 특정법인이 증여일 현재 지배주주와 그 친족의 주식보유비율이 50% 이상인 법인인 경우 : 그 특정법인의 지배주주 등의 주식보유비율

5. 특정법인과 거래시 현저한 대가 판단기준

재산 또는 용역의 양수 또는 양도의 경우 특정법인과의 거래시 현저한 대가 판단기준은 다음에 의한다.

구 분	현저한 대가의 판단기준
저가양수	시가 − 대가 ≥ 시가 × 30% 또는 3억원
고가양도	대가 − 시가 ≥ 시가 × 30% 또는 3억원

6. 증여세합산과세배제

증여일 전 10년 이내에 동일인(증여자가 직계존속인 경우에는 그 직계존속의 배우자를 포함함)으로부터 받은 증여재산가액을 합친 금액이 1천만원 이상인 경우에는 그 가액을 증여세 과세가액에 가산한다. 특정법인과의 거래를 통한 이익의 경우에는 개별 건별로 과세하는 합산배제 증여재산으로 분류되어 합산과세를 하지 아니한다.

7. 납부의무 및 연대납부의무

수증자가 상증법에 따라 증여세를 납부의무를 부담하므로 특정법인과의 거래를 통한 이익을 분여받은 자는 납세의무를 부담한다.

만일 수증자의 재산으로 조세채권이 확보하기가 곤란한 경우에도 증여자는 수증자가 납부하여야 할 증여세를 연대하여 납부할 의무를 지지 아니한다(상증법 §4의2 ⑥).

▌특정법인과의 거래를 통한 이익의 증여의제

① 특정법인의 주주가 증여받은 것으로 보는 이익은 이익별로 구분하여 그 증여일부터 소급하여 1년 이내에 동일한 거래 등이 있는 경우에는 각각의 거래 등에 따른 이익을 해당 이익별로 합산하여 계산하여 1억원 이상인지 여부를 판단한다(상속증여-2262, 2018.8.14.).

② 증여재산으로 이월결손금 모두 보전한 후 증여받은 경우에는 특정법인과의 거래를 통한 이익에 대한 증여의제규정 적용하지 아니한다(서일 46014-10434, 2002.4.2.).

③ 특정법인에게 무상으로 금전을 대부한 자가 당해 특정법인에게 채무면제를 한 후 그와 특수관계인에게 당해 특정법인의 주식을 증여하여 그와 특수관계인이 특정법인의 주주 등이 된 경우에는 특정법인과의 거래를 통한 이익의 증여로 보지 아니한다(서면4팀-2022, 2004.12.10.).

④ 특정법인과의 거래를 통한 이익의 증여시 증여받은 이익이 1억원 이상인지 여부는 당해 행위 등을 한날로부터 소급하여 1년 이내에 동일한 이익을 합산하여 1억원 이상인지 여부를 판단한다(서면4팀-1457, 2006.5.24.).

⑤ 특정법인과의 거래를 통한 이익을 계산할 때 특정법인에 증여한 자가 당해 특정법인의 지배주주에 해당하는 경우 본인으로부터의 증여에 해당하는 금액은 제외한다(서면4팀-328, 2006.2.17.).

⑥ 특정법인의 주주전원이 동시에 그 지분율에 비례한 균등액의 재산을 특정법인에게 증여한 경우에는 특정법인과의 거래를 통한 이익의 증여에 해당하는 증여세 과세대상이 아니다(서면4팀-508, 2008.2.29.).

제10절 증여세 신고 · 납부 및 연부연납

증여세는 수증자가 관할세무서에 신고하고 그 신고 내용을 정부가 조사하여 과세가액과 세액을 정부부과 과세방식에 따라 납세의무를 확정짓는다.

즉, 증여세 신고는 수증자가 증여세 신고기한 내에 수증자의 주소지 관할세무서장에게 증여세 신고서와 관련서류를 제출하고 한국은행 또는 우체국에 세액을 납부하여야 한다. 이때 증여세 납부세액이 2천만원을 초과하는 경우에는 분납 또는 연부연납신청을 할 수 있다.

1. 증여세 과세가액 및 과세표준 신고 · 납부

증여세의 납부의무가 있는 자는 증여일이 속하는 달의 말일부터 3개월 이내에 수증자의 주소지 등 관할 납세지 관할세무서장에게 신고 · 납부하여야 한다.

(1) 증여세 신고 · 납부기한

증여세 납부의무가 있는 수증인은 다음에 따라 증여세 과세가액 및 과세표준(증여세 신고서)을 증여받은 날이 속하는 달의 말일부터 3개월 이내에 납세지 관할세무서장에게 신고하여야 한다(상증법 §68, 집행기준 68－65－1).

신 고 의 무 자	신 고 기 한
수증자	증여받은 날이 속하는 달의 말일부터 3개월 이내
주식 등의 상장에 따라 이익(상증법 §41의3)을 얻은 자	정산기준일이 속하는 달의 말일부터 3개월이 되는 날
특수관계법인(상증법 §45의3) · 특정법인과의 거래를 통해 이익(상증법 §45의5)을 얻은 자	수혜법인 또는 특정법인의 법인세 신고기한이 속하는 달의 말일부터 3개월 이내
비상장주식의 상장(상증법 §41의3), 법인의 합병(상증법 §41의5)으로 얻은 자	정산기준일이 속하는 달의 말일부터 3개월이 되는 날

(2) 증여세 자진납부

증여세 납부의무가 있는 수증인은 증여세 신고기한 이내에 증여세 과세가액 및 과세표준(증여세 신고서)을 관할세무서장에게 신고하고, 세액은 한국은행 또는 우체국에 납부하여야 한다(상증법 §70 ①). 이 경우 상속세 납세의무자가 신고하거나 과세관청이 결정 또는 경정하여 고지하는 세액 중 1천만원 이하는 국세납부대행기관(금융결제원)의 홈페이지 및 전국세무관서에 설치된 신용카드 단말기로 납부할 수 있다(국기법 §46의2).

(3) 증여세 신고관할

증여세 신고서는 원칙적으로 신고 당시 수증자의 주소지 등을 관할하는 세무서장에게 제출하여야 한다(상증법 §6 ②). 만일 관할을 위반하여 관할세무서장 외의 세무서장에게 제출된 경우에도 신고의 효력에는 영향이 없다.

수증자가 비거주자이거나 수증자의 주소 등이 불분명한 경우에는 증여자의 주소지를 관할하는 세무서장에게 제출하여야 한다.

▌증여세를 신고 · 납부한 이후 해당 증여자가 명의수탁자임이 확인되는 경우

재산을 증여받고 증여세를 신고 · 납부한 이후 해당 증여자가 명의수탁자임이 확인되는 경우 실제 소유자가 증여한 것으로 보며, 당초 증여세 신고를 무신고로 보지 않는다(상속증여-140, 2014.5.9.).

2. 분납

증여세를 신고기한 이내에 자진납부할 세액이 1천만원을 초과하는 경우에는 그 납부할 금액의 일부를 납부기한이 지난 후 2개월 이내에 분납할 수 있다. 만일 연부연납을 신청하는 경우에는 분납할 수 없다(상증법 §70 ②).

납부할 세액	분 납 세 액
1천만원 초과 2천만원 이하	1천만원을 초과하는 금액
2천만원 초과	납부할 세액의 50% 이하 금액

3. 연부연납

증여세의 납부세액이 많을 경우 납세자의 납세부담을 이연시키는 제도로서 연부연납제도를 두고 있다. 동 연부연납은 상속세 및 증여세의 납부세액이 2천만원을 초과하고 납세의무자의 연부연납의 신청과 세무서장의 허가의 요건을 모두 충족하여야 한다(상증법 §71).

(1) 요건

증여세는 일시에 납부하는 것이 원칙이나 연부연납은 납부의 기한을 연장하여 납세자의 납세부담을 이연시키는 제도로서 납세지 관할세무서장은 다음의 요건을 모두 충족하는 경우 납세자의 신청을 받아 연부연납을 허가할 수 있다.

① 증여세 납부세액이 2,000만원을 초과할 것

② 증여세 과세표준 신고기한이나 결정통지에 의한 납세고지서상 납부기한까지 연부연납신청서를 제출할 것

③ 납세담보를 제공할 것

(2) 연부연납 신청 및 허가 · 통지

연부연납 신청은 상속세 또는 증여세 과세표준신고서 신고기한 또는 기한 후 신고시 제출하는 때에 신청한다. 연부연납의 신청시 제공한 담보재산의 가액이 연부연납 신청세액에 미달하는 경우에는 그 담보로 제공된 재산의 가액에 상당하는 세액의 범위 내에서 연부연납을 허가할 수 있으며, 연부연납허가를 받은 자가 연부연납세액의 각 회분을 납부한 경우에는 동 금액에 상당하는 담보를 순차로 해제할 수 있다.

그리고 연부연납의 허가통지 기한은 다음의 기한까지 허가 여부를 통지한다.

① 증여세 과세표준신고시 연부연납을 신청한 경우 ➡ 증여세는 신고기한부터 3개월(상속세는 6개월) 이내

② 납세고지서 및 납부통지서의 납부기한까지 연부연납을 신청한 경우 ➡ 그 납부기한 경과일부터 14일 이내

③ 허가통지기한까지 허가 여부에 대한 서면을 발송하지 아니한 경우에는 허가를 한 것으로 간주한다.

▌증여세신고 및 연부연납신청

증여세는 수증자의 주소지 또는 거소지를 관할하는 세무서를 관할세무서로 하는 것이므로 주소지가 다른 여러 명에게 동시에 증여하는 경우에도 증여세 신고 및 연부연납신청은 각 수증자별로 주소지 관할세무서장에게 한다(재삼 46014-755, 1996.3.21.).

▌수정신고를 하는 경우 연부연납을 신청

법정신고기한 이내에 증여세 과세표준신고서를 제출하고 수정신고를 하는 경우 수정신고시 납부할 세액에 대하여 연부연납을 신청할 수 있다(재산-778, 2010.10.19.).

▌연부연납된 증여세액이 불복청구 등에 의하여 감액된 경우

연부연납된 증여세액이 불복청구 등에 의하여 감액된 경우 최종 확정된 세액을 기준으로 하여 당초부터 연부연납가산금을 재계산하는 것이다(서면4팀-666, 2004.5.14.).

(3) 연부연납 신청기한

연부연납의 신청기한은 다음에 따라 연부연납신청서를 제출하여야 한다.

① 증여세 과세표준신고 ➡ 증여세 과세표준 신고기한

② 기한 후 신고시 제출 가능

③ 과세표준 및 세액의 결정통지를 받은 경우 ➡ 해당 납세고지서의 납부기한

④ 증여세 연대납부의무자가 납부통지서를 받은 경우 ➡ 납부통지서상의 납부기한

(4) 연부연납과 납세담보

다음의 납세담보를 제공하여 연부연납허가를 신청하는 경우에는 그 신청일에 연부연납을 허가받은 것으로 본다.

① 금전

② 국채 또는 지방채

③ 세무서장이 확실하다고 인정하는 유가증권, 납세보증보험증권

④ 금융기관 또는 신용보증기금, 보증채무를 이행할 수 있는 자력이 충분하다고 세무서장이 인정하는 자의 납세보증서

만일 연부연납의 신청시 제공한 담보재산의 가액이 연부연납 신청세액에 미달하는

경우에는 그 담보로 제공된 재산의 가액에 상당하는 세액의 범위 내에서 연부연납을 허가할 수 있다.

(5) 연부연납기간 중에 연부연납세액의 전부 또는 일부를 일시에 납부한 경우

연부연납허가를 신청하여 허가통지를 받은 자가 연부연납기간 중에 연부연납세액의 전부 또는 일부를 일시에 납부하기 위하여 서면으로 신청하는 경우 관할세무서장은 연부연납세액의 전부 또는 일부를 일시에 납부하도록 허가할 수 있으며 연부연납가산금은 변경된 연부연납기간에 따라 계산하여 징수한다.

(6) 연부연납세액에 대한 가산금

연부연납의 허가를 받은 자는 각 회분의 분할납부세액에 분납일수와 연부연납 이자율로 다음과 같이 계산한 금액을 가산하여 납부하여야 한다. 분납일수는 신고기한・납부기한・직전 분납기한의 다음 날부터 당해 분납기한까지 일수를 말한다(상증법 §72).

이 경우 각 회분의 연부연납가산금의 가산율은 연부연납 신청 당시의 연부연납가산금 가산율이 적용되는 것이다(재재산-336, 2017.5.23.).

① 첫 회분 연납세액에 대한 가산금 =

연부연납을 허가한 총세액 × 상속세(증여세)신고기한 또는 납세고지서에 따른 납부기한의 다음 날부터 그 분할납부 세액의 납부기한까지의 일수(분납일수) × 연부연납 가산금 가산율

② 2회분부터 연납세액에 대한 가산금 =

(연부연납을 허가한 총세액 - 직전 회까지 납부한 분할납부세액의 합계액) × 직전 회의 분할납부세액 납부기한의 다음 날부터 해당 분할납부기한까지의 일수(분납일수) × 연부연납 가산금 가산율

(7) 납세고지서상 납부기한 경과 후 연부연납 허가・통지한 경우 가산금

증여세 과세표준과 세액의 결정통지를 받은 후 납세고지서 등에 의한 납부기한까지 연부연납신청서를 제출하고 세무서장이 납부기한을 경과하여 연부연납 허가통지를 하는 경우에는 그 연부연납 허가 여부 통지일 이전까지는 가산금 및 중가산금의 규정을

적용하지 않는다.

Q 사례 1 비상장주식을 증여한 경우 증여세계산과 서식작성

직계존속(부)으로부터 증여받은 갑주식회사(상장법인)와 을주식회사(비상장법인)의 주식에 대해 증여세 자진납부할 세액(분납)을 계산하고, 증여세 과세표준신고 및 자진납부계산서 [상증법 시행규칙 별지 제10호 서식]와 관련서식을 작성하여라.

〈증여자 · 수증자 현황〉

① 증여자 : 김동일(부)
② 수증자 : 김일남(자)

〈증여재산 현황〉

① 증여일자 : 2019.3.5.
② 증여받은 상장주식 현황
  ㉠ 상장법인 : 갑 주식회사
  ㉡ 증여받은 주식수 : 10,000주
  ㉢ 평가기준일(2019.3.5.) 이전 · 이후 각 2개월 동안 공표된 매일의 거래소 최종시세가액의 평균액 : 100,000원(액면가액: 10,000원)
③ 증여받은 비상장주식 현황
  ㉠ 비상장법인 : 을 주식회사
  ㉡ 증여받은 주식수 : 20,000주
  ㉢ 평가기준일(2019.3.5.) 현재 1주당 평가액: 60,000원(액면가액: 10,000원)
  ㉣ 신용평가수수료 : 10,000,000원
④ 10년 이내에 증여받은 재산은 없음
④ 자진납부할 세액은 분납 예정

풀이 1

❶ 증여재산가액
  ① 상장주식 : 10,000주 × 100,000원 = 10억원
  ② 비상장주식 : 20,000주 × 60,000원 = 12억원
  ③ 증여재산가액 : 10억원 + 12억원 = 22억원
❷ 증여재산공제 : 50,000,000원

❸ 신용평가수수료 ; 10,000,000원

❹ 과세표준

= 2,200,000,000원 - 50,000,000원(증여재산공제) - 10,000,000원(신용평가수수료)

= 2,140,000,000원

❺ 산출세액

240,000,000원 + (2,140,000,000 - 1,000,000,000원) × 40%

= 696,000,000원

❻ 신고세액공제

696,000,000원 × 3% = 20,880,000원

❼ 자진납부할 세액

696,000,000원 - 20,880,000원 = 675,120,000원

❽ 신고납부 및 분납세액

① 신고납부기한(2019.6.30.) : 675,120,000원 × 50% = 337,560,000원

② 분납세액 납부기한(2019.8.31.) : 675,120,000원 × 50% = 337,560,000원

❾ 서식작성

[별지 제10호 서식] (2018.3.19. 개정)

관리번호	-

증여세 과세표준신고 및 자진납부계산서
(기본세율 적용 증여재산 신고용)

[√]기한 내 신고 [ ]수정신고 [ ]기한 후 신고

※ 뒤쪽의 작성방법을 읽고 작성하시기 바랍니다. (앞쪽)

구분	항목	내용	항목	내용	항목	내용
수증자	①성명	김일남	②주민등록번호	xxx	③거주구분	[√] 거주자 [ ]비거주자
	④주소				⑤전자우편주소	
	⑥전화번호	(자택)	(휴대전화)		⑦증여자와의 관계	자
증여자	⑧성명	김동일	⑨주민등록번호	xxx	⑩증여일자	2019.3.5
	⑪주소				⑫전화번호	(자택) (휴대전화)
세무대리인	⑬성명	xxx	⑭사업자등록번호		⑮관리번호	
	⑯전화번호	(사무실)	(휴대전화)			

증여재산

⑰재산구분코드	⑱재산종류	⑲지목 또는 건물·재산종류	⑳ 소재지·법인명 등: 국외자산여부	국외재산국가명	소재지·법인명	㉑수량(면적)	㉒단가	㉓금액
A11	유가증권		[ ]여 [√]부		갑 주식회사	10,000	100,000	1,000,000,000
A11	유가증권		[ ]여 [√]부		을 주식회사	20,000	60,000	1,200,000,000
			[ ]여 [ ]부					2,200,000,000
계								

구분	금액	구분	금액
㉔ 증여재산가액	2,200,000,000	세액공제 ㊹세액공제합계(㊺+㊻+㊼+㊽)	20,880,000
㉕ 비과세재산가액		㊺기납부세액(「상속세 및 증여세법」 제58조)	
과세가액 불산입 ㉖공익법인 출연재산가액(「상속세 및 증여세법」 제48조)		㊻외국납부세액공제(「상속세 및 증여세법」 제59조)	
㉗공익신탁 재산가액(「상속세 및 증여세법」 제52조)		㊼신고세액공제(「상속세 및 증여세법」 제69조)	20,880,000
㉘장애인 신탁재산가액(「상속세 및 증여세법」 제52조의2)		㊽그 밖의 공제·감면세액	
㉙ 채무액		㊾ 신고불성실가산세	
㉚ 증여재산가산액(「상속세 및 증여세법」 제47조 제2항)		㊿ 납부불성실가산세	
㉛ 증여세과세가액(㉔-㉕-㉖-㉗-㉘-㉙+㉚)	2,200,000,000	51 공익법인 등 관련 가산세(「상속세 및 증여세법」 제78조)	
증여재산공제 ㉜배우자		52 자진납부할 세액(합계액)(㊶+㊷-㊸-㊹+㊾+㊿+51)	675,120,000
㉝직계존비속	50,000,000	납부방법 / 납부 및 신청일	
㉞그 밖의 친족		53연부연납	
㉟ 재해손실공제(「상속세 및 증여세법」 제54조)		현금 54분납 / 2019.8.31	337,560,000
㊱ 감정평가수수료	10,000,000	현금 55신고납부 / 2019.6.30	337,560,000
㊲ 과세표준(㉛-㉜-㉝-㉞-㉟-㊱)	2,140,000,000		
㊳ 세율	40%		
㊴ 산출세액	696,000,000		
㊵ 세대생략가산액(「상속세 및 증여세법」 제57조)			
㊶ 산출세액계(㊴+㊵)	696,000,000		
㊷ 이자상당액			
㊸ 박물관자료 등 징수유예세액			

「상속세 및 증여세법」 제68조 및 같은 법 시행령 제65조 제1항에 따라 증여세의 과세가액 및 과세표준을 신고하며, **위 내용을 충분히 검토하였고 신고인이 알고 있는 사실을 그대로 적었음을 확인합니다.**

2019년 6월 30일

신고인 김일남 (서명 또는 인)

세무대리인은 조세전문자격자로서 위 신고서를 성실하고 공정하게 작성하였음을 확인합니다.

세무대리인 (서명 또는 인)

×× **세무서장** 귀하

구분	내용	수수료
신청(신고)인 제출서류	1. 증여재산 및 평가명세서(부표) 1부 2. 채무사실 등 그 밖의 증명서류 1부 3. 증여자 및 수증자 관계를 알 수 있는 가족관계등록부 1부	수수료 없음
담당공무원 확인사항	주민등록표등본	

행정정보 공동이용 동의서

본인은 이 건 업무처리와 관련하여 담당 공무원이 「전자정부법」 제36조 제1항에 따른 행정정보의 공동이용을 통하여 위의 담당 공무원 확인 사항을 확인하는 것에 동의합니다. * 동의하지 않는 경우에는 신청인이 직접 관련 서류를 제출하여야 합니다.

신청인 (서명 또는 인)

210mm×297mm[백상지 80g/㎡(재활용품)]

[별지 제10호 서식 부표] (2018.3.19. 개정)

관리번호	-

증여재산 및 평가명세서

※ 뒤쪽의 작성방법을 읽고 작성하시기 바랍니다. (앞쪽)

① 재산구분 코드	② 재산 종류	③ 지목 또는 건물·재산 종류	④ 소재지·법인명 등			⑤ 사업자 등록번호	⑥ 수량 (면적)	⑦ 단가	⑧ 평가가액	⑨ 평가 기준 코드
			국외자산 여부	국외재산 국가명						
A11	유가증권	상장주식	[ ]여 [√]부		갑 주식회사	xxx	10,000	100,000	1,000,000,000	08
A11	유가증권	비상장주식	[ ]여 [√]부		을 주식회사	xxx	20,000	60,000	1,200,000,000	08
			[ ]여 [ ]부							
			[ ]여 [ ]부							
			[ ]여 [ ]부							
			[ ]여 [ ]부							
			[ ]여 [ ]부							
			[ ]여 [ ]부							
			[ ]여 [ ]부							
			[ ]여 [ ]부							

계				
계	⑩ 증여재산가액			2,200,000,000
	⑪ 비과세재산가액			
	과세가액 불산입액	⑫ 공익법인 출연재산가액		
		⑬ 공익신탁 재산가액		
		⑭ 장애인 신탁재산가액		
	⑮ 증여재산가산액			
	⑯ 합계			2,200,000,000

첨부서류	증여재산 증명서류 [예: 주주(증권계좌)번호 및 잔고증명서, 예금통장 사본 등]	수수료 없음

210mm×297mm[백상지 80g/㎡(재활용품)]

Q 사례 2 유가증권 · 부동산 및 금융재산(예 · 적금)을 함께 증여한 경우 증여세계산과 서식작성

직계존속(조부)으로부터 증여받은 다음의 재산에 대해 증여세 자진납부할 세액(분납)을 계산하고, 증여세 과세표준신고 및 자진납부계산서 [상증법 시행규칙 별지 제10호 서식]와 관련서식을 작성하여라.

〈증여자 · 수증자 현황〉

① 증여자 ; 김동일(부)

② 수증자 ; 김일남(손자, 성년)

〈증여재산 현황〉

① 증여일자 ; 2019.3.5.

② 상장주식 현황

㉠ 상장법인 ; 갑 주식회사

㉡ 주식수 ; 10,000주

㉢ 평가기준일(2019.3.5.) 이전 · 이후 각 2개월 동안 공표된 매일의 한국거래소 최종시세 가액의 평균액 : 100,000원(액면가액; 10,000원)

② 비상장주식 현황

㉠ 비상장법인 ; 을 주식회사

㉡ 주식수 ; 20,000주

㉢ 평가기준일(2019.3.5.) 현재 1주당 평가액: 60,000원(액면가액; 10,000원)

㉣ 신용평가수수료(2곳) ; 20,000,000원(각각 10,000,000원임)

③ 토지 명세

내 용	소 재 지	지목	면 적	평가액
토지(1)	서울특별시 도봉구 창동	대지	300㎡	15억원
토지(2)	서울특별시 도봉구 도봉동	대지	300㎡	16억원
	소 계		600㎡	31억원

④ 건물 명세

내 용	소 재 지	용도	면 적	평가액
건 물	서울특별시 강남구 논현동	주택		
	조적조·콘크리트 경사스라브 2층 주택			
	(가동) 1층		217.72㎡	2.1억원
	2층		94.87㎡	
	지하층		14.79㎡	
	(나동) 지하층		54.50㎡	

⑤ 10년 이내에 증여받은 재산은 없음

⑥ 지진 납부할 세액은 분납 예정

풀이 2

❶ 증여재산가액

① 상장주식 : 10,000주 × 100,000원 = 10억원

② 비상장주식 : 20,000주 × 60,000원 = 12억원

③ 토지가액 : 31억원

구 분	소재지	지목	면적	평가액
토지1	서울특별시 도봉구 창동	대지	300㎡	1,500,000,000
토지2	서울특별시 도봉구 도봉동	대지	300㎡	1,600,000,000
계				3,100,000,000

④ 건물가액 : 205,000,000원

구 분	소재지	용 도	면 적	평가액
건 물	서울특별시 도봉구 창동	조적조 콘크리트 경사스라브 2층주택	100㎡	210,000,000
계				210,000,000

⑤ 증여재산가액 : 10억원 + 12억원 + 31억원 + 2.1억원 = 5,510,000,000원

❷ 증여재산공제 : 50,000,000원

❸ 신용평가수수료 : 20,000,000원

❹ 과세표준

5,510,000,000원 − 50,000,000원 − 20,000,000원 = 5,440,000,000원

❺ 산출세액

1,040,000,000원 + (5,440,000,000원 − 3,000,000,000원) × 50%

= 2,260,000,000원

❻ 세대생략가산액

2,260,000,000원 × 30% = 678,000,000원

❼ 산출세액 계

2,260,000,000원 + 678,000,000원 = 2,938,000,000원

❽ 신고세액공제

2,938,000,000원 × 3% = 88,410,000원

❾ 자진 납부할 세액

2,938,000,000원 - 88,410,000원 = 2,849,590,000원

❿ 신고납부 및 분납세액

① 신고납부기한(2019.6.30.) : 2,849,590,000원 × 50% =1,424,795,000원

② 분납세액 납부기한(2019.9.30.) : 2,849,590,000원 × 50% =1,424,795,000원

⓫ 서식작성

[별지 제10호 서식] (2018.3.19. 개정)

관리번호	-

증여세 과세표준신고 및 자진납부계산서
(기본세율 적용 증여재산 신고용)

[√]기한 내 신고 [ ]수정신고 [ ]기한 후 신고

※ 뒤쪽의 작성방법을 읽고 작성하시기 바랍니다. (앞쪽)

구분	항목	내용	항목	내용	항목	내용
수증자	①성 명	김일남	②주민등록번호	xxx	③거 주 구 분	[√] 거주자 [ ]비거주자
	④주 소				⑤전자우편주소	
	⑥전화번호	(자 택)		(휴대전화)	⑦증여자와의 관계	손자
증여자	⑧성 명	김동일	⑨주민등록번호	xxx	⑩증 여 일 자	2019.3.5.
	⑪주 소				⑫전 화 번 호	(자 택) (휴대전화)
세무대리인	⑬성 명	xxx	⑭사업자등록번호		⑮관 리 번 호	
	⑯전화번호	(사무실)		(휴대전화)		

증 여 재 산

⑰재산 구분 코드	⑱재산 종류	⑲지목 또는 건물·재산종류	⑳ 소재지·법인명 등 국외자산 여부	국외재산 국가명		㉑수량(면적)	㉒단 가	㉓금 액
A11	유가증권		[ ]여 [√]부		갑 주식회사	10,000	100,000	1,000,000,000
A11	유가증권		[ ]여 [√]부		을 주식회사	20,000	60,000	1,200,000,000
A11	토지건물	토지·건물	[ ]여 [√]부					3,310,000,000
					계			5,510,000,000

구 분		금 액	구 분		금 액
㉔ 증여재산가액		5,510,000,000	세액공제	㊹세액공제 합계(㊺+㊻+㊼+㊽)	88,410,000
㉕ 비과세재산가액				㊺기납부세액(「상속세 및 증여세법」 제58조)	
과세가액 불산입	㉖공익법인 출연재산가액(「상속세 및 증여세법」 제48조)			㊻외국납부세액공제(「상속세 및 증여세법」 제59조)	
	㉗공익신탁 재산가액(「상속세 및 증여세법」 제52조)			㊼신고세액공제(「상속세 및 증여세법」 제69조)	88,410,000
	㉘장애인 신탁재산가액(「상속세 및 증여세법」 제52조의2)			㊽그 밖의 공제·감면세액	
㉙ 채무액			㊾ 신고불성실가산세		
㉚ 증여재산가산액(「상속세 및 증여세법」 제47조 제2항)			㊿ 납부불성실가산세		
㉛ 증여세과세가액(㉔-㉕-㉖-㉗-㉘-㉙+㉚)		5,510,000,000	51 공익법인 등 관련 가산세(「상속세 및 증여세법」 제78조)		
증여재산공제	㉜배우자		52 자진납부할 세액(합계액)(㊶+㊷-㊸-㊹+㊾+㊿+51)		2,849,590,000
	㉝직계존비속	50,000,000	납부방법	납부 및 신청일	
	㉞그 밖의 친족		53 연부연납		
㉟ 재해손실공제(「상속세 및 증여세법」 제54조)			현금	54 분납 2019.8.31	1,424,795,000
㊱ 감정평가수수료		20,000,000		55 신고납부 2019.6.30	1,424,795,000
㊲ 과세표준(㉛-㉜-㉝-㉞-㉟-㊱)		5,440,000,000			
㊳ 세율		50%			
㊴ 산출세액		2,260,000,000			
㊵ 세대생략가산액(「상속세 및 증여세법」 제57조)		678,000,000			
㊶ 산출세액계(㊴+㊵)		2,938,000,000			
㊷ 이자상당액					
㊸ 박물관자료 등 징수유예세액					

「상속세 및 증여세법」 제68조 및 같은 법 시행령 제65조 제1항에 따라 증여세의 과세가액 및 과세표준을 신고하며, 위 내용을 충분히 검토하였고 신고인이 알고 있는 사실을 그대로 적었음을 확인합니다.

2019년 6월 30일

신 고 인 김일남 (서명 또는 인)

세무대리인은 조세전문자격자로서 위 신고서를 성실하고 공정하게 작성하였음을 확인합니다.

세무대리인 김일남 (서명 또는 인)

×× **세무서장** 귀하

신청(신고)인 제출서류	1. 증여재산 및 평가명세서(부표) 1부 2. 채무사실 등 그 밖의 증명서류 1부 3. 증여자 및 수증자 관계를 알 수 있는 가족관계등록부 1부	수수료 없음
담당공무원 확인사항	주민등록표등본	

행정정보 공동이용 동의서

본인은 이 건 업무처리와 관련하여 담당 공무원이 「전자정부법」 제36조 제1항에 따른 행정정보의 공동이용을 통하여 위의 담당 공무원 확인 사항을 확인하는 것에 동의합니다. * 동의하지 않는 경우에는 신청인이 직접 관련 서류를 제출하여야 합니다.

신청인 (서명 또는 인)

210mm×297mm[백상지 80g/㎡(재활용품)]

[별지 제10호 서식 부표] (2018.3.19. 개정)

관리번호	-

증여재산 및 평가명세서

※ 뒤쪽의 작성방법을 읽고 작성하시기 바랍니다. (앞쪽)

① 재산구분 코드	② 재산 종류	③ 지목 또는 건물·재산 종류	④ 소재지·법인명 등 국외자산 여부	④ 국외재산 국가명	④ 소재지·법인명 등	⑤ 사업자 등록번호	⑥ 수량 (면적)	⑦ 단가	⑧ 평가가액	⑨ 평가 기준 코드
A11	유가증권	상장주식	[ ]여 [√]부		갑 주식회사	xxx	10,000	100,000	1,000,000,000	08
A11	유가증권	비상장주식	[ ]여 [√]부		을 주식회사	xxx	20,000	60,000	1,200,000,000	08
A11	토지	대	[ ]여 [√]부		서울특별시 도봉구 창동 xxx				3,100,000,000	08
A11	건물	주택	[ ]여 [√]부		서울특별시 도봉구 도봉동 xxx				210,000,000	08
			[ ]여 [ ]부							
			[ ]여 [ ]부							
			[ ]여 [ ]부							
			[ ]여 [ ]부							
			[ ]여 [ ]부							
			[ ]여 [ ]부							

계	⑩ 증여재산가액		5,510,000,000	
	⑪ 비과세재산가액			
	과세가액 불산입액	⑫ 공익법인 출연재산가액		
		⑬ 공익신탁 재산가액		
		⑭ 장애인 신탁재산가액		
	⑮ 증여재산가산액			
	⑯ 합계		5,510,000,000	

첨부서류	증여재산 증명서류 [예: 주주(증권계좌)번호 및 잔고증명서, 예금통장 사본 등]	수수료 없음

210mm×297mm[백상지 80g/㎡(재활용품)]

제 3 장

주식 취득 관련 법인세

법인 주주가 주식(출자주식 포함)을 취득하면 부분적으로 검토할 내용이 많으나 한정된 지면상 중요한 것만 정리하고자 한다.

제1절 제2차 납세의무

I 출자자의 제2차 납세의무

출자자의 제2차 납세의무란 주된 납세자의 국세 및 체납처분비를 징수하기 위하여 그 자의 재산에 대하여 체납처분을 집행하여도 그가 납부하여야 할 국세 등에 충당하고도 부족한 경우 주된 납세자와 일정한 관계가 있는 자는 그 부족액에 대하여 보충적으로 납세의무를 부담하는 것을 말한다.

이 경우 주된 납세자가 비상장법인(코스닥시장 상장법인 포함)인 경우에만 그 출자자가 제2차 납세의무를 진다.

1. 개요

법인(유가증권시장에 상장한 법인은 제외한다)의 재산으로 그 법인에게 부과되거나 그 법인이 납부할 국세·체납처분비에 충당하여도 징수할 금액이 부족한 경우에는 그 국세의 납세의무 성립일 현재 그 법인의 무한책임사원 또는 과점주주에 해당하는 자는 그 부족액에 대하여 제2차 납세의무를 진다(국기법 §39).

납세의무자	주된 납세자	제2차 납세의무자	제2차 납세의무 한도
출자자의 제2차 납세 의무	법인	① 무한책임사원 ② 과점주주	① 무한책임사원: 한도없음 ② 과점주주: 징수부족액×지분비율

(1) 무한책임사원

무한책임사원이란 합명회사 또는 합자회사의 무한책임사원을 말하며, 회사의 업무 집행권 또는 대표권의 유무에 불문한다.

(2) 과점주주

과점주주에 해당하는 자는 주주 또는 유한책임사원 1명과 그의 특수관계인 중 다음에 해당하는 자로서 그들의 소유주식 합계(출자액 합계 포함)가 해당 법인의 발행주식 총수 또는 출자총액의 100분의 50을 초과하면서 그에 관한 권리를 실질적으로 행사하는 자를 말한다.

① 친족관계

② 경제적 연관관계

③ 경영지배관계 중 국기령(§1의2 ③ 〈1, 가목 및 2, 가・나목〉)의 관계. 이 경우 국기령(§1의2 ④ 〈1, 가목 및 2, 가・나목〉) 중 "100분의 30"은 "100분의 50"으로 본다.

▌과점주주의 요건

어느 특정주주와 그와 친족・기타 특수관계에 있는 주주들의 소유주식의 합계 또는 출자액의 합계가 해당 법인의 발행주식총수 또는 출자총액의 100분의 50을 초과하게 되면, 특정주주를 제외한 여타 주주들 사이에 친족 기타 특수관계가 없더라도 그 주주 전원을 과점주주로 본다.

※ 과점주주 여부를 판단하는 100분의 50을 초과하는 주식에 관한 권리 행사는 반드시 현실적으로 주주권을 행사한 실적이 있어야 할 것을 요구하는 것은 아니고 납세의무 성립일 현재 소유하고 있는 주식에 관하여 주주권을 행사할 수 있는 지위에 있으면 족하다(조심 2017서2494, 2018.3.22.).

2. 제2차 납세의무 요건

출자자의 제2차 납세의무는 다음의 요건을 모두 충족하여야 한다.

① 주된 납세자가 법인일 것 ; 주된 납세자가 법인에 해당하는 경우 그 법인의 무한책임사원 또는 과점주주에 해당하는 자는 그 부족액에 대하여 제2차 납세의무를 진다.

② 법인의 재산으로 징수 부족할 것 ; 본래의 납세자인 법인의 재산으로 그 법인에게 부과되거나 그 법인이 납부할 국세·체납처분비에 충당하여도 부족하여야 한다. 이 경우 "그 법인에게 부과되거나 그 법인이 납부할 국세"라 함은 이미 부과된 국세와 장차 부과될 국세를 포함한다.

③ 무한책임사원 또는 과점주주에 해당하는 자일 것 ; 그 법인에게 부과되거나 납부할 국세 등의 납세의무 성립일 현재 무한책임사원 또는 과점주주에 해당하는 자가 제2차 납세의무를 진다.

3. 제2차 납세의무 한도

(1) 무한책임사원

무한책임사원의 제2차 납세의무는 법인의 무한책임사원으로 있던 중에 납세의무가 성립한 국세 중 주된 납세자인 법인의 재산으로 징수하기 부족한 금액에 대해서는 인적 무한책임을 진다.

(2) 과점주주

출자자의 제2차 납세의무를 부과함에 있어서 과점주주는 회사를 실질적으로 운영하면서 이를 조세회피의 수단으로 이용할 수 있는 지위에 있는 자를 말한다.

과점주주의 제2차 납세의무는 법인의 과점주주로 있던 중에 무한책임사원으로 있던 중에 납세의무가 성립한 국세 중 주된 납세자인 법인의 재산으로 징수하고도 부족한 경우 그 부족 금액에 대하여 다음의 한도로 납세의무를 부담한다.

$$\text{과점주주의 제2차 납세의무 한도액} = \text{징수 부족액} \times \frac{\text{출자자의 소유주식금액(출자액)}}{\text{발행주식총액(출자총액)}^{*}}$$

* 의결권이 없는 주식은 제외

4. 과점주주 중 명의주주의 제2차 납세의무

법인의 주주에 대하여 제2차 납세의무를 지우기 위해서는 과점주주가 주금을 납입하는 등 출자한 사실이 있거나 주주총회에 참석하는 등 운영에 참여하여 그 법인을 실질적으로 지배할 수 있는 위치에 있어야 하는 것이며, 형식상 주주명부에 등재되어 있는 것은 과점주주라 할 수 없다.

명의도용을 당했다거나 형식상 과점주주에 불과하다는 주장을 입증할 만한 구체적이고 객관적인 자료가 명확한 명의상 주주로 등재되어 있는 자인 명의주주는 제2차 납세의무를 부담하지 않는다.

여기서 주주라 함은 주식의 소유자로서 주주명부 등에 기재유무와 관계없이 사실상 주주권을 가진 자를 말하며, 주권의 발행 전에 주식 또는 주주권이 양도된 경우에는 그의 양수인을 말한다.

▌과점주주의 판단

법인의 과점주주로서 출자자의 제2차 납세의무에 해당하는지 여부는 납세 의무성립일 현재 주주명부상 지분율, 주금 납입 여부, 과점주주 간의 관계, 투자에 대한 경제적 능력, 임원 선임권 행사 여부, 이사회 및 주주총회 참석 여부 등 사실 관계를 종합하여 판단하는 것이다(국심사기타 2016-5, 2016.4.21.). 그러나 회사를 실질적으로 소유 및 운영하는 지인의 요청에 따라 회사의 차명주주로 등재되었을 뿐, 과점주주에 해당하지 아니하므로 제2차 납세의무자에 해당되지 않는다(서울고법 2016누32802, 2016.9.23.).

5. 제2차 납세의무의 면제와 배제

2017.12.19. 조특법 개정시 벤처기업 창업을 지원하고자 일정 규모의 연구·인력개발비를 지출한 소규모 벤처기업의 법인세 등에 대하여 출자자의 제2차 납세의무 면제 규정을 신설하였으며 이 규정은 2018.1.1. 이후 벤처기업의 납세의무가 성립하는 분부터 적용한다.

(1) 제2차 납세의무의 면제

벤처기업이 2018.1.1.부터 2020.12.31.까지의 기간 중 법인세 납세의무가 성립한 사업연도에 다음의 요건을 모두 충족하는 경우에는 그 벤처기업의 국세기본법(§39)에 해당하는 자(이하 "출자자"라 한다)는 해당 사업연도의 법인세 및 이에 부가되는 농어촌특별세 · 체납처분비(이하 "법인세 등"이라 함)에 대하여 제2차 납세의무를 지지 아니한다. 이 경우 2018.1.1.부터 2020.12.31.까지의 기간에 납세의무가 성립한 법인세 등에 대한 제2차 납세의무를 지지 아니하는 금액의 한도는 출자자 1명당 2억원으로 한다(조특법 §15).

① 수입금액(법인세법 §43의 기업회계기준에 따라 계산한 매출액을 말한다)에서 연구 · 인력개발비가 차지하는 비율이 5% 이상일 것

② 소기업(중소기업 중 매출액이 업종별로 중소기업기본법 시행령 별표 3을 준용하여 산정한 규모 이내인 기업을 말함. 이 경우 "평균매출액 등"은 매출액으로 본다)에 해당할 것

(2) 제2차 납세의무의 면제 배제

벤처기업 또는 그 출자자가 해당 사업연도의 법인세 등에 대한 체납일(국기령 §12의4 ①에 해당하는 날을 말한다) 현재 다음에 해당하는 경우에는 위 "(1)" 규정을 적용하지 아니한다.

① 직전 3년 이내에 조세범 처벌법에 따른 처벌 또는 처분을 받은 사실이나 이와 관련된 재판이 진행 중인 사실이 있는 경우

② 조세범 처벌법에 따른 범칙사건에 대한 조사가 진행 중인 사실이 있는 경우

③ 직전 3년 이내에 조세범 처벌법(§3 ⑥)에 따른 사기나 그 밖의 부정한 행위로 국세를 포탈하거나 환급 또는 공제받은 사실이 있는 경우

Ⅱ 법인의 제2차 납세의무

법인의 제2차 납세의무란 주된 납세자 국세 및 체납처분비를 징수하기 위하여 그 자의 재산에 대하여 체납처분을 집행하여도 그가 납부하여야 할 국세 등에 충당하기에 부족한 경우 주된 납세자와 일정한 관계가 있는 자가 그 부족액에 대하여 보충적으로

납세의무를 부담하는 것을 말한다.

이 경우 무한책임사원 또는 과점주주의 체납국세에 대한 법인의 제2차 납세의무(국기법 §40)는 상장법인 및 비상장법인에 관계없이 모든 법인에 적용된다.

1. 개요

국세(둘 이상의 국세의 경우에는 납부기간이 뒤에 오는 국세)의 납부기간 만료일 현재 법인의 무한책임사원 또는 과점주주의 재산(그 법인의 발행주식 등은 제외한다)으로 그 과점주주가 납부할 국세・체납처분비에 충당하여도 부족한 경우에는 그 법인은 다음의 주식 등이 환가할 수 없는 상태로 재산이 없는 경우에만 그 부족한 금액에 대하여 제2차 납세의무를 진다(국기법 §40).

① 정부가 출자자의 소유주식 등을 재공매하거나 수의계약으로 매각하려 하여도 매수희망자가 없는 경우

② 법률 또는 그 법인의 정관에 의하여 출자자의 소유주식 등의 양도가 제한된 경우

2. 제2차 납세의무 요건

제2차 납세의무 요건은 다음과 같다.

① 주된 납세자가 국세의 납부기간 만료일 현재 법인의 무한책임사원 또는 과점주주이어야 한다. 이 경우 주된 납세자인 출자자가 국세 등이 둘 이상의 국세의 경우에는 납부기간이 뒤에 오는 국세의 납부기한의 만료일을 기준으로 한다.

② 주된 납세자인 출자자의 재산으로 그가 납부할 국세・체납처분비에 충당하여도 징수가 부족한 경우이어야 한다. 이 경우 징수 부족의 판단은 출자자의 재산에서 제2차 납세의무를 지는 법인의 발행주식수 등은 제외하고 판단한다.

3. 제2차 납세의무 한도

법인의 제2차 납세의무는 그 법인의 자산총액에서 부채총액을 뺀 가액을 그 법인의 발행주식 총액 또는 출자총액으로 나눈 가액에 그 출자자의 소유주식 금액 또는 출자액을 곱하여 산출한 금액을 한도로 한다.

자산총액과 부채총액의 평가는 해당 국세(해당 국세가 둘 이상이면 납부기한이 뒤에

도래한 국세)의 납부기간 종료일 현재의 시가로 한다. 이 경우 평가일 현재 납세의무가 성립한 해당 법인의 국세는 이를 부채총액에 산입한다.

납세의무자	주된 납세자	제2차 납세의무자	제2차 납세의무 한도
법인의 제2차 납세의무	① 무한책임사원 ② 과점주주	법인	순자산가액×지분비율

4. 주권 미발행 법인의 제2차 납세의무

법인이 상법(§355)에서 정한 주권의 발행시기가 경과하였음에도 불구하고 주권을 발행하지 아니한 경우, 세무서장은 체납자인 주주가 회사에 대하여 가지는 주주권을 압류하고 일정기간 내에 주권을 발행하여 세무공무원에게 인도하라는 뜻을 통지하여야 한다.

만일 이 기간 내에 주권을 발행하지 아니하고 상법(§335 ③ 후단 : 회사성립 후 또는 신주의 납입기일 후 6월이 지난 때)의 규정에 해당하는 때에는 주식에 대한 매각절차를 진행하여야 하며, 그 결과 매수 희망자가 없고 해당 체납자가 무한책임사원 또는 과점주주인 경우에는 법인의 제2차 납세의무를 지울 수 있다.

▌폐업(부도)법인의 제2차 납세의무자(무한책임사원, 과점주주)가 법인사업자로 사업장을 설립한 경우 폐업(부도)법인의 체납세액을 설립된 법인으로부터 징수할 수 있는지 여부

법인의 과점주주로서 제2차 납세의무를 지는 자가 동 법인을 폐업하고 새로운 법인을 설립하는 경우 신설법인 설립 전 발생된 폐업법인의 체납액은 신설법인으로부터 징수할 수 없는 것이나, 신설법인 설립일 이후 폐업법인에 부과되는 국세는 법인의 제2차 납세의무(국기법 §40)가 발생될 수 있으며, 체납자에게 귀속되는 재산에 대하여는 체납처분을 통해 국세를 징수할 수 있다(징세-805, 2012.7.30.).

제2절 부당한 주식거래

Ⅰ 주식을 시가보다 낮은 가액으로 매입한 경우

법인이 특수관계인 개인으로부터 주식을 시가보다 낮은 가액으로 취득한 경우에는 취득가액을 시가로 한다(법법 §15 ② ⟨1⟩). 세무조정은 다음에 의한다.

▌세무조정

주식을 시가보다 낮은 가액으로 매입한 경우 시가와 매입가액의 차액을 익금산입(유보)하고, 그 후 해당 주식을 양도할 때 익금불산입(△유보)한다.

이 경우 거래(현저한 이익의 분여)는 시가와 거래가액의 차액이 5%에 상당하는 금액 이상이거나 3억원 이상인 경우에만 부당행위계산 부인을 적용한다.

특수관계인이란 거래관계에 있어 일방 또는 쌍방의 이익을 위해서 경제적 합리성을 벗어나 정상적인 거래가 성립되기 어려운 관계에 있는 자(법령 §87 ①)를 말하며, 특수관계인에 해당하는지 판단은 일방을 기준으로 할 때 특수관계에 해당되지 않더라도 타방을 기준으로 할 때 특수관계에 해당되는 경우에는 이들 모두가 특수관계인이 된다.

보충설명

「법인세법」(§52)에 따른 부당행위계산 부인은 "고가매입"하거나 "저가양도"하는 경우에 적용되는 것이며 "저가매입"하거나 "고가양도"한 경우에는 적용하지 아니하는 것으로 「법인세법」(§15 ② ⟨1⟩)에서 별도로 규정한 것이다.
이 규정은 해당 법인과 특수관계 있는 개인이 해당 법인에게 시가보다 저가로 유가증권을 양도하여 상속·증여세를 회피하는 수단으로 이용하는 폐단을 방지하기 위해 신설된 규정이다.

반면, 법인이 보유하고 있는 주식을 비특수관계인에게 정당한 사유없이 정상가격보다 낮은 가액으로 양도하거나 법인이 정당한 사유없이 주식 등의 자산을 정상가격보다 높은 가액으로 매입함에 따라 그 차액 중 실질적으로 증여한 것으로 인정되는 금액은 기부금으로 본다.

이 경우 정상가액은 해당 자산의 양도 또는 매입시점의 시가에 시가의 100분의 30을 가산하거나 100분의 30을 차감한 범위 안의 가액으로 한다(법령 §35 〈2〉).

> 비지정기부금 = 정상가액* – 대가
>
> * 정상가액 : 시가 + 시가의 ±30%

Q 사례 1 법인이 특수관계인 개인으로부터 주식을 저가매입

갑법인은 김일남씨(특수관계인)가 보유하고 있는 을법인(비상장법인)의 주식을 다음과 같이 시가보다 낮은 가액으로 매입하다. 세무처리는 어떻게 하는지?

① 갑법인은 2019.4.30.에 김일남씨로부터 을법인의 주식 10,000주를 6억원(@60,000원)에 매입하다.

② 2019.4.30. 현재 을법인의 1주당 평가액은 100,000원(시가)이다.

풀이 1

갑법인이 김일남씨(특수관계인)가 보유하고 있는 을법인(비상장법인)의 주식을 시가보다 낮은 가액으로 매입하는 경우 거래당사자 간의 세무처리는 다음과 같다.

갑법인(저가매입)	김일남(저가양도)
① 내국법인이 특수관계인 개인으로부터 주식을 저가매입한 경우에는 시가와 저가매입금액의 차액 4억원(=10억원–6억원)을 익금산입(유보)(법법 §15 ② 〈1〉)	① 거주자가 그와 특수관계인에게 주식을 시가에 미달하게 양도함으로써 조세의 부담을 부당하게 감소시킨 것으로 인정되는 경우 양도가액은 시가로 계산한다(소령 §167 ④). ② 부당행위계산 부인 적용 : 거래금액 차이가 시가의 5%에 상당하는 금액이거나 3억원 이상인 경우에만 적용함 $\frac{\text{대가}-\text{시가}}{\text{시가}} \geq 5\% \rightarrow \frac{10\text{억원}-6\text{억원}}{10\text{억원}}$ $= 40\% \geq 5\%$ ③ 양도가액(양도소득세) : 10억원

사례 2 법인이 비특수관계인 개인으로부터 주식을 저가매입

갑법인은 김성남씨(비특수관계인)가 보유하고 있는 을법인(비상장법인)의 주식을 다음과 같이 시가보다 낮은 가액으로 매입하다. 세무처리는 어떻게 하는지?

① 갑법인은 2019.4.30.에 김일남씨로부터 을법인의 주식 10,000주를 6억원에 매입하다.

② 2019.4.30. 현재 을법인의 1주당 평가액은 100,000원이다

풀이 2

갑법인은 비특수관계인인 김성남씨가 보유하고 있는 을법인(비상장법인)의 주식을 시가보다 낮은 가액으로 매입하는 경우 거래당사자 간의 세무처리는 다음과 같다.

갑법인(저가매입)	김일남(저가양도)
① 법인이 비특수관계인 개인으로부터 주식을 저가 매입한 주식에 대해 부당행위계산 부인이 적용되지 아니한다. ② 취득가액 : 6억원	① 거주자가 그와 비특수관계인에게 주식을 시가에 미달하게 양도한 경우에는 부당행위계산 부인이 적용되지 아니한다(소령 §167 ④). ② 양도가액(양도소득세) : 6억원

Ⅱ 주식거래가 부당행위계산 부인규정이 적용되는 경우

1. 개요

법인이 특수관계인과의 거래에 있어서 법인의 부당한 행위 또는 계산은 정상적인 사인간의 거래, 건전한 사회통념 내지 상관행을 기준으로 판정한다.

(1) 부당행위계산 부인규정의 적용 요건

법인이 특수관계인으로부터 주식을 시가보다 높은 가액으로 매입하거나 낮은 가액으로 양도한 경우에 있어서 시가와 거래가액의 차액이 3억원 이상이거나 시가의 5%에 상당하는 금액 이상인 경우에는 부당행위계산 부인이 적용된다. 이를 산식으로 표시하면 다음과 같다.

시가와 거래가액의 차액이 3억원 이상이거나 시가의 5%에 상당하는 금액 이상인 경우
$\left[\frac{\text{시가와 거래가액의 차액}}{\text{시가}} \geq 5\%\right]$ 또는 시가와 거래가액의 차액 ≥ 3억원

그리고 법인이 보유하고 있는 주식을 비특수관계인에게 정당한 사유없이 정상가격보다 낮은 가액으로 양도하거나 법인이 정당한 사유없이 주식 등의 자산을 정상가격보다 높은 가액으로 매입함에 따라 그 차액 중 실질적으로 증여한 것으로 인정되는 금액은 기부금으로 본다.

이 경우 정상가액은 해당 자산의 양도 또는 매입시점의 시가에 시가의 100분의 30을 가산하거나 100분의 30을 차감한 범위 안의 가액으로 한다(법령 §35 〈2〉).

(2) 개인과 법인 간의 저가매입 또는 고가양도시 증여세 배제

개인과 법인 간의 주식을 매입 또는 양도하는 경우로서 그 대가가 법인세법의 시가에 해당되는 경우에는 저가매입・고가양도에 따른 이익의 증여규정을 적용하지 않는다(상증법 §35 ③).

왜냐하면 법인이 주식 등의 자산을 특수관계인에게 시가에 미달하게 양도하거나 특수관계인으로부터 시가를 초과하여 매입함에 따라 법인세법상 부당행위계산 부인 규정이 적용되는 경우에는 상속세 또는 증여세를 감소시킨 것으로 인정되는 경우를 제외하고는 해당 시가와 대가의 차액에 대하여 그 귀속자에게 상여 등으로 처분하여 소득세가 부과되기 때문이다.

(3) 저가양도 또는 고가매입시 의제기부금

법인이 보유하고 있는 주식 등의 자산을 비특수관계인에게 정당한 사유없이 정상가격보다 낮은 가액으로 양도하거나 높은 가액으로 매입함에 따라 그 차액 중 실질적으로 증여한 것으로 인정되는 금액은 기부금으로 본다.

이 경우 정상가액은 해당 주식 등의 자산 양도 또는 매입시점의 시가에 시가의 100분의 30을 가산하거나 100분의 30을 차감한 범위 안의 가액으로 한다(법령 §35 〈2〉).

고가매입시 기부금 해당 금액	저가양도시 기부금 해당 금액
매입가액 - (시가 × 130%)	(시가 × 70%) - 양도가액

▌비특수관계법인 간 비상장주식을 교환거래 기부금의제 규정의 적용

비특수관계법인 간 비상장주식을 교환거래하면서 시가차액을 정산하지 않은 경우, 양도차익은 취득주식의 시가와 양도주식의 장부가액의 차액으로 하고 기부금의제 규정의 적용은 교환으로 인해 양도하는 주식의 시가를 기준으로 한다(서면2팀-2385, 2004.11.18.).

2. 주식을 고가매입하는 경우

내국법인이 특수관계인으로부터 주식을 시가보다 높은 가액으로 매입(현물출자 포함)하는 경우에는 부당행위계산 부인을 적용받는다. 이 경우 시가와 거래가액의 차액을 손금에 산입하고, 부당행위계산 부인으로 익금 산입하는 금액에 대해서는 그 귀속자 등에게 상여·배당·기타소득 등으로 소득처분한다(법령 §88 ① 〈1〉).

상장주식 등의 경우와 같이 시가(한국거래소 최종시세가액)를 명백히 확인할 수 있는 경우를 제외하고, 시가와 거래가액의 차액이 3억원 이상이거나 시가의 5%에 상당하는 금액 이상인 경우에는 부당행위계산 부인이 적용된다. 이 경우 세무조정은 다음에 의한다.

▌세무조정

주식의 취득가액을 시가로 조정하기 위해 부당행위계산의 부인액(대가-시가)을 손금산입(△유보)하고, 동 부당행위계산 부인액을 익금산입(상여 등)한다. 그 후 해당 주식을 양도한 때 손금불산입(유보)한다.

만일 주식을 비특수관계인으로부터 시가보다 높은 가액으로 매입한 경우에는 세법상 매입가액은 정상가액으로 처리한다. 이 경우 세무조정은 다음과 같이 처리한다.

▌세무조정

고가 매입한 주식의 매입가액과 정상가액의 차액은 비지정기부금으로 보아 손금불산입(기타사외유출)하고, 해당 주식가액을 감액하기 위해 손금산입(△유보)한다. 그리고 해당 주식을 양도한 때 손금불산입(유보)한다.

사례 1 특수관계법인이 개인으로부터 주식을 고가매입

갑법인(특수관계인)은 김일남씨가 보유하고 있는 을법인(비상장법인)의 주식을 다음과 같이 시가보다 높은 가액으로 매입한 경우 세무처리는 어떻게 하는지?

① 갑법인은 2019.4.30.에 김일남씨로부터 을법인의 주식 10,000주를 10억원(@100,000원)에 매입하다.

② 2019.4.30. 현재 을법인의 1주당 평가액은 60,000원(시가)이다.

풀이 1

갑법인(특수관계인)은 김일남씨가 보유하고 있는 을법인(비상장법인)의 주식을 시가보다 높은 가액으로 매입하는 경우 거래당사자 간의 세무처리는 다음과 같다.

갑법인(고가매입)	김일남(고가양도)
① 법인이 특수관계인으로부터 주식을 시가보다 높은 가액으로 매입한 경우에는 부당행위계산 부인 적용 대상이 된다(법법 §88 ① 〈1〉). 부당행위계산 부인 : 5% 이상 차이의 검증 $\frac{10억원-6억원}{10억원} = 40\% \geq 5\%$ ② 세무처리 ㉮ 부당행위계산 부인 : 4억원(=10억원-6억원), 익금산입(상여 등) ㉯ 주식가액 감액 : 4억원, 손금산입(△유보)	① 종합소득세(상여 등) : 4억원 ② 양도가액 : 6억원(시가)* * 거주자가 특수관계법인에게 고가양도한 경우로서 상여·배당 등으로 처분한 금액이 있는 때에는 양도가액을 시가로 한다.

사례 2 비특수관계법인이 개인으로부터 주식을 고가매입

갑법인(비특수관계인)은 김일남씨로부터 김일남씨가 보유하고 있는 을법인(비상장법인)의 주식을 다음과 같이 시가보다 높은 가액으로 매입하다. 세무처리는 어떻게 하는지?

① 갑법인은 2019.4.30.에 김일남씨로부터 을법인의 주식 10,000주를 10억원(@100,000

원)에 매입하다.

② 2019.4.30. 현재 을법인의 1주당 평가액은 60,000원(시가)이다.

풀이 2

갑법인(비특수관계인)은 김일남씨가 보유하고 있는 을법인(비상장법인)의 주식을 시가보다 높은 가액으로 매입하는 경우 거래당사자 간의 세무처리는 다음과 같다.

갑법인(고가매입)	김일남(고가양도)
① 내국법인이 비특수관계인으로부터 주식을 시가보다 높은 가액으로 매입한 경우에는 부당행위계산 부인이 적용되지 아니한다. ② 취득가액 : 10억원 ③ 주식가액 감액 : 2.2억원 손금산입(△유보) ④ 비지정기부금: 2.2억원*, 손금불산입(기타사외유출) * 정상가액 : 6억원×130% = 7.8억원 비지정기부금 : 10억원(대가) - 7.8억원=2.2억원	① 비특수관계인에게 주식을 정당한 사유없이 시가보다 현저히 높은 가액으로 양도한 경우에는 증여세가 과세된다(상증법 §35). $\frac{\text{대가}-\text{시가}}{\text{시가}} \geq 30\% \rightarrow \frac{\text{10억원}-\text{6억원}}{\text{6억원}}$ $= 66.6\% \geq 30\%$ ② 증여재산가액 : 4억원(=10억원-6억원) -3억원 = 1억원* * 증여재산가액 1억원은 세법상 시가에서 대가를 차감한 금액이 30% 이상인 경우에는 3억원을 뺀 금액이다. ③ 양도가액 : 10억원-1억원(증여재산가액) = 9억원

사례 3 법인이 특수관계법인으로부터 주식을 고가매입

갑법인은 특수관계법인 을법인이 보유하고 있는 병법인(비상장법인)의 주식을 다음과 같이 시가보다 높은 가액으로 매입한 경우 세무처리는 어떻게 하는지?

① 갑법인은 2019.4.30.에 을법인으로부터 병법인의 주식 10,000주를 10억원(@100,000원)에 매입하다.

② 2019.4.30. 현재 병법인의 1주당 평가액은 60,000원(시가)이다.

풀이 3

갑법인은 을법인이 보유하고 있는 병법인의 주식을 시가보다 높은 가액으로 매입하는 경우 거래당사자 간의 세무처리는 다음과 같다.

갑법인(고가매입)	을법인(고가양도)
① 내국법인이 특수관계인으로부터 주식을 시가보다 높은 가액으로 매입한 경우에는 부당행위계산 부인 적용대상이 된다(법령 §88 ① 〈1〉). 부당행위계산 부인 적용 : 5% 이상 차이의 검증	① 내국법인이 특수관계인에게 주식을 시가보다 높은 가액으로 양도한 경우에는 부당행위계산 부인 적용대상이 아니다.

갑법인(고가매입)	을법인(고가양도)
$\frac{\text{대가}-\text{시가}}{\text{시가}} \geq 5\% \rightarrow \frac{10\text{억원}-6\text{억원}}{6\text{억원}}$ $= 40\% \geq 5\%$ ② 세무처리 ㉮ 부당행위계산 부인 : 4억원(=10억원-6억원), 손금불산입(기타사외유출) ㉯ 주식가액 감액 : 4억원, 손금산입(△유보)	② 양도가액 : 10억원

사례 4 법인이 비특수관계법인으로부터 주식을 고가매입

갑법인은 비특수관계인 을법인이 보유하고 있는 병법인(비상장법인)의 주식을 다음과 같이 시가보다 높은 가액으로 매입한 경우 세무처리는 어떻게 하는지?

① 을법인은 2019.4.30에 갑법인에게 병법인의 주식 10,000주를 10억원(@100,000원)에 양도하다.

② 2019.4.30. 현재 병법인의 1주당 평가액은 60,000원(시가)이다.

풀이 4

갑법인은 비특수관계인인 을법인으로부터 보유하고 있는 병법인의 주식을 시가보다 높은 가액으로 매입하는 경우 거래당사자 간의 세무처리는 다음과 같다.

갑법인(고가매입)	을법인(고가양도)
① 내국법인이 비특수관계인으로부터 주식을 시가보다 높은 가액으로 매입한 경우에는 부당행위계산 부인이 적용되지 아니한다. ② 취득가액 : 10억원 ③ 비지정기부금 : 지정기부금 등의 경우에는 시부인 계산함 2.2억원*, 손금불산입(기타사외유출) * 정상가액 : 6억원×130% = 7.8억원 비지정기부금 : 10억원-7.8억원(대가) = 2.2억원	① 내국법인이 특수관계인에게 주식을 시가보다 높은 가액으로 양도한 경우에는 부당행위계산 부인이 적용되지 아니한다. ② 양도가액 : 10억원

3. 주식을 저가양도한 경우

법인이 특수관계있는 법인에게 주식을 시가보다 낮은 가액으로 양도한 경우에는 부당행위계산 부인 대상이 된다. 이 경우 부당행위계산 부인은 시가와 거래가액의 차액이 3억원 이상이거나 시가의 100분의 5에 상당하는 금액인 경우에 적용하며, 시가에 미달하는 금액은 부당행위계산 부인이 되어 익금산입(상여등)한다(법령 §88 ① ⟨3⟩).

Q 사례 5 법인이 특수관계법인에게 주식을 저가양도

을법인은 특수관계인 갑법인(비상장법인)에게 병법인(비상장법인)의 주식을 다음과 같이 시가보다 낮은 가액으로 양도한 경우 세무처리는 어떻게 하는지?

① 을법인은 2019.4.30.에 갑법인에게 병법인의 주식 10,000주를 6억원(@60,000원)에 양도하다.

② 2019.4.30. 현재 병법인의 1주당 평가액은 100,000원(시가)이다.

풀이 5

을법인이 보유하고 있는 병법인의 주식을 갑법인(특수관계법인)에게 시가보다 낮은 가액으로 양도하는 경우 거래당사자 간의 세무처리는 다음과 같다.

갑법인(저가매입)	을법인(저가양도)
① 내국법인이 특수관계인으로부터 주식을 시가보다 낮은 가액으로 매입한 경우에는 부당행위계산 부인이 적용되지 아니한다.* * 다만 내국법인이 특수관계인 개인으로부터 유가증권을 시가에 미달하게 매입하는 경우 시가와 당해 매입가액의 차액에 상당하는 금액은 익금산입한다(법법 §15 ② ; ❶ 주식을 시가보다 낮은 가액으로 매입한 경우 (사례 1) 참조). ② 취득가액: 6억원	① 내국법인이 특수관계인으로부터 주식을 시가 보다 낮은 가액으로 양도한 경우에는 부당행위계산 부인 적용 대상이다(법법 §88 ① ⟨3⟩). 부당행위계산 부인 적용 : 5% 이상 차이의 검증 $\frac{\text{대가}-\text{시가}}{\text{시가}} \geq 5\% \rightarrow \frac{10\text{억원}-6\text{억원}}{6\text{억원}}$ $= 40\% \geq 5\%$ ② 부당행위계산 부인 : 4억원(=10억원-6억원), 익금산입(상여 등) ③ 양도가액 : 10억원(대가+부당행위계산 부인액 : 6억원+4억원)

사례 6 법인이 비특수관계법인에게 주식을 저가양도

을법인은 병법인(비상장법인)의 주식을 비특수관계법인 갑법인(비상장법인)에게 다음과 같이 시가보다 낮은 가액으로 양도했다. 세무처리는 어떻게 하는지?

① 을법인은 2019.4.30.에 갑법인으로부터 병법인의 주식 10,000주를 6억원(@60,000원)에 매입하다.

② 2019.4.30. 현재 병법인의 1주당 평가액은 100,000원(시가)이다.

풀이 6

을법인이 보유하고 있는 병법인의 주식을 비특수관계법인 갑법인에게 시가보다 낮은 가액으로 양도하는 경우 거래당사자 간의 세무처리는 다음과 같다.

갑법인(저가매입)	을법인(저가양도)
① 내국법인이 비특수관계법인으로부터 주식을 시가보다 낮은 가액으로 매입한 경우에는 부당행위계산 부인 적용대상이 아니다. ② 취득가액 : 6억원	① 내국법인이 특수관계인법인으로부터 주식을 시가보다 낮은 가액으로 양도한 경우에는 부당행위계산 부인 적용대상이 아니다. ② 양도가액: 6억원 ③ 비지정기부금: 지정기부금 등의 경우에는 시부인 계산함 1억원*, 손금불산입(기타사외유출) * 정상가액 : 10억원×70% = 7억원 비지정기부금 : 7억원(정상가액) - 6억원(내가) = 1억원

사례 7 법인이 특수관계있는 개인에게 주식을 저가양도

갑법인은 병법인(비상장법인)의 주식을 김일남씨(특수관계인)에게 다음과 같이 시가보다 낮은 가액으로 양도한 경우 세무처리는 어떻게 하는지?

① 갑법인은 2019.4.30.에 김일남씨에게 병법인의 주식 10,000주를 6억원(@60,000원)에 양도하다.

② 2019.4.30. 현재 병법인의 1주당 평가액은 100,000원(시가)이다.

풀이 7

갑법인이 병법인의 주식을 김일남씨(특수관계인)에게 시가보다 낮은 가액으로 양도하는 경우 거래당사자 간의 세무처리는 다음과 같다.

갑법인(저가양도)	김일남(저가매입)
① 내국법인이 특수관계인에게 주식을 시가보다 낮은 가액으로 양도한 경우에는 부당행위계산 부인이 적용 대상이다(법법 §88 ① 〈3〉). 부당행위계산 부인 적용 : 5% 이상 차이의 검증 $\frac{\text{대가}-\text{시가}}{\text{시가}} \geq 5\% \rightarrow \frac{\text{10억원}-\text{6억원}}{\text{6억원}}$ $= 40\% \geq 5\%$ ② 부당행위계산 부인 : 4억원(=10억원-6억원), 손금불산입(배당 등) ③ 양도가액 : 10억원(=6억원+4억원)	① 종합소득세(상여 등) : 4억원 ② 취득가액 : 10억원 (대가+부당행위계산 부인액 : 6억원+4억원)

사례 8 법인이 비특수관계인 개인에게 주식을 저가양도

갑법인은 병법인(비상장법인)의 주식을 김일남씨(비특수관계인)에게 다음과 같이 시가보다 낮은 가액으로 양도한 경우 세무처리는 어떻게 하는지?

① 갑법인은 2019.4.30.에 김일남씨에게 병법인의 주식 10,000주를 6억원(@60,000원)에 양도하다.

② 2019.4.30. 현재 병법인의 1주당 평가액은 100,000원(시가)이다.

풀이 8

갑법인이 보유하고 있는 병법인의 주식을 김일남씨(비특수관계인)에게 시가보다 낮은 가액으로 양도하는 경우 거래당사자 간의 세무처리는 다음과 같다.

갑법인(저가양도)	김일남(저가매입)
① 내국법인이 비특수관계인으로부터 주식을 시가보다 적은 가액으로 양도한 경우에는 부당행위계산 부인이 적용되지 아니한다. ② 양도가액 : 6억원 ③ 비지정기부금·지정기부금 등의 경우에는 시부인 계산함 1억원*, 손금불산입(기타사외유출) * 정상가액 : 10억원×70%=7억원 기부금 : 7억원-6억원(대가) = 1억원	① 내국법인이 비특수관계인에게 주식을 양도하는 경우로써 거래의 정당한 사유없이 시가보다 현저히 낮은 가액으로 매입한 경우에는 증여세가 과세된다(상증법 §35). $\frac{\text{대가}-\text{시가}}{\text{시가}} \geq 30\% \rightarrow \frac{\text{10억원}-\text{6억원}}{\text{6억원}}$ $= 66.6\% \geq 30\%$ ② 증여재산가액: 증여재산가액 1억원은 세법상 시가에서 대가를 차감한 금액이 30% 이상인 경우에는 3억원을 뺀 금액으로 한다. 4억원(=10억원-6억원)-3억원=1억원 ③ 취득가액 : 6억원(대가)+1억원(증여재산가액) =7억원

4. 주식을 고가양도하는 경우

법인이 특수관계인에게 주식을 시가보다 높은 가액으로 양도한 경우에는 국세의 부담을 부당하게 감소시킨 것이 아니므로 부당행위계산의 부인 대상이 되지 아니한다.

사례 9 법인이 특수관계인 개인에게 주식을 고가양도

갑법인은 보유하고 있는 병법인(비상장법인)의 주식을 김일남씨(특수관계인)에게 다음과 같이 시가보다 높은 가액으로 양도한 경우 세무처리는 어떻게 하는지?

① 갑법인은 2019.4.30.에 김일남씨에게 병법인의 주식 10,000주를 10억원(@100,000원)에 양도하다.

② 2019.4.30. 현재 병법인의 1주당 평가액은 60,000원(시가)이다.

풀이 9

갑법인이 보유하고 있는 병법인의 주식을 김일남씨(특수관계인)에게 시가보다 높은 가액으로 양도하는 경우 거래당사자 간의 세무처리는 다음과 같다.

갑법인(고가양도)	김일남(고가매입)
① 내국법인이 특수관계인에게 주식을 시가보다 높은 가액으로 양도한 경우에는 부당행위계산 부인 적용대상이 아니다. 이 경우 주식의 고가양도는 조세의 부담을 부당하게 감소시킨 것이 아니기 때문이다. ② 양도가액: 10억원	① 거주자가 특수관계인과의 거래를 하면서 시가를 초과하여 취득한 주식에 대해 조세의 부담을 부당하게 감소시킨 것으로 인정되는 때에는 그 취득가액을 시가에 의하여 계산한다(소령 §167 ④) ② 취득가액: 6억원

사례 10 법인이 비특수관계인 개인에게 주식을 고가양도

갑법인은 보유하고 있는 을법인(비상장법인)의 주식을 김일남씨(비특수관계인)에게 다음과 같이 시가보다 높은 가액으로 양도했다. 세무처리는 어떻게 하는지?

① 갑법인은 2019.4.30.에 김일남씨에게 병법인의 주식 10,000주를 10억원(@100,000원)에 양도하다.

② 2019.4.30. 현재 병법인의 1주당 평가액은 60,000원(시가)이다.

풀이 10

갑법인이 보유하고 있는 병법인의 주식을 김일남씨(비특수관계인)에게 시가보다 높은 가액으로 양도하는 경우 거래당사자 간의 세무처리는 다음과 같다.

갑법인(고가양도)	김일남(고가매입)
① 내국법인이 비특수관계인으로부터 주식을 시가보다 높은 가액으로 매입한 경우에는 부당행위계산 부인이 적용되지 아니한다. ② 양도가액 : 10억원	① 내국법인이 비특수관계인으로부터 시가보다 높은 가액으로 취득하였기 때문에 그로 인한 얻은 이익이 발생하지 아니하였으므로 부당행위계산 부인이 적용 되지 아니한다. ③ 취득가액: 10억원

Ⅲ 자본거래에 대한 부당행위계산의 부인

1. 불균등합병

특수관계인 법인 간의 합병(분할합병 포함)에 있어서 주식을 시가보다 높거나 낮게 평가하여 불공정한 비율로 합병하는 경우 과소평가된 합병법인의 법인주주가 과대평가된 합병당사법인이 특수관계인인 다른 주주에게 현저한 이익을 분여한 것으로 보아 부당행위계산 부인을 적용하여 분여한 이익을 익금에 산입한다(법령 §88 ① 〈8, 가목〉).

이 경우 부당행위계산 부인의 적용은 현저한 이익의 분여(3억원 이상이거나, 평가차익이 30% 이상인 경우를 말함)가 있는 경우에 적용한다.

▌세무조정

불공정합병에 의한 이익분여로 인하여 부당행위계산 부인이 적용되어 익금에 산입되는 금액은 그 귀속자가 법인인 경우에는 기타사외유출로 처분한다.

2. 불균등증자

(1) 저가발행 신주의 실권주 재배정(제3자배정 · 초과배정)

법인이 자본금을 증가시키기 위하여 신주를 시가보다 낮은 가액으로 발행한 해당 법인의 주주가 신주인수권을 포기하여 발생한 실권주를 그와 특수관계인에게 배정함으로써 법인주주가 특수관계인에게 이익을 분여한 것으로 보아 부당행위계산 부인을 적용하여 분여한 이익을 익금에 산입한다(법령 §88 ① 〈8, 나목〉).

▌세무조정

저가 신주발행시 실권주를 재배정으로 부당행위계산 부인이 적용되어 익금산입되는 금액의 귀속자가 법인인 경우에는 기타사외유출로 처분한다.

(2) 저가발행 신주의 실권주를 실권처리

법인이 자본금을 증가시키기 위하여 신주를 시가보다 낮은 가액으로 발행한 해당 법인의 주주가 신주인수권을 포기하여 발생한 실권주를 재배정 않고 실권처리 한 경우 실권한 법인주주가 특수관계인 신주인수자에게 현저한 이익을 분여한 것으로 보아 부당행위계산 부인을 적용하여 분여한 이익을 익금에 산입한다(법령 §88 ① 〈8, 나목〉).

이 경우 부당행위계산 부인의 적용은 현저한 이익의 분여(3억원 이상이거나, 평가차이이 30% 이상인 경우를 말함)가 있는 경우에 한하여 적용한다.

▌세무조정

저가 신주발행시 실권주를 실권처리하여 부당행위계산 부인 규정이 적용되어 익금산입되는 금액의 귀속자가 법인인 경우에는 기타사외유출로 처분한다.

(3) 저가발행 신주의 실권주를 직접배정 · 초과배정

법인이 자본금을 증가시키기 위하여 신주를 시가보다 낮은 가액으로 발행한 해당 법인의 주주가 신주인수권을 포기하여 발생한 실권주를 주주 외의 자가 직접 배정받거나 기존주주가 증자 전 지분비율을 초과 배정받은 경우 법인주주가 신주를 증자 전의 지분비율을 초과 배정받은 특수관계인에게 분여한 것으로 보아 부당행위계산 부인을 적용하여 분여한 이익을 익금에 산입한다.

▌세무조정

저가 신주발행시 직접배정 · 초과배정으로 부당행위계산 부인 규정이 적용되어 익금산입되는 금액의 귀속자가 법인인 경우에는 기타사외유출로 처분한다.

(4) 고가발행 신주의 실권주를 재배정(제3자배정 · 초과배정)

법인이 자본금을 증가시키기 위하여 신주를 시가보다 높은 가액으로 발행한 해당 법인의 법인주주와 특수관계인 주주가 신주인수권을 포기하여 발생한 실권주를 법인주주가 재배정받음으로써 법인주주가 실권주주에게 이익을 분여한 것으로 보아 부당행위계산 부인을 적용하여 분여한 이익을 익금에 산입한다(법령 §88 ① 〈8, 나목〉).

▌세무조정

고가 발행신주의 실권주를 법인주주가 재배정받음으로써 이익분여에 해당하는 시가초과 인수액을 익금불산입(△유보)하고, 동시에 부당행위계산 부인에 따라 익금산입되는 금액은 그 귀속자가 법인인 경우에는 기타사외유출로 처분한다.

(5) 고가발행 신주의 실권주를 실권처리

법인이 자본금을 증가시키기 위하여 신주를 시가보다 높은 가액으로 발행한 해당 법인의 법인주주와 특수관계인 주주가 신주인수권을 포기하여 발생한 실권주를 재배정않고 실권처리한 경우 법인주주가 실권주주에게 현저한 이익을 분여한 것으로 보아 부당행위계산 부인을 적용하여 분여한 이익을 익금에 산입한다(법령 §88 ① 〈8, 나목〉).

이 경우 부당행위계산 부인의 적용은 현저한 이익의 분여(3억원 이상이거나, 평가차익이 30% 이상인 경우를 말함)가 있는 경우에 한하여 적용한다.

▌세무조정

고가 발행신주의 실권주를 실권처리함으로써 이익분여에 해당하는 시가초과 인수액을 익금불산입(△유보)하고, 동시에 부당행위계산 부인에 따라 익금산입되는 금액은 그 귀속자가 법인인 경우에는 기타사외유출로 처분한다.

(6) 고가발행 신주의 실권주를 재배정(제3자배정 · 초과배정)

법인이 자본금을 증가시키기 위하여 신주를 시가보다 높은 가액으로 발행한 해당 법인의 주주가 신주인수권을 포기하여 발생한 실권주를 주주 외의 자가 직접 배정받거나 기존주주가 증자 전 지분비율을 초과 배정받은 경우 신주를 증자 전의 지분비율을 초과 배정받은 법인주주가 신주를 배정받지 않거나 지분비율에 미달하게 배정받은 특수관계인에게 이익을 분여한 것으로 보아 부당행위계산 부인을 적용하여 분여한 이익을 익금에 산입한다.

▌세무조정

고가 발행신주의 직접배정·초과배정함으로써 이익분여에 해당하는 시가초과 인수액을 익금불산입(△유보)하고, 동시에 부당행위계산의 부인에 따라 익금산입되는 금액은 그 귀속자가 법인인 경우에는 기타사외유출로 처분한다.

3. 불균등감자

법인이 자본금을 감자하는 경우 특정 주주의 주식만을 시가보다 현저히 미달하게 불균등 감자함으로써 당해 주주의 특수관계인에게 경제적 이익이 무상이전된 결과가 나타나는 경우에는 부당행위계산 부인을 적용하게 된다.

따라서 법인이 자본을 감소함에 있어서 지분율에 따라 균등하게 감자하지 아니하고 일부 주주의 주식을 시가보다 저가로 소각하여 주주인 법인주주가 특수관계인인 다른 주주에게 이익을 분여한 경우에는 부당행위계산 부인을 적용하여 분여한 이익을 익금산입한다(법령 §88 ① 〈8, 다목〉).

▌세무조정

불균등감자로 인한 이익분여가 익금에 산입되어 그 귀속자가 법인인 경우에는 기타사외유출로 처분한다.

4. 불공정자본거래

불균등합병, 불균등증자 및 불균등감자의 자본거래 외의 경우로서 증자·감자, 합병(분할합병 포함)·분할, 전환사채 등에 의한 주식의 전환·인수·교환 등 법인의 자본(출자액 포함)을 증가시키거나 감소시키는 거래를 통하여 법인의 이익을 분여하였다고 인정되는 경우에는 부당행위계산 부인을 적용하여 분여한 이익을 익금산입한다(법령 §88 ① 〈8의2〉).

▌세무조정

만일 특수관계인으로부터 고가로 매입함으로써 부당행위계산 부인을 적용되는 경우에는 분여한 이익을 익금산입(기타사외유출)하고, 동시에 해당 금액을 손금산입(△유보)한다. 그 후 해당 주식을 양도한 때 익금산입(유보)하는 세무조정을 하여야 한다.

Ⅳ 차등배당결의에 대한 부당행위계산 부인

배당을 함에 있어서 지배주주와 그와 특수관계인 주주(지배주주 등)인 법인에게는 배당을 하지 아니하고 기타 주주 등에게만 배당을 하는 경우에 지배주주 등인 법인과 배당을 하는 법인 간에는 부당행위계산 부인이 적용되지 아니한다. 다만, 주주총회에서 지배주주에 대한 배당결의를 한 후 3개월이 경과할 때까지 그 배당금을 지급하지 아니함으로써 소득세법(§131 ①)에 따라 지급한 것으로 의제되는 금액은 배당결의 후 3개월이 경과하는 날에 지배주주 등이 배당금을 지급하여야 하는 법인에게 동 금액을 대여한 것으로 본다(법법 기본통칙 52-88…4). 이는 배당금 지급지연을 가장한 사실상의 자금대여 행위를 규제하기 위함이다.

지배주주 등이란 법인의 발행주식총수 또는 출자총액의 100분의 1 이상의 주식 또는 출자지분을 소유한 주주 등으로서 그와 특수관계인과의 소유 주식 또는 출자지분의 합계가 해당 법인의 주주 등 중 가장 많은 경우의 해당 주주 등을 말한다.

▌차등배당시 배당을 포기한 지배주주와 배당을 하는 법인간 부당행위계산 부인 여부

주주가 특수관계인 개인들로 구성된 내국법인이 차등배당을 실시하는 경우, 배당을 하는 법인과 주주들 간에는 부당행위계산 부인이 적용되지 아니한다(서면법인-1912, 2015.12.28.).

제3절 수입배당금의 익금불산입

1. 일반 내국법인의 경우

지주회사 이외의 일반 내국법인의 각 사업연도 소득금액을 계산할 때 당해 일반 내국법인(출자법인)이 출자한 다른 내국법인(배당지급법인)으로부터 받은 수입배당금이 있는 경우에는 출자비율 및 배당지급법인의 상장 여부에 따라 일정률의 금액을 익금에 산입하지 않는다(법법 §18의3).

이 경우 익금불산입액을 계산함에 있어서 출자법인에게 차입금의 이자가 있는 경우에는 일정 산식에 따라 계산한 금액을 차감하도록 규정하고 있으며, 배당금 수령법인 및 배당금 지급법인이 모두 내국법인이어야 한다.

그러나 다음의 수입배당금액은 익금불산입 규정을 적용받을 수 없다.

① 배당기준일 전 3월 이내에 취득한 주식 등을 보유함으로써 발생하는 수입배당금액

② 지주회사의 수입배당금액의 익금불산입 규정을 적용받는 수입배당금액

③ 법인세법 및 조세특례제한법에 따라 지급배당에 대하여 소득공제되거나 그 밖에 법인세가 비과세·면제 또는 감면되는 다음의 법인으로부터 받은 수입배당금액

㉠ 유동화전문회사 등에 대한 소득공제(법법 §51의2)를 적용받는 법인

㉡ 법인의 공장 및 본사를 수도권 밖으로 이전하는 경우 법인세 등 감면 등. 감면율이 100%인 사업연도에 한한다(조특법 §63의2, 121의8, 121의9).

2. 지주회사의 경우

「독점규제 및 공정거래에 관한 법률」에 의한 지주회사, 「금융지주회사법」에 의한 금융지주회사, 「기술의 이전 및 사업화촉진에 관한 법률」에 따른 공공연구기관첨단기술지주회사, 「산업교육진흥 및 산학연협력촉진에 관한 법률」에 따른 산학연협력기술지주회사가 일정요건을 갖춘 자회사로부터 받은 수입배당금액이 있는 경우에는 동 수입배당금액의 일정비율에 상당하는 금액을 동 지주회사의 각 사업연도의 소득금액계산을 할 때 익금에 산입하지 아니한다(법법 §18의2).

제4절 주식 취득에 대한 과세특례

1. 중소기업창업투자회사 등의 주식양도차익 등에 대한 비과세

(1) 주식양도차익의 법인세 비과세

중소기업창업투자회사 · 벤처기업출자유한회사 · 신기술사업금융업자 및 기금운용법인 등이 창업자 · 신기술사업자, 벤처기업, 신기술창업전문회사, 코넥스상장기업에 2020.12.31.까지 직접 출자하거나 창투조합 등을 통해 간접출자로 취득한 주식(출자지분 포함)을 양도함으로써 발생하는 양도차익에 대해 법인세를 부과하지 아니한다(조특법 §13 ①).

(2) 배당소득의 법인세 비과세

중소기업창업투자회사 · 창업기획자 · 벤처기업출자유한회사 및 신기술사업금융업자를 육성하고, 창업자금, 신기술사업자금의 원활한 공급을 유도하기 위해 중소기업창업투자회사 · 창업기획자 · 벤처기업출자유한회사 · 신기술사업금융업자가 출자로 인하여 창업자, 신기술사업자, 벤처기업, 신기술창업전문회사 및 코넥스상장기업으로부터 2020.12.31.까지 지급받는 배당소득에 대하여는 법인세를 부과하지 아니한다(조특법 §13 ④).

2. 중소기업창업투자회사, 창업기획자, 중소기업창업투자조합 출자분의 세액공제

(1) 개요

중소기업창업투자회사, 신기술사업금융업자, 벤처기업출자유한회사 및 기금운용법인 등이 2019.12.31.까지 다음에 해당하는 주식(출자지분 포함)을 취득하는 경우 주식취득가액의 100분의 5에 상당하는 금액을 해당 사업연도의 법인세에서 공제한다(조특법 §13의2).

① 창업자, 신기술사업자, 벤처기업 또는 신기술창업전문회사에 출자함으로써 취득한 주식

② 창업 · 벤처전문 경영참여형 사모집합투자기구(이하 "창업 · 벤처전문 경영참여형 사모집합 투자기구"라 한다) 또는 창투조합 등을 통하여 창업자, 신기술사업자, 벤처기업 또는 신기술창업전문회사에 출자함으로써 취득한 주식

(2) 적용대상 법인

① 「중소기업창업 지원법」에 따른 중소기업창업투자회사

② 「여신전문금융업법」에 따른 신기술사업금융업자

③ 중소기업창업투자회사, 창업기획자, 「벤처기업육성에 관한 특별조치법」 제4조의3 제1항 제3호에 따른 「상법」상 유한회사(이하 "벤처기업출자유한회사"라 한다) 또는 신기술사업금융업자

④ 기금을 관리 · 운용하는 법인 또는 공제사업을 하는 법인(이하 "기금운용법인 등"이라 한다)

(3) 세액공제 배제

다음의 특수관계인이 주식을 취득하는 경우 그 금액에 대해서는 세액공제하지 아니한다. 이 경우 본인도 특수관계인의 특수관계인으로 본다(법령 §87 ①).

① 임원의 임면권의 행사, 사업방침의 결정 등 당해 법인의 경영에 대하여 사실상 영향력을 행사하고 있다고 인정되는 자(이사로 보는 자를 포함)와 그 친족

② 주주 등(소액주주 등을 제외)과 그 친족

③ 법인의 임원 · 사용인 또는 주주 등의 사용인(주주 등이 영리법인인 경우에는 그 임원을, 비영리법인인 경우에는 그 이사 및 설립자를 말한다)이나 사용인 외의 자로서 법인 또는 주주 등의 금전 기타 자산에 의하여 생계를 유지하는 자와 이들과 생계를 함께 하는 친족

④ 해당 법인이 직접 또는 그와 "①부터 ③"까지의 관계에 있는 자를 통하여 어느 법인의 경영에 대하여 지배적인 영향력을 행사하고 있는 경우 그 법인

⑤ 해당 법인이 직접 또는 그와 "①부터 ④"까지의 관계에 있는 자를 통하여 어느 법인의 경영에 대하여 지배적인 영향력을 행사하고 있는 경우 그 법인

⑥ 당해 법인에 100분의 30 이상을 출자하고 있는 법인에 100분의 30 이상을 출자하고 있는 법인이나 개인

⑦ 당해 법인이 「독점규제 및 공정거래에 관한 법률」에 의한 기업집단에 속하는 법인인 경우

(4) 사후관리

세액공제를 적용받은 내국법인이 주식을 취득한 후 5년 이내에 피출자법인의 지배주주 등(법령 §43 ⑦)에 해당하는 경우에는 지배주주 등이 되는 날이 속하는 사업연도의 과세표준신고를 할 때 주식 또는 출자지분에 대한 세액공제액 상당액에 다음의 이자상당가산액을 더하여 법인세로 납부하여야 한다.

이자상당가산액 = 공제세액 × 공제받은 사업연도의 과세표준신고일의 다음 날부터 사유 발생일이 속하는 사업연도의 과세표준신고일까지의 기간 × 0.025%

(5) 공제세액의 이월공제

공제세액이 최저한세 적용을 받아 당해 연도에 공제받지 못한 세액공제액은 당해 과세연도의 다음 과세연도의 개시일로부터 5년 이내에 종료하는 각 과세연도에 이월하여 공제받을 수 있다.

3. 기관투자자의 중소기업창업투자회사 등에 출자한 주식의 양도차익에 대한 법인세 감면

이 규정은 2008.12.26.에 삭제되었으나 2008.12.31. 이전에 기관투자자의 중소기업창업투자회사 등(종전의 조세특례제한법 §14 ②에 따라 출자함으로써 취득한 주식 등을 말한다)에 출자함으로써 취득한 주식 등의 양도에 관하여는 종전의 규정에 따르며, 종전의 조특법(§14 ②)의 기관투자자가 2009.5.7. 이전에 산업발전법(§15)에 따른 기업구조조정조합을 통하여 같은 조특법 §14 ④에 따른 구조조정대상기업에 출자함으로써 취득하는 주식 등에 대하여는 해당 주식 등의 양도로 인하여 발생하는 양도차익에 대한 법인세의 50%에 상당하는 세액을 감면한다(조특법 부칙 §1 · 31, 2008.12.26. 공포).

4. 주식매수선택권 행사비용의 손금불산입

주식매수선택권 행사이익에 대하여 소득세를 과세하지 아니한 경우에는 해당 주식매수선택권의 행사에 따라 발생하는 비용으로서 약정된 주식매수시기에 약정된 주식의 매수가액과 시가의 차액을 법인세법(§19, 20, 52)에도 불구하고 해당 벤처기업의 각 사업연도의 소득금액을 계산할 때 손금에 산입하지 아니한다(조특법 §16의3 ④).

제5절 주주명부 등의 작성 · 비치의무와 주식 등 변동상황명세서의 제출의무

Ⅰ 주주명부 등의 작성 · 비치의무

내국법인(비영리내국법인은 제외한다)은 주주나 사원(유한회사의 사원을 말한다.)의 성명 · 주소 및 주민등록번호(법인인 주주나 사원은 법인명과 법인 본점 소재지 및 사업자등록번호) 등 주주명부나 사원명부를 작성하여 갖추어 두어야 한다(법법 §118).

여기서 주주명부 또는 사원명부라 함은 상법(§352, 566)의 규정에 의한 주주명부 또는 사원명부로서 다음의 구분에 의한 주주 또는 사원의 인적사항이 기재된 것을 말한다.

① 개인의 경우에는 성명 · 주소 및 주민등록번호(재외국민의 경우에는 여권번호 또는 재외국민등록법상의 등록번호)

② 법인(법인으로 보는 단체 포함)의 경우에는 법인명 · 본점 등의 소재지 및 사업자등록번호(고유번호 포함)

③ 법인이 아닌 단체의 경우에는 당해 단체를 대표하는 자의 성명 · 주소 및 주민등록번호. 다만, 부가가치세법에 의하여 고유번호를 부여받은 단체의 경우에는 그 단체명 · 소재지 및 고유번호

④ 외국인 및 외국단체의 경우에는 출입국관리법에 의한 등록외국인기록표 또는 외국단체등록대장에 기재된 성명 · 단체명 · 체류지 및 등록번호. 다만, 외국인등록증이 발급되지 아니한 자의 경우에는 여권 또는 신분증에 기재된 성명 및 번호

Ⅱ 주식 등 변동상황명세서 제출의무

사업연도 중에 주식 등의 변동사항이 있는 법인은 주식 등 변동상황명세서를 제출하여야 한다. 즉, 주식 등의 변동사항이 있는 경우에는 상법상의 모든 인적회사, 물적회사 및 출자금에 의하여 설립된 조합까지도 주식 등의 변동상황을 신고하여야 한다(법법 §119).

그러나 사업연도 중에 주주 또는 사원의 변동사항이 없는 법인의 경우와 다음의 법인은 주식 등의 변동사항이 있는 경우에도 제출의무가 없다.

① 다음의 법인(그 중앙회 및 연합회는 제외)을 말한다.

㉠ 「농업협동조합법」에 의하여 설립된 조합(조합공동사업법인을 포함)

㉡ 「소비자생활협동조합법」에 따라 설립된 조합

㉢ 「수산업협동조합법」에 따라 설립된 조합(어촌계 및 조합공동사업법인을 포함)

㉣ 「산림조합법」에 의하여 설립된 산림조합(산림계를 포함)

㉤ 「엽연초생산협동조합법」에 의하여 설립된 엽연초생산협동조합

㉥ 「중소기업협동조합법」에 의하여 설립된 조합

㉦ 「신용협동조합법」에 의하여 설립된 신용협동조합

㉧ 「새마을금고법」에 의하여 설립된 새마을금고

㉨ 「염업조합법」에 의하여 설립된 대한염업조합

② 자본시장과 금융투자업에 관한 법률에 따른 투자회사, 투자유한회사, 투자합자회사 및 투자전문회사(같은 법 §9 ⑲ 〈1〉에 따른 경영참여형 사모집합투자기구는 제외)

③ 기업구조조정투자회사 등 「자본시장과 금융투자업에 관한 법률」(§6 ⑤)에 해당하는 경우의 법인

④ 해당 법인의 주주 등이 공공기관 또는 기관투자자와 주권상장법인의 소액주주로 구성된 법인 등

Ⅲ 상증법상 주식 등의 명의개서 등의 간주제출

1. 개요

국내에서 다음의 "2"에 해당하는 자는 해당 지급명세서 또는 명의변경 내용을 지급명세서 제출기한까지 본점 또는 주된 사무소의 소재지를 관할하는 세무서장에게 제출하여야 한다. 다만 법인세법(§119)에 따라 제출하는 지급명세서 또는 주식 등 변동상황명세서에 "2"의 지급명세서 등의 해당 사항이 있는 경우에는 그 지급명세서 등을 제출한 것으로 본다(상증법 §82).

2. 주식 등의 명의개서 취급자와 외화증권예탁자

국내에서 주식, 출자지분(공채, 사채, 채권 및 특정시설물을 이용할 수 있는 권리 등 포함)의 명의개서 또는 변경을 취급하는 자(명의개서 또는 변경에 관한 확인업무를 국

가 또는 지방자치단체로부터 위탁받은 자 포함)는 명의개서 취급자별로 상증법 시행규칙[별지 제20호 서식]인 "주권(출자증권 · 공채 · 사채 · 수익증권 · 은행예금 · 그 밖의 예금) 명의개서명세서(변경명세서)"를 작성하여 명의개서 또는 변경된 날이 속하는 분기 종료일의 다음 달 말일까지 본점 또는 주된 사무소의 소재지를 관할하는 세무서장에게 제출하여야 한다.

3. 주식 등 변동상황명세서 제출불성실가산세

납세지 관할 세무서장은 사업연도 중에 주식 등의 변동사항이 있을 때 주식 등 변동상황명세서(이하 "명세서"라 한다)를 제출하여야 하는 내국법인이 다음의 어느 하나의 경우에 해당하면 미제출, 누락제출 및 불분명하게 제출한 주식 등의 액면금액 또는 출자가액의 100분의 1에 상당하는 금액을 가산한 금액을 법인세로써 징수하여야 한다. 이 경우 산출세액이 없는 경우에도 가산세는 징수한다(§76 ⑥).

① 명세서를 제출하지 아니한 경우

② 명세서에 주식 등의 변동사항을 누락하여 제출한 경우

③ 제출한 명세서가 다음의 불분명한 경우에 해당하는 경우. 다만, 내국법인이 주식 등의 실제 소유자를 알 수 없는 경우 등 정당한 사유가 있는 경우는 제외한다.

㉠ 제출된 변동상황명세서에 필요적 기재사항의 전부 또는 일부를 기재하지 아니하였거나 잘못 기재하여 주식 등의 변동상황을 확인할 수 없는 경우

㉡ 제출된 변동상황명세서의 필요적 기재사항이 주식 등의 실제 소유자에 대한 사항과 다르게 기재되어 주식 등의 변동사항을 확인할 수 없는 경우

제 4 장

주식 취득 관련 취득세(과점주주)

과점주주에 대한 간주취득세는 법인(유가증권상장법인 제외)이 과점주주가 되면 실질적으로 주식발행 법인에 대한 지배권을 장악하기 때문에 이를 행사할 수 있는 한도(소유주식 비율) 내에서 해당 법인의 과세물건을 취득한 것으로 간주하여 취득세를 과세하는 데 그 취지가 있다.

Ⅰ 과점주주의 취득세 납세의무

코스닥 상장법인 또는 비상장법인이 발행한 주식(출자지분 포함)을 취득함으로써 과점주주(법인 설립당시 발행한 주식을 취득함으로써 과점주주가 되는 경우에는 제외)가 된 경우에는 당해 법인의 부동산 · 차량 · 기계장치 등을 취득한 것으로 간주한다(지법 §7 ⑤).

여기서 과점주주란 주주(유한책임사원 포함) 1명과 그의 특수관계인으로서 그들의 소유주식수의 합계가 해당 법인의 발행주식총수(출자총액 포함)의 50%를 초과하면서 그에 관한 권리를 실질적으로 행사하는 자들을 말한다.

이 경우 의결권이 없는 주식은 제외하고 50% 초과 여부를 판정한다.

1. 납세의무 성립시기

코스닥 상장법인 또는 비상장법인이 발행한 주식을 취득하여 과점주주가 되는 경우 과점주주의 취득세 납세의무는 과점주주성립 당시(주식취득일을 말한다) 해당 법인이 소유하고 있던 취득세 과세물건을 지분비율만큼 취득한 것으로 보아 취득세를 부과한다.

이 경우 소유란 지방세법상 취득의 시기가 완성된 것을 뜻하므로 과점주주의 납세의무성립 당시 당해 법인의 취득시기가 도래되지 아니한 물건에 대하여는 과점주주에게 납세의무가 없으나 연부취득 중인 물건에 대하여는 연부 취득시기가 도래된 부분에 한하여 납세의무가 있다.

2. 과점주주의 간주취득

세법에서 간주취득의 개념을 규정하여 과점주주의 주식취득 등도 취득세 과세대상으로 규정하고 있으며 주식의 취득 시기 · 형태에 따라 과세범위는 다음에 따라 판단한다.

(1) 법인 설립시 과점주주인 경우

법인 설립시 발행하는 주식을 취득하여 과점주주가 된 경우에는 과점주주의 취득으로 보지 아니한다.

(2) 최초로 과점주주가 되는 경우

법인의 과점주주가 아닌 주주(유한책임사원 포함)가 다른 주주의 주식을 취득하거나 증자 등으로 최초로 과점주주가 된 경우에는 최초로 과점주주가 된 날 현재 소유하고 있는 법인의 주식을 모두 취득한 것으로 보아 취득세를 과세한다.

▌주식 취득으로 과점주주가 될 때 취득세 과세

어떤 법인의 주식 또는 지분을 취득함으로써 그 법인의 과점주주가 되었을 때에는 최초로 과점주주가 된 날 현재 그 과점주주가 해당 법인의 부동산 등을 취득한 것으로 보아 취득세를 부과하고, 이미 과점주주가 된 주주가 해당 법인의 주식을 취득하여 과점주주 지분이 증가된 경우에는 그 증가분을 취득으로 보아 취득세를 부과한다(지방세법 §7 ⑤).

(3) 과점주주 상호간 주식 이동이 있는 경우

과점주주 집단내부 및 특수관계인 간의 주식거래가 발생하여 다음과 같이 과점주주가 소유한 총주식의 비율에 변동이 없다면 과점주주 취득세의 납세의무는 없다.

① 과점주주 집단내부에서 주식이 이전되는 경우

② 당해 법인의 주주가 아니었던 자가 기존의 과점주주와 친족 기타 특수관계에 있

거나 그러한 특수관계를 형성하면서 기존의 과점주주로부터 그 주식의 일부 또는 전부를 이전받아 새로이 과점주주가 되는 경우

(4) 과점주주 주식의 비율이 증가된 경우

이미 과점주주가 된 주주 또는 유한책임사원이 해당 법인의 주식을 취득하여 해당 법인의 주식의 총액에 대한 과점주주가 가진 주식의 비율이 증가된 경우에는 그 증가분을 취득으로 보아 취득세를 부과한다. 다만, 증가된 후의 주식의 비율이 해당 과점주주가 이전에 가지고 있던 주식의 최고비율보다 증가되지 아니한 경우에는 취득세를 부과하지 아니한다(서울세무-27842, 2017.11.29.).

(5) 비과점주주가 과점주주가 되는 경우

과점주주였으나 주식의 양도, 해당 법인의 증자 등으로 과점주주에 해당되지 아니하는 주주 또는 유한책임사원이 된 자가 해당 법인의 주식을 취득하여 다시 과점주주가 된 경우에는 다시 과점주주가 된 당시의 주식 등의 비율이 그 이전에 과점주주가 된 당시의 주식의 비율보다 증가된 경우에만 그 증가분만을 취득으로 보아 취득세를 부과한다.

▌명의신탁을 해지한 경우

명의신탁을 해지하여 주주명부상의 명의가 회복되어 과점주주가 되었다면 과점주주에 대한 간주취득세 납세의무가 없다(대법원 2009두7448, 2009.8.20.).

▌명의신탁으로 취득한 경우

주식을 명의신탁으로 취득한 경우 이를 공시하지 않으면 실제 소유자를 알 수 없으므로 소유주식을 타인에게 명의신탁하였다면 이를 해지하여 실제 소유자 명의로 주주명부를 개서한 때 당해 주식에 대한 배타적 권리를 취득한 것으로 보아야 하므로 해당 주식을 취득하여 과점주주로 본다(조심 2016지1175, 2017.2.16.).

▌특수관계인 중 1인이 당해 법인의 경영에 참여하지 않는 경우

과점주주에 해당하는지 여부는 특정주주와 그 특수관계인이 소유하고 있는 주식을 모두 합하여 판단하는 것이고 특수관계인 중 1인이 당해 법인의 경영에 참여하지 않는다 하더라도 납세의무 성립에는 별다른 영향을 줄 수 없다(조심 2016지598, 2016.7.29.).

3. 과점주주의 과세표준

과점주주가 취득한 것으로 보는 해당 법인의 부동산 등(법인이 「신탁법」에 따라 신탁한 재산으로서 수탁자 명의로 등기·등록이 되어 있는 부동산 등을 포함)에 대한 과세표준은 그 부동산 등의 총가액을 그 법인의 주식 또는 출자의 총수로 나눈 가액에 과점주주가 취득한 주식 또는 출자의 수를 곱한 금액으로 한다(아래 "4" 참조).

그리고 취득시기 이전에 발생한 건설자금이자 및 취득 직전연도의 재평가차액 등은 당연히 과세표준에 산입한다.

4. 산출세액

(1) 세율

과점주주는 코스닥 상장법인 또는 비상장법인이 소유한 취득세 과세대상 물건을 간주취득한 것으로 보기 때문에 일반 과세대상 물건에 대하여는 중과기준세율 2%(농어촌특별세: 취득세의 10%)가 적용되며, 사치성재산(별장 등) 중과세 물건에 대해서는 중과세 세율(5배)이 적용된다.

보충설명

과점주주에 대한 취득세를 과세함에 있어 대도시 내 법인 본점 또는 주사무소의 사업용부동산 등에 대하여는 중과세를 하지 아니한다.

(2) 과점주주의 취득세 산출세액 계산

과점주주의 취득세 산출세액 계산은 다음의 산식에 의한다.

$$\text{과점주주의 취득세} = \frac{\text{해당 법인의 취득세 대상}}{\text{부동산 등의 총가액}} \times \frac{\text{과점주주가 취득한 주식(출자)의 수}}{\text{법인의 주식(출자)의 총수}} \times \text{중과기준세율(2\%)}$$

5. 과점주주의 취득세 신고 · 납부

과점주주의 간주취득세 납세의무는 과점주주성립 당시(주식취득일)인 취득한 날부터 60일 이내에 취득세 과세표준 및 산출세액을 납세지 관할시장 · 군수에게 신고 · 납부하여야 한다.

> 취득세 등을 신고 · 납부하여야 한다는 사실을 처분청으로부터 안내받지 못하여 그 납세의무를 알 수 없었다고 하더라도 그러한 사실만으로 가산세를 면제할 만한 정당한 사유가 있다고 보지 아니하므로 가산세를 포함하여 취득세 등을 부과 · 고지한 것은 잘못이 없다(조심 2016지500, 2016.6.14.).

Q 사례 1 적용사례*

구 분		취득비율	지분비율	취득으로 간주되는 지분비율
설립 후 증자로 최초로 과점주주가 된 경우	① 설립시	–	45%	–
	② 증자 및 취득	15%	60%	60%
설립시 과점주주에서 증자 후 과점주주가 된 경우	① 설립시	–	60%	–
	② 증자 및 취득	10%	70%	10%
설립 후 증자로 2회 과점주주가 된 경우	① 설립시	–	–	–
	② 증자 및 취득	60%	60%	60%
	③ 증자 및 취득	10%	70%	10%
증자 후 과점주주에서 양도 · 재취득으로 다시 과점주주인 경우	① 설립시	–	–	–
	② 증자 및 취득	60%	60%	60%
	③ 양도	△40%	20%	–
	④ 재취득	50%	70%	10%
증자 후 과점주주에서 양도 · 재취득으로 다시 과점주주인 경우	① 설립시	–	–	–
	② 증자 및 취득	60%	60%	60%
	③ 양도	△40%	20%	–
	④ 재취득	35%	55%	–

* 2018 세법개론 임상엽 · 정정운 공저, 상경사 간, 지방세법 적용례 인용

사례 2 과점주주의 간주취득세 계산 사례

다음의 자료에 의해 지방에 소재한 갑 비상장법인의 과점주주의 간주 취득세를 계산하여라.

① 갑 비상상장법인의 설립은 2015.7.1.이며 총발행주식은 5억원(액면가액; 5,000원)이다.

② 설립당시 취득세 과세대상 자산의 총가액은 5억원이다.

③ 갑법인 설립시부터 2018.9.1. 자본증자까지의 과점주주 소유지분율이 다음과 같다.

일 자		주식 변동	주식 변동액	과점주주소유 지분율		소액주주소유 지분율		자본금
				금액	지분율	금액	지분율	
①	2015.7.1.	설립	5억원	3억원	60%	2억원	40%	5억원
②	2016.1.5.	증자	2억원	455,000,000원	65%	245,000,000원	35%	7억원
③	2017.7.6.	양도	3억원	3억원	42.8%	4억원	57.2%	7억원
④	2018.9.1.	증자	3억원	7억원	70%	3억원	30%	10억원

풀이 2

① 2015.7.1. 법인 설립당시 과점주주가 된 경우에는 간주취득세 납세의무가 없다.

② 2016.1.5. 증자로 인하여 설립시 과점주주의 비율이 증가되었으므로 다음과 같이 계산한 간주취득세를 과세한다.

500,000,000원 × 2%(세율) × (65% − 60% ; 과점주주소유 지분율) = 500,000원

③ 2017.7.6. 양도인 경우에는 간주취득세가 없다.

④ 2018.9.1. 증자인 경우에는 "② 2015.1.5. 증자"시 과점주주소유 지분율 65%를 초과하는 분에 대해서만 다음과 같이 간주취득세를 과세한다.

500,000,000원 × 2%(세율) × (70% − 65%) = 500,000원

Ⅱ 출자자의 제2차 납세의무

코스닥 상장법인 또는 비상장법인의 재산으로 그 법인에 부과되거나 그 법인이 납부할 지방자치단체의 징수금에 충당하여도 부족한 경우에는 그 지방자치단체의 징수금의 과세기준일 또는 납세의무성립일(납기개시일) 현재 과점주주는 그 부족액에 대하여 제2차 납세의무를 진다. 다만 그 부족액을 그 법인의 발행주식총수(의결권이 없는 주식 제외) 금액에 해당 과점주주가 실질적으로 권리를 행사하는 소유주식수(의결권이 없는 주식 제외)를 곱하여 산출한 금액을 한도로 한다(지방기본법 §46).

① 무한책임사원

② 주주 또는 유한책임사원 1명과 그의 친족, 기타 특수관계 있는 자의 소유주식의 합계 또는 출자액의 합계가 해당 법인의 발행주식총수 또는 출자총액의 100분의 50을 초과하면서 그에 관한 권리를 실질적으로 행사하는 자들(과점주주)

$$\text{지방세징수 부족액} = \frac{\text{과점주주의 소유주식 수}}{\text{발행주식 총수}}$$

Ⅲ 법인의 제2차 납세의무

지방세(둘 이상의 지방세의 경우에는 납부기한이 뒤에 도래하는 지방세를 말한다)의 납부기간 종료일 현재 법인의 무한책임사원 또는 과점주주(이하 "출자자"라 한다)의 재산(그 법인의 발행주식 또는 출자지분은 제외)으로 그 출자자가 납부할 지방자치단체의 징수금에 충당하여도 부족한 경우에는 그 법인은 다음의 어느 하나에 해당하는 경우에만 그 출자자의 소유주식 또는 출자지분의 가액 한도 내에서 그 부족한 금액에 대하여 제2차 납세의무를 진다(지방기본법 §46).

① 지방자치단체의 장이 출자자의 소유주식 또는 출자지분을 재공매하거나 수의계약으로 매각하려 하여도 매수희망자가 없을 때

② 법률 또는 법인의 정관에서 출자자의 소유주식 또는 출자지분의 양도를 제한하고 있을 때

이 경우 법인의 제2차 납세의무는 그 법인의 자산총액에서 부채총액을 뺀 가액을 그 법인의 발행주식총액 또는 출자총액으로 나눈 가액에 그 출자자의 소유주식금액 또는 출자액을 곱하여 산출한 금액을 한도로 한다.

제 3 편

주식 보유와 관련한 세금

소득세는 개인의 소득을 종합소득, 퇴직소득, 양도소득으로 분류하여 소득별로 1년을 단위로 과세한다.

종합소득은 다음과 같이 이자소득 · 배당소득 · 사업소득 · 근로소득 · 연금소득 · 기타소득을 말하며, 이자소득과 **배당소득**을 금융소득이라고 한다.

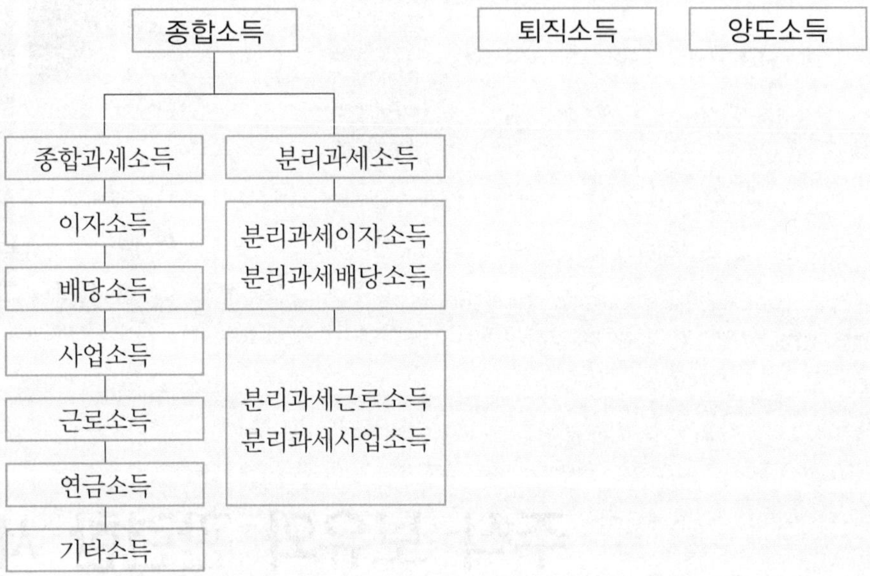

제1절 배당의 이해

상법(§169)상 회사는 영리를 목적으로 설립된 회사이며, 영업활동에서 얻은 이익을 주주(출자자 포함)에게 분배(배당)하는 것을 말한다. 이때 주주가 이익이나 잉여금을 분배받음으로써 발생하는 소득을 배당소득이라 한다.

배당소득은 주주의 투자비율에 따라 분배받은 이익으로써 그 형태에 따라 일반적인 이익배당에 속하는 것과 세법상 배당으로 간주하여 과세하는 의제배당 등으로 구분할 수 있다.

이익배당에 속하는 것으로는 어떤 회사의 주식을 보유하고 있는 중에 그 회사가 영업활동으로 얻은 이익을 주주에게 배당가능이익 한도 내에서 주주총회의 의결을 통해 주주가 가진 출자비율에 따라 실제배당해 주는 현금배당과 신주를 발행하여 분배하는 주식배당이 있다.

현금배당은 주주에게 현금으로 배당금을 지급하는 것을 말하며, 주식배당은 주주에게 이익배당을 현금배당 대신에 신주를 발행하여 배당하는 것을 말한다.

보충설명

회사의 경영성과를 분배의 형식으로 배당소득을 얻는 주체가 개인인 경우의 배당소득은 소득세법에 의한 소득세를 과세하는 것이며, 법인인 경우에는 수입배당금에 대하여 법인세가 과세한다.
이 경우 이중과세 문제를 조정하기 위해 배당금을 지급하는 법인 단계에서 법인세가 과세된 그 배당금을 지급받는 주주가 법인인 경우에는 동일한 배당소득에 대해서 세금이 이중과세가 되므로 이를 조정하기 위해 수입배당금에 대한 익금불산입규정(법법 §18의3)을 두고 있으며, 반면 배당금을 지급받는 주주가 개인인 경우에도 동일한 배당소득에 대해서 세금이 이중과세가 되므로 이를 조정하기 위해 배당소득금액 산정시 배당소득에 배당가산율(Gross-up)을 곱한 금액을 가산하였다가 종합소득결정세액 산출시 세액공제하는 Gross-up제도(소법 §17 ③)를 두고 있다.

1. 현금배당

(1) 정기배당

현금배당이란 회사가 경영활동을 통해 얻은 이익을 주주총회 등의 의결을 거쳐 주주에게 현금으로 분배하는 것을 말한다.

회사가 현금배당을 지급하기 위해서는 다음의 배당가능이익이 있어야 하며, 그 배당가능이익 한도 내에서 현금배당으로 지급할 수 있다. 만일 배당가능이익이 없음에도 불구하고 배당을 한 경우에는 회사의 채권자는 그 회사에게 배당금의 반환을 청구할 수 있다(상법 §462 ②).

배당가능이익 = 대차대조표상 순자산가액(총자산-부채) - (①+②+③+④)

① 자본금의 액

② 그 결산기까지 적립된 자본준비금과 이익준비금의 합계액

③ 그 결산기에 적립하여야 할 이익준비금

④ 미실현이익(자산 및 부채에 대한 평가로 인하여 증가한 대차대조표상의 순자산액으로서, 미실현손실과 상계하지 아니한 금액을 말한다)

그러나 유동화전문유한회사는 「자산유동화에 관한 법률」(§30 ③)에 따라 「상법」(§462)의 이익배당은 주주총회의 결의에 따른 배당 규정에도 불구하고 정관이 정하는 바에 따라 이익을 초과하여 배당할 수 있다.

그리고 상법상 현금배당은 회계연도에 결산한 재무제표를 정기주주총회에 제출하여 그 손익을 확정한 후 정기주주총회에서 결의를 거쳐 연 1회 실시할 수 있으며, 배당에 대하여 정기주주총회의 결의가 있은 후 1개월 내에 배당금을 지급하여야 한다. 다만 정기주주총회에서 배당금의 지급시기를 따로 정한 경우에는 예외로 한다.

주주의 회사에 대한 배당금 지급청구권은 5년간 행사하지 아니하면 소멸시효가 완성하는 것이며, 소멸시효는 정기주주총회의 결의가 있은 후 1개월 또는 정기주주총회에서 배당금의 지급시기를 따로 정한 기한이 지난 때부터 기산한다(상법 §464의2).

(2) 중간배당

정기주주총회에서 결의한 현금배당에 불구하고 정관에 회계연도 중 1회에 한하여 이사회의 결의로 일정한 날을 정하여 그 날의 주주에 대하여 다음의 중간배당가능이익

한도 내에서 현금으로 배당할 수 있다(상법 §462의3).

> 중간배당가능이익 = 직전 결산기의 대차대조표상 순자산액 - (①+②+③+④)
> ① 직전 결산기의 자본금의 액
> ② 직전 결산기까지 적립된 자본준비금과 이익준비금의 합계액
> ③ 직전 결산기에 정기총회에서 이익으로 배당하거나 또는 지급하기로 정한 금액
> ④ 중간배당에 따라 적립하여야 할 이익준비금

중간배당의 경우에도 정기주주총회의 이익배당과 마찬가지로 당해 결산기의 대차대조표상의 순자산액이 정기배당의 배당가능이익에 미치지 못하는 때에는 중간배당을 할 수 없다.

2. 주식배당

주식배당이란 회사가 현금배당과 같이 경영활동을 통해 얻은 이익을 주주총회의 의결을 거쳐 주주에게 현금 대신에 주식을 발행(액면가액)하여 주주에게 지급하는 것을 말한다.

상법상 회사는 주주총회의 결의에 의하여 이익의 배당을 주식으로 지급할 때 주식배당의 한도는 이익배당총액의 2분의 1에 상당하는 금액을 초과하지 못한다. 다만, 해당 주식의 시가가 액면가액에 미달하는 경우에는 그러하지 아니하다(증권법 §191의3 ①).

보충설명

> 법인이 주식배당을 받는 경우에는 기업회계상 수익에 해당하므로 세법상 익금산입하는 세무조정을 하여야 한다.

제2절 배당소득의 범위

주식에 투자하면 보유단계에서 배당기준일에 보유한 주식에 대하여 배당하는 것을 배당소득이라 하고, 해당 보유주식을 처분할 경우 이익이 발생하면 이를 매매차익(양도차익)이라고 한다.

배당소득은 금융소득(이자소득, 배당소득)이 2천만원을 초과하는 경우에는 그 다음해 5월에 금융소득과 다른 종합소득과 합산하여 종합소득세를 신고·납부하여야 한다.

그리고 보유하던 양도소득세 대상주식을 처분하여 매매차익이 발생하면 양도소득세를 신고 납부하여야 한다.

Ⅰ 개요

배당소득은 영리법인이나 비영리법인으로부터 지급받는 다음의 이익이나 잉여금의 배당(분배금 포함) 이와 유사한 소득으로서 수익분배의 성격이 있는 것을 말한다(소법 §17).

① 내국법인으로부터 받는 이익이나 잉여금의 배당 또는 분배금

② 법인으로 보는 단체로부터 받는 배당금 또는 분배금

③ 다음의 의제배당

㉠ 자본의 감소, 주식의 소각, 퇴사·탈퇴 등으로 받는 재산의 가액이 ➡ 그 주식의 취득에 소요된 금액보다 큰 경우

㉡ 법인의 이익잉여금·자본잉여금의 자본전입으로 받는 주식의 가액

㉢ 법인 해산(조직변경 제외)·법인합병의 경우 주주가 받는 재산의 가액이 ➡ 당해 주식의 취득에 소요된 금액보다 큰 경우

㉣ 법인이 자기주식(자기출자지분 포함)을 보유한 상태에서 자본준비금과 재평가적립금의 자본전입시 자기주식지분에 상당하는 주식의 가액을 여타 주주에게 분배하는 경우

㉤ 분할 및 분할합병시 지급받은 대가(신주 및 교부금)가 ➡ 당초의 구주를 취득하기 위하여 소요된 금액을 초과하는 경우 그 초과금액

④ 국내 또는 국외에서 받는 집합투자기구로부터의 이익

⑤ 외국법인으로부터 받는 이익이나 잉여금의 배당 또는 분배금 등

이 책에서는 위에서 열거하는 배당 중 일상에서 자주 발생하는 '①과 ③'에 대해서만 설명하겠다.

Ⅱ 배당소득의 범위

1. 법인의 이익배당

주식을 보유함으로써 내국법인 및 외국법인으로부터 받는 이익이나 잉여금의 배당 또는 분배금은 배당소득이다.

만일 주주총회의 결의에 의하여 배당을 지급받은 경우로서 당초의 배당결의에 하자가 있어 배당금을 반환하게 되는 경우에는 당초의 배당이 없었던 것으로 의제되므로 해당 배당소득에 대해서는 소득세가 과세되지 아니한다(소법 기본통칙 17-0…1,2).

2. 의제배당

주식을 보유함으로써 자본의 감소 등으로 받는 의제배당이란 상법상 배당은 아니지만 주주총회(사원총회 포함)의 결의에 의한 이익이나 잉여금이 배당형식을 통하지 아니하고 실질적으로는 배당한 것과 같은 경제적 이익이 주주(사원 · 출자자 포함)에게 제공하게 되는 경우를 말한다.

이 경우 주주가 법인인 경우에는 세무조정(익금산입)을 통해 법인세가 과세되는 것이며, 개인인 경우에는 소득세(배당소득)가 과세된다.

의제배당은 다음에 해당하는 금액을 말하며, 그 금액을 주주에게 배당한 것으로 본다(소법 §17 ① 〈3〉).

(1) 주식의 소각 · 자본의 감소로 인한 의제배당

주식의 소각은 회사존속 중 특정주식을 소멸시키는 행위를 말한다.

주식의 소각이나 자본의 감소로 인하여 주주가 취득하는 금전, 그 밖의 재산의 가액 또는 퇴사 · 탈퇴나 출자의 감소로 인하여 사원이 취득하는 금전, 그 밖의 재산의 가액이 주주가 그 주식을 취득하기 위하여 사용한 금액을 초과하는 금액을 의제배당으로 취급한다.

의제배당금액	=	주식의 소각 등으로 주주가 취득하는 재산가액	-	해당 소각된 주식을 취득하는 데 소요된 금액
의제배당금액	=	퇴사, 탈퇴, 출자의 감소로 출자자가 취득하는 재산가액	-	해당 출자지분을 취득하는 데 소요된 금액

거주자가 보유한 주식이 상법(§343)에 따라 연 2회에 걸쳐 소각되면서 해당연도에 주식의 소각으로 인한 손실과 주식의 소각이나 자본의 감소로 인한 의제배당소득이 각각 발생한 경우, 해당 손실가액은 배당소득의 총수입금액에서 차감하지 않는다(소법 집행기준 17-0-6).

(2) 잉여금의 자본전입

회사는 이사회 또는 주주총회의 결의에 의해서 잉여금의 전액 또는 일부를 자본에 전입할 수 있다. 자본전입이란 잉여금의 전부 또는 일부를 자본에 전입하는 것을 말한다.

회사가 잉여금(자기주식소각익으로 시가가 취득가액을 초과하거나 소각일부터 2년 내에 자본전입, 출자전환 채무면제익, 적격합병·분할시 자산조정계정합계액·의제배당 과세대상 자본잉여금 승계액·이익잉여금 승계액, 재평가적립금 중 1% 재평가세 부과대상 토지분)을 자본에 전입하는 것은 형식적인 증자로서 해당 잉여금을 자본에 전입하는 금액에 대하여 무상주를 교부하고 주주가 해당 무상주를 수령한 경우에는 무상주를 교부한 회사로부터 이익 또는 잉여금이 배당되었다고 보아 의제배당으로 취급한다.

다만 다음에 해당하는 금액을 전입하는 경우에는 의제배당으로 보지 아니한다.

① 상법(§459 ①)에 따른 자본준비금으로서 법인세법(§17 ①)에서 정하는 주식발행액면초과액, 주식의 포괄적 교환차익, 주식의 포괄적 이전차익, 일반적인 감자차익과 일반적인 합병차익·분할차익

② 자산재평가법에 따른 재평가적립금(1984.1.1. 이후 취득분으로 1% 적용분 제외)

보충설명

배당은 회사의 이익인 당기순이익을 주주에게 분배하는 것을 말한다. 법인세법에서 배당은 세법상 각 사업연도소득을 주주에게 분배하는 것이므로 각 사업연도소득에 포함된 소득만이 배당의 재원이 될 수 있다.

무상증자하는 법인이 자본전입하는 위 잉여금 중 의제배당 해당하는지 여부를 요약표로 살펴보면 다음과 같다(법법 집행기준 16-0-5).

<table>
<tr><th>구 분</th><th colspan="2">배당의 종류</th><th>의제배당여부</th></tr>
<tr><td rowspan="9">자본잉여금</td><td colspan="2">주식발행액면초과액</td><td>×(주)</td></tr>
<tr><td colspan="2">주식의 포괄적 교환차익, 주식의 포괄적 이전차익, 일반적인 감자차익</td><td>×</td></tr>
<tr><td rowspan="3">감자차익</td><td>자기주식소각시점에 그 자기주식의 시가가 취득가액을 초과한 경우</td><td>○</td></tr>
<tr><td>기타의 자기주식소각이익으로서 소각일부터 2년 이내에 자본전입하는 경우</td><td>○</td></tr>
<tr><td>자기주식소각이익</td><td>×</td></tr>
<tr><td>합병차익 · 분할차익</td><td>일반적인 합병차익 · 분할차익</td><td>×</td></tr>
<tr><td rowspan="2">재평가적립금</td><td>일반적인 재평가차액(3%)</td><td>×</td></tr>
<tr><td>토지의 재평가차액상당액(1%)</td><td>○</td></tr>
<tr><td colspan="2">기타자본잉여금(자기주식처분이익 등)</td><td>○</td></tr>
<tr><td>이익잉여금</td><td colspan="2">법정적립금, 임의적립금, 처분전이익잉여금</td><td>○</td></tr>
</table>

㈜ 채무의 출자전환시 채무면제익 의제배당(○)

보충설명

무상주란 주주가 주금의 납입의무 없이 회사가 무상으로 주식을 발행하여 주주에게 소유지분 비율만큼 교부하는 주식을 말한다.
법인이 무상주를 교부받을 당시 의제배당으로 과세된 경우에는 액면가액을 취득가액으로 한다. 그러나 무상주를 취득할 때 의제배당으로 과세되지 아니한 경우에는 그 취득가액은 없다. 이 경우 무상주를 받은 주식출자지분은 기업회계상 수익으로 계상하지 아니하므로 세무조정으로 익금산입(유보)하여야 하고, 그 후 그 주식을 양도할 때 손금산입(△유보)한다.

(3) 법인의 해산

해산한 법인(법인으로 보는 단체 포함)의 주주(사원 · 출자자 포함)이 그 법인의 해산으로 인한 잔여재산의 분배로 취득하는 금전이나 그 밖의 재산의 가액이 해당 주식 및 출자 또는 자본을 취득하기 위하여 사용된 금액을 초과하는 금액은 의제배당으로 취급한다.

이는 주식의 보유기간 동안 해당 법인에 누적된 미배분이익이 실현 된 것으로 보는 것이다.

의제배당금액 =	해산법인의 주주가 잔여재산 분배로 취득하는 합병대가	-	해산법인의 주식을 취득하는 데 소요된 금액

▌회원 탈퇴시 수령하는 금액의 배당소득 해당 여부(소법 집행기준 17-0-5)

① 사단법인인 시장번영회의 출자자 등에 해당하는 회원으로서 회원 탈퇴시 취득하는 금전 기타 재산의 가액이 해당 시장번영회의 출자 등을 취득하기 위하여 소요된 금액을 초과하는 금액은 배당소득에 해당한다.

② 「법무사법」(§52)에 따라 법인으로 설립된 지방법무사회가 회원 탈퇴시 해당 회원에게 지급하는 공제금 중 납입공제료를 차감한 금액은 배당소득에 해당한다.

③ 「사내근로복지기금법」에 따라 설립된 사내근로복지기금이 해산할 때, 근로자가 받은 기금의 잔여재산분배가액이 해당 기금의 주식 및 출자 또는 자본을 취득하기 위하여 소요된 금액을 초과하는 금액은 의제배당에 해당한다.

▌내국법인이 해산등기 및 청산등기를 완료하고 해당 법인의 주주가 사망한 후 법인 소유의 부동산이 양도되고 양도대금의 일부 또는 전부를 주주의 상속인이 분배받은 경우 해당 법인의 주주 또는 주주의 상속인이 양도소득세 납세의무가 있는지 또는 상속세 납세의무가 있는지 여부

내국법인이 해산 및 청산등기가 종결되고 내국법인의 주주(이하 "피상속인"을 말함)가 사망한 후 해당 법인 소유의 부동산이 양도된 경우로서 양도대금의 전부 또는 일부가 피상속인의 상속인에게 분배되는 경우 분배되는 금액은 피상속인 또는 상속인의 양도소득 및 피상속인의 상속재산에 해당하지 않는 것이므로 소득세법에 따른 양도소득세 납부의무 및 상증법에 따른 상속세 납부의무가 없는 것이나, 분배되는 금액이 해산한 내국법인의 주식을 취득하기 위하여 사용된 금액을 초과하는 경우에는 「소득세법」(§17 ② 〈3〉)에 따른 의제배당에 해당하므로 소득세를 납부할 의무가 있다(사전법령재산-107, 2017.5.26.).

(4) 법인의 합병

법인 합병의 경우에 합병으로 인하여 소멸한 법인의 주주(사원·출자자 포함)가 합병 후 존속하는 법인 또는 합병으로 설립된 법인으로부터 받는 주식(출자지분 포함)의 가액과 금전의 합계액이 소멸한 법인의 주식을 취득(출자)하기 위하여 소요된 금액을 초과하는 금액은 의제배당으로 취급한다.

의제배당금액 = 피합병법인의 주주가 취득하는 합병대가 - 피합병법인의 주식을 취득하는 데 사용된 금액

(5) 자기주식 보유로 인한 지분 증가분에 대한 무상주 의제배당

법인이 자기주식을 보유하고 있는 상태에서 익금으로 과세되지 않은 주식발행액면초과액 등을 자본에 전입하여 무상주를 지급하는 경우에 상법(§369)에서 자기주식은 의결권이 없다는 규정으로 보아 자기주식에 대해서는 무상주를 배정할 수 없다.

이 경우 법인이 자기주식(자기출자지분 포함)을 보유한 상태에서 의제배당에서 제외되는 자본준비금·재평가적립금을 자본전입함에 따라 그 법인 외의 다른 주주의 지분비율이 증가한 경우에는 의제배당으로 과세되지 않는 잉여금의 자본전입이라 할지라도 증가한 지분비율에 상당하는 주식가액은 의제배당으로 취급한다.

의제배당금액 = 지분 증가분에 따른 무상주의 가액

Q 사례 잉여금(주식발행액면초과액)의 자본전입으로 인한 의제배당

① 갑 법인의 자본금은 10억원이며, 총발행주식수는 100,000주(액면가액 10,000원)이다.

② 갑 법인의 주주구성원은 다음과 같다.

주 주	지분율	보유주식수
을 법인주주	50%	50,000주
병 법인주주	30%	30,000주
자기주식	20%	20,000주
계	100%	100,000주

③ 갑 법인은 주식발행액면초과액 1억원을 자본에 전입하였으며, 주주들에게 무상주(10,000주)를 교부하였다

풀이

① 잉여금(주식발행액면초과액)의 자본전입으로 인한 주주별 지분율 변동 현황

주 주	자본전입 전 구성비		자본전입에 따른 무상주 수령	자본전입 후 구성비	
	주식수	구성비		주식수	구성비
을 법인주주	50,000주	50%	6,250주(50/80)	56,250주	51.14%
병 법인주주	30,000주	30%	3,750주(30/80)	33,750주	30.68
자기주식	20,000주	20%	-	20,000주	18.18
계	100,000주	10%	10,000주*	110,000주	100%

* 10,000주 × 10,000원(액면가액) = 100,000,000원(자본전입액)

② 의제배당금액 계산

㉠ 을 법인주주 : 110,000주 × (51.14% - 50%) × 10,000원 = 12,540,000원

㉡ 병 법인주주 : 110,000주 × (30.68% - 30%) × 10,000원 = 7,480,000원

(6) 법인의 분할 및 분할합병

법인이 분할하는 경우 분할법인 또는 소멸한 분할합병의 상대방법인의 주주가 분할법인 또는 소멸한 분할합병의 상대방법인의 주식을 취득하기 위하여 소요된 금액을 초과하여 받은 대가는 의제배당으로 취급한다.

의제배당금액 = 분할법인 등의 주주가 취득하는 분할대가 - 분할법인의 주식(존속법인의 경우 소각된 주식)을 취득하는 데 사용된 금액

3. 배당결의 하자로 배당이 취소되어 반환한 경우

다음의 배당결의 하자로 배당이 취소되어 반환한 경우 배당소득은 없는 것으로 본다(소법 집행기준 17-0-2).

① 주주총회의 결의에 따라 배당을 받았으나 그 배당결의에 하자가 있어 배당금을 반환한 경우에는 그 배당소득은 없는 것으로 본다. 다만 배당결의 후에 주주들이 임의로 배당금청구권을 포기하여 법인의 지급채무를 면제시켜준 경우에도 배당

금의 지급은 있었던 것으로 본다(대법원 85누489, 1985.11.12.).

② 비상장법인의 결산시 주주총회의 승인 없이 임의로 이익배당을 반영하여 법인세 과세표준 신고를 하였으나, 정기주주총회에서 이익배당을 승인하지 아니하여 실제로 배당을 하지 않은 경우에는 그 배당소득은 없는 것으로 본다.

③ 법인이 이익배당총액의 2분의 1을 초과하는 주식배당결의를 함에 따라 그 결의가 당연 무효로 실제 배당이 이루어지지 않은 경우에는 결의무효 및 부존재 확인의 소에 의한 결의무효 확정판결의 여부에 관계없이 해당 법인은 원천징수의무가 없다.

④ 정기주주총회 결의에 의하여 확정된 배당소득에 대하여 임시주주총회에서 만장일치로 취소하였다 하더라도 해당 금액을 잉여금처분 결의일로부터 3월이 되는 날까지 지급하지 아니한 때에는 그 3월이 되는 날에 배당소득을 지급한 것으로 보아 원천징수한다.

4. 증여받은 주식의 반환 전에 발생한 배당소득의 귀속자

증여재산이 상장법인의 주식인 경우 수증자가 증여받은 재산을 증여세 신고기한 내에 증여자에게 반환(반환하기 전에 증여세 과세표준과 세액을 결정한 경우는 제외한다)한 경우에는 처음부터 증여가 없었던 것으로 보며, 이 경우 해당 주식을 반환받기 전에 수증자 명의로 원천징수된 배당소득의 귀속자는 당초 증여자이다(소법 집행기준 17-0-4).

5. 해외법인의 주식에 대하여 현금배당을 지급받는 경우

거주자가 외국법인으로부터 잉여금 처분에 의한 배당을 받는 경우 당해 배당소득의 수입시기는 외국법인의 잉여금 처분결의일이 되는 것이며, 외화로 표시된 당해 배당소득의 원화 환산은 당해 배당소득 수입시기 현재의 기준환율 또는 재정환율로 한다. 이때 개인투자자가 당해 배당소득의 수입시기 이후에 그 외화금액을 원화로 환전함으로써 발생하는 환차손익은 과세대상 소득으로 가산하거나 차감하지 아니한다(법령소득-250, 2018.5.11.).

6. 주주가 배당지분 포기분을 다른 주주가 배당받는 경우

법인이 현금배당을 지급함에 있어서 각 주주들이 소유하고 있는 주식의 수에 따라 배당금을 지급하지 아니한 경우로써 균등한 조건에 의하여 지급받을 배당금을 초과하는 금액은 소득세법상 배당소득으로 보아 소득세가 과세되는 경우에는 증여세가 과세되지 아니한다(서면상속증여-364, 2015.4.24.).

Ⅲ 배당소득의 이중과세 조정

1. 개요

배당소득은 필요경비가 인정되지 않으므로 배당소득금액이 해당 연도의 총수입금액이 된다.

법인이 개인주주에게 배당한 경우 그 배당의 재원이 되는 법인의 소득은 이미 법인세가 과세되었기 때문에 개인주주가 법인으로부터 받은 배당소득에 소득세가 다시 과세되면 동일한 소득에 대해 이중과세가 발생된다. 이와 같은 이중과세 문제를 조정하기 위해 배당소득금액 산정시 배당소득에 배당가산율(Gross-up)을 곱한 금액을 가산하였다가 종합소득결정세액 산출시 세액공제하는 Gross-up제도를 두고 있다.

배당소득금액 = 배당소득총수입금액 + 배당가산소득(Gross-up)
종합소득금액 = 배당소득금액 + 다른 종합소득금액
종합소득과세표준 = 종합소득금액 – 소득공제
종합소득산출세액 = 종합소득과세표준 × 기본세율
종합소득결정세액 = 종합소득산출세액 – 배당세액공제

금융소득이 2천만원을 초과함으로써 종합과세되는 경우 2천만원 범위 내에 있는 배당소득에 대해서는 Gross-up을 하지 않지만 2천만원을 초과하는 경우에는 2천만원을 초과분에 대해서만 Gross-up을 한다.

배당금을 지급받는 개인주주가 연간 금융소득금액(이자, 배당)이 2천만원을 초과하는 경우에는 그 초과하는 금액을 배당금을 지급받는 해의 다음해 5월에 종합소득과세표준에 합산하여 종합소득세를 신고・납부하여야 한다.

배당소득의 과세기간은 1.1.부터 12.31.까지 1년으로 한다.

2. 배당가산(Gross-up) 적용대상 배당소득

배당가산(Gross-up) 적용대상 배당소득은 다음의 세가지 요건을 갖추어야 한다.

① 내국법인으로부터 얻은 배당소득이어야 한다.

② 법인세가 과세된 소득을 재원으로 하는 배당이어야 한다.

③ 종합과세 누진세율이 적용되는 배당소득이어야 한다.

이 경우 배당가산(Gross-up) 적용대상이 되는 배당소득은 다음과 같다.

① 내국법인으로부터 받는 이익이나 잉여금의 배당

② 법인으로 보는 단체로부터 받는 배당

③ 다음의 의제배당 등

㉠ 자본의 감소, 주식의 소각, 퇴사・탈퇴 등으로 받는 재산의 가액이 ➟ 그 주식의 취득에 소요된 금액보다 큰 경우

㉡ 법인의 이익잉여금의 자본전입으로 받는 주식과 자본잉여금의 자본전입으로 받는 주식 등의 가액

㉢ 법인해산(조직변경 제외)・법인합병의 경우 주주가 받는 재산의 가액이 ➟ 당해 주식의 취득에 소요된 금액보다 큰 경우

㉣ 법인이 자기주식(자기출자지분 포함)을 보유한 상태에서 자본준비금과 재평가적립금의 자본전입시 자기주식지분에 상당하는 주식의 가액을 여타 주주에게 분배하는 경우

㉤ 분할 및 분할합병시 지급받은 대가(신주 및 교부금)가 ➟ 당초의 구주를 취득하기 위하여 소요된 금액을 초과하는 경우 그 초과금액

3. 배당가산(Gross-up) 적용대상이 아닌 배당소득

다음의 배당소득의 경우에는 배당가산(Gross-up) 적용대상 배당소득이 아니다.

① 소각 당시 시가가 취득가액을 초과하는 자기주식소각익의 자본전입에 다른 의제배당

② 소각일로부터 2년이 경과하지 아니한 자기주식소각익의 자본전입에 따른 의제배당

③ 1% 재평가세율을 적용받는 재평가적립금의 자본전입

④ 자기주식 보유상태에서의 자본잉여금(익금불산입)을 자본전입(법법 §17 ② 〈5〉)에

따라 다른 주주의 지분이 증가함에 따른 의제배당 등

구 분	배당의 종류		의제배당 여부	Gross-Up 대상 여부
자본잉여금	주식발행액면초과액, 주식의 포괄적 교환차익, 주식의 포괄적 이전차익, 일반적인 감자차익		×	×
	자기주식 소각이익	자기주식소각시점에 그 자기주식의 시가가 취득가액을 초과한 경우	○	×
		기타의 자기주식소각이익으로서 소각일부터 2년 이내에 자본전입하는 경우	○	×
		기타 자기주식소각이익	×	×
	재평가적립금	일반적인 재평가차액(3%)	×	×
		토지의 재평가차액상당액(1%)	○	×
	기타자본잉여금(자기주식처분이익 등)		○	○
이익잉여금	법정적립금, 임의적립금, 처분전이익잉여금		○	○

Ⅳ 배당기준일 이후 주식양도시 배당소득의 납세의무자

비상장법인의 주식을 소유한 거주자가 배당기준일 이후 해당 법인의 잉여금처분 결의일 이전에 해당 주식을 양도하면서 양수자에게 배당기준일이 속하는 사업연도의 배당금 지급청구권을 함께 이전하기로 계약하여 해당 주식에 대한 배당금을 지급받은 후 원천징수세액을 제외한 금액을 해당 주식의 양수자에게 지급한 경우, 배당소득에 대한 소득세 납세의무자는 배당기준일 현재 주주명부에 기재된 주주인 거주자가 된다(소법 집행기준 17-0-8).

Ⅴ 배당소득의 수입시기

배당소득의 수입시기는 다음과 같다.

구 분		배당소득의 수입시기
일반배당	무기명주식의 이익·배당	그 지급을 받은 날
	잉여금 처분에 따른 배당	그 법인의 잉여금 처분결의일

구 분		배당소득의 수입시기
의제배당	감자 등	감자결의일, 퇴사 탈퇴일
	해산	잔여재산가액 확정일
	합병 · 분할	합병 · 분할등기일
	잉여금 자본 전입	자본금 전입 결정일
법인세에 따라 처분된 배당 등		해당 법인의 결산확정일

Ⅵ 금융소득의 종합과세

1. 금융소득의 과세방법

금융소득종합과세는 이자소득 · 배당소득을 종합소득에 합산하여 기본세율로 과세하는 것을 말한다. 금융소득의 과세방법은 다음과 같이 무조건분리과세 · 조건부종합과세 · 무조건종합과세로 구분한다.

구분	배당소득의 종류	원천징수 세율
무조건분리과세	국내에서 지급받는 다음의 이자소득 · 배당소득은 종합소득에 합산하지 않고 원천징수로 종결함	
	장기채권의 이자와 할인액(분리과세 신청분)	30%
	비실명이자소득 · 배당소득	38%(90%)
	조특법상 분리과세 등	저율분리과세 율
조건부종합과세	2천만원 초과(종합과세)	14%(비영업대금: 25%)
	2천만원 이하(분리과세)	
무조건종합과세	국내에서 지급되는 이자소득 · 배당소득 중 원천징수되지 않는 소득	14%(25%)
	원천징수 대상이 아닌 국외에서 받은 이자소득 · 배당소득	-
	출자공동사업장의 배당소득	25%

2. 금융소득의 종합과세시 세액계산 특례

종합과세 여부의 판정대상 금액이 2천만원을 초과하는 경우에는 2천만원까지는 14% 세율을 적용하고 2천만원 초과분만 다른 종합소득과 합산하여 기본세율을 적용하고, 2천만원 이하인 경우에는 분리과세되며 세부담은 14%(비영업대금의 이익; 25%)이다.

제3절 배당소득에 대한 과세특례

I 중소기업창업투자회사 등에 출자하여 받은 배당소득의 비과세

중소기업창업투자회사·창업기획자·벤처기업출자유한회사 또는 신기술사업금융업자가 건실한 육성을 도모하고, 창업자금, 신기술사업자금의 원활한 공급을 유도하기 위하여 중소기업창업투자회사·창업기획자·벤처기업출자유한회사 또는 신기술사업금융업자가 다음에 따른 출자로 인하여 창업자, 신기술사업자, 벤처기업, 신기술창업전문회사 또는 코넥스상장기업으로부터 2020.12.31.까지 지급받는 배당소득에 대하여는 법인세를 부과하지 아니한다(조특법 §13 ④).

① 「중소기업창업 지원법」에 따른 중소기업창업투자회사(이하 "중소기업창업투자회사"라 한다) 및 창업기획자(이하 "창업기획자"라 한다)가 같은 법에 따른 창업자(이하 "창업자"라 한다), 벤처기업 또는 「벤처기업육성에 관한 특별조치법」에 따른 신기술창업전문회사(「중소기업기본법」 제2조에 따른 중소기업에 한정한다. 이하 "신기술창업전문회사"라 한다)에 2020.12.31.까지 출자함으로써 취득한 주식 또는 출자지분

② 「여신전문금융업법」에 따른 신기술사업금융업자(이하 "신기술사업금융업자"라 한다)가 「기술보증기금법」에 따른 신기술사업자(이하 "신기술사업자"라 한다), 벤처기업 또는 신기술 창업전문회사에 2020.12.31.까지 출자함으로써 취득한 주식 또는 출자지분

③ 중소기업창업투자회사, 창업기획자, 「벤처기업육성에 관한 특별조치법」(§4의3 ① 〈3〉)에 따른 「상법」상 유한회사(이하 "벤처기업출자유한회사"라 한다) 또는 신기술사업금융업자가 다음에 해당하는 조합(이하 "창투조합 등"이라 한다)을 통하여 창업자, 신기술사업자, 벤처기업 또는 신기술창업전문회사에 2020.12.31.까지 출자함으로써 취득한 주식 또는 출자지분

㉠ 「중소기업창업 지원법」에 따른 중소기업창업투자조합

㉡ 「벤처기업육성에 관한 특별조치법」 제4조의3에 따른 한국벤처투자조합

㉢ 「여신전문금융업법」에 따른 신기술사업투자조합

㉣ 「소재·부품 전문기업 등의 육성에 관한 특별조치법」에 따른 소재·부품전문

투자조합

㉤ 「농림수산식품투자조합 결성 및 운용에 관한 법률」에 따른 농식품투자조합

④ 기금을 관리·운용하는 법인 또는 공제사업을 하는 법인(이하 "기금운용법인 등"이라 한다)으로서 기금운용법인이 창투조합 등을 통하여 창업자, 신기술사업자, 벤처기업 또는 신기술창업전문회사에 2020.12.31.까지 출자함으로써 취득한 주식 또는 출자지분

⑤ 중소기업창업투자회사 또는 신기술사업금융업자가 코넥스시장(「자본시장과 금융투자업에 관한 법률」 및 같은 법 시행령에 따른 코넥스시장을 말한다)에 상장한 중소기업(이하 "코넥스 상장기업"이라 한다)에 2020.12.31.까지 출자함으로써 취득한 주식 또는 출자지분, 중소기업창업투자회사, 벤처기업출자유한회사 또는 신기술사업금융업자가 창투조합 등을 통하여 코넥스상장기업에 2020.12.31.까지 출자함으로써 취득한 주식 또는 출자지분

Ⅱ 선박투자회사의 주주에 대한 과세특례

거주자가 「선박투자회사법」(§2 ⟨1⟩)에 따른 선박투자회사로부터 2015.12.31. 이전에 받는 선박투자회사별 액면가액 5천만원 이하 보유주식의 배당소득에 대해서는 100분의 9의 세율을 적용한다. 이 경우 액면가액이 2억원 이하인 보유주식의 배당소득은 종합소득과세표준에 합산하지 아니한다(조특법 §87의5).

Ⅲ 우리사주조합원 보유주식의 배당소득 비과세

1. 개요

우리사주조합원이 우리사주조합을 통하여 취득한 후 증권금융회사에 예탁한 우리사주의 배당소득에 대해서는 다음의 요건을 갖춘 경우에 소득세를 과세하지 아니한다. 다만, 예탁일부터 1년 이내에 인출하는 경우 그 인출일 이전에 지급된 배당소득에 대해서는 인출일에 배당소득이 지급된 것으로 보아 소득세를 과세한다(조특법 §88의4 ⑨).

① 증권금융회사가 발급한 주권예탁증명서에 의하여 우리사주조합원이 보유하고 있는 우리사주가 배당지급 기준일 현재 증권금융회사에 예탁되어 있음이 확인될 것

② 우리사주조합원이 소액주주일 것

③ 우리사주조합원이 보유하고 있는 우리사주의 액면가액의 개인별 합계액이 1천 800만원 이하일 것

2. 소액주주 범위

소액주주는 다음의 어느 하나에 해당하는 주주를 제외한 주주로서 해당 법인의 발행주식총액 또는 출자총액(이하 "발행주식총액 등"이라 한다)의 1%에 해당하는 금액과 3억원(액면가액의 합계액을 말한다) 중 적은 금액 미만의 주식을 소유하는 주주를 말한다. 다만, 「은행법」에 따른 은행의 경우에는 발행주식총액 등의 1%에 해당하는 금액 미만의 주식을 소유하는 주주를 말한다(소령 §38 ③).

① 해당 법인의 발행주식총액 등의 1% 이상의 주식을 소유한 주주(국가 또는 지방자치단체인 주주는 제외한다)로서 그와 특수관계에 있는 주주(소령 §98 ①)와의 소유주식의 합계가 해당 법인의 주주 중 가장 많은 경우의 해당 주주

② 특수관계에 있는 주주

3. 우리사주배당 비과세명세서 제출

배당소득에 대한 비과세를 적용받고자 하는 우리사주조합원은 증권금융회사가 발급하는 주권예탁증명서를 원천징수의무자에게 제출하여야 한다.

Ⅳ 농업협동조합법 등에 의한 출자지분의 배당소득 비과세

「농업협동조합법」(§21의2, 107, 112 ②, 112의10 ②, 147)과 「수산업협동조합법」(§22의2, 108, 113, 147)에 따라 출자지분을 취득한 근로자가 보유하고 있는 자사지분의 배당소득에 대하여는 다음의 요건을 갖춘 경우 소득세를 과세하지 아니한다. 다만, 취득일부터 1년 이상 보유하지 아니하게 된 자사지분의 경우에는 당해 사유가 발생하기 이전에 지급받은 배당소득에 대하여 당해 사유가 발생한 날에 배당소득이 지급된 것으로 보아 소득세를 과세한다(조특법 §88의4 ⑩).

① 근로자가 「소득세법」(§20 ③)의 규정에 의한 소액주주일 것

② 근로자가 보유하고 있는 자사지분의 액면가액의 개인별 합계액이 1천8백만원

(2006. 12.31.까지는 5천만원, 2008.12.31.까지는 3천만원) 이하일 것

Ⅴ 조합 등 출자금의 배당소득 비과세

농업협동조합, 수산업협동조합, 산림조합, 신용협동조합 및 새마을금고에 출자한 거주자인 조합원·회원 등의 1명당 1천만원 이하의 출자금에 대한 배당소득 중 2020.12.31.까지 받는 배당소득과 그 조합원·회원 등이 해당 조합 등으로부터 받는 사업 이용실적에 따른 배당소득(이하 "배당소득 등"이라 한다) 중 2020.12.31.까지 받는 배당소득 등에 대해서는 소득세를 비과세하고, 이후 받는 배당소득에 대한 원천징수세율은 다음과 같은 과세특례를 적용한다(조특법 §88의5).

① 2021.1.1.부터 2021.12.31.까지 받는 배당소득 등 : 5%의 원천징수세율 적용 및 종합소득 과세표준 합산 배제

② 2022.1.1. 이후 받는 배당소득 등 : 9%의 원천징수세율 적용 및 종합소득 과세표준 합산 배제

Ⅵ 해외자원개발투자회사 등에 출자하여 받은 배당소득의 비과세 등

해외자원개발투자회사 등의 주식이 투자매매업자 또는 투자중개업자에게 전자등록되거나 예탁된 경우 해외자원개발투자회사 등이 그 배당소득을 지급하고자 하는 때에는 배당결의를 한 후 즉시 주식보유자별·증권회사별 비과세대상소득과 분리과세대상소득의 명세를 직접 또는 전자등록기관 또는 한국예탁결제원을 통하여 주식보유자가 위탁매매하는 투자매매업자 또는 투자중개업자에게 통지하여야 하며, 통지받은 투자매매업자 또는 투자중개업자는 통지받은 내용에 따라 비과세하거나 원천징수하여야 한다(조특법 §91의6).

Ⅶ 해외주식투자전용집합투자기구에 대한 과세특례

거주자가 국외에서 발행되어 국외에서 거래되는 주식(이하 "해외상장주식"이라 한다)에 자산총액의 100분의 60 이상을 투자하는 집합투자기구(이하 "해외주식투자전용집합투자기구"라 한다)의 집합투자증권에 다음의 요건을 모두 갖추어 2017.12.31.까지

투자하는 경우에는 해외주식투자전용집합투자증권저축에 가입한 날부터 10년이 되는 날까지 해당 해외주식투자전용집합투자기구가 직접 또는 집합투자증권(외국 집합투자증권을 포함)에 투자하여 취득하는 해외상장주식의 매매 또는 평가로 인하여 발생한 손익(환율변동에 의한 손익을 포함)을 해당 해외주식투자전용집합투자기구로부터 받는 배당소득금액에 포함하지 아니한다(조특법 §91의17).

① 해외주식투자전용집합투자증권저축에 가입하여 해당 해외주식투자전용집합투자증권저축을 통하여 해외주식투자전용집합투자기구의 집합투자증권에 투자할 것

② 거주자 1명당 해외주식투자전용집합투자증권저축에 납입한 원금이 3천만원(모든 금융회사 등에 가입한 해외주식투자전용집합투자증권저축에 납입한 금액의 합계액을 말한다) 이내일 것

제4절 명의신탁 주식에서 발생한 배당소득

주식(사채권 포함)의 명의신탁이란 당사자 간의 합의로 실제 소유자의 이름이 아닌 제3자의 명의로 주주명부에 등재되어 있어 주식의 실소유자와 주주명부상 명의자가 다른 경우를 말한다.

실제 소유자와 명의자가 다른 경우에는 실질과세원칙에 불구하고 조세회피목적이 없는 경우 등을 제외하고는 그 명의자로 명의개서를 한 날(증여시기)에 그 주식의 가액(명의개서를 하는 재산은 소유권 취득일을 기준으로 평가한 가액)을 명의자가 실제 소유자로부터 증여받은 것으로 보아 증여세를 과세한다.

따라서 명의신탁한 주식에서 발생한 배당소득의 실지귀속자로 보아 과세하여야 한다*(국심 2003서863, 2003.5.27.).

보충설명

명의신탁재산의 증여 의제(상증법 §45의 2)

① 권리의 이전이나 그 행사에 등기 등이 필요한 재산(토지와 건물은 제외한다)의 실제 소유자와 명의자가 다른 경우에는 「국세기본법」(§14)에도 불구하고 그 명의자로 등기 등을 한 날(그 재산이 명의개서를 하여야 하는 재산인 경우에는 소유권취득일이 속하는 해의 다음 해 말일의 다음 날을 말한다)에 그 재산의 가액(그 재산이 명의개서를 하여야 하는 재산인 경우에는 소유권취득일을 기준으로 평가한 가액을 말한다)을 명의자가 실제 소유자로부터 증여받은 것으로 본다. 다만, 다음의 어느 하나에 해당하는 경우에는 그러하지 아니하다.

1. 조세회피의 목적 없이 타인의 명의로 재산의 등기 등을 하거나 소유권을 취득한 실제 소유자 명의로 명의개서를 하지 아니한 경우
2. (삭제, 2015.12.15.)
3. 「자본시장과 금융투자업에 관한 법률」에 따른 신탁재산인 사실의 등기 등을 한 경우
4. 비거주자가 법정대리인 또는 재산관리인의 명의로 등기 등을 한 경우

* 제3자 명의로 명의신탁된 주식은 명의신탁자의 배당소득에 대한 종합소득세 누진과세의 회피, 국세기본법상의 제2차 납세의무, 지방세법상의 과점주주간주취득세, 배당소득합산과세 등을 회피 등의 부담에서 벗어날 수 있었고, 부당행위계산 부인 규정 등의 적용을 회피할 수 있다고 본다(대법원 2017두50713, 2017.9.14. 외 다수).

제5절 양도소득과 배당소득의 차이

주식을 처분하고 양도차익이 발생하면 해당 소득은 양도소득이다.

양도소득이나 배당소득에 대해서 과세가 이루어진다고 해서 소득세법상 양도소득과 배당소득이라는 세목이 따로 있는 것이 아니라 이를 소득세로 과세하고 있으며, 비록 양도소득과 배당소득은 각각의 소득계산 방법을 달리하고 있고 세율구조의 차이가 있을 뿐이며, 신고・납부는 모두 소득세라는 단일 세목으로 정하고 있다.

예컨대 법인이 자기주식을 매입함으로써 당해 법인에게 주식을 양도하는 경우에는 주주의 소득이 양도소득에 해당하는지 배당소득에 해당하는지 여부는 그 매매가 단순한 주식매매인 경우에는 양도소득에 해당하는 것이나, 주식소각이나 자본감소 절차의 일환인 경우에는 배당소득(의제배당)에 해당한다(서면1팀-177, 2005.2.3.).

또한 신주인수권을 발행법인이 매수하여 소각하는 경우 신주인수권부사채를 보유한 거주자가 신주인수권부사채를 발행한 법인에 해당 신주인수권부사채의 신주인수권만을 매각하여 발생한 소득은 양도소득에 해당하는 것이며, 신주인수권을 발행법인이 매수하여 소각하는 것은 사실상 자본을 증자 후 동액을 바로 감소시킨 경우의 감자에 해당하므로 의제배당에 해당한다(서면법령재산-22585, 2015.6.25.).

자기주식을 매입하여 소각하는 경우 양도소득 또는 배당소득의 판단

법인이 주주로부터 자기주식을 매입하여 소각하는 경우 해당 매매의 경위와 목적, 계약체결과 대금결제의 방법 등에 비추어, 그 매매가 법인의 주식소각이나 자본감소 절차의 일환으로 이루어진 것인 경우에는 배당소득으로 보는 것이며 단순한 주식매매인 경우에는 양도소득으로 본다(부동산납세과-980, 2017.8.28.).

사례 배당소득에 대한 종합소득세 세액계산과 서식 작성

다음 자료의 근로소득과 배당소득에 의하여 2018년 귀속 종합소득세액을 계산하고 관련서식을 작성하여라.

〈자료〉

소득자의 소득은 아래의 명세와 같이 근로소득 및 배당소득뿐이며, 이를 기초로 하여 종합소득세 과세표준확정신고 및 납부계산서[소득세법 시행규칙 별지 제40호(1) 서식]를 작성하여라.

① 근로소득 원천징수영수증 및 근로소득 지급명세서에 따라 근로소득명세서

② 배당소득 원천징수영수증에 의한 배당소득명세서

풀이

1. 종합소득 산출세액 계산

❶ 금융소득금액

① 배당소득수입금액 : 35,640,000원

② 배당가산액 대상금액 : 35,640,000원 - 20,000,000원 = 15,640,000원

③ 배당가산액 : 15,640,000원 × 11% = 1,720,400원

④ 배당소득금액 : 35,640,000원 + 1,720,400원 = 37,360,400원

❷ 근로소득금액

① 총수입금액 : 119,719,720원(급여:101,551,644원, 상여:18,168,076원)

② 필요경비 : 15,144,394원

③ 근로소득금액 : 104,575,326원

❸ 기준금액 외 종합소득금액

(37,360,400원 - 20,000,000원) + 104,575,326원 = 121,935,726원

❹ 과세표준

121,935,726원 - 14,597,478원(소득공제) = 107,338,248원

❺ 산출세액

15,900,000원 + (107,338,248원 - 88,000,000원) × 35% = 22,668,386원

❻ 기준금액 외 종합소득금액을 감안한 비교산출세액 계

22,668,386원 + (20,000,000원 × 14%) = 25,468,386원

❼ 배당소득 및 근로소득의 비교산출세액

① 배당소득에 대한 산출세액 : 35,640,000원 × 14% = 4,989,600원

② 근로소득에 대한 산출세액 :

㉠ 근로소득수입금액 : 104,651,376원

㉡ 소득공제 ; 14,597,478원

㉢ 근로소득금액 ; 90,053,898원

㉣ 산출세액 ; 16,618,864원

❽ 비교산출세액 계 ; 4,989,600원 + 16,618,864원 = 21,608,464원

❾ 종합소득 산출세액(Max ; ❻,❽) ; 25,468,386원

2. 종합소득세 납부할 세액 계산

① 종합소득 산출세액 ; 25,468,386원

② 세액공제 ; 4,038,843원

③ 결정세액(①-②) ; 21,429,543원

④ 기납부세액 ; 19,275,021원

⑤ 납부할 세액(③-④) ; 2,154,522원

3. 서식작성

관리번호	-

(2018 년 귀속)
종합소득세·농어촌특별세·지방소득세 과세표준확정신고 및 납부계산서

거주구분	거주자1 /비거주자2
내·외국인	내국인1 /외국인9
외국인단일세율적용	여 1 / 부 2
거주지국	거주지국코드

❶ 기본사항

① 성 명	김 인 남	② 주민등록번호	-
③ 주 소	×××		
④ 주소지 전화번호		⑤ 사업장 전화번호	
⑥ 휴 대 전 화		⑦ 전자우편주소	
⑧ 기 장 의 무	1복식부기의무자 √ 2간편장부대상자 3비사업자		
⑨ 신 고 유 형	11자기조정 12외부조정 14성실신고확인 20간편장부 31추계－기준율 32추계－단순율 40비사업자		
⑩ 신 고 구 분	10정기신고 20수정신고 30경정청구 40기한후신고 50추가신고(인정상여)		

❷ 환급금 계좌신고 (2천만원 미만인 경우)	⑪ 금융기관/체신관서명		⑫ 계좌번호	

❸ 세무 대리인					
	⑬성 명	×××	⑭ 사업자등록번호	- -	⑮ 전화번호
	⑯대리구분	1기장 2조정 3신고 4성실확인	⑰ 관리번호	-	⑱ 조정반번호 -

❹ 세액의 계산

구 분		종합소득세		지방소득세		농어촌특별세
종 합 소 득 금 액	⑲	141,935,726				
소 득 공 제	⑳	14,597,478				
과 세 표 준(⑲ - ⑳)	㉑	127,338,248	㊶	127,338,248	61	
세 율	㉒		㊷		62	
산 출 세 액	㉓	25,468,386	㊸	2,546,838	63	
세 액 감 면	㉔		㊹			
세 액 공 제	㉕	4,038,843	㊺	403,884		
결 정 세 액(㉓-㉔-㉕)	㉖	21,429,543	㊻	2,142,954	64	
가 산 세	㉗		㊼		65	
추 가 납 부 세 액 (농어촌특별세의 경우에는 환급세액)	㉘		㊽		66	
합 계(㉖+㉗+㉘)	㉙	21,429,543	㊾	2,142,954	67	
기 납 부 세 액	㉚	19,275,021	㊿	1,927,502	68	
납 부(환급) 할 총 세 액(㉙-㉚)	㉛	2,154,522	51	215,452	69	
납부특례세액 차 감	㉜				70	
납부특례세액 가 산	㉝					
분 납 할 세 액 2개월 내	㉞					
신고기한 이내 납부할 세액(㉛-㉜+㉝-㉞)	㉟	2,154,522	52	215,452	71	

신고인은 「소득세법」 제70조,「농어촌특별세법」 제7조, 「지방세법」 제95조 및 「국세기본법」 제45조의3에 따라 위의 내용을 신고하며, **위 내용을 충분히 검토하였고 신고인이 알고 있는 사실 그대로를 정확하게 적었음을 확인합니다.** 위 내용 중 과세표준 또는 납부세액을 신고하여야 할 금액보다 적게 신고하거나 환급세액을 신고하여야 할 금액보다 많이 신고한 경우에는 **「국세기본법」 제47조의3에 따른 가산세 부과 등의 대상이 됨을 알고 있습니다.**

2019년 5월 31일 신고인 김 인 남 (서명 또는 인)

세무대리인은 조세전문자격자로서 위 신고서를 성실하고 공정하게 작성하였음을 확인합니다. 무기장·부실기장 및 소득세법에 따른 성실신고에 관하여 불성실하거나 허위로 확인된 경우에는 **「세무사법」 제17조에 따른 징계처분 등의 대상이 됨을 알고 있습니다.**

세무대리인 ××× (서명 또는 인)

세무서장 귀하

접수(영수)일

첨부서류(각 1부)		전산입력필	(인)

❻ 배당소득명세서

① 소득 구분 코드	② 일련 번호	배당 지급법인 ③ 법 인 명 ④ 사업자등록번호	⑤ 배당액	배당가산액(Gross-Up) ⑥ 대상금액	배당가산액(Gross-Up) ⑦ 가산액 (⑥× 가산율)	⑧ 배당 소득금액 (⑤+⑦)	⑨ 원천징수된 소득세
21	1	갑 주식회사 xxx	35,640,000	15,640,000	1,720,400	37,360,400	4,989,600

210㎜×297㎜(백상지 80g/㎡)

❽ 근로소득·연금소득·기타소득명세서

① 소득구분코드	② 일련번호	소득의 지급자(부여자의 국내사업장) ③ 상 호(성명) ④ 사업자등록번호(주민등록번호)	⑤ 총수입금액(총급여액·총연금액)	⑥ 필요경비(근로소득공제·연금소득공제)	⑦ 소득금액(⑤－⑥)	원천징수 또는 납세조합징수세액	
						⑧ 소득세	⑨ 농어촌특별세
51	1	갑 주식회사 XXX	119,719,720	15,144,394	104,575,326	14,285,421	

210㎜×297㎜(백상지 80g/㎡)

❾ 종합소득금액 및 결손금·이월결손금공제명세서

구 분	① 소 득 별 소 득 금 액	② 부동산임대업 외의 사업소득 (주택임대업 포함) 결 손 금 공 제 금 액	이 월 결 손 금 공 제 금 액		⑤ 결 손 금 · 이 월 결손금공제 후 소 득 금 액
			③ 부동산임대업 외의 사업소득 (주택임대업 포함) 이 월 결 손 금 공 제 금 액	④ 부동산임대업의사업 소 득 (주택임대업 제외) 이 월 결 손 금 공 제 금 액	
이자소득금액					
배당소득금액	37,360,400				37,360,400
출자공동사업자의 배당소득금액					
부동산임대업의 사업소득금액(주택임대업 제외)					
부동산임대업 외의사업소득금액(주택임대업 포함)					
근로소득금액	104,575,326				104,575,326
연금소득금액					
기타소득금액					
합 계 (종합소득금액)	141,935,726				141,935,726

❿ 이월결손금명세서

구 분	이월결손금 발생명세		③ 전기까지 공제액	당기 공제액			⑦ 잔 액
	① 발생 과세기간	② 발생금액		④ 당기 공제액	⑤ 소급공제액	⑥ 그 밖의 공제액	
부동산 임대업의 사업소득 (주택임대업 제외)							
부동산 임대업외의 사업소득 (주택임대업 포함)							

210㎜×297㎜(백상지 80g/㎡)

⓫ 소득공제명세서

소득세법 상 소득공제						
구 분			금 액	구 분		금 액
인적공제	기본공제	① 본 인	1,500,000	연금보험료공제	⑨ 국 민 연 금	2,307,900
		② 배 우 자			⑩ 공무원·군인·사립학교 교직원·별정우체국연금	
		③ 부 양 가 족(2명)	3.000,000	⑪ 주택담보노후연금 이자비용공제		
	추가공제	④ 경 로 우 대 자(명)		특별공제	⑫ 보험료 공제	4,744,686
		⑤ 장 애 인(명)			⑬ 주택자금 공제	
		⑥ 부 녀 자			⑭ 기부금(이월분) 공제	
		⑦ 한 부 모 가 족			⑮ 특별공제 합계 - 근로소득이 있는 자 (⑫~⑭)	4,744,686
	⑧ 인적공제계(①~⑦의 합계)		4,500,000		⑮ 특별공제 합계 - 근로소득이 없는 자 (⑭)	

⑯ 인 적 공 제 대 상 자 명 세

관계	성 명	내외국인	주민등록번호(외국인등록번호 등)	관계	성 명	내외국인	주민등록번호(외국인등록번호 등)
본인	김 일 남		-				-
자녀	xxx		-				-
자녀	xxx		-				-
			-				-

※ 관계코드: 소득자 본인=0, 소득자의 직계존속=1, 배우자의 직계존속=2, 배우자=3, 직계비속 중 자녀·입양자=4, 직계비속 중 자녀·입양자 외(직계비속과 그 배우자가 모두 장애인인 경우 그 배우자 포함)=5, 형제자매=6, 수급자=7, 위탁아동=8(관계코드 4~6은 소득자와 배우자의 각각의 관계를 포함합니다.)

「조세특례제한법」 상 소득공제			
⑰ 「조세특례제한법」 조문(제목)	⑱ 코드	⑲ 금 액	⑳ 사업자등록번호
조특법제126조의2(신용카드사용 공제액)	111	3,044,892	
㉑ 「조세특례제한법」 상 소득공제 합계		3,044,892	

㉒ 소득공제 합계 (⑧~⑪+⑮+㉑)	14,597,478	㉓ 소득공제 종합한도 초과액	

210㎜×297㎜(백상지 80g/㎡)

⓫-1 소득공제 종합한도 계산 부표

「소득세법」 상 특별공제

구 분		금 액	대 상
① 주택자금			근로자

「조세특례제한법」 상 소득공제

구 분	금 액	대 상
② 중소기업창업투자조합 출자 등		거주자
③ 소기업·소상공인 공제부금		거주자
④ 주택마련저축(청약저축, 주택청약종합 저축)		근로자
⑤ 우리사주조합 출자(출연금)		근로자
⑥ 장기집합투자증권 저축		근로자
⑦ 신용카드 등 사용금액		근로자

⑧ 종합한도 적용 소득공제액 합계 (①~⑦)	3,044,892	⑨ 소득공제 종합한도 초과액 (종합한도 적용 소득공제액 - 2,500 만원)	

210㎜×297㎜(백상지 80g/㎡)

⑫ 세액감면명세서

① 제목(법 조문)	② 코드	③ 세액감면	④ 사업자등록번호
⑤ 세액감면 합계			

⑬ 세액공제명세서

세 액 공 제 항 목			② 코드	공제대상 금액 (㉠)	적용률 (㉡)	③ 세액공제 (㉠×㉡)	④ 사업자등록번호
①「소득세법」상 세액공제							
배 당 세 액 공 제						1,720,400	
기 장 세 액 공 제							
외 국 납 부 세 액 공 제							
전 자 계 산 서 발 급 전 송 세 액 공 제							
재 해 손 실 세 액 공 제							
근 로 소 득 세 액 공 제						500,000	
자 녀 세 액 공 제	(기본공제자녀 2 명)					300,000	
	(6세 이하 자녀 명)						
	(출 산·입 양 명)						
연 금 계 좌 세 액 공 제	과 학 기 술 인 공 제				12% (15%)		
	퇴 직 연 금						
	연 금 저 축			3,000,000		360,000	
특 별 세 액 공 제	보 험 료	보 장 성		1,000,000	12%	120,000	
		장 애 인 전 용 보 장 성			15%		
	의 료 비				15% (20%)		
	교 육 비			683,000	15%	102,450	
	기 부 금	법 정 기 부 금			15%		
		지 정 기 부 금		6,239,955	(30%)	935,993	
	표 준 세 액 공 제						
납 세 조 합 세 액 공 제							
⑤「조세특례제한법」상 세액공제							
정 치 자 금 기 부 금	1 0 만 원 이 하				100/110		
	1 0 만 원 초 과				15/100 (25/100)		
고 배 당 기 업 주 식 의 배 당 소 득 세 액 공 제					5%		
⑥ 세액공제 합계 (①「소득세법」+ ⑤「조세특례제한법」)						4,038,843	

⑭ 준비금명세서

①「조세특례제한법」 제목(조문)	② 코드	준비금 손금산입액		준비금 환입액		⑦ 사 업 자 등록번호
		③ 연도	④ 금액	⑤ 당 기 환입액	⑥ 환입액 누 계	

210㎜×297㎜(백상지 80g/㎡)

⑮ 가산세명세서

구			분	계 산 기 준	기준금액	가산세율	가산세액
① 무 신 고	부 정 무 신 고			무 신 고 납 부 세 액		40/100 (60/100)	
				수 입 금 액		14/10,000	
	일 반 무 신 고			무 신 고 납 부 세 액		20/100	
				수 입 금 액		7/10,000	
② 과 소 신 고	부 정 과 소 신 고			과 소 신 고 납 부 세 액		40/100 (60/100)	
				수 입 금 액		14/10,000	
	일 반 과 소 신 고			과 소 신 고 납 부 세 액		10/100	
③ 납 부(환 급) 불 성 실			미 납 일 수		( )	3/10,000	
			미 납 부 (환 급) 세 액				
④ 보고불성실	지 급 명 세 서	미제출(불명)		지 급 (불 명) 금 액		1/100	
		지연제출		지 연 제 출 금 액		0.5/100	
	계 산 서	미발급(위장가공)		공 급 가 액		2/100	
		지연발급		공 급 가 액		1/100	
		불명		불 명 금 액		1/100	
		전자계산서 외 발급		공 급 가 액		1/100	
		전자계산서 미전송		공 급 가 액		3/1,000 (1/100)	
		전자계산서 지연전송		지 연 전 송 금 액		1/1,000 (5/1,000)	
	계 산 서 합 계 표	미제출(불명)		공 급 (불 명) 가 액		0.5/100	
		지연제출		지 연 제 출 금 액		0.3/100	
	매입처별 세금계산서 합 계 표	미제출(불명)		공 급 (불 명) 가 액		0.5/100	
		지연제출		지 연 제 출 금 액		0.3/100	
	소			계			
⑤ 증 빙 불 비		미 수 취		미 수 취 금 액		2/100	
		허 위 수 취		허 위 수 취 금 액		2/100	
⑥ 영 수 증 수 취 명 세 서 미 제 출		미 제 출		미 제 출 금 액		1/100	
		불 명		불 명 금 액		1/100	
⑦ 사업장 현 황 신 고 불 성 실		무 신 고		수 입 금 액		0.5/100	
		과 소 신 고		수 입 금 액		0.5/100	
⑧ 공 동 사 업 장 등 록 불 성 실		미등록·허위등록		총 수 입 금 액		0.5/100	
		손익분배비율허위신고 등		총 수 입 금 액		0.1/100	
⑨ 무 기 장				산 출 세 액		20/100	
⑩ 사 업 용 계 좌 미 신 고 등		미 개 설·미 신 고		수 입 금 액 등		0.2/100	
		미 사 용		미 사 용 금 액		0.2/100	
⑪ 신 용 카 드 거 부 등		거 래 거 부·불		성 실 금 액		5/100	
		거 래 거 부·불		성 실 건 수		5,000원	
		위 장 가 공		발 급 수 취 금 액		2/100	
⑫ 현금영수증 미 발 급 등		미 가 맹		수 입 금 액		1/100	
		미 발 급·불 성		실 금 액		5/100	
		미 발 급·불 성		실 건 수		5,000원	
		위 장 가 공		발 급 수 취 금 액		2/100	
⑬ 기부금영수증불성실		영수증 불 성 실 발 급		불성실기재금액		2/100	
		발급명세서 미작성·미보관		미 작 성 등 금 액		0.2/100	
⑭ 동업기업 배분 가산세							
⑮ 성실신고확인서 미제출 가산세				산 출 세 액		5/100	
⑯ 유보소득계산명세서 제출 불성실 가산세				배당가능 유보소득금액		0.5/100	
⑰ 합 계							

⑯ 기납부세액명세서

구 분		소 득 세		농 어 촌 특 별 세	
중 간 예 납 세 액		①			
토 지 등 매 매 차 익 예 정 신 고 납 부 세 액		②			
토 지 등 매 매 차 익 예 정 고 지 세 액		③			
수 시 부 과 세 액		④		㉑	
원 천 징 수 세 액 및 납 세 조 합 징 수 세 액	이 자 소 득	⑤		㉒	
	배 당 소 득	⑥	4,989,600	㉓	
	사 업 소 득	⑦		㉔	
	근 로 소 득	⑧	14,285,421	㉕	
	연 금 소 득	⑨			
	기 타 소 득	⑩			
기 납 부 세 액 합 계		⑪	19,275,021	㉖	

210㎜×297㎜(백상지 80g/㎡)

⓱ 종합소득산출세액계산서(금융소득자용)

1 금융소득 명세

구 분	금 액	구 분	금 액
① 비영업대금이익		⑥ 배당가산(Gross-Up)대상배당소득	15,640,000
② 원천징수되지 않은 이자소득		⑦ 원천징수되지 않은 배당소득	
③ 원천징수되지 않은 비영업대금이익		⑧ 위 ⑥·⑦ 외의 배당소득	20,000,000
④ 위 ①·②·③ 외의 이자소득			
⑤ 이자소득 합계(①+②+③+④)		⑨ 배당소득 합계(⑥+⑦+⑧)	35,640,000

2 금융소득금액(⑤+⑨)이 종합과세기준금액(2,000만원)을 초과하는 경우		**3** 금융소득금액(⑤+⑨)이 종합과세기준금액(2,000만원) 이하인 경우	
구 분	금 액	구 분	금 액
⑩ 금융소득금액(⑤+⑨)	35,640,000	㉜ [(②+⑦)× (14/100)]	
⑪ 종합과세기준금액	20,000,000	㉝ [③× (25/100)]	
⑫ 기준초과금액(⑩-⑪)	15,640,000	㉞ 금융소득 외의 다른 종합소득	
⑬ 배당가산액	1,720,400	㉟ 소득공제	
⑭ 금융소득 외의 다른 종합소득	104,575,326	㊱ 과세표준(㉞-㉟)	
⑮ 기준금액 외의 종합소득금액(⑫+⑬+⑭)	121,935,726	㊲ 기본세율	
⑯ 소득공제	14,597,478	㊳ 산출세액	
⑰ 과세표준(⑮-⑯)	107,338,248	㊴ 종합소득산출세액(㉜+㉝+㊳)	
⑱ 기본세율			
⑲ 산출세액	22,668,386		
⑳ [⑪× (14/100,9/100)]	2,800,000		
㉑ 비교산출세액계(⑲+⑳)	25,468,386		
㉒ 비영업대금이익[(①+③)× 25/100]			
㉓ 비영업대금이익 외의 금융소득[⑩-(①+③)]	35,640,000		
㉔ [㉓× (14/100,9/100)]	4,989,600		
㉕ 금융소득 외의 다른 종합소득(⑭)	104,575,326		
㉖ 소득공제	14,521,428		
㉗ 과세표준(㉕-㉖)	90,053,898		
㉘ 기본세율			
㉙ 산출세액	16,618,864		
㉚ 비교산출세액 계(㉒+㉔+㉙)	21,608,464		
㉛ 종합소득산출세액(㉑와 ㉚ 중 큰 금액)	25,468,386		
4 배당세액공제			
㊵ [⑬와 (㉛-㉚) 중 작은 금액]	1,720,400		

210㎜×297㎜(백상지 80g/㎡)

[별지 제24호 서식(1)] (2018.3.21. 개정) (8쪽 중 제1쪽)

관리번호	

[ ]근로소득 원천징수영수증
[ ]근로소득 지 급 명 세 서
([√]소득자 보관용 [ ]발행자 보관용 [ ]발행자 보고용)

거주구분	거주자1/비거주자2
거주지국	거주지국코드
√ 내·외국인	내국인1 /외국인9
외국인단일세율적용	여 1 / 부 2
외국법인소속 파견근로자 여부	여 1 / 부 2
국적	국적코드
세대주 여부	세대주1, 세대원2
연말정산 구분	계속근로1, 중도퇴사2

구분				
징 수 의무자	① 법인명(상 호) 갑 주식회사		② 대 표 자(성 명) ×××	
	③ 사업자등록번호 ×××		④ 주 민 등 록 번 호	
	③-1 사업자단위과세자 여부	여1 / 부2	③-2 종사업장 일련번호	
	⑤ 소 재 지(주소)			
소득자	⑥ 성 명 김일남		⑦ 주 민 등 록 번 호(외국인등록번호) ×××	
	⑧ 주 소			

Ⅰ 근무처별소득명세	구 분	주(현)	종(전)	종(전)	⑯-1 납세조합	합 계
	⑨ 근 무 처 명	갑 주식회사				
	⑩ 사업자등록번호	×××				
	⑪ 근무기간	2018. 1. 1.~2018. 12. 31	~	~	~	~
	⑫ 감면기간	~	~	~	~	~
	⑬ 급 여	101,551,644				101,551,644
	⑭ 상 여	18,168,076				18,168,076
	⑮ 인 정 상 여					
	⑮-1 주식매수선택권 행사이익					
	⑮-2 우리사주조합인출금					
	⑮-3 임원 퇴직소득금액 한도초과액					
	⑮-4 직무발명보상금					
	⑯ 계	119,719,720				119,719,720

Ⅱ 비과세및감면소득명세	구 분	코드	주(현)	종(전)	종(전)	⑯-1 납세조합	합 계
	⑱ 국외근로	MOX					
	⑱-1 야간근로수당	OOX					
	⑱-2 출산·보육수당	QOX					
	⑱-4 연구보조비	HOX					
	⑱-5						
	⑱-6						
	~						
	⑱-31						
	⑲ 수련보조수당	Y22					
	⑳ 비과세소득 계						
	⑳-1 감면소득 계						

Ⅲ 세액명세	구 분			⑱ 소 득 세	⑲ 지방소득세	⑳ 농어촌특별세
	⑫ 결 정 세 액			14,285,421	1,428,542	
	기납부세액	⑬ 종(전)근무지 (결정세액란의 세액을 적습니다)	사업자등록번호			
		⑭ 주(현)근무지		5,762,737	576,217	
	⑮ 납부특례세액					
	⑯ 차 감 징 수 세 액(⑫-⑬-⑭-⑮)			8,522,684	852,325	

위의 원천징수액(근로소득)을 정히 영수(지급)합니다.

2019년 1월 31일

징수(보고)의무자 (서명 또는 인)

세 무 서 장 귀하

210mm×297mm[백상지 80g/㎡(재활용품)]

(8쪽 중 제2쪽)

IV 정산명세				금액
㉑ 총급여(⑯, 다만 외국인단일세율 적용 시에는 연간 근로소득)				119,719,720
㉒ 근로소득공제				15,068,344
㉓ 근로소득금액				104,651,376
종합소득공제	기본공제	㉔ 본 인		1,500,000
		㉕ 배 우 자		
		㉖ 부 양 가 족(2명)		3,000,000
	추가공제	㉗ 경 로 우 대(명)		
		㉘ 장 애 인(명)		
		㉙ 부 녀 자		
		㉚ 한 부 모 가 족		
	연금보험료공제	㉛ 국민연금보험료	대상금액	
			공제금액	2,307,900
		㉜ 공적연금보험료공제 ㉮ 공무원연금	대상금액	
			공제금액	
		㉯ 군인연금	대상금액	
			공제금액	
		㉰ 사립학교교직원연금	대상금액	
			공제금액	
		㉱ 별정우체국연금	대상금액	
			공제금액	
	특별소득공제	㉝ 보험료 ㉮ 건강보험료(노인장기요양보험료 포함)	대상금액	
			공제금액	4,314,270
		㉯ 고용보험료	대상금액	
			공제금액	430,416
		㉞ 주택자금 ㉮ 주택임차차입금원리금상환액	대출기관	
			거주자	
		㉯ 장기주택저당차입금 이자상환액 2011년 이전 차입분	15년 미만	
			15년~29년	
			30년 이상	
		2012년 이후 차입분(15년 이상)	고정금리이거나, 비거치상환 대출	
			그 밖의 대출	
		2015년 이후 차입분 15년 이상	고정금리이면서, 비거치상환 대출	
			고정금리이거나, 비거치상환 대출	
			그 밖의 대출	
		2015년 이후 차입분 10년~15년	고정금리이거나, 비거치상환 대출	
		㉟ 기부금(이월분)		
		㊱ 계		4,744,686
㊲ 차 감 소 득 금 액				93,022,740
그밖의 소득공제	㊳ 개인연금저축			
	㊴ 소기업·소상공인 공제부금			
	㊵ 주택마련저축소득공제	㉮ 청약저축		
		㉯ 주택청약종합저축		
		㉰ 근로자주택마련저축		
	㊶ 투자조합출자 등			
	㊷ 신용카드등 사용액			2,968,842
	㊸ 우리사주조합 출연금			
	㊹ 고용유지 중소기업 근로자			
	㊺ 장기집합투자증권저축			
	㊻ 그 밖의 소득공제 계			3,044,892
㊼ 소득공제 종합한도 초과액				

㊽ 종합소득 과세표준				90,053,898
㊾ 산출세액				16,618,864
세액감면	㊿ 「소득세법」			
	(51) 「조세특례제한법」((52) 제외)			
	(52) 「조세특례제한법」 제30조			
	(53) 조세조약			
	(54) 세 액 감 면 계			
세액공제	(55) 근로소득			500,000
	(56) 자녀	공제대상자녀(2명)		300,000
		6세 이하(명)		
		출산·입양자(명)		
	연금계좌	(57) 과학기술인공제	공제대상금액	
			세액공제액	
		(58) 「근로자퇴직급여 보장법」에 따른 퇴직연금	공제대상금액	
			세액공제액	
		(59) 연금저축	공제대상금액	3,000,000
			세액공제액	360,000
	특별세액공제	(60) 보험료 보장성	공제대상금액	1,000,000
			세액공제액	120,000
		(60) 보험료 장애인전용보장성	공제대상금액	
			세액공제액	
		(61) 의료비	공제대상금액	
			세액공제액	
		(62) 교육비	공제대상금액	683,000
			세액공제액	102,450
		(63) 기부금 ㉮ 정치자금기부금 10만원 이하	공제대상금액	
			세액공제액	
		㉮ 정치자금기부금 10만원 초과	공제대상금액	
			세액공제액	
		㉯ 법정기부금	공제대상금액	
			세액공제액	
		㉰ 우리사주조합기부금	공제대상금액	
			세액공제액	
		㉱ 지정기부금(종교단체외)	공제대상금액	
			세액공제액	
		㉲ 지정기부금(종교단체)	공제대상금액	6,339,955
			세액공제액	950,993
		(64) 계		1,173,443
		(65) 표준세액공제		
	(66) 납세조합공제			
	(67) 주택차입금			
	(68) 외국납부			
	(69) 월세액		공제대상금액	
			세액공제액	
	(70) 세 액 공 제 계			
(71) 결 정 세 액((49)-(54)-(70))				

■ 소득세법 시행규칙 [별지 제23호 서식(1)] (2016.3.16. 개정)

[ ] 이자배당소득 원천징수영수증
[ ] 이자배당소득 지 급 명 세 서

[√] 소득자 보관용
[ ] 발행자 보관용
[ ] 발행자 보고용

※ 제2쪽, 제3쪽의 작성방법을 읽고 작성하여 주시기 바라며, [ ]에는 해당되는 곳에 √표를 합니다. (3쪽 중 제1쪽)

접수번호	접수일	관리번호	처리기간 즉시

징수 의무자	① 법 인 명 (상 호)	①-1 영문법인명(상호)	② 대표자(성명)	③ 사업자등록번호
	㈜ 주식회사		xxx	xxx
	④ 주민(법인)등록번호	⑤ 소재지 또는 주소		

소득자	⑥ 성명(상호) 김 일 남	⑦ 주민(사업자)등록번호	⑦-1 비거주자 생년월일	⑧ 소득자구분코드		
	㈜ 주식회사	xxx				
	⑨ 주 소	⑩ 거주구분	⑪ 거주지국	⑪-1 거주지국코드	⑫ 계좌번호 (발행번호)	⑬ 신탁이익 여부
		[√] 거주자 [ ] 비거주자				[ ] 여 [ ] 부

지 급 명 세

⑭ 지급일 연	월	일	⑮ 귀속연월 연	월	⑯ 과세구분	⑰ 소득의 종류	⑱ 조세특례 등	⑲ 금융상품코드	⑳ 유가증권표준코드 (유가증권 발행사업자 등록번호)	㉑ 채권이자구분	㉒ 지급대상기간	㉓ 이자율 등	㉔ 지급액 (소득금액)	㉕ 세율 (%)	원천징수세액 ㉖ 소득세	㉗ 법인세	㉘ 지방소득세	㉙ 농어촌특별세	㉚ 계
2018	4	1	2018		G	52					2017.1.1. ~ 12.31		35,640,000	14%	4,989,600		498,960		5,488,560

위의 원천징수세액(수입금액)을 정히 영수(지급)합니다.

2018년 4월 1일

징수(보고)의무자 ㈜ 주식회사 (서명 또는 인)

××세무서장 귀하

유 의 사 항

※ ⑯ 과세구분란의 코드가 "E, L, H, R, O, B, N"인 경우 종합소득과세표준을 계산할 때 합산하지 않으며, "G"인 경우 「소득세법」 제17조 제3항 단서(Gross-up)의 적용대상 배당소득에 해당합니다.

※ ⑰ 소득의 종류가 "11~49"인 경우 이자소득, "51~99"인 경우 배당소득입니다.

※ ⑳ 유가증권표준코드란은 유가증권표준코드가 없는 경우 소득이 발생한 유가증권을 발행한 사업자의 사업자등록번호 등을 적습니다(제3쪽의 작성방법 참고).

210㎜×297㎜[백상지 80g/㎡(재활용품)]

제 4 편

주식 양도와 관련한 세금

-양도소득세 · 증권거래세-

양도소득세 제1장

증권거래세 제2장

제1장

양도소득세

양도소득세란 개인이 주식 등의 자산을 양도함으로 인하여 발생하는 소득을 과세대상으로 하여 부과하는 세금을 말한다.

주식을 양도하여 양도차익의 발생한 경우 양도소득세를 계산하고 신고·납부하는 과정은 다음과 같다.

양도차익(①) = 양도가액(실가 또는 기준시가)
- 필요경비(계약서작성비용, 신고서작성비용, 증권거래세, 공증비용, 인지대 등)

↓

양도소득과세표준(②) = 양도차익(①)
－양도소득기본공제(250만원)

↓

산출세액(③) = 양도소득과세표준(②)
× 세율(중소기업:10%,20% 비중소기업:20%,25%,30%)

↓

신고결정세액(④) = 산출세액(③)
－ 기납부세액공제 ＋ 가산세

↓

양도일이 속하는 반기의 말일부터 2개월(부담부증여는 양도일이 속하는 달의 말일부터 3개월) 이내에 신고·납부하여야 한다.

제1절 주식의 양도 개념

양도소득세 과세대상이 되는 주식을 양도하면 일반적으로 부동산의 경우와 같이 양도소득세를 계산하여 신고·납부하여야 한다.

민법에서 양도란 소유권 또는 권리의 이전을 위한 각 당사자 간의 의사표시를 요건으로 하는 법률행위를 통하여 주식 등 자산의 소유권 또는 기타의 권리가 이전되는 것을 말한다.

세법상 주식의 양도란, 주식의 명의개서에 관계없이 사원(주주)의 지위인 주식을 법률행위(매매, 교환 등)에 의하여 사실상 이전하는 것을 말하며, 예를 들어 매도, 교환, 법인에 대한 현물출자 등은 주식 등의 자산이 유상으로 이전되는 경우와 열거되지 아니한 경우에도 자산이 유상으로 사실상 이전되는 때에는 모두 유상양도에 해당한다.

1. 매매

매매란 당사자의 일방이 주식 등의 자산을 상대편에게 매도할 것을 약정하고 상대편은 그 대가로 금전을 지급할 것을 약속함으로써 효력이 발생하는 전형적인 계약형태를 말한다(민법 §568).

유상이전으로 주식이 매매되는 경우 사회통념상 대금의 거의 전부가 지급되었다고 인정되는 정도의 대금지급이 이행되어야 이를 양도로 본다(대법원 99누7067, 1999.11.12.).

양도소득세는 주식 등 자산의 양도로 인한 소득에 대하여 과세되는 것이므로 외관상 주식이 매매계약에 의하여 양도된 것처럼 보이더라도, 그 매매계약이 처음부터 무효이거나 나중에 취소되는 등으로 효력이 없는 때에는 양도인이 받은 매매대금은 원칙적으로 양수인에게 원상회복으로 반환되어야 하기 때문에 양도소득세 과세대상이 아니다(서울행법 2013구합52902, 2014.10.28.).

2. 교환

교환이란 당사자 쌍방이 주식 등의 자산을 서로 이전할 것을 약정함으로써 성립하는 계약이다. 당사자 일방이 금전을 지급하는 경우에는 매매가 되는 것이며, 교환은 모두 주식이 유상으로 이전되는 것으로 보아 양도소득세의 과세대상이 된다.

▌주식을 포괄적으로 교환하는 경우

「상법」 제360조의2 내지 제 360조의14의 규정에 의한 주식의 포괄적 교환에 있어 완전자회사의 주주가 소유하고 있는 비상장주식을 양도하고 완전모회사가 발행하는 상장 또는 협회등록된 주식을 취득하는 경우를 포함한다(서면4팀-648, 2005.4.27.).

이 경우 협회등록법인과 주권상장법인(협회등록법인 포함)이 아닌 법인 간의 "포괄적 주식교환"으로 협회등록법인이 완전모회사가 되고 주권상장법인(협회등록법인 포함)이 아닌 법인이 완전자회사가 되는 경우, 완전자회사 주주의 주식 "양도시기"는 「상법」 제360조의2 제2항 및 제360조의3 제3항에 따라 주식을 교환하는 날이 된다(서면4팀-1508, 2005.8.24.).

3. 대물변제와 양도담보

대물변제는 채무를 주식 등의 자산으로 변제하거나 재산직 또는 정신적 손해에 대한 배상으로 주식의 명의를 개서한 경우를 말하며, 채무 또는 손해배상책임의 소멸이라는 경제적 이익이 주식의 소득자에게 귀속된 것으로 보아 유상양도에 해당하므로 양도소득세 과세대상이 된다.

양도담보는 채무자가 채무의 변제를 담보하기 위하여 주식 등 자산의 양도계약을 체결한 경우로써 세법상 일정요건을 갖춘 계약서의 사본을 과세표준 확정신고에 첨부하여 신고하는 때에는 양도로 보지 아니하며, 담보의 목적이 달성된 후 원소유자에게 소유권을 환원해 주는 경우에도 양도로 보지 아니한다. 그러나 양도담보계약을 체결한 후 그 계약을 위배하거나 채무불이행으로 인하여 해당 주식 등의 자산을 변제에 충당한 때에는 이를 양도한 것으로 본다(상증법 집행기준 88-0-3).

4. 부담부증여

증여자가 자기소유의 주식 등의 자산을 부담부증여로 이전하면서 증여자의 채무를 수증자가 인수하는 경우 증여가액 중 채무분은 사실상 유상이전되는 것으로 보아 증여자에게 양도소득세가 과세되고, 수증자에게는 증여세 납부의무가 있다.

이에 대한 자세한 내용은 후술하는 "제7절 Ⅱ의 5와 제9절 Ⅰ"을 참고하기 바란다.

5. 환매(Put-Option)

주식매매가 이루어진 후 해당 주식매매계약서에 의한 환매요청의 권리(Put-Option) 행사에 따라 주식이 매매된 경우 환매요청의 권리행사 전후의 주식매매는 양도에 해당한다(부동산거래관리과-138, 2012.3.7.). 그러나 환매계약에 따른 환매기간 내에 환매권을 행사하여 해당 주식 등의 소유권을 환원 명의개서하는 것은 양도로 보지 아니한다.

6. 배우자 또는 직계존비속에게 양도한 주식의 증여추정

배우자 또는 직계존비속에게 양도한 주식 등의 자산을 상증법(§44 ①)에 따라 증여한 것으로 추정하는 경우에는 양도소득세가 과세되지 않고 증여세가 과세된다(소법 집행기준 88-151-6).

7. 특수관계인이 개입되어 양도한 주식의 증여추정

특수관계인에게 양도한 재산을 그 특수관계인이 재산 취득일부터 3년 이내에 당초 양도자의 배우자 또는 직계존비속에게 다시 양도한 경우로서 양도자들이 부담한 양도소득세보다 수증자가 부담한 증여세가 큰 경우 상증법에 따라 증여로 추정하여 증여세가 과세된다(소법 집행기준 88-151-7).

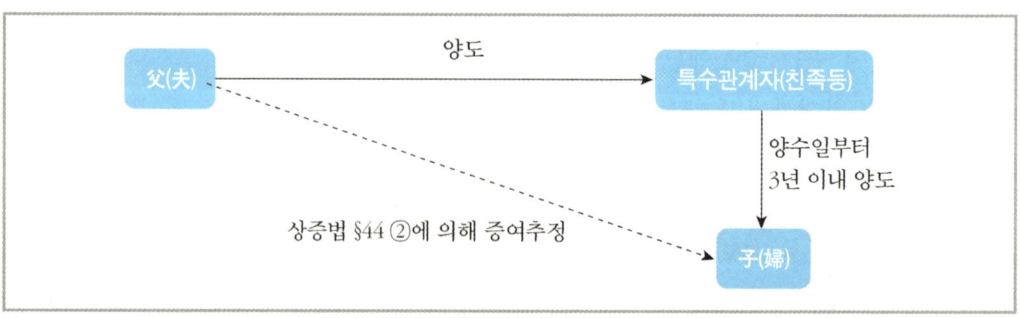

제2절 주식 등의 양도와 세금

주식 등이란 주식 또는 출자지분을 말하며, 신주인수권과 증권예탁증권을 포함한다.

Ⅰ 양도소득세가 과세되는 주식 등의 종류

주식을 양도하면 모두 양도소득세가 과세되는 것은 아니며, 자본시장에 미치는 영향을 감안하여 양도소득세가 과세되는 주식을 제한적으로 규정하고 있다.

양도소득세의 과세대상이 되는 주식은 다음과 같다.

① 상장법인의 대주주가 양도하는 주식 등

② 대주주 외의 자가 증권시장(유가증권시장, 코스닥시장, 코넥스시장) 외에서 거래한 주식 등(장외거래, 협회장외시장을 통해 거래하는 주식의 포괄적 교환·포괄적 이전에 대한 주식매수청구권 행사에 따라 양도하는 주식은 제외)

③ 비상장법인의 주식

④ 신주인수권

⑤ 증권예탁증권

⑥ 기타자산(특정주식, 부동산과다보유 법인의 주식)

▌주식워런트증권의 양도소득세 과세대상 여부

주식워런트증권(Equity Linked Warrant)은 「증권거래세법」(§2 ①)에서 규정하는 주권에 해당하지 아니하므로 양도소득세 과세대상 주식이 아니다(부동산거래관리과-1092, 2010.8.2.).

▌전환사채 매수선택권의 양도소득세 과세대상 여부

보유중인 전환사채의 일부를 매수할 수 있는 전환사채 매수선택권을 부여하는 옵션* 계약을 체결하고 해당 계약의 내용에 따라 전환사채 매수선택권을 제3자에게 양도하여 발생한 소득은 과세대상 양도소득이 아니다(서면-2016-부동산-4490, 2016.9.1.).

* 옵션이란 주식을 미리 정한 가격으로 일정시점에 사거나(이를 "Call-Option"이라고 부른다), 팔 수 있는 권리(이를 "Put-Option"이라고 부른다)를 말한다. 이 경우 주식환매요청권(Put-Option)은 주식 등에 해당하지 아니한다(부동산거래관리과-1151, 2010.9.15.).

▌사모펀드의 수익증권 매입시 주식으로 납입하는 경우 양도 여부

투자신탁(사모펀드)의 수익증권 매입시 현금이 아닌 주식으로 납입하는 경우 양도로 보아 양도소득세가 과세된다(재산세과-49, 2009.8.27.).

▌사업개시 전 주식 양도시 양도소득 여부

주식의 양도는 그 발행법인의 사업개시 여부를 불문하고 양도소득세가 과세된다(부동산거래관리과-181, 2010.2.3.).

▌전환사채를 인수한 자가 전환청구로 취득한 주식을 양도한 경우

양도소득세 과세대상이 되는 대주주의 상장주식 또는 출자지분에는 전환사채가 제외되는 것이나, 전환사채를 인수한 자가 전환을 청구하여 취득한 주식을 양도하여 발생한 소득은 양도소득세가 과세된다(부동산거래관리과-84, 2011.1.27.).

▌상장폐지일 이후에 양도한 주식이 상장주식 또는 비상장주식 처분인지?

상장주식을 취득한 후 상장폐지일 이후에 양도한 주식은 비상장주식의 양도에 해당한다(국심사양도 2015-83, 2015.6.12.).

Ⅱ 주식 등의 양도에 따른 양도소득세와 증여세

1. 양도소득의 부당행위계산 부인과 증여세 과세

양도소득세 과세표준은 양도가액과 취득가액 모두 실거래가액(원칙)으로 계산한다. 특수관계인 간의 고가매입·저가양도하는 거래의 형태가 개인이면 소득세법을 적용하고, 법인이면 법인세법상 부당행위계산 부인을 적용한다.

그리고 특수관계인 여부에 불구하고 정당한 사유없이 현저한 고가매입·저가양도로 인한 증여이익이 발생한 경우에는 증여세가 과세된다.

(1) 개요

양도소득이 있는 거주자와 그와 특수관계인의 거래시 양도소득세 회피하는 것을 방지하기 위해 다음과 같이 양도소득세의 부담을 부당하게 감소시키는 경우에는 그 거주자의 양도소득계산에 관계없이 그 취득가액 또는 양도가액을 시가에 의하여 양도소득세를 과세한다.

이 경우 시가와 거래가액의 차액이 3억원 이상이거나 시가의 100분의 5 이상인 경우에 한하여 적용한다.

① 특수관계인과의 주식의 매매거래에 있어서 시가를 초과하여 취득(고가매입)하거나 시가에 미달(저가양도)하게 양도한 경우

② 취득가액 또는 양도가액 계산에 있어서 양도소득세의 부담을 부당하게 감소시킨 것으로 인정되는 경우

(2) 특수관계인 간에 주식의 고가매입 · 저가양도

특수관계인 간에 주식 등의 자산을 고가매입 · 저가양도하는 경우에는 양도소득세 회피하는 것을 방지하기 위해 소득세법상 부당행위계산 부인이 적용되고, 또한 상증법상 이익의 증여 규정을 적용받게 되어 많은 세금이 부과된다.

양도소득세에 대한 부당행위계산 부인은 다음과 같은 두 가지 유형이 있다

① 주식 등의 자산을 특수관계인 간에 고가매입 · 저가양도하여 양도소득세를 부당하게 감소시킨 것으로 인정되는 경우

② 특수관계인으로부터 주식 등의 자산을 증여받아 5년 이내 양도하여 양도소득세를 부당하게 감소시킨 것으로 인정되는 경우

이에 대한 자세한 내용은 후술하는 "**제9절 Ⅲ**"을 참고하기 바란다.

(3) 비특수관계인 간에 주식의 저가매입 · 고가양도

비특수관계인 개인 간의 거래는 양도소득의 부당행위계산 부인을 적용하지 않지만 거래금액에 따라 증여세가 과세될 수 있다.

비특수관계인 개인 간의 거래관행상 정당한 사유없이 주식 등의 자산을 저가매입하거나, 고가양도한 경우로서 그 대가와 시가의 차액에서 3억원을 뺀 금액(시가의 30% 이상인 경우 한함)이 있는 경우 저가양수자 또는 고가양도자에게 각각 증여재산가액을 계산하여 증여세가 과세된다(상증법 §35 ②).

그러나 시가와 대가의 차이가 시가의 30% 이상이 되지만 정당한 사유를 입증하지 못한 경우라도 그 차액이 3억원 이하인 경우에는 증여세가 과세되지 아니한다.

이에 대한 자세한 내용은 후술하는 "**제9절 Ⅲ**"을 참고하기 바란다.

2. 배우자 등에게 주식의 양도시 증여세 관계

(1) 배우자 · 직계존비속에게 주식을 직접 양도한 경우

배우자 또는 직계존비속("배우자 등"이라 한다)에게 양도한 주식 등의 재산을 양도자가 그 주식 등의 재산을 양도(①)한 때에 그 주식의 재산의 가액을 그 양수자에게 증여한 것으로 추정(②)한다(상증법 §44 ①, 상증법 집행기준 44-0-1 ①).

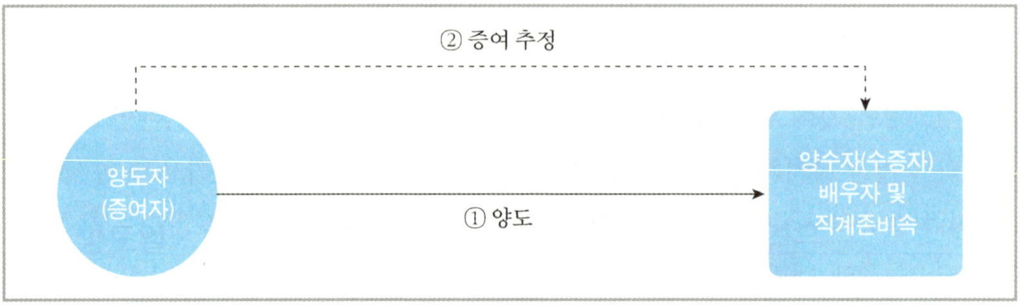

그러나 양수자가 대가를 수반하는 유상이전이 있었다는 사실을 명백히 입증하면 양도로 보아 양도소득세를 부과하지만, 유상이전이 있었다는 사실을 입증하지 못하는 경우에는 양수자에게 증여세를 부과한다.

이에 대한 자세한 내용은 후술하는 "**제5절 Ⅱ의 10**"을 참고하기 바란다.

(2) 배우자 · 직계존비속에게 주식을 우회 양도한 경우

특수관계인에게 양도한 재산(①)을 그 특수관계인(양수자)이 양수일부터 3년 이내에 당초 양도자의 배우자 등에게 다시 양도(②)한 경우에는 배우자 등에게 양도한 당시의 재산가액을 그 배우자 등이 증여받은 것으로 추정(③)한다(상증법 §44 ②). 다만, 당초 양도자 및 양수자가 부담한 양도소득세(결정세액을 합친 금액)가 당초 그 배우자 등이 증여받은 것으로 추정할 경우의 증여세액보다 큰 경우에는 양도소득세가 과세된다(상증법 집행기준 44-0-1 ②).

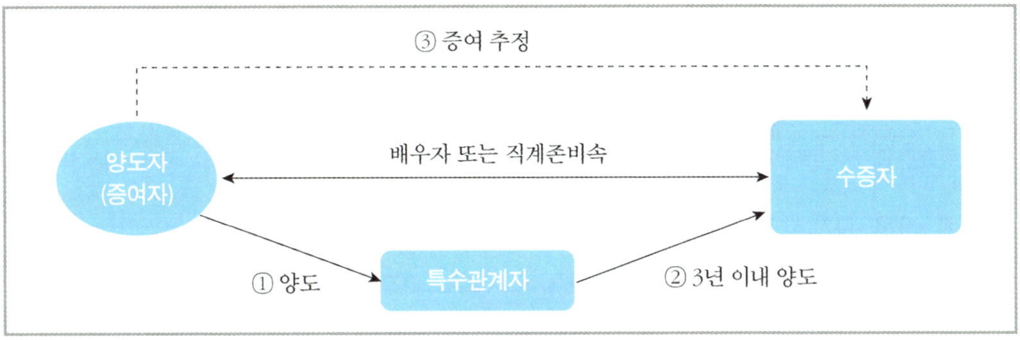

이 경우 당해 배우자 등에게 증여세가 부과된 경우에는 소득세법의 규정에도 불구하고 그 주식 등 재산의 양도에 따른 소득세를 부과하지 않는다(상증법 §44 ④).

이에 대한 자세한 내용은 후술하는 "**제5절 Ⅱ의** 10"을 참고하기 바란다.

(3) 특수관계인에게 주식을 우회 양도한 경우

양도소득세를 부당하게 감소시키기 위하여 특수관계인에게 주식 등의 자산을 증여(양도일로부터 소급하여 5년 이내에 배우자 또는 직계존비속으로부터 증여받은 경우는 제외)한 후 그 주식 등의 자산을 증여받은 자가 그 증여일로부터 5년 내에 다시 이를 타인에게 양도한 경우에는 그 증여자가 그 주식 등의 자산을 직접 양도한 것으로 본다. 다만 수증자의 부담세액(증여세+양도소득세의 합계액)이 증여자가 직접 양도할 경우의 양도소득세보다 많거나 양도소득이 해당 수증자에게 실질적으로 귀속된 경우에는 우회양도로 인한 부당행위계산의 부인을 적용하지 아니한다(소법 §101 ②).

이에 대한 자세한 내용은 후술하는 "**제9절 Ⅴ**"를 참조하기 바란다.

3. 주식 양도시 증권거래세 부과

주권의 양도에 대해서는 주식 양도자에게 양도가액에 세율(1천분의 1, 1천분의 2.5 및 1천분의 5)을 적용한 증권거래세를 부과한다(증거법 §2 및 증거령 §5).

「증권거래세법」에서 양도라 함은 "계약상 또는 법률상의 원인에 의하여 유상으로 소유권이 이전되는 것을 말한다"고 규정하고 있어 주권이 유상이전되는 경우에만 증권거래세가 부과되는 것이다.

증권거래세는 거주자, 비거주자, 법인, 외국법인에 관계없이 증권거래를 하는 양도인

(국내사업장이 없는 비거주자·외국법인이 주권 등 양도의 경우에는 해당 주권 등의 양수인을 포함)이면 납세의무가 있으며, 시가보다 낮은 가액으로 양도하는 경우에는 시가금액을 증권거래세 과세표준(전주지법 2010구합938, 2010.10.26.)으로 하여 증권거래세가 과세된다.

이에 대한 자세한 내용은 후술하는 "**제2장**"을 참고하기 바란다.

제3절 총설

I 납세의무자

양도소득세 납세의무자는 국내 자산양도, 국외 자산양도 및 국외 전출세에서 열거하는 주식 등 자산을 양도함으로써 발생하는 소득이 있는 개인은 양도소득에 대하여 납세의무가 있다.

국외 주식 등에 대해서는 국내에 해당 주식 등의 양도일까지 5년 이상 주소 또는 거소를 둔 거주자에 한하여 납세의무가 있다. 따라서 해당 자산의 양도일까지 5년 이상 주소 또는 거소를 둔 거주자가 아닌 경우의 국외 주식 등에 대한 양도소득세는 비과세된다(부동산거래-854, 2011.10.11.).

개인은 주소 또는 거소를 둔 기준으로 거주자(국내에 주소를 두거나 183일 이상 거소를 둔 자)와 비거주자(거주자가 아닌 자를 말함)로 구분하고 있으며, 거주자는 국내・외에 소재하는 주식 등의 양도소득에 대해서만 납세의무가 있고 비거주자는 국내에 소재하는 주식의 양도소득에 대해서만 납세의무가 있다(소법 §2).

거 주 자	비 거 주 자
국내에 주소가 있거나 1과세기간 동안 183일 이상 거소를 둔 자	거주자가 아닌 자

1. 납세의무자의 유형

양도소득세 납세의무자란 양도소득세가 과세 되는 주식 등의 자산을 양도하면 취득일부터 양도일까지 보유한 기간 동안 발생된 이익(양도차익 또는 양도소득)에 대하여 일시에 양도시점에서 발생한 개인을 말하며, 그 개인은 다음과 같이 거주자와 비거주자로 구분한다.

① 거주자는 국내에 주소를 두거나 183일 이상 거소를 둔 개인을 말한다. 여기서 거소란, 주소 이외의 장소 중 상당기간 걸쳐 거주하는 주소와 밀접한 생활관계가 형성되지 아니한 장소를 말하며, 재외동포의 경우에는 2과세기간에 걸쳐 183일 이상을 포함한다.

② 비거주자는 거주자가 아닌 개인을 말하며, 국내에서 발생한 국내원천소득에 대해

서만 과세한다.

이와 같이 양도소득세의 납세의무자를 거주자와 비거주자로 구분하는 이유는, 거주자의 경우 국내·외의 세법상 주식에 대해 양도소득세를 과세한다. 비거주자의 경우 국외에 소재한 주식에 대해서는 양도소득세 납세의무는 없지만 국내에서 발행한 주식에 대해서만 납세의무가 있어서 납세의무의 범위가 다르기 때문이다.

2. 양도소득세 납세의무 범위

(1) 거주자의 납세의무

양도소득세는 소득세법(§94, §118의2, §118의9)에서 규정하는 모든 소득에 대해서 과세한다.

여기서 모든 소득이란 국내·외에서 발생한 양도소득세가 과세되는 소득을 말하며, 세법에서 열거된 소득 이외의 소득은 과세대상에서 제외한다(소법 기본통칙 3-0…1).

그러나 다음의 국외 자산 중 국외 주식의 양도소득은 해당 주식의 양도일까지 계속 5년 이상 국내에 주소 또는 거소를 둔 거주자만이 양도소득세의 납세의무가 있다(소령 §178의2).

① 외국법인이 발행한 주식(증권시장에 상장된 주식과 기타자산으로 과세되는 주식은 제외)

② 내국법인이 발행한 주식(증권예탁증권을 포함)으로서 증권시장과 유사한 시장으로서 외국에 있는 시장에 상장된 주식 등

(2) 비거주자의 납세의무

비거주자는 국내에 있는 소득세법(§119 〈11〉: 조세조약에 따라 과세 여부 및 세율이 다르다)에서 열거하고 있는 다음의 주식의 국내원천소득에 대해서만 한정적으로 납세의무가 있다.

① 내국법인이 발행한 주식 또는 출자지분과 그 밖의 유가증권

② 외국법인이 발행한 주식 또는 출자지분(증권시장상장분 한함) 및 외국법인의 국내사업장이 발행한 그 밖의 유가증권

보충설명

거주자 · 비거주자의 구분

거주자는 거주기간, 직업, 국내에서 생계를 같이하는 가족 및 국내 소재 자산 유무 등 국내에 밀접한 생활관계를 형성하고 있는지 여부에 따른다(사전법령소득-822, 2018.1.23.).

3. 특수한 경우 납세의무

(1) 피상속인의 양도소득세 납세의무 승계

납세의무의 승계란 납세자 이외의 자에게 납세의무가 이전하는 것을 말한다.

피상속인이 주식 등의 자산을 양도하기로 하고 매매계약을 체결한 후 잔금을 지급받기 전에 사망하여 상속인이 잔금을 수령한 경우 양도소득세의 납세의무자는 상속인이 되는 것이며, 상속으로 취득한 주식을 상속받은 후 양도하는 경우 상속인은 양도소득세와 상속세의 납세의무가 있다(소법 집행기준 88-0-5).

피상속인의 납세의무 승계는 상속인이며, 승계시기는 상속이 개시된 때(피상속인의 사망일)이며, 상속인은 피상속인에게 부과된 양도소득세(가산세 등 포함)는 상속받은 재산의 한도에서 납부할 의무를 진다.

▌상속받은 재산이 상속 후 경매된 경우 양도소득세의 부과

상속인이 상속으로 취득한 상속재산이 경매로 양도된 경우 경락된 자산의 양도인은 상속인이고, 그 경락대금은 상속인에게 귀속되므로 양도소득세는 상속인이 납부하여야 한다(조심 2014구3016, 2014.8.5.).

▌거주자가 주식의 매매계약을 체결하고 이행중 잔금 수령 전에 사망하여 상속이 개시된 경우 양도소득세 납세의무자?

주식 등의 매매계약을 체결하고 잔금 청산 전 사망한 경우 해당 주식 등은 상속인이 상속받아 양도하는 것으로 본다(부동산거래-23, 2012.1.13.).

(2) 상속인이 피상속인 명의로 상속한 주식을 양도한 경우

피상속인이 주식 등의 자산을 양도하고 잔금을 받기 전에 사망한 후 상속인이 그 주식 등에 대해 상속절차를 이행하지 않고 피상속인 명의로 그 주식 등을 양도한 경우 상속인은 상속개시일로부터 양도일까지 발생된 양도소득세에 대해 납세의무가 있다(부동산납세-38, 2014.1.21.). 이 경우 상속재산의 분할이 확정되지 않은 상황에서 상속재산으로 보는 주식 등의 양도소득세 납세의무자는 법정상속비율에 따라 상속인들에게 해당 주식 등이 분배된 것으로 보아 상속인들이 양도소득세를 신고하여야 한다.

(3) 상속이 개시된 때 피상속인에게 부과된 세금의 납세의무

상속이 개시된 때에 그 상속인은 피상속인에게 부과되거나 그 피상속인이 납부할 국세는 상속으로 인하여 얻는 재산을 한도로 하여 납부할 의무를 지므로 피상속인이 납부하여야 할 세금은 그 상속인이 상속으로 인하여 얻은 재산을 한도로 하여 납부할 의무가 있다.

(4) 명의신탁주식을 양도한 경우

명의신탁된 주식을 양도한 경우에는 실질적으로 주식을 양도한 자에게 양도소득세 납세의무가 있다(국심 2002구2961, 2003.4.8.).

따라서 양도한 주식이 제3자에게 명의신탁을 한 경우로써 명의신탁자가 그 명의신탁주식을 매각한 경우 양도의 주체 및 납세의무자는 명의수탁자가 아니고 명의신탁자(실제소유자)이므로 명의신탁자에게 양도소득세 납세의무가 있다(국기법 기본통칙 14-0-6).

이에 대한 자세한 내용은 후술하는 제9절 Ⅱ를 참고하기 바란다.

(5) 양도소득세를 매수자가 부담한 경우

양도소득세의 납세의무는 원칙적으로 과세대상 자산을 양도하고 양수자로부터 대가를 수령한 자에게 있으므로 사인 간의 계약이나 합의에 의하여 이전될 수 없다.

따라서 주식 등의 자산을 양도할 때 매매계약서상 양도소득세를 매수자가 부담하기로 약정한 경우에도 양도소득세의 납세의무자는 그 주식을 양도한 자에게 있다(부동산거래-189, 2010.2.4.).

만일 양수자가 양도소득세를 부담한 때에는 그 부담한 양도소득세는 양수자에게 증여세가 과세된다(재일 46014-1980, 1994.7.20.).

▌대물변제의 경우 양도소득세를 매수자가 부담하기로 약정한 경우

타인에 대한 채무변제에 갈음하여 소유자산을 대물 변제하는 경우에도 유상이전에 해당하여 양도소득세가 과세되는 것이며, 이 경우 양도소득세를 매수자가 부담하기로 약정한 경우에도 납세의무자는 해당 자산을 양도한 자이다.

▌양도소득세의 납세의무를 계약 또는 합의에 의해 이전, 변경할 수 있는지?

양도소득세의 납세의무는 사인 간의 계약 또는 합의에 의해 이전하거나 변경될 수 없고 세법규정에 따라 그 실질소득자에게 납세의무가 있다(소득 46011-2253, 1999.6.15.).

(6) 상속유류분을 상속인이 금전으로 반환받은 경우

상속개시 전에 피상속인으로부터 주식 등의 사산을 증여받은 자가 법원의 판결에 의하여 해당 증여받은 주식 등의 자산을 유류분 권리자에게 반환하라는 판결에 따라 유류분 권리자에게 반환한 경우에는 그 반환된 자산은 증여가 없었던 것으로 본다.

이 경우 증여받은 주식 등의 자산을 금전(주식)으로 환가하여 유류분 권리자에게 반환하는 경우, 유류분 권리자는 당해 자산을 상속받아 양도한 것으로 보아 상속세와 양도소득세 납세의무가 있다(재산-35, 2012.2.2.).

(7) 양도소득세를 감소시키기 위해 특수관계인에게 우회 양도한 경우

양도소득세를 부당하게 감소시키기 위하여 특수관계인에게 주식 등의 자산을 증여(양도일로부터 소급하여 5년 이내에 배우자 또는 직계존비속으로부터 증여받은 경우는 제외)한 후 그 주식 등의 자산을 증여받은 자가 그 증여일로부터 5년 내에 다시 이를 타인에게 양도한 경우에는 그 증여자가 그 주식 등의 자산을 직접 양도한 것으로 보아 양도소득세 납세의무자는 당초의 증여자가 된다(소득세법 §101 ②).

이에 대한 자세한 내용은 후술하는 "**제9절 Ⅴ**"를 참고하기 바란다.

4. 연대납세의무

연대납세의무란 2인 이상이 조세채무에 대해 각자가 독립하여 그 전부에 대해 납부할 의무를 지고, 그 중 1인이 납부하면 그 납부세액에 대하여 다른 납세의무자도 그 납부의무를 면하게 되는 납세의무를 말한다.

따라서 본래의 납세자가 납부하여야 할 양도소득세 등의 국세에 대한 납부책임을 제3자에게 확장시키는 것은 원칙적으로 허용하지 않지만, 양도소득세를 부당하게 감소시키기 위해 특수관계인에게 주식 등의 자산을 증여한 후 그 증여 받은 자가 증여일부터 5년 이내에 다시 이를 타인에게 양도(우회양도)한 경우에는 증여자가 그 주식 등을 직접 양도한 것으로 보아 양도소득세 납세의무를 진다(소법 §101 ②). 이 경우 해당 양도소득에 대하여 증여자와 수증자는 연대납세의무가 있다(소법 §2의2 ④).

이는 양도소득세 부담의 회피를 방지하기 위해 납세의무자를 증여자로 보아 양도소득세를 계산하는 특례규정이다.

그러나 부담부증여의 경우에는 증여자에게 부과된 양도소득세를 수증자가 연대하여 납부할 납세의무가 없다.

Ⅱ 납세지(관할관청)

거주자의 납세지는 주소지이다(소법 §6 ①). 즉, 거주자의 납세지는 양도시점의 주소지 또는 거소지가 아니라 신고·결정 경정시점의 주소지 또는 거소지이다.

1. 개요

양도소득세의 납세지란 양도소득세를 신고·납부하는 곳으로써 양도소득세의 납세의무자가 양도소득세의 신고·납부 및 불복청구 등을 하는 관할세무서를 정하는 장소를 말한다.

양도소득세의 납세지는 거주자의 경우 원칙적으로 양도시점의 주소지 또는 거소지가 아니라 신고당시의 주소지이다. 예컨대 양도소득세를 자진신고할 때에는 양도당시 관할세무서가 아니라 신고당시의 관할세무서에 신고하여야 한다.

따라서 양도소득세 신고는 항상 그 신고서를 제출하는 날 현재 양도소득세의 납세지 관할세무서에 제출하여야 한다.

▌납세지 관할세무서장이 아닌 다른 관할세무서장이 양도소득세 부과 처분의 적법성 여부

양도소득세 부과당시 납세지를 관할하는 세무서장이 아니라, 전 주소지 관할세무서장이 양도소득세를 부과고지한 처분은 무효이다(국심사양도 2000-4038, 2000.7.7.).

(1) 거주자의 납세지

거주자의 양도소득세 납세지는 주식 등 자산의 양도일 현재 거주자의 주소지를 말하며, 주소지 관할세무서에 양도소득세를 신고·납부하여야 한다.

양도시점의 주소지와 신고·결정·경정시점에 주소지가 다를 경우에는 그 신고·결정·경정시점의 주소지를 납세지로 한다. 만일 주소지가 없는 경우에는 거소지로 한다.

(2) 비거주자의 납세지

거주자의 양도소득세 납세지는 국내사업장으로 하고 있으나, 국내사업장이 없는 경우에는 국내원천소득(양도소득)이 발생한 장소로 한다(소법 §6 ②).

(3) 피상속인의 납세의무를 승계한 경우 납세지

거주자 또는 비거주자의 사망으로 인하여 그 상속인이 피상속인에 대한 양도소득세 납세의무자가 된 경우 양도소득세의 납세지는 그 피상속인·상속인 또는 납세관리인의 주소지나 거소지 중에서 상속인 또는 납세관리인이 납세지로 신고한 장소로 한다(소법 §8 ①).

(4) 비거주자로부터 주식 등을 양수한 양도소득세의 원천징수 납세지

비거주자로부터 주식 등을 양수한 법인의 원천징수 양도소득세의 납세지는 다음에 따른다(소법 §7).

① 양수자(원천징수하는 자)가 내국법인인 경우 → 그 법인의 본점 또는 주사무소의 소재지. 만일 본점 또는 주사무소의 소재지가 소재하지 아니하는 경우에는 사업의 실질적인 장소로 한다.

② 양수자(원천징수하는 자)가 외국법인인 경우 → 그 법인의 국내사업장. 그 외의

경우에는 유가증권을 발행한 내국법인 또는 외국법인의 국내사업장의 소재지

▌거주자가 사망하여 상속인이 소득세의 납세의무자가 된 경우 소득세 납세지?

거주자가 사망함으로 인하여 그 상속인이 당해 거주자(피상속인)에 대한 종합소득세의 납세의무자가 된 경우의 소득세 납세지는 그 피상속인·상속인 또는 납세관리인의 주소지나 거소지 중 상속인 또는 납세관리인이 납세지 신고서에 의하여 그 납세지 관할세무서장에게 납세지로서 신고하는 장소로 하는 것이나, 신고가 없는 때에는 당해 피상속인의 주소지(주소지가 없는 경우에는 거소지)를 납세지로 한다(소득 46011-614, 1997.2.27.).

2. 과세표준신고의 관할

과세표준신고의 제출은 신고당시 해당 양도소득세의 납세지를 관할하는 세무서장에게 한다. 만일 양도소득세 과세표준신고의 제출을 관할이 아닌 다른 세무서장에게 한 경우에도 그 신고의 효력에는 영향이 없다(국기법 §43).

3. 결정 또는 경정결정의 관할

양도소득세의 과세표준과 세액의 결정 또는 경정결정은 그 처분당시 그 양도소득세의 납세지를 관할하는 세무서장이 한다(국기법 §44).

만일 양도소득세의 과세표준과 세액의 결정 또는 경정결정하는 때에 그 양도소득세의 납세지를 관할하는 세무서장 이외의 세무서장이 행한 결정 또는 경정결정처분은 그 효력이 없다.

양도시점의 주소지와 신고, 결정·경정시점에 주소지가 서로 다른 경우에는 그 신고, 결정·경정시점의 주소지를 납세지로 한다(소법 §6 ①). 만일 주소지가 2 이상인 경우에는 「주민등록법」에 따라 등록된 곳을 납세지로 하며, 거소지가 2 이상인 경우에는 생활관계가 가장 밀접한 곳을 납세지로 한다.

▌관할세무서가 아닌 다른 세무서에 양도소득세를 신고한 경우 신고의 효력

양도소득세 신고시 납세지를 착오로 다른 곳으로 신고하는 경우에는 그 신고의 효력은 유효하지만, 다른 곳으로 신고한 것에 대하여는 납세자의 소명이 필요하다.

▌양도소득세를 신고한 후에 주소지가 변경된 경우 양도소득세의 결정 등은 어느 관할세무서에서 하나요?

양도소득세를 신고한 후에 결정 등을 하는 경우로서 주소지 변경이 있는 경우에는 신고당시가 아닌 변경 후 주소지 관할세무서에서 이행한다.

▌관할세무서장 이외의 세무서장이 한 결정의 효력

양도소득세 납세고지서를 발부할 당시 그 주소지를 관할하는 세무서장이 아닌 다른 세무서장이 발송한 고지서는 과세관할 위반으로 무효이다. 따라서 양도소득세 부과당시 납세지를 관할하는 세무서장이 아니라, 전 주소지 관할세무서장이 양도소득세를 부과・고지한 처분은 무효이다(국심사양도 2000-4038, 2000.7.7.).

▌납세지를 이전한 경우 환급세액의 결정 등은 어느 관할세무서장이 하나요

납세지를 이전한 경우 환급세액을 결정 또는 경정해야 할 관할관청은 현재의 납세지를 관할하는 세무서장이다(서삼 46019-10520, 2001.10.22.). 그리고 환급세액의 결정 또는 경정결정은 그 처분당시 당해 국세의 납세지를 관할하는 세무서장이 한다(징세 46101-1316, 1997.6.3.). 왜냐하면 양도소득세의 과세표준과 세액의 결정 또는 경정결정은 그 처분당시 해당 양도소득세의 납세지를 관할하는 세무서장이며, 납세지 관할 판단기준일은 고지서 수령당시가 아니라 양도소득세의 과세표준과 세액이 결정될 당시이기 때문이다.

Ⅲ 양도소득세의 과세기간

과세기간이라 함은 세법에 의하여 조세의 과세표준의 계산에 기초가 되는 기간이며, 세법에 의하여 과세의 편의를 위하여 마련된 시간적 과세단위를 말한다.

소득세법은 과세기간을 1년 단위로 구분하여 규정하고 있으며, 주식 등 자산의 양도에 대한 양도소득세의 과세기간은 1.1.부터 12.31.까지 1년으로 한다.

제4절 양도소득세 과세대상 주식의 범위

이 책에서는 상장주식과 비상장주식에 대해서 중점적으로 설명하고자 한다.

Ⅰ 주식의 구분

세법상 양도소득세가 과세되는 주식 등을 유형별로 분류하면 크게 증권시장에 상장된 주권을 발행한 주권상장법인의 상장주식(유가증권시장, 코스닥시장, 코넥스시장을 말한다)과 증권시장에 상장되지 아니한 주권을 발행한 주권비상장법인의 비상장주식으로 나누어진다. 그 외에 특정주식(과점주주의 주식 및 부동산과다보유법인의 주식)이 있다.

주식의 구분		거 래	과 세 여 부
상장주식	대주주	모 두	과세대상
	대주주 외의 자	원칙 : 과세대상 제외	과세대상 제외
		예외 : 장외거래인 경우	과세대상
비상장주식		모 두	과세대상

Ⅱ 양도소득세 과세대상 주식의 범위

1. 개요

양도소득세가 과세되는 주식 등(출자지분 포함)은 다음과 같은 것이 있다.

① 주권상장법인(유가증권시장, 코스닥시장, 코넥스시장에 상장된 주권을 발행한 법인을 말함)의 주식 등을 대주주가 증권시장에서 양도하는 것과 대주주 외의 자가 증권시장 외의 장외에서 양도하는 것

② 모든 주권비상장법인(주권상장법인이 아닌 법인을 말함)의 주식

③ 신주인수권 및 증권예탁증권

▌「증권거래법」에 의한 공개매수시 양도소득세 과세 여부

협회등록법인의 주식을 협회중개시장에서의 거래에 의하지 아니하고 양도하는 경우(공개매수*에 의하여 협회중개시장 밖에서 양도하는 경우 포함)에는 양도소득세가 과세된다(서일 46014-11790, 2003.12.11.).

* 공개매수라 함은 불특정다수인에 대하여 주식의 매수(다른 유가증권과의 교환을 포함)의 청약을 하거나 매도(다른 유가증권과의 교환을 포함)의 청약을 권유하고 유가증권시장 및 협회중개시장 밖에서 당해 주식을 매수하는 것을 말한다.

▌코스닥상장주식을 시간외 매매로 특정인에게 양도한 경우 양도소득세 과세 여부

코스닥시장에 상장되어 있는 주식을 보유 중 시간외 매매로 특정인에게 양도한 경우에는 「코스닥시장업무규정」(§4)에서 정하는 시간외 매매방식에 의한 거래에 해당하므로 양도소득세가 과세된다(부동산거래관리과-660, 2012.12.6.).

▌상장폐지일 이후 양도하면 비상장주식의 양도에 해당하나요?

거주자가 보유하던 주식을 상장폐지일 이후 양도한 경우에는 비상장주식의 양도에 해당하고, 비상장주식의 양도로 발생한 소득에 대하여 양도소득세가 과세된다(국심사-양도-2015-83, 2015.6.12.).

▌주식환매요청권(Put-Option)

주식환매요청권(Put-Option)은 주식 등에 해당하지 아니한다(부동산거래-1151, 2010.9.15.).

2. 전환사채 및 신주인수권부사채

한국거래소에 상장된 주식 등에 전환사채가 제외되나, 전환사채를 인수한 자가 전환권을 행사함으로 인하여 취득한 주식을 양도한 경우에는 양도소득세 과세대상이 된다(부동산거래관리과-27, 2011.1.27.).

또한 신주인수권부사채를 발행한 법인에 해당 신주인수권부사채의 신주인수권만을 매각함으로써 발생하는 소득은 양도소득에 과세대상이 된다(서면법령재산-22585, 2015.6.25.).

▌전환사채를 인수할 권리를 양도하는 경우 해당 권리의 양도에 따른 소득은 양도소득세 과세대상 소득이 아니다

거주자가 보유중인 교환사채의 일부 또는 전부를 매수할 수 있는 권리("대상 사채매수선택권"이라 함)를 부여하는 옵션계약을 체결하고 해당 계약의 내용에 따라 대상 사채매수선택권을 부여받는 자로부터 해당 권리의 부여에 대한 대가를 지급받아 발생한 소득은 양도소득의 범위에 포함되지 않는다(사전법령재산-173, 2015.10.5.).

▌전환사채를 주식으로 전환한 후 양도하는 경우

전환사채를 주식으로 전환한 후 전환된 주식을 양도하는 경우 양도소득세가 과세된다(재산-2593, 2008.9.2.).

Ⅲ 대주주

1. 개요

상장법인 및 비상장법인의 대주주란 다음의 소유주식비율과 시가총액 중 어느 하나를 충족하는 자를 말한다. 대주주를 구분하는 이유는 대주주와 대주주 외의 주주가 주식을 양도한 경우 양도소득세의 세율을 달리 적용하기 때문이다.

주식 구분		소유주식 비율	시가 총액
주권상장법인	유가증권시장 상장법인	주식 합계액의 1% 이상 소유	주식 시가총액의 15억원*1) 이상 소유
	코스닥시장 상장법인	주식 합계액의 2% 이상 소유	주식 시가총액의 15억원*1) 이상 소유
	코넥스시장 상장법인	주식 합계액의 4% 이상 소유	주식 시가총액의 10억원*2) 이상 소유
주권비상장 법인	일반법인	주식 합계액의 4% 이상 소유	주식 시가총액의 15억원*1) 이상 소유
	프리보드 벤처기업		주식 시가총액의 40억원 이상 소유

*1) 2020.4.1. 이후 양도분은 10억원, 2021.4.1.이후 양도분은 3억원
*2) 2021.4.1. 이후 양도분은 3억원

2. 주권상장법인의 대주주

(1) 개요

주권상장법인의 대주주가 주식을 양도하는 경우에는 장내·장외를 불문하고 양도소득세가 과세 되므로 대주주의 범위를 정확히 알아야 세금 계획을 설계할 수 있다.

대주주란 주주(또는 출자자) 1인과 특수관계인이 소유한 주식의 양도일이 속하는 사업연도의 직전 사업연도 종료일 현재 소유주식 비율 또는 시가총액 중 어느 하나를 충족하는 경우, 해당 주주 1인 및 그의 특수관계인을 말한다(소법 §94 ① 〈3.가목〉).

주권상장법인의 시가총액은 해당 주식의 양도일이 속하는 사업연도의 직전 사업연도 종료일 현재의 최종시세가액(최종시세가액이 없는 경우에는 직전 거래일의 최종시세가액으로 함)으로 한다(소령 §157 ⑦).

(2) 대주주 적용시기별 소유주식 비율 및 시가총액

대주주 적용시기별 소유주식 비율 및 시가총액은 다음과 같다.

구 분	2018.4.1.부터 2020.3.31.까지 적용		2020.4.1.부터 2021.3.31.까지 적용		2021.4.1.부터 적용	
	소유주식 비율	시가총액	소유주식 비율	시가총액	소유주식 비율	시가총액
유가증권시장	1% 이상	15억원 이상	1% 이상	10억원 이상	1% 이상	3억원 이상
코스닥시장	2% 이상	15억원 이상	2% 이상	10억원 이상	2% 이상	3억원 이상
코넥스시장	4% 이상	10억원 이상	4% 이상	10억원 이상	4% 이상	3억원 이상

* 상장주식에는 콜옵션과 주식매수선택권(서면-22136, 2015.5.4.) 및 주식으로 전환되지 아니한 전환사채(사전법령재산-434, 2015.12.17.)를 포함하지 않는다.

3. 비상장법인의 대주주

비상장법인의 모든 주식에 대해서는 양도소득세가 과세된다. 대주주를 구분하는 이유는 대주주와 대주주 외의 주주가 주식을 양도하는 경우 양도소득세의 세율을 달리 적용하기 때문이다.

(1) 개요

비상장법인의 대주주는 주식의 양도일이 속하는 사업연도의 직전 사업연도의 종료일 현재 주주 1인과 그의 특수관계인의 소유주식비율이 4% 이상이거나 시가총액이 15억원(2020.4.1.이후 양도하는 경우:10억원) 이상인 경우를 말한다.

구 분	2018.4.1.부터 2020.3.31.까지 적용		2020.4.1.부터 2021.3.31.까지 적용		2021.4.1.부터 적용	
	소유주식 비율	시가총액	소유주식 비율	시가총액	소유주식 비율	시가총액
비상장주식	4% 이상	15억원 이상	4% 이상	10억원 이상	4% 이상	3억원 이상

▌ 신설법인의 대주주 판단 방법

양도일이 속하는 사업연도에 신설하여 직전 사업연도가 없는 경우에는 법인 설립일을 직전 사업연도 말로 보고 대주주 여부를 판단한다(서면-법령해석재산-6158, 2017.8.22.).

▌ 상장주식을 취득한 후 상장폐지일 이후에 양도한 주식은 비상장주식의 양도에 해당한다(국심사양도 2015-83, 2015.6.12.).

▌ 주식을 양도하는 자를 기준으로 사돈의 경우 특수관계인 여부

주식을 양도하는 자를 기준으로 사돈은 특수관계인에 해당하지 않으므로 사돈의 주식을 합산하여 대주주 여부를 판단할 수 없다(기준법령재산-179, 2017.8.30.).

▌ 대주주 판정

대주주 판정은 직전 사업연도 종료일 현재 시가총액으로 판단하고, 주식으로 전환되지 아니한 전환사채는 포함하지 아니한다(사전법령재산-434, 2015.12.17.).

(2) 비상장법인이 상장된 경우 대주주 판정

코스닥시장 상장법인의 주식을 양도한 경우로서 해당 주식의 양도일이 속하는 사업연도의 직전 사업연도 종료일에 비상장법인인 경우 대주주 요건 적용시 코스닥시장 상장법인의 주식에 적용되는 기준인 주식 소유주식비율기준 또는 시가총액기준을 적용하여 판단한다.

4. 대주주 판정시 특수관계인의 범위

대주주 판정시 특수관계인이란 다음의 해당하는 자를 말한다(소령 §157 ④ 〈1〉).

주주 1인 및 특수관계인(법령 §43 ⑧ 〈1〉)의 소유주식 비율의 합계가 해당 법인의 주주 1인 등 중에서 최대인 경우 다음에 해당하는 자	주주 1인 및 특수관계인(법령 §43 ⑧ 〈1〉)의 소유주식 비율의 합계가 해당 법인의 주주 1인 등 중에서 최대가 아닌 경우 다음에 해당하는 자
① 6촌 이내의 혈족 ② 4촌 이내의 인척 ③ 배우자(사실상의 혼인관계에 있는 자를 포함) ④ 친생자로서 다른 사람에게 친양자 입양된 자 및 그 배우자·직계비속 ⑤ 경영지배관계(본인이 개인인 경우) ㉠ 본인이 직접 또는 그와 친족관계 또는 경제적 연관관계에 있는 자를 통하여 법인의 경영에 대하여 지배적인 영향력을 행사하고 있는 경우 그 법인 ㉡ 본인이 직접 또는 그와 친족관계, 경제적 연관관계 또는 위 "㉠"의 관계에 있는 자를 통하여 법인의 경영에 대하여 지배적인 영향력을 행사하고 있는 경우 그 법인	① 직계존비속 ② 배우자(사실상의 혼인관계에 있는 자를 포함) ③ 친생자로서 다른 사람에게 친양자 입양된 자 및 그 배우자·직계비속 ④ 경영지배관계(본인이 법인인 경우) ㉠ 본인이 직접 또는 그와 친족관계 또는 경제적 연관관계에 있는 자를 통하여 법인의 경영에 대하여 지배적인 영향력을 행사하고 있는 경우 그 법인 ㉡ 본인이 직접 또는 그와 친족관계, 경제적 연관관계 또는 위 "㉠"의 관계에 있는 자를 통하여 법인의 경영에 대하여 지배적인 영향력을 행사하고 있는 경우 그 법인

▌법인과 법인에 근무하는 사용인은 특수관계인의 범위 여부

법인과 법인에 근무하는 사용인이 다른 국내 상장법인의 주식을 함께 소유하고 있는 경우로서 법인과 법인에 근무하는 사용인은 특수관계인의 범위에 포함된다(재산 46014-320, 2000.3.14.).

▌장모가 특수관계인인지 여부

장모는 특수관계인에 포함되지 않는다(서면부동산-5389, 2016.12.30.).

▌코스닥 상장법인의 임원이 직전 사업연도 종료일에 퇴직한 경우 대주주 해당 여부

국내 코스닥 상장법인의 주식을 함께 소유하고 있는 경우로서 그 법인에 근무하는 사용인이 직전 사업연도 종료일에 퇴직한 경우 양도소득세 과세대상인 코스닥 상장법인의 대주주를 판단함에 있어 그 법인과 법인에 근무하는 사용인의 관계는 "주주 1인 및 그와 친족, 그 밖의 특수관계인"에 포함된다(부동산거래관리과-1156, 2010.9.15.).

▌비거주자인 자녀도 특수관계인 여부

상장주식 대주주에 해당하는지 여부를 판정함에 있어 비거주자인 자녀도 특수관계인에 해당한다(부동산거래-866, 2010.7.2.).

▌자기주식과 무의결권우선주의 대주주 지분율 판단

회사가 보유중인 의결권 없는 자기주식을 포함하여 대주주 지분율 요건을 판단한다(서면-2015-법령해석재산-2137, 2016.6.14.). 또한 양도소득세 과세대상 상장법인의 주식에는 무의결권 우선주도 포함된다(서면-부동산-2562, 2016.1.5.).

▌신규 코스닥 상장법인의 주식 양도시 대주주 판정

신규 코스닥 상장법인의 주식을 양도하는 경우로써 직전 사업연도에 상장되지 아니한 경우 주식소유 비율은 코스닥 상장법인의 주식에 적용되는 기준으로 한다(부동산납세과-96, 2013.10.18.).

5. 대주주의 적용시기 및 적용방법

(1) 적용시기

대주주는 주식 양도일이 속하는 사업연도의 직전 사업연도 말 현재 주주 1인과 그와 특수관계인의 소유주식비율이나 시가총액으로 판단하며, 해당 대주주의 적용시기는 다음에 따른다.

① 직전 사업연도 종료일 현재 소유주식비율에 미달하였으나 그 후 주식을 취득하여 소유주식비율 기준에 해당하는 때에는 그 취득일부터 그 사업연도 종료일까지 대주주가 된다.

② 주식의 양도일이 속하는 사업연도의 직전 사업연도 종료일 현재 소유주식비율 기

준에 해당하지 않더라도 주식의 양도일이 속하는 사업연도 중에 주식 등을 취득하여 주식의 소유주식비율이 소유주식비율에 해당하는 경우에는 그 해당하는 날부터 당해 사업연도 종료일까지 대주주가 된다(소법 집행기준 94-157-2).

③ 시가총액 기준은 직전 사업연도 종료일 기준으로만 판정함에 따라 사업연도 중에 시가총액 기준에 해당 할지라도 대주주로 보지 아니한다.

(2) 법인이 합병하거나 분할한 경우 대주주 판정

법인이 합병하거나 분할한 경우 대주주 해당 여부의 판정은 다음에 따른다.

① 피합병법인의 주주가 합병에 따라 합병법인의 신주를 교부받아 그 주식을 합병등기일이 속하는 사업연도에 양도하는 경우에는 해당 피합병법인의 합병등기일 현재 주식소유 현황에 따른다.

② 분할신설법인의 신주를 설립등기일이 속하는 사업연도에 양도하거나, 분할법인의 주식을 분할능기일이 속하는 사업연도에 분할등기 이후에 양도하는 경우에는 해당 분할 전 법인의 분할등기일이 현재 주식보유 현황에 따른다.

(3) 소유주식비율 또는 시가총액 변동에 따른 대주주의 적용방법

주주 1인과 특수관계인이 소유한 주식의 양도일이 속하는 사업연도의 직전 사업연도 종료일 현재 소유주식비율 또는 시가총액이 변동된 경우 다음에 따라 대주주를 판단한다.

① 직전 사업연도 종료일 현재 대주주에 해당하는 경우로써 당해 연도에 거래하는 모든 주식의 거래는 대주주가 거래한 것으로 보며, 당해 연도 중에 대주주가 되었다면 그 이후 당해 사업연도 종료일까지 거래하는 모든 주식에 대하여도 대주주로서 거래한 것으로 본다(서울행정법원 2010구합13586, 2010.7.15.).

② 직전 사업연도 종료일 현재에는 소유주식비율기준 또는 시가총액기준 이상을 소유하였다가 그 종료일 후에 지분율 또는 시가총액에 미달하여 소유하게 된 경우 그 사업연도 종료일까지 대주주에 해당한다(대법원 2006두8969, 2008.2.15.).

③ 대주주 판정시 분할에 의하여 설립된 분할신설법인의 직전 사업연도가 없는 경우에는 분할 전 분할법인의 분할 직전 사업연도를 당해 분할신설법인의 직전 사업연도로 본다(소법 집행기준 94-157-4).

④ 양도일이 속하는 사업연도에 신설하여 직전 사업연도가 없는 경우에는 법인 설립

일을 직전 사업연도 말로 보고 대주주 여부를 판단한다(서면-2016-법령해석재산-6158[법령해석과-2371], 2017.8.22.).

⑤ 주권상장법인의 주주가 "당해 법인의 증자로 인하여 취득한 새로운 주식으로서 직전 사업연도 종료일 현재 상장되지 아니한 주식"을 소유하고 있는 경우 당해 주식을 포함하여 "시가총액"을 계산하여 대주주 여부를 판정한다(서면4팀-716, 2008.3.19.).

⑥ 피합병법인(주권상장법인)의 대주주가 흡수합병으로 인하여 보유하고 있던 주식을 반납하고 그 대가로 교부받은 합병법인(주권상장법인)의 주식을 양도한 경우로서 주식의 양도일이 속하는 사업연도의 직전 사업연도 종료일 현재 피합병법인의 주식을 100분의 3 이상을 보유하고 있는 경우에는 대주주의 범위에 포함되는 것이다(재산-1014, 2009.5.22.).

⑦ 상장법인인 합병법인의 주주가 당해 법인 주식의 양도일이 속하는 사업연도의 직전 사업연도 종료일 현재 피합병법인(주권상장법인)의 주식을 대주주 지분율 이상 소유한 경우에는 대주주에 해당한다(재산세제과-1151, 2009.7.7.).

▌양도일 직전 사업연도 종료일 현재 주식을 보유하지 않은 자가 시가총액 기준에 따른 금액 미만의 주식을 부로부터 상속으로 취득한 후 양도하는 경우 양도소득세 과세 대상인지(대주주 해당) 여부

주권상장법인 주식의 양도일이 속하는 사업연도의 직전 사업연도 종료일 현재 주식을 보유하지 않은 자가 양도일이 속하는 사업연도의 직전 사업연도 종료일 현재 주주 1인과 기타주주의 주식 시가 총액 기준 이상인 경우 대주주에 해당한다(사전법령재산-779, 2018.2.6.).

Ⅳ 특정주식

부동산보유비율이 높은 법인의 주식(출자지분 포함)을 대량으로 양도하는 경우(과점주주의 주식)와 부동산보유를 필수로 하는 골프장 등의 특정업종의 주식을 양도하는 경우(부동산 과다보유 법인의 주식)에는 주식을 양도하는 것이지만 이는 부동산을 양도한 것과 같은 경제적 이익이 발생하므로 일반적인 주식의 양도와 다르게 양도소득세를 계산한다.

특정주식의 구분	범 위
과점주주의 주식	과점주주란 주주(출자자 포함) 1인 및 기타주주(주주 1인과 그의 특수관계인을 말함)가 소유하고 있는 주식의 합계액이 해당 법인의 주식의 합계액의 50% 이상을 과점주주 외의 자에게 양도하는 경우에 그 주주 1인 및 기타주주를 말함. 이 경우 과점주주가 해당 법인의 주식 등의 100분의 50 이상을 과점주주 외의 자에게 양도한 주식 등 중에서 양도한 날(여러 번에 걸쳐 양도하는 경우에는 그 양도로 양도한 주식 등이 전체 주식 등의 100분의 50 이상이 된 날을 말한다)부터 소급하여 3년 내에 해당 법인의 과점주주 간에 해당 법인의 양도한 주식 등을 합산하여 100분의 50 이상을 판단함.
부동산과다보유 법인의 주식	해당 법인의 자산총액 중 토지 · 건물 및 부동산에 관한 권리의 가액과 해당 법인이 보유한 다른 부동산과다보유법인의 주식가액의 합계액이 차지하는 비율이 50% 이상인 법인을 말함.

1. 과점주주의 주식

과점주주는 업종에 제한 없이 다음의 부동산 등 보유비율, 주식의 소유비율, 주식의 양도비율의 요건을 모두 갖춘 법인(상장법인 및 비상장법인을 불문한다)의 주식을 말한다.

과점주주가 주식 등을 수회에 걸쳐 양도하는 경우에는 과점주주 중 1인이 주식을 양도하는 날부터 소급하여 3년 내에 과점주주가 양도한 주식 등을 합산하지만, 과점주주 상호 간에 양도하는 주식 등은 합산하지 않는다(재산 46014-927, 2000.7.27.). 이 경우 부동산 등 자산과 주식의 소유비율은 그 합산하는 기간 중 최초로 양도하는 날 현재의 해당 법인의 주식 등의 합계액 또는 자산총액을 기준으로 한다.

다음과 같이 부동산 등 보유비율과 주식의 소유비율 요건이 동시에 충족되면 그 이후 양도한 주식을 합산하여 50% 이상이 되는 시점에서 과점주주 주식 등으로 과세한다.

※ 평가대상 법인이 보유하고 있는 부동산과다보유법인의 발행주식은 부동산 및 부동산에 관한 권리에 해당하지 않는 것임(부동산-1065, 2011.12.21).

(1) 부동산 등 보유비율

해당 법인의 자산총액 중 부동산 등(토지 · 건물 · 부동산에 관한 권리)의 자산가액과 해당 법인이 보유한 다른 부동산과다보유법인의 주식가액의 합계액이 차지하는 비율이 최초로 양도하는 날 현재 50% 이상인 법인이어야 한다.

$$\text{부동산 등 보유비율} = \frac{\text{부동산 등의 자산가액 + 다른 부동산과다보유법인의 주식가액}}{\text{해당 법인의 자산총액}} \geq 50\%$$

이 경우 부동산 등의 자산가액은 해당 법인의 장부가액(토지와 건물의 기준시가가 장부가액보다 큰 경우에는 기준시가로 하며, 세무계산상 장부가액을 의미한다; 서면5팀-582, 2007.2.14.)으로 하며, 특정주식 판정시 부동산가액에는 부동산매매업자의 매매용 토지 및 건물, 주택신축판매업자의 주택건설용 토지 및 미판매된 완성주택의 가액과 토지 등을 취득할 수 있는 권리의 가액이 포함된다.

그러나 다음의 금액은 포함하지 않는다.

① 무형고정자산 중 개발비 및 사용수익기부자산의 가액

② 양도일부터 소급하여 1년이 되는 날부터 양도일까지의 기간 중에 차입 또는 증자 등에 따라 증가한 현금·금융재산 및 대여금의 합계액

(2) 주식의 소유비율

주주(출자자 포함) 1인 및 기타주주(주주 1인과 그의 특수관계인을 말함)가 소유하고 있는 주식의 합계액이 해당 법인의 주식의 합계액의 50% 이상을 다른 과점주주에게 양도한 후 양수한 과점주주가 과점주주 외의 자에게 양도하는 경우로서 과점주주가 해당 법인의 주식 등의 100분의 50이상을 과점주주 외의 자에게 양도한 주식 등 중에서 양도한 날(여러 번에 걸쳐 양도하는 경우에는 그 양도로 양도한 주식 등이 전체 주식 등의 100분의 50 이상이 된 날을 말한다)부터 소급하여 3년 내에 해당 법인의 과점주주 간에 해당 법인의 양도한 주식 등을 합산하여 100분의 50 이상이어야 한다.

$$\text{주식의 소유비율} = \frac{\text{법인의 주주 1인 및 기타 주주가 소유하고 있는 주식의 합계액}}{\text{해당 법인의 주식 등의 합계액}} \geq 50\%$$

(3) 주식의 양도비율

위 "(1)과 (2)"의 요건을 갖춘 법인의 주주 1인과 기타주주가 양도하는 주식은 당해 법인 전체주식의 50% 이상이어야 한다.

$$\text{주식의 양도비율} = \frac{\text{주주 1인과 기타 주주의 양도액}}{\text{당해 법인의 주식의 합계액}} \geq 50\%$$

보충설명

기타주주란 다음에 해당하는 자를 말한다.

① 주주 1인 및 그와 법령(§43 ⑧ 〈1〉)에 따른 특수관계인("주주 1인 등"이라 함)의 소유주식 비율의 합계가 해당 법인의 주주 1인 등 중에서 최대인 경우 ➡ 다음에 해당하는 자

㉠ 6촌 이내의 혈족

㉡ 4촌 이내의 인척

㉢ 배우자(사실상의 혼인관계에 있는 자를 포함)

㉣ 친생자로서 다른 사람에게 친양자 입양된 자 및 그 배우자·직계비속

㉤ 본인이 직접 또는 그와 친족관계 또는 경제적 연관관계에 있는 자를 통하여 법인의 경영에 대하여 지배적인 영향력을 행사하고 있는 경우 그 법인

㉥ 본인이 직접 또는 그와 친족관계, 경제적 연관관계 또는 가목의 관계에 있는 자를 통하여 법인의 경영에 대하여 지배적인 영향력을 행사하고 있는 경우 그 법인

② 주주 1인 등의 소유주식 비율의 합계가 해당 법인의 주주 1인 등 중에서 최대가 아닌 경우 ➡ 다음에 해당하는 자

㉠ 직계존비속

㉡ 배우자(사실상의 혼인관계에 있는 자를 포함함)

㉢ 본인이 직접 또는 그와 친족관계 또는 경제적 연관관계에 있는 자를 통하여 법인의 경영에 대하여 지배적인 영향력을 행사하고 있는 경우 그 법인

㉣ 본인이 직접 또는 그와 친족관계, 경제적 연관관계 또는 '㉢'의 관계에 있는 자를 통하여 법인의 경영에 대하여 지배적인 영향력을 행사하고 있는 경우 그 법인

2. 부동산과다보유법인의 주식

부동산과다보유법인의 주식은 다음의 부동산가액 비율 요건, 업종기준, 적용방법의 요건을 모두 갖춘 법인(상장법인 및 비상장법인을 불문한다)의 주식(출자지분 포함)을 말한다.

부동산과다보유법인 주식인지 여부는 양도일 현재 해당 법인의 자산총액을 기준으로 판정하는 것이며, 양도일 현재의 자산총액을 알 수 없는 경우에는 양도일이 속하는 사업연도의 직전 사업연도 종료일 현재의 자산총액을 기준으로 판정한다.

(1) 부동산가액 비율 요건

해당 법인의 자산총액 중 토지・건물・부동산에 관한 권리의 자산가액과 다른 부동산과다보유법인의 주식가액의 합계액이 차지하는 비율이 80% 이상인 법인이어야 한다.

$$\text{부동산가액 비율} = \frac{\text{토지·건물·부동산에 관한 권리의 자산가액} + \text{다른 부동산과다보유법인의 주식가액}}{80\%} \geq \text{해당 법인의 자산총액}$$

(2) 업종기준

「체육시설의 설치・이용에 관한 법률」에 의한 골프장업・스키장업 등 체육시설업 및 관광진흥법에 의한 관광사업 중 휴양시설관련업과 부동산업・부동산개발업으로서 골프장, 스키장, 휴양콘도미니엄 또는 전문휴양시설 중 어느 하나에 해당하는 시설을 건설 또는 취득하여 직접 경영하거나 분양 또는 임대하는 사업을 영위하는 법인이어야 한다.

▍부동산임대업

부동산임대업을 영위하는 법인의 주식은 부동산과다보유법인의 범위에서 규정하는 사업에 포함되는 주식이 아니다(재일 01254-1297, 1990.7.7.).

▍골프연습장업

양도소득세가 과세대상이 되는 기타자산 중 부동산과다보유법인의 주식에 해당하는 것이나 골프연습장업은 이에 해당하지 아니한다(부동산거래-207, 2010.2.8.).

(3) 적용방법

위 "(1)과 (2)"의 요건을 동시에 갖춘 법인의 주식의 경우에는 양도자의 지분비율이나 양도비율에 관계없이 1주만 양도하여도 양도소득세 과세대상이 된다.

3. 과점주주의 주식과 부동산과다보유법인의 주식 비교

양도소득세가 과세되는 과점주주의 주식과 부동산과다보유법인의 주식을 비교하면 다음과 같다.

구 분	과점주주의 주식	부동산과다보유법인의 주식
업 종	모든 업종	골프장 등의 영위 법인
부동산 비율	50% 이상	80% 이상
소유주식비율	50% 이상	제한 없음
과세대상양도 비율	50% 이상	1주만 양도하여도 양도소득세 과세 대상

▌합산기간 내 상환주식의 상환으로 인하여 주식을 소각함에 따라 의제배당으로 과세되는 주식

기타자산의 판정시 합산하는 기간 내 상환주식의 상환으로 인하여 주식을 소각함에 따라 의제배당으로 과세되는 주식 등은 양도주식수에 포함하지 아니한다(부동산거래-863, 2010.7.2.).

▌특수관계인이 주식을 소유하고 있지 않은 자에게 부동산과다보유법인 주식을 양도하는 경우

특수관계는 있으나 주식을 소유하고 있지 않은 자에게 부동산과다보유법인 주식을 양도하는 경우 양도소득세가 과세되는 기타자산에 해당한다(부동산거래-346, 2010.3.5.).

▌부동산과다보유법인 주식의 세율 적용

부동산과다보유법인의 주식의 양도차익에 대해 누진세율을 적용하고 장기보유특별공제를 배제하여 과세한 처분은 정당하다(조심 2009부303, 2009.3.16.).

▌사용인·기타 고용관계에 있는 주주의 특수관계 판단

기타자산 중 특정주식에 해당하는지 여부를 판단함에 있어 당해 법인의 사용인·기타 고용관계에 있는 주주는 그 특정주주 1인과는 특수관계인에 해당하지 않는다. 이 경우 사용인·기타 고용관계에 있는 자라 함은 당해 법인(체납법인)의 특정주주 1인과의 관계를 말하는 것이지 당해 법인과의 관계를 일컫는 것이 아니므로 단순히 당해 법인의 사용인·기타 고용관계에 있는 주주는 그 특정주주 1인과는 특수관계인에 해당하지 않는다(부동산거래-873, 2010.7.5.).

제5절 양도소득세가 과세되는 거래유형

I 양도로 보는 거래유형

양도소득세가 과세되는 주식의 양도란, 명의개서에 관계없이 매매, 교환 및 양도담보 등으로 인하여 그 주식이 사실상 이전되는 것을 말한다(소법 §88).

주식의 소유권 이전은 대가의 지급 여부에 따라 유상이전과 무상이전으로 구분되며, 유상이전의 경우에는 소유권이전을 해주는 자(양도자)에게 양도소득세의 납세의무가 있으며, 상속 또는 증여함으로써 무상이전이 되는 경우에는 소유권을 이전받는 자(상속인 또는 수증자)가 상속세 또는 증여세 납세의무가 있다.

▌매매대금을 약속어음으로 지급받고 주주명부에 명의개서를 한 후 동 약속어음이 부도가 발생한 경우

주식 매매대금을 약속어음으로 지급받고 주주명부에 명의개서를 한 후 동 약속어음이 부도가 발생한 경우에도 양도로 본다(감사원심사 2002-155, 2002.9.27.). 이 경우 명의개서일을 양도일로 본다.

▌양도소득세를 신고·납부한 후 합의해제시 양도소득세 과세 여부

양도소득세 과세대상 자산을 양도하고 양도소득세를 신고·납부한 후에는 당사자 간의 합의해제로 해당 양도계약을 취소하는 경우에도 양도소득세 과세대상이다(재금융세제-174, 2017.7.12.).

▌명의신탁이 해지된 비상장주식의 양도

명의신탁된 비상장주식을 실지소유자 명의로 환원하는 것은 증여세 및 양도소득세가 과세되지 아니하는 것이나, 명의신탁 해지된 후 당해 비상장주식을 제3자에게 양도하는 경우에는 양도소득세가 과세된다(재산 46014-599, 2000.5.18.).

▌잔금청산 전에 주식명의개서로 주주권 행사 후 주식매매계약을 해제한 경우

주식명의개서가 잔금청산 전에 이루어지고 매수자가 대주주로서 대·내외적으로 주주권을 행사하여 고액대출을 받는 등 당해 법인을 실질적으로 지배·운영한 것으로 판단되는 경우에는 명의개서일에 이미 양도가 성립되었다고 본다(국심사양도 2005-0089, 2005.8.22.).

1. 매매

(1) 개요

매매는 양도의 대표적인 소유권이전 유형 중 하나이며, 양도인이 주식을 양수인에게 이전할 것을 약정·체결하고 양수인은 그 대금을 지급할 것을 약정함으로써 그 효력이 생기는 유상계약을 말하며(민법 §563), 이는 양도소득세가 과세되는 보편적인 거래유형에 속한다.

매매 당사자의 약정에 의해 매매대금지급조건에 따라 매매가액에 일정금액의 이자를 가산하여 매매가액이 확정하는 경우 그 매매가액이 양도가액(양수자:취득가액)이 된다. 따라서 양도소득세 신고 후 추가로 받은 이자상당액을 합산하여 신고하지 아니한 경우에는 양도가액을 수정신고하여야 한다.

(2) 배우자 또는 직계존비속 간의 매매

배우자 또는 직계존비속 간의 주식을 매매한 경우에는 증여의 추정으로 증여세가 과세된다. 그러나 사실상 매매대금의 수수가 금융거래 등에 의하여 입증되는 경우에는 매매에 해당하는 것으로 보아 양도소득세가 과세된다.

(3) 주식의 양도대금을 청산 전에 명의개서한 경우

대금청산 전에 명의개서(소유권이전등기 포함)한 경우에는 주식의 양도대금을 수수하지 못하였다 하더라도, 명의개서가 이루어진 주식은 양도소득에 해당한다(조심 2008광3652, 2010.2.18.).

▌환매조건이 있는 비상장주식의 매매시 양도소득세 과세대상 여부

당초 주식매매가 이루어진 후 주식매매계약서에 의한 매수자의 환매요청권리(풋옵션 Put-Option)에 의하여 주식이 다시 매매되는 경우 양도에 해당한다(부동산거래관리과-138, 2012.3.7.).

▌사회통념상 거의 전부 지급되었다고 볼 정도의 대가의 지급이 이행된 경우

주식 등의 유상양도란, 주식매매대가가 사회통념상 거의 전부 지급되었다고 볼 정도의 계약금 및 중도금의 총 대금의 98%를 받은 경우에는 양도에 해당된다(서울고법

2011누3656, 2011.10.19.).

▌증여계약체결 후 명의개서 전에 양도한 경우

증여계약을 체결하고 수증인에게 증여하였으나 명의개서하기 전에 수증인이 주주권을 행사하다가 이를 양도하는 경우에는 양도에 해당한다. 이때 매매대금이 수증자에게 귀속된 경우라도 명의개서를 하지 아니한 증여자가 납세의무자가 된다(대법원 2003두2267, 2004.7.22.).

2. 교환

교환이란, 교환하려는 당사자 쌍방이 주식 등을 상호 이전 할 것을 약정함으로써 그 효력이 생기는 유상계약을 말하며(민법 §596), 이는 물물교환에 해당하며 양도소득세가 과세되는 주식을 상호 교환함에 따라 양도가액과 취득가액을 어떻게 정할 것인가에 따라 세금에 직접적인 영향을 미치게 된다.

소유권 이전은 동등한 가치가 있는 서로의 주식을 맞교환할 때와 교환가치가 동등하지 않아 부족한 교환가치만큼의 상당하는 금전 수수에 불구하고 교환하는 쌍방 간의 주식은 양도소득세 과세대상이 된다.

그러나 주식의 교환계약을 체결하였으나 해당 계약조건을 이행하지 못하여 교환계약을 해제한 경우 매매계약의 해제와 마찬가지로 양도에 해당하지 않는다.

▌직계존비속 간 주식을 교환하는 경우

직계존비속 간 주식을 실제 서로 교환하는 경우에도 양도에 해당한다(재일 46014-729, 1997.3.27.).

▌비상장주식과 상장주식의 포괄적 교환의 경우

주식의 포괄적 교환에 있어 완전자회사의 주주가 소유하고 있는 비상장주식을 양도하고 완전모회사가 발행하는 상장 또는 협회등록된 주식을 취득하는 경우 양도소득세 과세대상인 교환에 해당한다(서면인터넷방문상담4팀-2746, 2006.8.9.).

▌단순한 교환인 경우

일반적으로 양도소득세 과세대상이 되는 거래가 단순한 교환인 경우에는 교환대상 목적물에 대한 주식은 평가를 하여 그 주식평가액*의 차액에 대한 정산절차를 수반하는 등의 경우를 제외하고는 그 실지양도가액을 확인할 수 없다. 이런 경우 양도주식의 양도차익은 실지거래가액이 아닌 기준시가에 의하여 산정되어야 할 것이다(서울고법 2005누20308, 2007.8.24.).
* 판례내용은 감정평가액이며, 주식의 경우에는 감정가액이 없다.

3. 대물변제

민법(§466)에서 대물변제란 채무자가 반드시 채권자의 승낙을 얻어 본래의 채무변제를 대신하여 다른 채무변제를 이행함으로써 현실적으로 채권을 소멸시키는 채권자와 채무자의 계약으로 일반적인 채무변제와 동일한 효력을 가지게 된다.

세법에서는 채무를 주식으로 변제하거나 타인의 채무를 위해 담보로 제공된 자산(물상보증자산)이 채권자의 담보권실행으로 처분된 경우에는 물상보증인에게 양도소득세의 납세의무가 있다. 또한 타인의 채무를 위해 담보로 제공된 주식이 경락에 의해 소유권이 이전되는 경우에도 양도로 보는 것이며, 이 경우 물상보증인이 양도소득세의 납부의무가 있다.

▌부동산으로 위자료를 대물변제하는 경우 양도 여부

손해배상에 있어서 당사자 간의 합의에 의하거나 법원의 확정판결에 의하여 일정액의 위자료를 지급하기로 하고, 동 위자료 지급에 갈음하여 당사자 일방이 소유하고 있던 부동산으로 대물변제한 때에는 그 자산을 양도한 것으로 본다(소법 기본통칙 88-0…3).

▌제3자의 담보로 제공된 주식이 채무변제에 충당된 경우

타인에 대한 채무변제에 갈음하여 양도소득세 과세대상 주식을 대물변제하는 경우에는 유상이전에 해당하여 양도소득세가 과세된다(부동산거래관리과-222, 2010.2.10.). 또한 채무를 주식으로 변제하거나 재산적·정신적 손해에 대한 배상으로 주식의 소유권을 이전한 경우에는 채무 또는 손해배상책임의 소멸이라는 경제적 이익이 주식소득자에게 귀속된 것으로 보아 이를 유상양도로 보고 양도소득세를 부과한다.

▌채무자와 채권자가 비특수관계인으로서 거래의 관행상 정당한 사유없이 채무액에 미달하는 가액으로 대물변제하는 경우

채무자와 채권자가 비특수관계인으로서 거래의 관행상 정당한 사유없이 채무액에 훨씬 미달하는 가액으로 대물변제하는 경우 그 차액상당액은 그 채무자의 증여재산가액이 되어 증여세가 과세된다(서면4팀-2047, 2004.12.15.).

4. 경매

과세대상이 되는 주식이 법원의 경매 등으로 인하여 공매되는 경우에는 주식의 양도로 보아 양도소득세가 과세된다.

경매의 경우 경락허가결정이 확정되고 그 대금이 완납된 것이라면 양도소득세 과세대상인 양도에 해당되는 것이며, 이후 경락인을 상대로 제기한 소유권이전등기(명의개서) 말소등기청구소송에 의해 당초 소유자에게 환원시켜 주기로 하는 법정화해는 당해 양도사실과 무관한 것으로 본다(대법원 85누657, 1986.9.9.).

만일 자기소유 자산을 제3자의 채무에 대한 담보로 제공하였다가 제3자인 채무자가 변제하지 아니하여 당해 담보자산이 경매가 개시되어 당초 소유자가 자기명의로 경락받은 경우에는 이를 양도로 보지 아니한다(소법 기본통칙 88-0…1).

5. 공동사업에 현물출자한 경우

거주자가 조합과 공동사업(주거용건물개발 및 공급업)을 경영할 것을 약정하는 계약에 따라 주식 등을 공동사업에 현물출자하는 경우에는 등기(명의개서)에 관계없이 현물출자 또는 등기접수일(명의개서일) 중 빠른 날에 해당 주식이 유상으로 양도한 것으로 보아 양도소득세가 과세된다(재재산 46014-119, 2002.6.7.).

6. 환매

환매조건부 양도란, 어떤 주식을 양도하면서 정해진 시간이 지난 후 소정의 가격으로 다시 사들인다는 조건이 있는 거래를 말한다.

주식을 민법(§590)에 따라 환매조건부로 유상양도하고 환매권을 보유한 상태에서 소유권을 이전하는 경우에는 유상양도에 해당되며, 환매계약에 따른 환매기간 내에 환매권을 행사하여 소유권을 환원하는 경우에는 양도로 보지 아니한다(서면4팀-1893,

20076.14.).

따라서 주식의 매매가 이루어진 후 계약서에 의해 환매요청의 권리행사에 따라 주식이 매매된 경우에는 당초계약이 원인무효되거나 부득이한 사유에 의한 합의해제가 아닐 경우 당초 매매거래와 재차 원소유자에게 이전되는 거래는 각각 별개의 양도로 본다(국심 2005중433, 2006.2.10.).

▌주식거래가 이후 주식이 증권거래소시장에 상장되지 못할 경우 환매계약체결 계약서에 따라 환매요청의 권리 행사에 따라 주식이 매매된 경우

주식의 환매계약체결에 의해 주식거래가 이루어진 후 회사의 주식이 증권시장에 상장되지 못할 경우 매수인은 이해관계인에게 환매(주식매수청구)를 요구할 수 있는 해당 환매계약체결 계약서에 따라 환매요청의 권리 행사에 따라 주식이 매매된 경우에는 각각 양도로 본다(국심사양도 2010-313, 2011.6.10.).

▌주식 양도시 투자이익을 보장하는 의무를 부담하였다가 투자이익이 보장되지 않자 계약에서 정한 바에 따라 주식을 다시 매수한 경우

주식 양도시 주식 가치가 일정 수준 이상으로 유지되어 양수인이 투자이익을 얻을 수 있도록 보장하는 의무를 부담하였다가 투자이익이 보장되지 않자 계약에서 정한 바에 따라 주식을 다시 매수함으로써 당초 주식 양수도계약의 효력을 확정적으로 소멸시킨 것으로 인정되는 경우에는 양도소득세 과세대상에서 제외된다(서울고법 2011누38263, 2013.4.19.).

7. 부담부증여

부담부증여로 주식을 명의개서하면서 증여자의 채무를 수증자가 인수하는 경우 증여가액 중 채무분은 사실상 유상으로 이전되는 것으로 보아 증여자에게 양도소득세가 과세되며, 채무를 제외한 나머지 부분(증여분)은 증여세가 과세된다.

이에 대한 자세한 내용은 후술하는 "제7절 Ⅱ의 5와 제9절 Ⅰ"을 참고하기 바란다.

8. 자전거래

자전거래란 동일거래원이 동일가격으로 동일수량의 매도·매수 주문을 내어 매매계약을 체결시키는 경우를 말하는 것이나 이는 증권시장에서 사용하는 관행상의 용어이다. 이러한 경쟁제한적 자전거래란 거래시스템 또는 경쟁 제한적 시장상황에서 제3자가 개입할 여지가 없는 자전거래나 또는 제3자가 개입한 경우라도 공정가격에 의한 거래를 기대하기 어려운 상황이기 때문에 매매가격이 일치하는 등 거래당사자 간 경제적 이익의 이전이 없는 거래를 말한다.

이러한 주식의 자전거래는 매도인과 매수인이 동일인으로서 소유권이전이 없으므로 양도 또는 취득으로 볼 수 없는 것이며(국심 2002서480, 2002.9.27.), 자기보유의 상장주식에 대해서도 매도・매수 주문을 동시에 내서 처분가격과 동일한 가격으로 재취득하는 자전거래는 양도로 볼 수 없고, 당해 주식의 취득가액은 종전의 당초 취득가액이 된다(적부 2001-62, 2001.10.9.).

9. 상속지분 포기로 현금 등을 지급받은 경우

피상속인의 재산을 상속함에 있어서 공동상속인 중 일방이 그의 상속지분을 포기하는 대가로 다른 일방으로부터 현금을 지급받은 경우 그 포기한 상속지분 상당의 재산은 유상으로 사실상 이전되는 것이므로 양도소득세 과세대상이 된다. 이 경우 양도시기는 포기한 상속지분 상당의 재산에 대한 대금을 청산한 날로 하는 것이나 대금을 청산하기 전에 명의개서(등기)를 한 경우에는 명의개서일(등기일)로 한다(서면부동산-582, 2017.8.30.).

▌상속지분을 포기하고 현금을 지급받는 경우

피상속인의 부동산을 상속함에 있어서 공동상속인 중 일방이 그의 상속지분을 포기하는 대가로 다른 일방으로부터 현금을 지급받는 경우 그 포기한 상속지분 상당의 부동산은 자산이 유상으로 사실상 이전됨으로써 양도소득세 과세대상이 된다(서면-2017-부동산-05820, 2017.8.30.).

10. 특수관계인에게 우회 양도한 경우

양도소득세를 부당하게 감소시키기 위하여 특수관계인에게 주식 등의 자산을 증여(양도일로부터 소급하여 5년 이내에 배우자 또는 직계존비속으로부터 증여받은 경우는 제외)한 후 그 주식 등의 자산을 증여받은 자가 그 증여일로부터 5년 내에 다시 이를 타인에게 양도한 경우에는 그 증여자가 그 주식 등의 자산을 직접 양도한 것으로 보아 양도소득세가 과세된다(소법 §101 ②).

다만, 당초 양도자 및 양수자가 부담한 양도소득세(결정세액을 합친 금액)가 당초 그 배우자 등이 증여받은 것으로 추정할 경우의 증여세액보다 적은 경우에는 증여세가 과세된다.

이에 대한 자세한 내용은 후술하는 "**제9절 Ⅴ**"를 참고하기 바란다.

11. 상속세 물납의 경우

상속세를 물납으로 납부한 경우에도 당해 자산이 사실상 유상으로 이전되었으므로 당해 물납도 양도소득세 과세대상이다(재일 46014-2203, 1994.7.29.).

Ⅱ 양도로 보지 않는 거래유형

1. 개요

주식을 유상으로 소유권이 이전하고 양도차익이 발생한 경우에는 양도소득세가 과세된다.

그러나 외관상 주식이 매매계약에 의하여 양도된 것처럼 보일지라도, 그 매매계약이 처음부터 무효이거나 나중에 취소되는 등으로 매매의 효력이 없는 때에는 양도로 보지 아니하므로 양도소득세의 과세대상이 아니다(서울행법 2013구합52902, 2014.10.28.).

이렇게 양도로 보지 아니하는 거래에 대해서는 양도차익이 있는지 여부에 불구하고 양도소득세가 과세되지 않는다.

그리고 매매대금 청산 전에 민법(§565)에 따라 해약이 된 경우에는 매매의 효력은 발생하지 않는 것이며, 매도자가 받은 해약금은 주식양도 대가로 지급받은 것이 아니므로 소득세법상 기타소득에 해당한다.

▌비상장주식 명의개서 후 계약 해제시 양도 해당 여부

비상장주식을 매매체결하고 명의개서를 마친 후 거래당사자 간의 합의에 의한 계약의 해제로 소유권이 당초 소유자에게 환원되는 경우 그 거래가 대금의 청산절차를 거친 사실상의 유상이전인 경우에는 양도소득세가 과세되는 것이나, 계약내용 불이행 등 대금의 청산 절차없이 단순히 명의개서 절차만 마침으로써 당사자 간의 합의에 의한 계약해제로 소유권이 환원된 사실이 확인되는 경우에는 양도로 보지 아니한다(부동산거래관리과-158, 2012.3.13.).

▌주식발행법인이 파산하여 해당 종목의 주식잔고가 삭제된 경우

주식발행법인이 파산하여 해당 종목의 주식잔고가 삭제된 경우에는 양도에 해당하지 아니한다(부동산거래-784, 2011.9.8.).

2. 합의해제나 매매원인 무효소송으로 소유권이 환원된 경우

주식을 매매계약한 후 당사자 간의 매매대금의 정산 전 합의에 의해 그 매매계약을 해제함으로써 소유권이 환원된 경우에는 양도로 보지 않는다. 또한 주식을 매매하고 그 매매대금의 청산절차없이 단순히 명의개서 절차만 마쳤으나 매매계약 내용의 불이행으로 인하여 당사자 간의 합의에 의한 계약해제로 소유권이 환원된 경우에는 양도로 보지 않는다(대법원 2000두5972, 2002.9.27.).

또한 매매원인 무효소송에 의하여 그 매매사실이 원인무효로 판시되어 소유권이 환원되는 경우에는 양도로 보지 않는다(소법 기본통칙 88-2 ②). 이때 부동산(주식)매매계약이 해제로 소유권이 환원되어 양도로 보지 않는 경우에는 이미 예정신고·납부한 양도소득세는 경정청구 등에 의해 환급된다(재일 46014-1872, 1998.9.26.).

그러나 주식을 매매하고 명의개서를 마친 후 거래 당사자 간의 합의로 의한 계약의 해제로 소유권이 당초 소유자에게 환원되는 경우라도 그 거래가 대금의 청산절차를 거친 사실상의 유상이전인 경우에는 양도로 본다.

▌납부의무 성립 후부터 확정 전까지 사이에 계약이 해제되는 경우

주식 등을 매매하고 소유권이전등기(명의개서)가 경료된 후 거래당사자 간의 합의에 의한 계약의 해제로 소유권이 당초 소유자에게 환원되는 경우에는 관할세무서장이 거래 및 계약내용 등을 사실조사하여 당해 거래가 대금의 청산절차를 거친 사실상의 유상이전인 경우에는 양도소득세가 과세되는 것이나, 계약내용 불이행 이전등기 절차만 경료됨으로써 당사자 간의 합의에 의한 계약해제로 소유권이 환원된 사실이 확인되는 경우에는 당초부터 양도가 이루어지지 아니한 것으로 본다(서면4팀-2020, 2005.10.31.).

3. 양도담보

양도담보란, 채무의 변제를 담보목적으로 그 채무를 변제하지 못하는 경우에는 소유권이 이전되는 것을 말하며 대물변제와 같은 개념이다.

이와 같이 채무의 변제를 담보하기 위해 자기의 소유권을 채권자 명의로 이전하거나, 채권자가 채권을 회수한 후 채무자에게 그 소유권을 되돌려 주는 경우 법률상으로는 소유권이 이전되는 것이지만 그 실질은 이전된 것이 아니므로 법정요건을 갖춘 양도담보 계약에 의한 주식명의개서는 양도로 보지 않는다(소법 §151 ①).

이 경우 양도담보 계약에 의하여 양도담보 주식이 있는 것으로서 양도가 아니라는 사실을 증명하기 위해서는 양도소득세 과세표준확정신고시(양도한 해당 연도의 다음 연도 5.1.부터 5.31.까지를 말한다) 다음의 요건을 갖춘 계약서사본을 첨부하여 신고하는 경우에만 양도로 보지 않는다(소령 §151 ①).

① 당사자 간 채무변제 담보를 위해 양도한다는 의사표시가 있을 것

② 담보한 자산을 사용·수익한다는 의사표시가 있을 것

③ 원금·이율·변제기한·변제방법 등의 약정이 있을 것

보충설명

채무자가 채무의 변제담보 목적으로 주식 등 자산의 소유권을 이전한 경우, 그 요건을 갖춘 계약서 등을 확정신고시 제출 안했어도 양도담보로서 양도에 해당하지 않는다(국심 98광2490, 1999.1.11.)는 판례가 있다. 그 이유로는 양도담보계약서를 첨부하지 아니하였더라도 사실관계가 확인되면 양도담보로 인정된다고 보기 때문이다.

4. 상속세신고기한 이내에 상속재산재분할로 상속지분이 감소된 경우

상속세 과세표준 신고기한 이내에 재분할에 따라 상속분이 증가된 경우 증여에 해당하지 않으며, 감액된 상속분에 대하여 별도의 대가를 수취하지 않았다면 양도에 해당하지 아니하므로 양도소득세가 과세되지 않는다.

5. 명의신탁

명의신탁은 당사자의 신탁에 관한 채권계약에 의하여 신탁자가 실질적으로는 그의 소유에 속하는 주식 등의 명의를 실제적인 거래관계가 없는 수탁자에게 매매 등의 형식으로 이전하여 두는 것으로서 주식의 실제 소유자가 조세를 회피할 목적으로 명의신탁을 한 경우에는 명의개서한 날에 실제 소유자가 명의자에게 그 주식을 증여한 것으로 보아(증여의제) 명의자인 수탁자에게 증여세를 과세하고, 증여자와 연대납부의무를 진다(상증법 §45의2).

그러나 수탁자 명의로 명의개서되어 있던 주식이 재판 절차 등에 의하여 신탁재산임을 확인되어 신탁해지를 원인으로 원상회복되는 것은 증여세나 양도소득세가 과세되지 않는다.

명의신탁에 대한 자세한 내용은 후술하는 "**제9절 Ⅱ**"를 참고하기 바란다.

6. 주식대차거래

주식대차거래는 주식을 장기보유하는 금융회사가 단기적으로 이를 필요로 하는 금융기관에 빌려주는 거래이다. 예컨대 주식가격 하락이 예상될 때 장기보유기관에서 해당 주식을 빌려서 미리 팔아놓고 나중에 가격이 하락할 경우 낮은 가격에 이를 다시 사서 시세차익을 챙기기 위해 주로 사용되는 거래로써 일정기간 후에 같은 종류, 같은 양의 주식을 반환받는 조건으로 주식을 대여하는 주식대차거래는 양도에 해당하지 않는다(서면법규-468, 2014.5.9.).

7. 자본감소를 위해 주식소각하는 경우

법인이 자본 감소를 위하여 주주로부터 주식을 취득해 소각하는 경우 주식소각을 당한 주주가 법인으로부터 받는 금액이 그 주식 취득을 위해 소요된 금액을 초과하는 경우 그 초과금액은 양도소득이 아닌 의제배당소득으로 과세된다(소법 집행기준 97-0-14).

8. 재산분할청구권의 행사로 소유권이 이전되는 경우

이혼합의가 민법(§939의2)에 따라 이루어져 이혼합의서에 재산분할청구로 인해 소유권이전이 확인할 수 있는 경우이거나 협의가 이루어지지 않아 가정법원에 재산분할 청구권행사로 소유권이전이 이루어진 경우에는 이혼자의 일방이 당초 취득시부터 자기 지분인 재산을 환원받은 것으로 보기 때문에 이를 양도로 보지 아니한다. 다만 결혼 전에 취득한 재산은 양도소득세가 과세 된다(대법원 2002두6422, 2003.11.14.).

반면 가정법원에 재산분할 청구권행사로 소유권이전이 이루어진 경우로써 화해권고 결정으로 해당 재산의 지분을 상대방에게 이전하고 그 지분에 상당하는 현금을 받는 경우에는 유상양도에 해당한다(사전-2015-법령해석재산-0174, 2015.10.8.).

9. 자기소유의 주식을 본인이 경락받은 경우

자기 소유의 주식 등 자산이 제3자의 채무담보로 제공되었다가 제3자인 채무자가 채무변제를 이행하지 않아 해당 담보재산이 경매 개시되어 당초 소유자가 자기명의로 경락을 받은 경우에는 양도로 보지 아니한다.

10. 증여로 추정되는 경우

주식 등의 자산이 양도로 이전되었으나 다음의 경우에는 증여로 추정된다.

그러나 양도자가 부담한 양도소득세가 수증자가 부담할 증여세보다 큰 경우에는 증여의 추정이 적용되지 아니한다.

(1) 배우자 또는 직계존비속에게 직접 양도한 경우

배우자 또는 직계존비속(이하 "배우자 등"이라 한다)에게 양도한 주식 등의 재산을 양도(①)한 때에는 양도소득세가 과세되지 않고, 그 양수자에게 증여한 것으로 추정(②)하여 증여세가 과세된다(상증법 §44 ①, 상증법 집행기준 44-0-1 ①).

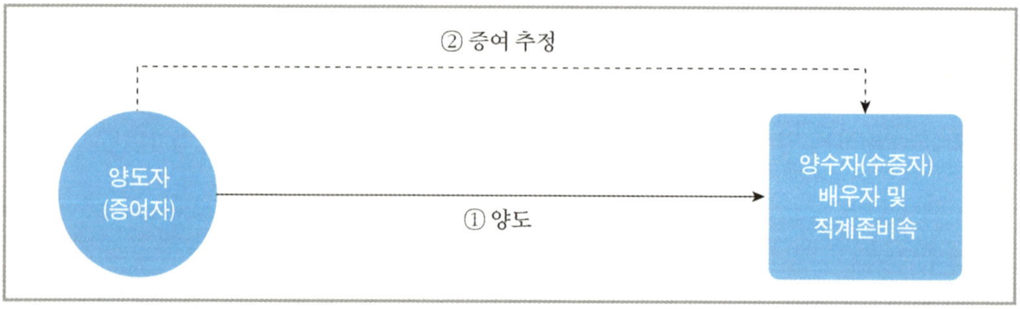

이 경우 양수자가 대가를 수반하는 유상이전이 있었다는 사실을 명백히 입증하면 양도로 보아 양도소득세를 부과하지만, 유상이전이 있었다는 사실을 입증하지 못하는 경우에는 양수자에게 증여세를 부과한다.

(2) 배우자 또는 직계존비속(배우자 등)에게 우회 양도한 경우

특수관계에 있는 자에게 양도한 재산을 그 특수관계에 있는 자(양수자)가 양수일부터 3년 이내에 당초 양도자의 배우자 등에게 다시 양도한 경우에는 배우자 등에게 양도한 당시의 재산가액을 그 배우자 등이 증여받은 것으로 추정하는 경우에는 양도소득세가 과세되지 않고 증여세가 과세된다(상증법 §44 ②, 상증법 집행기준 44-0-1 ②). 다만, 당초 양도자 및 양수자가 부담한 양도소득세(결정세액을 합친 금액)가 당초 그 배우자 등이 증여받은 것으로 추정할 경우의 증여세액보다 큰 경우에만 양도소득세가 과세된다.

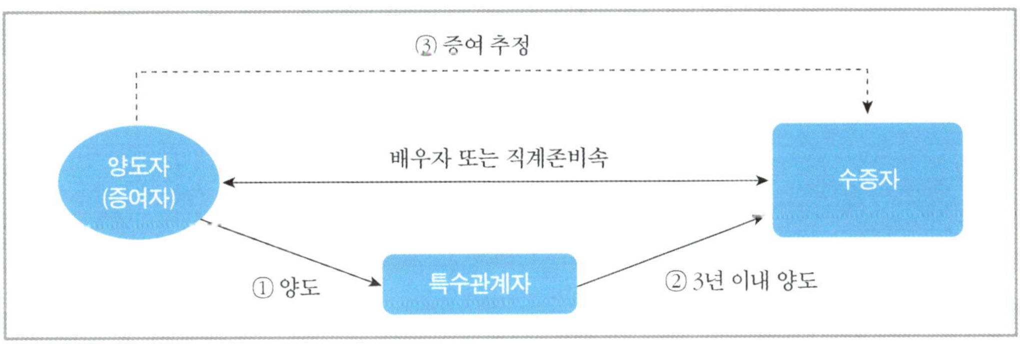

그러나 당해 배우자 등에게 증여세가 부과된 경우에는 소득세법의 규정에도 불구하고 그 주식 등 재산의 양도에 따른 소득세를 부과하지 않는다(상증법 §44 ④).

이에 대한 자세한 내용은 후술하는 "**제9절** Ⓥ"를 참고하기 바란다.

11. 집합투자기구 등에 대한 과세특례

「자본시장과 금융투자업에 관한 법률」에 따른 다음의 집합투자기구(소법 §17 ① 〈5〉에 따른 요건을 갖춘 것에 한정한다)가 「자본시장과 금융투자업에 관한 법률」(§9 ㉑)에 따른 집합투자증권(이하 "집합투자증권"이라 한다)으로서 자기의 집합투자증권을 환매하는 경우 해당 집합투자기구에 대한 투자자의 집합투자증권 이전은 양도로 보지 아니한다(조특법 §91의2).

① 「자본시장과 금융투자업에 관한 법률」에 따른 집합투자기구(보험회사의 특별계정은 제외하되, 금전의 신탁으로서 원본을 보전하는 것을 포함)일 것

② 해당 집합투자기구의 설정일부터 매년 1회 이상 결산·분배할 것. 다만, 다음에 해당하는 이익금은 분배를 유보할 수 있으며, 「자본시장과 금융투자업에 관한 법률」(§242)에 따른 이익금이 0보다 적은 경우에도 분배를 유보할 수 있다(집합투자규약에서 정하는 경우에 한정한다)

㉠ 상장지수집합투자기구가 지수 구성종목을 교체하거나 파생상품에 투자함에 따라 계산되는 이익

㉡ 집합투자재산의 평가이익

㉢ 집합투자재산의 매매이익

제6절 양도시기 및 취득시기

상장주식의 대주주가 주식을 유가증권시장, 코스닥시장, 코넥스시장을 통해서 양도하는 경우 양도 또는 취득시는 결제완료일로 한다.

그러나 비상장주식의 거래는 계약체결부터 계약금, 중도금 및 잔금을 청산하고 명의개서까지 여러 단계의 기간이 소요되므로, 이러한 일련의 과정에서 어느 시점을 세법상 양도 또는 취득시기로 보느냐에 따라 양도소득의 귀속연도, 양도차익, 세윤적용 및 신고·납부시기 등이 달라지므로 양도소득세 계산에 직접적으로 밀접한 영향을 준다.

▌사용수익일의 의미

사용수익일은 당사자 간의 계약에 의하여 사용수익을 하기로 약정한 날을 말하며 별도의 약정이 없는 경우에는 양도자의 사용승낙으로 인하여 양수인이 해당 자산을 실질적으로 사용할 수 있게 된 날을 말한다(소법 집행기준 98-162-8).

▌인도일의 범위

인도일은 인도가 현실적으로 이루어진 날은 물론 매매계약의 내용 중 인도 또는 사용수익에 관한 특약으로 정한 인도가 가능한 날을 포함한다(소법 집행기준 98-162-9).

▌주식의 양도대금을 수수하지 못한 경우

대금청산 전에 명의개서(원본;소유권이전등기)를 한 경우에는 주식의 양도대금을 수수하지 못하였다 하더라도, 명의개서가 이루어진 주식은 양도소득에 해당하므로 명의개서한 때가 양도시기이다(조심 2008광3652, 2010.2.18.).

▌질권이 설정된 주식의 경우

주식의 양도는 특별한 사정이 없는 한 당사자 간의 양도의사와 주권의 교부로서 효력이 발생하지만, 질권이 설정된 주식의 경우에는 재산적 가치에만 질권이 설정된 것이므로 채권자에게 명의개서가 이루어진 시점에 양도가 이루졌다고 본다(대법원 2010두27424, 2011.3.24.).

▌합병법인으로부터 받은 주식의 취득시기

합병에 따라 피합병법인의 주주가 합병법인으로부터 받은 주식의 취득시기는 합병등기일이다(재일 46014-1071, 1996.4.29.).

I 개요

1. 대금청산일이 분명한 경우

주식의 양도시기는 원칙적으로 매매대금을 청산한 날로 한다. 양수인의 입장에서는 그 날을 취득시기로 한다. 매매대금을 청산한 날이란 실제 잔금을 지급한 날을 의미하므로 매매계약서상 잔금약정일이 매매대금을 청산한 날과 반드시 일치하지 아니한다.

주식 등 자산의 양도차익을 계산함에 있어서 해당 주식의 대금을 청산한 날의 대금청산일이라 함은 거래당사자 간에 약정된 계약서상 매매대금이 전부 청산되는 것을 의미한다.

2. 대금청산일이 불분명한 경우

주식의 취득시기 및 양도시기는 당해 주식의 대금을 청산한 날이 되나, 대금을 청산한 날이 불분명한 경우 또는 대금을 청산하기 전에 명의개서를 한 경우에는 명의개서일(부동산의 경우에는 등기부에 기재된 등기접수일)로 한다.

▌잔금청산일을 입증할 수 있는 자료가 없는 경우

잔금청산일을 입증할 수 있는 금융증빙 등 객관적인 증빙을 제출하지 못하는 경우에는 등기접수일(주식:명의개서일)을 양도시기로 본다(조심 2008중2063, 2010.10.14.).

▌주주명부가 폐쇄되어 명의개서를 못하는 경우

주주명부의 폐쇄로 인하여 명의개서를 못하였다 하더라도 주식의 양도대금이 청산된 시점을 기준으로 그 양도시기로 보며, 그 당시의 거래가격을 정상가격으로 본다(대법원 2007두15827, 2007.10.25.).

▌양도시기로 보는 금융거래내역 및 계약서 등의 확인

주식등변동상황명세서에 기재된 주식양도일보다 금융거래내역 및 계약서 등으로 확인되는 양도일이 더 신빙성이 있으므로 주식의 양도시기는 계약서 등으로 확인되는 날이다(국심 2006서1611, 2006.12.27.).

3. 대금청산일 전에 명의개서한 경우

주식의 매각대금을 청산하기 전에 명의개서한 경우에는 명의개서일(부동산:등기부·등록부 또는 명부 등에 기재된 등기접수일)로 한다. 만일 잔금청산일 이전에 명의개서한 주식(출자지분 포함)을 매수자의 잔금지급 불능으로 인하여 쌍방합의에 따라 당초 양도한 주식을 당초대로 환원한 경우에도 각각 양도에 해당하여 양도소득세가 과세된다.

4. 양도시기 또는 취득시기를 확인할 수 없는 경우

양도주식의 양도시기를 확인할 수 있는 매매계약서나 주식거래대금에 대한 증빙을 제출하지 않아 양도시기를 확인할 수 없는 경우에는 명의개서일을 양도일로 본다(국심사양도 2010-301, 2011.1.10.).

양도주식의 주권발행번호, 비치·기장한 장부 및 거래명세서, 별도의 계좌 등으로 취득시기를 확인할 수 있는 경우에는 그 확인되는 날이 취득시기가 되는 것이나, 양도자산의 취득시기가 분명하지 아니한 경우에는 먼저 취득한 주식을 먼저 양도(선입선출법)한 것으로 본다(부동산납세과-535, 2014.7.29.).

▌해외주식을 매매 또는 단기투자목적으로 매입한 자의 경우

해외주식을 매매 또는 단기투자목적으로 매입한 자의 경우에는, 증권회사가 일반적으로 공정 타당하다고 인정되는 기업회계기준에 따라 동인을 위하여 과세연도별로 계속하여 적용하는 이동평균법으로 양도차익을 산정할 수 있다(국제세원-229, 2010.5.10.).

▌분할존속법인의 주주가 취득시기가 불분명한 주식을 양도하는 경우

법인이 인적분할을 한 후, 분할존속법인의 주주가 해당 분할존속법인의 주식을 양도하는 경우로써 해당 주식의 취득시기가 분명하지 않은 때에는 먼저 취득한 주식을 먼저 양도한 것으로 본다(서면부동산-2861, 2017.11.22.).

▌2회 이상에 걸쳐 취득한 주식 중 일부를 양도하는 경우

협회등록법인의 양도차익 계산을 위해 취득가액을 산정시 취득시기가 불분명한 경우에는 먼저 취득한 주식을 먼저 양도하는 것으로 본다(서면4팀-1927, 2004.11.29.).

5. 잔금청산일이 잔금 지급약정일과 다른 경우

매매계약서 등에 기재된 잔금지급약정일보다 앞당겨 잔금을 받거나 늦게 받는 경우에는 실지로 받은 날이 잔금청산일이 된다. 이 경우 잔금을 소비대차로 변경한 경우에는 소비대차로의 변경일을 잔금청산일로 한다.

▌잔금 정산지급 이후에 주식 명의개서가 이루어진 경우

잔금 정산지급 이후 2005.4.1. 양도인들로부터 양수인들로의 ××운수의 주식 명의개서가 이루어진 점을 종합해 볼 때에는 잔금 액수가 종국적으로 확정되어 지급된 2005.2.28. 경에 주식 양도계약의 실질적 대금청산일이므로 양도소득은 2005년 귀속분으로 확정되었다고 봄이 타당하다(서울행법 2013구단6452, 2013.11.13.).

6. 장기할부조건 매매의 경우

(1) 개요

장기할부조건이라 함은 주식 등 자산의 양도로서 수입금액을 월부・연부 기타의 지불방법에 따라 2회 이상으로 분할하여 수입하는 것 중 해당 목적물의 인도일의 다음 날부터 최종의 할부금의 지급기일까지의 기간이 1년 이상인 것을 말한다.

보충설명

장기할부조건부 매매계약에 있어 양도시기는 접수일, 인도일 또는 사용수익일 중 빠른 날이며, 사용수익일은 실제 사용할 수 있게 된 날을 말한다(국심사양도 2013-59, 2013.6.12.).

(2) 요건

장기할부조건부 매매란 주식 등 자산의 양도로 인하여 해당 자산의 대금을 월부・연부 기타의 부불방법에 따라 수입하는 것 중 다음의 요건을 갖춘 것을 말한다(소칙 §78).

① 계약금을 제외한 해당 자산의 양도대금을 2회 이상으로 분할하여 수입할 것

② 양도하는 주식 등 자산의 명의개서일(등기접수일・인도일 또는 사용수익일 중 빠

른 날)의 다음 날부터 최종 할부금의 지급기일까지의 기간이 1년 이상인 것

단순히 양수자의 자금사정 등으로 잔금지급이 지연되거나 잔금이 분할 지급되어 2회 이상 또는 1년 이상 해당되는 경우라도 이러한 거래는 장기할부조건 매매로 볼 수 없다(재일 46014-2971, 1997.12.17.)

(3) 취득시기 및 양도시기

장기할부조건에 해당하는 경우 명의개서일(부동산: 소유권이전등기 접수)·인도일 또는 사용수익일 중 빠른 날을 취득시기(상대방은 그 날을 양도시기로 본다)로 보는 것이며, 사용수익일은 매매당사자 간의 계약에 의하여 사용수익하기로 약정한 날로 한다(부동산거래-411, 2010.3.18.).

Ⅱ 상장주식 등의 경우

상장주식의 대주주가 주식을 유가증권시장, 코스닥시장, 코넥스시장을 통해서 양도하는 경우에는 결재가 완료되는 날(우리나라의 결재시스템은 3일째가 되는 날임)로 한다. 이 경우 취득자의 취득시기는 그 날로 한다.

> **▌명의개서 대리인으로 한국예탁결제원이 등재한 경우**
>
> 주식 양도계약 체결 당시 명의개서 대리인으로 한국예탁결제원이 등재되어 있었고 등기된 방법대로 한국예탁결제원을 통하여 양수인에게 명의개서된 사실이 인정되는 경우 이는 대금 청산 전에 명의개서를 하여 준 경우에 해당하므로 쟁점주식의 양도시기는 명의개서일로 보아야 한다(서울행법 2012구단15763, 2013.9.13.).

Ⅲ 장외거래주식 및 비상장주식의 경우

양도소득세가 과세되는 주식을 매각함으로써 양도차익 계산시 양도시기는 매매대금의 청산한 날이 분명한 경우로써 그 매매대금의 청산일과 명의개서일 중 빠른 날로 하며, 거래 상대방인 매수인은 그 날을 취득시기로 한다. 만일 매매대금의 청산일 전에 주식(주권)의 명의개서가 이루어진 경우에는 그 주식의 명의개서일을 양도자는 양도

시기가 되는 것이며, 매수인은 그 날이 취득시기가 된다.

대금청산일은 원칙적으로 매매대금의 전부를 지급한 날을 의미한다. 만일 그 전부를 이행할지라도 사회통념상 거의 지급되었다고 볼 정도의 대금이 지급된 경우에는(예컨대, 매매대금의 99% 가량을 지급하여 대부분의 대금을 지급한 경우; 사전법령재산-92, 2015.6.26.) 그 날을 대금청산일로 한다(국심사양도 99-485, 2000.3.10.).

또한 양도대금의 약 80%를 수령한 후 양도인 측 경영진이 사퇴하는 등 경영권을 사실상 이전, 양수인의 외부감사보고서 등에 주식의 취득시기가 기재되어 있다고 하더라도 양도시기를 대금청산일이 아닌 다른 날로 볼 수 없다(서울고법 2015누37930, 2015.10.7.)는 판시 내용도 있다.

* **기명주**는 주주의 성명이 주권 및 주주명부에 공시되어 있는 주식으로서 주주명부상의 주주가 회사에 대하여 주주로 인정되어 권리의 행사를 하기 위하여 주권을 제시할 필요가 없는 주식이다. 이 경우 기명주식의 이전에 있어서 양수인이 명의개서를 하지 않으면 주주권을 행사할 수 없으며, 양도인이 주주가 된다. **무기명주**는 주주의 성명이 주권이나 주주명부에 공시되지 아니하고 주권을 소유함으로써 주주의 자격이 인정된다.

▌매매대금을 매수인이 배서한 제3자가 발행한 어음으로 받는 경우

잔금을 어음이나 기타 이에 준하는 증서로 받은 경우 어음 등의 결제일이 그 자산의 잔금청산일이다(부동산거래관리과-68, 2010.1.18.).

▌유한회사에 현물출자한 주식의 양도시기

유한회사에 현물출자한 주식의 양도시기는 자본변경 등기일과 명의개서일 중 빠른 날이다(조심 2010서1764, 2010.12.15.).

▌매매대금을 약속어음으로 지급받고 주주명부에 명의개서를 한 후 동 약속어음이 부도가 발생한 경우

주식 매매대금을 약속어음으로 지급받고 주주명부에 명의개서를 한 후 동 약속어음이 부도가 발생한 경우에는 그 명의개서일을 양도일로 본다(감사원심사 2002-155, 2002.9.27.).

Ⅳ 신주인수권증권 행사로 배정받은 주식의 경우

「상법」(§516의5)에서 규정하는 신주인수권증권의 행사로 인하여 배정받은 주식을 양도하는 경우 당해 자산의 취득시기는 「상법」(§516의8)에 의하여 신주 발행가액의 전액을 납부한 날이다.

Ⅴ 특정주식의 경우

주주 1인과 기타 주주가 주식을 수회에 걸쳐 양도하는 경우 양도시기는 해당 법인의 주식 합계액의 100분의 50 이상이 되는 날이 되는 것이며, 취득시기는 해당 주식을 실제로 취득한 날이다. 이 경우 양도가액은 주주 1인과 기타주주가 사실상 주식을 양도한 날의 양도가액에 의한다(소령 §162 ① 〈10〉).

Ⅵ 의제취득시기

1985.12.31. 이전에 취득한 상장주식 및 비상장주식은 1986.1.1.에 취득한 것으로 의제한다.

Ⅶ 그 밖의 특수한 거래의 경우

1. 명의신탁주식의 경우

주식 등 자산의 실제 소유자가 타인명의로 해당 자산을 취득한 사실이 확인되어 명의신탁해지에 따라 명의자로부터 실제 소유자명의로 명의가 환원된 후 해당 자산을 양도한 경우 해당 자산의 그 수탁자 명의로 취득한 시기를 기준으로 취득가액을 산정한다(국심 2001광41, 2001.10.18.).

반면 명의신탁한 주식을 실제 소유자가 사망한 후 상속인이 아닌 손자 명의로 명의개서하는 경우에는 그 명의개서일에 손자가 상속인으로부터 당해 주식을 증여받은 것으로 보는 것이며, 이 때 손자의 당해 주식 취득일은 명의개서일이 된다(재산세과-1756, 2008.7.18.).

이에 대한 자세한 내용은 후술하는 "**제9절 Ⅱ**"를 참고하기 바란다.

2. 사후정산형식으로 양도한 경우

비상장주식을 양도하고 잠정 합의된 양도가액을 수령한 후 약정에 의해 추가금액을 가산하여 수령한 경우 양도가액은 양도당시 거래금액을 양도일의 양도가액으로 하고, 양도일 이후에 가감하기로 한 지급대가에 대해서는 그 대가를 받은 날의 양도가액으로 경정하는 것이다.

이 경우 양도가액이 양도시기 이후에 확정되어 양도차익을 수정신고하는 경우에는 해당 수정신고에 대해서 납부지연가산세는 적용하지 아니한다(국심 2001전2545, 2002.4.12.).

▌잠정합의된 양도가액을 추가로 수령한 경우

비상장주식을 양도하고 잠정합의된 양도가액을 수령한 다음 약정에 의한 추가금액을 수령한 경우 양도시기는 잠정합의된 가액을 수령한 날이 되는 것이며, 양도일 이후에 가감하기로 한 일정금액에 대하여는 그 일정금액을 받는 날에 양도가액을 경정 · 수정신고하면 되는 것이다(서면-2016-부동산-3512, 2016.4.21.).

3. 상속 · 증여로 취득한 경우

(1) 개요

상속으로 취득한 주식의 취득시기는 명의개서와 관계없이(서면5팀-3138, 2007.11.30.) 상속개시일(사망일)이다. 또한 실종선고에 의하여 상속이 개시되는 때에는 실종선고일이다.

그리고 증여로 취득한 주식의 취득시기는 그 주식을 증여받은 날(명의개서일)이다. 만일 증여 후 부득이 증여계약을 해제하고 반환*하는 경우에는 다음의 날로 한다.

① 증여받은 날이 속하는 달의 말일로부터 3개월 이내에 증여계약의 해제를 원인으로 증여부동산을 반환한 경우에는 당초 증여가 없는 것으로 보아 증여세를 과세하지 아니한다(상증법 §4 ⑤). 이 경우 반환받은 주식의 취득시기는 증여자가 당초 취득한 날을 취득시기로 한다.

* 현금증여의 경우에는 당초 증여와 반환 모두 과세대상임.

② 증여받은 날이 속하는 달의 말일로부터 6개월 이내에 증여계약의 해제를 원인으

로 증여주식을 반환한 경우에는 수증자에 대한 증여세가 과세되므로 수증일을 취득시기로 판단된다(서사-1324, 2008.5.30.).

반환시기 (증여일로부터)	증여세 과세 여부	취득시기
3개월 이내	당초 증여가 없는 것으로 본다.	증여자가 당초 취득한 날
6개월 이내	당초증여분 : 과 세	증여자가 반환받은 날
6개월 경과 후	당초증여분 : 과 세 재차증여분 : 과 세	증여자가 반환받은 날

(2) 유류분권리자에게 반환하는 경우

피상속인의 증여에 의하여 재산을 수증받은 자가 민법(§1115)의 규정에 의하여 증여받은 재산을 유류분 권리자에게 반환하는 경우, 당해 반환 받은 자산의 취득시기는 상속개시일이나(부동산거래-692, 2012.12.28.).

▌상속재산이 확정판결에 따라 소유권이 환원된 경우 상속시기

상속재산이 제3자에게 이전된 후 법원의 확정판결에 따라 소유권이 환원되는 경우 당해 부동산의 취득시기는 상속개시일이 된다(서면4팀-1872, 2007.6.11.).

(3) 유증 또는 사인증여의 경우

유증이나 사인증여에 의해 주식 등의 자산을 취득하는 경우에는 별도의 규정이 없는 한 유증이나 사인증여의 효력이 발생하여 소유권이 인정되는 상속이 개시된 날이 그 주식 등 자산의 취득시기가 된다(대법원 2011두8944, 2012.3.29.).

4. 조건부매매의 경우

조건부로 주식을 매매하는 경우의 양도시기 및 취득시기는 그 조건성취일로 한다.

예컨대 증여와 부담부증여(양도)는 동시에 성립하므로 증여를 원인으로 주식명의를 개서한 경우에는 그 날을 양도시기로 한다.

그러나 조건이 성취되기 전에 양도소득세를 신고・납부하였으나, 그 조건이 성취되지 않아 거래가 성립되지 아니한 경우에는 납부한 양도소득세를 법정 신고기간 경과 후 5년 이내에 결정 또는 경정을 청구할 수 있다.

5. 교환

(1) 개요

주식을 교환한 경우 양도시기 및 취득시기를 정함에 있어서 교환차액이 없는 때에는 교환성립일로 하며, 교환차액이 있는 경우에는 그 대금청산일과 명의개서일 중 빠른 날로 한다.

만일 교환성립일이 불분명한 때에는 주식의 명의개서일로 한다(재일 46014-203, 2000.2.21.). 여기서 교환성립일은 주식교환에 관련한 계약서작성과 필요한 서류를 주고 받은 날을 말한다.

그러나 주식을 교환하면서 명의개서 전이라도 교환받은 주식의 소유권을 행사할 수 있도록 약정한 경우에는 교환 계약체결일을 교환주식의 양도시기로 본다(대법원 85누989, 1986.2.25.).

(2) 주식의 포괄적교환

교환에는 상법(§360의2~360의14)에 의한 주식의 포괄적 교환에 있어 완전자회사의 주주가 소유하고 있는 비상장주식을 양도하고 완전모회사가 발행하는 상장 또는 협회등록된 주식을 취득하는 경우를 포함하는 것이며, 당해 주식의 양도시기는 주식을 교환하는 날이 된다(서면4팀-2172, 2005.11.14.).

▌보호예수기간 종료일이 양도시기

주식교환일에 청구인이 양도한 주식의 대금이 청산되므로 양도시기는 주식교환일이 되는 것이므로 청구주장(보호예수기간 종료일이 양도시기)을 받아들이기 어렵다(조심 2010중2750, 2011.10.10.).

6. 대물변제

채무의 이행에 갈음하여 주식의 자산으로 대물변제하는 경우 명의개서(소유권이전등기 완료)가 되어야만 대물변제(양도)가 성립하므로 해당 주식 등 자산의 양도시기는 채권자에게 명의개서(소유권이전등기)가 된 날로 본다(조심 2015서2415, 2016.8.26.).

대물변제에 충당하는 양도담보 주식 등 자산의 양도 또는 취득시기는 대물변제에 충당한 날이다.

위자료로 대물변제한 경우

위자료에 대하여 대물변제한 경우 상대방에게 끼친 경제적·정신적 피해 등에 대하여 지급하여야 할 위자료를 대신하여 주식을 명의개서하는 것도 대물변제에 해당하며 그 명의개서일을 양도시기로 한다(재산 46014-1412, 2000.11.25.).

7. 과점주주의 주식

과점주주의 주식 양도시기는 주주 1인과 기타주주가 주식 등을 양도함으로써 해당 법인 주식 등의 합계액의 50% 이상이 양도되는 날로 한다.

유상증자로 인하여 주식액면가액이 변경되는 경우 당해 주식의 취득시기는 당초 주식취득시기로 한다.

8. 양도소득세를 양수인이 부담하는 경우

양도자산의 양도소득세 및 부가세액을 양수자가 부담하기로 약정한 경우에는 당해 양도소득세 및 부가세액을 제외한 금액을 청산한 날이 대금을 청산 날이 된다.

이 경우 양도소득세 및 부가세액은 양도자의 양도가액에 포함된다(재일 01254-1062, 1992.5.1.).

9. 경락에 의하여 주식을 취득하는 경우

경매에 의하여 주식 등의 자산을 취득하는 경우에는 경락인이 매각조건에 의하여 경매대금을 완납한 날이 취득의 시기가 된다.

(1) 담보로 제공된 주식 등의 자산이 경매되어 본인이 경락받은 경우

자기소유의 주식 등의 자산을 제3자의 채무에 대한 담보로 제공하였다가 제3자인 채무자가 변제하지 아니하여 당해 담보자산이 경매 개시되어 당초 소유자가 자기명의로 경락받은 경우에는 이를 양도로 보지 아니하므로 담보로 제공된 자기소유 주식 등 자산의 취득시기가 된다(서면4팀-2339, 2007.7.31.).

(2) 경락대금의 지연납부

주식(원문: 부동산)을 경락받은 후 경락대금을 지연납부 함에 따라 재경매명령이 이루어졌으나, 법원에서 재경매명령을 취소한다고 결정한 경우 경락대금의 완납일이 주식의 취득일자로 본다(국심 2007서392, 2007.4.20.).

10. 재산분할청구로 소유권을 이전하는 경우

민법(§839의2 ①)에 의한 협의가 이루어져 이혼합의서에 재산분할청구로 인한 소유권 이전임을 확인할 수 있는 경우 또는 재산분할의 협의가 이루어지지 아니하여 가정법원에 재산분할청구권을 행사하여 혼인 후에 취득한 주식 등 자산의 소유권이 이전되는 경우에는 부부공동의 노력으로 이룩한 공동재산을 이혼으로 인하여 이혼자 일방이 당초 취득시부터 자기지분인 재산을 환원받는 것이므로 양도 또는 증여로 보지 아니하여 양도소득세 및 증여세가 과세되지 아니한다. 이 경우 이혼으로 인한 재산분할청구로 소유권을 이전하는 경우 자기지분이 환원된 이혼자의 주식(원본: 부동산)의 취득시기는 다른 일방 이혼자의 취득시기에 공동으로 취득한 것으로 본다(서면4팀-1442, 2007.5.2.).

11. 부담부증여

증여와 부담부증여(양도)는 동시에 성립되는 것이므로 대금을 청산하기 전에 증여를 원인으로 한 소유권이전등기를 한 경우에는 그 날을 양도시기로 본다(국심 2004서1056, 2004.6.8.).

12. 잔금청산 후 소송이 진행 중인 경우

비상장주식의 양도에 따른 매매대금이 청산된 후 양수인의 소제기로 해당 매매대금에 대한 법원의 채권가압류 결정 및 부당이득반환청구 소송이 진행중인 경우 해당 비상장주식의 양도시기는 매매대금의 청산일이나 대금을 청산하기 전에 명의개서를 한 경우에는 명의개서가 된 때이다(법령해석재산-0754, 2018.1.11.).

13. 현물출자

(1) 개요

공동사업에 현물출자한 경우 양도시기 및 취득시기는 다음에 따른다.

① 현물출자의 대가로 주식을 교부받은 경우에는 그 교부받은 날. 만일 교부받기 전에 명의를 개서한 경우에는 명의개서일로 한다.

② 주식을 교부받은 날이 불분명하거나 주식을 발행하지 아니한 경우에는 증자등기일과 현물출자부동산의 소유권이 법인명의로 이전등기한 접수일 중 빠른 날

(2) 유한회사에 현물출자한 주식

유한회사에 현물출자한 주식의 양도시기는 자본변경등기일과 명의개서일 중 빠른 날로 한다(조심 2010서1764, 2010.12.15.).

14. 합병법인 주식의 취득시기

법인이 합병함에 따라 피합병법인의 주주가 합병법인으로부터 받은 주식의 취득시기는 합병등기일이다(재일 46014-2507, 1993.8.17.).

제7절 양도차익의 산정방법

Ⅰ 양도차익 산정의 원칙

1. 개요

모든 양도소득세 과세대상 주식 등의 자산은 실제 증빙에 의한 실지거래가액으로 계산하여 신고·납부하여야 한다. 여기서 실지거래가액은 양도자와 양수자 간에 실제 거래한 가액을 말하며 실지거래가액을 확인할 수 없는 경우 동일기준에 의한 양도차익계산은 다음에 따라 계산한다.

① 양도가액은 반드시 실지거래가액으로 신고하는 것이며, 취득가액도 실지거래가액으로 산정한다.

② 일방의 실지거래가액을 확인할 수 없는 경우에는 매매사례가액(주식의 경우에는 비상장주식만 적용. 이하 같다), 감정가액(주식은 제외. 이하 같다), 환산가액을 순차로 적용한다.

③ 양도당시 실지거래가액은 확인되지만, 취득당시 실지거래가액이나 매매사례가액이 없는 경우에는 양도당시와 취득당시의 기준시가에 의한 비율로 환산한 가액을 취득당시 실지거래가액으로 과세한다.

④ 취득당시 실지거래가액은 확인되지만, 양도당시 실지거래가액이 없는 거래(교환, 부담부증여, 현물출자 등)는 실지거래가액이나 매매사례가액이 없는 경우로 보아 양도당시와 취득당시의 기준시가에 의한 비율로 환산한 가액을 양도당시 실지거래가액으로 과세한다.

⑤ 양도가액을 기준시가로 산정하면 취득가액도 기준시가로 산정한다(소법 §100 ①).

따라서 양도가액을 실지거래가액으로 하고 취득가액은 기준시가를 적용하거나, 이와 반대로 양도가액을 기준시가로 하고 취득가액은 실지거래가액을 적용하여 양도차익을 산정할 수 없다.

2. 실지거래가액, 매매사례가액(상장주식 제외), 환산가액의 개념

실지거래가액	매매사례가액	환산가액
실지거래가액이란 주식 등 자산의 거래당시 양도자와 양수자 간에 실제 거래한 가액을 말한다(소법 §88). 이 경우 취득당시 실지거래가액을 확인할 수 없는 경우에는 매매사례가액(상장주식 제외), 환산가액(신주인수권 제외)을 순차로 적용한다(소법 §97).	매매사례가액(상장주식 제외)이란 양도일 또는 취득일 전후 각각 3개월 이내에 해당 주식(주권상장법인의 주식은 제외)과 동일성 또는 유사성이 있는 주식의 매매사례가 있는 경우 해당 가액을 말한다(소령 §176의2 ③ 〈1〉).	환산가액이란 상장주식 · 비상장주식의 경우로써 양도당시 실지거래가액 · 매매사례가액(상장주식 제외)의 가액에 취득당시 및 양도당시 기준시가의 비율을 곱한 가액을 말한다(소령 §176의2 ②). 환산취득가액 = 양도당시 실지거래가액, 매매사례가액(상장주식 제외) × 취득당시 기준시가 / 양도당시 기준시가 예컨대, 주식교환이 이루어지는 경우에는 실지양도가액이 없기 때문에 양도가액 또는 취득가액을 기준시가로 할 수 있다.

▌시가의 범위

상속세 평가기준일 전후 6월 이내의 기간 중 매매 · 감정(소급감정 제외) · 수용 · 경매 또는 공매가액은 당해 상속재산의 시가범위에 포함되며 시가에 해당하는 가액이 없는 경우에는 부동산의 경우 상증법(§61)에 의하여 평가한다(재산-640, 2010.8.25.).

3. 실지거래가액에 의한 신고 · 결정방법

납세자가 주식 등의 자산에 대한 양도소득세를 실지거래가액으로 적용하는 경우에는 반드시 양도가액 및 취득가액을 실지거래가액으로 신고해야 하는 것이나 취득가액의 실지거래가액을 알 수 없는 경우에는 매매사례가액(상장주식 제외), 감정가액(주식 제외), 환산가액을 순차적으로 적용한다.

거주자가 실지거래가액에 따라 양도소득세를 자진신고 · 납부하였으나 그 신고가액이 사실과 달라 납세지 관할세무서장(또는 지방국세청장)이 실지거래가액을 확인한 경우에는 그 확인된 가액을 양도가액 또는 취득가액으로 양도소득세과세표준과 세액을 경정한다(소법 §114 ⑥).

이 경우 실지거래가액으로 과세하기 위해서는 양도당시 및 취득당시 실지거래가액이 모두 인정되거나 확인되어야 한다.

그러나 실지거래가액이 모두 인정되거나 확인되지 아니한 경우에는 다음에 따라 결정한다.

구분	납세자가 신고한 가액	정부 결정·경정시 적용한 가액
양도가액	무조건 실지거래가액으로 신고	① 원칙 : 실지거래가액으로 과세 ② 실지거래가액 인정·확인불능시 : 매매사례가액(상장주식 제외)으로 과세 ③ 실지거래가액, 매매사례가액(상장주식 제외) 모두 없는 경우 : 양도가액 및 취득가액을 기준시가로 과세
취득가액	① 원칙 : 실지거래가액 ② 실지거래가액 확인 불능시 : 매매사례가액(상장주식 제외), 감정가액(주식 제외), 환산가액	① 원칙 : 실지거래가액 ② 실지거래가액 인정·확인불능시 : 매매사례가액(상장주식 제외), 환산가액으로 과세

Ⅱ 실지거래가액에 의한 양도차익 계산

1. 개요

양도차익을 계산할 때 양도가액을 실지거래가액에 의해 계산하는 경우에는 취득가액도 실지거래가액에 의하며, 양도가액을 기준시가에 의해 계산하는 경우에는 취득가액도 기준시가에 의해 산정한다.

양도차익을 실지거래가액에 의하여 계산하는 경우에는 양도가액은 해당 주식 등 자산의 양도당시 양도자와 양수자 간에 실지거래한 가액으로 하며, 취득가액(필요경비)도 양도자가 실지 취득가액과 실지 취득에 소요된 자본적 지출 및 양도비 등에 따라 다음과 같이 계산한 금액으로 한다.

양도차익 = 양도당시 실지거래가액 − 취득당시 실지거래가액 − 자본적 지출 − 양도비이 경우 실지취득가액은 취득당시 실지거래가액의 증빙서류인 매매계약서 등에 의해 확인된 금액을 말한다.

만일 실지거래가액을 확인할 수 없는 경우에는 매매사례가액(주식의 경우에는 비상장주식만 적용), 감정가액(주식 제외), 환산가액을 순차로 적용한다.

> **▌비상장주식 양도차익 계산시 매매대금을 외화로 수령한 경우의 환산방법 등**
>
> 매매대금을 외화로 수령한 자산에 대한 양도차익을 실지거래가액에 의하여 산정함에 있어서 양도가액은 그 대금을 수령하는 날 현재의 기준환율 또는 재정환율에 의하여 환산한 가액을 합산하여 계산하는 것이며, 양도시기 이후에 수령하는 중도금 및 잔금은 양도시기 현재 기준환율 또는 재정환율에 의하여 환산한 가액을 합산하는 것이다(재일 46014-528, 1998.3.26.).

2. 부당행위계산 부인이 적용되는 경우

양도소득세 과세대상 주식 등의 자산을 특수관계인으로부터 시가보다 높은 가격으로 매입하거나 특수관계인에게 시가보다 낮은 가격으로 양도하는 등 조세의 부담을 부당하게 감소시킨 것으로 인정되는 경우로서 다음의 부당행위계산 부인이 적용되는 때(시가와 거래가액의 차액이 3억원 이상이거나 시가의 5%에 상당하는 금액 이상인 경우에 한정한다)에는 당해 주식 등 자산의 시가를 그 취득가액 또는 양도가액으로 보아 양도차익을 산정한다.

① 특수관계인으로부터 시가보다 높은 가격으로 자산을 매입하거나 특수관계인에게 시가보다 낮은 가격으로 자산을 양도한 때(고가매입 · 저가양도)

② 그 밖에 특수관계인과의 거래로 해당 연도의 양도가액 또는 필요경비의 계산시 조세의 부담을 부당하게 감소시킨 것으로 인정되는 때

다만, 개인과 법인 간에 주식 등의 자산을 양수 또는 양도하는 경우로서 그 대가가 법인세법상(법령 §89) 시가로 인정되어 당해 법인의 거래에 대하여 법인세법상(법법 §52) 부당행위계산의 부인이 적용되지 아니하는 때에는 거짓 그 밖의 부정한 방법으로 양도소득세를 감소시킨 경우를 제외하고는 그 대가를 취득가액 또는 양도가액으로 보아 양도차익을 산정한다.

이에 대한 다양한 사례는 후술하는 "**제8절 Ⅱ의 5와 6**"의 다양한 사례를 참고하기 바란다.

3. 주식매수선택권을 행사하여 취득 · 양도한 경우

주식매수선택권을 행사하여 취득한 주식을 양도하는 때에는 주식매수선택권을 행사하는 당시의 시가를 실지거래가액으로 한다.

4. 추계결정 · 경정이 있는 경우

정부가 실지거래가액에 의하여 양도차익을 경정하는 경우로써 양도가액에 대하여 실지거래가액이 확인되지 아니한 경우에는 실지거래가액의 보완적 방법으로 매매사례가액 및 환산가액을 순차로 적용할 수 있으며, 이에 대응하는 취득가액도 실지거래가액의 보완적 방법을 적용할 수 있다.

또한 거주자가 실지거래가액에 의하여 양도소득세를 신고 · 납부하였으나 그 신고한 내용이 사실과 달라 납세지 관할세무서장이 실지거래가액을 확인한 경우에는 그 확인된 가액을 양도가액 또는 취득가액으로 양도소득세를 경정한다(소법 §114 ⑥).

* 양도일 또는 주권비상장법인의 주식(주권상장법인 주식은 제외)과 동일성 또는 유사성이 있는 주식의 매매사례가 있는 경우에는 그 가액을 말함.

보충설명

매매사례가액이란 양도일 또는 취득일 전후 각 3개월 이내에 해당 주식 등(상장주식 제외) 자산과 동일성 또는 유사성이 있는 자산의 매매사례가 있는 경우에 그 가액을 말한다. 다만, 특수관계인과의 거래에 따른 가액으로써 그 가액이 부당하다고 인정되는 경우에는 이를 적용하지 아니한다.

환산가액이란 의제취득일(1985.12.31.) 이전에 취득한 주식은 1986.1.1.에 취득한 것으로 보고 취득가액은 다음의 금액으로 한다.

환산취득가액 = 양도당시의 실지거래가액(매매사례가액) × 의제취득일 현재의 기준시가 / 양도당시의 기준시가

5. 부담부증여

부담부증여에 의해 양도로 보는 부분에 대한 양도차익을 산정하는 경우, 그 양도가액 및 취득가액은 각각 다음에 따라 계산한 가액으로 한다(소령 §159).

(1) 취득가액

취득가액은 다음의 산식에 의해 계산한다.*

> 취득가액 = A × B ÷ C
> A ; 실지거래가액(실지거래가액이 불분명한 경우에는 매매사례가액, 환산가액)에 따른 가액
> 만일 양도가액을 상증법(§61 ①,②)에 따라 기준시가로 산정한 경우에는 취득가액도 기준시가로 산정한다.
> B ; 채무액**
> C ; 증여가액

(2) 양도가액

양도가액은 다음의 산식에 의해 계산한다.

> 양도가액 = A × B ÷ C
> A : 상증법(§60~66)의 규정에 따라 평가한 가액
> B : 채무액*
> C : 증여가액

* 부담부증여에 대한 양도소득세 계산은 후술하는 "**제9절의 Ⅰ**"을 참고하기 바란다.
** 채무액은 다음의 산식에 의해 계산한다.

> 채무액 = A × B ÷ C
> A : 총 채무액
> B : 양도소득세 과세대상 자산가액
> C : 총 증여자산가액

(3) 총증여자산가액 계산

총증여자산가액은 다음의 산식에 의해 계산한다.

> 총 증여자산가액 = ①+②
> ① 수증자가 인수한 채무분 ; 증여자는 유상양도에 해당하므로 양도소득세 납세의무가 있다.
> ② 위 "①" 외 분(무상이전분) ; 수증자는 증여세 납세의무가 있다.

Q 사례 부담부증여의 경우 양도차익과 증여재산가액 계산

다음 자료에 의해 양도소득세의 양도차익과 증여세과세대상 증여재산가액을 계산하여라.

① 증여당시 자산가액 : 10억원
② 수증자가 인수한 증여자산에 담보된 증여자의 채무 : 6억원
③ 실지취득가액 : 4억원

풀이

① 부담부증여 양도가액 : 6억원 = 10억원 × (6억원 / 10억원)
② 부담부증여 취득가액 : 2.4억원 = 4억원 × (6억원 / 10억원)
③ 양도소득세 과세대상 부담부증여 양도차익 : 3.6억원 = 6억원 - 2.4억원
④ 증여세 과세대상 증여재산가액 : 4억원 = 10억원 - 6억원

Ⅲ 기준시가에 의한 양도차익 계산

1. 개요

기준시가(소법 §99)에 의한 양도차익을 계산하는 경우에는 주식 등 자산의 실지 양도가액과 취득가액에 불구하고 기준시가를 취득가액 및 양도가액으로 계산한다. 이 경우 기타 필요경비는 실지 지출금액이 아닌 개산공제액(주식의 경우 취득당시 기준시가의 1%)을 필요경비로 한다.

예컨대, 교환, 부담부증여, 현물출자에 있어서 양도차익 계산에 있어서 매매사례가액이 없다면 기준시가로 산정한다.

양도차익 = 양도당시 기준시가 – 취득당시 기준시가 – 기준시가 개산공제액(주식; 1%)

▌비상장주식에 대하여 객관적인 교환가치가 적정하게 반영된 정상적인 거래의 실례가 있는 경우

비상장주식에 대하여 특수관계 없는 거래쌍방이 거래를 하였고, 비상장주식에 대한 평가를 하였으며, 평가기준일로부터 2개월 이내에 매매거래가 발생한 경우 해당 거래가격을 시가로 볼 수 있다(국심사양도 2014-76, 2014.7.22.).

2. 실지거래가액에 의한 기준시가의 환산

실지거래가액에 의한 양도차익을 산정함에 있어 취득 당시의 실지거래가액을 확인할 수 없는 경우에는 환산한 가액(소령 §176 ②~④)을 그 취득 당시의 실지거래가액으로 한다(서면4팀-2345, 2005.11.28.).

Ⅳ 양도차익 또는 양도차손의 계산

양도차익 또는 양도차손의 계산은 양도가액에서 취득가액 등 필요경비를 공제한 금액으로 한다.

주식의 경우에는 장기보유특별공제규정을 적용하지 아니한다.

양도소득금액(양도차익) = 양도가액 - 취득가액 등 필요경비
양도소득금액(양도차손) = 취득가액 등 필요경비 - 양도가액

1. 자산별 구분

양도차익은 자산별 및 거래유형별로 다음과 같이 부동산 등의 자산과 상장주식·비상장주식의 자산을 구분하여 계산한다.

그 이유로는 당해 연도에 2 이상의 주식과 주식 외의 자산을 양도한 경우 각각의 양도소득금액을 계산함에 있어서 발생하는 결손금은 동일한 과세기간에 다음의 "①"에

속하는 자산에서 발생한 양도차손익은 "①"에서만 통산할 수 있으며, "②"에 속하는 자산에서 발생한 양도차손익은 "②"에서만 통산할 수 있기 때문이다.

① 토지, 건물 및 부동산에 관한 권리

② 상장주식 및 비상장주식

따라서 "①"에 속하는 자산에서 발생한 양도차손익은 "②"에서 통산할 수 없다.

▌서로 다른 회사의 비상장주식의 양도차손익 통산 여부

서로 다른 회사의 비상장주식을 동일한 귀속연도에 양도하는 경우로써 각각의 비상장주식에서 발생한 소득금액과 결손금에 대하여는 이를 통산한다(제도 46014-10860, 2001.4.30.).

▌서로 다른 연도에서 발생한 양도차손익의 통산 여부

당해 과세연도에 귀속된 주식양도소득금액에 대하여 해당 귀속연도를 달리하는 연도의 양도차손을 반영하여 양도소득금액을 계산할 수 없다(국심 2007서4775, 2008.2.19.).

2. 동일 자산별의 세율별 양도차손의 통산

주식의 양도차손은 다음의 양도소득금액에서 "① → ②" 순차로 공제한다.

① 양도차손이 발생한 주식과 같은 세율을 적용받는 자산의 양도소득금액

② 양도차손이 발생한 주식과 다른 세율을 적용받는 자산의 양도소득금액

3. 국외 자산에서 발생한 양도차손의 통산 배제

국내 주식과 국외 주식의 양도소득세 과세대상 자산을 양도하는 경우 양도소득세 과세표준 및 세액을 각각 구분하여 산정하는 것이며 국외 자산에서 발생한 양도차손은 국내 자산의 양도차익과 통산하지 아니한다(조심 2011서2348, 2013.5.27.).

4. 비과세되는 주식에서 발생한 양도차손의 통산 배제

양도소득세가 비과세되는 주식에서 발생한 양도차손은 다른 주식의 양도소득금액에서 공제하지 아니한다(조심 2011서2439, 2012.3.26.).

5. 이월결손금 공제 불인정

결손금은 당해 연도에 발생한 양도소득에 대해서만 통산이 되므로 결손금은 다음 연도에 이월하여 공제할 수 없다.

6. 부당행위계산 부인 적용시 증여자의 양도차손

증여자가 부담하여야 할 양도소득세가 증여받은 자가 부담하여야 할 세금(증여세+양도소득세)보다 많아 부당행위계산 부인을 적용할 때 증여자의 다른 자산에서 발생한 양도차손이 있는 경우에는 이를 해당 자산에서 발생한 양도차익과 통산한다(소법 집행기준 101-167-10).

제8절 양도가액 또는 취득가액의 계산

Ⅰ 양도가액 또는 취득가액의 산정기준

주식의 양도차익을 산정할 때 양도가액 또는 취득가액을 어떤 기준으로 계산하는지에 따라 양도소득세가 다르게 산출되므로 양도자의 자의를 배제하고 과세소득을 일정한 방법으로 파악하여 과세공평을 위해 매우 중요하다.

따라서 양도가액 또는 취득가액은 양도소득세액에 직접적인 영향을 미치므로 명확히 산정하지 않아 추가로 납부할 양도소득세가 발생하는 경우에는 본세 외에 가산세가 부담되며, 양도소득세를 과다하게 납부한 경우에는 경정청구하여 환급받아야 하는 번거로움이 있다.

양도소득세가 과세되는 주식의 양도가액(반드시) 또는 취득가액은 그 주식의 양도당시 또는 취득당시 실지거래가액에 따른다(소법 §96 ①).

예외적으로 양도당시에는 실지거래가액이 확인되나 취득당시의 실지거래가액이 인정되거나 확인되지 아니하는 경우에는 다음의 **매매사례가액(주식의 경우에는 비상장주식만 적용)**, **환산가액**, **기준시가**에 의하여 순차로 산정한다(소법 §114 ⑦).

적용순서 (①➡②➡③)	적 용 내 용
① 매매사례가액	양도일 또는 취득일 전후 각 3개월 이내에 주권비상장법인의 주식(주권상장법인의 주식은 제외)과 동일성 또는 유사성이 있는 주식의 매매사례가 있는 경우에는 그 가액을 말함.
② 환산가액	양도 당시의 실지거래가액 또는 매매사례가액을 기준시가에 따라 환산한 취득가액을 말함. 다만 신주인수권은 환산가액을 적용하지 않음. $\text{환산가액} = \dfrac{\text{양도당시 실지거래가액}}{\text{(또는 매매사례가액)}} \times \dfrac{\text{취득당시 기준시가}}{\text{양도당시 기준시가}}$
③ 기준시가	세법에 따라 양도당시 또는 취득당시에 적용하는 가액

1. 실지거래가액 개념

실지거래가액이란 양도자가 주식 매각 당시 양도대가로 양수자로부터 지급받은 가액으로서 매매계약서, 기타 증빙자료에 의하여 객관적으로 인정되거나 확인되는 가액을 말하며, 시가나 정상가액 등과는 다른 개념이다.

양도당시 및 취득당시의 실지거래가액 다음에 따른다.

양도당시 양도가액	취득당시 취득가액
① 원칙적으로 양도자와 양수자 간에 실제 거래 가액 ② 거주자가 특수관계인 법인에게 주식 등 자산을 고가양도 함으로써 시가 초과분이 그 거주자에게 소득처분되는 경우, 그 시가액(소법 §96 ① 〈1〉)을 양도당시 양도가액으로 본다. ③ 비특수관계인 법인에게 주식 등의 자산을 시가보다 높은 가격으로 양도한 경우로서 상증법(§35)에 따라 해당 거주자의 증여재산가액으로 하는 금액이 있는 경우에는 그 양도가액에서 증여재산가액을 뺀 금액(소법 §96 ① 〈2〉)을 양도당시 양도가액으로 본다. ④ 정부가 추계결정・경정시 실지거래가액이 확인이 안되면 매매사례가액을 적용하여 양도당시 양도가액으로 본다.	① 원칙적으로 양도자산의 취득에 소요된 실제 거래가액을 취득당시 취득가액으로 한다. ② 상속 또는 증여(증여의제 제외)받은 주식 등 자산은 상속개시일 현재 또는 증여일 현재 상증법상 평가액을 취득당시 취득가액으로 본다. ③ 주식매수청구권을 행사하여 취득한 주식을 양도한 경우 주식매수청구권 행사 당시의 시가를 취득당시 취득가액으로 본다. ④ 납세자의 경우에도 실지거래가액을 확인할 수 없는 경우에는 매매사례가액, 환산취득가액을 순차로 적용한 금액을 취득당시 취득가액으로 본다. ⑤ 정부가 추계결정・경정시 실지거래가액이 확인이 안되면 매매사례가액, 환산취득가액을 순차로 적용한 금액을 양도당시 양도가액으로 본다.

▌주식을 교환으로 양도하는 경우 양도가액 계산

주식을 교환으로 양도하는 경우 당해 주식의 양도가액은 교환계약서에 표시된 실지거래가액에 의한다. 다만, 교환계약서에 표시된 실지거래가액이 실지거래가액으로 인정 또는 확인할 수 없는 경우에는 세법상 기준시가로 한다(서면4팀-895, 2005.6.4.).

▌비특수관계인에게 비상장주식을 저가양도한 경우

비특수관계인에게 시가보다 낮은 가격으로 비상장주식을 양도하는 경우 양도가액은 그 주식의 양도당시의 실지거래가액에 의한다(부동산거래관리과-141, 2010.1.28.).

▌대물변제로 취득한 경우

대물변제로 취득한 재산의 취득가액은 대물변제당시 실지거래가액 상당액이다(대법원 2015두41340, 2015.7.23.).

▌실지거래가액에 관한 증빙서류

납세자가 실지거래가액에 관한 증빙서류로서 매매계약서 등을 제출하면 실제와 달리 작성되었다는 등의 특별한 사정이 없는 한, 매매계약서상의 실지거래가액에 의하여 양도차익을 산정하여야 할 것이고, 이 경우 특별한 사정이 있다는 점은 과세관청이 입증하여야 하므로 원고가 제출한 매매계약서 상의 실지거래가액에 의하여 양도차익을 산정하여야 한다(대법원 2014두38507, 2014.12.11.).

2. 매매사례가액 개념

매매사례가액은 양도일 또는 취득일 전후 각 3개월 이내에 해당 주식(주권상장법인의 주식 등은 제외)과 동일성 또는 유사성이 있는 주식의 매매사례가 있는 경우 그 가액을 말한다(소령 §176의2 ③).

그러나 매매사례가액이 특수관계인과 거래에 따른 가액 등으로 객관적으로 부당하다고 인정되는 경우에는 이를 적용하지 아니한다.

▌특수관계인 간의 주식거래분 주식발행법인의 자산 및 부채의 평가액이 대폭 증감하여 기준시가 산정이 불합리한 경우 양도시 시가 산정방법

특수관계인 간의 주식을 매매한 것에 대하여 상증법(§35 ①) 규정을 적용함에 있어 매매계약일 이후 환율의 급격한 변동 등 외부적 요인에 의하여 매매계약일 현재 당해 주식을 발행한 법인이 보유하던 자산 및 부채의 평가액이 대폭 증가 또는 감소함에 따라 양도일을 기준(소령 §162 ①)으로 당해 주식의 시가를 산정하는 것이 불합리하다고 인정되는 경우에는 매매계약일을 기준으로 시가를 산정할 수 있다(재재산 46014-85, 2001.3.29.).

3. 환산가액 개념

양도차익을 계산할 때 양도가액 또는 취득가액 중 어느 하나를 실지거래가액에 의하여 산정하는 때에는 다른 하나도 실지거래가액에 의하고, 어느 하나를 기준시가에 의하여 산정하는 때에는 다른 하나도 기준시가에 의한다. 다만, 실지거래가액에 의한 양도차익을 산정함에 있어 취득당시의 실지거래가액을 확인할 수 없는 경우에는 환산한 가액(소령 §176의2 ②~④)을 그 취득당시의 실지거래가액으로 한다.

이 경우 양도당시와 취득당시의 기준시가 비율에 따라 환산한 가액은 취득가액을 환산하는 경우에만 적용하며, 양도가액은 환산가액을 적용되지 아니한다.

$$\text{환산 취득가액} = \text{양 당시의 실지거래가액 · 매매사례가액} \times \frac{\text{취득당시의 기준시가}}{\text{양도당시의 기준시가}}$$

따라서 양도차익을 계산할 때 양도가액을 실지거래가액에 따를 때에는 취득가액도 실지거래가액(환산가액 포함)에 따르며, 취득가액을 실지거래가액에 따라 산정하는 경우 취득당시의 실지거래가액을 확인할 수 없어 환산가액이 적용되는 경우를 포함한다(대법원 2018두47363, 2018.10.4.).

4. 기준시가 개념

일반적으로 양도차익은 양도자산의 양도·취득시의 실지거래가액에 의하여 계산하는 것이 원칙이나 실지거래가액의 파악이 어려운 경우 정부가 정한 기준시가에 의해 과세하는 체계를 유지하고 있다.

여기서 기준시가라 함은 양도소득세 과세대상이 되는 자산의 양도 또는 취득 당시 기준이 되는 가액으로서, 소득세법(§99)에서 규정하는 기준시가를 말하며, 기타 필요경비개산액 및 환산가액 등의 계산을 위해 필요하므로 양도소득금액을 계산하는 데 있어서 중요하다.

이외에 기준시가는 양도소득세 과세대상 주식 등의 자산을 양도한 경우 실지거래가액에 불구하고 획일적인 방법에 의해 세금을 과세하기 위해 세법에 따라 정부가 결정한 과세기준이 되는 다음의 가액을 말한다.

주식의 종류	준용 규정	기 준 시 가
유가증권시장 상장주식	상증법(§63 ① 〈1. 가·나〉)	양도일·취득일 이전 1개월 동안 공표된 한국거래소 최종 시세가액의 평균액

주식의 종류	준용 규정	기 준 시 가
코스닥, 코넥스시장 상장주식	상증법(§63 ① 〈1. 가 · 나〉)	위와 같음.
비상장주식	1주당 기준시가 = Max(①,②) ① 가중평균 1주당 가액* = (1주당 순손익가치 × 3 + 1주당 순자산가치 × 2) × 1/5 ② 1주당 순자산가치 × 80% * 부동산과다보유법인의 경우에는 1주당 순손익가치와 1주당 순자산가치를 각각 2와 3으로 하여 가중평균 1주당 가액을 계산한다.	

▌비상장주식의 양도 당시 기준시가 산정방법

소득세법상 비상장법인이 발행한 주식에 대한 양도 당시 기준시가를 산정할 때 순자산가치는 양도일이 속하는 사업연도의 직전 사업연도 종료일 현재 해당 법인의 장부가액(토지의 경우에는 개별공시지가)에 따른다(서면-2015-부동산-1844, 2015.10.30.).

Ⅱ 양도가액 계산

양도가액은 양도소득세가 과세되는 주식 등을 양도하고 양도자가 계약에 의하여 양도의 대가로 양수자로부터 실제로 받았거나 받기로 한 금액을 말한다.

양도가액의 산정은 주식의 양도당시 양도자와 양수자 간의 실지거래가액으로 하는 것이며, 양도가액과 취득가액을 산정은 양도차익을 계산하는데 직접 영향을 주기 때문에 매우 중요하다.

납세자의 양도가액은 반드시 실지거래가액에 의하며, 정부의 결정 · 경정은 다음에 따른다.

구분	납세자 신고	정부의 결정 · 경정
양도가액	실지거래가액	① 원칙 : 실지거래가액 ② 실지거래가액이 불분명한 경우 : 매매사례가액, 감정가액(주식 제외) ③ 시가가 없는 경우 : 기준시가

여기서 양도소득세액을 산출하는 기초가 되는 당해 자산의 실지양도가액이라 함은 거래 당시 양도자가 자산을 양도하고 그 대가로 지급받은 가액으로서 매매계약 기타 증빙자료에 의하여 객관적으로 인식되는 가액을 말한다(대법원 2016두36086, 2016.6.23.).

1. 개요

(1) 양도가액에 포함하는 금액

양도가액은 다음의 금액을 포함한다.

① 양도인이 부담할 양도소득세를 양수인이 부담하기로 한 경우

② 장기할부조건으로 매매지급방법에 따라 취득원가에 이자상당액을 가산하는 거래의 경우

③ 비상장주식 양도시에 경영권을 별도로 평가하여 주식과 함께 양도하는 경우(재재산 46014-372, 1998.12.5.)

④ 임원들에 한하여 특별격려금을 가산하여 스톡옵션을 행사한 경우(조심 2012서1697, 2012.6.25.)

▌약정없이 양도인이 부담한 양도소득세를 양수인이 부담한 경우

양도소득세의 부담에 관한 별도의 약정이 없음에도 양도인이 아무런 조건없이 양도소득세를 납부한 때에는 이를 양도가액에 포함하는 것이 아니라 양도자가 양수인으로부터 증여받은 것으로 보아 증여세 납세의무가 있다(재산 01254-1748, 1987.6.30.).

▌해외주식 양도시 양도가액 환산기준일 적용 방법

해외주식의 양도에 대한 양도차익 계산시 외화환산은 양도가액을 수령한 날 현재의 「외국환거래법」에 의한 기준환율 또는 재정환율에 의하도록 규정되어 있어 그 해외주식을 양도하고 양도대금을 수령한 날은 양수인의 송금일이 아니라 양도자 명의의 국내계좌에 각 입금된 날로 본다(조심 2017구1209, 2017.5.31.).

▌비상장주식 일부를 영리법인에게 증여한 경우 세무처리 방법

비상장주식의 양도가액 중 일부를 영리법인에게 증여한 경우 증여한 금액은 양도가액에서 차감되는 것이 아니며, 증여받은 영리법인의 소득금액에 익금산입되어 법인세를 과세한다(재산 46017-618, 2000.5.23.).

(2) 양도가액에 포함하지 않는 금액

다음의 금액은 양도가액에 포함하지 않는다.

① 양도대금의 선납으로 할인해준 경우 그 할인금액

② 양도대가를 지급함에 있어서 약정기일을 어긴 대가로 받은 이자상당액

③ 비상장주식의 양도소득금액 계산시 주식보유기간 동안의 주식 취득금액에 대한 은행저축예금 이자상당액(재일 46014-3016, 1997.12.26.)

④ 택시회사의 주식을 양도하면서 매매계약서상 주식의 양도가액을 보유택시가액에서 양도기준일 현재 택시회사의 채무를 변제하고 정산하기로 약정한 경우 실제 변제 채무금액(국심 2006서3272, 2007.4.19.)

⑤ 교환이라기보다는 매매거래에 해당하고 비상장주식을 양도하고 양도대금과 양수법인이 발행한 전환사채 인수대금의 납입채무를 상계하였으므로 양도가액은 전환사채의 인수대금에 상당하는 가액이다(대법원 2011두27681, 2012.2.23.).

⑥ 주식양수도 계약 후 우발채무를 담보하기 위하여 대금의 일부를 유보한 경우, 약정에 따라 양도일의 양도가액 및 가감된 가액을 양도가액으로 하되 양도금액과 별개로 수수한 손해배상금은 양도가액과는 별개로 보아 차감하지 않는다(부동산거래-695, 2011.8.9.).

⑦ 양도계약의 위약, 해약에 따른 위약금, 해약금, 동 금액은 양도가액에 포함하지 않으며, 동 금액은 소득세법상 기타소득으로 분류된다.

2. 주식의 상호 교환시 양도가액

비상장법인 주식을 양도하고 코스닥 상장법인 주식을 교부받는 교환거래의 경우 교환계약당사자 간에 약정한 교환목적물의 가액을 양도가액으로 본다.

주식 등의 자산을 교환하는 경우 양도가액 및 취득가액은 교환계약서에 표시된 실지거래가액에 의하는 것이나, 교환계약서에 표시된 가액이 소득세법 시행령(§176의2 ①)에 해당하는 경우로서 실지거래가액을 인정 또는 확인할 수 없는 경우에는 소득세법(§114 ⑦)에 따라 매매사례가액, 환산가액, 기준시가를 순차로 적용한다(부동산거래-994, 2010.7.27.).

주식교환의 경우 양도가액은 교환으로 받는 신주의 가액을 기준으로 산정하며, 신주의 가액은 상증법상 시가를 기준으로 평가하거나 실지거래가액이 불분명한 경우로 보

아 소득세법(§99)의 규정에 따른 기준시가를 기준으로 평가할 수 있다.

따라서 주식교환계약시 교환비율만 정하고 양도가액을 명시하지 않은 경우 양도가액이 불분명으로 보아 그 양도가액은 상증세법상 시가로 평가하거나 실지거래가액이 불분명한 경우로 보아 소득세법상 기준시가로 한다(조심 2010서1423, 2011.9.8.).

보충설명

배우자 및 직계존비속 간의 주식을 교환하는 경우에는 상증법상 증여추정에 해당하지 아니하며 양도소득세가 과세된다. 그러나 주식 교환가액이 다를 경우에는 그 차액에 대하여 증여세가 과세된다.

▌교환가액으로 약정한 후 실제 교환일에 가액이 변경된 경우

비상장주식과 코스닥상장주식의 교환거래시, 계약일 현재 교환가액으로 약정한 후 실제 교환일에 코스닥주식의 가액이 변경되었더라도 계약 당시로 소급하여 내용을 수정할 수 있는 특약이 없는 경우에는 매매계약서상 약정가액을 양도가액으로 한다(조심 2010서2834, 2010.11.1.).

▌주식의 평가

주식교환 체결시에는 회계법인에 의뢰하여 해당 법인의 주식 1주당 가액을 평가하여 동 가액으로 주식을 교환하는 것이 바람직하다(국심사양도 2010-178, 2001.8.20.).

▌교환당시 기준시가로 양도차익을 신고 후 고가(저가)양도시 증여의제 적용

특수관계인 간 부동산(주식 포함)을 교환하고 교환당시 기준시가로 양도차익을 신고하였으나 교환일 후 한 달 내에 교환자산 중 하나를 제3자에게 양도한 경우, 그 양도가액을 매매사례가액으로 보아, 그 가액을 기준으로 교환자산 간 고가(저가)양도시 증여의제를 적용한다(부동산거래-572, 2011.7.7.).

3. 사후정산형식으로 비상장주식을 양도한 경우

비상장주식을 양도하고 잠정합의된 양도가액을 수령한 후 약정에 의해 추가금액을 가감하는 경우 양도가액은 양도당시 거래금액을 양도일의 양도가액으로 하고, 양도일 이후에 가감하기로 한 지급대가에 대해서는 그 대가를 각각 받기로 한 날의 양도가액으로 경정하는 것이다. 이 경우 대가로 지급받는 주식의 가액은 그 주식을 받는 날의 주식가액을 양도가액에 추가하여 수정신고 하여야 한다(법규재산 2011-452, 2011.11.25.).

4. 부담부증여

부담부증여의 경우 양도로 보는 부분에 대한 양도차익을 계산함에 있어서 양도가액은 상증법(§60~§66) 규정에 따라 평가한 가액에 증여가액 중 채무액에 상당하는 부분이 차지하는 비율을 곱하여 계산하며, 취득가액은 소득세법(§97 ① 〈1〉)에 따른 가액(양도가액을 기준시가에 따라 산정한 경우에만 취득가액도 기준시가에 따라 산정한다)에 증여가액 중 채무액에 상당하는 부분이 차지하는 비율을 곱하여 계산한 가액으로 한다(부동산거래-528, 2010.4.7.).

5. 고가양도의 유형별 양도가액

(1) 개요

특수관계법인, 특수관계인 개인 또는 비특수관계법인, 비특수관계인 개인 간의 고가양도시 유형별 양도가액은 다음과 같이 적용한다(소법 집행기준 96-162의2-5).

<table>
<tr><th>양수자</th><th>양도가액</th><th>비 고</th><th>관련조문</th></tr>
<tr><td>특수관계법인</td><td>시가*1</td><td>*1 : 양도자의 상여·배당 등으로 처분된 금액이 있는 경우에는 법인세법(§52)상의 시가</td><td>소법 §96 ③ 〈1〉, 상증법 §35 ②</td></tr>
<tr><td>특수관계인 개인</td><td>시가*2 + 증여재산공제액*3</td><td>*2 : 상증법상 평가액
*3 : Min(①시가30%, ②3억원)</td><td rowspan="3">소법 §96 ① 〈2〉, 상증법 §35 ②</td></tr>
<tr><td>비특수관계법인</td><td rowspan="2">시가*2 + 3억원*4</td><td rowspan="2">*4 : 대가와 시가와의 차액이 시가의 30% 이상인 경우에 공제하는 금액임.</td></tr>
<tr><td>비특수관계인 개인</td></tr>
</table>

(2) 개인이 특수관계법인에게 주식을 고가양도한 경우

❶ 양도소득세 과세

거주자가 특수관계법인에게 자산을 고가로 양도한 경우에는 조세의 부담을 부당하게 감소시킨 것이 아니기 때문에 고가양도자에게 양도소득세 과세문제는 발생되지 아니한다.

법인세법상 부당행위계산 부인(법법 §52)에 따른 특수관계인에 해당하는 법인(외국법인을 포함하며, "특수관계법인"이라 한다)에게 양도한 경우로서 거주자의 상여・배당 등으로 처분된 금액이 있는 경우에는 시가를 양도당시의 실지거래가액으로 본다(소법 §96 ③ 〈1〉 및 상증법 §35 ②).

이 경우 양도가액은 시가로 하여 양도소득세를 과세하고 양도가액과 시가와의 차액은 법인세법상 소득처분시 상여 또는 배당으로 처리되어 해당 거주자에게는 종합소득세가 과세된다.

이에 대한 다양한 사례는 전술한 "**제2편 제3장 제2절의 Ⅱ**"를 참고하기 바란다.

보충설명

특수관계인 간의 주식을 고가 매매하는 경우 양수자의 취득가액은 고가로 매입한 가액이 아닌 시가초과액을 차감한 금액이 되고, 양도자의 양도가액은 시가로 한다. 이 경우 양도소득세 부당행위계산 부인이 적용되어 양수자의 취득가액은 시가초과액을 차감한 금액이 세법상 취득가액이 된다.
따라서 양도소득세 과세대상 주식을 특수관계인으로부터 시가보다 높은 가격으로 매입하는 등 조세의 부담을 부당하게 감소시킨 것으로 인정되는 때에는 당해 주식의 취득가액을 시가에 의해 계산한다.

❷ 증여세 과세

특수관계인에게 주식을 시가보다 높은 가액으로 양도한 경우에는 대가에서 시가의 차액에 해당하는 이익이 실질적으로 양도자에게 무상으로 이전되는 효과가 발생하므로 해당 주식을 양도한 자에게 그 대가와 시가와의 차액에 해당하는 증여재산가액을 증여세로 과세한다.

구분	납세 의무자	증여세 과세요건	증여재산가액
고가양도	양도자	(양도대가－시가)의 차액이 시가의 30% 이상 또는 그 차액이 3억원 이상일 것	(양도대가－시가) － Min(시가의 30%와 3억원 중)

보충설명

특수관계인 여부에 불구하고 개인 간의 양도소득세가 과세되는 주식 등을 시가보다 높은 가액으로 양도하는 경우에는 양도자에게 양도소득세와 증여세가 과세된다(상증법 §35). 이 경우 양도대가와 시가의 차액에 대하여 양도소득세와 증여세가 이중과세되는 것을 조정하기 위해 양도자의 양도소득세 계산시 양도가액(실지거래가액)은 양도대가에서 증여재산가액을 뺀 금액으로 한다(소법 §96 ③).

Q 사례 1 특수관계법인과 개인 간의 고가매매

김일남씨(갑법인의 대표이사)가 특수관계법인인 갑법인에게 시가 1억원인 을법인의 주식을 6억원에 양도한 경우 거래 당사자 간의 세무처리는 어떻게 하는지?

풀이 1

〈양도인; 김일남씨〉

개인이 특수관계법인에게 주식을 고가로 양도한 경우에는 조세의 부담을 부당히 감소시킨 것으로 보지 아니하므로 부당행위계산 부인을 적용하지 아니한다. 따라서 고가양도분에 대하여 소득처분이 있는 경우 양도소득세 계산시 양도가액은 시가로 한다.

① 소득처분액 : 종합소득세 과세

6억원 - 1억원 = 5억원(상여처분)

② 양도소득세(양도가액) :

6억원 - 5억원(상여처분액) = 1억원

〈양수인; 갑법인〉

특수관계법인이 개인으로부터 주식을 고가매입함으로써 조세의 부담을 부당히 감소시킨 것으로 인정되는 경우에는 부당행위계산의 부인이 적용된다(법령 §88 ① 〈3〉).

① 세무상 취득가액 : 1억원

② 고가매입 주식에 대한 세무처리 :

㉠ 해당 주식가액을 감액하는 세무조정으로 손금산입(△유보:5억원)하고,

㉡ 동시에 익금산입(상여:5억원)한다.

(3) 특수관계인 개인 간의 주식을 고가매매한 경우

특수관계인 개인 간의 거래에 있어서 주식을 시가보다 높은 가액으로 양도한 경우로써 증여세 과세요건에 해당되는 경우에는 증여세를 과세하게 된다(소령 §167 ④).

고가 양수자의 주식의 취득가액은 특수관계인과의 거래에 있어서 주식을 시가를 초과하여 취득함으로써 조세의 부담을 부당히 감소시킨 행위로 인정되는 때에는 그 취득가액을 시가로 한다. 그리고 양도자의 주식의 실지거래가액(양도가액)을 대가에서 증여가액을 뺀 금액으로 한다.

사례 2 특수관계인 개인 간의 고가매매

김일남씨가 특수관계인 박일남씨에게 시가 1억원인 주식을 6억원에 양도한 경우 거래 당사자 간의 세무처리는 어떻게 하는지?

풀이 2

〈양도인; 김일남씨〉

특수관계인과의 거래로서 고가양도시에 대한 증여세 과세는 양도한 주식의 대가로서 그 시가를 뺀 가액이 시가의 30% 이상 차이가 있거나 그 차액이 3억원 이상인 경우에는 증여세가 과세된다. 그리고 양도차익 계산시 양도가액은 대가에서 증여재산가액을 뺀 금액으로 한다.

① 증여재산가액 :

(대가－시가)/대가 ≥ 30% 또는 (대가－시가) ≥ 3억원

6억원－1억원/6억원 ＝ 83% ≥ 30%

6억원(대가) － 1억원(시가) － 0.3억원* ＝ 4.7억원

* Min(0.3억원=1억원의 30%, 3억원)

② 양도가액 :

6억원 － 4.7억원(① 증여재산가액) ＝ 1.3억원

〈양수인; 박일남씨〉

특수관계인과의 거래에 있어서 주식 등의 자산을 시가를 초과하여 취득함으로써 조세의 부담을 부당히 감소시킨 것으로 인정되는 경우 취득가액은 1억원(시가)이다.

(4) 비특수관계인에게 주식을 고가양도한 경우

❶ 양도소득세 과세

거주자가 주식을 비특수관계인에게 시가보다 높은 가격으로 양도한 경우로서 상증법(§35)에 따라 해당 거주자에게 증여로 보는 증여재산가액이 있는 경우에는 그 양도가액에서 그 증여재산가액을 뺀 금액을 해당 자산의 양도당시의 실지거래가액(양도가액)으로 본다(소법 §96 ③ 〈2〉 및 상증법 §35 ②).

따라서 비특수관계인에게 고가로 양도한 경우 당해 양도대가와 시가와의 차액에서 발생한 증여재산가액에 대하여는 증여세가 과세되고, 양도대가에서 증여재산가액을 뺀 시가와 취득가액의 차액에 대해서는 양도소득세가 과세된다.

❷ 증여세 과세

비특수관계인 간에 주식을 현저하게 시가보다 높은 가액으로 양도한 주식의 대가에서 그 시가를 뺀 가액이 시가의 30% 이상 차이가 있는 경우 그 차액에 상당하는 금액을 증여받은 것으로 보아 증여재산가액을 증여세로 과세한다.

구분	납부 의무자	증여세 과세기준	증여재산가액
고가양도	양도자	(양도대가－시가)의 차액이 시가의 30% 이상일 것	(양도대가－시가) － 3억원

보충설명

양도대가와 시가의 차액에 대하여 양도소득세와 증여세가 이중과세되는 것을 조정하기 위해 양도자의 양도소득세 계산시 양도가액은 양도대가에서 증여재산가액을 뺀 금액으로 한다(소득세법 §96 ③).

Q 사례 3 비특수관계인 개인 간의 고가매매

김일남씨가 비특수관계인 박일남씨에게 시가 1억원인 주식을 6억원에 양도한 경우 거래 당사자 간의 세무처리는 어떻게 하는지?

풀이 3

〈양도인; 김일남씨〉

개인이 비특수관계인에게 주식 등의 자산을 거래관행상 정당한 사유없이 시가보다 현저히 높은 가격으로 양도한 경우에는 증여세가 과세된다.

이 경우 증여세 과세는 시가보다 현저하게 높은 가격으로 양도한 대가에서 그 시가를 뺀 가액이 시가의 30% 이상 차이가 있는 경우에 적용한다(상증령 §23 ⑤).

그리고 양도차익 계산시 양도가액은 대가에서 증여재산가액을 뺀 금액으로 한다.

① 김일남씨의 증여재산가액 ;

6억원(대가) - 1억원(시가) - 3억원* = 2억원

* 비특수관계인 간의 거래시 시가와 대가의 차액이 시가의 30% 이상인 경우에 공제하는 금액임.

② 양도 주식의 양도차익 계산시 적용할 양도가액 :
6억원 - 2억원(① 증여재산가액) = 4억원

〈양수인; 박일남씨〉

주식 등의 자산을 고가양수한 자는 조세를 부당히 감소시킨 것이 없으므로 고가매입 주식을 그 후 양도할 경우 취득가액은 6억원이다.

6. 저가양도의 유형별 양도가액

거주자가 특수관계인에게 주식을 저가양도하는 경우 시가 미달액만큼이 부당행위계산 부인이 적용되는 경우 양도자에게 양도가액을 시가로 하여 양도소득세가 과세되고, 저가양수한 양수자에는 증여세(상증법 §35 ①)가 과세된다.

그리고 양수자가 훗날 그 자산을 양도한 경우에는 대가에 증여세가 과세된 증여세 과세가액이 취득가액에 가산된다.

비특수관계인 간에 거래의 관행상 정당한 사유 없이 재산을 시가보다 현저히 낮은 가액으로 양수하거나 시가보다 현저히 높은 가액으로 양도한 경우로서 그 대가와 시가의 차액이 시가의 30% 이상인 경우에는 해당 재산의 양수일 또는 양도일을 증여일로 하여 그 대가와 시가의 차액에서 3억원을 뺀 금액을 그 이익을 얻은 자의 증여재산가액으로 한다(상증법 §35 ②).

Q 사례 1 특수관계법인과 개인 간의 저가매매

김일남(갑법인의 대표이사)씨가 갑법인에게 시가 6억원인 을법인의 주식을 1억원에 양도한 경우 거래 당사자 간의 세무처리는 어떻게 하는지?

풀이 1

〈양도인; 김일남씨〉

개인이 특수관계법인에게 양도한 주식이 시가에 미달함으로써 조세의 부담을 부당히 감소시킨 것으로 인정되는 경우에는 그 양도가액을 시가에 의하여 계산한다(소령 §167 ④). 이 경우 시가와 거래가액의 차액이 3억원 이상이거나 시가의 5% 이상인 경우에는 부당행위계산의 부인이 적용된다.

① 부당행위계산의 부인 적용 여부
시가와 거래가액의 차액(5억원=6억원-1억원)이 3억원 이상이 되므로 부당행위계산 부인이 적용되며, 종합소득세로 과세된다.
② 양도소득세 계산시 양도가액 : 6억원

〈양수인; 갑법인〉
특수관계인으로부터 주식을 저가로 매입한 가액은 익금에 산입한다(법령 §15 ② 〈1〉).
① 세무상 취득가액 : 1억원
② 저가매입한 주식에 대한 세무처리 : 익금산입(상여:5억원)한다.

Q 사례 2 비특수관계인 개인 간의 저가매매

김일남씨가 비특수관계인 박일남씨에게 시가 6억원인 주식을 1억원에 양도한 경우 거래 당사자 간의 세무처리는 어떻게 하는지?

풀이 2

〈양도인; 김일남씨〉
세무처리 없음.
① 양도가액 : 1억원

〈양수인; 박일남씨〉
① 주식을 그 후 양도할 경우 취득가액 :
1억원 + 2억원 = 3억원
② 증여재산가액 :
6억원(시가) - 1억원(대가) - 3억원 = 2억원

Ⅲ 취득가액의 계산

1. 개요

취득가액 및 필요경비는 주식 등 자산의 양도가액에 대응되는 비용으로써 해당 자산의 취득에 실지 소요된 금액을 말한다.

양도차익의 계산은 양도가액에서 다음의 필요경비를 차감한 금액으로 한다.

필요경비	필요경비 내용
취득가액	① 취득원가 ② 과점주주가 신고·납부한 취득세(부동산거래-1359, 2010.11.12.) ③ 할인금액 ; 선택가능한 지급조건으로 매매계약을 체결하고 일시불로 지급하여 일정금액을 할인받은 때에는 실제로 지급한 금액이 취득원가가 된다. ④ 할부 또는 장기할부조건 등의 경우 이자상당액과 연체이자
자본적 지출액	양도가액에서 공제할 다음의 자본적 지출액은 증명서류를 수취·보관한 경우에 한하여 인정한다(조심 2017부2244, 2017.6.28.). ① 법무사비용 ② 매수자가 부담한 양도소득세 ③ 취득 후 쟁송비용(변호사비용, 기타소송, 화해비용)
양도비 등	① 양도비 ② 주식평가비용 ③ 공증비용·인지대 ④ 증권거래세 납부액 ⑤ 양도소득세 신고서 및 계약서 작성비용 ⑥ 매매계약에 따른 인도 의무를 이행하기 위하여 양도자가 지출하는 명도비용 ⑦ 기타 양도비 등

양도차익 계산시 양도가액에서 공제할 필요경비는 취득가액을 확인할 수 있는 경우와 그렇지 않은 경우로 구분하여 적용하고 있다(소법 §93 ③ 〈1,2〉).

취득 유형	취득가액	기타필요경비
실지거래가액을 확인할 수 있는 경우	취득에 소요된 실지거래가액	자본적 지출액 + 양도비 등
실지거래가액을 확인할 수 없는 경우	취득당시 매매사례가액, 환산가액	필요경비 개산공제액

2. 취득가액 계산

주식의 취득가액은 취득당시 취득에 소요된 실지거래가액으로 한다. 다만 취득당시 취득에 소요된 실지거래가액을 확인할 수 없는 경우에는 매매사례가액, 환산가액으로 한다.

따라서 취득가액을 실지거래가액에 의하는 경우로서 양도 또는 취득당시의 실지거래가액의 확인을 위하여 필요한 장부·매매계약서·영수증 기타 증빙서류가 없거나 그 중요한 부분이 미비인 경우 또는 장부・매매계약서・영수증 기타 증빙서류의 내용이 거짓임이 명백한 경우에는 취득가액을 매매사례가액, 환산가액 또는 기준시가 등에 의하여 산출한다(소득세법 시행령 §176의2 ①).

취득가액의 환산은 다음의 산식에 의한다.

환산취득가액 = 양도당시의 실지거래가액, 매매사례가액 × 취득당시의 기준시가 / 양도당시의 기준시가

3. 기준시가에 따른 취득가액의 계산

양도차익을 계산할 때 취득가액을 기준시가*, 매매사례가액, 환산가액으로 하는 경우 취득가액 및 필요경비는 해당 적용된 기준시가, 매매사례가액, 환산가액과 필요경비 개산공제액**을 가산한 금액을 취득가액으로 하여 양도가액에서 공제한다.

* 기준시가란 양도소득세가 과세대상이 되는 주식 등의 자산을 양도하는 경우에 실지거래가액에 불구하고 일정한 방법에 의하여 양도소득세를 과세하기 위해 세법이 정하는 과세기준이 되는 가액을 말한다.

** 필요경비 개산공제액 = 취득당시 기준시가 × 1%. 이 경우 취득가액을 환산가액으로 하는 경우에는 개산공제액 이외의 필요경비는 없다(조심 2013서1271, 2013.5.9.).

4. 실지거래가액에 의한 취득가액의 계산

양도차익을 계산할 때 취득가액을 실지거래가액으로 하는 경우 다음의 취득가액 및 필요경비는 취득에 소요된 해당 실지거래가액에 자본적 지출액과 양도비 등을 합한 금액을 양도가액에서 공제한다.

이 경우 상증법(§3의2 ②, §33~§42의3, §45의3~§45의5)에 따라 증여세를 과세받은 경우 해당 증여재산가액 또는 그 증감액을 더하거나 뺀 금액으로 한다(소령 §163 ⑩ 〈1〉).

(1) 개요

취득가액에 포함하는 것	취득가액에 포함하지 않는 것
① 증권거래세・취득세(과점주주: 재산세제과-1036, 2010.10.28.) ② 양도소득세 신고서 및 계약서 작성비용	① 상속받은 주식에 대하여 납부한 상속세 ④ 중도금을 선납하여 일정액을 할인받은 경우 그 할인받은 금액(재일 46014-1973, 1998.10.13.) ⑤ 대주주 소유주식의 일정비율을 타인에게 양도하는

취득가액에 포함하는 것	취득가액에 포함하지 않는 것
③ 공증비용 · 인지대 · 소개비(감사원심사-2003-0123, 2003.9.23.) ④ 상장주식 양도시 지급한 중개수수료는 필요경비(취득가액 포함)로 인정한다(서면-2016-부동산-3850, 2016.7.12.). ⑤ 양도자가 부담할 양도소득세를 양수자가 약정에 의하여 실제로 납부한 경우 양수자가 납부한 양도소득세(소법 기본통칙 97-6) ⑧ 컨설팅 · 주식평가비용(감사원심사 2003-119, 2003.9.23.)	경우에 종업원단체가 이를 승인하는 조건으로 종업원단체에게 주식양도가액의 일정액을 지급하기로 한 약정에 따라 지급한 금액(서면인터넷방문상담4팀-3322, 2007.11.16.) ⑥ 법률 및 재정자문비용 및 최대주주 지위를 고수하기 위한 제반비용(서면인터넷방문상담4팀-1590, 2004.10.8.) ⑥ 부동산매매계약의 해약으로 인하여 지급하는 위약금 등(소법 집행기준 97-163-25) ⑦ 당사자 간에 당초 약정한 낙찰가액의 납부지연으로 인하여 추가로 발생하는 이자상당액의 지체상금(소법 집행기준 97-163-26) ⑧ 비상장법인이 코스닥상장하는 과정에서 주주가 공모주식의 매출 등에 대한 대가로 대표주관사에게 수수료를 지급하는 경우 해당 수수료(사전법령재산-134, 2018.7.19.) ⑨ 국내 상장주식을 소유한 대주주가 거주자로서 그 상장주식을 양도하는 경우 미국에서 영주권을 포기함으로써 기납부한 국적포기세(서면부동산-2350, 2018.5.28.) ⑩ 양도소득세 신고 후 경정청구 및 불복 등에 소요된 수수료(조심 2018서1059, 2018.2.11.)

(2) 장기할부조건의 경우 이자상당액과 연체이자

장기할부조건 등으로 매매계약을 하고 당사자 간의 약정에 따라 대금지급방법에 의해 취득원가에 이자상당액을 가산하여 거래가액을 확정하는 경우 해당 이자상당액은 취득원가에 포함한다.

그러나 장기할부조건 등으로 매매지급방법에 따라 취득원가에 이자상당액을 가산하는 거래의 경우 당초 약정에 의한 거래가액의 지급기일의 지연으로 인하여 추가로 발생하는 이자상당액은 취득원가에 포함하지 아니한다.

(3) 취득에 관련된 소송비용

취득에 관한 소송으로 주식의 소유권 확보를 위해 직접 소요된 소송비용 · 화해비용 등의 금액은 필요경비에 포함한다. 여기서 소송비용에는 민사소송법 등에 의한 소송비용에 한하지 않고 그 소송을 위임한 경우에 있어서 변호사에게 지급하는 보수 등 그 자산의 소유권 확보를 위하여 직접 소요된 일체의 경비를 말하며, 화해비용도 민사소송법상의 화해가 성립된 경우에 한하지 아니하고 재판 외에서 화해를 한 경우에 있어서 그 화해를 위하여 지출된 비용도 포함된다(소법 기본통칙 97-0…3 ②).

▌양도자산을 취득한 후 쟁송이 있는 경우에 직접 소요된 소송비용 · 화해비용 등의 금액이란?

양도자산을 취득한 후 쟁송이 있는 경우에 그 소유권을 확보하기 위하여 직접 소요된 소송비용 · 화해비용 등의 금액이라 함은, 양도자가 양도자산을 취득한 후 그 취득의 효력 등에 관한 다툼이 생겨 양도자산의 소유권을 확보하기 위하여 직접 지출한 소송비용이나 화해비용 등을 말한다. 따라서 양도자산 취득의 효력 등에 관한 다툼이 없이 그 취득행위와 별도로 성립한 계약의 이행과 관련한 다툼으로 인하여 생긴 소유권 상실의 위험을 방지하기 위하여 지출한 소송비용이나 화해비용 등은 이에 포함되지 아니한다(대법원 2012두16619, 2013.12.26.).

▌부당이득금 반환 소송비용

부당이득금 반환 소송비용으로써 형식상은 직접 경비에 해당하지 아니한 것으로 보이나, 그 실질이 부동산을 되찾거나 이를 지키기 위하여 취득에 소요된 불가피한 소송비용에 해당하므로 필요경비로 인정할 수 있다(조심 2011서835, 2011.7.12.).

▌타인이 부담해야 할 소송비용을 대신 부담한 경우

타인이 부담해야 할 소송비용을 대신 부담한 경우에는 양도자산의 필요경비에 산입되지 아니한다(국심사양도 2010-388, 2011.5.12.).

▌소송비용을 구상권을 행사할 수 있는 경우

양도자산을 취득한 후 소유권을 확보하기 위하여 직접 소요된 소송비용을 소송 상대방이 부담하는 경우 또는 구상권을 행사할 수 있는 경우에는 필요경비로 공제되지 아니한다(부동산거래-639, 2010.4.30.).

(4) 상속 · 증여로 취득한 경우

상속받은 자산의 양도차익을 실지거래가액에 의하여 산정하는 경우 실지취득가액은 상속개시일 현재 상증법상 평가한 가액을 취득당시의 실지거래가액으로 본다(부동산거래-1083, 2011.12.29.).

따라서 상속・증여를 원인으로 취득한 주식 등의 자산의 취득가액은 증여일 현재 상증법(§60~66) 규정에 의하여 평가한 가액을 취득 당시의 실지거래가액(소령 §163 ⑨)으로 한다(사전법령재산-395, 2018.7.2.).

▌상속인이 임의평가한 가액으로 상속세를 신고한 후 양도한 경우

상속받은 재산을 상속인이 임의평가한 가액으로 상속세를 신고한 후 그 재산을 양도하면서 임의평가액을 취득가액으로 양도소득세를 신고하였으나, 처분청은 그 재산의 가액을 상속당시 기준시가로 하여 상속세 환급 및 양도소득세를 경정할 수 있다(조심 2011중828, 2011.6.30.).

(5) 법인의 과점주주가 신고・납부한 취득세

주식의 양도에 따른 양도차익을 계산함에 있어서 지방세법(§105 ⑥)에 따라 해당 법인의 과점주주가 신고・납부한 취득세는 양도자산의 필요경비에 포함된다(재재산-1036, 2010.10.28.).

(6) 합병으로 교부받은 주식의 경우

합병으로 인하여 소멸한 법인의 주주가 합병 후 존속하거나 합병으로 신설되는 법인으로부터 교부받은 주식의 1주당 취득원가에 상당하는 가액은 합병당시 해당 주주가 보유하던 피합병법인의 주식을 취득하는 데 든 총금액을 합병으로 교부받은 주식수로 나누어 계산한 가액으로 한다.

이 경우 합병당시 해당 주주가 보유하던 피합병법인의 주식을 취득하는 데 든 총금액에는 피합병법인의 주주 등이 합병법인으로부터 그 합병으로 인하여 취득하는 합병법인 또는 합병법인의 모회사의 주식 등의 가액과 금전이나 그 밖의 재산가액의 합계액(이하 '합병대가'라 한다)이 그 피합병법인의 주식 등을 취득하기 위하여 사용한 금액을 초과하는 금액은 더하고, 합병대가 중 금전이나 그 밖의 재산가액의 합계액을 뺀 금액으로 한다.

▌흡수합병의 대가로 교부받은 합병교부주식의 취득가액

흡수합병의 대가로 교부받은 합병교부주식의 양도에 따른 양도소득을 계산함에 있어 피합병법인 주식의 취득 당시의 실지거래가액을 확인할 수 없는 경우에는 소득세법 시행령(§163 ⑫)에 따른 가액을 취득가액으로 본다(부동산거래-1044, 2010.8.12.).

(7) 법인의 분할로 취득한 주식의 경우

법인의 분할로 인하여 취득한 주식의 1주당 취득가액은 분할 전 법인의 주식취득 비용(분할시 과세된 의제배당액은 가산하고, 수령한 교부금은 차감)을 분할로 교부받은 주식 수로 나누어 계산한다(소법 집행기준 97-163-9).

Q 사례 법인분할로 취득한 주식(소법 집행기준 97-163-9)

① 2010.1.10. : 갑은 A법인의 주식을 취득(5백만주, 130억원)하다.
② 2012.1.5. : A법인(분할존속법인)의 인적분할로 B법인을 설립하다.
(갑의 A법인주식 3백만주 감소, B법인주식 100만주 취득)
③ 2019.3.15. : B법인에 주식 양도할 경우 1주당 취득가액은 얼마인가?

풀이

1주당 취득가액 : 7,800원{=(130억원×3,000,000주/5,000,000주) ÷ 1,000,000주}

보충설명

법인의 분할로 인하여 취득한 주식의 양도차익을 계산함에 있어 1주당 취득가액의 계산방법은 아래와 같다(부동산납세-754, 2014.10.13.).

① 총 취득가액 : 개인이 분할 전 법인의 주식 취득시 지급한 금액
② 분할존속법인 주식 상당가액 : 총 취득가액 × (분할존속법인 주식수 / 분할 전 법인 주식수)
③ 분할 전 법인 주식수 : 개인이 당초 취득한 분할 전 법인의 주식총수
④ 분할존속법인 주식수 : 개인이 당초 취득한 분할 전 법인의 주식 중 분할 후 보유하는 주식수

⑤ 분할신설법인 주식수 : 분할로 인하여 개인이 취득한 분할신설법인의 주식수

(8) 무상감자시 주식의 취득가액

주식을 발행한 법인이 무상감자한 경우 해당 주식의 취득에 소요된 실지거래가액은 거주자의 주식양도차익 계산시 양도가액에서 공제하는 취득가액에 포함한다(소법 집행기준 97-163-10).

Q 사례 무상감자시 주식의 취득가액(소법 집행기준 97-163-10)

① 2010.1.10. : 갑은 A법인의 주식 취득(10,000주, 50,000,000원)
② 2014.1.5. : A법인주식 9,000주 무상감자
③ 2019.3.15. : 갑의 A법인주식 500주 양도할 경우 취득가액은 얼마인가?

풀이

1주당 취득가액 : 50,000원(=50,000,000원 ÷ 1,000주)

보충설명

양도자산의 취득시기를 판정함에 있어 주식의 취득시기가 각각 다른 경우로서 양도주식의 주권발행번호, 구 증권거래법에 의한 증권회사가 발행한 거래명세서, 별도의 독립된 증권계좌에 의한 거래 등을 통하여 취득시기를 확인할 수 있는 경우에는 그 확인되는 날이 취득시기가 되는 것이며, 양도자산의 취득시기가 분명하지 아니한 경우에는 먼저 취득한 자산을 먼저 양도한 것으로 본다(부동산거래-213, 2011.3.10.).

(9) 환산가액보다 자본적 지출액 등이 큰 경우

실지거래가액을 인정·확인할 수 없어 매매사례가액·감정가액(주식 제외)·환산가액으로 계산한 취득가액보다 자본적 지출액과 양도비가 큰 경우 큰 금액을 필요경비로 한다(소법 집행기준 97-163-2).

(10) 금융비용

실지거래가액에 따라 양도차익을 계산함에 있어서 주식 등의 자산 취득에 소요된 차입금에 대한 지급이자 상당액에 대해서는 취득가액, 자본적 지출액 등에 포함하지 아니한다(조심 2008서547, 2008.5.26.).

그러나 당사자 간의 약정에 의한 대금지급방법에 따라 취득원가 이자상당액을 가산하여 거래가액을 확정하는 경우 해당 이자상당액은 취득원가에 포함한다(소령 §163 ① 〈3〉).

(11) 신주인수권증서

코스닥시장 상장법인의 유상증자시 기존주주인 거주자가 보유주식의 지분비율에 따라 배정받은 신주인수권증서가 한국거래소에 상장되어 양도되는 경우로서 해당 양도차익을 계산하는 경우 양도가액에서 차감하는 신주인수권증서의 취득가액은 실지거래가액으로 한다. 이때 신주인수권증서의 취득에 소요된 금액이 없는 경우 실지거래가액은 "0원"이다(서면법령재산-22507, 2015.5.18.).

또한 분리형 신주인수권부사채를 그 사채의 발행법인으로부터 신주인수권가액과 사채가액의 구분없이 매수하여 신주인수권만을 분리하여 양도하는 경우 해당 신주인수권의 취득가액 산정은 실지거래가액에 의한다. 다만, 취득당시 실지거래가액을 확인할 수 없는 경우에는 매매사례가액, 환산가액 또는 기준시가에 의한다(소법 집행기준 97-163-11).

(12) 배당주식의 취득가액 계산

주식의 취득가액은 주주가 해당 주식을 취득하기 위해 실제로 지출된 금액으로 한다. 그러나 주주가 회사로부터 주식배당 또는 잉여금의 자본전입에 따라 주식 취득가액은 다음의 가액으로 한다.

① 주식배당 ; 발행가액

② 잉여금의 자본전입 ; 무상주 취득당시 의제배당으로 과세된 경우에는 해당 무상주의 액면 가액이나 무상주 취득당시 의제배당으로 과세되지 아니한 경우에는 다음의 금액으로 한다.

$$\text{1주당(또는 1좌당) 취득가액} = \frac{\text{구주식 등 1주당(또는 1좌당) 장부가액}}{1 + \text{구주식 등 1주당(또는 1좌당) 신배정수}}$$

㉠ 의제배당에 있어서 금전 외의 재산의 가액은 다음 구분에 따라 계산한 금액으로 한다.

<table>
<tr><th>취득재산의 유형</th><th>의제배당 금액</th><th>취득가액</th></tr>
<tr><td rowspan="4">주식 또는 출자지분</td><td>잉여금의 자본전입 또는 법인이 자기주식(자기출자지분 포함)을 보유한 상태에서 자본전입을 함에 따라 그 법인 외의 주주의 지분비율이 증가함으로써 무상으로 취득하는 주식</td><td>액면가액 또는 출자금액</td></tr>
<tr><td>법인의 합병이나 분할로 취득하는 주식으로서 법인세법(§44 ② 〈1,2〉:주식의 보유와 관련된 부분은 제외) 또는 같은 법 §46 ② 〈1,2〉:주식의 보유와 관련된 부분은 제외)의 요건을 갖추거나 같은 법(§44 ③)에 해당하는 경우</td><td>취득가액(주식과 금전, 그 밖의 재산을 함께 받는 경우로서 해당 주식의 시가가 피합병법인 등의 주식의 취득가액보다 작은 경우에는 시가)</td></tr>
<tr><td>상법에 따른 주식배당</td><td>발행금액</td></tr>
<tr><td>그 외의 경우</td><td>취득당시의 시가</td></tr>
<tr><td>기타의 경우</td><td colspan="2">취득당시의 시가</td></tr>
</table>

㉡ 잉여금의 자본전입 또는 법인의 합병이나 분할로 주식을 취득하는 경우 무액면주식의 가액은 다음과 같이 계산한 금액이다.

$$\text{무액면주식의 가액} = \frac{\text{자본금 전입액}}{\text{자본전입시 신규발행된 주식수}}$$

③ 법인의 잉여금을 자본에 전입함에 따라 주주가 무상으로 받은 주식 중 소득세법(§17 ② 〈2〉)에 의하여 배당으로 과세된 주식의 취득가액은 액면가액으로 하는 것이며, 같은법(§17 ② 〈2,단서〉)에 의하여 배당으로 보지 아니하는 주식의 취득가액은 "0"으로 한다(재산-723, 2009.4.10.).

(13) 주식평가비용

양도가액에서 공제할 필요경비의 하나로 자산을 양도하기 위하여 직접 지출한 비용이라 함은 계약서 작성비용, 공증비용, 인지대, 소개비 등 거주자가 당해 자산을 양도하기 위하여 지출하지 않을 수 없는 비용을 말한다. 시장성이 없는 비상장주식으로서 이를 양도(처분)하기 위하여 매수희망자를 물색하고 매각가격결정 등 유리한 거래조건을 확보하기 위한 협상과정이 필수불가결한 것이므로 비상장주식을 매각하기 위하여 회계법인으로 하여금 인수자의 발굴 및 주선, 거래가액 및 조건에 대한 협상, 계약서의 작성 및 체결 등 업무를 수행하도록 하고 주식매각이 성공적으로 이루어져 계약 성사에 대한 대가를 지급한 것으로 일종의 컨설팅비용에 해당되므로 이 용역비를 비상장주식을 양도하기 위하여 직접 지출한 비용으로 본다(감사원심사 2003-119, 2003.9.23.).

(14) 그 밖의 취득가액의 계산

양도가액에서 공제되는 취득가액(필요경비)은 다음과 같은 것이 있다.

① 유상증자에 의해 취득하는 주식의 경우에는 유상증자 당시 납입하는 금액이 그 주식의 취득가액이 된다(재일 46014, 1999.6.28.).

② 주식매수선택권을 행사하여 취득한 주식을 양도하는 때에는 주식매수선택권을 행사하는 당시의 시가를 취득가액으로 한다(재산세과-2641, 2008.9.4.).

③ 「증권거래법」에 의한 주권상장법인의 발행주식을 교환으로 취득한 경우 당해 주식의 취득가액 산정은 교환계약서에 표시된 실지거래가액에 의한다(서면4팀-2591, 2005.12.22.).

④ 상속세 과세가액에 산입한 상속개시일부터 10년 이내의 사전증여재산을 양도한 경우 증여받은 재산의 취득가액 계산은 상속개시당시의 평가액이 아니라 증여받은 당시의 평가액으로 한다(소법 집행기준 97-163-53).

5. 자전거래

당초부터 주식을 처분할 의도가 없으면서 자기가 자기에게 매매거래하는 자전거래는 매도인과 매수인이 동일인으로 소유권 이전이 없으므로 양도 또는 취득으로 볼 수 없다(국심 2002서480, 2002.9.27.). 따라서 자기보유의 상장주식에 대해 매도 · 매수 주문을 동시에 내서 처분가격과 동일한 가격으로 재취득하는 자전거래는 양도로 볼 수 없고, 당해 주식의 취득가액은 종전의 당초 취득가액이 된다(적부 2001－62, 2001.10.9.).

자전거래에 대한 자세한 내용은 후술하는 "**제5절 Ⅰ의** 8"을 참고하기 바란다.

6. 의제취득일 전에 취득한 주식

의제취득일(1985.12.31.) 이전에 취득한 주식의 취득가액은 의제취득일 현재(1986.1.1.)의 매매사례가액(상장・코스닥주식 등 제외)과 다음의 환산가액 중 많은 금액으로 한다.

> 환산취득가액 = 양도당시의 실지거래가액(매매사례가액*) × 의제취득일 현재의 기준시가 / 양도당시의 기준시가

* 매매사례가액이란 양도일 또는 취득일 전후 각 3개월 이내에 해당 자산(주권상장법인의 주식 등을 제외)과 동일성 또는 유사성이 있는 자산의 매매사례가 있는 경우 그 가액을 말한다.

이 경우 의제취득일 현재의 기준시가를 확인할 수 없는 경우에는 액면가액을 의제취득일 현재의 기준시가로 한다.

▌장부가 분실되어 1986. 1. 1. 현재의 기준시가를 알 수 없는 경우

비상장주식 등을 양도한 것에 대하여 의제취득일 현재의 취득가액을 산정함에 있어 장부분실 등의 사유로 취득당시의 기준시가를 확인할 수 없는 경우에는 액면가액을 취득당시의 기준시가로 적용한다(재일 46014－413, 1997.2.25.).

7. 추계로 취득가액을 환산하는 경우

추계방법으로 취득가액을 환산하는 경우에는 다음의 금액을 취득가액으로 한다.

> 필요경비 = Max(① 환산가액+개산공제액, ② 자본적 지출액+양도비)

8. 무상취득한 주식 등의 자산을 양도한 경우

무상취득한 자산을 양도하는 경우에 있어서 양도소득세 산정과 관련하여 자산의 무상취득의 경우 그 취득가액을 상속개시일 또는 증여일 현재의 상증법(§60~66)에 의하여 평가한 가액을 취득 당시의 실지거래가액으로 본다고 규정(소령 §163 ⑨)은 조세법률주의 및 조세평등주의 등에 반하지 아니한다(인천지법 2018구단521, 2018.8.21.).

9. 고가매입주식의 취득가액

양도소득세 과세대상 자산을 특수관계인으로부터 시가보다 높은 가격으로 매입하는 등 조세의 부담을 부당하게 감소시킨 것으로 인정되는 때에는 당해 자산의 취득가액을 시가에 의해 계산한다(소법 집행기준 97-163-7).

이에 대한 자세한 내용은 후술하는 "**제9절 Ⅲ**"을 참고하기 바란다.

10. 저가매입한 주식의 취득가액

(1) 특수관계인으로부터 저가매입

특수관계인으로부터 주식을 시가보다 낮은 가액으로 양수한 경우에는 시가에서 대가의 차액에 해당하는 이익이 실질적으로 양수자에게 무상으로 이전되는 효과가 발생하므로 해당 주식을 양수한 자에게 그 시가와 대가와의 차액이 30% 이상 있거나 그 차액이 3억원 이상인 경우에 해당하는 증여재산가액을 증여세로 과세한다.

구 분	납부 의무자	증여세 과세요건	증여재산가액
저가양수	양수자	(시가-양수대가)의 차액이 시가의 30% 이상 또는 그 차액이 3억원 이상일 것	(시가-양수대가)-Min[시가의 30%와 3억원 중]

이 경우 저가로 양도한 자의 양도소득세 계산시 양도가액은 저가가 아닌 시가로 양도차익을 계산한다(소법 §101 ①).

(2) 비특수관계인으로부터 저가매입

비특수관계인으로부터 주식을 시가보다 현저히 낮은 가액으로 양수한 경우 해당 주식을 양수한 자는 그 대가와 시가와의 차액에 상당하는 금액을 증여받은 것으로 보아 증여재산가액을 증여세로 과세한다.

구 분	납부 의무자	증여세 과세요건	증여재산가액
저가양수	양수자	(시가－양수대가)의 차액이 시가의 30% 이상일 것	(시가－양수대가) － 3억원

이 경우 저가로 양도한 자의 양도소득세 계산시 양도가액은 저가양도한 금액이 아닌 시가 양도한 금액으로 양도차익을 계산한다(소법 §101 ①).

▍특수관계인으로부터 매입하는 비상장주식의 시가를 평가함에 있어 그 시가평가 기준일

특수관계인 간의 비상장주식 거래시 그 주식의 거래가액이 매매계약일 현재 확정된 경우, 부당행위계산 부인의 유형에 해당하는지 여부는 매매계약일 현재를 기준으로 판단하는 것이며, 당해 주식의 매매계약일 현재 주식거래가액이 확정되었다면 계약일을 기준으로 하여 평가한다(적부 2006－91, 2006.6.16.).

11. 부담부증여

부담부증여의 경우 양도로 보는 부분에 대한 양도차익을 계산함에 있어서 양도가액은 상증법(§60~66)에 따라 평가한 가액에 증여가액 중 채무액에 상당하는 부분이 차지하는 비율을 곱하여 계산하며, 취득가액은 소득세법(§97 ① 〈1〉)에 따른 가액(양도가액을 기준시가에 따라 산정한 경우에만 취득가액도 기준시가에 따라 산정한다)에 증여가액 중 채무액에 상당하는 부분이 차지하는 비율을 곱하여 계산한 가액으로 한다(부동산거래－528, 2010.4.7.).

이에 대한 자세한 내용은 후술하는 "**제9절 Ⅰ**"을 참고하기 바란다.

12. 가업상속공제 재산에 대한 양도소득세 이월과세

가업상속공제는 상속단계에서 과도한 상속세의 부담을 경감하려는 취지의 제도이나 상속인이 양도할 경우 피상속인의 보유기간 동안의 자본이득에 대한 양도소득세까지 과세되지 아니하여 과세형평성을 저해하는 문제가 있으므로 가업상속공제가 적용된 자산부분에 대해서는 피상속인의 취득가액을 적용하여 양도차익을 계산한다(소법 집행기준 97의2-0-1).

취득가액 계산 = (① + ②)

① 피상속인의 취득가액 × 해당 자산가액 중 가업상속공제가 적용된 가업상속공제율

② 상속개시일 현재 해당 자산가액 × (1 – 가업상속공제적용률*)

$$* \text{ 가업상속공제적용률} = \frac{\text{가업상속공제금액}}{\text{가업상속재산가액}}$$

제9절 특수한 거래 유형별 양도소득세 산정

I 부담부증여

1. 개념

재산을 이전하는 경우에는 유상이전 또는 무상이전에 따라 양도소득세 또는 증여세가 과세되며, 재산을 유상이전하는 경우에는 양도인에게 양도소득세가 부과되며, 재산을 무상으로 이전하는 경우에는 그 증여재산을 받는 사람(수증자)에게 증여세가 과세된다.

즉, 증여자가 자기소유의 재산을 부담부증여로 이전하면서 증여자의 채무를 수증자가 인수하는 경우 증여가액 중 채무분은 사실상 유상으로 이전되는 것으로 보아 증여자에게는 양도소득세가 과세되며, 나머지 증여분은 수증자에게 증여세가 과세된다.

이 경우 부담부증여로 양도할 경우 양도소득세 및 증여세 과세내용을 그림으로 나타내면 다음과 같다.

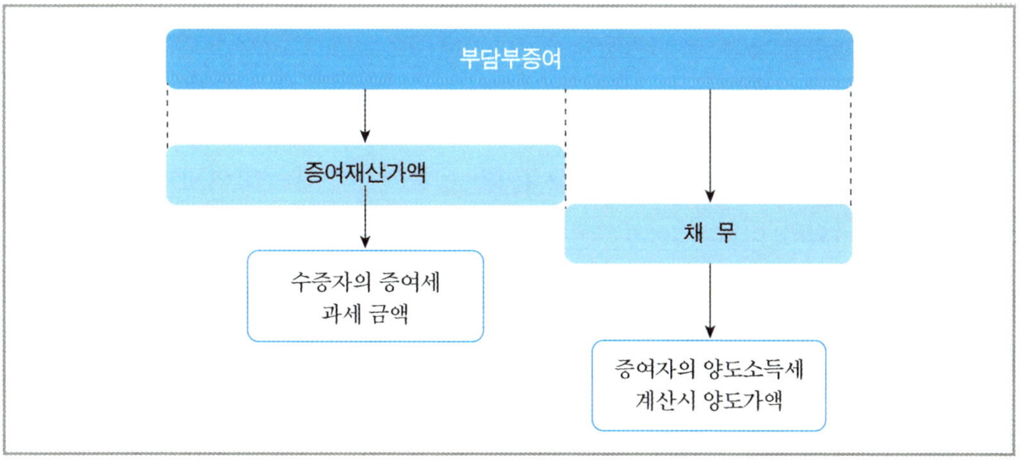

보충설명

부담부증여시 양도소득세 과세대상이 되는 채무의 범위는 증여당시 증여자가 부담하여야 할 채무액으로서 국가, 지방자치단체 및 금융기관에 대한 채무와 임차인에 대한 임대보증금(부가가치신고 또는 부동산사업소득으로 확인)을 말한다. 만일 부담부증여계약 전에 증여자가 금융기관으로부터 근저당설정 후 대출받은 경우 그 대출금의 사용처를 객관적으로 입증하지 못하면 진정한 채무로 볼 수 없다(국심 2003서3238, 2004.3.22.).

2. 양도소득세와 증여세의 관계

(1) 요건

부담부증여란, 배우자 또는 자녀에게 주식 등의 재산을 증여할 때 다음의 요건을 충족하는 계약을 말한다.

① 부담부증여일 현재 은행 등의 주식 등에 재산에 대한 담보대출금 등의 채무가 있어야 한다.

② 담보된 채무는 증여자가 갚아야 할 채무이어야 한다.

③ 담보된 채무를 수증자에게 인계하여야 하고, 수증자는 이를 승낙한다.

부담부증여는 증여계약과 부담계약이 두 개의 별도계약이 아니며, 증여와 부담(채무인수분)이 서로 주종관계에서 결합한 계약이기 때문에 증여가 무효이면 부담도 당연히 무효가 되는 특징이 있다.

(2) 양도소득세와 증여세의 관계

증여하는 주식 등의 재산에 담보된 채무를 수증자가 인수한 부담부증여의 경우, 수증자는 부담부증여가액 중 채무를 뺀 증여재산가액에 대해서 증여세를 부담하는 것이며 증여자는 수증자가 인수한 채무분에 대해서만 양도소득세를 부담한다.

일상적으로 부담부증여는 증여가액에서 채무를 뺀 나머지분(증여재산가액)에 대해서만 증여세가 과세되기 때문에 증여세의 절세수단으로 이용되고 있다.

예컨대 배우자 간에 부담부증여가 이루어지는 경우에는 증여재산공제가 6억원이므로 이를 활용하여 자주 발생하는 부담부증여의 세금설계이다.

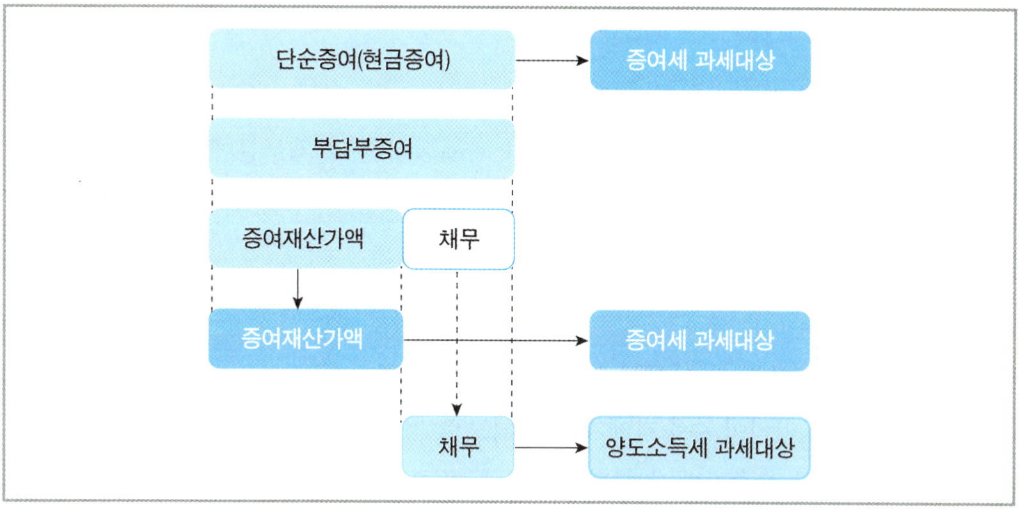

이 경우 양도소득세 계산시 양도가액 또는 취득가액은 다음의 산식에 의해 계산한 금액으로 한다.

양도가액(또는 취득가액) = 해당 주식의 가액(A) × 채무액(B) / 증여가액(C)

위 산식에서 ➠

① 해당 주식의 가액(A)은 양도가액은 상증법상 평가액을 말하며, 취득가액은 실제 거래가액, 매매사례가액, 환산가액을 순차로 적용한 가액으로 한다.

② 채무액(B)은 해당 주식에 담보된 증여자의 채무를 말한다.

③ 증여가액(C)은 수증자가 인수한 증여자의 채무를 담보하는 해당 증여재산을 상증법상 평가액을 말한다.

보충설명

부담부증여받은 수증자가 인수한 채무를 상환할 때 수증자의 직업·연령·소득·재산상태 등을 감안하여 그 채무를 스스로 상환하였다고 인정하기 어려운 경우로서 자금출처를 충분히 소명하지 못하면, 해당 채무상환 자금은 채무자(수증자)에게 증여세가 과세되기 때문에 채무분은 반드시 수증자의 능력 이내에 부담부증여할 때 세금설계에 따른 절세효과를 기대할 수 있다.

3. 채무분의 부당행위계산 부인

특수관계인에게 주식을 부담부증여하면서 증여자의 채무를 수증자가 인수한 경우 양도로 보는 채무분에 대하여 양도소득세가 과세되지만 그 채무분에 대해서는 부당행위계산 부인이 적용되지 않는다(서면5팀-1107, 2007.4.5.).

4. 부담부증여 이후 가치상승분의 증여세 과세

부담부증여한 주식 등의 자산이 향후 가치상승이 기대되는 경우에는 부담부증여 이후 그 가치상승의 이익이 수증자에게 귀속되므로 가치상승을 고려하여 적절한 시기에 증여가 실행된다면 수증자에게 부담부증여에 따른 추가적인 이익을 기대할 수 있다.

이 경우 가치상승분 중 일정금액에 대하여는 수증자에게 증여세 납부의무가 있다.

부담부증여 후 5년 이내에 가치상승이 발생한 경우에는 그 가치상승의 일정이익은 수증자에게 증여세가 과세(상증법 §42의3) 되므로 증여 전의 세금설계가 필요하다.

5. 배우자 · 직계존비속에게 부담부증여시 증여세 과세

배우자 또는 직계존비속에게 부담부증여한 경우 수증자가 증여자의 채무를 인수한 그 채무액은 수증자에게 채무가 인수되지 아니한 것으로 추정하여 증여세를 부과한다.

그러나 배우자 또는 직계존비속에게 부담부증여함에 있어서 그 채무액이 실지 인수된 것으로 입증된 경우에는 양도소득세를 부과한다.

6. 증여자와 수증자 간의 연대납부의무

부담부증여에 따라 증여자에게 부과된 양도소득세는 연대납부의무가 없다(제일 46014-1693, 1997.7.11.).

증여자가 수증자에 대한 증여세를 대신하여 납부한 증여세는 수증자에게 증여세가 과세된다. 예컨대, 증여자인 부친이 경제적 능력이 없는 아들에게 주식 등의 자산을 증여한 경우로서 아들이 내야 할 증여세를 부친이 대신 납부한 경우 그 납부한 증여세는 채무변제로 보아 증여세가 과세된다(재삼 46014-1947, 1995.7.29.). 이 경우 1회에 한하여 증여세가 과세된다.

7. 증여재산을 반환한 경우

증여받은 주식 등의 자산(금전을 제외한다)을 증여계약의 해제 등으로 증여세 신고기한 이내에 증여자에게 반환한 경우에는 처음부터 증여가 없었던 것으로 본다.

증여세의 신고·납부기한은 증여받은 날이 속하는 달의 말일부터 3개월 이내이므로 이 기간 안에 증여를 철회하면 증여세 부담은 없다. 만일 증여세 신고기간이 지난 경우에는 기 납부한 증여세는 돌려받을 수 없다. 양도소득세의 경우에도 같다.

8. 양도소득세 예정신고납부기한

주식을 양도한 경우에는 그 양도일이 속하는 반기(半期)의 말일부터 2개월이다. 다만, 부담부증여의 경우 채무분에 대한 양도소득세 예정신고 및 납부기한은 증여세와 같이 증여일이 속하는 달의 말일부터 3개월이다(소법 §105 ①).

9. 현금증여와 부담부증여의 단순비교 사례

Q 사례 1 현금증여의 경우

아버지가 아들(성인)에게 현금 5억원을 증여하면 아들이 부담할 증여세는 얼마인가?

풀이 1

❶ 아들이 부담할 증여세

① 과세가액(증여세 대상금액) : 5억원

② 과세표준

5억원 − 5천만원(증여재산공제) = 4.5억원

③ 산출세액

1천만원 + (4.5억원 − 1억원) × 20%*1) = 8천만원

*1) 과세표준이 1억원 초과 5억원 이하인 경우 세율 ▸ 1천만원 + (1억원 초과금액의 20%)

④ 자진납부할 세액

8천만원 × (1 − 0.03*2)) = 77,600,000원

*2) 증여받은 달의 말일부터 3개월 이내에 증여세를 신고·납부하는 경우에는 산출세액의 3%(2019.1.1. 이후 적용)의 상당금액을 신고세액공제로 받을 수 있다.

❷ 그림으로 보는 사례

사례 2 부담부증여의 경우

김동일(부)씨는 담보대출이 있는 중소기업인 갑 주식회사의 주식을 2019.5.1. 4.9억원에 구입하였으며, 그 후 동 주식을 2019.10.1.에 김성동(자)에게 주식의 담보대출금을 인수하는 조건으로 부담부증여할 계획이다. 김동일(부)씨가 부담할 양도소득세와 김성동(성인)씨가 부담할 증여세는 각각 얼마인가?

① 취득당시(2019.5.1.) 실제취득가액 : 4.9억원
② 주식담보대출금(2019.5.1.) : 2억원
③ 부담부증여 당시(2019.10.1.) 시가 : 5억원
④ 증여자는 갑 주식회사의 소액주주이다.

풀이 2

❶ 증여자(부)가 부담할 양도소득세 계산

① 양도가액 : 양도가액 × 채무액 / 증여가액
5억원 × 2억원 / 5억원 = 2억원

② 취득가액 : 취득가액 × 채무액 / 증여가액
4.9억원 × 2억원 / 5억원 = 196,000,000원

③ 양도차익
2억원 - 196,000,000원 = 4,000,000원

④ 과세표준
4,000,000원 - 2,500,000원 = 1,500,000원

⑤ 자진납부할 세액
1,500,000원 × 10%* = 150,000원

후술하는 "**제10절 Ⅱ**"를 참고하기 바란다.

❷ 수증자(자)가 부담할 증여세 계산

① 증여재산가액
5원 - 2억원(담보대출금) = 3억원

② 과세표준
3억원 - 5천만원(증여재산공제액) = 2.5억원

③ 산출세액

1천만원 + (2.5억원 - 1억원) × 20%*1) = 40,000,000원

*1) 과세표준이 1억원 초과 5억원 이하인 경우 세율 ▸ 1천만원 + (1억원 초과금액의 20%)

④ 신고세액공제

40,000,000원 × 3% = 1,200,000원

⑤ 자진납부할 증여세

40,000,000원 - 1,200,000원 = 38,800,000원

❸ 그림으로 보는 양도소득세와 증여세

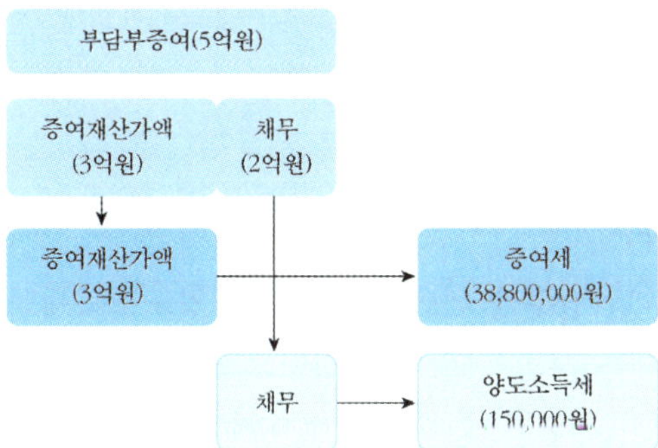

5억원에 상당하는 재산을 현금으로 단순증여한 경우와 담보대출이 있는 주식을 부담부증여할 경우 단순 부담하는 세금을 비교하면 다음과 같다.

구 분	증여자가 부담할 양도소득세	수증인이 부담할 증여세	총 부담세액
단순증여	-	77,600,000	77,600,000
부담부증여	150,000	38,800,000	38,950,000

Ⅱ 주식 등의 명의신탁

주식의 실제 소유자가 조세를 회피할 목적으로 명의신탁을 한 경우에는 명의개서한 날에 실제 소유자가 명의자에게 그 주식을 증여한 것으로 보아(증여의제) 명의자인 수탁자에게 증여세를 과세하고, 증여자와 연대납세의무를 진다. 그러나 명의자가 영리법인인 경우에는 실제 소유자(영리법인 제외)가 증여세를 납부하여야 한다.

1. 납세의무

(1) 개요

국세기본법(§14 ①)에서 "과세의 대상이 되는 소득, 수익, 재산, 행위 또는 거래의 귀속이 명의일 뿐이고 사실상 귀속되는 자가 따로 있을 때에는 사실상 귀속되는 자를 납세의무자로 하여 세법을 적용한다."라고 규정하고 있다.

따라서 명의신탁한 주식을 양도한 경우로서 양도소득이 명의신탁자에게 귀속한 경우에는 실질과세원칙상 명의신탁자가 납세의무자이다.

▌명의신탁자의 양도소득세 납세의무

이미 증여세가 과세된 주식이 양도된 경우에 있어서 증여세와 양도소득세의 납세의무 성립요건과 시기 및 납세의무자는 서로 달리하는 것이므로 해당 주식의 양도한 때를 기준으로 명의신탁한 주식의 양도행위 및 소득귀속 주체가 명의신탁자인 경우에는 실질상의 양도인인 명의신탁자를 양도소득세의 납세의무자로 하는 것이 당연하다(대법원 93누517, 1993.9.24.).

(2) 명의신탁을 해지한 경우 세금관계

주식 명의신탁의 해지는 명의수탁자로 되어 있는 주식을 명의신탁자인 실제 소유자 명의로 환원하는 것을 말한다. 이와 같은 명의신탁의 해지는 실제 소유자에게 환원하는 것이므로 그 행위에 대해 증여세나 양도소득세를 과세하지 않는다.

그러나 실제 소유자가 아닌 제3자(배우자 및 자녀 등)에게 무상으로 명의 이전하는 경우에는 그 명의를 이전한 날에 실제 소유자가 제3자에게 증여한 것으로 본다(상증법 기본통칙 45의2-0-2).

2. 명의신탁과 증여세 과세

(1) 개요

주식의 명의신탁의 증여의제란, 실제 소유자와 명의자가 다른 경우에는 실제 소유자가 그 명의자에게 명의개서한 날에 그 주식을 증여한 것으로 본다(상증법 §45의2).

증여의제가 되려면 다음의 과세요건이 충족하여야 한다.

① 실제 소유자(명의신탁자)와 명의자(명의수탁자)가 다르다.

② 조세회피목적이 있어야 한다(만일, 조세회피가 없다면 명의자가 입증하여야 한다).

③ 당사자 간의 합의가 있어야 한다(만일, 당사자 간의 합의가 없었다면 그 사실을 명의자가 입증하여야 한다).

그러나 다음의 경우에는 증여의제를 적용하지 아니한다.

① 조세회피목적 없이 타인의 명의로 주식을 명의개서를 하거나, 소유권을 취득한 실제 소유자 명의로 명의개서를 하지 않은 경우

② 「자본시장과 금융투자업에 관한 법률」에 따른 신탁재산인 사실의 명의개서를 하는 경우

③ 비거주자가 법정대리인 또는 재산관리인 명의로 개서하는 경우 등

▌잉여금의 자본전입에 따라 기존의 명의수탁자에 배정된 무상주의 명의신탁 증여의제 여부

이익잉여금 또는 자본잉여금의 자본전입에 따라 기존 명의수탁자에게 그 보유주식을 비례해서 배정된 무상주는 명의신탁 증여의제 규정을 적용하지 않는다(재산세제과-739, 2014.11.14.).

(2) 명의개서와 증여시기

주식의 명의개서는 취득자의 주소, 성명을 주주명부에 명의인의 표시를 고쳐 쓰는 것을 말한다.

주식의 명의개서가 어느 시점인지 판단은 주주에 관한 서류, 양도소득세신고, 주식양수도계약서 등에 의해 확인할 수 있다.

명의신탁주식의 증여시기는 다음의 날로 한다.

① 주식을 취득한 소유자가 타인명의로 명의개서를 한 경우에는 그 명의개서일을 말한다.

② 주식을 취득한 소유자가 명의개서를 하지 않고 종전의 소유자 명의를 그대로 유지한 경우(장기미명의개서)에는 그 취득일이 속하는 해의 다음 해 말일의 다음

날을 말한다.

▌상장주식을 타인명의의 증권예탁계좌를 통해 거래하는 경우〈장기미명의개서 예〉

갑은 2018.9.1.에 을로부터 주식을 취득하고 그 주식을 갑명의로 명의개서하지 않은 경우 증여시기는 어느 날로 하나요?

➠ 2018.9.1.이 속하는 연도의 다음 연도 말일(2019.12.31.)의 다음 날(2020.1.1.)에 명의자에게 명의신탁한 것으로 보아 증여세를 과세한다.

상장주식을 타인명의의 증권예탁계좌를 통해 거래하는 경우에 증여시기는 실질주주명부에 작성한 날(상장주식취득일 또는 예탁계좌에 입고한 날이 아님)이다(재산-1721, 2004.12.30.).

▌명의신탁주식의 유상증자가 있는 경우

유상증자로 인해 교부받은 신주를 실제 소유자가 아닌 제3자 명의로 명의개서한 경우 증여시기는 제3자 명의로 명의개서한 날이다(서면4팀-109, 2008.1.4.).

▌주식 등변동상황명세서의 제출시 증여시기

주식 등변동상황명세서 등이 제출되면 주식 등의 변동상황이 회사를 비롯해 외부에 명백하게 공표되어 증여의제 여부를 판정할 수 있으므로 동 명세서의 제출일을 증여시기로 본다(대법원 2017두32395, 2017.5.11.).

▌명의수탁자가 사망하여 명의수탁자의 상속인명의로 개서한 경우

피상속인이 명의수탁한 주식을 상속개시 후 명의수탁자의 상속인명의로 명의개서한 경우에는 당초 피상속인 명의로 명의개서한 때와 그 상속인 명의로 명의개서한 때를 각각 그 명의자가 실제 소유자로부터 증여받은 것으로 본다.

▌명의신탁된 주식을 상속인이 아닌 손자명의로 개서하는 경우

명의신탁한 주식을 실제 소유자가 사망한 후 상속인이 아닌 손자명의로 명의를 개서하는 경우에는 명의개서일에 손자가 상속인으로부터 그 주식을 증여받은 것으로 본다(재산-1756, 2008.7.18.).

3. 명의신탁자 명의로 양도할 경우 가산세 적용

명의신탁자의 양도소득세 계산시 명의신탁으로 인해 명의자가 납부한 증여세는 필요경비에 산입하지 아니하며, 명의자가 양도소득세를 신고·납부한 경우로써 명의신탁자가 양도소득세를 무신고한 경우에는 무거운 가산세(납부지연가산세)가 부과된다.

또한 주식을 명의신탁하여 재산을 은닉하고 명의수탁자들의 양도소득으로 허위 신고한 것은 소득·수익·행위·거래를 조작 또는 은폐하여 과세표준을 부당하게 과소신고한 것으로 볼 수 있고, 허위 매매계약서의 작성과 대금의 허위지급 등 적극적인 행위를 한 것으로서 사기 기타 부정한 행위를 한 것으로 볼 수 있으므로 부당과소신고가산세를 적용한다(조심 2014중2095, 2014.12.31.).

4. 명의신탁과 배당소득의 귀속

주식을 명의수탁한 경우로서 소득세를 과세한 의제배당의 과소신고금액은 실제 소유자의 소득으로 귀속시켜야 한다(국심사소득 2011-31, 2011.10.7.).

5. 명의신탁주식의 소유권회복을 위한 비용

명의신탁한 주식의 소유권을 회복하는 과정에서 지출된 비용은 양도자산을 취득한 후 그 소유권을 확보하기 위하여 직접 소요된 소송비용·화해비용 등의 금액으로 볼 수 없으므로 필요경비에 해당하지 않는다(서면-2017-부동산-2690[부동산납세과-29], 2018.1.5.).

6. 명의신탁주식 등의 국세부과제척기간

양도소득세의 부과제척기간에 대하여, 납세자가 사기 기타 부정한 행위로써 국세를 포탈하거나 환급·공제받는 경우에는 해당 양도소득세를 부과할 수 있는 날부터 10년간, 납세자가 법정신고기한 내에 과세표준신고서를 제출하지 아니한 경우에는 당해 국세를 부과할 수 있는 날부터 7년간, 둘 중 어디에도 해당하지 아니하는 경우에는 해당 양도소득세를 부과할 수 있는 날부터 5년간이라고 정하고 있다(국기법 §26의2).

주식 등을 제3자에게 명의신탁한 경우 명의신탁자가 그 주식을 양도하여 그 양도로 인한 소득이 명의신탁자에게 귀속되었다면, 명의신탁된 주식의 양도에 있어 양도소득과세표준 확정신고·납부를 해야 하는 자는 납세의무자인 명의신탁자이므로 명의수탁자의 명의로 신고·납부하였다고 하더라도 이로써 납세의무자의 적법한 신고·납부가 있었다고 볼 수 없다(대법원 96누6387, 1997.10.10.).

따라서 양도소득세의 확정신고・납부의무자는 해당 주식의 명의신탁자이며, 명의수탁자가 명의신탁 주식 등의 자산을 양도하고 신고・납부하였더라도 명의신탁자인 실제 소유자에게 과세할 경우 국세부과제척기간은 명의신탁자가 법정신고기한 내에 과세표준신고서를 제출하지 아니한 경우로 보아 7년이 적용된다.

Ⅲ 특수관계인 간의 저가양도・고가매입

1. 개요

특수관계인 간의 주식 등의 자산을 저가양도・고가매입하는 경우에는 소득세법상 부당행위계산 부인이 적용되고, 또한 상증법상 증여이익 규정을 적용받게 되어 많은 세금이 부담된다.

양도소득세에 대한 부당행위계산 부인은 다음과 같다.

① 주식 등의 자산을 특수관계인 간에 저가양도・고가매입하여 양도소득세를 부당하게 감소시킨 것으로 인정되는 경우

② 특수관계인으로부터 주식 등의 자산을 증여받아 5년 이내 양도하여 양도소득세를 부당하게 감소시킨 것으로 인정되는 경우

위 "①"의 경우 특수관계인으로부터 주식 등의 자산을 고가매입하거나 특수관계인에게 저가양도하여 사회통념이나 관습에 비추어 볼 때 합리적인 경제인이 취하는 정상적인 거래가 아니어서 양도소득세의 부담을 부당하게 감소시킨 것으로 인정되는 때에는 그 거래에 관계없이 시가에 의해 양도소득금액을 계산한다(소령 §167 ④).

시가라 함은 불특정다수인 간에 자유로운 의사에 따라서 이루어진 거래가액을 말한다.

상장법인의 주식은 양도일 이전・이후 각 2개월간에 공표된 매일의 한국거래소 최종시세가액의 평균액을 말하며, 비상장법인의 주식은 해당 법인의 자산 및 수익 등을 고려한 평가액을 말한다.

또한 주식 등의 자산을 양도한 자가 그와 비특수관계인 간의 거래인 경우에는 양도소득의 부당행위계산 부인을 적용하지 않지만 해당 거래금액의 크기에 따라 증여세가 과세될 수 있다.

보충설명

특수관계인 간에 주식 등의 자산을 저가양도・고가매입으로 인해 양도소득세를 부당하게 감소시킨 것으로 인정되는 경우에는 다음에 따라 양도소득세를 계산한다.

① 저가양도 : 주식 등의 자산을 특수관계인에게 시가보다 낮은 가격으로 양도하는 경우 양도자의 양도가액은 부당행위계산의 부인 규정이 적용되어 해당 주식의 양도가액은 시가로 한다.

② 고가매입 : 주식 등의 자산을 특수관계인으로부터 시가보다 높은 가격으로 매입하는 양수인의 취득가액은 부당행위계산의 부인 규정이 적용되어 해당 주식의 취득가액은 시가로 한다.

▌개인과 법인 간 거래시 양도소득 부당행위계산 부인이 적용되나요?

개인과 법인 간 매매계약일 현재 시가로 거래하여 법인세법상 부당행위계산 부인이 적용되지 않는 경우에는 양도소득의 부당행위계산 부인이 적용하지 아니한다(다만, 거짓 그 밖의 부정한 방법으로 양도소득세를 감소시킨 것으로 인정되는 경우에는 부당행위계산 부인이 적용된다)(서면-2015-법령해석재산-569, 2015.6.29.).

▌특수관계인 간에 저가양도인 경우 양도소득세 및 증여세 중복과세 여부

특수관계자 간에 주식 등 재산의 저가양도시 부당행위계산 부인 규정을 적용하여 양도인에게 양도소득세를 부과하고, 상증법상 의제조항에 의하여 양수인에게 증여세를 부과하는 것이 동일한 담세력의 원천에 대하여 중복과세하는 결과를 가져온다 하더라도 이중과세금지원칙에 위배되지 않는다(서울고법 2011누38294, 2012.4.18.).

▌상장주식을 특수관계인과 장내거래한 경우 부당행위계산 부인 적용 여부

상증법상 최대주주인 거주자가 한국거래소에서 거래되는 주식을 장중(대량) 매매 또는 시간외 종가매매를 통하여 특수관계인에게 매매한 경우에는 부당행위계산 부인이 적용된다(재산세과-969, 2009.5.18.).

2. 양도소득세를 부당하게 감소시키는 거래유형

양도소득세를 부당하게 적게 납부하기 위해 주식 등의 자산을 저가양도하거나 고가매입한 경우로서 다음의 요건이 모두 충족된 경우에는 부당행위계산 부인을 적용받게 되어 양도소득세 또는 증여세가 과세된다(소법 §101 ① 및 상증법 §35).

① 특수관계인 간의 거래이어야 한다.

② 시가와 거래가액의 차액이 3억원 이상이거나 또는 시가의 5%에 상당하는 금액 이상이어야 한다.

(요약)

근 거	증여의제(증여세)	부당행위계산 부인(양도소득세)
세법규정	상속세 및 증여세법 §35	소득세법 §101 ①
특수관계	불문	필수
적용요건	① 특수관계인 : (시가－대가 또는 대가－시가)의 차액 〉 Min(3억, 시가×30%) ② 비특수관계인 : (시가－대가 또는 대가－시가)의 차액 〉 시가×30%	① 특수관계인 : (시가－대가 또는 대가－시가)의 차액 〉 Min(3억, 시가×5%) ② 비특수관계인 : 해당없음.

3. 특수관계인의 범위

(1) 개요

양도소득세의 부당행위계산 부인이 적용되기 위해서는 특수관계인 간의 거래이어야 하고, 양도소득세의 부담을 회피하기 위해 부당하게 감소시킨 것으로 인정되는 경우를 그 요건으로 한다.

특수관계인은 납세의무자를 기준으로 하여 그와 특수관계인만이 해당하며, 거래상대방을 기준으로 하여 특수관계에 있는 경우에는 특수관계인으로 보지 아니한다(서울행법 2011구합31802, 2012.3.9.).

특수관계인이란, 본인과 다음의 어느 하나에 해당하는 관계에 있는 자를 말한다(국세기본법 §2).

혈족, 인척 등 친족관계	임원 및 사용인 등의 경제적 연관관계	주주, 출자자 등 경영지배관계
① 6촌 이내의 혈족 ② 4촌 이내의 인척 ③ 배우자(사실상의 혼인관계에 있는 자를 포함) ④ 친생자로서 다른 사람에게 친양자 입양된 자 및 그 배우자와 직계비속	① 임원과 그 밖의 사용인 ② 본인의 금전이나 그 밖의 재산으로 생계를 유지하는 자 ③ 위 '① 및 ②'의 자와 생계를 함께하는 친족	① 본인이 직접 또는 그와 친족관계 또는 경제적 연관관계에 있는 자를 통해 법인의 경영에 대하여 지배적인 영향력을 행사하고 있는 경우 그 법인 ② 본인이 직접 또는 그와 친족관계, 경제적 연관관계 또는 위 〈친족관계〉에 있는 자를 통하여 법인의 경영에 대하여 지배적인 영향력을 행사하고 있는 경우 그 법인

(2) 특수관계인의 판단

증여당시에는 특수관계인이었으나 양도당시에는 사망 등으로 특수관계가 소멸되거나, 증여당시에는 특수관계인이 아니었으나 양도당시에는 특수관계인이 성립된 경우에는 부당행위계산 부인을 적용하지 아니한다(서사-1195, 2007.4.11.). 이를 정리하면 다음과 같다(소법 집행기준 101-167-12).

증 여 당 시	양 도 당 시	부당행위계산 적용 여부
특수관계 있음.	특수관계 있음.	적 용
특수관계 있음.	특수관계 없음.	적용 배제
특수관계 없음.	특수관계 있음.	적용 배제

▌남편의 조카사위는 특수관계인에 해당하나요?

양도소득의 부당행위계산을 적용할 때 남편의 조카사위는 특수관계인에 해당한다(재산세제과-1589, 2006.12.29.).

▌법인의 주주 1인과 친족관계 없는 법인의 다른 주주인 대표이사의 자와 특수관계 여부

법인의 주주 1인과 친족관계 없는 법인의 다른 주주인 대표이사의 子(법인의 임원인 子 포함)는 특수관계인에 해당하지 않는다(서면부동산-2334, 2016.1.5.).

▌주주인 평사원과 최대주주와 친족관계에 있는 주주인 평사원 간은 특수관계 여부

주주인 평사원과 최대주주와 친족관계에 있는 주주인 평사원 간은 소득세법상 특수관계인은 아니나, 상증법상 특수관계인에 해당한다(사전법령재산-207, 2015.9.25.).

▌주주인 평사원과 최대주주와 친족관계에 있는 주주인 평사원 간 세법상 특수관계 여부

「소득세법」(§101)에 따른 양도소득의 부당행위계산 부인을 적용할 때 합자회사의 사용인이면서 유한책임사원인 자와 해당 법인의 임원 또는 사용인(국세기본법 시행령 §1의2 ③ 〈1〉에 따른 법인과 경영지배관계 있는 자의 자녀이면서 유한책임사원임)은 같은 조에 따른 특수관계인에 해당하지 아니한다. 다만 「상속세 및 증여세법」(§35)에 따른 저가·고가 양도에 따른 이익의 증여를 적용할 때 같은 법 시행령(§12의2)에 따라 법인의 사용인과 해당 법인을 출자에 의하여 지배하는 자의 친족은 특수관계인에 해당한다(사전-2015-법령 해석 재산-0207, 2016.9.25.).

4. 특수관계인에게 주식을 저가양도시 양도소득세 · 증여세 과세

특수관계인에게 주식 등의 자산을 저가양도(대가 < 시가)한 경우에는 저가로 양도한 가액을 부인하고 양도가액을 시가로 하여 양도소득세를 계산한다. 이 경우 특수관계인인 양수인에게는 저가매입한 대가와 시가와의 차액(증여재산가액)은 증여세로 과세하게 된다.

▌저가양수 · 고가양도에 따른 이익의 증여

시가보다 높은 가액으로 재산을 양도하거나 또는 시가보다 낮은 가액으로 재산을 양수한 경우에 이로 인하여 이익을 받은 자는 그 대가와 시가와의 차액에 상당하는 금액을 증여재산가액으로 한다. 다만, 과세요건 및 증여이익의 계산 등은 거래 주체 간의 관계(특수관계인 간 거래와 특수관계가 없는 자 간의 거래)에 따라 다르게 적용된다(상증법 집행기준 35-0-1).

▌종업원들에게 저가로 주식을 양도하는 경우 양도소득세 또는 증여세 해당 여부

비상장법인의 대주주(대표이사)가 종업원들에게 사기진작을 위하여 보유하던 주식을 시가보다 낮은 액면가액으로 양도하는 경우 부당행위계산 부인이 적용된다(제도46014-10580, 2001.4.14.).

(1) 저가양도시 양도소득세 · 증여세의 적용 기준금액

특수관계인에게 주식을 저가양도하는 것이 모두 양도소득세의 부당행위계산 부인을 적용하는 것은 아니다.

시가와 거래가액의 차액이 3억원 이상이거나 시가의 5% 이상인 경우에 한하여 부당행위계산 부인을 적용하는 것이며, 양도소득세와 증여세는 다음의 기준금액에 의해 과세된다.

▌기준금액

① 양도자의 양도소득세 계산시 양도가액 기준 → 시가(부당행위계산 부인 적용)
② 양수자의 증여세대상 증여재산가액 기준 → (시가 - 대가) - Min(시가의 30%, 3억원)
③ 양수자가 저가매입한 주식 등을 처분할 경우 취득가액 기준 → 대가 + 증여재산가액

(2) 도해 사례

특수관계인에게 주식을 저가양도함으로써 부당행위계산 부인이 적용되는 양도소득세 과세 과정을 그림으로 나타내면 다음과 같다. 이해를 돕기 위해 증여세 과세내용도 같이 풀이하였다.

| **저가양도** : 아버지가 시가 6억원의 주식을 아들에게 1억원에 양도한 경우 |

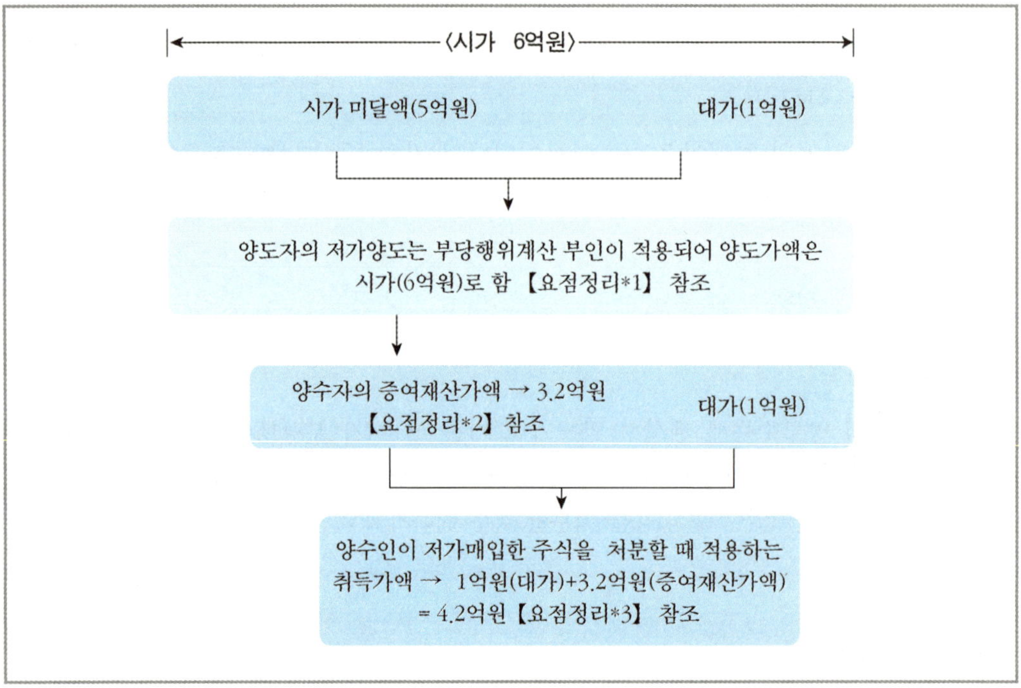

양도소득세를 부당하게 감소시키는 행위는 다음 "①"의 시가와 거래가액의 차액이 3억원 이상이거나, "②"의 거래가액의 차액이 시가의 5% 이상인 경우에 적용된다.

① 6억원-1억원 = 5억원 〉 3억원 ➠ 양도소득세의 부담을 부당하게 감소시키는 행위

② 1억원 × 5% = 5백만원

▌요점정리

저가양도한 주식거래가 양도소득세의 부담을 부당하게 감소시킨 행위로 인정되는 경우에는 양도소득세 계산과 증여세는 다음의 기준에 따라 과세한다.

*1 양도자의 저가양도로 인하여 부당행위계산 부인이 적용되는 경우 양도소득세 계산시 양도가액은 6억원이다.

*2 양수자에게 시가미달분 5억원(=대가: 6억원-시가: 1억원) 중 증여재산가액 3.2억원[=5억원-Min(6억원 × 30%, 3억원)]은 증여세가 과세된다.

*3 양수자가 저가매입한 주식을 처분할 때 양도소득세 계산시 적용하는 취득가액은 4.2억원[대가(1억원) + 증여재산가액(3.2억원)]이다.

5. 특수관계인으로부터 주식을 고가매입시 양도소득세 · 증여세 과세

특수관계인으로부터 주식을 고가매입(대가 > 시가)한 경우 양도자에게 증여재산가액이 있는 때에는 증여세가 과세된다. 이경우 양도자의 양도차익 계산시 양도가액은 고가양도가액에서 증여재산가액을 뺀 금액으로 한다.

(1) 고가매입시 양도소득세 · 증여세의 적용 기준금액

특수관계인으로부터 주식을 고가매입하는 것이 모두 양도소득세의 부당행위계산 부인을 적용하는 것은 아니다. 시가와 거래가액의 차액이 3억원 이상이거나 시가의 5% 이상인 경우에 한하여 부당행위계산 부인을 적용하는 것이며, 양도소득세와 증여세는 다음의 기준금액에 의해 과세된다.

▌기준금액

① 양도자의 양도차익 계산시 양도가액기준 → 대가 - 증여재산가액
② 양도자의 증여세대상 증여재산가액기준 → (대가 - 시가) - Min(시가의 30%, 3억원)
③ 양수자가 고가매입한 주식 등을 처분할 때 양도소득세 계산시 취득가액기준 → 대가가 아닌 시가(부당행위계산 부인 적용)

(2) 도해 사례

특수관계인으로부터 주식을 고가매입함으로 인하여 부당행위계산 부인이 적용되는 양도소득세의 과세 과정을 그림으로 표시하면 다음과 같다. 이해를 돕기 위해 증여세의 과세 내용도 같이 풀이하였다.

| **고가매입** : 아버지가 시가 1억원의 주식을 아들로부터 6억원에 매입한 경우 |

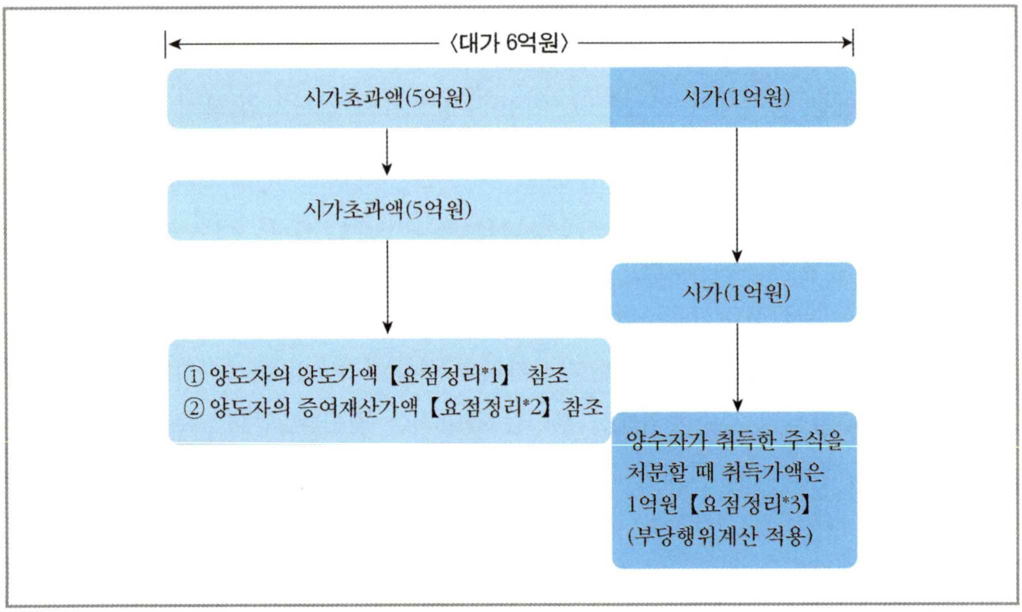

양도소득세의 부담을 부당하게 감소시킨 행위는 ① 시가와 거래가액의 차액이 3억원 이상이거나, ② 시가의 5% 이상인 경우에 적용된다.

① 6억원－1억원=5억원 〉 3억원 ➠ 양도소득세의 부담을 부당하게 감소시킨 행위

② 1억원×5%=5백만원

▌요점정리

고가매입한 주식거래가 양도소득세의 부담을 부당하게 감소시킨 행위로 인정되는 경우 양도소득세와 증여세는 다음의 기준에 따라 과세한다.

*1 양도자의 양도소득세 계산시 양도가액은 1.3억원(=6억원－4.7억원)이다.

*2 양도자에게 시가초과분 5억원(=6억원－1억원) 중 증여재산가액 4.7억원[=5억원－Min(1억원×30%, 3억원)]은 증여세가 과세된다.

*3 양수자가 고가매입한 주식을 처분할 때 양도소득세 계산시 취득가액은 시가인 1억원이다.

6. 부당행위계산 부인의 적용시기

양도소득세 과세대상 주식 등의 자산을 양도하고 양도소득세의 부담을 부당하게 감소시켰는지 부당행위계산 부인의 적용시기는 양도일이 아닌 당사자 간의 해당 주식을 거래하기로 합의한 시점인 매매계약체결일이다(국심 2004중3536, 2004.12.23.).

> **▌상장주식의 시간외 매매한 경우 부당행위계산 부인 적용시 시가 평가기준일**
>
> 상장법인 A의 주주 갑이 보유하던 A법인의 주식을 코스닥시장 업무규정(§4)에서 정하는 시간외매매 방식을 통해 당일종가로 특수관계인에게 양도하는 경우 소득세법(§101)에 따른 부당행위계산 부인 적용시 양도하는 A법인의 주식의 시가는 상증법(§63 ① 〈1,가〉)에 따른 평가방법으로 평가한 가액으로 하는 것이며, 이 때 평가기준일은 매매계약일이 되는 것이다(기준법령재산-32, 2018.4.4.).

7. 최대주주의 할증평가

주식의 시가가 불분명하여 상증법에 의한 보충적 평가방법에 따라 주식의 시가를 산정하는 경우로서 당해 비상장주식이 최대주주 등의 주식에 해당하는 경우에는 할증평가한다. 이 경우 조세특례제한법(§100의2)에 따른 중소기업 최대주주 등의 주식 할증평가 적용특례 규정은 적용되지 아니한다(서면인터넷방문상담4팀-1703, 2005.9.21.).

Ⅳ 비특수관계인 간의 주식을 저가양수 · 고가양도시 양도소득세 · 증여세 과세

비특수관계인 간의 주식거래는 부당행위계산의 부인을 적용하지 않지만 거래금액에 따라 증여세가 과세될 수 있다.

비특수관계인 간의 거래관행상 현저하게 주식을 저가양수하거나, 고가양도한 경우로서 그 대가와 시가의 차액에서 3억원을 뺀 금액(시가의 30% 이상인 경우 한함)이 있는 경우 저가양수자 또는 고가양도자에게 증여재산가액을 계산하여 증여세를 부과한다(상증법 §35 ②).

그러나 시가와 대가의 차이가 시가의 30% 이상이 되지만 그 차액이 3억원 이하인 경우에는 증여세가 부과되지 아니한다.

구 분	납세의무자	과세기준요건	증여재산가액
저가양수	양수자	(시가－대가)의 차액이 시가의 30% 이상일 것	(시가－대가)－3억원
고가양도	양도자	(대가－시가)의 차액이 시가의 30% 이상일 것	(대가－시가)－3억원

▌비특수관계인에게 비상장주식을 시가보다 높은 가액으로 양도한 경우

비특수관계인에게 정당한 사유없이 비상장주식을 시가보다 현저히 높은 가액으로 양도함으로써 얻은 이익에 대해 증여세를 과세하는 경우 양도소득세는 시가에 상당하는 금액(증여재산가액에서 차감하는 금액을 포함)을 양도가액으로 한다(서면4팀－2930, 2007.10.11.).

Q 사례 1 비특수관계인 간의 고가매매

비특수관계인 간의 비상장주식을 거래함에 있어서 시가 1억원인 주식을 6억원에 고가양도한 경우 다음의 물음에 답하여라.

① 고가양도자의 증여세가 과세되는 증여재산가액과 양도소득세 계산시 양도가액은 어떤 금액으로 하는가?

② 양수인이 고가매입한 주식을 처분할 경우 양도소득세 계산시 취득가액은 어떤 금액으로 하는가?

풀이 1

① 양도자에게 증여세가 과세되는 증여재산가액의 계산
(대가－시가)의 차액이 시가의 30% 이상인 경우에는 (대가－시가)의 차액에서 3억원을 뺀 금액이다.
(6억원－1억원) － 3억원 ＝ 2억원

② 양도자의 양도소득세 계산시 양도가액 계산
6억원(대가) － 2억원(① 증여재산가액) ＝ 4억원

③ 양수자가 고가매입한 주식을 처분할 때 취득가액 계산
6억원(대가)

사례 2 비특수관계인 간의 저가매매

비특수관계인 간의 비상장주식을 거래함에 있어서 시가 6억원인 주식을 1억원에 저가 양도한 경우 다음의 물음에 답하여라.

① 저가 양수자의 증여세 계산시 증여재산가액과 양도소득세 계산시 양도가액은 어떤 금액으로 하는가?

② 양수자가 저가양수한 주식을 처분할 경우 증여세 계산시 증여재산가액과 양도소득세 계산시 취득가액은 어떤 금액으로 하는가?

풀이 2

① 양수자에게 증여세가 과세되는 증여재산가액의 계산

(대가－시가)의 차액이 시가의 30% 이상인 경우에는 (대가－시가)의 차액에서 3억원을 뺀 금액이다.

(6억원－1억원) － 3억원 ＝ 2억원

② 양수자의 저가매입한 주식을 처분할 경우 취득가액

1억원(대가) ＋ 2억원(① 증여재산가액) ＝ 3억원

③ 양도자

양도자에게는 세무상 문제가 없다.

V 특수관계인에게 증여한 주식을 5년 이내 양도(우회양도)

1. 개요

양도소득세에 대한 부당행위계산 부인 규정은 특수관계인 개인 간의 양도행위 또는 계산이 경제적 합리성이 부족할 때 부담하여야 하는 세액보다 더 적은 세액을 부담하는 경우 본래 부담하여야 할 세액만큼 부담하도록 하려는 데 그 입법취지가 있다.

양도소득세에 대하여 부당행위계산 부인에는 다음과 같이 두 가지 유형이 있다.

① 자산을 특수관계인 간에 고가양수·저가양도하여 양도소득세를 부당하게 감소시킨 것으로 인정되는 경우(위 "Ⅳ"에서 설명)

② 특수관계인으로부터 주식 등의 자산을 증여받아 5년 이내 양도하여 양도소득세를 부당하게 감소시킨 것으로 인정되는 경우

양도소득세의 부당행위계산 부인이 되는 두 가지 유형 중 "①"은 이미 설명한 바 있

으며, "②"의 경우에는 양도소득세를 부당하게 감소시키기 위해 특수관계인(배우자 및 직계존비속 제외)에게 주식 등의 자산을 증여한 후 그 증여 받은 자(특수관계인을 말한다)가 증여일부터 5년 이내에 다시 이를 타인에게 양도한 경우에는 증여자가 직접 자산을 양도한 것으로 본다. 그러나 [Ⓐ;수증자가 부담한 세액(증여세+양도소득세)]이 [Ⓑ;증여자가 부담한 세액(양도소득세)]보다 많은 경우에는 부당행위계산 부인이 적용되지 아니한다(소법 §101 ②).

부당행위 계산 부인 배제 ;
Ⓐ 수증자가 부담한 증여세와 양도소득세의 합계액 〉 Ⓑ 증여자가 부담한 양도소득세

다만, 양도소득이 해당 수증자에게 실질적으로 귀속된 경우(양수자가 대가를 수반하는 유상이전이 입증된 경우를 말함)에는 부당행위계산의 부인 규정을 적용하지 아니한다.

▌특수관계있는 법인에게 증여 후 5년 이내 양도시 부당행위계산 부인 적용 여부

특수관계있는 법인에게 자산을 증여한 후 그 자산을 증여받은 법인이 그 증여일로부터 5년 이내에 양도한 경우에는 부당행위계산 부인을 적용한다(부동산거래관리과-205, 2011.3.9.).

2. 부당행위계산 부인 적용시 납세의무와 가산세 적용

양도소득세를 부당하게 감소시킬 목적으로 특수관계인에게 주식 등의 자산을 증여한 후 수증자가 5년 이내에 타인에게 양도하고 양도소득세를 신고·납부하였으나 이 거래가 부당행위계산 부인이 적용되는 경우에는 당초 증여자가 납세의무자가 되는 것이므로 수증자가 양도소득세를 신고·납부하였음에도 불구하고, 무신고 한 것으로 보아 신고불성실가산세와 납부불성실가산세가 적용된다(서사-1765, 2004.11.1.).

그러나 양도일 현재 사망 등으로 특수관계가 소멸한 경우에는 부당행위계산 부인을 적용하지 아니한다.

3. 부당행위계산 부인 적용시 증여세 및 양도소득세의 환급

특수관계인 개인 간의 거래행위에 따라 부당행위계산 부인이 적용되는 경우 당초 증여받은 주식 등의 자산에 대하여 수증자에 대해서는 증여세와 양도소득세가 과세되지 아니하며, 당초 수증자에게 과세된 증여세는 환급된다(서면4팀-2374, 2005.11.30.).

이 경우 수증자인 특수관계인이 납부한 양도소득세는 이를 환급하며, 증여자의 양도소득세에 대해서는 수증자가 연대납세의무를 진다(서면4팀-1653, 2004.10.18.).

구 분	부당행위계신의 부인*
세법 근거 조문	소법 §101 ②
납부의무자	당초 증여자임.
증여세 납부세액	증여세 부과하지 않음.
양도차익 계산	취득가액 및 필요경비는 증여자가 취득하는 때를 기준으로 계산함.
적용대상 자산	양도소득세 과세대상 전체자산
적용기간	5년
조세회피 목적	증여자 기준을 계산한 양도소득세 산출세액이 수증자가 부담할 (증여세+양도소득세)보다 큰 경우 ※ 양도소득이 수증자에게 실질적으로 귀속되는 경우에는 제외한다.
취득시기	당초 증여자의 취득시기
연대납부의무	증여자와 수증자가 연대하여 납부의무를 진다.
적용 제외	증여세+수증자의 양도소득세 ≥ 증여자가 양도한 것으로 보아 계산한 양도소득세 ※ 양도소득이 수증자에게 실질적으로 귀속되는 경우에는 제외한다.

* 2018 양도소득세 실무해설, 한국세무사회 간 인용

Ⅵ 상속·증여받은 주식 양도시 양도차익 계산

상속세 또는 증여세가 부과되는 주식의 가액은 상속개시일 또는 증여일 현재의 시가를 실지거래가액으로 보기 때문에(상증법 §6 ①) 상속 또는 증여받은 주식을 양도한 경우 양도차익계산은 상속 또는 증여받은 가액으로 한다.

따라서 양도일 현재 상속 또는 증여받은 주식에 대한 상속세 또는 증여세를 신고·납부한 사실이 있는 경우에는 그 당시 신고한 평가액을 취득가액으로 한다. 그러나 신고 당시 평가액을 알 수 없는 경우에는 상속개시일 또는 증여일 현재 상증법상 평가한 금액을 취득당시의 실지거래가액으로 한다.

제10절 양도소득 과세표준과 세액 계산

I 양도소득세 과세표준의 구조

양도소득세 과세표준은 자산의 양도로 인하여 발생하는 총수입금액인 양도가액에서 취득가액 · 자본적 지출액 · 양도비 등의 필요경비를 공제한 금액에서 및 양도소득기본공제를 공제한 금액이다.

> 양도소득세 과세표준 = 양도소득금액 – 양도소득기본공제(연 250만원)

1. 양도차익 또는 양도차손의 계산

(1) 개요

양도차익 또는 양도차손의 계산은 양도가액에서 취득가액 등 필요경비를 공제한 금액으로 한다.

주식의 경우에는 장기보유특별공제규정을 적용하지 아니한다.

> 양도소득금액(양도차익) = 양도가액 – 취득가액 등 필요경비
> 양도소득금액(양도차손) = 취득가액 등 필요경비 – 양도가액

양도차익의 계산은 자산별 및 거래유형별로 다음과 같이 부동산 등의 자산과 상장주식 · 비상장주식의 자산을 구분하여 양도차손과 양도차익의 통산, 양도소득기본공제, 세율 등의 구분된 자산을 기준으로 적용한다.

그리고 당해연도에 2 이상의 주식과 주식 등 외의 자산을 양도한 경우 각 양도소득금액을 계산함에 있어서 발생하는 결손금은 동일한 과세기간에 아래의 "①"에 속하는 자산에서 발생한 양도차손익은 "①"에서만 통산할 수 있으며, "②"에 속하는 자산에서 발생한 양도차손익은 "②"에서만 통산할 수 있다.

① 토지, 건물 및 부동산에 관한 권리

② 상장주식 및 비상장주식

(2) 환산취득가액이 양도가액을 초과하여 발생한 양도차손

환산취득가액이 양도가액을 초과하여 발생한 양도차손은 해당 자산 외의 다른 자산에서 발생한 양도차익에서 공제된다(소법 집행기준 102-167의2-2).

▌조특법(§14)의 과세특례를 적용받는 경우 적용받지 않는 것보다 오히려 양도소득세가 더 증가하므로 이를 선택 적용할 수 있는지 여부

양도차손이 발생한 주식이 조특법(§14 ① 〈5〉)에 따라 소득세법(§94 ① 〈3〉)를 적용받지 아니하는 경우에는 해당 주식 외의 다른 주식에서 발생한 양도소득금액에서 양도차손을 공제하지 아니한다(부동산거래-752, 2010.6.1.).

▌한 국가의 주식매매거래에서 양도차손이 발생한 경우 다른 국가의 주식매매차익에서 공제할 수 있는지 여부

국내에 당해 자산의 양도일까지 계속 5년 이상 주소 또는 거소를 둔 거주자가 동일연도에 여러 국가의 외국시장 상장주식 등을 양도한 경우로서 어느 하나 국가의 주식에서 양도차손이 발생한 경우에는 다른 국가의 주식에서 발생한 양도소득금액에서 그 양도차손을 공제한다(재산-311, 2009.9.25.).

▌비과세 대상인 자산의 결손금(양도차손)의 양도소득금액에서 차감할 수 있는지 여부

양도소득세가 비과세 되는 소득세법(§89 ①) 각호의 소득금액 또는 결손금은 양도소득세가 과세되는 소득세법(§89 ①) 각호의 소득금액 또는 결손금과 통산하지 아니한다(재산-386, 2009.2.3.).

2. 양도소득기본공제

양도소득금액은 주식과 주식 이외의 자산으로 구분하여 계산한다. 왜냐하면 각각의 자산별로 양도차손익이 발생할 경우 통산이 문제가 있기 때문이다.

양도소득기본공제는 거주자별로 해당연도의 양도소득을 국내부동산(특정주식 등 포함)과 주식 등, 국외부동산(특정주식 등 포함) 파생상품, 국외전출세로 구분하여 각각 연 250만원을 공제한다.

이 경우 양도소득기본공제는 주식 이외의 자산과 주식으로 나누어 그룹별로 각각 연 250만원을 공제하며, 같은 그룹의 자산을 연중 2회 이상 양도하였을 경우에는 먼저 양도한 자산의 양도소득금액에서부터 공제한다.

그리고 양도소득기본공제는 거주자 또는 비거주자에게 종합소득 중 다른 소득이 있는지 여부에 불구하고 공제를 할 수 있는 것이며, 양도소득세 예정·확정신고 여부에 관계없이 공제된다(소법 §103).

보충설명

양도소득금액에 감면소득금액과 감면소득 외의 양도소득금액이 함께 있는 경우 양도소득기본공제의 적용방법

양도소득금액에 감면소득금액과 감면소득 외의 양도소득금액이 함께 있는 경우에는 감면소득 외의 양도소득금액에서 먼저 공제한 후 나머지 미공제액은 감면소득금액에서 공제하며, 동일한 과세기간에 양도가 여러 차례 있는 경우에는 먼저 양도한 자산의 양도소득금액에서부터 순차로 공제한다.

그리고 2 이상의 양도자산 중 어느 자산을 먼저 양도하였는지의 여부가 불분명한 경우에는 납세자에게 유리한 양도소득금액에서부터 공제한다(소법 집행기준 103-0-1).

Q 사례 연간 양도소득기본공제의 적용 순서

① 2019. 1월 : 상장주식 양도(양도소득금액 : 2,000,000원)
② 2019. 3월 : 토지·건물 양도(양도소득금액 : 50,000,000원)
③ 2019. 5월 : 비상장주식 양도(양도소득금액 : 10,000,000원)

풀이

① 주식의 양도소득 과세표준 : 9,500,000원 = 2,000,000원 + 10,000,000원 - 2,500,000원
② 주식 이외의 자산 양도소득 과세표준 : 47,500,000원 = 50,000,000원 - 2,500,000원

Ⅱ 주식의 종류 및 보유에 따라 적용하는 세율

비상장법인주식 및 상장법인주식 등(신주인수권을 포함)의 대주주가 주식 등을 양도(유가증권시장, 코스닥시장, 코넥스시장 외에서 장외거래하는 경우를 포함)할 때 이익이 발생하면 양도소득세를 납부하여야 한다.

이 경우 양도소득예정신고·납부할 세액은 그 양도소득금액에서 양도소득기본공제액을 뺀 금액에 세율을 적용하여 다음과 같이 계산한 금액을 양도소득산출세액으로 한다.

> 양도소득과세표준 = 양도소득금액－양도소득기본공제액
> 양도소득산출세액 = 양도소득과세표준 × 세 율

1. 주식의 양도소득세 세율

주식 등의 양도의 경우에는 주식활성화를 고려하여 기본세율이 아닌 저율의 세율을 적용하고 있다. 다만, 중소기업의 대주주에 대해서는 과세표준의 크기에 따라 높은 세율을 적용하고 대기업 대주주의 단기양도분에 대해서는 높은 세율을 적용하고 있다.

<table>
<tr><th>법인구분</th><th>기업구분</th><th>주주구분</th><th>거래·보유</th><th>과세표준</th><th>세율</th></tr>
<tr><td rowspan="10">상장법인</td><td rowspan="4">중소기업</td><td rowspan="2">소액주주</td><td>장내거래</td><td>과세 제외</td><td>-</td></tr>
<tr><td>장외거래</td><td>-</td><td>10%</td></tr>
<tr><td rowspan="2" colspan="2">대주주</td><td>3억원 이하</td><td>20%</td></tr>
<tr><td>3억원 초과</td><td>6천만원+3억원 초과 25%</td></tr>
<tr><td rowspan="6">대기업</td><td rowspan="2">소액주주</td><td>장내거래</td><td>과세 제외</td><td>-</td></tr>
<tr><td>장외거래</td><td>-</td><td>20%</td></tr>
<tr><td rowspan="3">대주주</td><td rowspan="2">1년 이상 보유</td><td>3억원 이하</td><td>20%</td></tr>
<tr><td>3억원 초과</td><td>6천만원+3억원 초과 25%</td></tr>
<tr><td>1년 미만 보유</td><td>-</td><td>30%</td></tr>
</table>

법인구분	기업구분	주주구분	거래·보유	과세표준	세율
비상장법인	중소기업	소액주주	-	-	10%
		대주주		3억원 이하	20%
				3억원 초과	6천만원+3억원 초과 25%
	대기업	소액주주	-	-	20%
		대주주	1년 이상 보유	3억원 이하	20%
				3억원 초과	6천만원+3억원 초과 25%
			1년 미만 보유	-	30%

※ 대주주가 양도하는 주식에 대한 세율은 2019.1.1.부터 시행한다(소득세법 부칙 제1조 단서 제3호, 법률 제15225호, 2017.12.19. 공포). 중소기업의 판단은 양도일 현재 중소기업기본법에 의한 중소기업을 말한다(소령 §167의8).

위 세율 적용시 양도한 주식의 보유기간은 다음에 의한다.

구 분	보유기간 계산
상속받은 주식	피상속인의 취득일부터 양도일까지
이월과세대상 주식	증여자의 취득일부터 양도일까지

▌상속받은 주식의 세율 적용시 보유기간의 계산

양도소득세 세율 적용시 보유기간은 당해 자산의 취득일부터 양도일까지로 하는 것이나, 상속받은 자산인 경우 보유기간의 계산은 피상속인이 당해 자산을 취득한 날부터 기산하여 양도소득세 세율을 적용한다(서면인터넷방문상담4팀-745, 2005.5.12.).

▌지배·종속 관계가 성립된 시기

지배·종속 관계가 성립되는 시기는 지배기업이 종속법인을 인수한 사업연도의 다음 사업연도 1.1.부터 관계기업에 속하게 된다(국심사양도 2014-0128, 2014.9.28.).

▌보유기간 1년 미만인 신주인수권 양도

신주인수권을 행사하여 배정받은 주식을 양도할 경우 그 취득시기는 대금을 청산한 날인 신주발행가액 전액을 납입한 날이므로 해당 주식의 양도차익을 계산함에 있어서 취득시기부터 양도시기까지 보유기간은 1년 미만으로 보아 양도소득세율 적용한다(서울행법 2015구합80307, 2016.5.13.).

▌시간외매매 방식에 의하여 거래한 경우

「자본시장과 금융투자업에 관한 법률」(§393)에 따른 「코스닥시장 업무규정」(§4)에서 정하는 시간외매매 방식에 의하여 거래를 하는 것은 증권시장에서의 거래에 해당한다(부동산거래-660, 2012.12.6.).

2. 중소기업 판정

중소기업이 발행한 주식에 해당하는지 여부는 주식의 양도일 현재 「중소기업기본법」(§2)에 따라 판단하는 것이며, 주식의 양도일 현재 중소기업 유예기간에 해당하는 경우에도 중소기업의 주식을 양도한 것으로 보아 양도소득세율을 적용한다(서면5팀-145, 2006.9.15.).

중소기업의 해당 여부 판단기준은 주식의 양도일이 속하는 사업연도의 직전 사업연도 종료일 현재를 기준으로 하여 판단하는 것으로 직전 사업연도 종료일 현재 실질적인 기업분류는 대기업에 해당하더라도 중소기업기본법상으로 중소기업의 유예기간 중인 경우에는 중소기업에 해당하는 것으로 본다.

3. 하나의 자산이 2 이상의 세율에 적용되는 경우

양도소득세의 세율은 해당 연도의 양도소득과세표준에 자산의 종류 및 보유기간 등에 따라 차등 적용하며, 하나의 자산이 2 이상의 세율에 해당하는 때에는 그 중 가장 높은 세액을 적용한다(소법 집행기준 104-0-3).

제11절 양도소득세 신고 · 납부

종합소득세는 확정신고·납부로 납세의무가 확정되지만, 양도소득세는 확정신고 전이라도 예정신고·납부하는 경우에는 납세의무가 확정된다.

이 경우 양도소득세 과세대상 주식 등의 자산을 양도한 자가 해당 주식에 대한 양도소득세 신고서를 예정신고기한 내에 주소지 관할세무서장에게 제출하고, 예정신고납부세액은 납세지 관할세무서, 시중은행 또는 체신관서 등에 납부하여야 한다.

만일 양도차익이 없거나 양도차손이 발생한 경우에도 양도소득세과세표준 예정신고 및 확정신고의무가 있다(서면4팀-1403, 2006.5.17.).

1. 양도소득세 예정신고 · 납부

주식(특정주식과 부동산과다보유법인 주식은 제외)에 대한 양도소득세의 과세표준 예정신고는 양도일이 속하는 반기의 말일부터 2개월로 한다(소법 §105 ① 〈2〉). 이 경우 양도차손이 발생한 경우에도 예정신고를 하여야 한다.

만일, 예정신고를 하지 아니한 경우에는 다음의 가산세가 부과된다.

(1) 신고불성실가산세

① 무신고가산세 : 20%(부당무신고 ; 40%)

② 과소신고가산세 : 10%(부당무신고 ; 40%)

(2) 납부지연가산세

1일 10,000분의 3(연 10.95%)*

* 2020.1.1. 이후 납세의무성립 분부터는 1일 10,000분의 2.5임.

보충설명

토지 또는 건물, 부동산에 관한 권리, 기타자산, 특정주식과 부동산과다보유법인 주식에 대해서는 예정신고·납부기한은 양도일이 속하는 달의 말일부터 2개월로 한다. 다만, 부담부증여의 채무액에 해당하는 부분으로서 양도로 보는 경우에는 그 양도일이 속하는 달의 말일부터 3개월이다.

2. 양도소득세 확정신고 · 납부

양도소득이 있는 자는 양도소득세 확정신고 의무가 있다.

예정신고한 자에 한하여 양도소득세 산출의 오류 등으로 양도소득세의 납부한 세액이 다음과 같이 달라지는 경우에는 예정신고하는 연도의 다음 연도 5월 1일부터 5월 31일까지 납세지 관할세무서장에게 신고 · 납부하여야 한다.

① 양도소득만 있는 자가 연간 양도소득을 합산하여 예정신고를 마친 경우에는 확정신고를 하지 않아도 되지만, 1년에 2회 이상 양도한 경우에는 이미 신고한 양도소득금액에 합산하여 기본공제 2,500,000원(연 1회)을 공제함에 따라 당초 신고한 양도소득산출세액이 달라지는 경우

② 주식을 2회 이상 양도한 경우로써 소득세법(§103 ②)에 따라 양도소득기본공제를 할 경우 당초 신고한 양도소득 산출세액이 달라지는 경우

3. 예정신고 · 납부하지 않고 확정신고 · 납부하는 경우

양도소득이 있는 자가 양도소득세 예정신고를 하지 아니하였으나, 확정신고기한까지 과세표준신고를 한 경우에는 해당 과세기간의 예정신고를 하지 아니하여 부과되는 무신고가산세의 50%를 감면한다. 다만, 과세관청에서 과세표준과 세액을 경정할 것을 미리알고 과세표준신고를 하는 경우에는 제외한다(국기법 §48).

4. 양도소득세의 분할 납부

양도소득세액이 1천만원이 초과하는 경우에는 납부할 세액의 일부를 납부기한이 지난 후 2개월 이내에 다음에 따라 나누어 납부할 수 있다.

① 납부할 세액이 2천만원 이하일 경우 : 1천만원 초과하는 금액

② 납부할 세액이 2천만원을 초과하는 경우 : 납부할 세액의 2분의 1 이하의 금액

5. 지방소득세 신고 · 납부

지방세법에 따라 양도소득세의 10%에 상당하는 개인 지방소득세도 양도소득세와 함께 양도소득세 신고기한까지 양도소득에 대한 개인지방소득세 과세표준과 세액을 관할 지방자치단체의 장에게 신고하여야 한다. 양도차익이 없거나 양도차손이 발생한

경우에도 적용한다.

6. 예정(또는 확정)신고시 첨부할 서류

거주자가 양도소득 과세표준의 예정신고를 하는 때에는 양도소득과세표준 예정신고서를 관할세무서에 제출하고 세금은 시중은행 또는 체신관서 등에 납부하여야 한다.

① 매도 및 매입에 관련한 매매계약서

② 양도비 등 명세서

③ 대주주의 주식거래명세서

④ 법인의 주주 1인 및 기타주주로서 대주주에 해당하는 경우 대주주신고서

Q 사례 1 비상장법인의 소액주주가 주식을 양도한 경우

다음 자료에 의하여 갑 주식회사(비상장법인임)의 주식을 양도한 경우 자진납부할 세액을 계산하고, 양도소득 과세표준신고서와 증권거래세 과세표준신고서를 작성하여라.

〈자료〉

① 양도자 : 김일남(소액주주임)

② 양수자 : 김이남(김일남의 동생)

③ 취득 및 양도 현황

구 분	취득 현황	양도 현황
취득 · 양도일자	취득일자: 2015.1.5.	양도일자: 2019.3.31.
실지 취득 · 양도가액	취득가액: 10,000주×10,000원=1억원	양도가액: 10,000주×50,000원=5억원

④ 양도가액은 실지거래금액으로 입증된다.

⑤ 양도주식의 가액은 신용평가기관 등에서 평가한 금액으로써 1주당 100,000원이며, 평가수수료 1천만원을 지급하였다.

⑥ 증권거래세 2,500,000원을 납부하였다.

⑦ 2019년 과세기간 중에 위 자산 이외의 양도는 없다.

⑧ 갑주식회사는 중소기업기본법상 중소기업에 해당한다.

⑨ 양도소득세는 분납할 예정이다.

풀이 1

❶ 총부담세액

① 양도가액 : 5억원

② 취득가액 : 1억원

③ 기타필요경비 : 10,000,000원(평가수수료) + 2,500,000원(증권거래세) = 12,500,000원

④ 양도차익 : 5억원 – 1억원 – 12,500,000원 = 387,500,000원

⑤ 과세표준 : 387,500,000원 – 2,500,000원(양도소득기본공제) = 385,000,000원

⑥ 양도소득세 : 385,000,000원 × 10% = 38,500,000원

⑦ 지방소득세 : 38,500,000원 × 10% = 3,850,000원

⑧ 총부담세액 : 38,500,000원 + 3,850,000원 = 42,350,000원

<table>
<tr><th>법인 구분</th><th>기업 구분</th><th>주주 구분</th><th>거래·보유</th><th>과세표준</th><th>세율</th></tr>
<tr><td rowspan="7">비상장법인</td><td rowspan="3">중소기업</td><td>소액주주</td><td>–</td><td>–</td><td>10%</td></tr>
<tr><td colspan="2" rowspan="2">대주주</td><td>3억원 이하</td><td>20%</td></tr>
<tr><td>3억원 초과</td><td>6천만원+3억원 초과 25%</td></tr>
<tr><td rowspan="4">대기업</td><td>소액주주</td><td>–</td><td>–</td><td>20%</td></tr>
<tr><td rowspan="3">대주주</td><td rowspan="2">1년 이상 보유</td><td>3억원 이하</td><td>20%</td></tr>
<tr><td>3억원 초과</td><td>6천만원+3억원 초과 25%</td></tr>
<tr><td>1년 미만 보유</td><td>–</td><td>30%</td></tr>
</table>

*1 양도소득세 납부일은 양도일이 속하는 반기의 말일(2019.6.30.)부터 2개월인 2019. 8.31.이나 그 날이 공휴일이므로 2019.9.2.임(소법 §105 ① 〈2〉).

*2 증권거래세의 납부일은 매분기의 양도일이 속하는 반기의 말일(2019.6.30.)부터 2개월인 2019.8.31.이나 그 날이 공휴일이므로 2019.9.2.임(증거법 §10 ① 〈2〉).

❷ 서식작성

[별지 제84호 서식] (2018.3.21. 개정)

※ 2010. 1. 1. 이후 양도분부터는 양도소득세 예정신고를 하지 않으면 가산세가 부과됩니다. (1쪽)

관리번호	-

(2019 년 귀속)양도소득과세표준 신고 및 납부계산서

([√]예정신고, [ ]확정신고, [ ]수정신고, [ ]기한 후 신고)

① 신 고 인 (양도인)	성 명	김 일 남	주민등록번호	×××	내 · 외 국 인	[√]내국인, [ ]외국인	
	전자우편 주소		전 화 번 호		거 주 구 분	[√]거주자, [ ]비거주자	
	주 소				거 주 지 국		거주지국코드
② 양 수 인	성 명	주민등록번호	양도자산 소재지		지 분	양도인과의 관계	
	김 이 남	×××				형제	
③ 세 율 구 분	코 드 31	양도소득세 합 계	국내분 소계	1-42	-	국외분 소계	지방소득세
④ 양 도 소 득 금 액		387,500,000	387,500,000	387,500,000			
⑤ 기신고·결정·경정된 양도 소 득 금 액 합 계							
⑥ 소득감면대상 소득금액		387,500,000	387,500,000	387,500,000			
⑦ 양 도 소 득 기 본 공 제		2,500,000	2,500,000	2,500,000			
⑧ 과 세 표 준 (④+⑤-⑥-⑦)		385,000,000	385,000,000	385,000,000			38,500,000
⑨ 세 율		10%	10%	10%			10%
⑩ 산 출 세 액		38,500,000	38,500,000	38,500,000			3,850,000
⑪ 감 면 세 액							
⑫ 외 국 납 부 세 액 공 제							
⑬ 예 정 신 고 납 부 세 액 공 제							
⑭ 원 천 징 수 세 액 공 제							
⑮ 가 산 세	무(과소)신고						
	납 부 불 성 실						
	기장불성실 등						
	계						
⑯기신고·결정·경정세액, 조정공제							
⑰ 납 부 할 세 액 (⑩-⑪-⑫-⑬-⑭+⑮-⑯)		38,500,000	38,500,000	38,500,000			3,850,000
⑱ 분 납 (물 납) 할 세 액		19,250,000	19,250,000	19,250,000			
⑲ 납 부 세 액		19,250,000	19,250,000	19,250,000			3,850,000
⑳ 환 급 세 액							

농어촌특별세 납부계산서	
㉑ 소득세 감면세액	
㉒ 세 율	
㉓ 산 출 세 액	
㉔ 수 정 신 고 가 산 세 등	
㉕ 기신고·결정·경정세액	
㉖ 납 부 할 세 액	
㉗ 분 납 할 세 액	
㉘ 납 부 세 액	
㉙ 환 급 세 액	

신고인은 「소득세법」 제105조(예정신고)·제110조(확정신고), 「국세기본법」 제45조(수정신고)·제45조의3(기한 후 신고), 「농어촌특별세법」 제7조 및 「지방세법」 제103조의5·제103조의7에 따라 신고하며, 위 내용을 충분히 검토하였고 신고인이 알고 있는 사실 그대로를 정확하게 적었음을 확인합니다.

2019 년 9 월 2 일

신고인 김 일 남 (서명 또는 인)

환급금 계좌신고 (환급세액 2천만원 미만인 경우)	
㉚ 금 융 기 관 명	
㉛ 계 좌 번 호	

세무대리인은 조세전문자격자로서 위 신고서를 성실하고 공정하게 작성하였음을 확인합니다.

세무대리인 ××× (서명 또는 인)

×× 세무서장 귀하

첨부서류	1. 양도소득금액계산명세서(부표 1, 부표 2, 부표 2의2, 부표 2의3 중 해당하는 것) 1부 2. 매매계약서(또는 증여계약서) 1부 3. 필요경비에 관한 증빙서류 1부 4. 감면신청서 및 수용확인서 등 1부 5. 그 밖에 양도소득세 계산에 필요한 서류 1부	접수일인
담당공무원 확인사항	1. 토지 및 건물등기사항증명서 2. 토지 및 건축물대장 등본	

세무대리인	성명(상호)		사업자번호		전화번호	

210mm×297mm[백상지 80g/㎡(재활용품)]

관리번호	-

주식 등 양도소득금액 계산명세서

양도주식 취득유형별 내용							
① 주식등 종목명	합계	갑주식회사					
② 수식종목코드 또는 사업자등록번호(해외주식은 ISIN코드와 국가명)		×××					
③ 주식 등 종류코드		31					
④ 양도유형		1					
⑤ 취득유헝		1					
⑥ 취득유형별 양도주식등 수		10,000					
양도소득금액 계산내용							
⑦ 양도일자		2019.3. 31.					
⑧ 주당양도가액		50,000					
⑨ 양도가액(⑥×⑧)	500,000,000	500,000,000					
⑩ 취득일자		2015.1.5.					
⑪ 주당취득가액		10,000					
⑫ 취득가액(⑥×⑪)	100,000,000	100,000,000					
⑬ 필요경비	12,500,000	12,500,000					
⑭ 양도소득금액 (⑨ - ⑫ - ⑬)	387,500,000	387,500,000					
⑮ 감면소득금액							
⑯감면종류 / 감면율							

※ 주식을 거래한 경우 양도소득세 신고와 별도로 증권거래세를 신고납부하여야 합니다(원천징수된 경우는 제외).

210mm×297mm[백상지 80g/㎡(재활용품)]

[별지 제84호 서식 부표 3] (2015.3.13. 개정)

취득가액 및 필요경비계산 상세 명세서(1)

구분				구분코드	거래상대방 상호	거래상대방 사업자등록번호	지급일	지급금액	증빙종류(코드)
취득가액	① 타인으로부터 매입한 자산	매입가액		111		100,000,000			05
취득가액	① 타인으로부터 매입한 자산	취득세		112					
취득가액	① 타인으로부터 매입한 자산	등록세		113					
취득가액	① 타인으로부터 매입한 자산	기타부대비용	법무사비용	114					
취득가액	① 타인으로부터 매입한 자산	기타부대비용	취득중개수수료	115					
취득가액	① 타인으로부터 매입한 자산	기타부대비용	기타	116					
취득가액	① 타인으로부터 매입한 자산	소계				100,000,000			
취득가액	② 자기가 제조·생산·건설한 자산			120					
취득가액	② 자기가 제조·생산·건설한 자산			120					
취득가액	③ 가산항목	취득시 쟁송비	변호사비용	131					
취득가액	③ 가산항목	취득시 쟁송비	기타비용	132					
취득가액	③ 가산항목	매수자부담 양도소득세		133					
취득가액	③ 가산항목	기타		134					
취득가액	③ 가산항목	소계							
취득가액	④ 차감항목	감가상각비		141					
취득가액	⑤ 계 (①+③-④ 또는 ②+③-④)					100,000,000			
기타필요경비 (자본적지출액 등)	⑥ 자본적지출액	용도변경·개량·이용편의를 위한 지출		260					
기타필요경비 (자본적지출액 등)	⑥ 자본적지출액	엘리베이터, 냉난방설치		260					
기타필요경비 (자본적지출액 등)	⑥ 자본적지출액	피난시설등설치		260					
기타필요경비 (자본적지출액 등)	⑥ 자본적지출액	재해 등으로 인한 자산의 원상복구		260					
기타필요경비 (자본적지출액 등)	⑥ 자본적지출액	개발부담금 / 재건축부담금		261					
기타필요경비 (자본적지출액 등)	⑥ 자본적지출액	자산가치증가 수선비		260					
기타필요경비 (자본적지출액 등)	⑥ 자본적지출액	기타		260					
기타필요경비 (자본적지출액 등)	⑥ 자본적지출액	소계							
기타필요경비 (자본적지출액 등)	⑦ 취득 후 쟁송비용	변호사비용		271					
기타필요경비 (자본적지출액 등)	⑦ 취득 후 쟁송비용	기타소송, 화해비용		272					
기타필요경비 (자본적지출액 등)	⑧ 기타비용	수익자부담금		281					
기타필요경비 (자본적지출액 등)	⑧ 기타비용	토지장애철거비		280					
기타필요경비 (자본적지출액 등)	⑧ 기타비용	도로시설비등		280					
기타필요경비 (자본적지출액 등)	⑧ 기타비용	사방사업소요비용		280					
기타필요경비 (자본적지출액 등)	⑧ 기타비용	기타		280					
기타필요경비 (자본적지출액 등)	⑧ 기타비용	소계							
기타필요경비 (자본적지출액 등)	⑨ 계 (⑥+⑦+⑧)								
기타필요경비 (양도비 등)	⑩ 양도시 중개수수료등 직접 지출비용			290		12,500,000			
기타필요경비 (양도비 등)	⑪ 국민주택채권 및 토지개발채권 매각차손 등 기타경비			291					
기타필요경비 (양도비 등)	⑫ 계 (⑩+⑪)					12,500,000			
기타필요경비	⑬ 기타 필요경비 계 (⑨+⑫)					12,500,000			

210mm×297mm[백상지 80g/㎡(재활용품)]

[별지 제84호의 2 서식] (2011.3.28. 개정) (앞 쪽)

관리번호	

* 관리번호는 기입하지 마십시오.

주 식 거 래 내 역 서

①성 명	김 일 남		②주민등록번호	-		③주 소			
주식(출자증권) 발행법인	④법 인 명	갑 주식회사	⑤사업자등록번호		⑥사업연도	⑦소 재 지			
	⑧법인구분	1. 상장 2. 장외주식 호가중개종목 √3. 기타 비상장			⑨법인규모	1. 대기업 √2. 중소기업	⑩ 발행주식총수(출자총좌수)		⑪자본금

양 수 자				양 도 내 용								취 득 내 용					㉙양도차익 (⑳-㉑-㉒-㉓-㉗-㉘)
⑫성명(법인명)	⑬주민(법인)등록번호	⑭사업자등록번호	⑮주 소(본점소재지)	⑯종목명	⑰양도일자	⑱주식등수	⑲단가	⑳양도가액(⑱×⑲)	㉑수수료	㉒증 권 거래세	㉓농특세	㉔취득일자	㉕주식(출자지분)수	㉖단가	㉗취득가액(㉕×㉖)	㉘수수료	
갑 주식회사	×××	×××	×××	구주	2019.3.31	10,000	50,000	500,000,000		2,500,000		2015.1.5	10,000	10,000	100,000,000		

「소득세법 시행령」 제169조 제1항 제2호 다목에 따라 위와 같이 주식거래내역서를 제출합니다.

2019년 9월 2일

성 명 김 일 남 (서명 또는 인)

×× 세무서장 귀하

210mm×297mm[백상지 80g/㎡(재활용품)]

[별지 제2호 서식] (2018.3.19. 개정)

홈텍스(www.hometax.go.kr) 에서도 신고할 수 있습니다.

증권거래세 과세표준 [√]정기 [ ]수정 [ ]기한 후 신고서

※ 뒤쪽의 작성방법을 읽고 작성하여 주시기 바랍니다.

(앞쪽)

관리번호	접수일	처리기간 즉시

□ 과 세 기 간 2019년 3월 양도분 (「증권거래세법」 제3조제1호 및 제2호의 납세의무자)

□ 과 세 기 간 2019년 반기 양도분 (「증권거래세법」 제3조제3호의 납세의무자)

❶ 납세의무자 (신 고 자)	법 인 명	주민등록번호 (사업자등록번호)
	성 명(대표자) 김 일 남	전화번호
	주 소(소재지)	

❷ 증 권 거 래 세 과 세 표 준 및 세 액 계 산 서					❸ 농어촌특별세 과세표준 및 세액계산서
① 과 세 표 준	500,000,000	500,000,000			
② 세 율	합계	5/1000	3/1000	1.5/1000	1.5/1000
③ 산 출 세 액	2,500,000	2,500,000			
④ 감 면 세 액					
⑤ 조 정 환 급 액					
⑥ 차 감 세 액 (③－④－⑤)	2,500,000	2,500,000			
가산세 신고불성실					
가산세 납부불성실					
가산세 ⑦가산세계					
⑧ 납 부 할 세 액 (⑥+⑦)	2,500,000				
⑨ 일괄납부 금액					

❹ 비 과 세 양 도 내 역	종목 수	양도가액 합계
국 가/지 방 자 치 단 체 양 도 분		
주 권 매 출 분		
주 권 소 비 대 차 거 래 분		

「증권거래세법」 제10조제1항 및 「농어촌특별세법」 제7조제4항, 「국세기본법」 제45조 또는 제45조의3에 따라 위와 같이 신고합니다.

2019 년 9월 2일

신고인: 김 일 남 (서명 또는 인)

××세 무 서 장 귀하

구비서류 :
1. 조정환급명세서 1부(「증권거래세법」 제3조제1호의 납세의무자)
2. 사업장별 증권거래세 과세표준 및 산출세액 신고명세서 1부(「증권거래세법」 제3조제2호의 납세의무자)
3. 주권 또는 지분의 양도거래명세서 1부(「증권거래세법」 제3조제3호의 납세의무자)
4. 주권 또는 지분의 매매계약서 사본 1부(「증권거래세법」 제3조제3호의 납세의무자)
5. 비과세양도명세서 1부
6. 증권거래세 면제신청서(「조세특례제한법 시행규칙」 별지 제70호서식) 1부

210mm×297mm[백상지 80g/㎡ 또는 중질지 80g/㎡]

[별지 제2호 서식 부표 3] (2018.3.19. 개정)

주권 또는 지분의 양도거래명세서

(「증권거래세법」 제3조 제3호의 납세의무자용)

관리번호	접수일	처리기간 즉시

□ 과 세 기 간 2019 년 반기 양도분 (「증권거래세법」 제3조제3호의 납세의무자)

❶ 신 고 자	법 인 명	주민등록번호 xxx (사업자등록번호)
	성 명(대표자) 김 일 남	전화번호
	주 소(소재지)	

❷ 주 권 거 래 내 역

① 매매 일자	② 주권·지분 발행법인		③ 양도자		④ 양수자		⑤ 양도주권·지분	
	법인명	사업자 등록번호	성명 (법인명)	납세자번호	성명 (법인명)	납세자번호	주식수	양도가액
2019. 3. 31	갑주식 회사		김 일 남		김 이 남		10,000	500,000,000

210mm×297mm[백상지 80g/㎡ 또는 중질지 80g/㎡]

사례 2 비상장법인의 대주주가 주식을 양도한 경우

다음 자료에 의하여 갑주식회사(비상장법인)의 주식을 양도한 경우 자진납부할 세액을 계산하고, 양도소득세 과세표준신고서와 증권거래세 과세표준신고서를 작성하여라.

〈자료〉

① 양도자 ; 대주주인 김일남

② 양수자 ; 김삼남(김일남의 동생)

③ 양도 및 취득 현황

구 분	취득 현황	양도 현황
취득·양도일자	취득일자: 2017.1.5.	양도일자: 2019.3.31.
실지 취득·양도가액	취득가액: 50,000주×10,000원 = 5억원	양도가액: 50,000주×30,000원 =15억원

④ 양도가액은 실지거래금액으로써 금융거래금액으로 입증되다.

⑤ 양도주식의 가액은 신용평가기관 등에서 평가한 금액으로써 1주당 100,000원이며, 평가수수료(2곳) 각각 10,000,000원을 지급하였다.

⑥ 증권거래세 7,500,000원을 납부하였다.

⑦ 2019년 과세기간 중에 위 자산 이외의 양도는 없다.

⑧ 갑주식회사는 중소기업기본법상 중소기업이다.

⑨ 양도소득세는 분납할 예정이다.

풀이 2

① 양도가액 : 15억원

② 취득가액 : 5억원

③ 기타필요경비 : 20,000,000원(평가수수료) + 7,500,000원(증권거래세) = 27,500,000원

④ 양도차익 : 15억원 − 5억원 − 27,500,000원 = 972,500,000원

⑤ 과세표준 : 972,500,000원 − 2,500,000원 = 970,000,000원

⑥ 양도소득세 :

60,000,000원 + (970,000,000원 − 300,000,000원) × 25% = 227,500,000원

⑦ 지방소득세 : 227,500,000원 × 10% = 22,750,000원

⑧ 총부담세액 : 227,500,000원 + 22,750,000원 = 250,250,000원

<table>
<tr><th>법인 구분</th><th>기업 구분</th><th>주주 구분</th><th>거래 · 보유</th><th>과세표준</th><th>세율</th></tr>
<tr><td rowspan="7">비상장법인</td><td rowspan="3">중소기업</td><td>소액주주</td><td>–</td><td>–</td><td>10%</td></tr>
<tr><td colspan="2" rowspan="2">대주주</td><td>3억원 이하</td><td>20%</td></tr>
<tr><td>3억원 초과</td><td>6천만원+3억원 초과 25%</td></tr>
<tr><td rowspan="4">대기업</td><td>소액주주</td><td>–</td><td>–</td><td>20%</td></tr>
<tr><td rowspan="3">대주주</td><td rowspan="2">1년 이상 보유</td><td>3억원 이하</td><td>20%</td></tr>
<tr><td>3억원 초과</td><td>6천만원+3억원 초과 25%</td></tr>
<tr><td>1년 미만 보유</td><td>–</td><td>30%</td></tr>
</table>

*1 양도소득세의 납부일은 양도일이 속하는 반기의 말일(2019.6.30.)부터 2개월인 2019.8.31.이나 그 날이 공휴일이므로 2019.9.2.임(소법 §105 ① 〈2〉).

*2 증권거래세의 납부일은 매분기의 양도일이 속하는 반기의 말일(2019.6.30.)부터 2개월인 2019.8.31.이나 그 날이 공휴일이므로 2019.9.2.임(증거법 §10 ① 〈2〉).

[별지 제84호 서식] (2018.3.21. 개정)

※ 2010. 1. 1. 이후 양도분부터는 양도소득세 예정신고를 하지 않으면 가산세가 부과됩니다. (1쪽)

관리번호	-

(2019 년 귀속)양도소득과세표준 신고 및 납부계산서

([√]예정신고, [ ]확정신고, [ ]수정신고, [ ]기한 후 신고)

① 신 고 인 (양도인)	성 명	김일남	주민등록번호	×××	내 · 외 국 인	[√]내국인, [ ]외국인
	전자우편 주 소		전 화 번 호		거 주 구 분	[√]거주자, [ ]비거주자
	주 소				거 주 지 국	거주지국코드
② 양 수 인	성 명	주민등록번호	양도자산 소재지		지 분	양도인과의 관계
	김삼남	×××				형제

③ 세 율 구 분 (코드 31)	양도소득세 합 계	국내분 소계	1-42	–	국외분 소계	지방소득세
④ 양 도 소 득 금 액	972,500,000	972,500,000	972,500,000			
⑤ 기신고·결정·경정된 양도소득금액 합계						
⑥ 소득감면대상 소득금액	972,500,000	972,500,000	972,500,000			
⑦ 양 도 소 득 기 본 공 제	2,500,000	2,500,000	2,500,000			
⑧ 과 세 표 준 (④+⑤−⑥−⑦)	970,000,000	970,000,000	970,000,000			227,500,000
⑨ 세 율	25%	25%	25%			10%
⑩ 산 출 세 액	227,500,000	227,500,000	227,500,000			22,750,000
⑪ 감 면 세 액						
⑫ 외 국 납 부 세 액 공 제						
⑬ 예 정 신 고 납 부 세 액 공 제						
⑭ 원 천 징 수 세 액 공 제						
⑮ 가 산 세 - 무(과소)신고						
⑮ 가 산 세 - 납부불성실						
⑮ 가 산 세 - 기장불성실 등						
⑮ 가 산 세 - 계						
⑯ 기신고·결정·경정세액, 조정공제						
⑰ 납 부 할 세 액 (⑩−⑪−⑫−⑬−⑭+⑮−⑯)	227,500,000	227,500,000	227,500,000			22,750,000
⑱ 분 납 (물 납) 할 세 액	113,750,000	113,750,000	113,750,000			
⑲ 납 부 세 액	113,750,000	113,750,000	113,750,000			22,750,000
⑳ 환 급 세 액						

농어촌특별세 납부계산서	
㉑ 소득세 감면세액	
㉒ 세 율	
㉓ 산 출 세 액	
㉔ 수 정 신 고 가 산 세 등	
㉕ 기신고·결정·경정세액	
㉖ 납 부 할 세 액	
㉗ 분 납 할 세 액	
㉘ 납 부 세 액	
㉙ 환 급 세 액	

신고인은 「소득세법」 제105조(예정신고)·제110조(확정신고), 「국세기본법」 제45조(수정신고)·제45조의3(기한 후 신고), 「농어촌특별세법」 제7조 및 「지방세법」 제103조의5·제103조의7에 따라 신고하며, 위 내용을 충분히 검토하였고 신고인이 알고 있는 사실 그대로를 정확하게 적었음을 확인합니다.

2019 년 9 월 2 일

신고인 김일남 (서명 또는 인)

환급금 계좌신고 (환급세액 2천만원 미만인 경우)	
㉚ 금 융 기 관 명	
㉛ 계 좌 번 호	

세무대리인은 조세전문자격자로서 위 신고서를 성실하고 공정하게 작성하였음을 확인합니다.

세무대리인 ××× (서명 또는 인)

×× 세무서장 귀하

첨부서류	1. 양도소득금액계산명세서(부표 1, 부표 2, 부표 2의2, 부표 2의3 중 해당하는 것) 1부 2. 매매계약서(또는 증여계약서) 1부 3. 필요경비에 관한 증빙서류 1부 4. 감면신청서 및 수용확인서 등 1부 5. 그 밖에 양도소득세 계산에 필요한 서류 1부	접수일 인
담당공무원 확인사항	1. 토지 및 건물등기사항증명서 2. 토지 및 건축물대장 등본	

세무대리인	성명(상호)		사업자번호		전화번호	

210mm×297mm[백상지 80g/㎡(재활용품)]

[별지 제84호 서식 부표 2] (2018.3.21. 개정) (앞쪽)

관리번호	-

주식 등 양도소득금액 계산명세서

양도주식 취득유형별 내용							
① 주 식 등 종 목 명	합계	갑주식회사					
② 주식종목코드 또는 사업자등록번호(해외주식은 ISIN코드와 국가명)		×××					
③주식 등 종류코드		31					
④ 양 도 유 형		1					
⑤ 취 득 유 형		1					
⑥취 득 유 형 별 양 도 주 식 등 수		50,000					
양 도 소 득 금 액 계 산 내 용							
⑦ 양 도 일 자		2019.3.31.					
⑧ 주 당 양 도 가 액		30,000					
⑨양도가액(⑥×⑧)	1,500,000,000	1,500,000,000					
⑩ 취 득 일 자		2017.1.5.					
⑪ 주 당 취 득 가 액		10,000					
⑫취득가액(⑥×⑪)	500,000,000	500,000,000					
⑬ 필 요 경 비	27,500,000	27,500,000					
⑭ 양 도 소 득 금 액 (⑨ - ⑫ - ⑬)	972,500,000	972,500,000					
⑮ 감 면 소 득 금 액							
⑯감면종류 감 면 율							

※ 주식을 거래한 경우 양도소득세 신고와 별도로 증권거래세를 신고납부하여야 합니다(원천징수된 경우는 제외).

210mm×297mm[백상지 80g/㎡(재활용품)]

취득가액 및 필요경비계산 상세 명세서(1)

구분				구분코드	거래상대방 상호	거래상대방 사업자등록번호	지급일	지급금액	증빙종류(코드)
취득가액	① 타인으로부터 매입한 자산	매입가액		111		500,000,000			05
		취득세		112					
		등록세		113					
		기타부대비용	법무사비용	114					
			취득중개수수료	115					
			기타	116					
		소계				500,000,000			
	② 자기가 제조·생산·건설한 자산			120					
				120					
	③ 가산항목	취득시 쟁송비	변호사비용	131					
			기타비용	132					
		매수자부담 양도소득세		133					
		기타		134					
		소계							
	④ 차감항목	감가상각비		141					
	⑤ 계 (①+③−④ 또는 ②+③−④)					500,000,000			
기타필요경비	자본적 지출액 등	⑥ 자본적 지출액	용도변경·개량·이용편의를 위한 지출	260					
			엘리베이터, 냉난방설치	260					
			피난시설 등 설치	260					
			재해 등으로 인한 자산의 원상복구	260					
			개발부담금	261					
			재건축부담금	261					
			자산가치 증가 등	260					
			수선비	260					
			기타	260					
			소계						
		⑦ 취득 후 쟁송비용	변호사비용	271					
			기타 소송, 화해비용	272					
		⑧ 기타비용	수익자부담금	281					
			토지 장애 철거비	280					
			도로시설비 등	280					
			사방사업소요비용	280					
			기타	280					
			소계						
		⑨ 계 (⑥+⑦+⑧)							
	양도비 등	⑩ 양도시 중개수수료등 직접 지출비용		290		27,500,000			
		⑪ 국민주택채권 및 토지개발채권 매각차손 등 기타경비		291					
		⑫ 계 (⑩+⑪)				27,500,000			
	⑬ 기타 필요경비 계 (⑨+⑫)					27,500,000			

210mm×297mm[백상지 80g/㎡(재활용품)]

[별지 제84호의 2 서식] (2011.3.28. 개정) (앞 쪽)

관리번호 |

* 관리번호는 기입하지 마십시오.

주 식 거 래 내 역 서

①성 명	김 일 남		②주민등록번호	-		③주 소		
주식(출자증권) 발행법인	④법 인 명	갑 주식회사	⑤사업자등록번호		⑥사업연도	⑦소 재 지		
	⑧법인구분	1. 상장 2. 장외주식 호가중개종목 √3. 기타 비상장		⑨법인 규모	1. 대기업 √2. 중소기업	⑩ 발행주식총수(출자총좌수)		⑪자본금

양 수 자				양 도 내 용								취 득 내 용					㉙양도차익 (⑳-㉑-㉒-㉓-㉗-㉘)
⑫성명 (법인명)	⑬주민 (법인) 등록번호	⑭사업자 등록번호	⑮주 소 (본점 소재지)	⑯ 종목명	⑰양도 일자	⑱ 주식등 수	⑲단가	⑳ 양도가액 (⑱×⑲)	㉑수수료	㉒ 증 권 거래세	㉓ 농특세	㉔ 취득 일자	㉕주식 (출자지분)수	㉖ 단가	㉗ 취득가액 (㉕×㉖)	㉘ 수수료	
갑주식회사	×××	×××	×××	구주	2019.3.31	50,000	30,000	1,500,000,000		7,500,000		2017.1.5	50,000	10,000	500,000,000		

「소득세법 시행령」 제169조 제1항 제2호 다목에 따라 위와 같이 주식거래내역서를 제출합니다.

2019년 9월 2일

성 명 김 일 남 (서명 또는 인)

×× 세무서장 귀하

210mm×297mm[백상지 80g/㎡(재활용품)]

[별지 제84호의 3 서식] (2014.3.14. 개정)

(앞쪽)

관리번호	-

※관리번호는 적지 마십시오.

대 주 주 신 고 서

①성 명	김 일 남	②주민등록번호	-	③ 주 소	
주식등 발행 법인	④ 법 인 명	갑 주식회사	⑤사업연도		⑥ 소 재 지	
	⑦ 법인 구분	1. 상장 2. 장외주식 호가중개종목 3. 기타 비상장	⑧법인규모	1. 대기업 2. 중소기업	⑨발행주식 등 총 수	1,000,000	⑩ 자 본 금	100억원

⑪일련 번호	주주1인 및 기타주주			직전 사업연도말		증 가			감 소			대주주가 된 날 현재			주주1인과의 관계	
	⑫구 분	⑬성 명 (법인명)	⑭주민등록번호 (사업자등록번호)	⑮주식등 수	⑯지분율	⑰ 일자	⑱ 원 인	⑲ 주식수	⑳ 일 자	㉑ 원 인	㉒주식등수	㉓ 일 자	㉔ 주식수	㉕ 지분율	㉖ 관 계	㉗ 코 드
1	1	김 이 남	×××									2015.1.5	50,000	5%	주주1인	00
합 계																

주주1인과의 관계코드	본인(00)	배우자(01)	자(02)	부모(03)	형제자매(04)	손(05)	조부모(06)	02 ~ 06의 배우자(09)	01 ~ 09 이외의 친족(10)

「소득세법 시행령」 제169조 제1항 제2호 라목에 따라 위와 같이 대주주신고서를 제출합니다.

2019년 9월 2 일

성명 김 일 남 (서명 또는 날인)

세무서장 귀하

364㎜×257㎜(전산용지 70g/㎡)

[별지 제2호 서식] (2018.3.19. 개정)

홈텍스(www.hometax.go.kr)에서도 신고할 수 있습니다.

증권거래세 과세표준 [√]정기 [ ]수정 [ ]기한 후 신고서

※ 뒤쪽의 작성방법을 읽고 작성하여 주시기 바랍니다. (앞쪽)

관리번호	접수일	처리기간 즉시

□ 과세기간 2019년 3월 양도분 (「증권거래세법」 제3조제1호 및 제2호의 납세의무자)
□ 과세기간 2019년 반기 양도분 (「증권거래세법」 제3조제3호의 납세의무자)

❶ 납세의무자 (신 고 자)	법 인 명	주민등록번호 (사업자등록번호)
	성 명(대표자) 김 일 남	전화번호
	주 소(소재지)	

❷ 증권거래세 과세표준 및 세액계산서					❸ 농어촌특별세 과세표준 및 세액계산서
① 과세표준	1,500,000,000	1,500,000,000			
② 세율	합계	5/1000	3/1000	1.5/1000	1.5/1000
③ 산출세액	7,500,000	7,500,000			
④ 감면세액					
⑤ 조정환급액					
⑥ 차감세액 (③-④-⑤)	7,500,000	7,500,000			
가산세 신고불성실					
가산세 납부불성실					
가산세 ⑦가산세계					
⑧ 납부할 세액 (⑥+⑦)	72,500,000				
⑨ 일괄납부 금액					

❹ 비과세 양도내역	종목 수	양도가액 합계
국가/지방자치단체 양도분		
주권 매출분		
주권소비대차거래분		

「증권거래세법」 제10조제1항 및 「농어촌특별세법」 제7조제4항, 「국세기본법」 제45조 또는 제45조의3에 따라 위와 같이 신고합니다.

2019 년 9 월 2 일

신고인: 김 일 남 (서명 또는 인)

××세무서장 귀하

구비서류 :
1. 조정환급명세서 1부(「증권거래세법」 제3조제1호의 납세의무자)
2. 사업장별 증권거래세 과세표준 및 산출세액 신고명세서 1부(「증권거래세법」 제3조제2호의 납세의무자)
3. 주권 또는 지분의 양도거래명세서 1부(「증권거래세법」 제3조제3호의 납세의무자)
4. 주권 또는 지분의 매매계약서 사본 1부(「증권거래세법」 제3조제3호의 납세의무자)
5. 비과세양도명세서 1부
6. 증권거래세 면제신청서(「조세특례제한법 시행규칙」 별지 제70호서식) 1부

210mm×297mm[백상지 80g/㎡ 또는 중질지 80g/㎡]

[별지 제2호 서식 부표 3] (2018.3.19. 개정)

주권 또는 지분의 양도거래명세서

(「증권거래세법」 제3조 제3호의 납세의무자용)

관리번호	접수일	처리기간 즉시

□ 과 세 기 간 2019년 반기 양도분 (「증권거래세법」 제3조제3호의 납세의무자)

❶ 신 고 자		
	법 인 명	주민등록번호 xxx (사업자등록번호)
	성 명(대표자) 김 일 남	전화번호
	주 소(소재지)	

❷ 주 권 거 래 내 역

① 매매 일자	② 주권·지분 발행법인		③ 양도자		④ 양수자		⑤ 양도주권·지분	
	법인명	사업자 등록번호	성명 (법인명)	납세자번호	성명 (법인명)	납세자번호	주식수	양도가액
2019. 3.31	갑주식회사		김 일 남		김 삼 남		50,000	1,500,000,000

210mm×297mm[백상지 80g/㎡ 또는 중질지 80g/㎡]

사례 3 【사례1】의 비상장법인의 주식〈자료1〉과 부동산〈자료2〉을 함께 양도한 경우

다음 자료에 의하여 갑 주식회사(비상장법인)의 주식과 부동산을 함께 양도한 경우 자진납부할 세액을 계산하고, 양도소득세 과세표준신고서와 증권거래세 과세표준신고서를 작성하여라.

〈자료1〉

【사례 1】의 경우와 같다. 다만 양도일자는 2019.6.11.이다.

〈자료2〉

김남일씨가 동생인 김이남씨에게 양도한 토지 현황은 다음과 같다.

① 취득현황

구 분	취득일자	취득가액	비 고
토지	2010.2.1.	5억원	지목: 대, 면적: 600㎡, 취득세 등: 25,000,000원

② 양도현황

구 분	양도일자	양도가액	비 고
토지	2019.6.11.	10억원	중개수수료: 4,500,000원

③ 양도한 토지는 비사업용이며, 취득 및 양도가액은 실지거래가액이다.

④ 2019년 과세기간 중에 위 주식과 부동산 이외의 양도는 없다.

⑤ 양도소득세는 분납할 예정이다.

풀이 3

〈자료 1〉의 주식에 대한 양도소득세 계산

① 양도가액 : 5억원

② 취득가액 : 1억원

③ 기타필요경비 : 10,000,000원(평가수수료) + 2,500,000원(증권거래세) = 12,500,000원

④ 양도차익 : 5억원 - 1억원 - 12,500,000원 = 387,500,000원

⑤ 과세표준 : 387,500,000원 - 2,500,000원 = 385,000,000원

⑥ 양도소득세 : 385,000,000원 × 10% = 38,500,000원

⑦ 지방소득세 : 38,500,000원 × 10% = 3,850,000원

⑧ 총부담세액 : 38,500,000원 + 3,850,000원 = 42,350,000원

〈자료 2〉의 부동산에 대한 양도소득세 계산

① 양도가액 : 10억원

② 취득가액 : 5억원

③ 기타필요경비 : 25,000,000(취득세 등) + 4,500,000원(중개수수료) = 29,500,000원

④ 양도차익 : 1,000,000,000원 - 500,000,000원 - 29,500,000원 = 470,500,000원

⑤ 장기보유특별공제액 : 470,500,000원 × 18% = 84,690,000원

⑥ 소득금액 : 470,500,000원 - 84,690,000원 = 385,810,000원

⑦ 과세표준 : 385,810,000원 - 2,500,000원 = 383,310,000원

⑧ 산출세액 : 124,600,000원 + (383,310,000원 - 300,000,000원) × 50% = 166,255,000원

⑨ 지방소득세 : 166,255,000원 × 10% = 16,625,500원

⑩ 총부담세액 : 166,255,000원 + 16,625,500원 = 182,880,500원

〈총부담세액〉

① 주식분 : 42,350,000원

② 부동산분 : 182,880,500원

계 : 225,230,500원

〈서식작성〉

[별지 제84호 서식] (2018.3.21. 개정)

※ 2010. 1. 1. 이후 양도분부터는 양도소득세 예정신고를 하지 않으면 가산세가 부과됩니다. (1쪽)

관리번호	-

(2019 년 귀속)양도소득과세표준 신고 및 납부계산서

([√]예정신고, [ ]확정신고, [ ]수정신고, [ ]기한 후 신고)

① 신고인 (양도인)	성명	김일남	주민등록번호	×××		[√]내국인, [ ]외국인
	전자우편 주소		전화번호			[√]거주자, [ ]비거주자
	주소					거주지국코드
② 양수인	성명	주민등록번호	양도자산 소재지			양도인과의 관계
	김이남	×××				형제

구분		양도소득세 합계	국내분 소계	1-42	1-11	국외분 소계	지방소득세
③ 세율구분	코드 31						
④ 양도소득금액		772,810,000.	772,810,000	387,500,000	385,310,000		
⑤ 기신고·결정·경정된 양도소득금액 합계							
⑥ 소득감면대상 소득금액		772,810,000	772,810,000	387,500,000	385,810,000		
⑦ 양도소득기본공제		5,000,000	5,000,000	2,500,000	2,500,000		
⑧ 과세표준 (④+⑤−⑥−⑦)		767,810,000	767,810,000	385,000,000	383,310,000		204,755,000
⑨ 세율				10%	50%		10%
⑩ 산출세액		204,755,000	204,755,000	38,500,000	166,255,000		20,475,500
⑪ 감면세액							
⑫ 외국납부세액공제							
⑬ 예정신고납부세액공제							
⑭ 원천징수세액공제							
⑮ 가산세	무(과소)신고						
	납부불성실						
	기장불성실 등						
	계						
⑯기신고·결정·경정세액, 조정공제							
⑰ 납부할세액 (⑩ ⑪ ⑫ ⑬ ⑭+⑮−⑯)		204 755 000	204,755,000	38,500,000	166,255,000		20,475,500
⑱ 분납(물납)할 세액		102,377,500	102,377,500	19,250,000	83,127,500		
⑲ 납부세액		102,377,500	102,377,500	19,250,000	83,127,500		20,475,500
⑳ 환급세액							

농어촌특별세 납부계산서	
㉑ 소득세 감면세액	
㉒ 세율	
㉓ 산출세액	
㉔ 수정신고가산세 등	
㉕ 기신고·결정·경정세액	
㉖ 납부할세액	
㉗ 분납할세액	
㉘ 납부세액	
㉙ 환급세액	

신고인은 「소득세법」 제105조(예정신고)·제110조(확정신고), 「국세기본법」 제45조(수정신고)·제45조의3(기한 후 신고), 「농어촌특별세법」 제7조 및 「지방세법」 제103조의5·제103조의7에 따라 신고하며, 위 내용을 충분히 검토하였고 신고인이 알고 있는 사실 그대로를 정확하게 적었음을 확인합니다.

2019 년 9 월 2 일

신고인 김일남 (서명 또는 인)

환급금 계좌신고 (환급세액 2천만원 미만인 경우)	
㉚ 금융기관명	
㉛ 계좌번호	

세무대리인은 조세전문자격자로서 위 신고서를 성실하고 공정하게 작성하였음을 확인합니다.

세무대리인 ××× (서명 또는 인)

××세무서장 귀하

첨부서류	1. 양도소득금액계산명세서(부표 1, 부표 2, 부표 2의2, 부표 2의3 중 해당하는 것) 1부 2. 매매계약서(또는 증여계약서) 1부 3. 필요경비에 관한 증빙서류 1부 4. 감면신청서 및 수용확인서 등 1부 5. 그 밖에 양도소득세 계산에 필요한 서류 1부	접수일인
담당공무원 확인사항	1. 토지 및 건물등기사항증명서 2. 토지 및 건축물대장 등본	
세무대리인	성명(상호) 사업자번호 전화번호	

210mm×297mm[백상지 80g/㎡(재활용품)]

[별지 제84호 서식 부표 1] (2018.3.21. 개정) (앞쪽)

관리번호	-

※ 관리번호는 적지 마십시오.

양도소득금액 계산명세서

☐ 양도자산 및 거래일

① 세율구분(코드)			합 계	(-)	(-)	(-)
② 소재지국	소재지			×××		
③ 자산종류(코드)				(1)	( )	( )
거래일 (거래원인)	④ 양도일(원인)			2019.6.11.(매매)	( )	( )
	⑤ 취득일(원인)			2010.2.1.(매매)	( )	( )
거래자산 면적(㎡)	⑥ 총면적 (양도지분)	토 지		600㎡(100/100)	(/)	(/)
		건 물		(/)	(/)	(/)
	⑦ 양도면적	토 지		600㎡		
		건 물				
	⑧ 취득면적	토 지		600㎡		
		건 물				

☐ 양도소득금액 계산

구분	항목	합계			
거래금액	⑨ 양도가액	1,000,000,000	1,000,000,000		
	⑩ 취득가액	500,000,000	500,000,000		
	취득가액 종류		실지거래가액		
⑪ 기납부 토지초과이득세					
⑫ 기타필요경비		29,500,000	29,500,000		
양도차익	전체 양도차익	470,500,000	470,500,000		
	비과세 양도차익				
	⑬ 과세대상양도차익	470,500,000	470,500,000		
⑭ 장기보유특별공제		84,690,000	84,690,000		
⑮ 양도소득금액		385,810,000	385,810,000		
감면소득금액	⑯ 세액감면대상				
	⑰ 소득금액감면대상				
⑱ 감면종류	감면율				

☐ 기준시가 (기준시가 신고 또는 취득가액을 환산가로 신고하는 경우에만 적습니다)

양도시 기준시가	⑲ 건물	일반건물				
		오피스텔·상업용				
		개별·공동주택				
	⑳ 토지					
	합 계					
취득시 기준시가	㉑ 건물	일반건물				
		오피스텔·상업용				
		개별·공동주택				
	㉒ 토지					
	합 계					

210mm×297mm[백상지 80g/㎡(재활용품)]

[별지 제84호 서식 부표 2] (2018.3.21. 개정) (앞쪽)

관리번호	-

주식 등 양도소득금액 계산명세서

양도주식 취득유형별 내용							
① 주식등 종목명	합계	갑주식회사					
② 주식종목코드 또는 사업자등록번호(해외주식은 ISIN코드와 국가명)		×××					
③ 주식 등 종류코드		31					
④ 양도유형		1					
⑤ 취득유형		1					
⑥ 취득유형별 양도주식등 수		10,000					
양도소득금액 계산내용							
⑦ 양도일자		2019.6.11.					
⑧ 주당양도가액		100,000					
⑨ 양도가액(⑥×⑧)	500,000,000	500,000,000					
⑩ 취득일자		2015.1.5.					
⑪ 주당취득가액		50,000					
⑫ 취득가액(⑥×⑪)	100,000,000	100,000,000					
⑬ 필요경비	12,500,000	12,500,000					
⑭ 양도소득금액 (⑨ - ⑫ - ⑬)	387,500,000	387,500,000					
⑮ 감면소득금액							
⑯감면종류 / 감면율							

※ 주식을 거래한 경우 양도소득세 신고와 별도로 증권거래세를 신고납부하여야 합니다(원천징수된 경우는 제외).

210mm×297mm[백상지 80g/㎡(재활용품)]

취득가액 및 필요경비계산 상세 명세서(1)

구분				구분코드	거래상대방 상호	거래상대방 사업자등록번호	지급일	지급금액	증빙종류(코드)
취득가액	① 타인으로부터 매입한 자산	매입가액		111		100,000,000			05
취득가액	① 타인으로부터 매입한 자산	취득세		112					
취득가액	① 타인으로부터 매입한 자산	등록세		113					
취득가액	① 타인으로부터 매입한 자산	기타부대비용	법무사비용	114					
취득가액	① 타인으로부터 매입한 자산	기타부대비용	취득중개수수료	115					
취득가액	① 타인으로부터 매입한 자산	기타부대비용	기타	116					
취득가액	① 타인으로부터 매입한 자산	소계				100,000,000			
취득가액	② 자기가 제조·생산·건설한 자산			120					
취득가액	② 자기가 제조·생산·건설한 자산			120					
취득가액	③ 가산항목	취득시 쟁송비	변호사비용	131					
취득가액	③ 가산항목	취득시 쟁송비	기타비용	132					
취득가액	③ 가산항목	매수자부담 양도소득세		133					
취득가액	③ 가산항목	기타		134					
취득가액	③ 가산항목	소계							
취득가액	④ 차감항목	감가상각비		141					
취득가액	⑤ 계 (①+③－④ 또는 ②+③－④)					100,000,000			
기타필요경비	자본적 지출액 등	⑥ 자본적 지출액	용도변경·개량·이용편의를 위한 지출	260					
기타필요경비	자본적 지출액 등	⑥ 자본적 지출액	엘리베이터, 냉난방설치	260					
기타필요경비	자본적 지출액 등	⑥ 자본적 지출액	피난시설등설치	260					
기타필요경비	자본적 지출액 등	⑥ 자본적 지출액	재해 등으로 인한 자산의 원상복구	260					
기타필요경비	자본적 지출액 등	⑥ 자본적 지출액	개발부담금, 재건축부담금	261					
기타필요경비	자본적 지출액 등	⑥ 자본적 지출액	자산가치증가등 수선비	260					
기타필요경비	자본적 지출액 등	⑥ 자본적 지출액	기타	260					
기타필요경비	자본적 지출액 등	⑥ 자본적 지출액	소계						
기타필요경비	자본적 지출액 등	⑦ 취득 후 쟁송비용	변호사비용	271					
기타필요경비	자본적 지출액 등	⑦ 취득 후 쟁송비용	기타소송, 화해비용	272					
기타필요경비	자본적 지출액 등	⑧ 기타비용	수익자부담금	281					
기타필요경비	자본적 지출액 등	⑧ 기타비용	토지장애철거비	280					
기타필요경비	자본적 지출액 등	⑧ 기타비용	도로시설비등	280					
기타필요경비	자본적 지출액 등	⑧ 기타비용	사방사업소요비용	280					
기타필요경비	자본적 지출액 등	⑧ 기타비용	기타	280					
기타필요경비	자본적 지출액 등	⑧ 기타비용	소계						
기타필요경비	자본적 지출액 등	⑨ 계 (⑥+⑦+⑧)							
기타필요경비	양도비 등	⑩ 양도시 중개수수료등 직접 지출비용		290		12,500,000			
기타필요경비	양도비 등	⑪ 국민주택채권 및 토지개발채권 매각차손 등 기타경비		291					
기타필요경비	양도비 등	⑫ 계 (⑩+⑪)				12,500,000			
기타필요경비	⑬ 기타 필요경비 계 (⑨+⑫)					12,500,000			

210mm×297mm[백상지 80g/㎡(재활용품)]

[별지 제84호의 2 서식] (2011.3.28. 개정) (앞 쪽)

관리번호	

* 관리번호는 기입하지 마십시오.

주 식 거 래 내 역 서

①성 명	김 일 남	②주민등록번호		③주 소	
주식(출자증권) 발행법인	④법 인 명: 갑 주식회사	⑤사업자등록번호	⑥사업연도	⑦소 재 지	
	⑧법인구분: 1. 상장 2. 장외주식 호가중개종목 √3. 기타 비상장	⑨법인 규모: 1. 대기업 √2. 중소기업	⑩ 발행주식총수(출자총좌수)		⑪자본금

양수자				양도내용								취득내용						
⑫성명(법인명)	⑬주민(법인)등록번호	⑭사업자등록번호	⑮주소(본점 소재지)	⑯종목명	⑰양도일자	⑱주식등수	⑲단가	⑳양도가액(⑱×⑲)	㉑수수료	㉒증권거래세	㉓농특세	㉔취득일자	㉕주식(출자지분)수	㉖단가	㉗취득가액(㉕×㉖)	㉘수수료	㉙양도차익(⑳-㉑-㉒-㉓-㉗-㉘)
갑주식회사	×××	×××	×××	구주	2019.3.31	10,000	50,000	500,000,000		2,500,000		2015.1.5	10,000	10,000	100,000,000		

「소득세법 시행령」 제169조 제1항 제2호 다목에 따라 위와 같이 주식거래내역서를 제출합니다.

2019년 9월 2일

성 명 김 일 남 (서명 또는 인)

×× 세무서장 귀하

210mm×297mm[백상지 80g/㎡(재활용품)]

[별지 제84호 서식 부표 3] (2015.3.13. 개정)

(4쪽 중 제1쪽)

취득가액 및 필요경비계산 상세 명세서(1)

구분				구분코드	거래상대방 상호	거래상대방 사업자등록번호	지급일	지급금액	증빙종류(코드)
취득가액	① 타인으로부터 매입한 자산	매입가액		111		500,000,000			05
취득가액	① 타인으로부터 매입한 자산	취득세		112		25,000,000			
취득가액	① 타인으로부터 매입한 자산	등록세		113					
취득가액	① 타인으로부터 매입한 자산	기타부대비용	법무사비용	114					
취득가액	① 타인으로부터 매입한 자산	기타부대비용	취득중개수수료	115					
취득가액	① 타인으로부터 매입한 자산	기타부대비용	기타	116					
취득가액	① 타인으로부터 매입한 자산	소계				525,000,000			
취득가액	② 자기가 제조·생산·건설한 자산			120					
취득가액	② 자기가 제조·생산·건설한 자산			120					
취득가액	③ 가산항목	취득시 쟁송비	변호사비용	131					
취득가액	③ 가산항목	취득시 쟁송비	기타비용	132					
취득가액	③ 가산항목	매수자부담 양도소득세		133					
취득가액	③ 가산항목	기타		134					
취득가액	③ 가산항목	소계							
취득가액	④ 차감항목	감가상각비		141					
취득가액	⑤ 계 (①+③-④ 또는 ②+③-④)					525,000,000			
기타필요경비	자본적 지출액 등	⑥ 자본적 지출액	용도변경·개량·이용편의를 위한 지출	260					
기타필요경비	자본적 지출액 등	⑥ 자본적 지출액	엘리베이터, 냉난방설치	260					
기타필요경비	자본적 지출액 등	⑥ 자본적 지출액	피난시설 등 설치	260					
기타필요경비	자본적 지출액 등	⑥ 자본적 지출액	재해 등으로 인한 자산의 원상복구	260					
기타필요경비	자본적 지출액 등	⑥ 자본적 지출액	개발부담금 재건축부담금	261					
기타필요경비	자본적 지출액 등	⑥ 자본적 지출액	자산가치증가등 수선비	260					
기타필요경비	자본적 지출액 등	⑥ 자본적 지출액	기타	260					
기타필요경비	자본적 지출액 등	⑥ 자본적 지출액	소계						
기타필요경비	자본적 지출액 등	⑦ 취득 후 쟁송비용	변호사비용	271					
기타필요경비	자본적 지출액 등	⑦ 취득 후 쟁송비용	기타소송, 화해비용	272					
기타필요경비	자본적 지출액 등	⑧ 기타비용	수익자부담금	281					
기타필요경비	자본적 지출액 등	⑧ 기타비용	토지장애철거비	280					
기타필요경비	자본적 지출액 등	⑧ 기타비용	도로시설비 등	280					
기타필요경비	자본적 지출액 등	⑧ 기타비용	사방사업소요비용	280					
기타필요경비	자본적 지출액 등	⑧ 기타비용	기타	280					
기타필요경비	자본적 지출액 등	⑧ 기타비용	소계						
기타필요경비	자본적 지출액 등	⑨ 계 (⑥+⑦+⑧)							
기타필요경비	양도비 등	⑩ 양도 시 중개수수료등 직접 지출비용		290		4,500,000			
기타필요경비	양도비 등	⑪ 국민주택채권 및 토지개발채권 매각차손 등 기타경비		291					
기타필요경비	양도비 등	⑫ 계 (⑩+⑪)				4,500,000			
기타필요경비	⑬ 기타 필요경비 계 (⑨+⑫)					4,500,000			

210mm×297mm[백상지 80g/㎡(재활용품)]

[별지 제2호 서식] (2018.3.19. 개정)

홈텍스(www.hometax.go.kr)
에서도 신고할 수 있습니다.

증권거래세 과세표준 [√]정기 / [ ]수정 / [ ]기한 후 신고서

※ 뒤쪽의 작성방법을 읽고 작성하여 주시기 바랍니다. (앞쪽)

관리번호	접수일	처리기간 즉시

□ 과 세 기 간 2019년 3월 양도분 (「증권거래세법」 제3조제1호 및 제2호의 납세의무자)
□ 과 세 기 간 2019년 반기 양도분 (「증권거래세법」 제3조제3호의 납세의무자)

❶ 납세의무자 (신 고 자)		
	법 인 명	주민등록번호 (사업자등록번호)
	성 명(대표자) 김 일 남	전화번호
	주 소(소재지)	

❷ 증 권 거 래 세 과 세 표 준 및 세 액 계 산 서					❸ 농어촌특별세 과세표준 및 세액계산서
① 과 세 표 준	500,000,000	500,000,000			
② 세 율	합계	5/1000	3/1000	1.5/1000	1.5/1000
③ 산 출 세 액	2,500,000	2,500,000			
④ 감 면 세 액					
⑤ 조 정 환 급 액					
⑥ 차 감 세 액 (③ −④−⑤)	2,500,000	2,500,000			
가산세 신고불성실					
가산세 납부불성실					
가산세 ⑦가산세계					
⑧ 납 부 할 세 액 (⑥+⑦)	2,500,000				
⑨ 일괄납부 금액					

❹ 비 과 세 양 도 내 역	종목 수	양도가액 합계
국 가/지 방 자 치 단 체 양 도 분		
주 권 매 출 분		
주 권 소 비 대 차 거 래 분		

「증권거래세법」 제10조제1항 및 「농어촌특별세법」 제7조제4항, 「국세기본법」 제45조 또는 제45조의3에 따라 위와 같이 신고합니다.

2019 년 9 월 2 일

신고인: 김 일 남 (서명 또는 인)

××세 무 서 장 귀하

구비서류 : 1. 조정환급명세서 1부(「증권거래세법」 제3조제1호의 납세의무자)
2. 사업장별 증권거래세 과세표준 및 산출세액 신고명세서 1부(「증권거래세법」 제3조제2호의 납세의무자)
3. 주권 또는 지분의 양도거래명세서 1부(「증권거래세법」 제3조제3호의 납세의무자)
4. 주권 또는 지분의 매매계약서 사본 1부(「증권거래세법」 제3조제3호의 납세의무자)
5. 비과세양도명세서 1부
6. 증권거래세 면제신청서(「조세특례제한법 시행규칙」 별지 제70호서식) 1부

210mm×297mm[백상지 80g/㎡ 또는 중질지 80g/㎡]

[별지 제2호 서식 부표 3] (2018.3.19. 개정)

주권 또는 지분의 양도거래명세서

(「증권거래세법」 제3조 제3호의 납세의무자용)

관리번호	접수일	처리기간 즉시

□ 과 세 기 간 2019 년 반기 양도분 (「증권거래세법」 제3조제3호의 납세의무자)

❶ 신 고 자	법 인 명	주민등록번호 xxx (사업자등록번호)
	성 명(대표자) 김 일 남	전화번호
	주 소(소재지)	

❷ 주 권 거 래 내 역

① 매매 일자	② 주권·지분 발행법인		③ 양도자		④ 양수자		⑤ 양도주권·지분	
	법인명	사업자 등록번호	성명 (법인명)	납세자번호	성명 (법인명)	납세자번호	주식수	양도가액
2019.6.11.	갑주식회사		김 일 남		김 이 남		10.000	500.000.000

210mm×297mm[백상지 80g/㎡ 또는 중질지 80g/㎡]

사례 4 비상장법인의 주식과 부동산을 양도한 경우 양도차손의 통산

다음 자료에 의하여 2019 과세기간 중에 주식과 부동산을 양도한 경우로써 양도차손이 발생한 경우 양도소득세 자진납부할 세액을 계산하고, 양도소득 과세표준신고서와 증권거래세 과세표준신고서를 작성하여라

〈자료1 ; 주식〉

① 양도자(김일남:소액주주임) ; 아래 ③의 주식을 김이남에게 양도
② 양수자(김이남:김일남의 동생)
③ 양도자의 주식매매 현황

구 분		갑 주식회사의 주식 (비상장, 중소기업)	을 주식회사의 주식 (비상장, 중소기업)	병 주식회사의 주식 (비상장, 중소기업)
취 득 일 자		2015.7.1.	2016.8.5.	2017.2.1.
양 도 일 자		2019.6.5.	2019.6.8.	2018.6.20.
취득가액 (실가)	취득주식수	10,000주	20,000주	40,000주
	단 가	50,000원	30,000원	20,000원
	취득가액	5억원	6억원	8억원
양도가액 (실가)	양도주식수	10,000주	20,000주	40,000주
	단 가	90,000원	22,500원	25,000원
	양도가액	9억원	4.5억원	10억원

④ 김일남과 김이남은 거래금액은 실지거래금액으로서 금융기관을 통해 입증된다.
⑤ 증권거래세는 11,750,000원을 납부하였다.

구 분	갑 주식회사의 주식	을 주식회사의 주식	병 주식회사의 주식	계
증권거래세	4,500,000원	2,250,000원	5,000,000원	11,750,000원

⑥ 신용평가기관 등에서 평가받은 주식평가수수료는 다음과 같이 지급하였다.

구 분	갑 주식회사의 주식	을 주식회사의 주식	병 주식회사의 주식	계
주식평가수수료	5,000,000원	5,000,000원	5,000,000원	15,000,000원

⑦ 2019년 과세기간 중에 양도한 해당 주식 이외의 양도는 없다.
⑧ 양도소득세는 분납할 예정이다.

〈자료2 ; 부동산〉

김일남씨가 김이남씨에게 양도한 토지의 현황은 다음과 같다.

① 취득현황

구 분	취득일자	취득가액	비 고
토지 1	201.4.1.	5억원	지목: 대, 면적: 600㎡, 취득세등: 25,000,000원
토지 2	2017.6.5.	10억원	지목: 대, 면적: 800㎡, 취득세등: 50,000,000원

② 양도현황

구 분	양도일자	양도가액	비 고
토지 1	2019.6.11.	6억원	중개수수료: 3,000,000원
토지 2	2019.6.5.	9억원	중개수수료: 4,500,000원

③ 양도한 토지는 비사업용이며, 취득 및 양도가액은 실지거래가액(시가)이다.

풀이 4

〈자료1 ; 주식〉에 대한 양도소득세 계산

① 양도차익 및 양도차손 계산

구 분	갑 주식회사의 주식 (비상장, 중소기업)	을 주식회사의 주식 (비상장, 중소기업)	병 주식회사의 주식 (비상장, 중소기업)
양도가액(①)	9억원	4.5억원	10억원
취득가액(②)	5억원	6억원	8억원
기타필요경비(③)	5,000,000원 +4,500,000원 =9,500,000원	5,000,000원 +2,250,000원 =7,250,000원	5,000,000원 +5,000,000원 =10,000,000원
양도차익 (④=①-②-③)	390,500,000원	△157,250,000원	190,000,000원

② 양도차익의 통산 : 390,500,000원 − 157,250,000원 + 190,000,000원 = 423,250,000원

⑤ 과세표준 : 423,250,000원 − 2,500,000원 = 420,750,000원

⑥ 양도소득세 : 420,750,000원 × 10% = 42,075,000원

⑦ 지방소득세 : 42,075,000원 × 10% = 4,207,500원

⑧ 총부담세액 : 42,075,000원 + 4,207,500원 = 46,282,500원

〈자료2 ; 부동산〉에 대한 양도소득세 계산

① 양도 토지별 양도차익 및 양도차손 계산

구 분	토지 1	토지 2
양도가액(①)	6억원	9억원
취득가액(②)	5억원	10억원
기타필요경비(③)	25,000,000원 + 3,000,000원 = 28,000,000원	50,000,000원 + 4,500,000원 = 54,500,000원
양도차익 (④=①-②-③)	72,000,000원	△154,500,000원

② 양도차손익의 통산 : 72,000,000원 - 154,500,000원 = △82,500,000원

<table>
<tr><th>법인 구분</th><th>기업 구분</th><th>주주 구분</th><th>거래 · 보유</th><th>과세표준</th><th>세율</th></tr>
<tr><td rowspan="7">비상장법인</td><td rowspan="3">중소기업</td><td>소액주주</td><td>-</td><td>-</td><td>10%</td></tr>
<tr><td colspan="2" rowspan="2">대주주</td><td>3억원 이하</td><td>20%</td></tr>
<tr><td>3억원 초과</td><td>6천만원+3억원 초과 25%</td></tr>
<tr><td rowspan="4">대기업</td><td>소액주주</td><td>-</td><td>-</td><td>20%</td></tr>
<tr><td rowspan="3">대주주</td><td rowspan="2">1년 이상 보유</td><td>3억원 이하</td><td>20%</td></tr>
<tr><td>3억원 초과</td><td>6천만원+3억원 초과 25%</td></tr>
<tr><td>1년 미만 보유</td><td>-</td><td>30%</td></tr>
</table>

〈서식작성〉

[별지 제84호 서식] (2018.3.21. 개정)

※ 2010. 1. 1. 이후 양도분부터는 양도소득세 예정신고를 하지 않으면 가산세가 부과됩니다. (1쪽)

관리번호	-

(2019 년 귀속)양도소득과세표준 신고 및 납부계산서

([√]예정신고, [ ]확정신고, [ ]수정신고, [ ]기한 후 신고)

구분	항목	내용	항목	내용	항목	내용
① 신고인 (양도인)	성명	김일남	주민등록번호	×××	내·외국인	[√]내국인, [ ]외국인
	전자우편 주소		전화번호		거주구분	[√]거주자, [ ]비거주자
	주소				거주지국	거주지국코드
② 양수인	성명	주민등록번호	양도자산 소재지		지분	양도인과의 관계
	김이남	×××				형제

③ 세율구분 코드 31	양도소득세 합계	국내분 소계	1-42	-	국외분 소계	지방소득세
④ 양도소득금액	423,250,000	423,250,000	423,250,000			
⑤ 기신고·결정·경정된 양도소득금액 합계						
⑥ 소득감면대상 소득금액	423,250,000	423,250,000	423,250,000			
⑦ 양도소득기본공제	2,500,000	2,500,000	2,500,000			
⑧ 과세표준 (④+⑤-⑥-⑦)	420,750,000	420,750,000	420,750,000			42,075,000
⑨ 세율			10%			10%
⑩ 산출세액	42,075,000	42,075,000	42,075,000			4,207,500
⑪ 감면세액						
⑫ 외국납부세액공제						
⑬ 예정신고납부세액공제						
⑭ 원천징수세액공제						
⑮ 가산세 무(과소)신고						
⑮ 가산세 납부불성실						
⑮ 가산세 기장불성실 등						
⑮ 가산세 계						
⑯기신고·결정·경정세액, 조정공제						
⑰ 납부할 세액 (⑩-⑪-⑫-⑬-⑭+⑮-⑯)	42,075,000	42,075,000	42,075,000			4,207,500
⑱ 분납(물납)할 세액	21,037,500	21,037,500	21,037,500			
⑲ 납부세액	21,037,500	21,037,500	21,037,500			4,207,500
⑳ 환급세액						

농어촌특별세 납부계산서	
㉑ 소득세 감면세액	
㉒ 세율	
㉓ 산출세액	
㉔ 수정신고가산세 등	
㉕ 기신고·결정·경정세액	
㉖ 납부할 세액	
㉗ 분납할 세액	
㉘ 납부세액	
㉙ 환급세액	

신고인은 「소득세법」 제105조(예정신고)·제110조(확정신고), 「국세기본법」 제45조(수정신고)·제45조의3(기한 후 신고), 「농어촌특별세법」 제7조 및 「지방세법」 제103조의5·제103조의7에 따라 신고하며, 위 내용을 충분히 검토하였고 신고인이 알고 있는 사실 그대로를 정확하게 적었음을 확인합니다.

2019 년 9 월 2 일

신고인 김일남 (서명 또는 인)

환급금 계좌신고 (환급세액 2천만원 미만인 경우)

㉚ 금융기관명	
㉛ 계좌번호	

세무대리인은 조세전문자격자로서 위 신고서를 성실하고 공정하게 작성하였음을 확인합니다.

세무대리인 ××× (서명 또는 인)

×× 세무서장 귀하

첨부서류	1. 양도소득금액계산명세서(부표 1, 부표 2, 부표 2의2, 부표 2의3 중 해당하는 것) 1부 2. 매매계약서(또는 증여계약서) 1부 3. 필요경비에 관한 증빙서류 1부 4. 감면신청서 및 수용확인서 등 1부 5. 그 밖에 양도소득세 계산에 필요한 서류 1부	접수일인
담당공무원 확인사항	1. 토지 및 건물등기사항증명서 2. 토지 및 건축물대장 등본	
세무대리인	성명(상호) / 사업자번호 / 전화번호	

210mm×297mm[백상지 80g/㎡(재활용품)]

[별지 제84호 서식] (2018.3.21. 개정)

※ 2010. 1. 1. 이후 양도분부터는 양도소득세 예정신고를 하지 않으면 가산세가 부과됩니다. (1쪽)

관리번호	-

(2019 년 귀속)양도소득과세표준 신고 및 납부계산서

([√]예정신고, [ ]확정신고, [ ]수정신고, [ ]기한 후 신고)

① 신 고 인 (양도인)	성 명	김 일 남	주민등록번호	×××	내 · 외 국 인	[√]내국인, [ ]외국인	
	전자우편 주소		전 화 번 호		거 주 구 분	[√]거주자, [ ]비거주자	
	주 소				거 주 지 국		거주지국코드
② 양 수 인	성 명	주민등록번호	양도자산 소재지		지 분	양도인과의 관계	
	김 이 남	×××				형제	
③ 세 율 구 분	코 드 31	양도소득세 합 계	국내분 소계	1-10	-	국외분 소계	지방소득세
④ 양 도 소 득 금 액		△82,500,000	△82,500,000	72,000,000	△154,500,000		
⑤ 기신고·결정·경정된 양도소득금액 합계							
⑥ 소득감면대상 소득금액							
⑦ 양 도 소 득 기 본 공 제							
⑧ 과 세 표 준 (④+⑤-⑥-⑦)							
⑨ 세 율							
⑩ 산 출 세 액							
⑪ 감 면 세 액							
⑫ 외 국 납 부 세 액 공 제							
⑬ 예 정 신 고 납 부 세 액 공 제							
⑭ 원 천 징 수 세 액 공 제							
⑮ 가 산 세	무(과소)신고						
	납부불성실						
	기장불성실 등						
	계						
⑯ 기신고·결정·경정세액, 조정공제							
⑰ 납 부 할 세 액 (⑩-⑪-⑫-⑬-⑭+⑮-⑯)							
⑱ 분 납 (물 납) 할 세 액							
⑲ 납 부 세 액							
⑳ 환 급 세 액							

농어촌특별세 납부계산서	
㉑ 소득세 감면세액	
㉒ 세 율	
㉓ 산 출 세 액	
㉔ 수 정 신 고 가 산 세 등	
㉕ 기신고·결정·경정세액	
㉖ 납 부 할 세 액	
㉗ 분 납 할 세 액	
㉘ 납 부 세 액	
㉙ 환 급 세 액	

신고인은 「소득세법」 제105조(예정신고)·제110조(확정신고), 「국세기본법」 제45조(수정신고)·제45조의3(기한 후 신고), 「농어촌특별세법」 제7조 및 「지방세법」 제103조의5·제103조의7에 따라 신고하며, 위 내용을 충분히 검토하였고 신고인이 알고 있는 사실 그대로를 정확하게 적었음을 확인합니다.

2019 년 9 월 2 일

신고인 김 일 남 (서명 또는 인)

환급금 계좌신고 (환급세액 2천만원 미만인 경우)	
㉚ 금 융 기 관 명	
㉛ 계 좌 번 호	

세무대리인은 조세전문자격자로서 위 신고서를 성실하고 공정하게 작성하였음을 확인합니다.

세무대리인 ××× (서명 또는 인)

×× 세무서장 귀하

첨부서류	1. 양도소득금액계산명세서(부표 1, 부표 2, 부표 2의2, 부표 2의3 중 해당하는 것) 1부 2. 매매계약서(또는 증여계약서) 1부 3. 필요경비에 관한 증빙서류 1부 4. 감면신청서 및 수용확인서 등 1부 5. 그 밖에 양도소득세 계산에 필요한 서류 1부	접수일인
담당공무원 확인사항	1. 토지 및 건물등기사항증명서 2. 토지 및 건축물대장 등본	

세무대리인	성명(상호)		사업자번호		전화번호	

210mm×297mm[백상지 80g/㎡(재활용품)]

[별지 제84호 서식 부표 1] (2018.3.21. 개정) (앞쪽)

관리번호	-

※ 관리번호는 적지 마십시오.

양도소득금액 계산명세서

□ 양도자산 및 거래일

구분			합계			
① 세율구분(코드)			합 계	(-)	(-)	(-)
② 소재지국	소재지			토지 1	토지 2	
③ 자산종류(코드)				(1)	(1)	( )
거래일 (거래원인)	④ 양도일(원인)			2019.6.11.(매매)	2019.6.5.(매매)	( )
	⑤ 취득일(원인)			2010.4.1.(매매)	2017.6.5.(매매)	( )
거래자산 면적(㎡)	⑥ 총면적 (양도지분)	토지		600㎡(/)	800㎡ (/)	(/)
		건물		(/)	(/)	(/)
	⑦ 양도면적	토지		600㎡	800㎡	
		건물				
	⑧ 취득면적	토지		600㎡	800㎡	
		건물				

□ 양도소득금액 계산

구분		합계			
거래금액	⑨ 양도가액	1,500,000,000	600,000,000	900,000,000	
	⑩ 취득가액	1,500,000,000	500,000,000	1,000,000,000	
	취득가액 종류		실지거래가액	실지거래가액	
⑪ 기납부 토지초과이득세					
⑫ 기타필요경비		82,500,000	28,000,000	54,500,000	
양도차익	전체 양도차익	△82,500,000	72,000,000	△154,500,000	
	비과세 양도차익				
	⑬ 과세대상양도차익	△82,500,000	72,000,000	△154,500,000	
⑭ 장기보유특별공제					
⑮ 양도소득금액		△82,500,000	72,000,000	△154,500,000	
감면소득금액	⑯ 세액감면대상				
	⑰ 소득금액감면대상				
⑱ 감면종류	감면율				

□ 기준시가 (**기준시가 신고** 또는 **취득가액을 환산가로 신고**하는 경우에만 적습니다)

구분			합계			
양도시 기준시가	⑲ 건물	일반건물				
		오피스텔·상업용				
		개별·공동주택				
	⑳ 토지					
	합계					
취득시 기준시가	㉑ 건물	일반건물				
		오피스텔·상업용				
		개별·공동주택				
	㉒ 토지					
	합계					

210mm×297mm[백상지 80g/㎡(재활용품)]

관리번호	-

주식 등 양도소득금액 계산명세서

양도주식 취득유형별 내용							
① 주식등 종목명	합계	갑주식 회사	을주식 회사	병주식 회사			
② 주식종목코드 또는 사업자등록번호(해외주식은 ISIN코드와 국가명)		×××	×××	×××			
③ 주식 등 종류코드		31	31	31			
④ 양도유형		1	1	1			
⑤ 취득유형		1	1	1			
⑥ 취득유형별 양도주식등 수		10,000	20,000	40,000			
양도소득금액 계산내용							
⑦ 양도일자		2019.6.5.	2019.6.8.	2019.6.20.			
⑧ 주당양도가액		90,000	22,500	25,000			
⑨ 양도가액(⑥×⑧)	2,350,000,000	900,000,000	450,000,000	1,000,000,000			
⑩ 취득일자		2015.7.1.	2016.8.5.	2017.2.1.			
⑪ 주당취득가액		50,000	30,000	20,000			
⑫ 취득가액(⑥×⑪)	1,900,000,000	500,000,000	600,000,000	800,000,000			
⑬ 필요경비	26,750,000	9,500,000	7,250,000	10,000,000			
⑭ 양도소득금액 (⑨-⑫-⑬)	423,250,000	390,500,000	△157,250,000	190,000,000			
⑮ 감면소득금액							
⑯감면종류 / 감면율							

※ 주식을 거래한 경우 양도소득세 신고와 별도로 증권거래세를 신고납부하여야 합니다(원천징수된 경우는 제외).

210mm×297mm[백상지 80g/㎡(재활용품)]

취득가액 및 필요경비계산 상세 명세서(1)

구분				구분코드	거래상대방 상호	거래상대방 사업자등록번호	지급일	지급금액	증빙종류(코드)
취득가액	① 타인으로부터 매입한 자산	매입가액		111		1,500,000,000			05
		취득세		112		75,000,000			
		등록세		113					
		기타부대비용	법무사비용	114					
			취득중개수수료	115					
			기타	116					
		소계				1,575,000,000			
	② 자기가 제조·생산·건설한 자산			120					
				120					
	③ 가산항목	취득시 쟁송비	변호사비용	131					
			기타비용	132					
		매수자부담 양도소득세		133					
		기타		134					
		소계							
	④ 차감항목	감가상각비		141					
	⑤ 계 (①+③−④ 또는 ②+③−④)					1,575,000,000			
기타필요경비	자본적 지출액 등	⑥ 자본적 지출액	용도변경·개량·이용편의를 위한 지출	260					
			엘리베이터, 냉난방설치	260					
			피난시설등설치	260					
			재해 등으로 인한 자산의 원상복구	260					
			개발부담금	261					
			재건축부담금						
			자산가치증가등	260					
			수선비						
			기타	260					
			소계						
		⑦ 취득 후 쟁송비용	변호사비용	271					
			기타소송, 화해비용	272					
		⑧ 기타비용	수익자부담금	281					
			토지장애철거비	280					
			도로시설비등	280					
			사방사업소요비용	280					
			기타	280					
			소계						
		⑨ 계 (⑥+⑦+⑧)							
	양도비등	⑩ 양도시 중개수수료등 직접 지출비용		290		7,500,000			
		⑪ 국민주택채권 및 토지개발채권 매각차손 등 기타경비		291					
		⑫ 계 (⑩+⑪)				7,500,000			
	⑬ 기타 필요경비 계 (⑨+⑫)					7,500,000			

210mm×297mm[백상지 80g/㎡(재활용품)]

[별지 제84호의 2 서식] (2011.3.28. 개정) (앞 쪽)

관리번호	

* 관리번호는 기입하지 마십시오.

주 식 거 래 내 역 서

①성 명	김 일 남		②주민등록번호		③주 소		
주식(출자증권) 발행법인	④법 인 명	갑 주식회사 외	⑤사업자등록번호	⑥사업연도	⑦소 재 지		
	⑧법인구분	1. 상장 2. 장외주식 호가중개종목 √3. 기타 비상장	⑨법인규모	1. 대기업 √2. 중소기업	⑩ 발행주식총수(출자총좌수)		⑪자본금

양수자				양도내용								취득내용					⑳양도차익
⑫성명 (법인명)	⑬주민 (법인) 등록번호	⑭사업자 등록번호	⑮주 소 (본점 소재지)	⑯ 종목명	⑰양도 일자	⑱ 주식등 수	⑲단가	⑳ 양도가액 (⑱×⑲)	㉑수수료	㉒ 증 권 거래세	㉓ 농특세	㉔ 취득 일자	㉕주식 (출자지분)수	㉖ 단가	㉗ 취득가액 (㉕×㉖)	㉘ 수수료	㉙양도차익 (⑳−㉑−㉒−㉓−㉗−㉘)
갑주식회사	×××	×××	×××	구주	2019.6.5.	10.000	90.000	900.000.000		4.500.000		2015.1.5	10.000	50.000	500.000.000		
을주식회사	×××	×××	×××	구주	2019.6.8.	20.000	22.500	450.000.000		2.250.000		2016.8.5.	20.000	30.000	600.000.000		
병주식회사	×××	×××	×××	구주	2019.6.20.	40.000	25.000	1.000.000.000		5.000.000		2017.2.1.	20.000	20.000	800.000.000		

「소득세법 시행령」 제169조 제1항 제2호 다목에 따라 위와 같이 주식거래나역서를 저출합니다.

2019년 9월 2일

성 명 김 일 남 (서명 또는 인)

××세무서장 귀하

210mm×297mm[백상지 80g/㎡(재활용품)]

[별지 제2호 서식] (2018.3.19. 개정)

홈텍스(www.hometax.go.kr)
에서도 신고할 수 있습니다.

증권거래세 과세표준 [√]정기 [ ]수정 [ ]기한 후 신고서

※ 뒤쪽의 작성방법을 읽고 작성하여 주시기 바랍니다.

(앞쪽)

관리번호	접수일	처리기간 즉시

□과세기간 2019년 4월 양도분 (「증권거래세법」 제3조제1호 및 제2호의 납세의무자)
□과세기간 2019년 반기 양도분 (「증권거래세법」 제3조제3호의 납세의무자)

❶ 납세의무자 (신 고 자)	법 인 명	주민등록번호 (사업자등록번호)
	성 명(대표자) 김 익 남	전화번호
	주 소(소재지)	

❷ 증권거래세 과세표준 및 세액계산서					❸ 농어촌특별세 과세표준 및 세액계산서
① 과세표준	2,350,000,000	2,350,000,000			
② 세율	합계	5/1000	3/1000	1.5/1000	1.5/1000
③ 산출세액	11,750,000	11,750,000			
④ 감면세액					
⑤ 조정환급액					
⑥ 차감세액 (③－④－⑤)	11,750,000	11,750,000			
가산세 신고불성실					
가산세 납부불성실					
가산세 ⑦가산세계					
⑧ 납부할 세액 (⑥+⑦)	11,750,000				
⑨ 일괄납부 금액					

❹ 비과세 양도내역	종목 수	양도가액 합계
국가/지방자치단체 양도분		
주권 매출분		
주권 소비대차거래분		

「증권거래세법」 제10조제1항 및 「농어촌특별세법」 제7조제4항, 「국세기본법」 제45조 또는 제45조의3에 따라 위와 같이 신고합니다.

2019 년 9 월 2 일

신고인: 김 익 남 (서명 또는 인)

××세 무 서 장 귀하

구비서류 :
1. 조정환급명세서 1부(「증권거래세법」 제3조제1호의 납세의무자)
2. 사업장별 증권거래세 과세표준 및 산출세액 신고명세서 1부(「증권거래세법」 제3조제2호의 납세의무자)
3. 주권 또는 지분의 양도거래명세서 1부(「증권거래세법」 제3조제3호의 납세의무자)
4. 주권 또는 지분의 매매계약서 사본 1부(「증권거래세법」 제3조제3호의 납세의무자)
5. 비과세양도명세서 1부
6. 증권거래세 면제신청서(「조세특례제한법 시행규칙」 별지 제70호서식) 1부

210mm×297mm[백상지 80g/㎡ 또는 중질지 80g/㎡]

[별지 제2호 서식 부표 3] (2018.3.19. 개정)

주권 또는 지분의 양도거래명세서

(「증권거래세법」 제3조 제3호의 납세의무자용)

관리번호	접수일	처리기간 즉시

□ 과 세 기 간   2019 년 반기 양도분 (「증권거래세법」 제3조제3호의 납세의무자)

❶ 신 고 자	법 인 명	주민등록번호 (사업자등록번호) xxx
	성 명(대표자) 김 일 남	전화번호
	주 소(소재지)	

❷ 주 권 거 래 내 역

① 매매 일자	② 주권·지분 발행법인		③ 양도자		④ 양수자		⑤ 양도주권·지분	
	법인명	사업자 등록번호	성명 (법인명)	납세자번호	성명 (법인명)	납세자번호	주식수	양도가액
2019.6.5.	갑주식회사		김 일 남		김 이 남		20,000	900,000,000
2019.6.8.	을주식회사		김 일 남		김 이 남		20,000	450,000,000
2019.6.20	병주식회사		김 일 남		김 이 남		40,000	1,000,000,000

210mm×297mm[백상지 80g/㎡ 또는 중질지 80g/㎡]

제12절 양도소득세의 비과세

주식 또는 출자지분(주식 등이라 한다)의 경우 상장 및 협회등록주식 등은 대주주가 소유한 주식 등과 유가증권시장이나 협회중개시장 밖에서 거래하는 주식 등은 양도소득세의 과세대상이다. 반면 대주주가 아닌 자가 유가증권시장이나 협회중개시장에 거래하는 주식에 대해서는 양도소득세가 과세되지 않는다.

또한 조특법에서 주식 등에 대해 양도소득세의 비과세 규정을 두고 있으며 이에 대해 살펴보면 다음과 같다.

Ⅰ 중소기업창업투자회사 등에 출자한 주식 등의 양도소득세 비과세

1. 개요

중소기업창업투자회사 · 벤처기업출자유한회사 · 신기술사업금융업자 또는 기금운용법인 등이 창업자 · 신기술사업자, 벤처기업, 신기술창업전문회사 또는 코넥스상장기업에 2020.12.31.까지 직접 출자하거나 창투조합 등을 통하여 취득한 주식 등을 양도함으로써 발생하는 양도차익에 대해서는 법인세를 부과하지 아니한다(조특법 §13 ①).

① 중소기업창업투자회사(이하 "중소기업창업투자회사"라 한다) 및 창업기획자가 창업자, 벤처기업 또는 신기술창업전문회사(중소기업기본법에 따른 중소기업에 한정한다)에 2020.12.31.까지 출자함으로써 취득한 주식 등

② 신기술사업자, 벤처기업 또는 신기술창업전문회사에 2020.12.31.까지 출자함으로써 취득한 주식 등

③ 중소기업창업투자회사, 창업기획자, 벤처기업출자유한회사 또는 신기술사업금융업자가 다음에 해당하는 창투조합 등을 통하여 창업자, 신기술사업자, 벤처기업 또는 신기술창업전문회사에 2020.12.31.까지 출자함으로써 취득한 주식 등

㉠ 「중소기업창업 지원법」에 따른 중소기업창업투자조합

㉡ 「벤처기업육성에 관한 특별조치법」(§4의3)에 따른 한국벤처투자조합

㉢ 「여신전문금융업법」에 따른 신기술사업투자조합

㉣ 「소재 · 부품 전문기업 등의 육성에 관한 특별조치법」에 따른 소재 · 부품전문투자조합

㉤ 「농림수산식품투자조합 결성 및 운용에 관한 법률」에 따른 농식품투자조합

④ 기금을 관리・운용하는 법인 또는 공제사업을 하는 기금운용법인 등으로서 기금운용법인이 창투조합 등을 통하여 창업자, 신기술사업자, 벤처기업 또는 신기술창업전문회사에 2020.12.31.까지 출자함으로써 취득한 주식

⑤ 중소기업창업투자회사 또는 신기술사업금융업자가 코넥스시장에 상장한 중소기업에 2020.12.31.까지 출자함으로써 취득한 주식 등

⑥ 중소기업창업투자회사, 벤처기업출자유한회사 또는 신기술사업금융업자가 창투조합 등을 통하여 코넥스상장기업에 2020.12.31.까지 출자함으로써 취득한 주식 등

2. 출자의 적용 범위

출자란 중소기업창업투자회사・창업기획자・벤처기업출자유한회사, 신기술사업금융업자 또는 기금운용법인 등이 직접 또는 창투조합 등을 통하여 다음의 각 구분에 따른 방법으로 창업자・신기술사업자, 벤처기업, 신기술창업전문회사 또는 코넥스상장기업 주식 등을 취득하는 것이며 타인 소유의 주식 등을 매입에 의하여 취득하는 경우는 제외한다.

창업자, 신기술사업자, 벤처기업 또는 신기술창업전문회사에 대한 출자	코넥스상장기업에 대한 출자
① 해당 기업의 설립시에 자본금으로 납입하는 방법 ② 해당 기업이 설립된 후 7년 이내에 유상증자 하는 경우로서 증자대금을 납입하는 방법 ③ 해당 기업이 설립된 후 7년 이내에 잉여금을 자본으로 전입하는 방법 ④ 해당 기업이 설립된 후 7년 이내에 채무를 자본으로 전환하는 방법	① 해당 기업이 상장된 후 2년 이내에 유상증자하는 경우로서 증자대금을 납입하는 방법 ② 해당 기업이 상장된 후 2년 이내에 잉여금을 자본으로 전입하는 방법 ③ 해당 기업이 상장된 후 2년 이내에 채무를 자본으로 전환하는 방법

Ⅱ 창업자 등에 출자한 주식 등의 양도소득 비과세

중소기업이나 신기술사업회사의 설립을 촉진하고 육성・지원하기 위하여 다음의 주식 등을 출자하여 양도하는 경우에는 양도소득세를 과세하지 아니한다. 이 경우 취득시기에 따른 취득하는 분에 대해서만 적용한다(조특법 §14).

<table>
<tr><th>주식 또는 출자지분</th><th>취득시기에 따른 적용시기</th></tr>
<tr><td>① 중소기업창업투자회사 또는 여신전문금융업법에 따른 신기술사업금융전문회사에 출자함으로써 취득한 주식 등</td><td>2009.12.31.까지 취득하는 분에 한하여 적용</td></tr>
<tr><td>② 중소기업창업투자조합이 창업자, 벤처기업 또는 신기술창업전문회사에 출자함으로써 취득한 주식 등</td><td rowspan="6">2020.12.31.까지 취득하는 분에 대해서만 적용</td></tr>
<tr><td>③ 한국벤처투자조합이 창업자, 벤처기업 또는 신기술창업전문회사에 출자함 또는 신기술창업전문회사로써 취득한 주식 등</td></tr>
<tr><td>④ 농식품투자조합이 창업자, 벤처기업 또는 신기술창업전문회사에 출자함으로써 취득한 주식 등</td></tr>
<tr><td>⑤ 신기술사업투자조합이 신기술사업자, 벤처기업 또는 신기술창업전문회사에 출자함으로써 취득한 주식 등</td></tr>
<tr><td>⑥ 벤처기업에 출자함으로써 취득(벤처기업육성에 관한 특별 조치법 §13에 따른 개인투자조합을 통하여 벤처기업에 출자함으로써 취득하는 경우를 포함)한 시행령(§12 ①)이 정하는 주식 등</td></tr>
<tr><td>⑦ 창업기획자에 출자함으로써 취득한 주식 등</td></tr>
<tr><td>⑧ 구산업발전법(§15)의 규정에 의한 기업구조조정조합이 동법(§14 ④)의 규정에 의한 구조조정대상기업에 출자함으로써 취득한 주식 등</td><td>2007.12.31.까지 취득한 분에 한하여 적용</td></tr>
<tr><td>⑨ 소재·부품전문기업 등의 육성에 관한 특별조치법에 의한 소재·부품전문투자조합이 창업자, 신기술사업자, 벤처기업 또는 신기술창업전문회사에 출자함으로써 취득한 주식 등</td><td rowspan="2">2020.12.31.까지 취득하는 분에 대해서만 적용</td></tr>
<tr><td>⑩ 프리보드(증권거래세법 §3 〈1, 나목〉에서 정하는 방법)에서 거래되는 벤처기업의 주식(소득세법 §104 ① 〈11, 가목〉의 대주주가 아닌 자가 양도하는 것에 한한다)</td></tr>
</table>

보충설명

다음의 배당소득의 경우에는 총수입금액에서 해당 조합이 지출한 비용(그 총수입금액에 대응되는 것으로 한정한다)을 뺀 금액을 배당소득금액으로 한다(조특법 §14 ⑥).

① 중소기업창업투자조합이 창업자, 벤처기업 또는 신기술창업전문회사에 출자함으로써 발생하는 배당소득
② 한국벤처투자조합이 창업자, 벤처기업 또는 신기술창업전문회사에 출자함으로써 발생하는 배당 소득
③ 농식품투자조합이 창업자, 벤처기업 또는 신기술창업전문회사에 출자함으로써 발생하는 배당소득
④ 신기술사업투자조합이 신기술사업자, 벤처기업 또는 신기술창업전문회사에 출자함으로써 발생하는 배당소득
⑤ 「산업발전법」(법률 제9584호 산업발전법 전부개정법률로 개정되기 전의 것을 말한다)(§15)에 따라 등록된 기업구조조정조합이 같은 법 제14조 제4항에 따른 구조조정대상기업에 출자하여 얻는 배당소득
⑥ 소재·부품전문투자조합이 창업자, 신기술사업자, 벤처기업 또는 신기술창업전문회사에 출자함으로써 발생하는 배당소득

Ⅲ 벤처기업 주식매수선택권 행사이익의 양도소득 비과세

벤처기업의 임원 또는 종업원(이하 "벤처기업 임원 등"이라 한다)이 해당 벤처기업으로부터 2020.12.31. 이전에 벤처기업육성에 관한 특별조치법(§16의3)에 따라 부여받은 주식매수선택권을 행사(벤처기업 임원 등으로서 부여받은 주식매수선택권을 퇴직 후 행사하는 경우를 포함)함으로써 얻은 이익(주식매수선택권 행사 당시의 시가와 실제 매수가액과의 차액을 말하며, 주식에는 신주인수권을 포함한다. 이하 "벤처기업 주식매수선택권 행사이익"이라 한다) 중 연간 2천만원 이내의 금액에 대해서는 소득세를 과세하지 아니한다(조특법 §16의2).

Ⅳ 적격주식매수선택권 행사이익에 대한 양도소득세 비과세

1. 개요

벤처기업육성에 관한 특별조치법(§2①)에 따른 벤처기업의 임직원으로서 주식매수선택권을 부여받은 임직원(이하 "벤처기업 임직원"이라 한다)이 해당 벤처기업으로부터 부여받은 주식매수선택권으로서 다음의 요건을 갖춘 주식매수선택권(이하 "적격주식매수선택권"이라 한다)을 행사함으로써 얻은 이익에 대해서 벤처기업 임직원이 양도소득세 과세방식을 적용받을 것을 신청한 경우에는 주식매수선택권 행사시에 기타소득이나 근로소득에도 불구하고 양도소득세를 과세하지 아니할 수 있다(조특법 §16의4).

① 벤처기업육성에 관한 특별조치법(§16의4)에 따른 주식매수선택권으로서 다음의 요건을 갖출 것

㉠ 벤처기업이 주식매수선택권을 부여하기 전에 주식매수선택권의 수량·매수가액·대상자 및 기간 등에 관하여 주주총회의 결의를 거쳐 벤처기업 임직원과 약정할 것

㉡ 위 "㉠"에 따른 주식매수선택권을 다른 사람에게 양도할 수 없을 것

㉢ 주식매수선택권을 부여받은 벤처기업 임직원이 사망 또는 정년을 초과하거나 그 밖에 자신에게 책임 없는 사유로 퇴임 또는 퇴직하는 불가피한 사유가 있는 경우를 제외하고는 「벤처기업육성에 관한 특별조치법」(§16의3 ①)에 따른 주주총회 결의일로부터 2년 이상 해당 법인에 재임 또는 재직한 후에 주식매수선택권을 행사할 것

㉣ 「벤처기업육성에 관한 특별조치법 시행령」(§11의3 ③)에 따라 신주발행방식 주식매수선택권의 행사가격을 부여 당시 시가보다 낮은 가액으로 발행하는 경우

② 해당 벤처기업으로부터 부여받은 주식매수선택권의 행사일부터 역산하여 2년이 되는 날이 속하는 과세기간부터 해당 행사일이 속하는 과세기간까지 전체 행사가액의 합계가 5억원 이하일 것

2. 적용배제

벤처기업의 임직원이 주주총회 결의일 현재 다음에 해당하는 자에 해당되는 경우에는 위의 양도소득세 비과세특례가 배제된다.

① 부여받은 주식매수선택권을 모두 행사하는 경우 해당 법인의 발행주식 총수의 10%를 초과하여 보유하게 되는 자
② 해당 법인의 주주로서 「법인세법 시행령」(§43 ⑦)에 따른 지배주주 등에 해당하는 자
③ 해당 법인의 발행주식 총수의 10%를 초과하여 보유하는 주주
④ 위 "③"의 주주와 「국세기본법 시행령」(§1의2 ①, ③ ⟨1⟩)에 따른 친족관계 또는 경영지배에 있는 자

Ⅴ 산업재산권 현물출자이익의 행사에 대한 양도소득세 비과세

산업재산권을 보유한 거주자가 벤처기업 등에 산업재산권을 출자(거주자가 해당 벤처기업 등의 특수관계인 경우는 제외)하고 해당 벤처기업 등의 주식을 받은 경우, 그 현물출자에 따른 이익을 거주자가 해당 주식을 양도할 때 양도소득세로 납부할 것을 신청하면 기타소득에도 불구하고 해당 주식의 취득시점에 소득세를 과세하지 않고, 해당 벤처기업 등의 주식을 양도할 때 양도소득세로 신고·납부할 수 있다(조특법 §16의5).

Ⅵ 기업구조조정 증권투자회사의 출자지에 대한 양도소득세 비과세

기업구조조정 증권투자회사의 출자자에 대한 양도소득세 비과세 규정은 2006.12.30.에 조특법 개정시 삭제되었으나, 종전의 조특법(§54 ③)에 따라 기업구조조정증권투자회사에 직접 출자하여 취득한 주식 또는 지분의 양도에 관하여는 개정규정에 불구하고 종전의 규정에 따른다(조특법 부칙 §1·39, 2008.12.26. 공포).

기업구조조정 증권투자회사에 직접 출자하여 취득한 주식 또는 지분을 양도하는 경우 당해 주식 또는 지분의 양도차익에 대하여는 양도소득세가 비과세된다(구 조특법 §54 ③).

Ⅶ 기업구조조정 전문회사 등의 출자자에 대한 양도소득세 비과세

기업구조조정전문회사 등의 출자자에 대한 양도소득세 비과세 규정은 2006.12.30. 조특법 개정시 삭제되었으나, 종전의 조특법(§55 ④)에 따라 기업구조조정전문회사 또는 기업구조조정투자회사에 출자하여 최초로 취득한 주식의 양도에 관하여는 개정규정에도 불구하고 종전의 규정에 따른다(조특법 부칙 §1·40, 2008.12.26. 공포).

거주자가 기업구조조정전문회사 또는 기업구조조정 투자회사법에 의한 기업구조조정투자회사에 2006.12.31. 이전에 출자함으로써 최초로 취득한 주식을 양도하는 경우에는 상장법인 대주주 소유주식 또는 비상장법인 주식의 양도에 해당하더라도 양도소득세가 비과세된다(구 조특법 §55 ④).

Ⅷ 부동산투자회사에 출자한 주식의 양도소득세 비과세

거주자가 부동산투자회사법에 의한 거주자가 부동산투자회사법에 의한 부동산투자회사에 2006.12.31. 이전에 출자함으로써 최초로 취득한 주식을 양도하는 경우에는 양도소득세가 과세되지 아니한다(구 조특법 §55의2 ⑤).

Ⅸ 선박투자회사의 주주의 양도소득세 비과세

거주자가 선박투자회사법(§13) 규정에 의한 선박투자회사(이하 "선박투자회사"라 한다)에 2005.12.31. 이전에 출자함으로써 최초로 취득하는 주식을 양도하는 경우에는 양도소득세가 과세되지 아니한다(구 조특법 §87의5 ①).

Ⅹ 우리사주조합원이 보유한 주식의 양도소득세 과세특례

우리사주조합원이 보유하고 있는 우리사주로서 다음의 요건을 갖춘 주식을 당해 조합원이 퇴직을 원인으로 인출하여 우리사주조합에 양도하는 경우에는 소득세법(§94 ① 〈3〉)의 양도소득으로 보지 아니한다. 이 경우 그 양도차익이 3천만원을 초과하는 때에는 그 초과금액에 대하여는 양도소득으로 과세한다(조특법 §88의4 ⑭).

① 우리사주조합원이 우리사주를 우리사주조합을 통하여 취득하여 1년 이상 보유할 것
② 우리사주조합원이 보유하고 있는 우리사주가 양도일 현재 증권금융회사에 1년 이상 예탁된 것일 것
③ 우리사주조합원이 보유하고 있는 우리사주의 액면가액 합계액이 1천800만원 이하일 것

Ⅺ 집합투자기구 등에 대한 과세특례

「자본시장과 금융투자업에 관한 법률」에 따른 집합투자기구(소법 §17 ① ⟨5⟩)에 따른 요건을 갖춘 것에 한정한다)가 「자본시장과 금융투자업에 관한 법률」(§9 ㉑)에 따른 집합투자증권(이하 "집합투자증권"이라 한다)으로서 자기의 집합투자증권을 환매하는 경우 해당 집합투자기구에 대한 투자자의 집합투자증권 이전은 「소득세법」 및 「증권거래세법」에 따른 양도로 보지 아니한다(조특법 §91의2).

제13절 국외주식 등 자산의 양도소득세

이 책에서는 외국법인이 발생한 주식 등과 내국법인이 발행한 주식 등으로서 증권시장과 유사한 시장으로서 외국에 있는 시장에 상장된 주식 등(이하 "국외주식"이라 한다)에 대해서만 설명하고자 한다.

Ⅰ 개요

거주자가 보유하고 있는 국외자산을 양도하여 양도차익이 있음에도 불구하고 그 양도소득에 대하여 세금을 과세하지 않는다면 국내자산의 투자보다 국외자산의 투자가 유리하게 되어 국내자본의 국외 유출이 발생할 우려가 있으므로 국내자산의 양도소득과 국외자산의 양도소득에 대해 과세의 형평을 유지할 필요가 있다.

양도소득세가 과세되는 경우 거주자의 경우에는 원칙적으로 국내원천소득 및 국외원천소득에 대해서도 양도소득세의 납세의무가 있으며, 해당 국가와의 국제조세조약에 따라 우선 적용되는지 검토하여야 한다.

국외자산의 양도에 대한 양도소득은 당해연도에 국외자산을 양도함에 따라 발생하는 다음의 소득으로 한다(소법 §118의2).

① 토지 또는 건물의 양도로 발생하는 소득

② 부동산에 관한 권리 등의 양도로 발생하는 소득

③ 국외주식(외국법인이 발생한 주식 등과 내국법인이 발행한 주식 등으로서 증권시장과 유사한 시장으로서 외국에 있는 시장에 상장된 주식 등)

Ⅱ 납세의무자

국외주식의 양도에 대하여 양도소득세의 납세의무자는 양도일까지 계속 5년 이상 국내에 주소 또는 거소를 둔 자를 말한다. 따라서 5년 이상 국내에 주소 또는 거소를 두지 않은 거주자가 양도하는 해당 주식은 양도소득세 과세대상에 해당하지 않는다(법규재산 2013-407, 2013.9.29.).

이 경우 납세의무는 양도일 직전 5년 중 일정기간(3개월) 동안 출국한 경우를 포함한다(서면인터넷방문상담4팀-2981, 2007.10.17.).

▌국외에 거주할 것을 통상 필요로 하는 직업을 가지고 출국하거나, 국외에서 직업을 갖고 1년 이상 계속하여 거주한 경우 납세의무

국외자산의 양도에 대한 양도소득세 납세의무는 국내에 당해 자산의 양도일까지 계속 5년 이상 주소 또는 거소를 둔 거주자에 한하여 있는 것으로서 거주자가 계속하여 1년 이상 국외에 거주할 것을 통상 필요로 하는 직업을 가지고 출국하거나, 국외에서 직업을 갖고 1년 이상 계속하여 거주하는 때에도 국내에 가족 및 자산의 유무 등과 관련하여 생활의 근거가 국내에 있는 것으로 보는 때에는 거주자로 본다(부동산거래-432, 2010.3.22.).

또한 내국법인의 국외사업장 등에 파견된 임직원으로서 가족이나 자산상태로 보아 파견기간 종료 후 재입국할 것으로 인정되어 그 파견기간에 관계없이 거주자로 보는 자가 국외에 있는 자산을 양도한 경우 양도소득세 납세의무가 있다(부동산거래-1000, 2010.7.29.).

Ⅲ 양도소득세 과세대상 주식

양도일까지 계속하여 5년 이상 주소 또는 거소를 둔 거주자가 다음에 해당하는 국외주식을 양도함으로써 발생한 양도소득은 양도소득세가 과세된다. 다만, 다음에 따른 소득이 국외에서 외화를 차입하여 취득한 주식을 양도하여 발생하는 소득으로서 환율변동으로 인하여 외화차입금으로부터 발생하는 환차익을 포함하고 있는 경우에는 해당 환차익을 양도소득의 범위에서 제외한다(소법 §118의2).

① 외국법인이 발행한 주식(증권시장에서 거래되는 주식은 제외)

② 내국법인이 발행한 주식으로서 유사한 증권시장에 상장된 해당 주식(증권예탁증권 포함)

▌국외재산으로 보는 외국법인 발행주식의 범위

국외에 있는 자산으로 보는 외국법인이 발행한 주식에는 「증권거래법」에 의한 유가증권시장 또는 협회중개시장과 유사한 외국시장에 상장된 외국법인이 발행한 주식 등을 포함한다(서면인터넷방문상담5팀-77, 2007.1.5.).

Ⅳ 양도가액

국외주식의 양도가액은 양도당시의 실지거래가액으로 하는 것이나 양도당시의 실지거래가액을 확인할 수 없는 경우에는 다음의 시가에 의한다(소법 §118의3).

시가를 산정할 수 있는 경우	시가를 산정하기 어려운 경우
① 국외자산의 양도에 대한 과세와 관련하여 이루어진 외국정부의 평가가액 ② 국외자산의 양도일 또는 취득일 전후 6월 이내에 이루어진 실지거래가액	상증법(§63)의 규정에 따른 평가방법을 준용하여 평가하는 것. 이 경우 "평가기준일 이전·이후 각 2월"은 각각 "양도일·취득일 이전 1월"로 본다.

Ⅴ 필요경비

국외주식의 양도에 대한 양도차익을 계산할 때 양도가액에서 공제하는 필요경비는 다음 금액을 합한 것으로 한다(소법 §118의4).

1. 취득가액

국외주식의 취득가액은 취득에 소요된 실지거래가액(소령 §163 ①, ②을 준용)으로 한다. 다만, 취득 당시의 실지거래가액을 확인할 수 없는 경우에는 양도자산이 소재하는 국가의 취득 당시의 현황을 반영한 시가에 따르되, 시가를 산정하기 어려울 때에는 위 "Ⅳ"의 방법에 따라 취득가액을 산정한다.

2. 자본적 지출액

소득세법 시행령(§163 ③)에 해당하는 것을 말한다.

3. 양도비

소득세법 시행령(§163 ⑤)에 해당하는 것을 말한다.

Ⅵ 양도차익 계산

1. 개요

국외주식을 양도함으로써 발생한 양도소득에 대하여 양도소득세 계산 방식은 기본적으로 국내주식 양도의 규정을 준용한다.

따라서 국외주식의 양도에 따른 양도차익은 양도가액에서 필요경비를 공제한 금액으로 한다. 필요경비는 취득가액과 자본적 지출액 및 양도비를 합한 금액으로 한다. 필요경비 중 양도비는 증권거래세와 인지세가 있다.

2. 양도차익의 외화환산

다음에 따른 소득이 국외에서 외화를 차입하여 취득한 자산을 양도하여 발생하는 소득으로서 환율변동으로 인하여 외화차입금으로부터 발생하는 환차익을 포함하고 있는 경우에는 해당 환차익을 양도소득의 범위에서 제외한다(소법 §118의2).

① 외국법인이 발행한 주식(증권시장에서 거래되는 주식은 제외)

② 내국법인이 발행한 주식으로서 유사한 증권시장에 상장된 해당 주식(증권예탁증권 포함)

이 경우 국외주식의 양도차익을 계산할 때 양도가액 및 필요경비를 수령하거나 지출한 날 현재 외국환거래법에 따른 다음의 기준환율 또는 재정환율에 의하여 계산한다.

① 기준환율(the basic exchange rate) : 외국환은행이 고객과 원화와 미달러화를 매매할 때 기준이 되는 환율을 말하며 시장평균율이라고도 한다. 금융결제원의 자금중개실을 경유하 여 외국환은행 간에 거래되는 원화의 대 미달러화 현물환율과 거래액을 가중평균하여 산출한다.

② 재정환율(arbitrage rate of exchange) : 기준환율을 이용하여 제3국의 환율을 간접적으로 계산한 환율

▌해외주식 등의 양도시 양도가액은 어떻게 산정하나요?

국외주식 등의 양도에 대한 양도차익의 외화환산 등은 양도가액 및 필요경비를 수령하거나 지출 한 날 현재 「외국환거래법」에 의한 기준환율 또는 재정환율에 의하여 계산한 금액으로 한다(서면부동산-3823, 2016.9.1.).

※ 국외주식의 양도에 대한 양도차익의 외화환산은 결제대금이 고객계좌로 입금되거나 출금된 날의 환율을 적용한다(국제세원-229, 2010.5.10.).

▌외화차입금의 환차손이 필요경비에 해당되는지?

국외자산의 양도차익을 실지거래가액으로 계산함에 있어서 해당 자산의 양도가액 및 취득가액으로 수수된 외화대출금의 환차손은 필요경비에 해당되지 아니한다(부동산거래관리과-1312, 2010.11.2.).

Ⅶ 세율

국외주식의 양도소득에 대한 양도소득세는 해당 과세기간의 양도소득과세표준에 다음의 세율을 적용하여 세액을 계산한다(소법 §118의5).

① 중소기업의 주식 ; 양도소득과세표준의 10%

② 그 밖의 주식 ; 양도소득과세표준의 20%

▌외국법인이 발행한 주식의 양도시 중소기업 해당 여부

중소기업의 주식은 해외증시에서 거래되는 국내 중소기업 발행주식을 의미하는 것이며, 외국법인이 발행한 주식 등은 이에 해당하지 아니한다(재재산-207, 2012.3.15.).

Ⅷ 신고 · 납부

국외주식으로 양도소득세가 과세된 경우 양도소득세과세표준(주식:장기보유특별공제 불적용)에 중소기업주식과 그 밖의 기업 주식에 따른 세율을 적용하여 양도소득세를 산출하여 양도일이 속하는 반기의 말일부터 2개월 이내에 신고 · 납부한다.

Ⅸ 외국납부세액공제

국외주식을 양도하는 경우에 그 주식의 양도자는 외국의 법령에 의하여 국외주식 소재국에 양도소득에 대한 세금을 부담하게 되며, 동일한 양도소득에 대해 우리나라의 세법에 의해 다시 양도소득세가 부과되면, 동일 소득에 대해 이중으로 과세되는 현상이 초래된다. 이와 같은 이중과세의 모순을 없애기 위해서는 외국에서 부담한 양도소득세에 상당하는 세액은 당연히 우리나라 양도소득세에서 공제되어야 하므로 이러한 국외주식의 외국납부세액 공제제도를 도입하게 되었다.

1. 개요

국외주식의 양도소득에 대하여 해당 외국에서 과세를 하는 경우 그 양도소득에 대하여 국외 주식의 양도소득세액을 납부하였거나 납부할 것이 있을 때에는 다음의 방법 중 하나를 선택하여 적용받을 수 있다(소법 §118의6).

① 해당 과세기간의 양도소득 산출세액(소득세법 §118의5에 따라 계산한 세액)에 국외자산 양도소득금액이 그 과세기간의 양도소득금액에서 차지하는 비율을 곱하여 산출한 금액을 한도로 국외자산 양도소득세액을 해당 과세기간의 양도소득 산출세액에서 공제하는 방법

② 국외주식 양도소득에 대하여 납부하였거나 납부할 국외주식 양도소득세액을 해당 과세기간의 양도소득금액 계산상 필요경비에 산입하는 방법

2. 국외자산 양도소득세액

국외주식 양도소득세액이란 국외주식의 양도소득에 대하여 외국정부(지방자치단체를 포함한다)가 과세한 다음의 어느 하나에 해당하는 세액을 말한다(소령 §178의7).

① 개인의 양도소득금액을 과세표준으로 하여 과세된 세액

② 개인의 양도소득금액을 과세표준으로 하여 과세된 세의 부가세액

3. 국외주식 양도소득세액공제 신청

외국납부세액공제를 적용받고자 하는 경우에는 국외자산 양도소득 세액공제신청서를 확정신고기한(예정신고 포함) 내에 납세지 관할세무서에 제출하여야 한다(소법 §118

의8).

▌미국 거주자가 내국법인의 주식을 양도한 경우 과세 여부

국내사업장이 없는 미국 거주자인 개인이 내국법인이 발행한 주식 등을 양도함으로써 발생하는 소득은 국내원천소득에 해당되는 것이나, 동 소득은 한·미 조세조약(§16)에 따라 국내에서 과세되지 아니한다(국제세원-48, 2013.2.22.).

▌외국납부세액공제액

국외자산을 양도하고 해당 국외자산의 양도소득에 대하여 해당 외국에 납부하였거나 납부할 세액을 공제함에 있어 공제한도액은 해당 과세기간의 국외자산 양도소득 산출세액에 해당 국외자산 양도소득금액이 그 과세기간의 국외자산 양도소득금액에서 차지하는 비율을 곱하여 산출한다(부동산거래-629, 2010.4.30.).

Ⅹ 양도소득기본공제

국외에 있는 자산(주식: 소법 §118의2 ⟨3⟩)의 양도에 대한 양도소득이 있는 거주자에 대해서는 해당 과세기간의 양도소득금액에서 연 250만원을 공제한다(소법 §118의7 ① ⟨2⟩).

감면소득금액이 있는 경우에는 감면소득금액 외의 양도소득금액에서 먼저 공제하고 감면소득 외의 양도소득금액 중에서는 해당 과세기간에 먼저 양도하는 자산의 양도소득금액에서부터 순서대로 공제한다.

제14절 출국시 국내주식의 국외전출세

Ⅰ 개요

역외 조세회피 방지 및 국내주식에 대한 자산에 대한 과세권을 확보하기 위해 거주자가 이민 등으로 국외로 전출하는 경우(이하 "국외전출자"라 한다)에는 국외전출일에 국내주식을 양도한 것으로 보아 국외전출세(양도소득세를 말한다)를 과세한다.

Ⅱ 납세의무자

다음의 요건을 모두 갖추어 출국하는 국외전출자는 출국 당시 소유한 국내주식의 출국일 당시 소유한 주식 등을 출국일에 양도한 것으로 보아 과세표준 및 세액을 계산하고 양도소득세를 납부할 의무가 있다(소법 §118의9).

① 출국일 10년 전부터 출국일까지의 기간 중 국내에 주소나 거소를 둔 기간의 합계가 5년 이상일 것

② 출국일이 속하는 연도의 직전연도 종료일 현재 주권상장법인 대주주 또는 주권비상장법인의 대주주에 해당할 것

Ⅲ 과세표준과 산출세액

1. 양도가액

국외전출세 과세대상인 국외전출자 국내주식 등의 양도가액은 국외전출자의 출국일 당시의 시가(해당 주식 등의 거래가액을 의미한다)로 한다. 다만, 시가를 산정하기 어려울 때에는 다음의 구분에 따른 방법에 따른다(소법 §118의10).

① 주권상장법인의 주식 : 소득세법(§99 ① 〈3〉)에 따른 기준시가

② 주권비상장법인의 주식 : 다음의 방법을 순차로 적용하여 계산한 가액

㉠ 출국일 전후 각 3개월 이내에 해당 주식 등의 매매사례가 있는 경우 그 가액

㉡ 소득세법(§99 ① 〈4〉)에 따른 기준시가

2. 과세표준 계산

국외전출자의 양도소득에 대한 과세표준은 다음 계산에 의한다.

> 양도소득과세표준 = 양도소득금액 – 연 2,500,000원
> 양도소득금액 = 양도가액 – 필요경비(소법 §97 준용)

3. 세율 · 산출세액

국외전출자의 주식의 양도소득에 대한 양도소득세는 해당 과세기간의 양도소득과세표준에 다음 산식에 의해 계산한 금액을 그 세액으로 한다(소법 §118의11).

양도소득과세표준	세 율
3억원 이하	20%
3억원 초과	6천만원 + (3억원 초과액 × 25%)

> **▌외국법인이 발행한 주식의 양도시 중소기업 해당 여부**
>
> 중소기업의 주식은 해외증시에서 거래되는 국내중소기업 발행주식을 의미하는 것이며, 외국법인이 발행한 주식 등은 이에 해당하지 아니한다(재재산-207, 2012.3.15.).

Ⅳ 조정공제액

국외전출자가 출국한 후 국외전출자 국내 주식을 실제 양도한 경우로서 실제 양도가액이 국외전출시 과세대상으로 산정한 양도가액보다 낮은 때에는 다음에 의해 계산한 세액(조정공제액)을 산출세액에서 공제한다(소법 §118의12).

> 조정공제액 = 양도가액 – 실제 양도가액 × 세율(3억 이하:20%, 3억 초과:25%)

Ⅴ 외국납부세액공제와 세액공제 신청

1. 외국납부세액공제

국외전출자가 출국한 후 국외전출자 국내주식을 실제로 양도하여 해당 자산의 양도소득에 대하여 외국정부(지방자치단체 포함)에 세액을 납부하였거나 납부할 것이 있는 때에는 산출세액에서 조정공제액을 공제한 금액을 한도로 다음 산식에 의해 계산한 외국납부세액을 산출세액에서 공제한다(소법 §118의13).

외국납부세액공제액 =

$$\text{국내주식 등의 양도소득에 대하여 외국정부에 납부한 세액} \times \frac{\text{양도가액*(또는 실제양도가액)} - \text{필요경비}}{\text{실제양도가액} - \text{필요경비}}$$

* 해당 국내주식을 실제로 양도하여 외국정부에 납부한 세액

2. 외국납부세액공제의 적용배제

다음에 해당하는 경우에는 외국납부세액의 공제를 적용하지 아니한다.

① 외국정부가 산출세액에 대하여 외국납부세액공제를 허용하는 경우

② 외국정부가 국외전출자 국내주식 등의 취득가액을 양도가액으로 조정하여 주는 경우

3. 세액공제 신청

조정공제를 받으려는 자는 국외전출자 국내주식 등을 실제 양도한 날부터 3개월 이내에 국외전출자 양도소득세 세액공제신청서를 납세지 관할 세무서장에게 제출(국세정보통신망을 통한 제출을 포함함)하여야 한다.

Ⅵ 비거주자의 국내원천소득세액공제

국외전출자가 출국한 후 국외전출자 국내주식을 실제로 양도하여 비거주자의 국내원천소득(소법 §119 〈11〉)으로 국내에서 과세되는 경우에는 산출세액에서 조정공제액을 공제한 금액을 한도로 산출세액에서 공제한다. 이 경우 외국납부세액의 공제를 적용하

지 아니한다(소법 §118의14).

비거주자의 국내원천소득에 대한 세액공제 ; Min〔①, ②〕
① 국내원천소득에 대한 세액 ; 양도가액 × 10%*
② 한도액 ; 산출세액 – 조정공제액
* 취득가액 및 양도비용이 확인되는 경우에는 양도가액의 10%와 양도차익의 20% 중 적은 금액으로 함(소법 §156 ① 〈7〉).

Ⅶ 신고 · 납부 및 가산세

1. 국내주식의 보유현황 신고

국외전출자는 출국일 전날까지 국외전출자 국내주식 등의 양도소득에 대한 납세관리인과 국외전출자 국내주식 등의 보유현황을 납세관리인신고서 및 국외전출자 국내주식 등 보유현황신고서를 납세지 관할 세무서장에게 신고하여야 한다. 이 경우 국외전출자 국내주식 등의 보유현황은 신고일의 전날을 기준으로 작성한다(소법 §118의15).

국외전출자는 출국일 전날까지 국외전출자 국내주식 등의 양도소득에 대한 납세관리인과 출국일이 속하는 연도의 직전연도 종료일 현재 국외전출자 국내주식 등의 보유현황을 납세지 관할 세무서장에게 신고하여야 한다. 이 경우 국외전출자는 납세관리인신고서와 국외전출자 국내주식 등 보유현황신고서를 납세지 관할 세무서장에게 제출하여야 한다.

2. 양도소득 과세표준신고서 및 납부계산서 신고 · 납부

국외전출자는 국외전출에 따른 양도소득 과세표준신고서를 출국일이 속하는 달의 말일부터 3개월 이내(납세관리인을 신고한 경우에는 다음 연도 양도소득세확정신고기간 내인 5월 1일부터 5월 31일까지)에 양도소득 과세표준신고서 및 납부계산서를 납세지 관할 세무서장에게 신고하여야 한다.

양도소득세를 신고 · 납부하려는 국외전출자는 양도소득 과세표준신고와 함께 납세지 관할 세무서장에게 납부하거나 국세징수법(§8)에 따른 납부서에 양도소득과세표준신고서 및 납부계산서를 첨부하여 한국은행 또는 체신관서에 납부하여야 한다(소령 §178의11).

3. 국외전출자 국내주식 등의 보유현황 미제출 등의 가산세

국외전출자가 출국일 전날까지 국외전출자 국내주식 등의 보유현황을 신고하지 아니하거나 누락하여 신고한 경우에는 다음의 구분에 따른 금액의 100분의 2에 상당하는 금액을 납부하여야 한다(소법 §118의15 ④).

① 출국일 전날까지 국외전출자 국내주식 등의 보유현황을 신고하지 아니한 경우 : 출국일 전날의 국외전출자 국내주식 등의 액면금액(무액면주식인 경우에는 그 주식을 발행한 법인의 자본금을 발행주식총수로 나누어 계산한 금액을 말한다) 또는 출자가액

② 국내주식 등의 보유현황을 누락하여 신고한 경우 : 신고일의 전날을 기준으로 신고를 누락한 국외전출자 국내주식 등의 액면금액 또는 출자가액

Ⅷ 조정공제 · 외국납부세액공제 및 국내원천소득 세액공제의 경정청구

위 Ⅳ 조정공제(§118의12 ①), Ⅴ 외국납부세액공제(§118의13 ①) 및 Ⅵ 비거주자의 국내원천소득 세액공제(§118의14 ①)를 적용받으려는 자는 국외전출자 국내주식 등을 실제 양도한 날부터 2년 이내에 납세지 관할 세무서장에게 경정을 청구할 수 있다(소법 §118의15 ⑤).

Ⅸ 납부유예

1. 개요

국외전출자는 납세담보를 제공하거나 납세관리인을 두는 경우에는 출국일부터 국외전출자 국내주식 등을 실제로 양도할 때까지 납세지 관할세무서장에게 양도소득세 납부의 유예를 신청하여 납부를 유예받을 수 있다. 이 경우 납부유예를 받으려는 자는 양도소득 과세표준신고서 및 납부계산서를 제출할 때 납부유예신청서를 납세지 관할 세무서장에게 제출하여야 한다(소법 §118의16).

2. 양도소득세 납부(5년 이내 양도하지 않은 경우)

납부유예를 받은 국외전출자는 출국일부터 5년(국외전출자의 국외유학에 관한 규정 §2 〈1〉에 따른 유학에 해당하는 경우에는 10년) 이내에 국외전출자 국내주식 등을 양도하지 아니한 경우에는 출국일부터 5년이 되는 날이 속하는 달의 말일부터 3개월 이내에 국외전출자 국내주식 등에 대한 양도소득세를 납부하여야 한다.

3. 양도소득세 납부(실제 양도한 경우)

납부를 유예받은 국외전출자는 국외전출자 국내주식 등을 실제 양도한 경우 양도일이 속하는 달의 말일부터 3개월 이내에 국외전출자 국내주식 등에 대한 양도소득세를 납부하여야 한다. 납부를 유예받은 국외전출자는 국외전출자 국내주식 등에 대한 양도소득세를 납부할 때 납부유예를 받은 기간에 대하여 다음의 이자상당액을 가산하여 납부하여야 한다.

> 이자상당액 =
> 국외전출세 산출세액(소법 §118의15 ③) × 신고기한의 다음 날부터 납부일까지의 일수
> × 납부유예 신청일 현재 이자율(국기령 §43의2 ②, 국기칙 §19의3)

X 재전입 등에 따른 환급

국외전출자(상속이 이루어지는 경우에는 상속인을 말한다)는 다음에 해당하는 사유가 발생한 경우 그 사유가 발생한 날부터 1년 이내에 납세지 관할 세무서장에게 납부한 세액의 환급을 신청(소법 §118의15)하거나, 납부유예 중인 세액의 취소를 신청(소법 §118의16)하여야 한다(소법 §118의17).

① 국외전출자가 출국일부터 5년 이내에 국외전출자 국내주식 등을 양도하지 아니하고 국내에 다시 입국(국내에 다시 주소를 두거나 출국일 후 국내에 거소를 둔 기간이 2과세기간에 걸쳐 183일 이상인 것을 말한다)한 경우

② 국외전출자가 출국일부터 5년 이내에 국외전출자 국내주식 등을 거주자에게 증여한 경우

③ 국외전출자의 상속인이 국외전출자의 출국일부터 5년 이내에 국외전출자 국내주식 등을 상속받은 경우(환급시 국세환급가산금을 가산하지 않는다)

제15절 비거주자의 주식양도소득의 원천징수

비거주자의 국내원천소득으로서 국내사업장과 실질적으로 관련되지 아니하거나 해당 국내사업장에 귀속되지 아니한 소득은 이를 지급하는 양수자가 원천징수하여 납부하여야 한다.

비거주자가 과세대상 주식(세법에서는 유가증권이라고 한다)을 양도하는 경우 해당 주식의 양도소득세는 거주자가 과세대상 주식을 양도하는 경우와 달리 비거주자의 경우에는 국내사업장 유무, 양도대상 주식의 종류와 거래방식, 양수자의 구분 등에 따라 다르게 적용된다.

▌상장되기 전에 일부를 양도하는 경우

국내사업장이 없는 비거주자가 외국법인이 발행한 주식이 국내 증권시장에 상장되기 전에 일부를 양도하는 경우 그 양도소득은 국내원천소득(유가증권양도소득)에 해당되지 않는다(국제세원-288, 2010.6.17.).

Ⅰ 조세조약상 과세원칙

국내사업장이 없는 비거주자가 보유중인 내국법인의 주식 등(출자주식 포함)의 양도소득에 대한 조세조약상 과세원칙은 일반적으로 국내세법에 특별한 규정이 있는 경우에는 조세조약이 국내세법의 특별법적 지위로서 우선 적용되나, 특별한 규정이 없는 경우의 조세조약은 과세권의 효력이 없기 때문에 세법에서 국내원천소득으로 규정되지 아니한 소득에 대해서는 조세조약의 규정이 세법 규정보다 우선하여 적용될 수 없다.

Ⅱ 비거주자의 국내원천소득의 종류

이 책자에서는 아래 "⑫ **유가증권 양도소득**"에 대해서만 설명하겠다.

비거주자의 국내원천소득에 대한 종류는 다음과 같이 구분하여 열거하고 있다(소법 §119).

① 이자소득

② 배당소득

③ 부동산소득

④ 선박 등의 임대소득

⑤ 사업소득

⑥ 독립적 인적용역소득

⑦ 종속적 인적용역소득(근로소득)

⑧ 퇴직소득

⑨ 연금소득

⑩ 토지 등 양도소득

⑪ 사용료소득

⑫ 유가증권 양도소득

⑬ 기타소득

Ⅲ 양도소득세 과세대상 유가증권의 범위

1. 개요

비거주자가 부동산주식이 아닌 국내에 있는 다음의 주식(예탁증서 및 신주인수권 포함)의 양도로 인하여 발생한 소득은 국내원천소득 유가증권의 양도소득에 해당한다.

① 내국법인이 발행한 주식 등과 그 밖의 유가증권

② 외국법인이 발행한 주식 등(증권시장에 상장된 것만 해당한다)

③ 외국법인의 국내사업장이 발행한 그 밖의 유가증권

* 비거주자가 양도하는 유가증권 중 양도일이 속하는 사업연도 개시일 현재 해당 법인의 자산총액 중 부동산가액의 합계액이 50% 이상인 비상장법인의 주식 등은 유가증권 양도소득이 아니라 토지 등 양도소득으로 과세한다.

▌국내사업장이 없는 외국법인이 시간외 대량매매 방식이 유가증권시장을 통해 양도한 경우

국내사업장이 없는 외국법인이 「증권거래법」(§94) 규정에 따른 시간외대량매매 방식에 의하여 주식 등을 양도하는 경우, 당해 양도는 유가증권시장 등을 통한 양도에 해당한다(서면인터넷방문 상담2팀-509, 2007.3.26.).

▌국내법인에서 근무하면서 부여받은 주식매수선택권을 퇴사 이후 비거주자(미국 거주자) 상태에서 행사하여 얻은 이익은 세금이 과세되나요?

국내에서 수행되는 근로제공의 대가로 주식매수선택권을 부여받아 퇴직 후 비거주자(미국 거주자)의 상태에서 이를 행사하여 얻은 이익은 한·미조세조약(§19, 6) 등에 따라 국내에서 과세된다(사전법령소득-513, 2016.11.24.).

▌주식의 취득시기가 분명하지 아니한 경우

주식의 양도차익을 산정함에 있어 양도하는 주식의 취득시기가 분명하지 아니한 경우에는 선입선출법으로 양도차익을 산정하는 것이나, 해외주식을 매매 또는 단기투자목적으로 매입한 자의 경우에는, 증권회사가 일반적으로 공정 타당하다고 인정되는 기업회계기준에 따라 과세연도별로 계속하여 적용하는 이동평균법으로 양도차익을 산정할 수 있다(국제세원-229, 2010.5.10.).

2. 국내사업장이 있는 비거주자

국내사업장을 가지고 있는 비거주자의 주식의 양도소득에 대한 과세 여부는 다음에 따라 판단한다(소령 §179 ⑪ ⟨1⟩).

구 분	과 세 여 부
증권시장을 통하여 양도하는 경우(「자본시장과 금융투자업에 관한 법률」(§78)에 따른 중개에 따라 주식을 양도하는 경우를 포함)	비과세. 다만, 비거주자 및 그 특수관계인이 해당 주식 또는 출자지분의 양도일이 속하는 연도와 그 직전 5년의 기간 중 계속하여 그 주식 또는 출자지분을 발행한 법인의 발행주식총수 또는 출자총액(외국법인이 발행한 주식 또는 출자증권의 경우에는 증권시장에 상장된 주식총수 또는 출자총액)의 25% 이상을 소유한 경우에는 과세됨.
증권시장을 통하지 않고 양도하는 경우	과세. 상장주식도 「자본시장과 금융투자업에 관한 법률」에 의한 증권시장을 통하지 않고 양도하는 경우에는 과세됨.

3. 국내사업장이 있는 비거주자가 양도하는 주식 외의 유가증권

국내사업장을 가지고 있는 비거주자가 주식 외의 유가증권을 양도함으로써 발생하는 소득은 국내원천 유가증권 양도소득으로 과세한다. 다만, 당해 유가증권의 양도시에 이자소득(소법 §119 〈1〉)은 제외한다(소령 §179 ⑪ 〈2〉).

4. 국내사업장이 없는 비거주자가 양도하는 유가증권

국내사업장이 없는 비거주자에 대한 유가증권 양도소득에 대한 과세는 다음과 같이 과세대상 유가증권의 구분 및 양도방식, 양수자의 구분에 따라 과세 여부가 달라진다(소령 §179 ⑪ 〈3〉).

<table>
<tr><th colspan="2">구 분</th><th>과 세 여 부</th></tr>
<tr><td rowspan="2">주식의 양도소득</td><td>증권시장을 통하여 양도하는 경우(「자본시장과 금융투자업에 관한 법률」(§78)에 따른 증여시에 따라 주식을 양도하는 경우를 포함함)</td><td>비과세. 다만, 비거주자 및 그 특수관계인이 해당 주식 또는 출자지분의 양도일이 속하는 연도와 그 직전 5년의 기간 중 그 주식 또는 출자지분을 발행한 법인의 발행주식총수 또는 출자총액(외국법인이 발행한 주식 또는 출자증권의 경우에는 증권시장에 상장된 주식총수 또는 출자총액)의 25% 이상을 소유한 경우에는 과세됨.</td></tr>
<tr><td>증권시장을 통하지 않고 양도하는 경우</td><td>과세. 상장주식도 자본시장과 금융투자업에 관한 법률에 의한 증권시장을 통하지 않고 양도하는 경우에는 과세됨.</td></tr>
<tr><td rowspan="2">주식 외의 유가증권 양도소득</td><td>양수자가 내국법인, 거주자, 비거주자・외국법인의 국내사업장인 경우</td><td>과세. 다만, 당해 유가증권의 양도시에 소득세법 제119조 제1호(이자소득)의 규정에 의하여 과세되는 소득은 제외함.</td></tr>
<tr><td>양수자가 국내사업장이 없는 비거주자・외국법인인 경우</td><td>비과세</td></tr>
</table>

Ⅳ 원천징수의무자

1. 개요

원천징수의무자는 비거주자에게 양도대가를 지급하는 내국법인 또는 외국법인이다.

국내사업장이 없는 비거주자에게 주식의 양도대가를 지급하는 자와 국내사업장이 있더라도 동 사업장에 귀속되지 아니하는 주식의 양도소득금액을 지급하는 자는 그 거주자에게 주식 등에 대한 양도소득세를 원천징수할 의무가 있다.

그리고 비거주자가 주식을 증권회사를 통하여 양도하는 경우에는 당해 증권회사가 원천징수의무자이며, 「자본시장과 금융투자업에 관한 법률」에 의하여 주식을 상장하는 경우로서 이미 발행된 주식을 양도하는 경우에는 당해 주식을 발행한 법인이 원천징수의무자이다.

2. 원천징수방법(양도소득세 징수 · 납부)

비거주자에게 주식의 양도대가(양도소득수입금액)를 지급할 때에 원천징수세율(10%)을 적용하여 양도소득세를 원천징수한다. 다만, 유가증권의 취득가액이 확인되는 경우에는 지급액의 10%와 양도차익(=수입금액−취득가액−양도비용)의 20% 중 적은 금액으로 한다(소법 §156 ① 〈5〉).

완납적 원천징수 = Min(양도가액×10%, 양도차익×20%)

이 경우 원천징수대상이 되는 주식의 양도대가를 지급하는 자가 실제로 지급하는 때에 원천징수한 금액을 그 원천징수한 날이 속하는 달의 다음 달 10일까지 납부서에 의하여 원천징수의무자의 납세지 관할세무서 등에 납부하여야 하며, 원천징수이행상황신고서를 원천징수의무자의 납세지 관할세무서장에게 제출하여야 한다.

3. 원천징수 및 가산세

(1) 양수자(원천징수의무자)가 내국법인인 경우

양수자(원천징수의무자)가 내국법인인 경우 당해 법인의 본점·주사무소 또는 국내에 본점·주사무소가 소재하지 아니하는 경우 사업의 실질적 관리장소로 한다. 다만 법인의 지점·영업소 기타 사업장이 독립채산제에 의하여 독자적으로 회계사무를 처리하는 경우에는 그 사업장 소재지로 하되 본점일괄납부의 승인을 얻거나 부가가치세법에 따라 사업자단위로 등록한 경우에는 본점 또는 주사무소로 한다(소법 §7 ①).

(2) 양수자(원천징수의무자)가 외국법인인 경우

양수자(원천징수의무자)가 외국법인인 경우에는 당해 법인의 주된 국내사업장의 소재지로 한다. 그 외의 경우에는 양도자산의 소재지가 된다.

(3) 원천징수불이행시 가산세 적용

양수자가 원천징수세액을 납부기한까지 납부하지 아니하거나 과소납부한 경우에는 납부하지 아니한 세액 또는 과소납부분 세액의 10%에 상당하는 금액을 한도로 하여 다음 금액을 합한 금액을 한도로 하여 원천징수의무자(양수자)에게 가산세로 부과·징수한다(국기법 §47의5 ①).

① 납부하지 아니한 세액 또는 과소납부분 세액의 3%에 상당하는 금액

② 납부하지 아니한 세액 또는 과소납부분 세액 × 납부기한의 다음 날부터 자진납부일 또는 납세 고지일까지의 일수 × 0.03% (2020.1.1. 이후 ; 0.025%)

Ⅴ 신고·납부

비거주자인 양도자는 거주자의 경우와 같이 동일한 방식으로 양도소득세를 예정(확정)신고·납부하여야 하며, 해당 양수자에게 지급한 세금(원천징수세액)이 있는 경우에는 예정(확정)신고시 기납부세액으로 공제하여 예정(확정)신고세액을 산출한다.

제16절 주식의 기준시가 산정

일반적으로 양도소득세를 산출하기 위해서는 양도자산의 양도·취득가액을 실지거래가액에 의하여 계산함으로써 정당한 세금을 부과하게 되어 공평과세를 이룰 수 있다. 그러나 현실적으로 실지거래가액의 알 수 없는 경우에는 실지거래가액의 조사과정에서 납세자와 마찰이 발생하게 되어, 정부에서는 세무행정의 능률을 높이고 양도소득세를 과세함에 있어서 불공평을 해소하기 위해서 기준시가를 운영하게 되었다.

따라서 주식 등의 거래시 양도 또는 취득당시 실지거래가액을 알 수 없는 경우에는 그 양도가액 또는 취득가액의 크기를 획일적인 방법에 따라 정해진 과세기준(기준시가)에 의한 가액으로 한다.

I 주식의 기준시가 산정방법

세법상 기준시가란 양도소득세 과세대상 주식 등의 자산을 양도하는 경우에 실지거래가액에 불구하고 과세대상 물건에 대해 일률적인 방법으로 과세하기 위해 마련한 과세기준이 되는 가액을 말한다.

이 경우 주식 등의 기준시가의 산정은 상증법상의 규정을 준용하여 평가하고 있으나 상증법상 계산을 위한 재산가액의 보충적 평가방법과 양도소득세를 계산하기 위한 기준시가와 동일하지 아니하다.

주식의 기준시가 산정방법은 주식의 종류에 따라 다음과 같이 다르게 적용한다.

주식의 종류	기 준 시 가
유가증권 상장법인의 주식	상증법(§63 ① 〈1호, 가목 또는 나목〉)을 준용하여 평가한 가액(양도일·취득 이전 1개월 동안 공포된 매일의 거래소 최종 시세가액의 평균액)
코스닥(코넥스)시장 상장법인의 주식 (거래정지 등이 된 것 제외)	
비상장·비등록주식 (거래정지 등이 된 코스닥주식 포함)	상증법(§63 ① 〈1호, 다목〉)을 준용하여 평가하며, 평가기준시기 및 평가액은 소령(§165 ④)에 따라 산출한 가액
신주인수권	상증령(§58 ②)을 준용하여 평가한 가액

Ⅱ 상장주식의 기준시가

1. 개요

양도소득세의 과세대상이 되는 상장주식(코스닥주식·코넥스주식 포함)의 기준시가는 해당 주식의 양도일·취득일 이전 1개월(상증법은 2개월임) 간에 공표된 매일의 한국거래소 최종시세가액(거래실적의 유무를 불문)의 평균액으로 한다.

> 상장주식의 양도·취득당시 기준시가 =
> 해당 주식의 양도일·취득일 이전 1개월간의 거래소 최종시세가액의 평균액

2. 양도일·취득일 이전 1개월 중에 증자·합병의 경우

양도일·취득일 이전 1개월 중에 증자·합병 등의 사유가 발생하여 당해 평균액에 의하는 것이 부적당한 경우에는 동 사유가 발생한 날(증자·합병의 사유가 2회 이상 발생한 경우에는 양도일·취득일에 가장 가까운 날을 말한다)의 다음 날부터 양도일·취득일까지의 기간의 최종시세가액의 평균액으로 한다.

3. 매매거래 정지 등이 있는 경우

양도일·취득일 이전 1월 이내에 한국거래소가 정하는 기준에 따라 매매거래가 정지되거나 관리종목으로 지정된 기간의 일부 또는 전부가 포함되는 주식 등(공시의무 위반 및 사업보고서제출의무 위반 등으로 인하여 관리종목으로 지정·고시되거나 등록신청서 허위기재 등으로 인하여 일정기간 동안 매매거래가 정지된 경우로서 적정하게 시가를 반영하여 정상적으로 매매거래가 이루어지는 경우는 제외)은 비상장법인 주식 등의 평가방법에 따른다(소령 §165 ③).

상장주식의 양도·취득당시의 기준시가는 해당 주식의 양도일·취득일 이전 1개월(상증법은 평가기준일 전후 2개월) 간에 공표된 매일의 거래소 최종시세가액(거래실적의 유무를 불문한다)의 평균액으로 한다.

상장주식의 양도 · 취득당시 기준시가 =
해당 주식의 양도일 · 취득일 이전 1개월간의 한국거래소 최종시세가액의 평균액

4. 취득일 이후에 상장된 경우

주식 등의 양도일 현재에는 코스닥주식 또는 코넥스주식에 해당되나 그 취득 당시에는 코스닥주식 또는 코넥스주식에 해당되지 아니하는 경우 또는 주식 등의 양도일 현재에는 유가증권시장상장법인(「자본시장과 금융투자업에 관한 법률 시행령」 §176의9 ①에 따른 유가증권시장에 주권을 상장한 법인을 말한다)의 주식 등에 해당되나 그 취득당시에는 유가증권시장 상장법인의 주식 등과 코스닥주식 또는 코넥스주식에 해당되지 아니하는 경우, 취득당시의 기준시가는 다음 산식에 의해 계산한 금액으로 한다(소령 §165 ⑤,⑥).

취득 당시의 기준시가 =
상장일 이후 1개월간 공표된 매일의 최종시세가액의 평균액 × (취득일 현재의 비상장주식 평가방법에 의한 평가액 / 상장일 현재의 비상장주식 평가방법에 의한 평가액)

5. 최대주주의 할증평가

상증법상 주식평가에 있어서 최대주주 등의 주식에 대하여는 할증평가를 하지만 상장주식을 기준시가에 의해 평가하는 경우에는 최대주주 등의 할증평가는 적용하지 않는다(재산 46014-1940, 1999.11.6.).

6. 주식교환으로 실지거래가액이 확인불능시 기준시가 환산

주식을 교환으로 양도하는 경우 당해 주식의 양도가액은 교환계약서에 표시된 실지거래가액에 의하는 것이나 다만, 교환계약서에 표시된 실지거래가액이 인정 또는 확인할 수 없어 기준시가에 의하는 경우에는 상증법(§63 ①)의 규정에 따라 평가한 가액을 양도가액으로 하는 것이며, 이 경우 최대주주 등의 주식에 해당하는 때에는 할증평가한다(서면4팀-2172, 2005.11.14.).

Ⅲ 비상장주식의 기준시가

1. 적용대상 주식

비상상장주식에 대한 기준시가 계산은 상증법 규정을 준용하여 평가하며, 적용대상 주식은 다음과 같다.

① 비상장주식 · 비등록주식

② 양도일 · 취득일 이전 1개월 이내에 매매거래가 정지되거나 투자유의종목 · 관리종목으로 지정 · 고시된 협회등록주식(상장주식의 기준시가 평가방법이 적용되는 코스닥주식 제외)

2. 비상장주식의 기준시가 산정

(1) 개요

비상장주식(출자지분 포함)은 1주당 순손익액과 순자산가액을 각각 3과 2의 비율(부동산과다보유법인은 2와 3)로 가중평균한 가액으로 한다(소령 §165 ④ 〈1〉). 다만, 그 가중평균한 가액이 1주당 순자산가치의 80%보다 작은 경우에는 1주당 순자산가치에 80%를 곱한 금액을 비상장주식 등의 가액으로 한다(소령 §165 ④ 〈1〉).

① 일반법인의 경우 =

$$\text{비상장주식 등의 주당 기준시가} \times \frac{[\text{1주당 순손익액}^{*} \times 3 + \text{1주당 순자산가액}^{**} \times 2]}{5}$$

* 1주당 순손익가치 = 1주당 순손익액 / 자본환원 이자율(10%)

** 1주당 순자산가치 = 해당 법인의 순자산가액 / 발행주식총수

② 부동산과다법인***의 경우 =

$$\text{비상장주식 등의 주당 기준시가} \times \frac{[\text{1주당 순손익액} \times 2 + \text{1주당 순자산가액} \times 3]}{5}$$

*** 부동산과다법인이란 당해 법인의 자산총액 중 토지 · 건물 · 부동산을 취득할 수 있는 권리 · 전세권 등의 가액과 해당 법인이 보유한 다른 법인의 주식가액에 그 다른 법인의 부동산 등 보유비율을 곱하여 산출한 가액의 합계액의 비율(부동산가액의 비율)이 50% 이상을 해당 과점주주 외의 자에게 양도하는 경우(과점주주가 다른 과점주주에게 양도한 후 양수한 과점주주가 과점주주 외의 자에게 다시 양도하는 경우로서 세법으로 정하는 경우를 포함한다)에 해당 주식 등을 말한다. 여기서 세법으로 정하는 경우란 과점주주가 해당 법인의 주식 등의 100분의 50 이상을 과점주주 외의 자에게 양도한 주식 등 중에서 양도하는 날(여러 번에 걸쳐 양도하는 경우에는 그 양도로 양도한 주식

등이 전체 주식 등의 100분의 50 이상이 된 날을 말한다)부터 소급해 3년 내에 해당 법인의 과점주주 간에 해당 법인의 주식 등을 양도한 경우를 말한다(소법 §94 ① 〈4,다〉).

(2) 순손익가치 계산

순손익가치는 양도일 또는 취득일이 속하는 사업연도의 직전 사업연도의 순손익액에 따라 다음과 같이 계산한다. 만일 그 가액이 0원 이하인 경우에는 0원으로 한다. 이 경우 사업연도가 1년 미만일 경우에는 1년으로 환산한다.

❶ 각 사업연도의 순손익액 ;

각 사업연도 소득금액 + 가산할 금액 − 차감할 금액

가산할 항목	차감할 항목
① 국세 및 지방세 과오납 환급금이자 ② 수입배당금 익금불산입액 ③ 기부금손금한도초과액에 대한 이월공제액의 손금산입한 금액 ④ 외화환산이익(법인세 계산시 해당 이익을 반영하지 않은 경우)	① 벌금 · 과료 · 과태료 · 가산금 · 체납처분비 등 ② 손금불인정 공과금 ③ 과다경비, 업무무관비용 등 ④ 기부금 · 접대비 · 지급이자 손금불산입액 ⑦ 감가상각비 시인부족액 ⑧ 법인세 등 납부할 세액 ⑨ 외화환산손실(법인세 계산시 해당 손실을 반영하지 않은 경우)

❷ 1주당 순손익액 ;

$$\frac{\text{각 사업연도의 순손익액(❶)}}{\text{순손익가치환원율(10\%)}}$$

(3) 순자산가치 계산

순자산가치는 취득일 또는 양도일이 속하는 사업연도의 직전 사업연도 종료일 현재 당해 법인의 장부가액(토지의 경우에는 기준시가)에 의하여 다음과 같이 산출한 금액으로 한다.

❶ 1주당 순자산가치 ;

$$\frac{\text{당해 법인의 순자산가액(❷)}}{\text{발행주식총수}}$$

❷ 취득일 또는 양도일이 속하는 사업연도의 직전 사업연도 종료일 현재 해당 법인의 순자산가액 ;

자산총액(❸) － 부채총액(❹)

❸ 자산총액 ;

재무상태표상 자산가액 ＋ 가산할 금액 － 차감할 금액

가산할 금액	차감할 금액
① 평가차액* ② 미수이자(원천징수세액 차감) ③ 지급받을 권리가 확정된 금액으로서 재무상태표에 계상되지 아니한 것 ④ 유상증자가액 : 평가기준일의 직전 사업연도 말 B/S를 기준으로 평가할 경우 ⑤ 영업권의 보충적 평가방법에 의한 평가액	① 이연법인세자산 ② 선급비용 ③ 외화환산차 ④ 평가차액

* 평가차액이란 비상장법인의 재무제표는 기업회계기준에 따라 작성된 장부가액과 상증세법에 따라 평가한 금액의 차액을 말한다. 이 경우 평가액이 장부가액보다 적은 경우 정당한 사유가 없으면 장부가액으로 한다.

❹ 부채총액 ;

재무상태표상 부채가액 ＋ 가산할 금액 － 차감할 금액

가산할 금액	차감할 금액
① 미계상 법인세 비용* ② 퇴직금추계액 ③ 평가기준일 현재 이익처분으로 확정된 배당금 및 상여금 등 ④ 평가기준일 현재 지급의무가 확정된 비용	① 재무상태표에 계상된 제충당금 및 제준비금** ② 이연법인세부채 ③ 외화환산대 ④ 상속개시 후 잉여금의 처분이 확정된 배당금 및 상여금

* 평가기준일까지 발생된 법인소득에 대한 법인세액, 법인세액의 감면액 또는 과세표준에 부과되는 농어촌특별세 및 지방소득세액은 평가기준일 현재 법인세법 등에 따라 실제 납부하여야 할 법인세액 등을 말한다.

** 매출채권에서 차감형식으로 표시되는 대손충당금은 자산에서 차감하지 아니한 것으로 평가한다.

(4) 발행주식총수 계산시 기준일

1주당 순자산가치 계산에 있어서 발행주식총수는 양도일 또는 취득일이 속하는 사업연도의 직전 사업연도 종료일 현재의 발행주식총수를 말한다(소령 §165 ④ 〈3〉).

▌무상주가 포함된 비상장주식의 1주당 양도가액을 순자산가치에 의하여 평가함에 있어서 발행주식총수의 계산

무상주가 포함된 비상장주식의 1주당 양도가액을 순자산가치에 의하여 평가함에 있어서 발행주식총수의 계산은 양도일이 속하는 사업연도의 직전 사업연도 말 기준이 아니라, 양도일 현재를 기준으로 한다(국심사양도 2003-3015, 2003.12.8.).

(5) 직전 사업연도가 없는 경우

설립으로 인하여 직전 사업연도가 없는 경우 법인의 순자산가액 및 발행주식총수 계산은 설립당시를 기준으로 한다(소법 집행기준 99-165-8).

(6) 다른 비상장주식 등을 소유한 경우

비상장주식 등을 발행한 법인이 다른 비상장주식 등을 발행한 법인의 발행주식총수 또는 출자총액의 10% 이하의 주식 또는 출자지분을 소유하고 있는 경우 그 다른 비상장주식 등의 주당 기준시가는 순손익가치와 순자산가치를 가중평균하여 산정한 가액과 이동평균법에 따른 취득가액 중 어느 하나를 선택하여 평가할 수 있다(소령 §165 ④ 〈2〉).

▌비상장주식 양도에 따른 1주당 가액을 기준시가로 평가시 순자산가액의 결정방법

비상장주식 양도에 따른 1주당 가액을 기준시가로 평가함에 있어 순자산가액은 양도일이 속하는 사업연도의 직전 사업연도 종료일 현재 당해 법인의 장부가액(토지의 경우에는 기준시가)에 의한다(재일 46014-2172, 1997.9.12.).

▌비상장주식의 순자산가액 또는 특정 자산가액 평가방법

순자산가액은 취득일 또는 양도일이 속하는 사업연도의 직전 사업연도 종료일 현재 당해 법인의 장부상가액(토지의 경우에는 기준시가)을 적용하여 평가한 가액으로 하는 것이며, 자산가액에서 토지, 건물 및 부동산에 관한 권리의 가액이 차지하는 비율을 산정하는 경우 토지는 개별공시지가에 의하는 것이며, 건물 및 부동산에 관한 권리는 당해 법인의 장부상 등재된 가액에 의한다(재일 46014-1557, 1997.6.26.).

▌부동산과다보유 법인의 주식 판정시 건설중인 자산의 평가방법

법인의 장부가액 중 건설중인 자산의 금액은 자산가액에 포함되지 아니한다(부동산거래관리과-573, 2012.10.25.).

▌골프장 사업법인 주식 양도시 자산가액 산정방법

골프장 조성시부터 외부로부터 구입하여 식재(植栽)하고 이를 토지 또는 코스조성비 등과 구분하여 기장한 수목(樹木)의 경우에는 자산에 포함되지 않는다(부동산거래관리과-186, 2012.4.5.).

▌국내사업장 없는 외국법인의 비상장주식의 평가

최대주주 등에 해당하는 국내사업장 없는 외국법인의 비상장주식을 소득세법(§99 ① 〈5〉)에 따라 평가하는 경우에는 상증법(§63 ③)을 적용 한다(국제세원-585, 2009.11.25.).

▌비상장주식의 의제취득일(1986.1.1.) 현재 기준시가 계산

비상장주식의 의제취득일(1986.1.1.) 현재 1주당 기준시가는 양도당시의 법률을 적용하여 순손익가치와 순자산가치 중 큰 금액으로 하는 것이며, 또한 순손익가치에 의한 1주당가액의 평가시 적용할 재정경제부령이 정하는 율도 양도당시의 법률을 적용하여 현행 100분의 10으로 한다(재산 46014-416, 2001.9.24.).

3. 순자산가치로만 평가하는 경우

다음의 법인에 대해서는 순자산가치로만 평가한다(소령 §165 ④ 〈3〉).

① 양도소득세 과세표준신고기한 이내에 청산절차가 진행 중 법인과 사업자의 사망 등으로 인하여 사업의 계속이 곤란하다고 인정되는 경우

② 사업개시 전의 법인, 사업개시 후 1년 미만의 법인 또는 휴업·폐업 중인 법인의 경우

③ 양도일 또는 취득일이 속하는 사업연도 전 3년 이내의 사업연도부터 계속하여 법인세법상 각 사업연도에 속하거나 속하게 될 손금의 총액이 그 사업연도에 속하

거나 속하게 될 익금의 총액을 초과하는 결손금이 있는 법인의 경우

▌사업개시 후 3년 미만 법인이란?

"사업개시 후 3년 미만의 법인"은 당해 법인의 사업개시일부터 평가기준일까지 역에 의하여 계산한 기간이 3년 미만인 법인을 말하는 것이며, 사업개시일은 당해 법인이 처음으로 재화 또는 용역의 공급을 개시한 때를 말한다(재산-395, 2009.10.7. ; 재산-201, 2011.4.2.).

▌장기간 휴면법인이 재개업한 경우 사업개시 후 3년 미만 법인의 판단

사업개시 후 3년 미만 법인이라 함은 당해 법인이 사업개시일부터 평가기준일까지 역에 의하여 계산한 기간이 3년 미만인 법인을 말하며(서면4팀-687, 2004.5.18.), 휴면법인이 새로운 주주에게 인수되어 사업을 재개한 경우 사업개시 후 3년 미만의 법인 해당 여부는 사업재개 후 최초로 재화 또는 용역의 공급을 개시한 날을 기준으로 판단한다(서면4팀-879, 2007.3.14.).

▌법인이 분할한 경우 사업개시 후 3년 미만 법인 판단기준

법인이 인적분할한 경우 분할신설법인이 사업개시 후 3년 미만에 해당하는지 여부는 분할 전 법인을 기준으로 판단하고(재재산-715, 2005.7.8.), 「법인세법」(§47 ①)의 요건을 갖춘 물적분할에 의하여 신설된 분할신설법인의 사업영위기간도 분할 전 동일사업부문의 사업개시일부터 기산한다(재재산-1065, 2009.6.15.). 이와 같이 분할과 관련된 사업개시일의 판단을 해석에 의존하였으나 2017.2.7. 이후 상속이 개시되거나 증여받은 분부터는 「법인세법」(§46의3, §46의5, §47)의 요건을 갖춘 적격분할 또는 적격물적분할로 신설된 법인의 사업기간은 분할 전 동일 사업부분의 사업개시일부터 기산하도록 명확히 하였다(상증령 §54 ④ 〈2〉 단서).

▌법인이 합병한 경우 사업개시 후 3년 미만 법인 판단기준

법인이 합병한 경우로서 합병 후 1주당 가액을 평가할 때 사업개시 후 3년 이상 또는 3년 미만 법인 해당 여부는 합병법인을 기준으로 판단함(서면4팀-945, 2007.3.21.)이 타당하다.

기획재정부도 「사업개시 후 3년 미만인 내국법인이 합병법인이 되어 사업개시 후 3년 이상인 내국법인을 합병한 경우, 당해 합병법인은 상속세및증여세법 시행령(§54 ④ 〈2〉)의 "사업개시 후 3년 미만의 법인"에 해당한다」라고 해석(기획재정부 재산세제과-364, 2018.4.25.)하고 있어 합병법인을 기준으로 판단하고 있다.

▌법인이 업종을 변경한 경우 사업개시 후 3년 미만 법인 판단기준

순자산가치로만 평가하는 "사업개시 후 3년 미만의 법인"에 해당 여부를 판단할 때 해당 법인이 업종을 변경한 경우에도 사업개시일은 업종변경 여부에 관계없이 당해 법인이 처음으로 재화 또는 용역의 공급을 개시한 때를 말한다(재산-447, 2010.6.28. ; 재재산 46014-126, 1996.3.13.).

4. 장부분실 등으로 취득당시 기준시가를 확인할 수 없는 경우

장부분실 등으로 인하여 비상장주식 등의 취득당시 기준시가를 확인할 수 없는 경우에는 액면가액을 취득당시의 기준시가로 한다(소법 집행기준 99-165-4).

▌장부가 분실되어 1986.1.1. 현재의 기준시가를 알 수 없는 경우

비상장주식 등을 양도한 것에 대하여 의제취득일 현재의 취득가액을 산정함에 있어 장부분실 등의 사유로 취득당시의 기준시가를 확인할 수 없는 경우에는 액면가액을 취득당시의 기준시가로 적용한다(재일 46014-413, 1997.2.25.).

▌기준시가를 산정할 수 없는 경우

비상장주식의 실지양도가액이 불분명하고 취득당시 기준시가를 산정할 수 없어 액면가액을 취득당시 기준시가로 하여 양도차익을 계산한다(국심 1999서2552, 2000.3.10.).

5. 최대주주의 할증평가 적용 여부

상증법상 주식평가에 있어서 최대주주 등의 주식에 대해서는 보유주식 비율에 따라 평가금액에 따라 일정률의 비율을 가산하나, 소득세법상 기준시가 평가시에는 할증과세를 적용하지 아니한다.

6. 상증법상 평가방법과 소득세법상 기준시가의 비교

상증법상 평가방법과 소득세법상 기준시가의 평가방법의 차이를 비교하면 다음과 같다.

구 분	상증법상 평가	소득세법상 평가
일반적 사항	① 평가기준일 이전·이후 각 2개월간의 평균가격 ② 시가 산정이 어려울 때 ; 보충적 평가방법 ③ 최대주주 할증과세 있음.	① 평가기준일 이전·이후 각 1개월간의 평균가격 ② 실지거래가액 확인 불능시 ; 기준시가 ③ 최대주주 할증과세 없음.
순손익액 계산	1주당 최근 3년간 순손익의 가중평균액	1주당 최근 1년간 순손익의 가중평균액(양도일 또는 취득일이 속하는 사업연도의 직전 사업연도의 순손익액)
순자산가액 계산	순자산가액 = 자산총액 - 부채총액 + 영업권 ① 자산가액 ; 시가 ② 산정기준시기 ; 평가기준일 현재	순자산가액 = 자산총액 - 부채총액 ① 자산가액 ; 장부가액(토지는 기준시가) ② 산정기준시기 ; 직전 사업연도 종료일 현재

Ⅳ 신주인수권의 기준시가

신주인수권이란 회사가 신주를 발행할 경우에 그 전부 또는 일부를 타인보다 우선하여 인수할 수 있는 권리를 말하는 것으로서 유상증자 또는 무상증자 배정기준일 현재 기존주주(구주주)가 자신이 소유하고 있는 주식수에 비례하여 신주를 인수할 수 있는 권리를 말한다.

1. 개요

신주인수권의 기준시가는 상증법(§58의2 ②)의 규정을 준용하여 다음과 같이 평가한다(소령 §165 ⑦).

① 한국거래소에서 거래되는 경우 ; 한국거래소에 상장되어 거래되는 전체 거래일의 종가평균

② 그 밖의 경우 ; 해당 신주인수권증서로 인수할 수 있는 주식의 권리락 전 가액에서 배당 차액과 신주인수가액을 차감한 가액. 다만, 해당 주식이 주권상장법인 등의 주식인 경우로서 권리락 후 주식가액이 권리락 전 주식가액에서 배당차액을 차감한 가액보다 적은 경우에는 권리락 후 주식가액에서 신주인수가액을 차감한

가액으로 한다.

2. 한국거래소에서 거래되는 경우

한국거래소에서 거래되는 신주인수권의 경우에는 다음과 같이 평가한 가액으로 한다.

신주인수권의 평가액 = Max〔①, ②〕
① 평가기준일 이전 2개월 간의 공표된 매일의 유가증권시장 최종시세가액의 평균액
② 평가기준일 이전 최근일의 최종시세가액

3. 그 밖의 경우

그 밖의 경우로써 한국거래소에서 거래되지 않는 신주인수권은 만기상환금액(만기 전에 발생하는 이자상당액을 포함)을 사채발행이율에 따라 발행 당시의 현재가치로 할인한 가액에서 그 만기상환금액을 3년 만기 회사채의 유통수익률을 고려하여 이자율(적정할인율)에 따라 발행 당시의 현재가치로 할인한 가액을 뺀 가액으로 한다. 이 경우 그 가액이 음수인 경우에는 영으로 한다(상증령§ 58의2 ② 〈1, 나〉).

만일 전환 등이 가능한 기간 중에 평가하는 경우에는 전환 등이 불가능한 기간 중에 평가하는 경우의 평가액과 해당 신주인수권으로 인수할 수 있는 주식가액에서 배당차액과 신주인수가액을 뺀 가액 중 큰 가액으로 평가한다.

Q 사례 1 양도가액은 실지거래가액이 확인되나 취득당시 실지거래가액 확인이 불가능한 경우

양도가액은 실지거래가액이 확인되나 취득당시 실지거래가액 확인이 불가능한 경우 다음 자료에 의하여 취득가액과 필요개산공제액을 계산하여라.

① 소액주주인 김일남씨는 갑 주식회사(중소기업)의 주식 20,000주를 2019.4.1. 김이남씨에게 400,000,000원(실지거래가액)에 양도하였다.

② 김일남씨가 양도한 주식의 취득 당시의 실지거래가액은 알 수 없으나 양도 및 취득 당시의 기준시가는 다음과 같다.

양도당시 기준시가	취득당시 기준시가
12,000원	5,000원

풀이 1

① 양도가액 : 400,000,000원

② 취득가액 :

$$400,000,000원 \times \frac{5,000원}{12,000원} = 166,666,666원$$

환산취득가액 = 양도당시의 실지거래가액, 매매사례가액 × 취득당시의 기준시가 / 양도당시의 기준시가

③ 필요개산공제액 : (5,000원 × 20,000주) × 1%* = 1,000,000원

* 필요경비 개산공제액 = 취득당시 기준시가 × 1%

이 경우 취득가액을 환산가액으로 하는 경우에는 개산공제액 이외의 필요경비는 없다(조심 2013서1271, 2013.5.9.).

Q 사례 2 양도가액은 실지거래가액이 확인되나 취득당시 실지거래가액 확인이 불가능한 경우(서식작성)

양도가액은 실지거래가액이 확인되나 취득당시 실지거래가액 확인이 불가능한 경우 다음 자료에 의하여 주식평가액을 산출하고 양도소득세를 계산하고 관련서식(양도소득세 및 증권거래세)을 작성하여라.

① 소액주주인 김일남씨는 갑 주식회사(비상장 중소기업)의 주식 20,000주를 김이남씨에게 2019.4.1.에 양도하였으며 양도한 주식의 현황은 다음과 같다.

구 분	현 황	비 고
설립일자	2005.9.1.	액면가액 : 5,000원, 발행주식수 : 100,000주
취득일자	2006.2.1.	매입 : 20,000주
취득가액	실지거래가액 확인 불능	2005 사업연도 장부분실
양도일자	2019.4.1.	–
양도가액	400,000,000원	실지거래가액

② 2018.12.31. 현재 재무상태표상 자산 및 부채 현황은 다음과 같다.

자산계정	계정금액	부채계정	계정금액
합 계	3,633,432,369	합 계	2,660,541,227
당좌자산	2,477,142,026	유동부채	2,167,846,832
재고자산	810,523,882	고정부채	492,694,395
투자자산	224,005,178		
유형자산	121,761,283		

③ 2018.12.31. 현재 세무상 자산 및 부채에 가산하거나 차감할 내용은 다음과 같다.

〈자산총액〉
① 2019.4.1. 현재 재무상태표상 자산가액 : 3,633,432,369원
② 자산에 가산할 금액
 ㉠ 대손충당금 : 9,152,808원
 ㉡ 미수수익 : 25,700,147원*
 ㉢ 토지평가차익 : 569,714,270원
 ㉣ 건물평가차익 : 215,050,435원
 소 계 : 819,617,660원
③ 자산총액(①+②) : 4,453,050,029원
* 미계상 미수수익 30,378,424원 중 원천징수세액 4,678,277원을 차감한 금액임.

〈부채총액〉
① 2019.4.1. 현재 재무상태표상 부채가액 : 2,660,541,227원
② 부채에 가산하거나 차감할 내용은 없다.

④ 세법상 최대주주이다.

⑤ 비유동부채 중 퇴직급여충당부채 계상액은 2018.12.31. 현재 임・직원 전원이 퇴직할 경우 지급되어야 할 퇴직급여추계액은 494,241,895원이다.

⑥ 2018 사업연도 법인세 총결정세액은 다음과 같다.

구 분	2018사업연도
법인세총결정세액	26,491,480원
지방소득세	2,649,140원

⑦ 2018 사업연도(1.1.~12.31.)의 손익계산서상 법인세비용 차감후 당기순이익과 세무조정 내용은 다음과 같다.

구 분			각 사업연도소득
법인세비용 차감후 당기순이익			325,327,447
익금・손금 불산입	미수수익	유보	5,100,000
	재고자산평가차익	유보	-
	지분법손실	유보	-
	감가상각비부인액	유보	12,000,000
	접대비한도초과	기타사외유출	23,300,000
	공과금	기타사외유출	23,000,000
	가지급금인정이자	상 여	20,726,000
	법인세비용	기타사외유출	21,700,000

구 분			각 사업연도소득
	계		105,826,000
손금·익금 불산입	미수수익	유보	7,860,000
	감가상각비시인부족액	유보	4,500,000
	지분법이익	유보	150,000,000
	재고자산평가차익	유보	36,336,000
	계		198,696,000
각 사업연도 소득금액			232,457,447

⑧ 갑주식회사는 중소기업에 해당하는 법인이다.

⑨ 2019년 중에 해당 주식 외의 자산을 매각한 것은 없다.

⑩ 증권거래세 2,000,000원을 납부하였다.

⑪ 발행주식총수는 100,000주이다.

풀이 2

1. 양도소득세 계산

❶ 양도가액(실지거래가액) ; 400,000,000원

❷ 취득가액(환산가액) ;

취득가액(환산가액) 계산에 있어서 양도가액은 실거래가액이 확인되나 취득가액은 실지거래가액이 확인되지 않아 양도당시와 취득당시의 기준시가로 환산한 가액으로 하였음.

① 양도당시 기준시가 : 15,347원[아래 2. 양도당시 기준시가계산 참조, Max(⑤, ⑥)]

② 취득당시 기준시가 : 5,000원*

* 장부분실 등으로 인하여 비상장주식 등의 취득당시 기준시가를 확인할 수 없는 경우에는 액면가액을 취득당시의 기준시가로 한다(소법 집행기준 99-165-4).

③ 취득가액(환산액):

$$400,000,000원 \times \frac{5,000원}{15,347원} = 130,318,629원$$

❸ 양도소득금액

① 필요개산공제액 : (5,000원 × 20,000주) × 1% = 1,000,000원

② 증권거래세 : 2,000,000원

③ 양도소득금액 :

400,000,000원 - 130,318,629원 - 1,000,000원(①) - 2,000,000원(②) = 266,681,371원

❹ 과세표준금액

266,681,371원 - 2,500,000원 = 264,181,371원

❺ 산출세액

264,181,371원 × 10% = 26,418,137원

❻ 개인지방소득세

26,418,137원 × 10% = 2,641,813원

법인 구분	기업 구분	주주 구분	거래 · 보유	과세표준	세율
비상장 법인	중소기업	소액주주	-	-	10%
		대주주		3억원 이하	20%
				3억원 초과	6천만원+3억원 초과 25%
	대기업	소액주주	-	-	20%
		대주주	1년 이상 보유	3억원 이하	20%
				3억원 초과	6천만원+3억원 초과 25%
			1년 미만 보유	-	30%

2. 양도당시 기준시가 산출

양도당시(2019.4.1.) 기준시가는 2018 사업연도의 순손익가액과 순자산가액에 따라 산정하여 다음과 같다.

구 분	1주당평가액
① 1주당 순손익가액	13,629원
② 순자산가액	1,792,508,802원
③ 발행주식수	100,000주
④ 1주당 순자산가액(②÷③)	17,925원
⑤ 1주당 순자산가액(④) × 80%	14,340원
⑥ 1주당 평가액 [(①×3+④×2)÷5]	15,347원

(1) 순자산가액 산정

순자산가액의 계산은 다음과 같다.

〈자산총액〉

① 2018.12.31. 현재 재무상태표상 자산가액 : 3,633,432,369원

② 자산 가산금액

㉠ 대손충당금 : 9,152,808원

㉡ 미수수익 : 25,700,147원

㉢ 토지 평가차익 : 569,714,270원

㉣ 건물 평가차익 : 215,050,435원

소 계 : 819,617,660원

③ 자산총액(①+②) 4,453,050,029원

〈부채총액〉

① 2018.12.31. 현재 재무상태표상 부채가액 : 2,660,541,227원

② 부채총액 : 2,660,541,227원

〈순자산가액〉

순자산가액[자산총액 - 부채총액] : 1,792,508,802원

4,453,050,029원 - 2,660,541,227원 = 1,792,508,802원

	평 가 차 액 계 산 명 세 서						2018
평가대상 법인명 : 갑 주식회사				평가기준일 : 2018년 12월 31일 현재			
자 산 금 액				부 채 금 액			
계정과목	상속세 및 증여세법에 의한평가액	재무상태표 상 금액	차 액	계정과목	상속세및증여세법에 의한평가액	재무상태표 상 금액	차 액
합 계	4,453,050,029	3,633,432,369	819,617,660	합 계	2,660,541,227	2,660,541,227	0
당좌자산	2,511,994,981	2,477,142,026	34,852,955(주1)	유동부채	2,167,846,832	2,167,846,832(주5)	0
재고자산	810,523,882	810,523,882	0(주2)	비유동부채	492,694,395	492,694,395(주6)	0
투자자산	224,005,178	224,005,178	0(주3)				
유형자산	906,525,988	121,761,283	784,764,705(주4)				

비고

(주1) 당좌자산가액 중 매출채권에 대한 대손충당금 9,152,808원과 예·적금에 대한 미계상 미수이익 30,378,424원 중 원천징수세액 4,678,277원을 차감한 25,700,147원을 자산에 가산한 금액임[부표 1 참조].

(주2) [부표 2 참조]

(주3) [부표 3 참조]

(주4) 유형자산중 토지 및 건물의 평가차익의 합계액 784,764,705원을 자산에 가산한 금액임[부표 4 참조].

(주5) 2018.12.31. 현재 임·직원 전원이 퇴직할 경우 지급해야 할 퇴직급여추계액 설정액 494,241,895원 포함

(주6) [부표 6 참조]

(2) 순손익가액

순손익가액의 산정은 "순손익가액계산서"를 참조하기 바란다.

3. 주식평가와 관련한 서식 작성

주식평가와 관련한 서식을 작성하면 다음과 같다.

	비 상 장 주 식 평 가 조 서	2018

1. 평가대상 비상장법인

항목	내용	항목	내용
① 법 인 명	갑 주식회사	② 법 인 소 재 지	서울특별시 강남구 XXX
③ 대 표 자	김일남	④ 1 주 당 액 면 가 액	5,000
⑤ 발 행 주 식 총 수	100,000	⑥ 자 본 금	500,000,000
⑦ 사 업 개 시 일	2005. 9. 1.	⑧ 휴 · 폐 업 일	
⑨ 해산(합병)등기일		⑩ 평 가 기 준 일	2018.12.31.

2. 1주당 가액평가

⑪ 순 자 산 가 액	1,792,508,802
⑫ 1 주 당 순 자 산 가 액 (⑪ ÷ ⑤)	17,925
⑬ 최근3년간순손익액의가중평균액에의한1주당가액	13,629
⑭ 1주 당 평 가 액 【(⑬×3+⑫×2)÷5】	15,347
⑮ 최대주주 소유주식의 1주당 평가액 (⑭×1.30)	본 사례는 세법상 중소기업이므로 조특법(§101)상 최대주주 할증을 적용하지 아니한다.

3. 상속세법시행령 제54조 제2항 제1호 · 제2호 · 제3호 · 제4호에 해당되는 경우

⑯ 사업개시 전 법 인		⑰ 사업개시후 3 년 미 만 법 인		⑱ 휴 · 폐업 법 인		⑲ 청 산 중 에 있는 법인	
⑳ 총자산가액 중 부동산등 가액이 50% 이상인 법인				㉑ 3년 이상 계속 결손법인			

	순 자 산 가 액 계 산 서			2018
평가대상 법인명 : 갑 주식회사				
구 분 \ 평가기준일		2018.12.31. 현재		
① 재무상태표상의 자산가액		3,633,432,369		
자산에 가산	② 평가차액	793,917,513		
	③ 법인세법상 유보금액			
	④ 유상증자 등			
	⑤ 기타	25,700,147		
자산에서 제외	⑥ 선급비용(이연자산·외화환산차)			
	⑦ 증자일전의 잉여금유보액			
가. 자산총계 (①+···⑤)-(⑥+⑦)		4,453,050,029		
⑧ 재무상태표상의 부채액		2,660,541,227		
부채에 가산	⑨ 법인세			
	⑩ 농어촌특별세			
	⑪ 주민세			
	⑫ 배당금·상여금			
	⑬ 퇴직급여추계액	494,241,895		
	⑭ 기타			
부채에서 제외	⑮ (제준비금)			
	⑯ (제충당금)	494,241,895		
	⑰ (이연법인세부채)			
나. 부채총계(⑧+···⑭)-(⑮+···⑰)		2,660,541,227		
⑱ 영업권포함전 순자산가액(가-나)		1,792,508,802		
⑲ 영업권				
⑳ 순자산가액(⑱+⑲)		1,792,508,802		

	순 손 익 액 계 산 서				2018
평가대상 법인명 : 갑 주식회사			평가기준일 : 2018년 12월 31일		
구 분	사업연도	계	평가기준일전 1년이 되는 사업연도 (2018.1.1.~2018.12.31)	평가기준일전 2년이 되는 사업연도	평가기준일전 3년이 되는 사업연도
① 각 사 업 연 도 소 득			232,457,447		
소득에 가산할 금액	② 국세, 지방세 과오납에 대한 환급금이자				
	③ 기관투자자가 상장법인으로부터 받은 배당소득×90/100				
	④ 수입배당금의 익금불산입액				
(A) 합 계 (① + ② + ③ + ④)			232,457,447		
소득에서 공제할 금액	⑤ 벌금, 과료, 과태료, 가산금과 체납처분비				
	⑥ 손금 용인되지 않는 공과금		23,000,000		
	⑦ 업무무관 비용		20,726,000		
	⑧ 토지초과이득세와 비업무용토지에 대한 취득세(중과세분)				
	⑨ 각 세법에 규정하는 징수불이행 납부세액				
	⑩ 기 부 금 한 도 초 과 액				
	⑪ 접 대 비 한 도 초 과 액		23,300,000		
	⑫ 기타손금불산입중 기타사외유출				
	⑬ 광 고 선 전 비 한 도 초 과 액				
	⑭ 법 인 세 총 결 정 세 액		26,491,480		
	⑮ 농어촌특별세총결정세액				
	⑯ 지 방 소 득 세 총 결 정 세 액		2,649,140		
(B) 공 제 할 금 액 합 계 (⑤+···⑯)			96,166,620		
⑰ 순 손 익 액 (A - B)			136,290,827		
⑱ 사업연도 말주식수또는환산주식수			100,000		
⑲ 주 당 순 손 익 액 (⑰ ÷ ⑱)			ⓐ 1,362.90	ⓑ	ⓒ
⑳ 가 중 평 균 액 { (ⓐ × 3 + ⓑ × 2 + ⓒ) / 6 }		1,362.90			
㉑ 기 획 재 정 부 장 관 이 정 하 는 율		10%			
㉒ 최근 3년간 순손익액의 가중평균액에 의한 1 주 당 가 액(⑳ ÷ ㉑)		13,629			

당좌자산에 대한 평가차액 명세

【부 표 1】

계 정 과 목	재무상태표상 가액 (A)	상속세 및 증여세법상 가액 (B)	평 가 차 액 (B - A)
현금및현금등가물	53,298,989	53,298,989	0
기 타 유 동 자 산	1,442,899,446	1,442,899,446	
매 출 채 권	906,127,999	915,280,807	9,152,808*
미 수 금	9,391,537	9,391,537	0
미 수 수 익	0	25,700,147	25,700,147**
기 타 유 동 자 산	22,288,650	22,288,650	0
선 급 금	88,000	88,000	0
부 가 세 대 급 금	43,047,405	43,047,405	0
계	2,477,142,026	2,511,994,981	34,852,955

* 매출채권에 대한 대손충당금 상당액임.

** 예 · 적금에 대한 미계상 미수이익 30,378,424원 중 원천징수세액 4,678,277원을 차감한 금액임.

재고자산에 대한 평가차액 명세

【부 표 2】

계 정 과 목	재무상태표상 가액 (A)	상속세 및 증여세법상 가액 (B)	평 가 차 액 (B - A)
제 품	502,154,378	502,154,378	0
원 재 료	19,334,149	19,334,149	0
저 장 품	217,172,304	217,172,304	0
재 공 품	71,863,051	71,863,051	0
계	810,523,882	810,523,882	0

투자자산에 대한 평가차액 명세

【부 표 3】

계 정 과 목	재무상태표상 가액 (A)	상속세 및 증여세법상 가액 (B)	평 가 차 액 (B - A)
출 자 금	600,000	600,000	0
전 화 가 입 권	1,210,000	1,210,000	0
임 차 보 증 금	8,705,000	8,705,000	0
퇴 직 연 금 예 치 금	213,490,178	213,490,178	0
계	224,005,178	224,005,178	0

유형자산에 대한 평가차액 명세

【 부 표 4 】

계 정 과 목	재무상태표상 가액 (A)	상속세 및 증여세법상 가액 (B)	평 가 차 액 (B - A)
토 지	71,589,330	641,303,600	569,714,270
건 물	40,972,785	256,023,220	215,050,435
구 축 물	3,000	3,000	0
기 계 장 치	3,092,580	3,092,580	0
차 량 운 반 구	6,041,588	6,041,588	0
공 기 구 비 품	62,000	62,000	0
계	121,761,283	906,525,988	784,764,705

유동부채에 대한 평가차액 명세

【 부 표 5 】

계 정 과 목	재무상태표상 가액 (A)	상속세 및 증여세법상 가액 (B)	평 가 차 액 (B - A)
매 입 채 무	110,971,285	110,971,285	0
미 지 급 금	153,233,096	153,233,096	0
예 수 금	3,399,710	3,399,710	0
부 가 세 예 수 금	103,065,494	103,065,494	0
단 기 차 입 금	1,653,000,000	1,653,000,000	0
미 지 급 세 금	726,883	726,883	0
미 지 급 비 용	134,537,910	134,537,910	0
예 수 세 금	8,912,454	8,912,454	0
계	2,167,846,832	2,167,846,832	0

비유동부채에 대한 평가차액 명세

【 부 표 6 】

계 정 과 목	재무상태표상 가액 (A)	상속세 및 증여세법상 가액 (B)	평 가 차 액 (B - A)
퇴직급여충당부채	294,156,237	294,156,237	0
퇴 직 전 환 금	△1,747,500	△1,747,500	0
퇴 직 연 금 충 당 금	200,085,658	200,085,658	0
계	492,694,395	492,694,395	0

4. 양도소득세 및 증권거래세 관련 서식의 작성

양도소득세 및 증권거래세 관련 서식의 작성하면 다음과 같다.

[별지 제84호 서식] (2018.3.21. 개정)

※ 2010. 1. 1. 이후 양도분부터는 양도소득세 예정신고를 하지 않으면 가산세가 부과됩니다. (1쪽)

관리번호	-

(2019 년 귀속)양도소득과세표준 신고 및 납부계산서

([√]예정신고, [ ]확정신고, [ ]수정신고, [ ]기한 후 신고)

구분	항목	내용	항목	내용	항목	내용
① 신고인 (양도인)	성명	김일남	주민등록번호	×××	내 · 외 국 인	[√]내국인, [ ]외국인
	전자우편 주소		전화번호		거 주 구 분	[√]거주자, [ ]비거주자
	주소				거 주 지 국	거주지국코드
② 양수인	성명	주민등록번호	양도자산 소재지		지분	양도인과의 관계
	김이남	×××				형제

③ 세율구분 코드 31	양도소득세 합계	국내분 소계	1-42	–	국외분 소계	지방소득세
④ 양도소득금액	266,681,371	266,681,371	266,681,371			
⑤ 기신고·결정·경정된 양도소득금액 합계						
⑥ 소득감면대상 소득금액	7					
⑦ 양도소득기본공제	2,500,000	2,500,000	2,500,000			
⑧ 과세표준 (④+⑤-⑥-⑦)	264,181,371	264,181,371	264,181,371			26,418,137
⑨ 세율	10%	10%	10%			10%
⑩ 산출세액	26,418,137	26,418,137	26,418,137			2,641,813
⑪ 감면세액						
⑫ 외국납부세액공제						
⑬ 예정신고납부세액공제						
⑭ 원천징수세액공제						
⑮ 가산세 무(과소)신고						
⑮ 가산세 납부불성실						
⑮ 가산세 기장불성실 등						
⑮ 가산세 계						
⑯기신고·결정·경정세액, 조정공제						
⑰ 납부할세액 (⑩-⑪-⑫-⑬-⑭+⑮-⑯)	26,418,137	26,418,137	26,418,137			2,641,813
⑱ 분납(물납)할 세액	13,209,068	13,209,068	13,209,068			
⑲ 납부세액	13,068,069	13,068,069	13,068,069			2,641,813
⑳ 환급세액						

농어촌특별세 납부계산서	
㉑ 소득세 감면세액	
㉒ 세율	
㉓ 산출세액	
㉔ 수정신고가산세등	
㉕ 기신고·결정·경정세액	
㉖ 납부할세액	
㉗ 분납할세액	
㉘ 납부세액	
㉙ 환급세액	

신고인은 「소득세법」 제105조(예정신고)·제110조(확정신고), 「국세기본법」 제45조(수정신고)·제45조의3(기한 후 신고), 「농어촌특별세법」 제7조 및 「지방세법」 제103조의5·제103조의7에 따라 신고하며, 위 내용을 충분히 검토하였고 신고인이 알고 있는 사실 그대로를 정확하게 적었음을 확인합니다.

2019 년 9 월 2 일

신고인 김일남 (서명 또는 인)

환급금 계좌신고 (환급세액 2천만원 미만인 경우)	
㉚ 금융기관명	
㉛ 계좌번호	

세무대리인은 조세전문자격자로서 위 신고서를 성실하고 공정하게 작성하였음을 확인합니다.

세무대리인 ××× (서명 또는 인)

×× 세무서장 귀하

첨부서류	1. 양도소득금액계산명세서(부표 1, 부표 2, 부표 2의2, 부표 2의3 중 해당하는 것) 1부 2. 매매계약서(또는 증여계약서) 1부 3. 필요경비에 관한 증빙서류 1부 4. 감면신청서 및 수용확인서 등 1부 5. 그 밖에 양도소득세 계산에 필요한 서류 1부	접수일인
담당공무원 확인사항	1. 토지 및 건물등기사항증명서 2. 토지 및 건축물대장 등본	

세무대리인	성명(상호)		사업자번호		전화번호	

210mm×297mm[백상지 80g/㎡(재활용품)]

관리번호	-

주식 등 양도소득금액 계산명세서

양도주식 취득유형별 내용								
① 주 식 등 종 목 명	합계	강주식회사						
② 주식종목코드 또는 사업자등록번호(해외주식은 ISIN코드와 국가명)		×××						
③ 주식 등 종류코드		31						
④ 양 도 유 형		1						
⑤ 취 득 유 형		9						
⑥ 취 득 유 형 별 양 도 주 식 등 수		20,000						
양 도 소 득 금 액 계 산 내 용								
⑦ 양 도 일 자		2019.4.1.						
⑧ 주 단 양 도 가 액		20,000						
⑨ 양도가액(⑥×⑧)	400,000,000	400,000,000						
⑩ 취 득 일 자		2006.10.1						
⑪ 주 당 취 득 가 액		6,238.3						
⑫ 취득가액(⑥×⑪)	130,318,629	130,318,629*						
⑬ 필 요 경 비	3,000,000	3,000,000						
⑭ 양 도 소 득 금 액 (⑨ - ⑫ - ⑬)	266,681,371	266,681,371						
⑮ 감 면 소 득 금 액								
⑯감면종류 / 감 면 율								

$* \text{ 환산한 금액임 : } 400,000,000 \times \frac{5,000}{15,347}$

※ 주식을 거래한 경우 양도소득세 신고와 별도로 증권거래세를 신고납부하여야 합니다(원천징수된 경우는 제외).

210mm×297mm[백상지 80g/㎡(재활용품)]

[별지 제84호 서식 부표 3] (2015.3.13. 개정) (4쪽 중 제1쪽)

취득가액 및 필요경비계산 상세 명세서(1)

구분				구분코드	거래상대방 상호	거래상대방 사업자등록번호	지급일	지급금액	증빙종류(코드)
취득가액	① 타인으로부터 매입한 자산	매입가액		111		130,318,629			05
		취득세		112					
		등록세		113					
		기타부대비용	법무사비용	114					
			취득중개수수료	115					
			기타	116		1,000,000			
		소계				131,318,629			
	② 자기가 제조·생산·건설한 자산			120					
				120					
	③ 가산항목	취득시 쟁송비	변호사비용	131					
			기타비용	132					
		매수자부담 양도소득세		133					
		기타		134					
		소계							
	④ 차감항목	감가상각비		141					
	⑤ 계 (①+③-④ 또는 ②+③-④)					101,000,000			
기타필요경비	자본적 지출액 등	⑥ 자본적 지출액	용도변경·개량·이용편의를 위한 지출	260					
			엘리베이터, 냉난방설치	260					
			피난시설 등 설치	260					
			재해 등으로 인한 자산의 원상복구	260					
			개발부담금 / 재건축부담금	261					
			자산가치증가등 수선비	260					
			기타	260					
			소계						
		⑦ 취득후 쟁송비용	변호사비용	271					
			기타소송, 화해비용	272					
		⑧ 기타비용	수익자부담금	281					
			토지장애철거비	280					
			도로시설비등	280					
			사방사업소요비용	280					
			기타	280					
			소계						
		⑨ 계 (⑥+⑦+⑧)							
	양도비등	⑩ 양도시 중개수수료등 직접 지출비용		290		2,000,000			
		⑪ 국민주택채권 및 토지개발채권 매각차손 등 기타경비		291					
		⑫ 계 (⑩+⑪)				2,000,000			
	⑬ 기타 필요경비 계 (⑨+⑫)					2,000,000			

210mm×297mm[백상지 80g/㎡(재활용품)]

[별지 제84호의 2 서식] (2011.3.28. 개정) (앞 쪽)

관리번호	

* 관리번호는 기입하지 마십시오.

주 식 거 래 내 역 서

①성 명	김 일 남		②주민등록번호	-	③주 소			
주식(출자증권) 발행법인	④법 인 명	갑 주식회사 외	⑤사업자등록번호	⑥사업연도	⑦소 재 지			
	⑧법인구분	1. 상장 2. 장외주식 호가중개종목 √3. 기타 비상장	⑨법인규모	1. 대기업 √2. 중소기업	⑩ 발행주식총수(출자총좌수)		⑪자본금	

양 수 자				양 도 내 용								취 득 내 용					㉙양도차익 (⑳-㉑-㉒-㉓-㉗-㉘)
⑫성명(법인명)	⑬주민(법인)등록번호	⑭사업자등록번호	⑮주 소(본점 소재지)	⑯ 종목명	⑰양도 일자	⑱ 주식등 수	⑲단가	⑳ 양도가액 (⑱×⑲)	㉑수수료	㉒ 증 권 거래세	㉓ 농특세	㉔ 취득 일자	㉕주식(출자지분)수	㉖ 단가	㉗ 취득가액 (㉕×㉖)	㉘ 수수료	
갑주식회사	×××	×××	×××	구주	2019.4.1	20,000	20,000	450,000,000		7,500,000		2007.10.1	20,000	5,000	100,000,000		

「소득세법 시행령」 제169조 제1항 제2호 다목에 따라 위와 같이 주식거래내역서를 제출합니다.

2019년 9월 2일

성 명 김 일 남 (서명 또는 인)

×× 세무서장 귀하

210mm×297mm[백상지 80g/㎡(재활용품)]

[별지 제2호 서식] (2018.3.19. 개정)

홈텍스(www.hometax.go.kr)
에서도 신고할 수 있습니다.

증권거래세 과세표준 [√]정기 [ ]수정 [ ]기한 후 신고서

※ 뒤쪽의 작성방법을 읽고 작성하여 주시기 바랍니다. (앞쪽)

관리번호	접수일	처리기간 즉시

□ 과 세 기 간 2019년 4월 양도분 (「증권거래세법」 제3조제1호 및 제2호의 납세의무자)
□ 과 세 기 간 2019년 분기 양도분 (「증권거래세법」 제3조제3호의 납세의무자)

❶ 납세의무자 (신 고 자)	법 인 명	주민등록번호 (사업자등록번호)
	성 명(대표자) 김 일 남	전화번호
	주 소(소재지)	

❷ 증 권 거 래 세 과 세 표 준 및 세 액 계 산 서					❸ 농어촌특별세 과세표준 및 세액계산서
① 과 세 표 준	4000,000,000	400,000,000			
② 세 율	합계	5/1000	3/1000	1.5/1000	1.5/1000
③ 산 출 세 액	2,000,000	2,000,000			
④ 감 면 세 액					
⑤ 조 정 환 급 액					
⑥ 차 감 세 액 (③－④－⑤)	2,000,000	2,000,000			
가산세 신고불성실					
가산세 납부불성실					
가산세 ⑦ 가산세계					
⑧ 납 부 할 세 액 (⑥+⑦)	2,000,000				
⑨ 일괄납부 금액					

❹ 비 과 세 양 도 내 역	종목 수	양도가액 합계
국 가/지 방 자 치 단 체 양 도 분		
주 권 매 출 분		
주 권 소 비 대 차 거 래 분		

「증권거래세법」 제10조제1항 및 「농어촌특별세법」 제7조제4항, 「국세기본법」 제45조 또는 제45조의3에 따라 위와 같이 신고합니다.

2019 년 9 월 2 일

신고인: 김 일 남 (서명 또는 인)

××세 무 서 장 귀하

구비서류 :
1. 조정환급명세서 1부(「증권거래세법」 제3조제1호의 납세의무자)
2. 사업장별 증권거래세 과세표준 및 산출세액 신고명세서 1부(「증권거래세법」 제3조제2호의 납세의무자)
3. 주권 또는 지분의 양도거래명세서 1부(「증권거래세법」 제3조제3호의 납세의무자)
4. 주권 또는 지분의 매매계약서 사본 1부(「증권거래세법」 제3조제3호의 납세의무자)
5. 비과세양도명세서 1부
6. 증권거래세 면제신청서(「조세특례제한법 시행규칙」 별지 제70호서식) 1부

210mm×297mm[백상지 80g/㎡ 또는 중질지 80g/㎡]

[별지 제2호 서식 부표 3] (2018.3.19. 개정)

주권 또는 지분의 양도거래명세서

(「증권거래세법」 제3조 제3호의 납세의무자용)

관리번호	접수일	처리기간 즉시

□ 과 세 기 간 2019 년 반기 양도분 (「증권거래세법」 제3조제3호의 납세의무자)

❶ 신 고 자	법 인 명	주민등록번호 (사업자등록번호) xxx
	성 명(대표자) 김 일 남	전화번호
	주 소(소재지)	

❷ 주 권 거 래 내 역

① 메메 일자	② 주권·지분 발행법인		③ 양도자		④ 양수자		⑤ 양도주권·지분	
	법인명	사업자 등록번호	성명 (법인명)	납세자번호	성명 (법인명)	납세자번호	주식수	양도가액
2019.4.1.	갑주식회사		김 일 남		김 이 남		20,000	400,000,000

210mm×297mm[백상지 80g/㎡ 또는 중질지 80g/㎡]

제2장

증권거래세

제1절 총설

I 의의

양도소득세는 과세대상이 되는 주식을 취득일부터 양도일까지 보유한 기간 동안 발생된 이익(양도소득)에 대하여 일시에 양도시점에서 과세되는 세금을 말하며(소법 §94), 증권거래세는 양도한 주식에 대하여 양도차익 또는 양도차손에 관계없이 양도가액 등에 일정세율*을 적용하여 세금이 과세된다.

* 2019.6.3. 이후 주권 양도분부터는 장외거래 : 0.5%, 유가증권시장 및 코넥스시장 : 1%, 코스닥시장 : 2.5%로 세율 개정하였음

II 납세의무자

증권거래세의 납세의무자는 비상장주식의 경우 주식의 양도자가 되는 것이며, 만일 양도자가 국내사업장이 없는 비거주자 등으로서 그 주식 등을 증권회사를 통하지 아니하고 양도하는 경우에는 주식의 양수인이 된다(증거법 §3).

그러나 증여 등의 무상이전과 상증법상 명의신탁재산의 증여추정의 경우에는 증권거래세의 납세의무가 없다.

1. 거래유형별 납세의무자

일반적으로 거래유형별 증권거래세의 납세의무자는 다음에 해당하는 자로 한다.

거 래 유 형	납세의무자
다음에 해당하는 주권을 계좌간 대체로 매매결제하는 경우 ① 증권시장에서 양도되는 주권의 경우 : 주권이란 「상법」 또는 특별한 법률에 따라 설립된 법인의 주권과 외국법인이 발행한 주권으로서 증권시장에 상장된 것을 말한다. ② 증권시장 밖에서 양도되는 주권의 경우	한국예탁결제원*
금융투자업자(투자매매업자 또는 투자중개업자)를 통하여 주권 또는 지분을 양도(매매·위탁매매 또는 매매의 중개나 대리를 하는 경우를 말한다)하는 경우	금융투자업자**
내국법인이 비상장주식을 「증권거래법」에 따른 증권회사에 양도하는 경우	증권회사
법인의 해산으로 인하여 해당 법인이 소유하고 있는 투자유가증권(비상장주식)을 주주에게 분배하는 경우	주주에게 배분할 청산분배금 중 일부를 주권으로 지급하는 해당 법인
내국법인의 발행주식을 100% 소유한 국내사업장이 없는 외국법인이 그 외국법인의 지주회사(국내사업장이 없는 외국법인)에게 배당결정을 하고 배당 방법으로 내국법인의 주식을 양도하기로 한 경우	양수인을 납세의무자로 하여 증권거래세를 신고·납부하여야 한다.
국내사업장이 없는 비거주자·외국법인이 주권 등을 양도한 경우	해당 주권 등의 양수인
위 외의 방법으로 주권 등을 양도하는 경우	해당 주권 등의 양도자

* 한국예탁결제원이란 「증권거래법」에 따라 설립된 준정부기관으로서, 주식이나 채권 등 유가증권의 예탁업무를 담당하는 유가증권 중앙집중예탁기관이며, 기관투자가(외국인투자자 포함)와 개인투자가 보유한 주식·채권 등의 유가증권을 종합 관리하는 기관을 말한다

** 금융투자업자란 금융위원회의 인가를 받거나 금융감독위원회에 등록하여 금융투자업을 영위하는 자 중 투자매매업자, 투자중개업자, 집합투자업자, 투자자문업자, 투자일임업자, 신탁업자를 말한다.

2. 특수한 거래유형별 납세의무자

특수한 거래유형별 증권거래세의 납세의무자는 다음에 해당하는 자로 한다.

특수한 거래유형	납 세 의 무 자
외국법인의 발행주식을 원주로 하여 국내에 상장 된 주식예탁증서를 보유하는 국내사업장이 없는 비거주자 또는 외국법인이 외국법인의 상장폐지 절차에 따른 임의매각 형태로 주식을 양도하고 대가를 증권회사나 은행 등 보관기관을 통해 받는 경우(법규부가 2014-557, 2015.1.28.)	해당 주권 등의 양수인

특수한 거래유형	납 세 의 무 자
융자금을 상환하지 못하여 출자증권을 전문건설공제조합에 양도하게 된 경우(국심 2004서1033, 2004.6.23.)	융자금을 상환하지 못한 주식양도자
유가증권시장 등에서 양도되는 주권은 상장법인이 발행한 모든 주권이 아니라 실제로 거래소 운영시장에서 양도된 주권만을 의미하므로 망인으로부터 주권을 예탁받은 증권사나 예탁결제원의 경우(서울고법 2014누44429, 2014.10.16.)	주권의 양도자 또는 그 상속인
개별 주식옵션거래와 관련해 옵션행사에 따라 거래당사자 간에 인수도되는 주권은 "유가증권시장에서 양도되는 주권"에 해당되며 이 경우에 해당될 때(서삼 46016-10749, 2002.5.6.)	증권예탁원

3. 제3자에게 신탁하는 경우 납세의무자

계약상 또는 법률상 원인에 의해 주권이 유상으로 이전되는 경우 증권거래세가 과세되는 것으로써 무상으로 주식 신탁시에는 양도에 해당하지 아니하므로 과세되지 아니한다. 수탁자가 이를 유상으로 양도하는 때에 과세되며 납세의무자는 실질과세원칙에 따라 그 주식에 대한 소득·수익·재산·행위 또는 거래가 사실상 귀속되는 자이다(서면소비-586, 2015.5.13.).

Ⅲ 납세지(관할관청)

관할관청이란 법률상 유효하게 국가 등의 행위를 할 수 있는 권한있는 행정관청을 말한다.

1. 과세표준신고의 관할

증권거래세의 과세표준신고의 제출은 신고당시 해당 증권거래세의 납세지를 관할하는 세무서장에게 한다. 만일 증권거래세 과세표준신고의 제출을 관할이 아닌 다른 세무서장에게 한 경우에도 그 신고의 효력에는 영향이 없다(국기법 §43).

증권거래세의 납세의무자별 납세지는 다음과 같다. 다만 납세지가 불분명한 경우에는 소득세법(소령 §5) 및 법인세법(법령§18)을 준용한다.

납 세 의 무 자	납 세 지
한국예탁결제원 및 금융투자업자의 경우	해당 납세의무자의 각 사업장 소재지. 다만, 본점 일괄 승인시 본점 또는 주사무소의 소재지
거주자인 경우	주소지. 다만, 주소지가 없는 경우에는 거소지
내국법인의 경우	등기부상에 기재된 본점 또는 주사무소의 소재지
국내사업장을 둔 비거주자·외국법인	그 사업장(둘 이상인 경우에는 주된 국내사업장)
국내사업장이 없는 비거주자·외국법인	과세내상 주권 등을 발행한 법인의 본섬·주사무소의 소재지

2. 결정 또는 경정결정의 관할

증권거래세의 과세표준과 세액의 결정 또는 경정결정은 그 처분당시 그 증권거래세의 납세시를 관할하는 세무서상이 한다(국기법 §44).

만일 증권거래세의 과세표준과 세액의 결정 또는 경정·결정하는 때에 그 증권거래세의 납세지를 관할하는 세무서장 이외의 세무서장이 행한 결정 또는 경정결정처분은 그 효력이 없다.

제2절 과세대상

I 개요

주권 등을 계약상 또는 법률상의 원인에 의하여 유상으로 소유권이 이전하는 경우에는 증권거래세를 부과한다. 다만, 다음의 양도에 대해서는 증권거래세를 부과하지 아니한다(증거법 §2).

① 증권시장과 비슷한 시장으로서 외국에 있는 시장(이하 "외국증권시장"이라 한다)에 상장된 주권 등을 양도하는 경우

② 외국증권시장에 주권 등을 상장하기 위하여 인수인에게 주권 등을 양도하는 경우

③ 한국거래소 허가를 받은 거래소로서 금융위원회가 지정하는 거래소가 채무인수를 하면서 주권 등을 양도하는 경우

II 주권 등의 거래가 양도로 보는 경우

다음 주권 등의 거래는 양도로 보아 증권거래세가 과세된다.

① 주식 매매대금을 약속어음으로 지급받고 주주명부에 명의개서를 한 후 동 약속어음이 부도가 발생한 경우에는 유상양도에 해당한다(감사원심사 2002-155, 2002.9.27.).

② 비상장주식을 교환한 경우(국심사양도 2006-174, 2006.10.30.)

③ 증자에 따른 이익의 증여로 증여세가 과세된 주식을 물납하는 경우(재산-595, 2009.3.20.).

④ 사모자기주식단독펀드를 운용함에 있어 투자자가 펀드운용에 개입하지 않기로 약정하고 실제 개입하지 않는 경우로서 해당 펀드해지시 신탁재산인 투자자의 자기주식을 장외계약을 통해 투자자에게 이전하는 경우(서면-2017-법령해석부가-1721[법령해석과-936], 2018.4.9.)

⑤ 주식의 포괄적교환(상법 §360의2)에 의하여 완전자회사의 주주가 비상장주식을 양도하고 완전모회사의 코스닥상장주식을 취득하는 경우(조심 2008서3938, 2009.2.20.).

⑥ 사모펀드의 수익증권매입시 현금이 아닌 주식으로 납입하는 경우와 수익증권의 환매를 청구하여 간접투자재산 중 주식으로 지급받은 경우(서면3팀-828, 2007.3.19.)

⑦ 자본시장법상 집합투자업자가 투자신탁을 설정하는 경우 신탁업자에게 해당 신탁계약에서 정한 신탁원본 전액을 금전으로 납입하여야 하는 것이 원칙이나, 전문투자형 사모집합투자기 구에 대해서는 금전 외의 자산에 의한 납입인 경우(사전법령재산-418, 2017.6.22.)

⑧ 채권자의 담보권 실행으로 담보된 주식의 소유권이 이전되는 경우에는 주권 또는 지분의 양도에 해당한다(서면소비-126, 2016.2.11.)

⑨ 합병으로 인한 소유권 이전도 유상양도의 범위에 포함됨으로, 분할합병에 따라 주식의 이전된 경우(조심 2013서3137, 2013.12.16.)

⑩ 채무상환 목적으로 주식신탁시 양도에는 해당되지 않으나, 수탁자가 이를 처분시 유상양도에 해당되어 양도에 해당된다(서삼 46016-10677, 2002.4.25.).

⑪ 당행이 투자신탁운용사로부터 특정주식을 대상자산으로 하는 투자신탁에 대한 수탁업무계약을 체결하고, 수익자 중 일부가 「간접투자자산운용업법」(§63 단서)에 의해 수탁재산 중 일부를 주식현물로 인출하는 경우(서면3팀-829, 2007.3.19.)

⑫ 법인의 청산에 따른 잔여재산분배로 보유투자주식을 주주에게 소유권 이전하는 경우(증거법 집행기준 7-0-5)

⑬ 수익증권 매입시 현금이 아닌 주식으로 납입하는 경우와 수익증권의 환매시 주식으로 지급받는 경우(재정경제부소비세제과-96, 2007.3.12.)

⑭ 주식매수청구권을 행사하여 주권을 양도하는 경우(서면인터넷방문상담3팀-318, 2006.2.20.).

⑮ 투자신탁의 계약해지로 인하여 환매대금 지급시, 투자신탁재산으로 보유중인 주식을 지급할 경우(서면인터넷방문상담3팀-2111, 2004.10.15.)

⑯ 유가증권 대차거래시 대차권리상환이 주식배당인 경우 차입자와 대여자 간 사전에 그 권리상환의 이행을 배당주식이 아닌 금전으로 상환 가능하도록 약정하고, 대차권리상환을 금전으로 하는 경우(소비 46430-80, 2003.6.11.)

Ⅲ 주권 등의 거래가 양도로 보지 않는 경우

1. 개요

다음 주권 등의 거래는 양도로 보지 않으므로 증권거래세가 과세되지 않는다.

① 단순한 명의개서 행위는 증권거래세 과세대상인 주권의 양도에 해당하지 않는다(소비 46430-329, 2000.9.14.).

② 계약해제로 소유권이 환원된 사실이 확인되는 경우(소비세과-91, 2012.4.9.)

③ 협동조합법인의 조합원이 협동조합을 탈퇴함에 따라 탈퇴 조합원에 대한 출자금 환급이 이루어져 출자금의 총액이 감소하는 경우로서 자본감소 절차의 일환인 경우(서면-2016-법령 해석재산-4640[법령해석과-1695], 2017.6.20.). 그러나 조합원이 협동조합을 탈퇴하면서 출자지분을 양도하는 경우에는 증권거래세 과세 된다

④ 피합병법인의 주주가 합병대가로 합병법인의 신주를 교부받는 경우로써 소멸하는 피합병법인의 주식의 경우(서면법령재산-5786, 2017.5.1.)

⑤ 회사의 자본감자에 따라 주주의 소유주식을 회사에 반납하는 경우(서일 46014-10959, 2003.7.21.)

2. 집합투자기구 등에 대한 과세특례

「자본시장과 금융투자업에 관한 법률」에 따른 다음의 집합투자기구(소법 §17 ① 〈5〉에 의한 요건을 갖춘 것에 한정함)가 「자본시장과 금융투자업에 관한 법률」(§9 ㉑)에 따른 집합투자증권으로서 자기의 집합투자증권을 환매하는 경우 해당 집합투자기구에 대한 투자자의 집합투자증권 이전은 증권거래법상 양도로 보지 아니한다(조특법 §91의2).

제3절 비과세 양도

다음의 어느 하나에 해당하는 경우에는 증권거래세를 부과하지 아니한다.

① 국가나 지방자치단체가 주권 등을 양도하는 경우. 다만, 「국가재정법」 별표 2에서 규정하는 법률에 따라 설치된 기금으로서 기금관리주체가 중앙행정기관의 장인 기금에서 취득한 주권 등을 양도하는 경우 및 「우정사업 운영에 관한 특례법」 제2조 제2호에 따른 우정사업총괄기관이 주권 등을 양도하는 경우는 제외한다.

② 「자본시장과 금융투자업에 관한 법률」 제119조에 따라 주권을 매출하는 경우(청약된 주권의 총수가 매출하려는 주권 총수에 미달된 경우, 그 청약되지 아니한 주권을 인수인이 인수하는 경우를 포함한다)

③ 주권을 목적물로 하는 소비대차의 경우

제4절 양도시기

Ⅰ 개요

양도소득세 과세대상인 주식 등의 양도시기는 매도, 교환, 법인에 대한 현물출자 등으로 인하여 그 주식 등이 유상으로 사실상 이전되는 것을 말하고, 증권거래세의 주권 등의 양도시기는 해당 매매거래가 다음의 확정되는 때로 한다.

① 증권시장에서 거래(다자간매매체결회사에서의 거래를 포함한다)된 주권에 대하여는 그 양도가액이 결제되는 때

② "①"의 주권 외의 주권 등을 금융투자업자가 매매・위탁매매 또는 매매의 중개나 대리를 하는 경우에는 그 대금의 전부를 결제하거나 결제받는 때

③ "① 및 ②" 이외의 경우에는 당해 주권 등을 인도하거나 대가의 전부를 받는 때. 다만, 그 주권 등을 인도하거나 대가의 전부를 받기 전에 권리가 이전되는 때에는 그 권리가 이전되는 때로 한다. 예컨대 대금을 청산하기 전에 주주명부에 명의의 개서를 한 경우에 그 명의개서일을 양도일로 본다(감사원심사 2002-155, 2002.9.27.).

Ⅱ 조건부매매계약에 따라 거래선행조건이 충족되는 날에 잔금지급일로 약정한 경우

주식을 거래함에 있어 조건부매매계약에 따라 거래선행조건이 충족되는 날인 매매완결일을 잔금지급일로 약정한 경우 증권거래세의 주권 등의 양도시기는 대금을 청산한 날, 주식을 인도받은 날 또는 명의개서일 중 빠른 날로 한다(서면2팀-2353, 2006.11.17.).

Ⅲ 상속세를 상장주식으로 물납하는 경우

상속세를 주식으로 물납하는 경우 증권거래세 납세의무성립일은 당해 매매거래가 확정되는 때이므로 증권거래세법(§5)에 의한 당해 주권 등을 인도하거나 대가의 전부를 받는 때이다. 다만, 그 주권 등을 인도하거나 대가의 전부를 받기 전에 권리가 이전되는 때에는 그 권리가 이전되는 때로 한다(서면4팀-745, 2005.5.12.).

제5절 과세표준 및 세율

Ⅰ 과세표준

1. 개요

증권거래세의 과세표준은 회수 여부와 관계없이 다음에 의해 주식을 양도하고 지급받기로 한 금액 전부가 되는 것이다.

① 증권시장·증권시장 밖에서 주권을 양도하는 경우에는 그 주권의 양도가액으로 한다.

② "①" 외의 주권을 양도하는 경우에는 다음의 구분에 의한 가액으로 한다.

구분	주권 등의 양도가액을 알 수 있는 경우	주권 등의 양도가액을 알 수 없는 경우
원칙	양도가액	① 상장법인의 주권 등을 증권시장 및 다자간매매체결회사 밖에서 양도하는경우 ➠ 한국거래소가 공표하는 양도일의 매매거래 기준가액 ② 한국금융투자협회가 거래되는 종목으로 지정한 주권 등을 일정기준 외의 방법으로 양도하는 경우 ➠ 금융투자협회가 공표하는 양도일의 매매거래 기준가액 ③ 위 외의 방식으로 주권 등을 양도하는 경우 ➠ 소득세법상 기준시가
예외	① 주권 등이 시가보다 낮은 가액으로 양도된 것으로 인정되는 경우(국외 특수관계인과의 정상가격 제외) ➠ 그 시가액 ② 주권 등이 정상가격보다 낮은 가액으로 양도된 것으로 인정되는 경우 ➠ 그 정상가격	

▌법정 지연손해금

법정 지연손해금은 증권거래세 과세표준에 포함된다(소비세과-156, 2012.6.8.).

2. 특수한 경우

(1) 주식 등의 교환

주식 등을 교환으로 양도하는 경우 당해 주식 등의 양도차익 및 증권거래세는 교환계약서에 표시된 실지거래가액에 의하는 것이나 동 세법상 실지거래가액으로 인정 또는 확인할 수 없는 경우에는 소득세법상 기준시가로 한다(서면4팀-895, 2005.6.4.).

또한 상장주식을 다른 상장주식과 교환하는 경우에는 주권 등의 양도가액을 알 수 없는 경우에 해당하므로 그 증권거래세 과세표준은 양도된 당해 주식에 대하여는 소득세법상 기준시가로 한다(서면3팀-431, 2008.2.27.).

(2) 양도대금을 외화자산, 부채로 받는 경우

주식 등을 양도하고 그 대금을 외화로 받는 경우 증권거래세 과세표준은 기준환율 또는 재정환율에 의하여 계산(환산)한 금액으로 한다(증거법 집행기준 7-0-11).

(3) 재무적 투자자가 매도선택권 행사를 철회 후 주권을 양도하는 경우

재무적 투자자가 보유한 주식의 매도선택권을 당초 약정에 따른 가액으로 행사하였으나, 매도선택권 행사를 철회하고 해당 주식을 매도선택권 행사가격보다 낮은 가액에 매도선택권 행사상대방 외의 법인에게 양도하고, 당초 매도선택권 행사가격과 양도가격의 차액에 대해서는 매도선택권 행사상대방에 대한 채권으로 분류한 후, 출자전환 등의 방식으로 보상받기로 한 경우, 재무적 투자자의 주식 매각에 대한 증권거래세 과세표준은 「증권거래세법」(§7 ① 〈2〉)에 따라 해당 주식을 양도하고 받은 금전과 주식 매각에 대한 다른 실질적인 대가관계에 있는 모든 금액을 포함한다(증거법 집행기준 7-0-11).

예컨대 시가가 아닌 주식의 양도가액을 확정함에 있어 동 주식에 대한 장기할부조건부 양도시 주식양도대금 지연지급에 따른 이자의 약속어음은 동 주식의 양도가액에 포함한다(서삼 46016-10296, 2003.2.18.).

(4) 양도대가의 일부를 나중에 받기로 한 경우

비상장주식을 양도하고 양도대금의 일부를 받고 수년간 세후영업이익의 일정률을 받기로 하거나 사후정산조건으로 받기로 한 경우 해당 주식의 양도가액을 과세표준으로 하여 신고·납부하고 추후 양도가액이 확정되는 때마다 추가로 수정신고를 하는 것이며, 추가 납부세액 발생하는 경우 가산세는 적용하지 아니한다(증거법 집행기준 7-0-8).

(5) 주식매수선택권의 행사로 인한 자기주식 양도의 경우

주식매수선택권의 행사로 인한 자기주식의 양도에 대한 증권거래세 과세표준은 해당 주권의 양도가액이다(증거법 집행기준 7-0-9).

(6) 명의신탁주식을 실지소유자의 특수관계인에게 양도한 경우

명의신탁된 주식을 실지소유자의 특수관계인에게 액면가액으로 양도한 경우 상증법상 보충적 평가액을 시가로 보아 증권거래세를 과세한다(조심 2010서2040, 2011.3.9.).

(7) 최대주주에게 시가보다 낮은 가격으로 양도한 경우

최대주주에게 시가보다 낮은 가액으로 양도한 경우 증권거래세의 과세표준은 시가액으로 한다(소비-270, 2010.7.9.).

(8) 국내사업장이 없는 외국법인 간에 비상장내국법인 주식을 매매한 경우

국내사업장이 없는 외국법인 간에 비상장내국법인의 주식을 매매한 경우, 증권거래세 과세표준은 당해 주식의 양도가액으로 하되, 그 양도가액이 최대주주 등의 할증평가 등을 포함한 상증법상 시가보다 낮은 경우에는 당해 상증법상 시가를 과세표준으로 한다(재소비-69, 2007.2.20.).

(9) 외국법인이 비상장내국법인의 주권을 비특수관계인 외국법인에게 양도하는 경우

외국법인이 비상장내국법인의 주권을 특수관계인이 아닌 다른 외국법인에게 양도하는 경우 증권거래세 과세표준은 당해 주권의 양도가액이다(서면3팀-2477, 2007.9.4.).

3. 주식 거래유형별 양도가액의 평가방법

주권 등의 양도시 거래유형별 평가방법은 다음과 같다(증거법 집행기준 7-0-3).

거 래 유 형	평 가 방 법
상장법인의 주권 등을 유가증권시장과 코스닥시장 밖에서 양도하는 경우	한국거래소가 공표하는 양도일의 매매거래 기준가액
한국금융투자협회가 「자본시장법 시행령」(§178①)에 따른 기준에 따라 거래되는 종목으로 지정한 주권 등을 그 기준 외의 방법으로 양도하는 경우	한국금융투자협회가 공표하는 양도일의 매매거래 기준가액
그 밖의 방식으로 주권 등을 양도하는 경우	「소득세법 시행령」(§165)의 토지·건물 외의 자산의 기준시가 산정에 따라 계산한 가액

Ⅱ 세율

1. 거래시장별 주권에 적용하는 세율

거래시장별 및 거래되는 주권에 적용하는 증권거래세 세율은 다음과 같다.

거래시장 구분	증권거래세 세율	농어촌특별세 세율	거래되는 주권
유가증권시장	0.1%*	0.15%	상장주식
코넥스시장	0.1%*	-	상장주식
코스닥시장, 금융투자협회	0.25%*	-	상장주식
장외거래	0.5%	-	상장 및 비상장주식

* 2019년 6월 3일부터 시행하는 세율임(증거령, 대통령령 제29788호, 2019.5.28. 공포).

2. 대금의 일부를 프리미엄 형태로 받는 경우 적용되는 세율

유가증권시장을 거치지 아니하고 장외시장에서 사적 옵션계약에 의하여 특정인에게 주식 양·수도 관련대금 일부를 프리미엄 형태로 별도 수수하였을 경우에는 이를 장외거래로 보아 5/1,000의 세율을 적용한다(증거법 집행기준 8-0-2).

3. 상장주식을 계약금 지급, 시간외 대량매매 계좌결제, 잔금지급의 형태로 매각할 경우 적용할 세율

계약에 따라 계약금을 지급하고 증권시장에서 장내거래인 시간외 대량매매로 주식을 지정가에 양도한 후 계약에 따라 잔금을 익일에 지급하기로 한 경우 장내거래 결제금액에 대하여는 한국예탁원이 증권거래세 0.15%*, 농어촌특별세 0.15%를 징수하여 신고・납부하는 것이며, 계약금과 잔금에 대하여는 권리가 이전되는 시기인 장내거래일을 양도시기로 보아 양도법인이 해당금액에 대하여 0.5% 증권거래세를 신고・납부하여야 한다(소비-369, 2012.11.6.).

* 2019.6.3. 이후 0.1%로 개정

제6절 신고 · 납부 방법

Ⅰ 신고 · 납부

증권거래세의 납세의무자는 다음의 구분에 따라 과세표준과 세액을 관할 세무서장에게 신고 · 납부하여야 한다(증거법 §10 ①).

① 전자등록기관, 한국예탁결제원, 금융투자업자는 주권 등을 양도하는 자로부터 매월분의 과세표준과 세액을 다음 달 10일까지 신고할 것

② 그 밖의 양도자의 경우에는 매 반기분의 과세표준과 세액을 양도일이 속하는 매 반기분과 세액을 양도일이 속하는 반기일 말일부터 2개월 이내에 신고할 것

Ⅱ 조정환급

증권거래세를 신고 · 납부한 납세의무자가 납부한 증권거래세액 중 잘못 납부하거나 초과하여 납부한 금액이 있어 주권 등을 양도한 자에게 환급할 때에 그 납세의무자가 거래징수하여 납부할 증권거래세액에서 조정하여 환급할 수 있다(증거법 §10 ③).

이 경우 증권거래세 조정환급은 국세환급가산금 규정에 해당하지 않아 국세환급가산금을 지급하지 않는다(제도 46016-11858, 2001.7.3.).

Ⅲ 납세의무자가 사업장을 폐지한 경우

증권거래세의 납세의무자가 사업장을 폐지한 때에는 그 날부터 25일 이내에 폐지한 날이 속하는 달의 과세표준과 세액을 신고 · 납부하여야 한다.

Ⅳ 계약해제권에 따라 당초계약을 해제한 경우

양도인이 비상장주식을 양도하고 명의개서를 완료하여 주식 양도에 대한 증권거래세를 납부하였으나, 양수인의 계약내용 불이행으로 양도인이 계약해제권에 따라 당초계약을 해제하여 양도인에게 소유권이 환원된 사실이 확인되는 경우 양도인은 이미 납

부한 증권거래세를 환급받을 수 있다(소비세과-91, 2012.4.9.).

Ⅴ 신고 · 납부방법에 대한 사례

증권거래세 신고·납부방법에 대한 사례는 다음과 같은 내용이 있다(증거법 집행기준 10-0-2).

① 명의신탁자가 양도하는 주권 등에 대하여 명의수탁자가 이미 납부한 증권거래세는 명의신탁자의 증권거래세 계산시 기납부한 세액으로 공제된다.

② 비거주자인 재일교포(갑)이 비상장내국법인의 주식을 금융투자업자를 통하지 아니하고 다른 비거주자인 재일교포(을)에게 양도한 경우 증권거래세 납세의무자는 재일교포(을)다.

③ 내국법인의 발행주식을 100% 소유한 국내사업장이 없는 외국법인이 그 법인의 지주회사(국내사업장이 없는 외국법인)에게 배당결정을 하고 배당의 방법으로 내국법인의 주식을 양도하기로 한 경우, 증권거래세 과세대상인 양도에 해당하고, 양수인을 납세의무자로 하여 주권발행법인의 본점 또는 주사무소의 소재지를 납세지로 하여 증권거래세를 신고·납부하여야 한다.

④ 증권거래세의 면제대상에 해당하지만 과세표준신고서 및 세액면제신청서를 제출하지 아니한 경우에도 조특법에 의하여 증권거래세를 면제받을 수 있다(국심 2004서1556, 2004.8.10.).

제 5 편

주식의 평가

제1절 주식평가의 원칙

I 주식평가의 이해

1. 의의

상속재산 및 증여재산의 평가란 평가대상 재산의 경제적 가치를 화폐단위로 측정하여 가액을 표시한 것을 말한다.

상증법상 주식(출자지분 포함)평가는 원칙적으로 상속개시일 또는 증여일 현재의 시가에 따르지만 시가의 산정이 어려울 경우에는 세법상 시가를 갈음할 수 있는 보충적인 평가방법에 따라 평가하도록 규정하고 있다.

여기서 보충적 평가방법이란 상속 또는 증여재산의 시가를 산정하기 어려운 경우 제한적으로 사용하는 평가방법을 말한다.

상속재산 및 증여재산의 평가는 상속세 및 증여세의 부담이 달라질 수 있으므로 과세의 기초가 되는 주식가액을 객관적으로 평가하는 것이 매우 중요하다.

이 책에서는 다음의 것에 대해서만 설명하고자 한다.

① 유가증권시장 상장법인주식 및 출자지분의 평가

② 코스닥시장 상장법인주식 및 출자지분의 평가

③ 전환사채 등의 평가

④ 비상장주식 및 출자지분의 평가

2. 주식 평가기준일

재산의 가액은 시간의 흐름에 따라 그 가액이 변하므로 어느 시점에서 경제적 가치를 화폐가치로 측정하여야 한다.

주식의 경우 어느 시점에서 평가하는지에 따라 그 주식 가액이 달라지며, 이에 따라 상속세 및 증여세의 부담이 그 만큼 달라질 수 있으므로 해당 주식의 평가기준일을 다음과 같이 명확하게 설정할 필요가 있다.

상속 · 증여재산	주식 평가기준일
상속재산	상속개시일
증여재산	증여일
상속재산에 가산하는 사전증여재산	증여일

(1) 상속주식의 평가시점

상속재산의 평가는 상속개시일 현재의 가액으로 평가한다.

상속개시일이란 일반적으로 사망일을 말하며, 사망으로 간주되는 실종선고일, 인정사망일을 말한다.

(2) 증여받은 주식의 평가시점

증여받은 주식의 평가는 증여일 현재의 가액으로 평가한다.

증여일이란 타인의 증여에 의하여 주식을 취득한 날을 말한다.

(3) 상속세 과세가액에 가산하는 사전증여재산의 평가시점

상속개시일 전 10년(상속인 외의 자에게 증여한 재산은 5년) 이내에 피상속인이 상속인에게 증여한 사전증여재산가액은 상속세 과세가액에 가산하여 상속세를 과세하게 된다.

이 경우 상속세 과세가액에 가산하는 사전증여재산가액은 당초 증여일 현재의 시가로 평가한 금액으로 한다.

(4) 상속재산으로 추정하는 상속개시 전 처분재산의 평가시점

피상속인이 상속개시 전 일정기간 내에 재산을 처분 · 인출하거나 채무를 부담한 경우로서 그 처분 · 인출가액이나 채무부담액의 사용처가 분명하지 아니한 금액은 상속받은 것으로 추정하여 상속세를 과세하게 된다.

이 경우 해당 재산의 처분가액의 평가는 실제 수입한 금액을 기준으로 하며, 그 금액이 확인되지 아니한 경우에는 처분당시의 평가한 금액으로 한다.

(5) 재차 증여시 합산하는 증여재산의 평가시점

증여일 전 10년 이내에 동일인으로부터 받은 증여재산의 합계액이 1천만원 이상인 경우 그 가액은 증여세 과세가액에 합산하여 과세하는 것이며. 가산되는 각각의 증여재산의 평가액은 각각의 증여일 현재의 재산가액에 따른다.

Ⅱ 시가

1. 의의

현행 상속세 또는 증여세가 과세되는 주식 등의 재산가액은 상속개시일 또는 증여일(평가기준일) 현재의 시가에 의하여 산정한다.

시가는 불특정 다수인 사이에 자유롭게 거래가 이루어지는 경우에 통상적으로 성립된다고 인정되는 가액을 말하고 있지만 현실적으로 객관적인 교환가치를 측정하기란 쉬운 일이 아니다.

시가가 확인되지 아니한 경우에는 평가기간 중 매매·감정가액(주식 제외)·경매·공매가액 등이 확인된 경우에는 이를 시가로 본다.

이때 시가로 보는 가액이 2 이상인 경우에는 평가기준일을 전후하여 가장 가까운 날에 해당하는 가액에 의하며, 가장 가까운 날에 해당하는 가액이 둘 이상인 경우엔 그 평균액으로 한다(상증령 §49 ②).

2. 평가기간 내 주식 등의 재산가액

상속세 또는 증여세가 부과되는 주식 등의 재산가액은 상속개시일 또는 증여일(평가기준일) 현재의 시가로 한다.

시가란 불특정 다수인 사이에 자유롭게 거래가 이루어지는 경우에 통상적으로 성립된다고 인정되는 가액으로서 평가기준일 전·후 6개월(증여재산의 경우에는 평가기준일 전 6개월부터 평가기준일 후 3개월까지로 한다) 이내의 기간 중 매매·경매·공매가 있는 경우에는 그 가액을 시가로 본다.

거 래	시가 판단 기준일
매매사실이 있는 경우	매매계약일
수용 등의 경우	보상가액, 경매가액 또는 공매가액이 결정된 날

(1) 매매사실이 있는 경우

주식 등의 재산에 대해 매매사실이 있는 경우에는 그 거래가액을 시가로 본다.

만일 평가기간에 해당하지 아니한 평가기준일 전 2년 이내의 기간 중에 당해 재산에 대한 매매 등이 있거나 평가기간이 경과한 후부터 법정결정기한(상속세:신고기한부터 9개월, 증여세:신고기한부터 6개월)까지의 기간 중에 매매 등이 있는 경우 그 매매 등 가액에 대하여 평가기준일부터 거래가액이 확정되는 계약일까지의 기간 중에 시간의 경과 및 주위환경의 변화 등을 감안하여 가격변동의 특별한 사정이 없다고 인정되는 때에는 평가심의위원회의 자문을 시가에 포함시킬 수 있다.

그러나 다음에 해당하는 경우는 시가로 보지 아니한다.

① 그 거래가액이 특수관계인과의 거래한 것으로 객관적으로 부당하다고 인정되는 경우

② 거래된 비상장주식의 액면가액 합계액이 3억원 미만이거나 발행주식총액의 1% 미만인 경우. 다만, 그 거래가액이 거래의 관행상 정당한 사유가 있다고 재산평가심의위원회가 인정한 경우에는 제외한다.

▌계약만 체결된 상태의 유사매매사례가액을 시가로 인정하나요?

매매계약 체결 후 계약금의 일부만을 수령한 상태에서 장기간 매매계약이 이행되지 않고 있는 경우 해당 매매계약상 가액은 상증령(§49 ① 〈1〉)에 따른 매매사실이 있는 경우의 거래가액에 해당하지 않는다(재재산-658, 2017.9.26.).

(2) 수용 · 경매 · 공매사실이 있는 경우

해당 주식 등의 재산에 대해 수용 · 경매 · 공매사실이 있는 경우에는 그 보상가액 · 경매가액 · 공매가액을 시가로 본다. 그러나 경매가액 등을 시가로 인정하게 되면 이를 통해 낮은 가액으로 비상장주식 등을 취득하여 재산을 증여하는 방법으로 증여세를 회

피하는 사례가 있어서 이를 방지하기 위해 다음의 경우에는 시가로 인정하지 아니한다 (상증령 §49 ①).

① 물납한 재산을 상속인 또는 그의 특수관계인이 경매 또는 공매로 취득한 경우

② 경매 또는 공매로 취득한 비상장주식의 가액(액면가액의 합계액을 말한다)이 다음의 금액 중 적은 금액 미만인 경우

> Min[㉠, ㉡]
> ㉠ 액면가액의 합계액으로 계산한 당해 법인의 발행주식총액 또는 출자총액의 100분의 1에 해당하는 금액
> ㉡ 3억원

③ 경매 또는 공매절차의 개시 후 관련 법령이 정한 바에 따라 수의계약에 의하여 취득하는 경우

Ⅲ 시가산정이 곤란한 경우 보충적 평가방법

상속세 또는 증여세가 부과되는 주식 등의 재산가액은 평가기준일 현재의 시가에 의하여 평가하고, 시가를 산정하기 어려운 경우에는 재산별로 보충적 평가방법에 의하여 평가한다.

재산별 보충적 평가방법에 의하여 평가하기 위하여는 다음의 요건을 충족하여야 한다.

① 시가산정이 어려운 경우이어야 할 것

② 다음의 재산이어야 할 것

㉠ 부동산 등(토지, 건물, 부동산에 관한 권리)

㉡ 선박 등 기타 유형재산

㉢ **다음의 유가증권 등**

> **주식 및 출자지분**, 국채 · 공채 · 사채, 예금 · 저금 · 적금, 대부금 · 외상매출금 및 받을어음 등의 채권가액과 입회금 · 보증금 등의 채무가액, 집합투자증권

㉣ 무체재산권(영업권, 어업권, 특허권 · 실용신안권 · 상표권 · 디자인권 및 저작권, 광업권 및 채석권)

㉤ 그 밖의 조건부 권리 등(조건부권리, 존속기간이 불확정한 권리, 신탁의 이익을 받을 권리, 소송 중에 있는 권리, 정기금을 받을 권리)

▌증자에 따른 증여의제시 증여가액의 산정

증자에 따른 주식의 취득 효과는 신주인수인이 그 주금을 납입함으로써 생기므로 증자에 따른 증여의제에 있어서 이익의 산정의 기준이 되는 증여일인 주식의 취득시기는 주금납입일을 의미하는 것이며, 약정에 의하여 청구인이 인수한 후 일정기간 동안 처분 등이 제한되어 있다 하더라도 증여가액의 산정은 평가기준일(증여일) 현재의 시가로 한다(조심 2014서53, 2014.3.17.).

▌상속개시일의 판단

피상속인의 사망 후 상속등기를 하지 못하다가 협의분할에 의해 상속등기를 하는 경우 상속재산의 가액은 상속개시일 현재 시가에 의한다(서면4팀-3631, 2007.12.21.).

▌유상증자시 1주당 주금납입액의 시가 여부

유상증자시 1주당 주금납입액은 상증법상의 시가로 인정되는 거래가액에 해당되지 아니한다(서면상속증여-271, 2017.2.23.).

제2절 주식 유형별 평가

Ⅰ 주권상장주식의 평가

1. 평가원칙

유가증권시장에서 거래되는 주권상장법인의 주식(출자주식 포함)가액은 평가기준일(상장주식의 평가기준일이 공휴일, 매매거래 정지일, 납회기간 등인 경우에는 그 전일) 이전·이후 각 2개월 동안 공표된 매일의 한국거래소의 최종시세가액(거래실적 유무 불문)의 평균액으로 하며, 이를 시가로 본다(상증법 §63 ① 〈1. 가〉).

예컨대 상속재산 중 상장주식을 2019.1.5.에 상속받은 경우 평가액은 2018.11.6.부터 2019.2.4.까지 매일의 거래소 최종시세가액의 평균액을 시가로 본다.

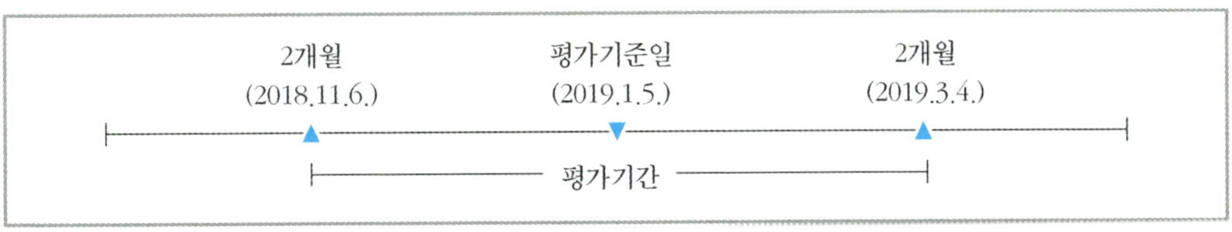

2. 증자·합병 등의 사유가 발생한 상장주식의 평가

증자·합병 등으로 신주가 발행되면 주가의 변동이 있기 때문에 평가기준일 현재의 주식과 동일한 상태의 주식에 대한 최종시세가액의 평균액을 적용하여야 한다.

따라서 상장주식의 최종시세가액의 평균액을 계산할 경우 평가기준일 이전·이후 각 2개월 동안에 증자·합병 등의 사유가 발생하여 그 평균액으로 하는 것이 부적당한 경우에는 평가기준일 이전·이후 각 2개월의 기간 중 다음에 따른 기간의 평균액으로 한다. 다만, 합병으로 인한 이익을 계산할 때 합병(분할합병 포함)으로 소멸하거나 흡수되는 법인 또는 신설되거나 존속하는 법인이 보유한 상장주식의 시가는 평가기준일 현재 한국거래소의 최종시세가액으로 한다(상증령 §52의2).

(1) 평가기준일 이전에 증자·합병 등의 사유가 발생한 경우

평가기준일 이전에 증자·합병 등의 사유가 발생한 경우에는 다음의 표와 같이 동

사유가 발생한 날의 다음 날(201×.8.2.)부터 평가기준일(2019.3.1.) 이후 2개월이 되는 날(4.30.)까지의 기간 동안의 매일 최종시세가액의 평균액으로 평가한다.

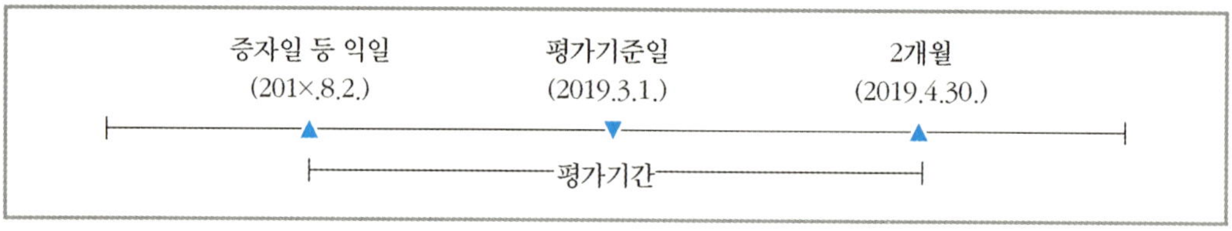

(2) 평가기준일 이후에 증자 · 합병 등의 사유가 발생한 경우

평가기준일 이후에 증자 · 합병 등의 사유가 발생한 경우에는 다음의 표와 같이 평가기준일(2019.4.1.) 이전 2개월이 되는 날(2019.2.1.)부터 동 사유가 발생한 날의 전일(2019.4.30.)까지의 기간 동안의 매일 최종시세가액의 평균액으로 평가한다.

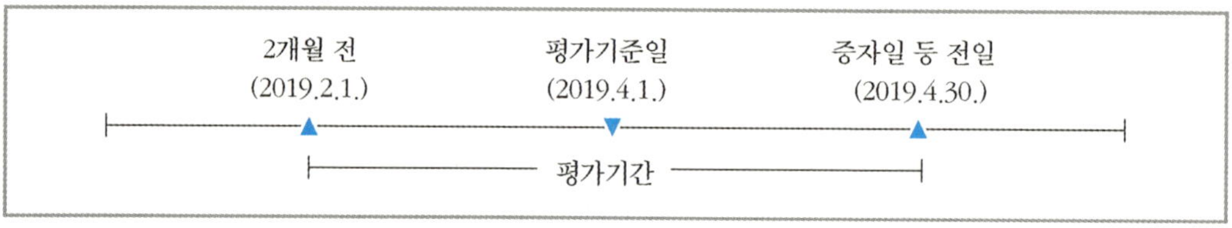

(3) 평가기준일 이전 · 이후에 증자 · 합병 등의 사유가 발생한 경우

평가기준일 이전 · 이후에 증자 · 합병 등의 사유가 발생한 경우에는 다음의 표와 같이 평가기준일(2019.2.1.) 이전 동 사유가 발생한 날의 다음 날(2019.1.2.)부터 평가기준일 이후 동 사유가 발생한 날의 전일(2019.2.28.)까지 기간 동안의 매일 최종시세가액의 평균액으로 평가한다.

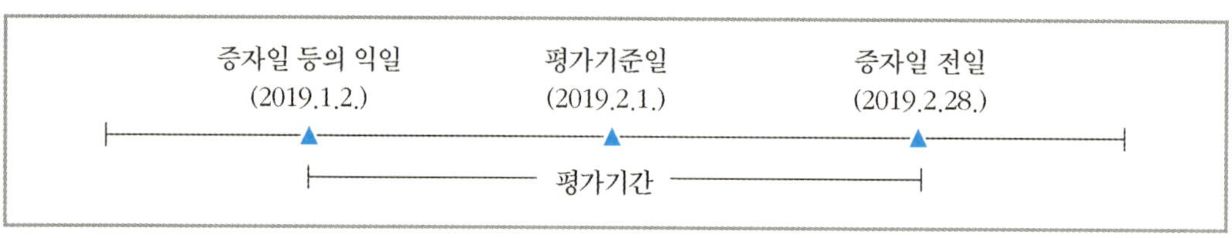

증자 · 합병 등의 사유란 감자, 주식 등의 액면분할 또는 병합 「상법」(§530의2)에 따른 회사의 분할 · 분할합병을 포함한다(상증법 기본통칙 63-0…2).

1차 유상증자와 2차 유상증자가 있는 경우의 평가액 산출

1차 유상증자와 2차 유상증자에 관한 발행조건과 절차 등이 각각 별도라고 하더라도 1차 유상증자와 2차 유상증자에 관한 이사회 결의 및 공시가 같은 날 함께 이루어진 경우에는 그로 인하여 새롭게 형성되는 각각의 주가를 구별할 수 없으므로 특별한 사정이 없는 한 2차 유상증자 전의 1주당 평가가액은 2차 유상증자에 관한 주금납입일의 전날을 기준으로 하여 그 이전의 기간을 대상으로 한 종가평균액으로 계산하여야 한다(대법원 2014두2560, 2016.6.28.).

3. 미상장 신주의 평가

미상장 신주란 유가증권시장이나 코스닥시장에 상장되어 있는 법인의 주식 중 상장법인의 증자 등으로 취득한 신주가 평가기준일 현재 상장되지 아니한 주식을 말한다. 이경우 주식의 평가는 다음과 같이 평가기준일 현재 상장되어 있는 구주의 평가액에서 배당차액을 뺀 가액으로 평가한다. 다만, 구주와 신주의 배당기산일이 동일한 경우는 배당차액을 차감하지 않는다.

미상장 신주의 평가액=〔①−②〕

① 상장주식평가액(구주평가액) : 평가기준일 이전·이후 2개월간의 최종시세가액의 평균액

② 배당차액 =

$$1주당액면가액 \times 직전기배당률 \times \frac{\text{신주발행일이 속하는 사업연도 개시일부터 신주 배당기산일 전일까지의 일수}}{365}$$

4. 상장추진 중인 주식의 평가

법인이 기업공개를 하기 위하여 금융위원회에 유가증권신고를 한 경우 상장추진기간 중에 있는 주식은 비상장주식에 해당한다. 동 상장 추진기간 중에 있는 주식은 공모가액에 의하여 시가가 확인이 가능하므로 비상장주식과 다르게 평가한다.

따라서 기업공개를 목적으로 금융위원회에 유가증권신고를 한 법인(코스닥 상장법인 및 비상장법인 포함)의 주식에 대해서는 법인의 사업성, 거래상황 등을 고려하여 상장추진기간 중에 있는 코스닥 상장법인 및 비상장법인의 평가를 공모가격과 비교하

여 다음의 평가액으로 한다.

평가액 = Max 〔①, ②〕
① 금융위원회가 정한 기준에 따라 결정된 공모가격
② 코스닥 상장법인 주식 등의 평가방법에 의한 평가액(그 가액이 없는 경우 비상장 주식의 평가방법에 따른 평가액)

상장추진기간 중이란 평가기준일 현재 유가증권신고(유가증권신고를 하지 아니하고 상장신청을 한 경우에는 상장신청을 말한다) 직전(유가증권신고서접수일; 재산상속 46014 -1876, 1999.10.25.) 6개월(증여세가 부과되는 주식은 평가기준일 전 6개월부터 평가기준일 후 3개월)부터 한국거래소에 최초로 주식을 상장하기 전까지의 다음 기간을 말한다.

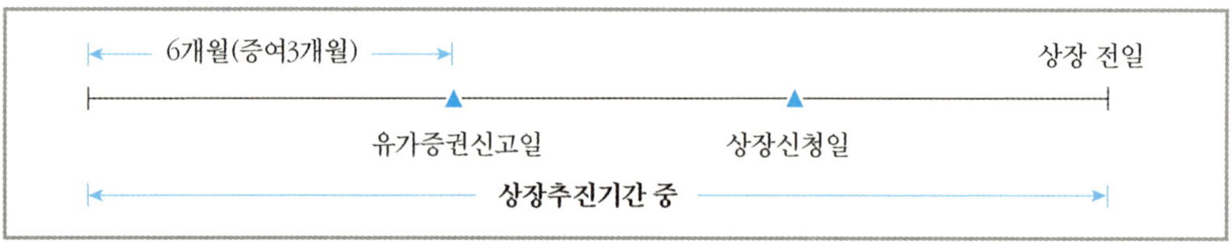

Ⅱ 코스닥시장 상장주식의 평가

코스닥시장 상장주식은 주권상장법인의 주식평가의 규정을 준용하여 평가한다.

유가증권시장에서 거래되는 주권상장법인의 주식(출자주식 포함)의 가액을 준용하므로 평가기준일(상장주식의 평가기준일이 공휴일, 매매거래 정지일, 납회기간 등인 경우에는 그 전일) 이전·이후 각 2개월 동안 공표된 매일의 한국거래소의 최종시세가액(거래실적 유무 불문)의 평균액으로 하며, 이를 시가로 본다(상증법 §63 ① 〈1. 나〉).

평가원칙 ➟ 주권상장법인의 주식 평가규정 준용
예외 ➟ 비상장주식 평가방법 준용

1. 투자유의종목 등으로 지정된 경우

한국금융투자협회가 코스닥상장주식을 평가기준일 이전·이후 6개월(증여세가 부과되는 주식은 평가기준일 전 6개월부터 평가기준일 후 3개월) 이내에 매매거래를 정지시키거나 투자유의종목 또는 관리종목으로 지정·고시한 경우에는 비상장주식 평가방법에 따라 평가하여야 한다.

그러나 공시의무 및 사업보고서제출의무 위반 등으로 인하여 투자유의종목으로 지정·고시되거나 등록신청서 허위기재 등으로 인하여 일정기간 동안 매매거래가 정지된 경우에도 적정하게 시가를 반영하여 정상적으로 매매거래가 이루어지는 경우에는 위 "❶ **증권상장주식의 평가**"방법을 적용하여 평가한다.

▌매매거래 정지기간 중 코스닥상장주식을 증여하는 경우 평가기준일 기준

투자보호목적으로 기업공시를 통하여 매매거래가 정지된 기간(2018.11.15. ~ 2019.12.15.) 중인 2018.11.30.에 코스닥 상장주식을 증여받은 경우에는 2018.11.30.을 증여일 기준으로 평가한다(재재산-112, 2014.2.12.).

2. 증자·합병 등의 사유가 발생한 경우

증자·합병 등으로 신주가 발행되면 주가의 변동이 있기 때문에 평가기준일 현재의 주식과 동일한 상태의 주식에 대한 최종시세가액의 평균액을 적용하여야 한다.

이 경우 증자·합병 등의 사유가 발생한 경우 코스닥상장주식의 평가는 위 ❶ 주권상장주식의 평가방법을 준용한다

3. 코스닥시장 상장추진 중인 주식의 평가

비상장주식 중 코스닥시장에서 주식을 거래하고자 유가증권신고(유가증권신고를 하지 아니하고 등록신청을 한 경우에는 등록신청을 말함) 직전 6개월(증여세가 부과되는 주식은 평가기준일 전 6개월부터 평가기준일 후 3개월)부터 한국거래소에 상장신청을 한 법인의 주식평가는 상장추진기간 중에 있는 코스닥 상장법인 및 비상장법인의 평가를 공모가격과 비교하여 다음의 평가액으로 한다.

평가액 = Max 〔①, ②〕
① 금융위원회가 정한 기준에 따라 결정된 공모가격
② 비상장주식 평가방법에 따른 평가액

상장추진기간 중이란 평가기준일 현재 유가증권 신고일(유가증권신고를 하지 아니하고 등록신청을 한 경우에는 등록신청을 말한다) 직전 6개월(증여세가 부과되는 주식의 경우에는 평가기준일 전 6개월부터 평가기준일 후 3개월)부터 한국금융투자협회에 등록하기 전까지의 기간을 말한다.

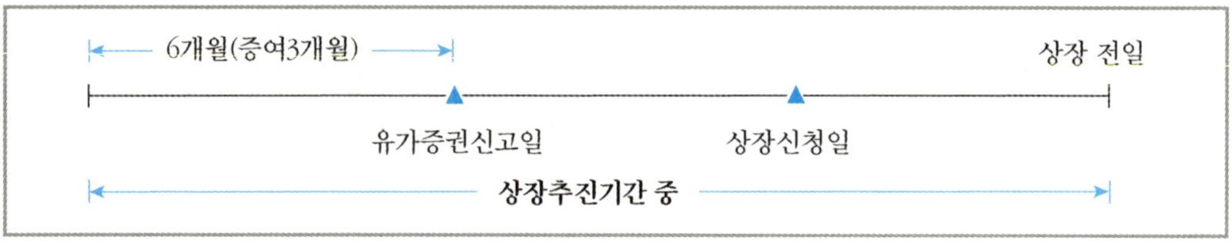

4. 미상장주식의 평가

미상장 주식이란 거래소에 상장(코스닥시장 상장 포함)되어 있는 법인의 주식 중 해당 법인의 증자로 인하여 새로운 주식으로서 평가기준일 현재 상장되지 아니한 주식을 말한다.

미상장 주식은 배당기산일 차이로 인하여 배당차액만큼 주가의 차이가 발생할 수 있으므로 미상장 주식의 평가는 거래소에 상장되어 있는 해당 법인의 주식에 대한 평가기준일 이전·이후 각 2개월 간의 한국거래소의 평균액에서 배당차액을 뺀 가액으로 한다.

다만, 해당 법인의 정관에 의하여 해당 법인의 증자로 인하여 취득한 새로운 주식에 대한 이익을 배당함에 있어서 평가기준일 현재 상장되어 있는 해당 법인의 주식과 배당기산일(주금납입일의 익일을 말한다)을 동일하게 정하는 경우를 제외한다.

미상장 신주의 평가액 = [①+②]

① 상장주식 평가액 ; 평가기준일 이전·이후 각 2개월 간의 한국거래소의 평균액

② 배당차액 =

$$\text{주식 1주당 액면가액} \times \text{직전기 배당률} \times \frac{\text{신주발행일이 속하는 사업연도 개시일부터 배당기산일 전일까지의 일수}}{365}$$

상장주식 등의 예규 및 판례

① 상장주식을 최종시세가액의 평균액으로 평가함에 있어 평가기준일이 공휴일 등 매매거래가 없는 날인 경우 그 전일을 기준으로 종가평균액으로 하는 것이나, 평가기준일 이전·이후 각 2월이 되는 날이 공휴일 등인 경우 그 전일이나 후일을 평가대상기간에 산입하지 아니함(서면4팀-1646, 2004.10.18.).

② 평가기준일 이전·이후 각 2월간에 계속하여 매매거래가 정지된 상장주식은 비상장주식평가방법에 의하여 평가하되, 이 경우 평가기준일 전후 불특정다수인 사이에 매매가 성립하여 형성된 거래가액은 시가에 해당함(서면4팀-2005, 2005.10.31.).

③ 상장법인 주식을 평가함에 있어 평가기준일 이전 2월간에 당해 법인의 1주당 액면가액을 분할·병합하여 새로운 주식을 변경상장하는 경우에는 그 변경상장일부터 평가기준일 이후 2월이 되는 날까지의 기간에 대한 평균액에 의하는 것임(서일 46014-10382, 2002.3.21.).

④ 상속개시 전 피상속인이 상장주식에 대한 매매계약을 체결하고 잔금을 영수하기 전에 사망한 경우에는 매매대금에서 상속개시 전에 영수한 계약금과 중도금을 차감한 잔액을 상속재산의 가액으로 하는 것임(재산-3287, 2008.10.15.).

⑤ 종가평균액 계산기간 중에 회사분할한 경우 "증자, 합병 등의 사유가 있는 경우와 동일하게 평가함(서일 46014-11315, 2002.10.9.).

⑥ 외국의 증권거래소에 상장된 국외법인의 주식은 우리나라 한국거래소에 상장된 주식의 평가방법을 준용하여 평가하며, 평가기준일 현재 기준환율 등을 적용하여 환산함(재산-460, 2012.12.26.).

⑦ 상증법 시행령(§57 ②)을 적용할 때, "유가증권 신고"의 의미는 유가증권신고서 접수일을 말하는 것임(재산상속 46014-514, 2000.4.2.).

⑧ 협회등록주식이 매매거래가 정지되거나 투자유의종목으로 지정·고시된 경우 비상장주식 평가방법에 의함(재재산 46014-95, 2003.4.4.).

⑨ 코스닥 상장법인이 평가기준일 전에 인적분할하여 평가기준일 현재 재상장되기 전에 있는 분할신설법인 주식평가방법(재산-556, 2011.11.22.)

⑩ 협회등록주식 취득 전후 주식 가격 및 거래량이 급격히 상승 및 하락을 반복하는 등 정상적인 매매거래가 이루어진 것으로 볼 수 없으므로 상증법 제63조 제1항 제1호 다목을 적용한다는 사례(국심 2007중448, 2007.8.30.)

⑪ 관리종목으로 지정된 날과 다음 날만 거래정지 되었을 뿐 평가기준일 전・후 2월의 매매거래가 비정상적으로 이루어진 것으로 보기 어려우므로 평가기준일 이전・이후 각 2월간에 공표된 매일의 증권업협회 기준가격으로 평가한 것은 정당함(조심 2011광2034, 2011.8.26.).

⑫ 관리종목으로 지정되었을 경우 보충적 평가방법에 의하도록 한 취지는 관리종목 지정 이전・이후 해제되더라도 일정한 기간이 지나야 적정한 시가를 반영하여 정상적인 매매가 이루어진다는 점을 고려한 것으로 유상증자 당시 결손이 누적되어 있었던 사실 등으로 보아 보충적 평가방법 따라 평가하여야 함(대법원 2012두25699, 2013.3.28.).

⑬ 한국증권선물거래소에서 거래되는 「간접투자자산운용업법」(§45) 규정에 의한 "환매금지투자회사"가 발행한 상장주식도 평가기준일 이전・이후 각 2월간에 공표된 매일의 한국증권선물거래소 최종시세가액(거래실적의 유무를 불문함)의 평균액으로 평가하는 것임.

⑭ 기업공개준비 중인 주식이 평가기준일 전후 6개월(증여 3개월) 이내에 매매사실이 있는 경우에는 그 매매가액을 시가로 보며, 그 주식을 보충적 평가방법에 따라 평가하는 경우에는 금융위원회가 정하는 기준에 따라 결정된 공모가격과 상증법 제63조 제1항 제1호 나목(나목의 가액이 없는 경우에는 다목)에 따라 평가한 가액 중 큰 가액으로 평가함(상속증여세과-474, 2014.12.9.).

⑮ 평가기준일 이전・이후 2월간 공표된 매일의 거래소 최종시세가액의 평균액을 기준으로 코스닥 상장법인의 주식의 시가를 평가하도록 정한 것은 평가의 균형을 도모하고 증여시기 조정을 통한 조세회피행위를 방지함으로써 조세의 공평을 확보하기 위한 것으로, 그 기준이 명백하게 불합리하다거나 입법재량의 범위를 현저하게 일탈하였다고 보이지 아니하므로, 심판대상조항은 청구인들의 재산권을 침해하지 아니함(헌재 2014헌바363, 2016.2.25.).

⑯ 상장주식 평가기준일 이전에 주주배정 방식의 유상증자와 권리락이 있었으나 주주의 실권으로 그 실권주에 대하여만 다시 같은 조건으로 제3자 배정이 이루어진 경우에는 주주배정 방식의 유상증자에 따른 권리락일을 '증자사유가 발생한 날의 다음 날'로 보아 그때부터 평가기준일 이후 2개월이 되는 날까지의 기간을 상장주식의 평가기간으로 삼아야 함(대법원 2013두23058, 2016.6.9.).

Ⅲ 전환사채 등의 평가

전환사채 등이란, 다음의 전환사채, 신주인수권부사채(신주인수권증권이 분리된 경우에는 신주인수권증권을 말한다) 기타 주식으로 전환·교환하거나 주식을 인수할 수 있는 권리가 부여된 사채를 말한다.

1. 전환사채의 평가

전환사채란 발행회사의 주식으로 전환할 수 있는 권리를 사채권자에게 부여한 사채로서 일정기간이 지나면 사채권자의 청구에 의하여 결정된 조건대로 발행회사의 주식으로 전환할 수 있는 사채를 말한다. 이때 전환권의 행사와 함께 사채권자로서의 지위는 소멸된다.

전환사채는 주식을 취득할 수 있는 권리가 부여된 것이기 때문에 사채와 주식의 본래 성격을 참고하여 다음과 같이 평가방법을 달리 적용한다.

(1) 상장 전환사채

한국거래소에 상장된 전환사채는 다음과 같이 평가한 가액으로 한다.

전환사채의 평가액 = Max〔①, ②〕
① 평가기준일 이전 2개월 간의 공표된 매일의 유가증권시장 최종시세가액의 평균액
② 평가기준일 이전 최근일의 최종시세가액

만일 평가기준일 이전 2개월의 기간 중 거래실적이 없는 경우에는 다음과 같이 평가한 가액으로 한다.

전환사채의 평가액 = 〔① 또는 ②〕
① 타인으로부터 매입한 전환사채 ; 매입가액 + 평가기준일까지의 미수이자상당액
② 그 외의 전환사채 ; 처분예상금액. 처분예상금액을 산정하기 어려운 경우에는 해당 전환사채의 상환기간·이자율·이자지급방법 등을 참작하여 투자매매업자·투자중개업자·회계법인 또는 세무법인의 평가액의 평균액

(2) 미상장 전환사채

한국거래소에 상장되지 않는 전환사채 중 전환 등이 불가능한 기간 중에 평가하는 경우에는 만기상환금액(만기 전에 발생하는 이자상당액 포함)을 사채발행이율에 따라 발행 당시의 현재가치로 할인한 가액에서 그 만기상환금액을 3년 만기 회사채의 유통수익률을 고려하여 이자율(적정할인율)에 따라 발행 당시의 현재가치로 할인한 가액을 뺀 가액으로 한다. 이 경우 그 가액이 음수인 경우에는 영(0)으로 한다(상증령 §58의2 ② 〈1, 나〉).

만일 전환 등이 가능한 기간 중에 평가하는 경우에는 주식으로 전환 등이 불가능한 기간 중에 평가하는 경우의 평가액과 해당 전환사채로 전환할 수 있는 주식가액에서 배당차액을 뺀 가액 중 큰 가액으로 평가한다.

Max〔①, ②〕
① 주식으로 전환이 금지된 기간의 신주인수권 평가액
② 전환사채로 전환할 수 있는 주식가액－배당차액*

$$* \text{ 배당차액} = \frac{\text{주식 등}}{\text{1주당 액면가액}} \times \frac{\text{직전기}}{\text{배당률}} \times \frac{\text{신주발행일이 속하는 사업연도 개시일부터 배당기산일 전일까지의 일수}}{365}$$

2. 신주인수권증권의 평가

신주인수권증권이란, 주식발행회사가 자금조달 목적으로 신주인수권부사채를 발행할 때 사채권자에게 발행회사의 주식을 인수할 수 있는 권리를 부여한 증권을 말한다.

신주인수권의 평가는 한국거래소의 상장 여부에 따라 다음과 같이 평가방법을 달리 적용한다.

(1) 상장 신주인수권증권

상장된 신주인수권은 다음과 같이 평가한 가액으로 한다.

신주인수권의 평가액 = Max〔①, ②〕
① 평가기준일 이전 2개월 간의 공표된 매일의 유가증권시장 최종시세가액의 평균액
② 평가기준일 이전 최근일의 최종시세가액

(2) 미상장 신주인수권증권

상장되지 않는 신주인수권은 만기상환금액(만기 전에 발생하는 이자상당액 포함)을 사채발행이율에 따라 발행 당시의 현재가치로 할인한 가액에서 그 만기상환금액을 3년 만기 회사채의 유통수익률을 고려하여 이자율(적정할인율)에 따라 발행 당시의 현재가치로 할인한 가액을 뺀 가액으로 한다. 이 경우 그 가액이 음수인 경우에는 영으로 한다(상증령 §58의2 ② 〈1, 나〉).

만일 전환 등이 가능한 기간 중에 평가하는 경우에는 주식으로 전환 등이 불가능한 기간 중에 평가하는 경우의 평가액과 해당 신주인수권으로 인수할 수 있는 주식가액에서 배당차액과 신주인수가액을 뺀 가액 중 큰 가액으로 평가한다.

Max〔①, ②〕
① 주식으로 전환이 금지된 기간의 신주인수권 평가액
② 신주인수권으로 전환할 수 있는 주식가액－배당차액*

$$* \text{ 배당차액} = \frac{\text{주식 등}}{\text{1주당 액면가액}} \times \frac{\text{직전기}}{\text{배당률}} \times \frac{\text{신주발행일이 속하는 사업연도 개시일부터 배당기산일 전일까지의 일수}}{365}$$

3. 신주인수권증서의 평가

신주인수권이란, 회사가 신주를 발행할 경우에 그 전부 또는 일부를 타인에 우선하여 인수할 수 있는 권리를 말하는 것으로서 유상증자 또는 무상증자 배정기준일 현재 기존주주(구주주)가 자신이 소유하고 있는 주식수에 비례하여 신주를 인수할 수 있는 권리를 말한다.

신주인수권증서는 기업이 유상증자를 할 때 기존주주가 신주를 우선 배정받을 수 있는 권리를 증서화한 것이며, 동 증서는 매매를 할 수 있는 유가증권이다. 신주인수권증서를 발행하기 위해서는 정관에 규정되거나 또는 이사회의 결의가 있어야 하며, 기존주주가 증서의 발행을 청구하여야 한다.

신주인수권증서의 평가는 한국거래소의 상장 여부에 따라 다음과 같이 평가방법을 달리 적용한다.

(1) 상장 신주인수권증서

한국거래소에 상장된 신주인수권증서는 전체 거래일의 종가평균액으로 한다.

(2) 미상장 신주인수권증서

한국거래소에 상장되지 않은 신주인수권증서는 다음과 같이 평가한 가액으로 한다.

신주인수권증서의 평가액 =

해당 신주인수권증서로 인수할 수 있는 주식의 권리락 전 가액* − (배당차액** + 신주인수가액)

* 신주인수권행사 전 1주당 평가액을 말함.
** 배당차액 = 1주당 액면가액 × 직전기배당률 × 배당기산일 전일까지의 일수 ÷ 365

해당 신주인수권증서로 인수할 수 있는 주식의 권리락 전 가액(신주인수권행사 전 1주당 평가액)에서 배당차액과 신주인수가액(신주인수권 행사가액)을 차감한 가액으로 한다. 다만, 해당 주식이 주권상장법인 등의 주식인 경우로서 권리락 후 주식가액이 권리락 전 주식가액에서 배당차액을 차감한 가액보다 적은 경우에는 권리락 후 주식가액에서 신주인수가액을 차감한 가액으로 한다.

4. 신주인수권부사채의 평가

신주인수권부사채는 일반사채에 신주인수권이 부여된 사채로서, 사채발행 후 일정기간 내에 사채발행회사의 신주발행을 청구할 수 있는 권리를 사채권자에게 부여한 사채이다.

또한 신주인수권부사채는 사채권과 신주인수권의 분리 여부에 따라 분리형과 비분리형으로 구분할 수 있다. 분리형은 사채권과 신주인수권을 각각 별도의 증권으로 표상하여 각각 독립하여 양도할 수 있도록 한 것이다.

신주인수권부사채는 기존 사채를 존속시키면서 주금납입에 의하여 신주를 인수할 수 있는 권리를 부여한 것이기 때문에 기존 사채는 일반사채의 평가방법에 따라 평가하되 신주인수권의 가치는 당해 주식의 가치를 고려하여 평가하면 된다.

신주인수권부사채의 평가는 한국거래소의 상장 여부에 따라 다음과 같이 평가방법을 달리 적용한다.

(1) 상장 신주인수권부사채

한국거래소에 상장된 신주인수권부사채의 경우에는 다음의 가액으로 한다.

신주인수권부사채의 평가액 = Max〔①, ②〕
① 평가기준일 이전 2개월간의 공표된 매일의 유가증권시장 최종시세가액의 평균액
② 평가기준일 이전 최근일의 최종시세가액

(2) 미상장 신주인수권부사채

한국거래소에 상장되지 않는 신주인수권부사채의 전환 등이 불가능한 기간 중에 평가하는 경우에는 만기상환금액(만기 전에 발생하는 이자상당액을 포함)을 사채발행이율과 적정할인율 중 낮은 이자율에 따라 발행 당시의 현재가치로 할인한 가액에서 발행 후 평가기준일까지 발생한 이자상당액을 가산한 가액으로 평가한다.

Ⅳ 비상장주식의 평가

비상장주식이란 한국거래소에서 거래되는 유가증권시장 상장법인의 주식 외의 주식과 코스닥상장시장 상장법인의 주식 외의 주식을 말한다.

비상장주식은 평가기준일 현재의 시가로 평가한다. 이 경우 시가는 불특정다수인 사이에 자유롭게 거래가 이루어지는 경우에 통상적으로 성립된다고 인정하는 가액, 평가일 전·후 6개월(증여세가 부과되는 주식은 평가기준일 전 6개월부터 평가기준일 후 3개월) 이내에 매매·수용 등이 있는 경우에는 다음 날의 기준가액을 포함한다.

거 래	시가 판단 기준일
매매사실이 있는 경우	매매계약일
수용 등의 경우	보상가액, 경매가액 또는 공매가액이 결정된 날

만일 비상장주식의 시가를 산정하기 어려운 경우에는 보충적 평가방법에 따라 평가한 금액을 시가로 볼 수 있다. 여기서 보충적 평가방법이란 순손익가치와 순자산가치의 가중평균하는 방법을 말한다.

보충설명

코넥스시장에 상장된 법인의 주식에 대해서는 상장주식의 평가방법을 적용하지 아니하고 비상장법인의 주식으로 보아 시가로 평가하는 것을 원칙으로 한다. 다만 시가가 없는 경우에는 보충적 평가방법에 따라 평가 한다(서면법규과-1021, 2013.9.16.).

1. 개요

비상장주식의 시가를 산정하기 어려운 경우로서 다음의 "①~③"의 법인은 순손익가치와 순자산가치에 가중평균한 가액을 시가로 보지만 "④"에 해당하는 법인은 순자산가치로만 평가한 가액을 시가로 본다(상증령 §54).

① 일반적으로 비상장주식은 1주당 순손익가치와 순자산가치를 각각 3과 2의 비율로 가중평균한 가액에 의한다.

② 부동산과다보유 법인의 경우에는 1주당 순손익가치와 순자산가치를 각각 2와 3의 비율로 가중평균한 가액에 의한다.

③ 위 "①·②"의 가중평균한 가액이 1주당 순자산가치의 80%보다 작은 경우에는 1주당 순자산가치에 80%를 곱한 금액으로 한다.

④ 다음의 법인은 정상적인 영업활동이 이루어지지 않는 기업으로서 장래에 수익력을 측정할 필요가 없으므로 순자산가치로만 평가하고 영업권도 별도로 평가하지 아니한다(상증령 §54 ④).

㉠ 상속세 및 증여세 과세표준신고기한 이내에 평가대상 법인의 청산절차가 진행 중이거나 사업자의 사망 등으로 인하여 사업의 계속이 곤란하다고 인정되는 법인의 주식

㉡ 사업개시 전의 법인, 사업개시 후 3년 미만의 법인 또는 휴업·폐업 중인 법인의 주식(적격분할 또는 적격물적분할로 신설된 법인의 사업기간은 분할 전 동일사업부분의 사업개시일부터 기산)

㉢ 법인의 자산총액 중 기타자산의 합계액이 차지하는 비율이 80% 이상인 법인의 주식

㉣ 법인의 자산총액 중 주식의 가액의 합계액이 차지하는 비율이 80% 이상인 법인의 주식

㉤ 법인의 설립시 정관에 존속기한이 확정된 법인으로서 평가기준일 현재 잔여 존속기한이 3년 이내인 법인의 주식

▌사업개시 후 3년 미만인 내국법인이 합병한 경우

사업개시 후 3년 미만인 내국법인이 합병법인이 되어 사업개시 후 3년 이상인 내국법인을 합병한 경우, 당해 합병법인은 사업개시 후 3년 미만의 법인에 해당한다(재재산-364, 2018.4.25.). 이 경우 순자산가치로만 평가한다.

2. 비상장주식의 평가원칙

비상장주식의 시가를 산정하기 어려운 경우에는 순손익가치와 순자산가치에 따라 다음에 따라 계산한 가중평균한 1주당 평가액을 시가로 본다.

(1) 일반법인의 경우

1주당 가액 = Max(①, ②)

① $\frac{(\text{1주당 순손익가치} \times 3) + (\text{1주당 순자산가치} \times 2)}{5^{*}}$

② 순자산가치 × 80%

* 순손익가치와 순자산가치가 영(0)으로 평가되는 경우에도 가중치 합계는 5로 한다.

(2) 부동산과다보유법인의 경우

부동산과다보유법인이란 소득세법에 따라 자산총액 중 토지, 건물, 부동산을 취득할 수 있는 권리(아파트당첨권 등) 및 특정시설물을 이용할 수 있는 권리(골프회원권 등)의 가액의 합계액이 차지하는 비율이 50% 이상인 법인을 말한다.

1주당 가액 = Max(①, ②)

① $\frac{(\text{1주당 순손익가치} \times 2) + (\text{1주당 순자산가치} \times 3)}{5}$

② 순자산가치 × 80%

보충설명

부동산과다보유법인이란 당해 법인의 자산총액 중 토지·건물·부동산을 취득할수 있는 권리·전세권 등의 가액과 해당 법인이 보유한 다른 법인의 주식가액에 그 다른 법인의 부동산 등 보유비율을 곱하여 산출한 가액의 합계액의 비율(부동산가액의 비율)이 50% 이상을 해당 과점주주 외의 자에게 양도하는 경우(과점주주가 다른 과점주주에게 양도한 후 양수한 과점주주가 과점주주 외의 자에게 다시 양도하는 경우로서 세법으로 정하는 경우를 포함한다)에 해당 주식 등을 말한다. 여기서 세법으로 정하는 경우란 과점주주가 해당 법인의 주식 등의 100분의 50 이상을 과점주주 외의 자에게 양도한 주식 등 중에서 양도하는 날(여러 번에 걸쳐 양도하는 경우에는 그 양도로 양도한 주식 등이 전체 주식 등의 100분의 50 이상이 된 날을 말한다)부터 소급해 3년 내에 해당 법인의 과점주주 간에 해당 법인의 주식 등을 양도한 경우를 말한다(소법 §94 ① 〈4. 다〉).

(3) 다른 비상장주식을 10% 이하 소유한 경우

비상장주식을 평가함에 있어서 다른 비상장법인의 주식(자기주식과 자기출자지분 제외)을 10% 이하로 소유하는 경우 그 다른 비상장주식의 평가는 이동평균법(법령 §74 ① 〈1. 마〉)에 따른 취득가액으로 할 수 있으며, 시가가 있는 경우에는 시가를 우선 적용한다(상속증여-94, 2013.5.6.).

▌다른 비상장법인 주식 10% 보유 여부 판단시 자기주식 포함 여부

10% 보유 여부 판단시 자기주식을 소각이나 자본의 감소 목적으로 보유하는 경우에는 자기주식을 차감하고, 기타 일시적으로 보유한 후 처분할 목적이라면 발행주식총수에 자기주식을 포함한다(재산-240, 2012.6.26.).

(4) 다른 비상장주식을 10% 초과 상호출자한 경우

상속재산인 주식을 발행한 법인이 다른 비상장법인의 총발행주식의 10%를 초과하여 상호출자하고 있는 경우에는 그 다른 비상장법인 발행주식가액은 다원이차연립방정식에 의하여 평가한다.

3. 순자산가치의 산정

비상장주식을 보충적 평가방법으로 평가하는 경우에 순자산가치의 산정은 평가기준일 현재로 가결산하여 평가하며, 이 경우 순자산가치는 평가일 기준일 현재 자산 및 부채의 현황에 따라 다음 산식과 같이 평가한 금액으로 한다.

① 1주당 순자산가치 = $\frac{\text{평가일 기준일 현재 해당 법인의 순자산가액(아래 ②)}}{\text{평가일 기준일 현재 발행주식총수}}$

② 평가일 기준일 현재 해당 법인의 순자산가액 = 자산총액 − 부채총액 + 영업권 평가액

(1) 순자산가치계산 방법

순자산가치는 법인이 청산할 때를 가정하여 청산가치를 측정하는 것으로서 1주당 순자산가치는 평가기준일 현재 시점의 재무제표를 가결산하여 비상장법인의 자산총액에서 부채총액을 차감한 순자산가치를 발행주식총수로 나누어 계산한 가액을 말한다. 이 경우 순자산가치가 영(0)원 이하인 경우에는 영(0)원으로 평가한다.

다만 그 가액이 장부가액(취득가액에서 감가상각비를 차감한 가액)보다 적은 경우에는 장부가액으로 하되, 장부가액보다 적은 정당한 사유가 있는 경우에는 그러하지 아니한다. 장부가액이란 기업회계기준 등에 의해 작성된 재무상태표상 가액을 말하다 (재산-554, 2011.11.22.).

① 1주당 순자산가치 = $\frac{\text{당해 법인의 평가기준일 현재 순자산가치(아래 ②)}}{\text{발행주식총수}}$

② 순자산가치 = 영업권 포함 전 순자산가액 + 영업권(아래 ③)

③ 영업권 포함 전 순자산가액 = 자산가액(아래 ④) − 부채가액(아래 ⑤)

④ 자산가액 = 재무상태표상 자산가액 + 평가차액 + 자산에 가산하는 가액 − 자산에서 제외되는 가액

⑤ 부채가액 = 재무상태표상 부채가액 + 평가차액 + 부채에 가산하는 가액 − 부채에서 제외되는 가액

❶ 자산총액 ;

자산가액은 주식평가기준일 현재의 재무상태표상의 자산총액으로 적용한다. 이 경우 재무상태표상의 자산 종류별로 상속세 및 증여세법상 평가한 가액(상증법 §60~§66)

과 재무상태표상의 금액과의 차액(평가차액)을 자산가액에 가감한다.

재무상태표상 자산가액 + 가산할 금액 − 차감할 금액

가산할 금액	차감할 금액
① 평가차액* ② 미수이자(원천징수세액 차감) ③ 지급받을 권리가 확정된 금액으로서 재무상태표에 계상되지 아니한 것 ④ 유상증자가액 : 평가기준일의 직전 사업연도 말 B/S를 기준으로 평가할 경우 ⑤ 영업권의 보충적 평가방법에 의한 평가액 ⑥ 지분법 손실	① 이연법인세자산** ② 선급비용 ③ 외화환산차 ④ 평가차액 ⑤ 지분법 이익

* 평가차액이란 비상장법인의 기업회계기준에 따라 작성된 장부가액과 상증세법에 따라 평가한 금액의 차액을 말한다. 이 경우 평가액이 장부가액(감가상각비를 뺀 금액)보다 적은 경우 정당한 사유가 없으면 장부가액으로 한다.
그리고 토지의 경우 평가기준일 현재 시가로 하나 시가 산정이 어려운 경우로서 개별공시지가로 적용한 가액이 재무상태표상의 토지 가액보다 많은 경우에는 그 차액을 가산한다. 그러나 이와 반대로 개별공시지가로 적용한 가액이 재무상태표상의 토지 가액보다 적은 경우에는 장부가액으로 한다.

** 이연법인세자산은 일시적 차이 등으로 인하여 법인세법 등의 납부하여야 할 금액이 법인세비용을 초과하는 경우 그 차액을 말한다.

❷ 부채총액 ;

부채가액은 주식평가기준일 현재의 재무상태표상의 부채총액으로 적용한다. 이 경우 재무상태표상의 자산 종류별로 상속세 및 증여세법상 평가한 가액(상증법 §60~66)과 재무상태표상의 금액과의 차액(평가차액)을 부채가액에 가감한다. 미상계된 부채를 포함하여 평가한다.

재무상태표상 부채가액 + 가산할 금액 − 차감할 금액

가산할 금액	차감할 금액
① 미계상 법인세 비용* ② 퇴직급여추계액 ③ 평가기준일 현재 이익처분으로 확정된 배당금 및 상여금 등 ④ 평가기준일 현재 지급의무가 확정된 비용	① 재무상태표에 계상된 제충당금 및 제준비금** ② 이연법인세부채*** ③ 외화환산대 ④ 상속개시 후 잉여금의 처분이 확정된 배당금 및 상여금

* 평가기준일까지 발생된 법인소득에 대한 법인세액, 법인세액의 감면액 또는 과세표준에 부과되는 농어촌특별세 및 지방소득세액은 평가기준일 현재 실제 납부하여야 할 법인세액 등을 말한다.

** 재무상태표상 퇴직급여충당금과 퇴직연금부담금은 제충당금으로 보아 부채에서 제외하나, 평가기준일 현재 재직하는 임원, 사용인 전원이 일시 퇴직할 경우 지급하여야 할 퇴직급여추계액을 다시 재추산하여 부채가액에 가산한다. 따라서 자본금과 적립금조정계산서(을)표상을 제충당금에 대한 부인 유보액은 고려대상이 아니다.

*** 이연법인세부채는 일시적 차이로 인하여 법인세법 등의 납부하여야 할 금액이 법인세비용에 미달하는 경우 그 차액을 말한다.

(2) 평가기준일

순자산가치의 산정은 평가기준일 현재 기업회계에 따라 가결산된 재무상태표상의 장부가액을 기초로 하여 평가한다.

(3) 발행주식총수

1주당 순자산가치를 계산할 때 발행주식총수는 평가기준일 현재의 발행주식총수로 한다. 이 경우 발행주식총수는 보통주, 배당우선주, 상환우선주, 전환우선주 및 일시적으로 보유한 후 처분할 자기주식은 포함되나 평가기준일 현재 발행되지 아니한 신주와 전환될 주식과 주식의 소각 또는 자본의 감소를 위해 취득한 자기주식은 포함하지 않는다.

▌출자전환채무로 회계 처리한 경우 조정대상 채무의 순자산가치 계산시 부채 여부

「채무자 회생 및 파산에 관한 법률」에 따른 회생계획인가내역에 따라 향후 출자전환 예정인 조정대상채무를 출자전환채무로 회계처리한 경우 해당 조정대상채무는 순자산가치 계산시 부채로 보아 자산에서 차감한다(서면법령재산-2404, 2016.11.16.).

▌우선주의 우선배당권 가치의 평가방법

상증법상 비상장법인의 주식을 보충적 평가방법으로 평가할 때, 우선주의 우선배당권 가치를 평가하는 명문상 규정이 없고, 해당 주식은 실제 우선배당이 이루어지지도 아니하였으므로 해당 주식의 평가액에 우선배당권 평가액을 포함하기는 어려운 것으로 판단된다(조심 2017서3247, 2018.10.8.).

▍주식매수선택권의 행사이익을 산정하기 위한 비상장주식의 시가 산정

주식매수선택권의 행사이익을 산정하기 위한 비상장주식의 시가산정 기준을 따로 정하여 두고 있지 않으므로, 그 기준을 정하고 있는 구 상증법(§60)에 따라 비상장주식의 시가를 산정할 수 있고, 시가가 불분명하다면 보충적 평가방법에 따라 시가를 산정할 수 있다(대법원 2018두39614, 2018.6.28.).

▍외국법인이 발행한 비상장주식의 평가

시가를 산정하기 어려운 외국법인이 발행한 비상장주식의 경우는 상증법(§63 ① 〈1. 다〉)에 의하여 평가하는 것이나, 이 규정에 의하여 평가하는 것이 부적당한 경우에는 당해 재산이 소재하는 국가에서 양도소득세·상증세 등의 부과목적으로 평가한 가액과 세무서장 등이 2 이상의 국내 또는 외국의 감정기관에 의뢰하여 감정한 가액을 참작하여 평가한 가액을 순차적으로 적용하여 평가할 수 있다(재산-516, 2010.7.14.). 또한 외국 비상장주식을 순손익가치의 고려 없이 순자산가치로만 평가하는 경우에는 보충적 평가방법 적용이 부당하다고 볼 이유가 없고, 보충적 평가방법 적용이 부적당하지 않다는 점에 관해 과세관청이 추가적으로 증명할 필요가 없다(서울고법 2017누30360, 2017.8.11.).

▍시가를 확인할 수 없는 우선주 등의 평가

우선주 등의 시가를 확인할 수 없는 경우로서 비상장법인의 주식을 보충적으로 평가하는 경우 순자산가치와 순손익가치의 가중평균액 등을 일괄하여 적용한다(상속증여-145, 2013.5.24.).

순 자 산 가 액 계 산 서

평가대상 법인명 :

구분 \ 평가기준일				
① 재무상태표상의 자산가액				
자산에 가산	② 평가차액			
	③ 법인세법상 유보금액			
	④ 유상증자 등			
	⑤ 기타			
자산에서 제외	⑥ 선급비용 등			
	⑦ 증자일전의 잉여금의 유보액			
가. 자산총계(①+…⑤)−(⑥+⑦)				
⑧ 재무싱태표상의 부재액				
부채에 가산	⑨ 법인세			
	⑩ 농어촌특별세			
	⑪ 지방소득세			
	⑫ 배당금·상여금			
	⑬ 퇴직급여추계액			
	⑭ 기타			
부채에서 제외	⑮ (제준비금)			
	⑯ (제충당금)			
	⑰ (기타)			
나. 부채총계(⑧+…⑭)−(⑮+…⑰)				
⑱ 영업권포함전순자산가액(가−나)				
⑲ 영업권				
⑳ 순자산가액(⑱+⑲)				

(뒷면)

순자산가액 계산서 작성요령

1. 재무상태표 상의 자산가액(①) : 평가기준일 또는 직전 사업연도 말 현재 재무상태표상의 자산총액을 기재합니다.
2. 평가차액(②) : 재무상태표 상의 자산종류별로 「상속세 및 증여세법」 제60조부터 제66조까지의 규정에 따라 평가액 가액과 재무상태표상 금액과의 차액(평가차액계산명세서에서 옮겨 적음)을 기재합니다.
3. 법인세법상의 유보금액(③) : 법인세결의서 「자본금과 적립금조서(을)」의 ⑤란 기말잔액의 합계액에서 ㉠~㉢을 차감한 금액을 기재합니다.
   ㉠ 보험업법에 의한 책임준비금과 비상위험준비금을 부인한 유보액
   ㉡ 제충당금 및 제준비금을 부인한 유보액
   ㉢ 「상속세 및 증여세법 시행령」에 의하여 평가한 자산의 가액에 포함된 부인 유보액
4. 유상증자 등(④) :
   직전 사업연도 말 현재의 재무상태표를 기준으로 하여 순자산가액을 계산하는 경우 직전 사업연도 종료일로부터 평가기준일까지 유상증자한 금액(유상감자한 경우에는 △로 차감으로 표시)을 기재하되, 유상증자 등의 내용이 반영된 평가기준일 현재 재무상태표를 기준으로 하는 경우에는 그러하지 아니합니다.
5. 평가기준일 현재 지급받을 권리가 확정된 금액은 이를 자산에 가산을 기재합니다.
6. 선급비용(⑥) : 평가기준일 현재 비용으로 확정된 선급비용을 말합니다.
7. 증자일전의 잉여금의 유보액(⑦) : 증자일전의 잉여금의 유보액을 신입주주 또는 신입사원에게 분배하지 아니한다는 것을 조건으로 증자한 경우 신입주주 또는 신입사원의 출자지분을 평가함에 있어 분배하지 아니하기로 한 잉여금에 상당하는 금액을 말합니다.
8. 자산총계(가) : [① + ② + ③ + ④ + ⑤] - ⑥ - ⑦
9. 재무상태표상의 부채액(⑧) : 평가기준일 또는 직전 사업연도 말에 현재 재무상태표상의 부채총액을 기재합니다.
10. 법인세(⑨), 농어촌특별세(⑩), 지방소득세(⑪) :
    부채로 계상되지 아니한 평가기준일까지 발생된 소득에 대한 법인세, 농어촌특별세 및 지방소득세로서 납부할 세액을 말합니다.
11. 배당금, 상여금(⑫) : 평가기준일 현재 주주총회에서 처분결의된 주주에 대한 배당금 및 임원에 대한 상여금을 말합니다.
12. 퇴직급여추계액(⑬) : 평가기준일 현재 재직하는 사용인(임원포함)의 전원이 퇴직할 경우 지급하여야 할 퇴직금추계액을 기재합니다.
13. 기타(⑭) : 피상속인의 사망에 따라 상속인과 그외의 사람에게 지급하는 것이 확정된 퇴직수당금, 공로금, 기타 이에 준하는 금액을 기재합니다.
14. 제준비금(⑮) : 비상장법인인 보험회사 주식 평가시 보험업법에 따른 책임준비금과 비상위험준비금으로서 「법인세법 시행령」 제57조제1항부터 제3항까지에 준하는 금액을 제외한 재무상태표상의 제준비금의 합계액을 기재합니다.
15. 제충당금(⑯) : 퇴직급여충당금, 단체퇴직급여충당금, 대손충당금 등 재무상태표상의 제충당금의 합계액(평기준일 현재 비용 확정분 제외)을 기재합니다.
16. 부채총계(나) : [⑧ + ⑨ + ⑩ + ⑪ + ⑫ + ⑬ + ⑭] - ⑮ - ⑯ - ⑰
17. 영업권(⑲) : 영업권평가조서 ⑳란의 영업권평가액을 옮겨 기재합니다.
18. 순자산가액(⑳) : ⑱란에 ⑲란의 평가액을 가산한 금액을 말하며, 이 경우 평가액이 "0"이하인 경우에는 "0"으로 기입합니다.

(4) 영업권 평가액

영업권의 평가액은 평가대상 법인기업 또는 개인기업의 초과이익이 영업권 지속연수(원칙 : 5년) 동안 계속된다는 가정하에서 산출된 초과이익의 현재가치로 다음과 같이 평가한다.

$$영업권 = \sum_{n=1}^{n} \frac{초과이익금액}{(1+r)^n} = 초과이익금액 \times 연금현가계수(n,\ r)$$

위 산식의 내용을 영업권평가조서에 의해 풀이하면 다음과 같이 계산한다.

① 1주당 최근 3년간 순손익액의 가중평균액 $= \dfrac{A \times 3 + B \times 2 + C}{6}$

A ; 평가기준일 이전 1년이 되는 사업연도의 1주당 순손익액

B ; 평가기준일 이전 2년이 되는 사업연도의 1주당 순손익액

C ; 평가기준일 이전 3년이 되는 사업연도의 1주당 순손익액

② 3년간 순손익액의 가중평균액의 50%(①×50%)

③ 평가기준일 현재 자기자본

④ 이자율(10%)

⑤ 영업권지속연수 5년

⑥ 영업권계산액(5년 현재가치할인액의 합계액; 3.7098)

= [② - (③ × ④)]× 3.7098

⑦ 영업권상각에 포함된 평가기준일까지 감가상각비

⑧ 영업권 평가액(⑥ - ⑦)

〈평가심의위원회운영규정 별지 제4호 서식 부표 7〉 (2016.8.16. 신설)

영 업 권 평 가 조 서

평가대상 법인명 :

①평가 기 준 일	평가기준일 전 3년간 순손익액 가중평균액			
	② 평가기준일 이전1년이 되는 사업연도 순손익액	③ 평가기준일 이전 2년이 되는 사업연도 순손익액	④ 평가기준일 이전3년이 되는 사업연도 순손익액	⑤ 가중평균액 $\frac{(②\times3+③\times2+④)}{6}$

⑥ 3년간 순손익액의 가중평균액의 50% (⑤ × 50 / 100)	⑦ 평가기준일 현재의 자기자본	⑧ 기획재정부령이 정하는 이자율	⑨ 영업권 지속년수
		10%	

⑩ 영업권 계산액(5년 현재가치 할인액의 합계액) $[\sum \frac{⑥ - (⑦\times⑧)}{(1 + 0.1)n}]$ n : 평가기준일부터의 경과연수	⑪ 영업권 상당액에 포함된 매입한 무체재산권가액 중 평가기준일까지의 감가상각비를 공제한 금액	⑫ 영업권평가액 (⑩ - ⑪)

※ 계산근거 : 「상속세 및 증여법 시행령」제59조제2항

Q 사례 1주당 순자산가치 계산

다음 자료에 의하여 비상장법인인 갑 법인의 1주당 순자산가치를 계산하여라.

① 평가기준일은 2019.4.30.이다.

② 평가기준일 현재 재무상태표상 현황은 다음과 같다.

㉠ 자산총계 : 100억원

㉡ 부채총계 : 40억원

③ 2019.4.30. 현재 부채총액 중 퇴직급여추계액은 14억이나 동 금액 중 실제 7억원만 장부에 반영하고 있다.

④ 2019.4.30. 현재 자산총액 중 토지의 장부가액은 10억이나 개별공시가로 평가한 금액은 15억원이다.

⑤ 세법상 영업권 평가액은 2억원이다.

⑥ 2019.4.30. 현재 주식발행총수는 500,000주(액면가액: 5,000원)이다.

⑦ 갑 법인은 부동산과다법인이 아니다.

풀이

① 자산총액계산 :
100억원 + 5억원(토지평가차액) = 105억원

② 부채총액 :
40억원 + (14억원 - 7억원: 퇴직급여추계 설정 부족액) = 47억원

③ 영업권 : 2억원

④ 순자산가액(①-②+③) = 105억원-47억원 + 2억원 = 60억원

⑤ 1주당 순자산가치(④÷500,000주) : 12,000원

4. 순손익가치의 산정

순손익가치는 평가대상 기업을 계속기업으로 전제하고 장래 초과수익력을 측정하는 것으로서 평가대상 주식을 과거의 수익흐름을 기준으로 하여 평가기준일 이전 3년간의 순손익액을 평가한 가액을 말한다. 이를 산식으로 표시하면 다음과 같다.

$$1\text{주당 순손익가치}^{*} = \frac{\text{주당 최근 3년간의 순손익액의 가중평균액 또는 신용평가전문기관 등의 1주당 추정이익의 평균액}}{\text{순손익가치 환원율}(10\%)}$$

* 1주당 최근 3년간 순손익액의 가중평균액이 영(0)원 이하인 경우에는 영(0)으로 한다.

(1) 순손익가치의 평가

순손익가치는 해당 법인의 최근 3년간의 수익흐름을 기준으로 한 평가기준일 이전 3년간의 순손익액을 기준으로 평가한 가액을 말한다. 이를 산식으로 표시하면 다음과 같다. 다만 평가기준일 이전 3년 기간 중에 증자, 합병, 주요업종의 변경 등의 사유가 있는 경우에는 둘 이상의 신용평가전문기관, 회계법인, 세무법인의 추정이익에 따라 평가할 수 있다[다음 (4) 참조].

① $1\text{주당 순손익가치}^{*} = \frac{1\text{주당 최근 3년간의 순손익액의 가중평균액}}{\text{순손익가치 환원율}(10\%)}$

② 추정으로평가하는 경우 $1\text{주당 순손익가치}^{*} = \frac{\text{신용평가전문기관 등의 1주당 추정이익의 평균액}}{\text{순손익가치 환원율}(10\%)}$

* 1주당 최근 3년간 순손익액의 가중평균액이 영(0)원 이하인 경우에는 영(0)으로 한다.

위 표에서 순손익가치환원율이란 금융기관 등이 보증한 3년 만기회사채의 유통수익률을 감안한 연 10%를 말한다.

(2) 순손익가치의 계산 방법

순손익가치 평가는 다음 산식에 의해 계산한 가액으로 한다. 사업연도가 1년 미만일 경우에는 1년으로 환산한다.

$$1\text{주당 순손익가치} = \frac{1\text{주당 최근 3년간 순손익의 가중평균액}}{\text{순손익가치환원율}(10\%)}$$

1주당 최근 3년간 순손익액의 가중평균액은 다음 산식에 의해 계산한 가액으로 한다.

$$1주당\ 최근\ 3년간\ 순손익액의\ 가중평균액 = \frac{A \times 3 + B \times 2 + C}{6}$$

A ; 평가기준일 이전 1년이 되는 사업연도의 1주당 순손익액*
B ; 평가기준일 이전 2년이 되는 사업연도의 1주당 순손익액
C ; 평가기준일 이전 3년이 되는 사업연도의 1주당 순손익액

$$각\ 사업연도의\ 1주당\ 순손익액 = \frac{각\ 사업연도의\ 순손익액}{각\ 사업연도\ 종료일\ 현재\ 발행주식총수}$$

* 평가기준일이 2004.12.30.인 경우 평가기준일 이전 1년이 되는 사업연도는 2003.12.31.이 속하는 사업연도를 말한다(서면인터넷방문상담4팀-499, 2007.2.6.). 다만 평가기준일이 사업연도 종료일인 경우에는 당해 사업연도 순손익액을 평가대상에 포함한다(조심 2014전3531, 2015.2.27.).

❶ 각 사업연도의 순손익액 ;

각 사업연도 소득금액 + 소득에 가산할 금액 - 공제할 금액

가산할 항목	공제할 항목
① 국세 및 지방세 과오납 환급금이자 ② 수입배당금 익금불산입액 ③ 기부금손금한도초과액에 대한 이월공제액의 손금산입한 금액 ④ 외화환산이익(법인세 계산시 해당 이익을 반영하지 않은 경우)	① 벌금·과료·과태료·가산금·체납처분비 등 ② 손금불인정 공과금 ③ 과다경비, 업무무관비용 등 ④ 기부금·접대비·지급이자 손금불산입액 ⑦ 감가상각비 시인부족액 ⑧ 법인세 등 납부할 세액 ⑨ 외화환산손실(법인세계산시 해당 손실을 반영하지 않은 경우)

❷ 1주당 순손익액 ;

$$\frac{각\ 사업연도의\ 순손익액(❶)}{순손익가치환원율(10\%)}$$

〈평가심의위원회 운영규정 별지 제4호 서식 부표4〉 (2016.8.16. 신설) (앞면)

순 손 익 액 계 산 서

평가대상 법인명 : 갑 주식회사 평가기준일 : 2018년 12월 31일

구 분 \ 사업연도		계			
① 각 사 업 연 도 소 득					
소득에 가산할 금액	② 국세, 지방세 과오납에 대한 환급금이자				
	③ 기관투자자가 상장법인으로부터 받은 배당소득×90/100				
	④ 수입배당금의 익금불산입액				
(A) 합 계 (① + ② + ③ + ④)					
소득에서 공제할 금액	⑤ 벌금, 과료, 과태료, 가산금과 체납처분비				
	⑥ 손금 용인되지 않는 공과금				
	⑦ 업무무관 비용				
	⑧ 토지초과이득세와 비업무용토지에 대한 취득세(중과세분)				
	⑨ 각 세법에 규정하는 징수불이행 납부세액				
	⑩ 기 부 금 한 도 초 과 액				
	⑪ 접 대 비 한 도 초 과 액				
	⑫ 기타손금불산입중 기타사외유출				
	⑬ 광 고 선 전 비 한 도 초 과 액				
	⑭ 법 인 세 총 결 정 세 액				
	⑮ 농어촌특별세총결정세액				
	⑯ 지 방 소 득 세 총 결 정 세 액				
(B) 공 제 할 금 액 합 계 (⑤+ · · · ⑯)					
⑰ 순 손 익 액 (A － B)					
⑱ 사업연도 말주식수또는환산주식수					
⑲ 주 당 순 손 익 액 (⑰ ÷ ⑱)			ⓐ	ⓑ	ⓒ
⑳ 가 중 평 균 액 {(ⓐ × 3 + ⓑ × 2 + ⓒ) / 6}					
㉑ 기 획 재 정 부 장 관 이 정 하 는 율					
㉒ 최근 3년간 순손익액의 가중평균액에 의한 1 주 당 가 액(⑳ ÷ ㉑)					

(뒷면)

순손익액 계산서 작성요령

1. 각 사업연도 소득(①) : 법인세법 제14조에 따른 각 사업연도 소득금액 [법인세 과세표준 및 세액조정계산서(별지 제3호 서식) ⑰의 금액]을 말합니다.
2. 국세, 지방세 과오납에 대한 환급금이자(②) :
   법인세법 제18조 제4호에 따른 국세·지방세의 과오납에 대한 환급금 이자로서 각 사업연도 소득금액계산상 익금에 산입하지 아니한 금액을 말합니다.
3. 기관투자자, 지주회사 등의 수입배당금 중 익금불산입액(③) : 법인세법 제18조의2와 제18조의3에 따른 수입배당금 중 익금불산입액을 말합니다.
4. 기부금의 손금산입한도액 초과금액의 이월손금 산입액(④) : 법인세법 제24조 제4항에 따라 해당 사업연도의 손금에 산입한 금액으로서 손금에 산입하지 아니한 지정·법정기부금의 손금산입한도액 초과금액을 해당 사업연도의 다음 사업연도 개시일부터 5년 이내에 끝나는 각 사업연도에 이월하여 손금에 산입하는 그 초과금액(별지 제3호 서식 ⑯기부금 한도초과이월액 손금산입란의 금액)을 말합니다.
5. 벌금, 과료, 과태료, 가산금과 체납처분비(⑤) : 법인세법 제21조 제3호에 따른 벌금·과료·과태료·가산금 및 체납처분비로서 각사업연도 소득금액계산액 손금에 산입하지 아니한 금액을 말합니다.
6. 손금 용인되지 않는 공과금(⑥) : 법인세법 제21조 제4호에 규정된 공과금 이외에 공과금으로서 각 사업연도 소득금액계산상 손금 용인되지 아니한 금액을 말합니다.
7. 업무에 관련없는 지출(⑦) : 법인세법 제27조에 따라 법인이 각 사업연도에 지출한 비용 중 법인의 업무와 직접 관련이 없다고 정부가 인정하는 금액으로 각 사업연도 소득금액계산상 손금 용인되지 아니한 금액을 말합니다.
8. 각 세법에 규정하는 징수불이행 납부세액(⑧) : 법인세법 제21조 제1호 및 동법 시행령 제21조에 따라 각 세법에 규정하는 의무 불이행으로 인하여 납부하였거나 납부하여야 할 세액(가산세 포함)으로 각 사업연도 소득금액 계산상 손금에 산입하지 아니한 금액을 말합니다.
9. 기부금 한도초과액(⑨) : 법인세 제24조에 따른 기부금 한도초과액(별지 제3호 서식 ⑮란의 금액) 및 비지정기부금(별지 제15호 서식 소득금액조정 합계표에 계상되어 비지정기부금으로 손금불산입된 금액)
10. 접대비 한도초과액(⑩) : 법인세법 제25조에 따른 접대비 한도초과액을 기재합니다.
11. 과다경비 등의 손금불산입액(⑪) : 법인세법 제26조에 따라 각 사업연도 소득금액 계산상 손금에 산입하지 아니한 금액을 말합니다.
12. 지급이자의 손금불산입(⑫) : 법인세법 제28조에 따른 지급이자 손금불산입액을 말합니다.
13. 감가상각비 시인부족액에서 상각부인액을 손금으로 추인 차감한 금액(⑬) : 법인세법 시행령 제32조 제1항에 따른 시인부족액에서 같은 조에 따른 상각부인액을 손금으로 추인한 금액을 뺀 금액을 말합니다.

(3) 법인세 경정으로 주식평가액에 변동이 생긴 경우

순손익액을 계산할 때 그 법인에 대한 법인세 경정으로 주식평가액에 변동이 생긴 때에는 상속세 및 증여세의 과세표준과 세액을 경정하여야 한다(상증법 기본통칙 63-56…10).

(4) 1주당 추정이익 평가대상 법인

1주당 최근 3년간 순손익액의 가중평균액 대신에 다음 요건을 모두 갖춘 경우에는 1주당 최근 3년간 순손익액의 가중평균액을 둘 이상의 신용평가전문기관, 회계법인 또는 세무법인이 산출한 1주당 추정이익의 평균가액으로 1주당 순손익가치를 대신 적용할 수 있다(상증령 §56 ②).

일시적 · 우발적인 사건으로 해당 법인의 최근 3년간 순손익액이 증가하는 등 다음의 요건에 해당 할 것*	다음 요건에 해당할 것
① 기업회계기준의 자산수증이익, 채무면제이익, 보험차익 및 재해손실의 합계액에 대한 최근 3년간 가중평균액이 법인세 차감전 손익에서 자산수증이익 등을 뺀 금액에 대한 최근 3년간 가중평균액의 50%를 초과하는 경우 ② 평가기준일 전 3년이 되는 날이 속하는 사업연도 개시일부터 평가기준일까지의 기간 중 합병 또는 분할을 하였거나 주요 업종이 바뀐 경우 ③ 상증법(§38)의 규정에 의한 증여받은 이익을 산정하기 위하여 합병당사법인의 주식가액을 산정하는 경우 ④ 최근 3개 사업연도 중 1년 이상 휴업한 사실이 있는 경우 ⑤ 기업회계기준상 유가증권 · 유형자산의 처분손익과 자산수증이익 등의 합계액에 대한 최근 3년간 가중평균액이 법인세 차감전 손익에 대한 최근 3년간 가중평균액의 50%를 초과하는 경우 ⑥ 주요 업종(당해 법인이 영위하는 사업 중 직접 사용하는 유형고정자산의 가액이 가장 큰 업종을 말한다)에 있어서 정상적인 매출발생기간이 3년 미만인 경우 등	① 상속세 및 증여세 과세표준 신고기한까지 1주당 추정이익의 평균액을 신고할 것 ② 1주당 추정이익의 산정기준일과 평가서 작성일이 해당 과세표준 신고기한 이내일 것 ③ 1주당 추정이익의 산정기준일과 상속개시일 또는 증여일이 같은 연도에 속할 것

* 일시적으로 매출이 급증한 경우 등의 사유는 추정이익으로 순손익가치를 산정할 수 있는 사유에 해당하지 않는다(재산-404, 2012.11.12.).

여기서 1주당 추정이익의 평균가액이란 금융위원회가 정한 수익가치에 순손익가치

환원율(10%)을 곱한 다음의 산식에 의해 계산한 금액을 말한다.

$$\text{추정이익의 평균가액} = \frac{\text{금융위원회가 정한 수익가치(Ⓐ)}}{\text{순손익가치환원율(10\%)}}$$

$$\text{Ⓐ 수익가치} = \frac{\text{주당추정이익(Ⓑ)}}{\text{자본환원율}}$$

$$\text{Ⓑ 주당추정이익} = \frac{\text{(평가기준연도의 추정이익(Ⓒ)} \times 3) + \text{(평가기준연도의 다음 연도 추정이익} \times 2)}{5}$$

$$\text{Ⓒ 평가기준연도의 추정이익} = \frac{\text{(추정법인세비용차감전 계속사업이익 + 유상증자추정이익 − 우선주배당조정액 − 법인세비용)}}{\text{사업연도 말 현재의 발행주식수}}$$

(5) 발행주식총수

순자산가치의 발행주식총수 계산을 준용한다. 다만, 평가기준일이 속하는 사업연도 이전 3년 이내에 증자 또는 감자를 한 사실이 있는 경우에는 증자 또는 감자 전의 각 사업연도 종료일 현재의 발행주식총수는 다음의 산식에 의해 환산한 주식수로 한다.

① 증자의 경우 환산주식수 =

$$\text{증자 전 각 사업연도 말 주식 수} \times \frac{\text{(증자 직전 사업연도 말 주식 수 + 증자 주식 수)}}{\text{증자 직전 사업연도 말 주식 수}}$$

② 감자의 경우 환산주식수 =

$$\text{감자 전 각 사업연도 말 주식 수} \times \frac{\text{(감자 직전 사업연도 말 주식 수 + 감자 주식 수)}}{\text{감자 직전 사업연도 말 주식 수}}$$

Q 사례 1 평가기준일이 속하는 사업연도 이전 3년 이내 증자한 경우 환산주식수 계산

갑 비상장법인(1.1.~12.31.)의 주식 평가기준일(2019.4.30.)이 속하는 사업연도 이전 3년 이내에 유상・무상 증자를 실시한 바 다음과 같은 경우 환산주식수를 계산하여라.

사업연도	기초 주식수	증 가		기말 주식수
		유상증자	무상증자	
2018	800,000주	50,000주		850,000주

사업연도	기초 주식수	증 가		기말 주식수
		유상증자	무상증자	
2017	750,000주		50,000주	800,000주
2016	500,000주	100,000주	150,000주	750,000주

풀이 1

증자의 경우 환산주식수 =

$$\text{증자 전 각 사업연도 말 주식 수} \times \frac{(\text{증자 직전 사업연도 말 주식 수} + \text{증자 주식 수})}{\text{증자 직전 사업연도 말 주식 수}}$$

① 2018사업연도 주식수 : 850,000주

② 2017사업연도 주식수 : 800,000주 × (800,000주 + 50,000주) ÷ 800,000주 = 850,000주

③ 2016사업연도 주식수 : 750,000주 × (750,000주 + 50,000주 + 50,000주) ÷ 750,000주
= 850,000주

※ 사례 1,2는 한국상장회사협의회 발간(2013.12.) Ⅳ. 주식평가에서 인용·보완.

사례 2 1주당 평가액 계산

다음 자료에 의하여 갑 비상장법인(1.1.~12.31.)의 1주당 평가액을 계산하여라.

① 평가기준일은 2019.4.30.이며, 순자산가액은 58억원이다.

② 평가기준일 현재 이전 최근 3년간 1주당 순손익액은 다음과 같다.

최근 3년간 순손익액(①)	발행주식총수(②)	1주당 순손익액(①÷②)
2018사업연도분 : 20억원	500,000주	4,000원
2017사업연도분 : 15억원	500,000주	3,000원
2016사업연도분 : 18억원	500,000주	3,600원

⑥ 2019.4.30. 현재 주식발행총수는 500,000주(액면가액:5,000원)이다

⑦ 1주당 순자산가치는 11,600원이다

⑧ 최대주주의 할증평가 대상이 아니다.

풀이 2

① 1주당 순자산가치 : 11,600원

② 1주당 최근 3년간 순손익액의 가중평균액 :

$$\frac{(4{,}000\text{원} \times 3) + (3{,}000\text{원} \times 2) + (3{,}600\text{원} \times 1)}{6} = 3{,}600\text{원}$$

③ 1주당 순손익가치(②÷10%) : 36,000원

④ 1주당 평가액 : $\frac{(1주당\ 순자산가치 \times 2) + (1주당\ 순손익가치 \times 3)}{5}$

$\frac{(11,600원 \times 2 = 23,200원) + (36,000원 \times 3 = 108,000원)}{5}$

= 26,240원

※ 1주당 평가액은 1주당 순자산가치의 80% 상당액 9,280원(=11,600원 × 80%)과 "④"의 24,240원 중 많은 금액으로 한다.

Ⅴ 최대주주의 할증평가

1. 개요

주식을 대량으로 보유하면 회사를 지배하게 되는데 그 지배주식에 대하여 일반적인 주식가치 이외에 회사를 지배할 수 있는 경영프리미엄이 포함되어 거래된다.

상증법에서는 이러한 경영프리미엄 주식에 대해 주식 발행회사의 상장 여부를 불문하고 최대주주 등(최대주주 등 중 보유주식 등의 수가 가장 많은 1인을 말한다) 및 그와 특수관계인 주주의 주식은 최대주주지분별로 다음과 같이 할증 평가하도록 하고 있다.

최대주주 지분율	할증비율	
	일반법인	중소기업
지분율 50% 이하	20%	10%
지분율 50% 초과	30%	15%

여기서 중소기업의 판정은 주식 등의 양도일이 속하는 사업연도의 직전 사업연도 종료일 현재 중소기업법(§2)의 규정에 따른 중소기업을 말한다.

그리고 특수관계인이란 본인과 친족관계, 경제적 연관관계 또는 경영지배관계 등(상속세 및 증여세법 시행령(§2의2 ①)에 해당하는 관계에 있는 자를 말한다.

2. 최대주주의 범위

최대주주는 다음에 따라 판정하여 할증비율을 적용한다.

① 주주 1인과 특수관계인의 보유주식 등을 합하여 최대주주에 해당하는 경우에는

주주 1인 및 그와 특수관계인 모두를 최대주주로 본다.

② 보유주식의 합계가 동일한 최대주주가 2 이상인 경우에는 모두를 최대주주로 본다.

3. 최대주주 지분율 계산

최대주주가 보유하는 주식은 의결권 있는 주식을 기준으로 계산하며, 평가기준일부터 소급하여 1년 이내에 양도하거나 증여한 주식을 최대주주가 보유하는 주식에 합산하여 이를 계산하고, 상장주식의 경우 한국거래소에서 반복적으로 양도·양수한 경우에는 평가기준일부터 소급하여 1년 이내의 기간 중에 최대주주의 주식보유비율이 가장 높은 날 이후에 양도한 주식에서 양수한 주식을 차감한 주식(부수인 경우에는 "0"으로 함)을 평가기준일 현재 보유주식에 합산한다.

4. 할증평가 적용배제

평가기준일이 속하는 사업연도 전 3년 이내의 사업연도부터 계속하여 결손금(법법 §14 ②) 등이 있는 다음에 해당하는 주식에 대하여는 할증평가의 규정을 적용하지 아니한다(상증령 §53 ⑥).

① 평가기준일이 속하는 사업연도 전 3년 이내의 사업연도부터 계속하여 결손금이 있는 경우

② 평가기준일 전후 6개월(증여재산:3개월) 이내의 기간 중 최대주주가 보유하는 주식이 전부 매각된 경우

③ 합병·증자·감자·현물출자에 따른 이익 및 전환사채 주식전환 등에 따른 증여이익을 계산하는 경우

④ 평가대상인 주식을 발행한 법인이 다른 법인(1차 출자법인)이 발행한 주식을 보유하고 있고, 1차 출자법인이 또 다른 법인(2차 출자법인)이 발행한 주식을 보유함으로 1차 출자법인및 2차 출자법인이 최대주주에 해당하는 경우에 1차 출자법인 및 2차 출자법인의 주식을 평가하는 경우

⑤ 평가기준일부터 소급하여 3년 이내에 사업을 개시한 법인으로서 사업개시일이 속하는 사업연도부터 평가기준일이 속하는 사업연도의 직전 사업연도까지 각 사업연도의 기업회계기준에 의한 영업이익이 모두 0원 이하인 경우

⑥ 상속·증여세 과세표준 신고기한 이내에 평가대상 주식을 발행한 법인의 청산이

확정된 경우

⑦ 최대주주가 보유하고 있는 주식을 최대주주 외의 자가 10년 이내에 상속 또는 증여받은 경우로서 상속 또는 증여로 인하여 최대주주에 해당되지 아니하는 경우

⑧ 명의신탁증여의제로 주식을 명의자가 실제 소유자로부터 증여받은 것으로 보는 경우

Q 사례 1 최대주주 소유주식의 1주당 평가액(일반법인), 비상상수식평가서 작성

다음 자료에 의하여 갑 건설주식회사의 최대주주 1주당 평가액을 계산하고 비상장주식 평가서 작성하여라.

① 재무상태표상 주식평가기준일(2019.4.30.) 현재 자산 및 부채 현황은 다음과 같다.

자산 계정과목	계정금액	부채 계정과목	계정금액
합 계	30,456,033,507	합 계	3,377,384,109
당좌자산	9,695,376,543	유동부채	17,300,731
재고자산	341,007,484	고정부채	3,360,083,378
투자자산	18,200,123,956		
유형자산	2,173,315,524		
기타유동자산	46,210,000		

② 재무상태표상 주식평가 기준일인 2019.4.30. 현재 자산 및 부채에 가산하거나 차감할 내용은 다음과 같다.

자산에 가산할 금액		자산에서 차감할 금액	
① 재고자산(용지)	291,137,828	① 선급비용	1,308,056
② 지분법적용투자주식 평가차손	1,329,808,480	② 미수수익	20,691,045* *미수수익:24,457,500원, 원천징수세액:3,766,455원
③ 토지 평가차액	17,936,408,876	소계	21,999,101
소 계	19,557,355,184		
부채에 가산할 금액		**부채에 가산할 금액**	
해당사항 없음	0	이연법인세 부채	3,193,994,221
소 계	0	소 계	3,193,994,221

③ 최대주주의 소유지분은 70%이며, 중소기업이 아니다.

④ 비유동부채 중 퇴직급여충당부채 계상액은 2019.4.30. 현재 임·직원 전원이 퇴직할 경우 지급되어야 할 퇴직급여추계액은 151,089,157원이다.

⑤ 갑법인은 부동산 과다법인이 아니다.

⑥ 주식평가기준일(2019.4.30.) 전 3년간의 사업연도의 손익계산서 현황은 다음과 같다.

	순 손 익 액 계 산 서	2019

평가대상 법인명 : 갑 주식회사 　　　　평가기준일 : 2019년 4월 30일

구 분 \ 사업연도		계	평가기준일전 1년이 되는 사업연도 (2018.1.1.~2018.12.31)	평가기준일전 2년이 되는 사업연도 (2017.1.1.~2017.12.31)	평가기준일전 3년이 되는 사업연도 (2016.1.1.~2016.12.31)
① 각 사 업 연 도 소 득			518,590,860	185,736,282	398,582,453
소득에 가산할 금액	② 국세, 지방세 과오납에 대한 환급금이자				
	③ 기관투자자가 상장법인으로부터 받은 배당소득×90/100				
	④ 수입배당금의 익금불산입액				
(A) 합 계 (① + ② + ③ + ④)			518,590,860	185,736,282	398,582,453
소득에서 공제할 금액	⑤ 벌금, 과료, 과태료, 가산금과 체납처분비				
	⑥ 손금 용인되지 않는 공과금		13,865,950	13,781,053	12,904,728
	⑦ 입무무관 비용				
	⑧ 토지초과이득세와 비업무용토지에 대한 취득세(중과세분)				
	⑨ 각 세법에 규정하는 징수불이행 납부세액				
	⑩ 기 부 금 한 도 초 과 액				
	⑪ 접 대 비 한 도 초 과 액				
	⑫ 기타손금불산입중 기타사외유출				
	⑬ 광 고 선 전 비 한 도 초 과 액				
	⑭ 법 인 세 총 결 정 세 액		83,718,172	18,573,628	63,688,139
	⑮ 농어촌특별세총결정세액				
	⑯ 지 방 소 득 세 총 결 정 세 액		8,371,817	1,857,362	6,368,813
(B) 공 제 할 금 액 합 계 (⑤+···⑯)			105,955,939	34,212,043	82,961,680
⑰ 순 손 익 액 (A − B)			412,634,921	151,524,239	315,620,773
⑱ 사업연도 말주식수또는환산주식수			400,000	400,000	400,000
⑲ 주 당 순 손 익 액 (⑰ ÷ ⑱)			ⓐ 1,031.58	ⓑ 378.81	ⓒ 789.05
⑳ 가 중 평 균 액 { (ⓐ × 3 + ⓑ × 2 + ⓒ) / 6 }		773.56			
㉑ 기 획 재 정 부 장 관 이 정 하 는 율		10%			
㉒ 최근 3년간 순손익액의 가중평균액에 의한 1 주 당 가 액(⑳ ÷ ㉑)		7,735			

풀이 1

갑 주식회사의 2019.4.30. 현재 주식 평가액은 다음과 같다.

(1) 영업권 포함 전 순자산가액 계산

영업권 포함 전 순자산가액은 다음과 같다.

❶ 자산총액

① 2019.4.30. 현재 재무상태표상 자산가액		30,456,033,507원
② 자산에 가산할 금액		
㉠ 평가차익(용지) :	291,137,828원	
㉡ 지분법적용투자주식 평가차손 :	1,329,808,480원	
㉢ 토지 평가차익 :	17,936,408,876원	
소 계 :		19,557,355,184원
③ 자산 차감금액		
㉠ 선급비용 :	1,308,056원	
㉡ 미수수익 :	20,691,045원	
소 계 :		21,999,101원
④ 자산총액 [①+②-③]		49,991,389,590원

❷ 부채총액

① 2019.4.30. 현재 재무상태표상 부채가액 :		3,377,384,109원
② 부채 차감금액		
㉠ 이연법인세부채 :	3,193,994,221원	
소 계 :		3,193,994,221원
③ 부채총액 [①-②]		183,389,888원

❸ 영업권 포함 전 순자산가액[❶-❷] 49,807,999,702원

(2) 평가차액 계산

	평 가 차 액 계 산 명 세 서						2019
평가대상 법인명 : 갑 주식회사				평가기준일 : 2019년 4월 30일 현재			
자 산 금 액				부 채 금 액			
계정과목	상속세 및 증여세법에 의한평가액	재무상태표 상 금 액	차 액	계정과목	상속세및증여세법에 의한평가액	재무상태표 상 금 액	차 액
합 계	49,991,389,590	30,456,033,507	19,535,356,083	합 계	183,389,888	3,377,384,109	3,193,994,221
당좌자산	9,673,377,442	9,695,376,543	△21,999,101 (주1)	유동부채	17,300,731	17,300,731	0
재고자산	632,145,312	341,007,484	291,137,828 (주2)	비유동부채	166,089,157	3,360,083,378	3,193,994,221 (주5)
투자자산	19,529,932,436	18,200,123,956	1,329,808,480 (주3)				
유형자산	20,109,724,400	2,173,315,524	17,936,408,876 (주4)				
기타유동자산	46,210,000	46,210,000	0				

비고

(주1) 당좌자산 중 선급비용 1,308,056원과 미수수익 24,457,500원에 대한 원천징수세액 상당액 3,766,455원을 뺀 20,691,045원의 합계액 21,999,101원(=1,308,056원+20,691,045원)을 자산에서 뺀 금액임.

(주2) 재고자산(용지)에 대하여는 기준시가로 평가한 금액과 장부가액의 차액 291,137,828원을 자산에 가산한 금액임.

(주3) 투자자산 중 지분법적용투자주식의 평가차손 1,329,808,480원을 자산에 가산한 금액임.

(주4) 유형자산 중 토지평가차액 17,936,408,876원을 자산에 가산한 금액임.

(주5) 이연법인세부채 3,193,994,221원을 부채에서 차감한 금액임.

(3) 영업권 평가

	영 업 권 평 가 조 서	2019

평가대상 법인명 : 갑 주식회사

①평가 기 준 일	평가기준일 전 3년간 순손익액 가중평균액			
	② 평가기준일 이전1년이 되는 사업연도 순손익액	③ 평가기준일 이전 2년이 되는 사업연도 순손익액	④ 평가기준일 이전3년이 되는 사업연도 순손익액	⑤ 가중평균액 $\frac{(②\times3+③\times2+④)}{6}$
2019.4.30.	412,634,921	151,524,239	315,620,773	309,429,002

⑥ 3년간 순손익액의 가중평균액의 50% (⑤ × 50 / 100)	⑦ 평 가 기 준 일 현 재 의 자 기 자 본	⑧ 기 획 재 정 부령 이정 하 는 이 자 율	⑨ 영 업 권지 속 년 수
154,714,501	49,807,999,702	10%	

⑩ 영업권 계산액(5년 현재가치 할인액의 합계액) $[\sum \frac{⑥ - (⑦\times⑧)}{(1 + 0.1)n}]$ n : 평가기준일부터의 경과연수	⑪ 영업권 상당액에 포함된 매입한 무체재산권가액 중 평가기준일까지의 감가상각비를 공제한 금액	⑫영 업 권 평 가 액 (⑩ − ⑪)
0		0

※ 계산근거 :「상속세 및 증여법 시행령」제59조 제2항

(4) 비상장주식 등 평가서 작성

갑 주식회사의 2019.4.30. 주식평가 내용을 「비상장주식 등 평가서」 작성하면 다음과 같다.

〈평가심의위원회 운영규정 별지 제4호 서식 부표 3〉 (2017.7.1. 개정)

비상장주식 등 평가서

(단위 : 주, 원) (제1쪽)

1. 평가대상 비상장법인

법인명	갑 주식회사	사업자등록번호	×××	대표자 성명	×××
①발행주식총수	400,000	1주당 액면가액	5,000	자본금	2,000,000,000
평가기준일	2019.4.30.		②부동산과다보유법인 해당 여부		[ ]

2. 순자산가치로만 평가하는 경우 [v] 표시 (상속세 및 증여세법 시행령 제54조제4항 해당 여부)

가. 신고기한 이내에 청산절차가 진행 중이거나, 사업자의 사망 등으로 사업의 계속이 곤란하다고 인정되는 경우 해산(합병)등기일 (. .)	[ ]
나. 사업 개시전의 법인, 사업개시 후 3년 미만의 법인, 휴업·폐업 중인 경우 사업개시일 (. .), 휴·폐업일 (. .)	[ ]
다. 평가기준일이 속하는 사업연도 전 3년 내의 사업연도부터 계속하여 「법인세법」상 각 사업연도에 속하거나 속하게 될 손금의 총액이 그 사업연도에 속하거나 속하게 될 익금의 총액을 초과하는 결손금이 있는 경우	[ ]
라. 「소득세법 시행령」 제94조제1항제4호라목에 해당하는 법인의 주식 등에 해당하는 경우	[ ]
마. 법인의 자산총액 중 주식 등의 가액의 합계액이 차지하는 비율이 100분의 80 이상인 법인의 주식 등	[ ]
바. 법인의 설립 시 정관에 존속기한이 확정된 법인으로서 평가기준일 현재 잔여 존속기한이 3년 이내인 법인의 주식 등	[ ]

3. 1주당 가액의 평가

③순자산가액	49,807,999,702	제2쪽 4. 순자산가액 "마"
④1주당 순자산가액 (③ ÷ ①)	124,520	
⑤최근3년간 순손익액의 가중평균액에 의한 1주당 가액 또는 2이상의 회계법인등이 산출한 1주당 추정이익의 평균액	7,735	제6쪽 7. 순손익액 "차"
⑥1주당 평가액 (㉮ 평가액과 ㉯의 평가액 중 많은 금액)	99,616	
㉮ [{(④×2)+(⑤×3)} ÷ 5] (부동산과다보유법인 [{(④ × 3)+(⑤ × 2)} ÷ 5]	54,449	
㉯ 1주당 순자산가액(④)의 70%	124,520×80%=99,616	
⑦ 최대주주등에 해당하는 경우 1주당 평가액		
㉮ 최대주주등의 주식 등의 1주당 평가액 (⑥×할증률)	29,884	
㉯ (⑥ + ㉮)	129,500	

(단위 : 원) (제2쪽)

4. 순자산가액

가. 자산총액

① 재무상태표상의 자산가액	30,456,033,507	
② 평가차액	19,535,356,083	제4쪽 5. 평가차액 “가”
③ 법인세법상 유보금액		
④ 기타(평가기준일 현재 지급받을 권리가 확정된 가액 등)		
⑤ 선급비용등		
⑥ 증자일 전의 잉여금의 유보액		
⑦ 소계 (①+②+③+④ − ⑤ − ⑥)	49,991,389,590	

나. 부채총액

⑧ 재무상태표상의 부채액	3,377,384,109	
⑨ 법인세		
⑩ 농어촌특별세		
⑪ 지방소득세		
⑫ 배당금 · 상여금		
⑬ 퇴직급여추계액	151,089,157	
⑭ 기타(충당금 중 평가기준일 현재 비용으로 확정된 것 등)		
⑮ 제준비금		
⑯ 제충당금	151,089,157	
⑰ 기타(이연법인세대 등)	3,193,994,221	
⑱ 소계(⑧+⑨+⑩+⑪+⑫+⑬+⑭ − ⑮ − ⑯ − ⑰)	183,389,888	

다. 영업권포함전 순자산가액(⑦−⑱)	49,807,999,702	
라. 영업권		제5쪽 6. 영업권 “자”
마. 순자산가액(다 + 라)	49,807,999,702	

(단위 : 원) (제4쪽)

5. 평가차액

가. 평가차액 계산 (① − ②)	19,535,356,083	제2쪽 4. 순자산가액 "가"의 ② 기재

자산금액				부채금액			
계정과목	상증법에 따른 평가액	재무상태표 상 금액	차액	계정과목	상증법에 따른 평가액	재무상태표상 금액	차액
① 합계	49,991,389,590	30,456,033,507	19,535,356,083	② 합계	183,389,888	3,377,384,109	3,193,994,221
당좌자산	9,673,377,442	9,695,376,543	△21,999,101	유동부채	17,300,731	17,300,731	0
재고자산	632,145,312	341,007,484	291,137,828	비유동부채	166,089,157	3,360,083,378	3,193,994,221
투자자산	19,529,932,436	18,200,123,956	1,329,808,480				
유형자산	20,109,724,400	2,173,315,524	17,936,408,876				
기타비유동자산	46,210,000	46,210,000	0				

(단위 : 원) (제5쪽)

6. 영업권

구분	금액	비고
가. 평가기준일 이전 3년간 순손익액의 가중평균액	309,429,002	(①×3 + ②×2 + ③) / 6
① 평가기준일 이전 1년이 되는 사업연도 순손익액	412,634,921	
② 평가기준일 이전 2년이 되는 사업연도 순손익액	151,524,239	
③ 평가기준일 이전 3년이 되는 사업연도 순손익액	315,620,773	
나. 가 × 50%	154,714,501	
다. 평가기준일 현재 자기자본	49,807,999,702	
라. 기획재정부령이 정하는 이자율		10%
마. 다 × 라		
바. 영업권 지속연수		5년
사. 영업권 계산액 $\sum_{n=1}^{n} = [\frac{(나 - 마)}{(1 + 0.1)^n}]$ n은 평가기준일부터의 경과연수	0	
아. 영업권 상당액에 포함된 매입한 무체재산권가액 중 평가기준일까지의 감가상각비를 공제한 금액		
자. 영업권 평가액 (사 - 아)	0	제2쪽 4. 순자산가액 "라" 기재

7. 순손익액

평가기준일 1년, 2년, 3년이 되는 사업연도		2018	2017	2016
① 각 사업연도 소득금액		518,590,860	185,736,282	398,582,453
소득에 가산할 금액	② 국세, 지방세 과오납에 대한 환급금이자			
	③ 수입배당금 중 익금불산입한 금액			
	④ 기부금의 손금산입한도액 초과금액의 이월손금 산입액			
가. 소계(① + ② + ③ + ④)		518,590,860	185,736,282	398,582,453
소득에서 공제할 금액	⑤ 벌금, 과료, 과태료 가산금과 체납처분비			
	⑥ 손금 용인되지 않는 공과금	13,865,950	13,781,053	12,904,728
	⑦ 업무에 관련 없는 지출			
	⑧ 각 세법에 규정하는 징수불이행 납부세액			
	⑨ 기부금 한도초과액			
	⑩ 접대비 한도초과액			
	⑪ 과다경비등의 손금불산입액			
	⑫ 지급이자의 손금불산입액			
	⑬ 감가상각비(시행령 제56조 제4항 라목)			
	⑭ 법인세 총결정세액	83,718,172	18,573,628	63,688,139
	⑮ 농어촌특별세 총결정세액			
	⑯ 지방소득세 총결정세액	8,371,817	1,857,362	6,368,813
나. 소계(⑤ ~ ⑯)		105,955,939	34,212,043	82,961,680
다. 순손익액(가 - 나)		412,634,921	151,524,239	315,620,773
라. 유상증자·감자시 반영액				
마. 순손익액(다 ± 라)		412,634,921	151,524,239	315,620,773
바. 사업연도 말 주식수 또는 환산주식수		400,000	400,000	400,000
사. 주당순손익액 (마 ÷ 바)		⑰ 1,031.59	⑱ 378.81	⑲ 789.05
아. 가중평균액 {(⑯×3 + ⑰×2 + ⑱) / 6}		773.56		
자. 기획재정부령이 정하는 율		10%		
차. 최근 3년간 순손익액의 가중평균액에 의한 1주당 가액 (아÷자)		7,735		

사례 2 최대주주 소유주식의 1주당 평가액(중소기업), 비상장주식 평가서 작성

다음 자료에 의하여 갑 주식회사의 최대주주(대표이사 ; 김일남) 소유주식의 1주당 평가액(매각용)을 계산하고 비상장주식평가서를 작성하여라.

① 재무상태표상 주식평가기준일(2019.4.30.) 현재 자산 및 부채 현황은 다음과 같다

자산계정	계정금액	부채계정	계정금액
합 계	3,633,432,369	합 계	2,660,541,227
당좌자산	2,477,142,026	유동부채	2,167,846,832
재고자산	810,523,882	고정부채	492,694,395
투자자산	224,005,178		
유형자산	121,761,283		

② 재무상태표상 주식평가기준일(2019.4.30.) 현재 자산 및 부채에 가산하거나 차감할 내용은 다음과 같다.

〈자산총액〉
① 2019.4.1. 현재 재무상태표상 자산가액 ; 3,633,432,369원
② 자산 가산금액
㉠ 대손충당금 ; 9,152,808원
㉡ 미수수익 ; 25,700,147원 (=30,378,424원-4,678,277원)
㉢ 토지평가차익 ; 569,714,270원
㉣ 건물평가차익 ; 215,050,435원
소 계 ; 819,617,660원
③ 자산총액(①+②) ; 4,453,050,029원

〈부채총액〉
2019.4.1. 현재 재무상태표상 부채가액 ; 2,660,541,227원
① 부채총액 ; 2,660,541,227원

③ 최대주주 지분율은 80%이며 중소기업이다.

④ 비유동부채 중 퇴직급여충당부채 계상액은 2019.4.30. 현재 임·직원 전원이 퇴직할 경우 지급되어야 할 퇴직급여추계액은 200,085,658원이다.

⑤ 사업연도별 법인세총결정세액은 다음과 같으며, 미지급법인세에 반영하였다.

구 분	2018사업연도	2017사업연도	2016사업연도
법인세총결정세액	15,260,000원	–	–
지방소득세	2,500,000원	–	–

⑥ 주식평가기준일(2019.4.30.) 전 3년간의 사업연도의 손익계산서 현황은 다음과 같다.

구 분			2018사업연도	2017사업연도	2016사업연도
결산서상 당기순이익			325,327,447	△48,349,819	98,844,296
익금·손금불산입	미수수익	유보	5,100,000	2,000,000	3,210,000
	재고자산평가차익	유보	–	15,610,000	–
	지분법손실	유보	–	–	5,000,000
	감가상각비부인액	유보	12,000,000	7,000,000	8,000,000
	접대비한도초과	기타사외유출	23,300,000	27,500,000	19,630,000
	공과금	기타사외유출	23,000,000	–	46,000,000
	가지급금인정이자	상 여	20,729,000	–	
	법인세비용	기타사외유출	21,700,000	–	1,370,000
	계		105,829,000	52,110,000	83,210,000
손금·익금불산입	미수수익	유보	7,860,000	5,100,000	2,000,000
	감가상각비시인부족액	유보	4,500,000	9,860,000	
	지분법이익	유보	150,000,000	–	86,000,000
	재고자산평가차익	유보	36,339,000	–	–
	계		198,699,000	14,960,000	88,000,000
각사업연도소득금액			232,457,447	△11,199,819	94,054,296

풀이 2

갑 주식회사의 주식평가액은 다음과 같다.

(1) 순자산가액 계산

순자산가액의 계산은 다음과 같다.

〈자산총액〉

① 2019.4.30. 현재 재무상태표상 자산가액 3,633,432,369원

② 자산 가산금액

㉠ 대손충당금 : 9,152,808원

㉡ 미수수익 : 25,700,147원

㉢ 토지 평가차익 : 569,714,270원

㉣ 건물 평가차익 : 215,050,435원

소 계 : 819,617,660원

③ 자산총액(①+②) 4,453,050,029원

〈부채총액〉

① 2019.4.30. 현재 재무상태표상 부채가액 : 2,660,541,227원

② 부채총액 : 2,660,541,227원

〈영업권 포함 전 순자산가액〉

영업권 포함 전 순자산가액[자산총액 - 부채총액]: 1,792,508,802원

〈영업권〉 0원

〈순자산가액〉

〈순자산가액〉[영업권 포함 전 순자산가액 - 영업권]: 1,792,508,802원

(2) 평가차액 계산

	평 가 차 액 계 산 명 세 서	2019

평가대상 법인명 : 갑 주식회사　　　　평가기준일 : 2019년 4월 30일 현재

자 산 금 액				부 채 금 액			
계정과목	상속세 및 증여세법에 의한평가액	재무상태표 상 금 액	차 액	계정과목	상속세및증여세법에 의한평가액	재무상태표 상 금 액	차 액
합 계	4,453,050,029	3,633,432,369	819,617,660	합 계	2,660,541,227	2,660,541,227	0
당좌자산	2,511,994,981	2,477,142,026	34,852,955(주1)	유동부채	2,167,846,832	2,167,846,832	0
재고자산	810,523,882	810,523,882	0	비유동부채	492,694,395	492,694,395	0
투자자산	224,005,178	224,005,178	0				
유형자산	906,525,988	121,761,283	784,764,705(주2)				

비고

(주1) 당좌자산가액 중 매출채권에 대한 대손충당금 9,152,808원과 예 · 적금에 대한 미계상 미수이익 30,378,424원 중 원천징수세액 4,678,277원을 차감한 25,700,147원을 자산에 가산한 금액임[부표 1 참조].

(주2) 유형자산중 토지 및 건물의 평가차익의 합계액 784,764,705원을 자산에 가산한 금액임[부표 4 참조].

【부 표 1】

당좌자산에 대한 평가차액 명세

계 정 과 목	재무상태표상 가액 (A)	상속세 및 증여세법상 가액 (B)	평 가 차 액 (B - A)
현금및현금등가물	53,298,989	53,298,989	0
기 타 유 동 자 산	1,442,899,446	1,442,899,446	
매 출 채 권	906,127,999	915,280,807	9,152,808*
미 수 금	9,391,537	9,391,537	0
미 수 수 익	0	25,700,147	25,700,147**
기 타 유 동 자 산	22,288,650	22,288,650	0
선 급 금	88,000	88,000	0
부 가 세 대 급 금	43,047,405	43,047,405	0
계	2,477,142,026	2,511,994,981	34,852,955

* 매출채권에 대한 대손충당금 상당액임.

** 예 · 적금에 대한 미계상 미수이익 30,378,424원 중 원천징수세액 4,678,277원을 차감한 금액임.

【부 표 2】

재고자산에 대한 평가차액 명세

계 정 과 목	재무상태표상 가액 (A)	상속세 및 증여세법상 가액 (B)	평 가 차 액 (B - A)
제 품	502,154,378	502,154,378	0
원 재 료	19,334,149	19,334,149	0
저 장 품	217,172,304	217,172,304	0
재 공 품	71,863,051	71,863,051	0
계	810,523,882	810,523,882	0

투자자산에 대한 평가차액 명세

【부 표 3】

계 정 과 목	재무상태표상 가액 (A)	상속세 및 증여세법상 가액 (B)	평 가 차 액 (B - A)
출 자 금	600,000	600,000	0
전 화 가 입 권	1,210,000	1,210,000	0
임 차 보 증 금	8,705,000	8,705,000	0
퇴 직 연 금 예 치 금	213,490,178	213,490,178	0
계	224,005,178	224,005,178	0

유형자산에 대한 평가차액 명세

【 부 표 4 】

계 정 과 목	재무상태표상 가액 (A)	상속세 및 증여세법상 가액 (B)	평 가 차 액 (B - A)
토 지	71,589,330	641,303,600*	569,714,270
건 물	40,972,785	256,023,220**	215,050,435
구 축 물	3,000	3,000	0
기 계 장 치	3,092,580	3,092,580	0
차 량 운 반 구	6,041,588	6,041,588	0
공 기 구 비 품	62,000	62,000	0
계	121,761,283	906,525,988	784,764,705

* [부표 4-1]
** [부표 4-2]

토지에 대한 평가 명세

【부 표 4 - 1】

소 재 지	용 도	면 적(㎡) (A)	개별공시지가 (B)	상속세 및 증여세법상 가액 (A×B)
충청남도 ×××	공장용지	1,328	47,300	62,814,400
동소 ×××	공장용지	12,661	44,000	557,084,000
동소 ×××	답	90	30,000	2,700,000
동소 ×××	임야	463	40,400	18,705,200
계		14,542		641,303,600

건물에 대한 평가 명세

【부 표 4 - 2】

소 재 지	연면적 (㎡)	건축물 구조	건축물 지붕	용 도	기준시가
충청남도 ×××	4,292.40	철골조(주1)	슬레이트	공장, 근린생활시설, 창고시설	167,403,600
	352.63	파이프조	슬레이트외	창고	6,347,340
	446.52	시멘트블록	슬레이트	창고 및 실험실	15,181,680
	256.62	조립식판넬	칼라이트	사무실 및 구내식당	7,698,600
소 계	5,348.17				196,631,220
동소 ×××	128.00	파이프	염화비닐천막	창고시설	1,792,000
	300.00	일반 철골구조	판넬	공장	47,700,000
	180.00	철골조	대골슬레이트	창고시설	9,900,000
소 계	608.00				59,392,000
합 계	5,956.17				256,023,220

유동부채에 대한 평가차액 명세

【부 표 5】

계 정 과 목	재무상태표상 가액 (A)	상속세 및 증여세법상 가액 (B)	평 가 차 액 (B - A)
매 입 채 무	110,971,285	110,971,285	0
미 지 급 금	153,233,096	153,233,096	0
예 수 금	3,399,710	3,399,710	0
부 가 세 예 수 금	103,065,494	103,065,494	0
단 기 차 입 금	1,653,000,000	1,653,000,000	0
미 지 급 세 금	726,883	726,883	0
미 지 급 비 용	134,537,910	134,537,910	0
예 수 세 금	8,912,454	8,912,454	0
계	2,167,846,832	2,167,846,832	0

비유동부채에 대한 평가차액 명세

【부 표 6】

계 정 과 목	재무상태표상 가액 (A)	상속세 및 증여세법상 가액 (B)	평 가 차 액 (B - A)
퇴직급여충당부채	294,156,237	294,156,237	0
퇴 직 전 환 금	△1,747,500	△1,747,500	0
퇴직연금충당금	200,085,658	200,085,658	0
계	492,694,395	492,694,395	0

(2) 순손익액 계산

	순 손 익 액 계 산 서			2019
평가대상 법인명 : 갑 주식회사			평가기준일 : 2019년 4월 30일	
구 분 \ 사업연도	계	평가기준일전 1년이 되는 사업연도 (2018.1.1.~2018.12.31)	평가기준일전 2년이 되는 사업연도 (2017.1.1.~2017.12.31)	평가기준일전 3년이 되는 사업연도 (2016.1.1.~2016.12.31)
① 각 사 업 연 도 소 득		232,457,447	△11,199,819	94,054,296
소득에 가산할 금액 ② 국세, 지방세 과오납에 대한 환급금이자				
소득에 가산할 금액 ③ 기관투자자가 상장법인으로부터 받은 배당소득×90/100				
소득에 가산할 금액 ④ 수입배당금의 익금불산입액				
(A) 합 계 (① + ② + ③ + ④)		232,457,447	△11,199,819	94,054,296
소득에서 공제할 금액 ⑤ 벌금, 과료, 과태료, 가산금과 체납처분비				
소득에서 공제할 금액 ⑥ 손금 용인되지 않는 공과금		23,000,000		46,000,000
소득에서 공제할 금액 ⑦ 업무무관 비용		20,729,000		1,370,000
소득에서 공제할 금액 ⑧ 토지초과이득세와 비업무용토지에 대한 취득세(중과세분)				
소득에서 공제할 금액 ⑨ 각 세법에 규정하는 징수불이행 납부세액				
소득에서 공제할 금액 ⑩ 기 부 금 한 도 초 과 액				
소득에서 공제할 금액 ⑪ 접 대 비 한 도 초 과 액		23,300,000	27,500,000	19,630,000
소득에서 공제할 금액 ⑫ 기타손금불산입중 기타사외유출				
소득에서 공제할 금액 ⑬ 광 고 선 전 비 한 도 초 과 액				
소득에서 공제할 금액 ⑭ 법 인 세 총 결 정 세 액		15,260,000		
소득에서 공제할 금액 ⑮ 농어촌특별세총결정세액				
소득에서 공제할 금액 ⑯ 지 방 소 득 세 총 결 정 세 액		2,500,000		
(B) 공 제 할 금 액 합 계 (⑤+ · · · ⑯)		84,789,000	27,500,000	67,000,000
⑰ 순 손 익 액 (A − B)		147,668,447	△38,699,819	27,054,296
⑱ 사업연도 말주식수또는환산주식수		100,000	100,000	100,000
⑲ 주 당 순 손 익 액 (⑰ ÷ ⑱)		ⓐ 1,476.68	ⓑ △386.99	ⓒ 270.54
⑳ 가 중 평 균 액 {(ⓐ × 3 + ⓑ × 2 + ⓒ) / 6}	654.43			
㉑ 기 획 재 정 부 장 관 이 정 하 는 율	10%			
㉒ 최근 3년간 순손익액의 가중평균액에 의한 1 주 당 가 액(⑳ ÷ ㉑)	6,544			

(3) 영업권 계산

	영 업 권 평 가 조 서	2019

평가대상 법인명 : ×××

① 평가기준일	평가기준일 전 3년간 순손익액 가중평균액			
	② 평가기준일 전 1년이 되는 사업연도 순손익액	③ 평가기준일로 2년이 되는 사업연도 순손익액	④ 평가기준일 전 3년이 되는 사업연도 순손익액	⑤ 가중평균액 $\frac{(②\times3+③\times2+④)}{6}$
2019.4.30.	147,668,447	△38,699,819	27,054,296	65,443,333

⑥ 3년간 순손익액의 가중평균액의 50%(⑤×50/100)	⑦ 평가기준일 현재의 자기자본	⑧ 재정경제부령이 정하는 이자율	⑨ 영업권 지속연수
32,721,666	1,792,508,802	10%	5

⑩ 영업권계산액 $\Sigma \frac{⑥-(⑦\times⑧)}{(1+10/100)^n}$	⑪ 영업권 상당액에 포함된 매입한 무체재산권 가액 중 상속개시일까지의 감가상각비를 공제한 금액	⑫ 영업권평가액 (⑩ - ⑪)
0		0

※ 계산근서 : 상속세법 시행령 제59조 제2항

(4) 비상장주식 등 평가서 작성

갑 주식회사의 2019.4.30. 주식평가 내용을 「비상장주식 등 평가서」 작성하면 다음과 같다.

〈평가심의위원회 운영규정 별지 제4호 서식 부표 3〉 (2017.7.1. 개정)

비상장주식 등 평가서

(단위 : 주, 원) (제1쪽)

1. 평가대상 비상장법인

법인명	갑 주식회사	사업자등록번호	×××	대표자 성명	김일남
①발행주식총수	100,000	1주당 액면가액	5,000	자본금	5,000,000,000
평가기준일	2019.4.30.		②부동산과다보유법인 해당 여부		[ ]

2. 순자산가치로만 평가하는 경우 [v] 표시 (상속세 및 증여세법 시행령 제54조제4항 해당 여부)

가. 신고기한 이내에 청산절차가 진행 중이거나, 사업자의 사망 등으로 사업의 계속이 곤란하다고 인정되는 경우 해산(합병)등기일 (. .)	[ ]
나. 사업 개시전의 법인, 사업개시 후 3년 미만의 법인, 휴업·폐업 중인 경우 사업개시일 (. .), 휴·폐업일 (. .)	[ ]
다. 평가기준일이 속하는 사업연도 전 3년 내의 사업연도부터 계속하여 「법인세법」상 각 사업연도에 속하거나 속하게 될 손금의 총액이 그 사업연도에 속하거나 속하게 될 익금의 총액을 초과하는 결손금이 있는 경우	[ ]
라.「소득세법 시행령」 제94조제1항제4호라목에 해당하는 법인의 주식 등에 해당하는 경우	[ ]
마. 법인의 자산총액 중 주식 등의 가액의 합계액이 차지하는 비율이 100분의 80 이상인 법인의 주식 등	[ ]
바. 법인의 설립 시 정관에 존속기한이 확정된 법인으로서 평가기준일 현재 잔여 존속기한이 3년 이내인 법인의 주식 등	[ ]

3. 1주당 가액의 평가

구분	금액	비고
③순자산가액	1,792,508,802	제2쪽 4. 순자산가액 "마"
④1주당 순자산가액 (③ ÷ ①)	17,925	
⑤최근3년간 순손익액의 가중평균액에 의한 1주당 가액 또는 2이상의 회계법인등이 산출한 1주당 추정이익의 평균액	6,544	제6쪽 7. 순손익액 "차"
⑥1주당 평가액 (㉮ 평가액과 ㉯의 평가액 중 많은 금액)	14,340	
㉮ [{(④×2)+(⑤×3)} ÷ 5] (부동산과다보유법인 [{(④ × 3)+(⑤ × 2)} ÷ 5]	11,096	
㉯ 1주당 순자산가액(④)의 70%	17,925×80%=14,340	
⑦ 최대주주등에 해당하는 경우 1주당 평가액		
㉮ 최대주주등의 주식 등의 1주당 평가액 (⑥ × 할증율)	4,302	
㉯ (⑥ + ㉮)	18,642	

4. 순자산가액

가. 자산총액

① 재무상태표상의 자산가액	3,633,432,369	
② 평가차액	819,617,660	제4쪽 5. 평가차액 “가”
③ 법인세법상 유보금액		
④ 기타(평가기준일 현재 지급받을 권리가 확정된 가액 등)		
⑤ 선급비용등		
⑥ 증자일 전의 잉여금의 유보액		
⑦ 소계 (① + ② + ③ + ④ - ⑤ - ⑥)	4,453,050,029	

나. 부채총액

⑧ 재무상태표상의 부채액	2,660,541,227	
⑨ 법인세		
⑩ 농어촌특별세		
⑪ 지방소득세		
⑫ 배당금 · 상여금		
⑬ 퇴직급여추계액	200,085,658	
⑭ 기타(충당금 중 평가기준일 현재 비용으로 확정된 것 등)		
⑮ 세준비금		
⑯ 제충당금	200,085,658	
⑰ 기타(이연법인세대 등)		
⑱ 소계(⑧+⑨+⑩+⑪+⑫+⑬+⑭-⑮-⑯-⑰)	2,660,541,227	

다. 영업권포함전 순자산가액(⑦ - ⑱)	1,792,508,802	
라. 영업권	0	제5쪽 6. 영업권 “자”
마. 순자산가액(다 + 라)	1,792,508,802	

(단위 : 원) (제4쪽)

5. **평가차액**

가. 평가차액 계산 (① - ②)				제2쪽 4. 순자산가액 "가"의 ② 기재			
자산금액				부채금액			
계정과목	상증법에 따른 평가액	재무상태표상 금액	차액	계정과목	상증법에 따른 평가액	재무상태표상 금액	차액
① 합계	4,453,050,029	3,633,432,369	819,617,660	② 합계	2,660,541,227	2,660,541,227	0
당좌자산	2,511,994,981	2,477,142,026	34,852,955	유동부채	2,167,846,832	2,167,846,832	0
재고자산	810,523,882	810,523,882	0	비유동부채	492,694,395	492,694,395	0
투자자산	224,005,178	224,005,178	0				
유형자산	906,525,988	121,761,283	784,764,705				

6. 영업권

가. 평가기준일 이전 3년간 순손익액의 가중평균액	65,443,333	(① × 3 + ② × 2 + ③) / 6
① 평가기준일 이전 1년이 되는 사업연도 순손익액	147,668,447	
② 평가기준일 이전 2년이 되는 사업연도 순손익액	△38,699,819	
③ 평가기준일 이전 3년이 되는 사업연노 순손익액	27,054,296	
나. 가 × 50%	32,721,666	
다. 평가기준일 현재 자기자본	1,792,508,802	
라. 기획재정부령이 정하는 이자율		10%
마. 다 × 라		
바. 영업권 지속연수		5년
사. 영업권 계산액 $\sum_{n=1}^{n} = [\frac{(나 - 마)}{(1 + 0.1)^{n}}]$ n은 평가기준일부터의 경과연수	0	
아. 영업권 상당액에 포함된 매입한 무체재산권가액 중 평가기준일까지의 감가상각비를 공제한 금액		
자. 영업권 평가액 (사 - 아)	0	제2쪽 4. 순자산가액 "라" 기재

(단위 : 원) (제6쪽)

7. 순손익액

평가기준일 1년, 2년, 3년이 되는 사업연도		2018	2017	2016
① 각 사업연도 소득금액		232,457,447	△11,199,819	94,054,296
소득에 가산할 금액	② 국세, 지방세 과오납에 대한 환급금이자			
	③ 수입배당금 중 익금불산입한 금액			
	④ 기부금의 손금산입한도액 초과금액의 이월손금 산입액			
가. 소계(① + ② + ③ + ④)		232,457,447	△11,199,819	94,054,296
소득에서 공제할 금액	⑤ 벌금, 과료, 과태료 가산금과 체납처분비			
	⑥ 손금 용인되지 않는 공과금	23,000,000		46,000,000
	⑦ 업무에 관련 없는 지출	20,729,000		1,370,000
	⑧ 각 세법에 규정하는 징수불이행 납부세액			
	⑨ 기부금 한도초과액			
	⑩ 접대비 한도초과액	23,300,000	27,500,000	19,630,000
	⑪ 과다경비 등의 손금불산입액			
	⑫ 지급이자의 손금불산입액			
	⑬ 감가상각비(시행령 제56조 제4항 라목)			
	⑭ 법인세 총결정세액	15,260,000		
	⑮ 농어촌특별세 총결정세액			
	⑯ 지방소득세 총결정세액	2,500,000		
나. 소계(⑤ ~ ⑯)		84,789,000	27,500,000	67,000,000
다. 순손익액(가 - 나)		147,668,447	△38,699,819	27,054,296
라. 유상증자·감자시 반영액				
마. 순손익액(다 ± 라)				
바. 사업연도 말 주식수 또는 환산주식수		100,000	100,000	100,000
사. 주당순손익액 (마 ÷ 바)		⑰ 1,476.68	⑱ △386.99	⑲ 270.54
아. 가중평균액 {(⑯×3 + ⑰×2 + ⑱) / 6}		654.43		
자. 기획재정부령이 정하는 율		10%		
차. 최근 3년간 순손익액의 가중평균액에 의한 1주당 가액 (아÷자)		6,544		

제 6 편

기한 후 신고

납세자의 편의를 도모하기 위하여 법정신고기한 내에 세무신고를 하지 아니한 자도 세무서장이 납세고지를 하기 전까지 가산세와 함께 본세를 신고·납부할 수 있도록 하였다.

I 개요

다음의 양도소득세 등의 과세표준신고서를 법정신고기한 내에 제출한 자는 해당 과세표준과 세액(가산세 포함)을 결정하여 통지하기 전까지 기한 후 과세표준 신고서를 제출할 수 있다(국기법 §45의3). 환급받을 세액이 있는 자는 기한 후 신고를 할 수 없다(서면2팀-14, 2004.1.15.).

세금의 종류		법 정 신 고 기 한
상속세	거주자	상속개시일이 속하는 달의 말일부터 6개월 이내
	비거주자	상속개시일이 속하는 달의 말일부터 9개월 이내
증여세		증여받은 날이 속하는 달의 말일부터 3개월 이내(부담부증여분 포함)
종합소득세		해당 과세기간의 종합소득금액이 있는 거주자는 그 과세기간 다음 연도 5월 1일부터 5월 31일까지 확정신고해야 한다.
법인세		납세의무 있는 내국법인은 각 사업연도의 종료일이 속하는 달의 말일부터 3개월 이내에 해당 사업연도의 소득에 대한 법인세 과세표준과 세액을 신고하여야 한다.

기한 후 신고는 무신고의 일종으로 추가적으로 신고기회를 준 것에 불과하기 때문에 그 신고에 따른 납세의무의 확정력은 없다. 다만, 법정신고기한 이내에 과세표준신고서를 제출하지 아니한 자로서 납부할 세액이 있는 납세자는 법정신고기한이 지난 후 1개월 이내에 기한 후 과세표준신고서의 제출과 동시에 해당 세액을 납부한 경우 다음에 따라 가산세 감면을 적용 받을 수 있다(국기법 §48 ② 〈2〉).

기한 후 신고	가산세의 감면율
법정신고기한 경과 후 1개월 이내에 기한 후 신고	50%
법정신고기한 경과 후 1개월 초과 6개월 이내 기한 후 신고	20%

Ⅱ 양도소득세 등의 경우

양도소득세 등의 법정신고기한까지 과세표준신고서를 제출하지 아니한 자는 관할 세무서장이 양도소득세의 과세표준과 세액(가산세를 포함한다)을 결정하여 통지하기 전까지 기한 후 과세표준신고서를 제출할 수 있다(국기법 §45의3 ①).

이경우 법정신고기한은 과세표준 확정신고기한을 의미하므로 양도소득세 과세표준 예정신고를 하지 아니한 납세의무자가 과세표준 확정신고기한 전에 해당 기한 후 과세표준신고서를 제출하는 경우에는 기한 후 신고에 해당하지 아니한다(기준법령기본-26, 2015.5.22.).

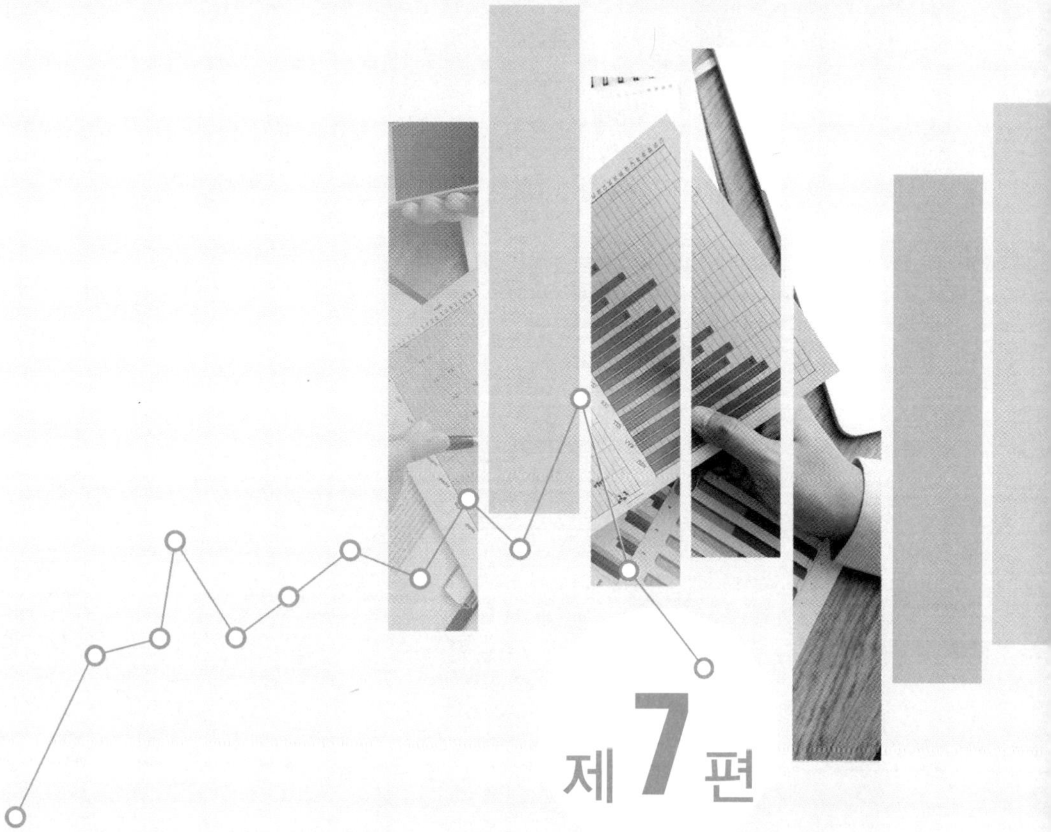

제 7 편

수정신고 및 경정청구

수정신고 및 경정청구는 각 세법의 과세표준신고서를 다음의 법정신고기한 내에 제출한 자에게 허용되는 것으로 이를 제출하지 아니한 경우에는 수정신고 및 경정청구를 할 수 없다.

과세표준 수정신고란 당초에 제출한 과세표준신고서의 기재사항을 수정하는 신고를 말하며, 증액수정신고는 국세의 과세표준과 세액을 결정 또는 경정하여 통지하기 전까지 가능한 것으로, 법정신고기한 후 5년 이내에 당초 과세표준과 세액을 감액하여 경정청구할 수 있다.

여기서 법정신고기한이란, 과세표준과 세액에 대한 신고기한 또는 신고서의 제출기한을 말한다. 다만, 신고기한이 연장된 경우에는 그 연장된 기한을 법정신고기한으로 본다(국기법 집행기준 45-0-2).

세금의 구분		법 정 신 고 기 한
상속세	거주자	상속개시일이 속하는 달의 말일부터 6개월 이내
	비거주자	상속개시일이 속하는 달의 말일부터 9개월 이내
증여세		증여받은 날이 속하는 달의 말일부터 3개월 이내
종합소득세		해당 과세기간의 종합소득금액이 있는 경우에는 그 과세기간의 다음 연도 5월 1일부터 5월 31일까지 확정신고해야 한다.
법인세		납세의무 있는 내국법인은 각 사업연도의 종료일이 속하는 달의 말일부터 3개월 이내에 해당 사업연도의 소득에 대한 법인세 과세표준과 세액을 신고하여야 한다.

I 과세표준 수정신고

1. 개요

과세표준신고서를 법정신고기한 내에 제출한 자가 이미 신고한 양도소득세 등의 과세표준신고서에 오류가 있는 경우로서 납부할 세액보다 미달하게 납부한 세액이 있는 경우와 과세관청으로부터 결정·경정 등의 처분을 받았으나 그 후에도 납세자의 오류 등이 있는 경우에는 관할세무서장에게 그 미달한 세액을 결정 또는 경정하여 통지하기 전에 부과제척기간이 끝나기 전까지 과세표준 수정신고서를 제출할 수 있다(국기법 §45).

2. 수정신고로 자진납부시 가산세액의 감면

법정신고기한이 지난 후 다음의 일정기간 내에 양도소득세 등의 과세표준신고서를 수정신고·납부하는 경우에는 가산액의 일정금액을 감면한다. 다만, 과세표준수정신고서를 제출한 과세표준과 세액에 관하여 경정이 있을 것을 미리 알고 제출한 경우에는 가산세 감면이 적용되지 아니한다(국기법 §48).

① 법정신고기한이 지난 후 6개월 이내에 수정신고 납부한 경우 ➡ 가산액의 50%

② 법정신고기한이 지난 후 6개월 초과 1년 이내 수정신고 납부한 경우 ➡ 가산액의 20%

③ 법정신고기한이 지난 후 1년 초과 2년 이내 수정신고 납부한 경우 ➡ 가산액의 10%

▌과세표준과 세액을 결정 또는 경정하여 통지를 받은 경우

과세적부심사 사무처리규정(§5)에 의한 결정전 통지, 소명안내문, 해명안내문을 받은 경우에도 당해 국세의 과세표준과 세액을 결정 또는 경정하여 통지를 하기 전이므로 수정신고는 할 수 있으나, 과세표준과 세액에 관하여 경정이 있을 것을 미리 알고 수정신고서를 제출한 경우에 해당하므로 가산세의 감면이 배제된다(서울고법 2007누1707, 2008.1.11.).

3. 수정신고서의 기재사항과 첨부서류

과세표준의 수정신고서에는 다음의 사항을 적어야 하며, 수정한 부분에 관하여 당초의 과세표준신고서에 첨부하여야 할 서류가 있는 경우에는 이를 수정한 서류를 첨부하여야 한다.

① 당초 신고한 과세표준과 세액

② 수정신고하는 과세표준과 세액

③ 그 밖에 필요한 사항

▍양도소득세 신고 후 매매계약의 특약으로 추가로 양도대금을 받은 경우 수정신고

양도일 이후에 매매계약의 특약으로 추가로 받기로 한 일정금액은 그 일정금액을 받는 날에 양도가액을 경정하여 수정신고를 하여야 한다(부동산거래-440, 2010.3.22.).

▍사후정산형식 매매의 경우

비상장주식을 양도하고 잠정합의된 양도가액을 수령한 다음 약정에 의한 추가금액을 가감하는 경우 양도가액은 양도당시 거래금액을 양도일의 양도가액으로 하고, 양도일 이후에 가감하기로 한 지급대가에 대해서는 그 대가를 각각 받기로 한 날의 양도가액으로 경정한다. 이 경우 대가로 지급받는 주식의 가액은 그 주식을 받는 날의 주식가액을 양도가액에 추가하여 수정신고하는 것이다(법규재산 2011-452, 2011.11.25.).

▍실지거래가액으로 신고한 양도소득세 과세표준신고를 확정신고기한 후에 기준시가로 변경하여 신고한 경우

당초 양도소득과세표준 및 세액을 실지거래가액에 의하여 예정신고 및 확정신고한 경우로서 확정신고기한 후에는 그 신고방법을 기준시가로 변경하여 신고하는 것은 수정신고 대상이 되지 아니한다(서면1팀-349, 2007.3.14.).

Ⅱ 경정 등의 청구

1. 개요

과세표준신고서를 법정신고기한 내에 제출한 자는 과세표준신고서에 기재된 과세표준 및 세액이 세법에 따라 신고하여야 할 과세표준 및 세액을 초과하는 때에는 최초신고한 과세표준 및 세액의 결정 또는 경정하여 줄 것을 법정신고기한이 지난 후 5년 이내에 관할세무서장에게 청구할 수 있다.

다만, 결정 또는 경정으로 인하여 증가된 양도소득세·상속세 및 증여세 등의 과세표준 및 세액에 대하여는 해당 처분이 있음을 안 날(처분의 통지를 받은 때에는 그 받은 날)부터 90일 이내(법정신고기한이 지난 후 5년 이내에 한정)에 경정 청구할 수 있다(국기법 §45의2).

2. 후발적사유로 인한 경정 등 청구

과세표준신고서를 법정신고기한까지 제출한 자 또는 양도소득세 등의 과세표준 및 세액의 결정을 받은 자는 다음에 해당하는 사유가 발생하였을 때에는 그 사유가 발생한 것을 안 날로부터 3개월 이내에 결정 또는 경정을 청구할 수 있다.

① 최초의 신고·결정 또는 경정에서 과세표준 및 세액의 계산 근거가 된 거래 또는 행위 등이 그에 관한 소송에 대한 판결(판결과 같은 효력을 가지는 화해나 그 밖의 행위를 포함한다)에 의하여 다른 것으로 확정되었을 때

② 결정 또는 경정으로 인하여 그 결정 또는 경정의 대상이 되는 과세기간 외의 과세기간에 대하여 최초에 신고한 국세의 과세표준 및 세액이 세법에 따라 신고하여야 할 과세표준 및 세액을 초과할 때

③ 다음의 사유가 해당 법정신고기한이 지난 후에 발생하였을 때 등

㉠ 최초의 신고·결정 또는 경정을 할 때 과세표준 및 세액의 계산 근거가 된 거래 또는 행위 등의 효력과 관계되는 관청의 허가나 그 밖의 처분이 취소된 경우

㉡ 최초의 신고·결정 또는 경정을 할 때 과세표준 및 세액의 계산 근거가 된 거래 또는 행위 등의 효력과 관계되는 계약이 해제권의 행사에 의하여 해제되거나 해당 계약의 성립 후 발생한 부득이한 사유로 해제되거나 취소된 경우

㉢ 최초의 신고·결정 또는 경정을 할 때 장부 및 증거서류의 압수, 그 밖의 부득이한 사유로 과세표준 및 세액을 계산할 수 없었으나 그 후 해당 사유가 소멸한 경우 등

3. 경정청구신고서의 기재사항과 첨부서류

결정 또는 경정의 청구를 하려는 자는 다음의 사항을 적은 결정 또는 경정 청구서를 제출(국세정보통신망을 활용한 제출을 포함한다)하여야 한다.

① 청구인의 성명과 주소 또는 거소

② 결정 또는 경정 전의 과세표준 및 세액

③ 결정 또는 경정 후의 과세표준 및 세액

④ 결정 또는 경정의 청구를 하는 이유

⑤ 그 밖에 필요한 사항

제 8 편

부과제척기간

국세부과권은 조세채권을 구체적으로 확정하기 위해 세액을 결정하는 권리이고, 국세징수권은 세액이 구체적으로 확정되고 난 후에 확정된 조세채권을 실현하기 위해 납세자에게 그 이행을 청구할 수 있는 권리로써 국세부과권과 징수권은 엄연히 구별된다.

국세의 부과제척기간은 국세를 부과할 수 있는 일정한 기간을 말하므로 국세의 부과권 행사에 시간적 한계를 두어 권리관계를 조속히 안정시키고 납세자의 법적 안정성을 확보하기 위한 제도로써 양도소득세부과의 제척기간이 지나면 국세의 부과권은 자동으로 소멸되어 결정·경정이 불가능하다.

Ⅰ 개요

국세부과제척기간은 권리관계를 조속히 확정시키려는 것이므로 소멸시효와는 달리 진행기간의 중단이나 정지가 없으므로 부과제척기간이 경과하면 정부의 부과권은 소멸되어 과세표준이나 세액을 변경하는 어떤 결정(경정)도 할 수 없다.

국세를 부과할 수 있는 날은 과세표준과 세액을 신고하는 국세의 경우 해당 국세의 과세표준과 세액에 대한 신고기한 또는 신고서 제출기한(과세표준신고기한)의 다음 날로 한다. 이 경우 중간예납·예정신고기한과 수정신고기한은 과세표준신고기한에 포함되지 아니한다.

예정신고 및 수정신고기한의 다음의 날은 국세부과제척기간의 기산일로 보지 아니하고, 당해 국세의 과세표준과 세액에 대한 정기분 확정신고기한의 다음 날을 기산일로 본다.

Ⅱ 국세부과제척기간의 기산일

세금의 구분		제척기간의 기산일
상속세	거주자	상속개시일이 속하는 달의 말일부터 6개월이 되는 날의 다음 날
	비거주자	상속개시일이 속하는 달의 말일부터 9개월이 되는 날의 다음 날
증여세*		증여받은 날이 속하는 달의 말일부터 3개월이 되는 날의 다음 날
종합소득세		해당 과세기간의 종합소득금액이 있는 경우에는 그 과세기간의 다음 연도 5월 1일부터 5월 31일까지 확정신고하는 날의 다음 날(6.1.)

세금의 구분	제척기간의 기산일
법인세	납세의무 있는 내국법인은 각 사업연도의 종료일이 속하는 달의 말일부터 3개월이 되는 날의 다음 날
양도소득세	확정신고(양도일이 속하는 연도의 다음 연도의 5.31.)의 다음 날(6.1.)

* 부담부증여에 의해 증여세와 양도소득세가 함께 과세되는 경우에 양도소득세의 부과제척기간은 증여세에서 정하는 부과제척기간(10년 또는 15년)으로 한다(국기법 §26의2).

Ⅲ 제척기간

국세는 다음에 규정된 기간이 끝난 후에는 부과할 수 없다.

세금의 구분	제 척 기 간
1. 아래 "2" 이외의 국세	① 납세자가 사기나 그 밖의 부정한 행위로 국세를 포탈하거나 환급·공제받은 경우에는 그 국세를 부과할 수 있는 날로부터 10년간. 이 경우 부정행위로 포탈하거나 환급·공제받은 국세가 소득세 또는 법인세에 대해서도 그 소득세 또는 법인세를 부과할 수 있는 날부터 10년간으로 한다. ② 납세자가 법정신고기한까지 과세표준신고서를 제출하지 아니한 경우에는 해당 국세를 부과할 수 있는 날로부터 7년간 ③ 위 '①, ②'에 해당하지 아니하는 경우에는 해당 국세를 부과할 수 있는 날로부터 5년간
2. 상속세 및 증여세	① 상속세·증여세는 위 "1"에 불구하고 부과할 수 있는 날부터 10년간. 다만, 다음에 해당하는 경우에는 부과할 수 있는 날부터 15년간으로 한다. ㉮ 납세자가 사기나 그 밖의 부정한 행위로 상속세·증여세를 포탈하거나 환급·공제받은 경우 ㉯ 상속세 과세표준신고서를 제출하지 아니한 경우 ㉰ 상속세 과세표준신고서를 제출한 자가 다음에 해당하는 거짓신고 또는 누락신고를 한 경우(그 거짓신고 또는 누락신고를 한 부분만 해당한다) ㉠ 상속재산가액 또는 증여재산가액에서 가공의 채무를 빼고 신고한 경우 ㉡ 권리의 이전이나 그 행사에 등기, 등록, 명의개서 등(등기 등이라 한다)이 필요한 재산을 상속인 또는 수증자의 명의로 등기 등을 하지 아니한 경우로서 그 재산을 상속재산 또는 증여재산

세금의 구분	제 척 기 간
2. 상속세 및 증여세	의 신고에서 누락한 경우 ㉢ 예금, 주식, 채권, 보험금, 그 밖의 금융자산을 상속재산 또는 증여재산의 신고에서 누락한 경우 ② 납세자가 사기나 그 밖의 부정한 행위로 상속세·증여세를 포탈하는 경우로서 다음의 어느 하나에 해당하는 경우에는 위 '①'에도 불구하고 해당 재산의 상속 또는 증여가 있음을 안 날부터 1년 이내에 상속세 및 증여세를 부과할 수 있다. 다만, 상속인이나 증여자 및 수증자가 사망한 경우와 포탈세액 산출의 기준이 되는 재산가액(다음에 해당하는 재산의 가액을 합친 것을 말한다)이 50억원 이하인 경우에는 그러하지 아니하다. ㉮ 제3자의 명의로 되어 있는 피상속인 또는 증여자의 재산을 상속인이나 수증자가 보유하고 있거나 그 자의 명의로 실명전환을 한 경우 ㉯ 계약에 따라 피상속인이 취득할 재산이 계약이행기간에 상속이 개시됨으로써 등기·등록 또는 명의개서가 이루어지지 아니하고 상속인이 취득한 경우 ㉰ 국외에 있는 상속재산이나 증여재산을 상속인이나 수증자가 취득한 경우 ㉱ 등기·등록 또는 명의개서가 필요하지 아니한 유가증권, 서화, 골동품 등 상속재산 또는 증여재산을 상속인이나 수증자가 취득한 경우 ㉲ 수증자의 명의로 되어 있는 증여자의 금융실명거래 및 비밀보장에 관한 법률(§2 〈2〉)에 따른 금융자산을 수증자가 보유하고 있거나 사용·수익한 경우 ㉳ 비거주자인 피상속인의 국내재산을 상속인이 취득한 경우

위 표에서 "사기 그 밖의 부정한 행위"란 조세범칙조사를 통하지 않더라도 조세의 부과와 징수를 불가능하게 하거나 현저히 곤란하게 하는 위계 그 밖에 부정한 적극적 다음의 행위를 함으로써 국세를 포탈하거나 환급·공제받는 것을 말한다.

① 양도가액을 허위로 이중 계약서를 작성하여 양도소득세를 신고·납부하는 경우

② 양도소득세를 포탈할 목적으로 타인 명의로 취득 또는 양도하는 경우

③ 필요경비를 허위증빙을 첨부하여 양도소득세를 부당하게 축소하여 신고한 것(조심 2015중5775, 2016.4.12.)

보충설명

조세쟁송에 대한 결정 또는 판결에 명의대여 사실이 확인된 경우에는 원칙적인 국세 부과의 제척기간에 불구하고 그 결정 또는 판결이 확정된 날부터 1년 이내에 명의대여자에 대한 부과처분을 취소하고 실제로 사업을 경영한 실질사업자에게 결정 또는 경정이나 그 밖의 필요한 처분을 할 수 있도록 특례제척기간을 둔 것이다(국기법 §26의 2 ③).

Ⅳ 제척기간 만료 효과

제척기간이 만료하면 국세의 부과권이 소멸한다.

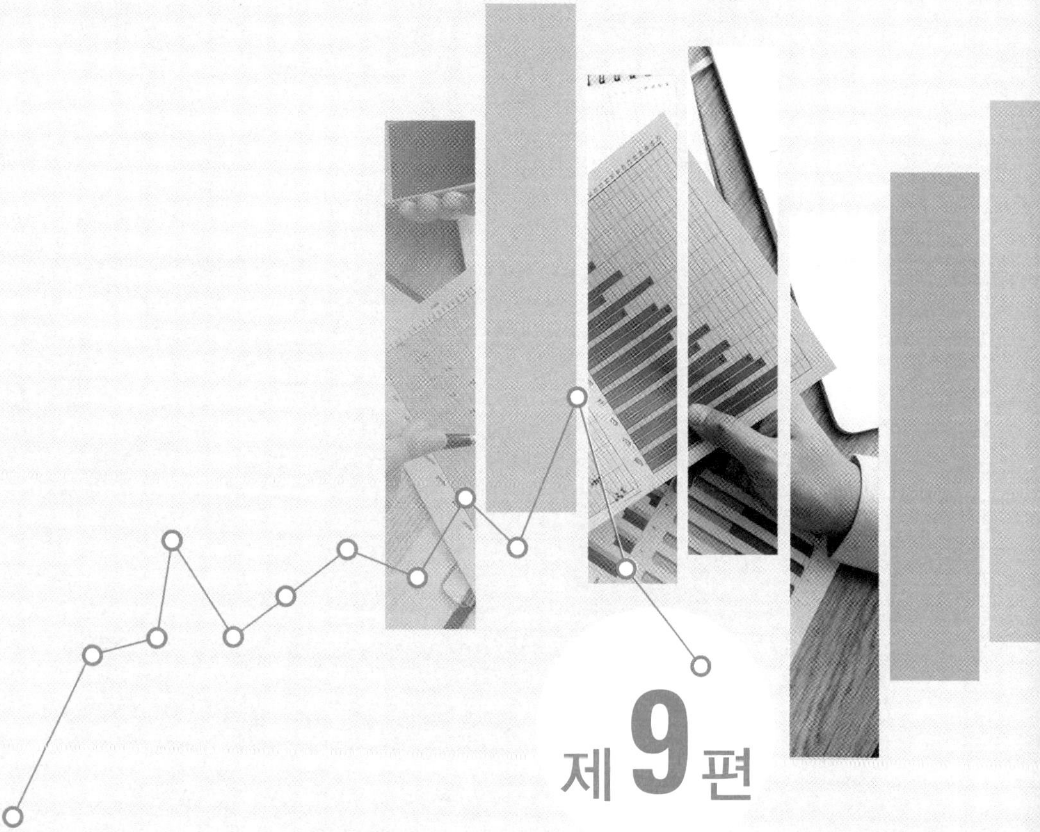

제 9 편

징수권의 소멸시효

국세의 징수를 목적으로 하는 국가의 권리에 소멸시효제도는 국가가 국세의 징수권을 일정기간 행사하지 못하고 그 기간이 지난 때에는 국세의 징수권은 소멸한다.

I 개요

국세징수권의 소멸시효란 국가가 국세징수권을 일정기간 행사하지 아니한 경우 그 국세징수권을 소멸시키는 제도를 말한다.

징수권이란 이미 확정된 납세의무에 관하여 국가가 납세고지・독촉・체납처분 등으로 그 이행을 청구하고 강제할 수 있는 권리를 말하며, 소멸시효는 일정기간 동안 권리를 행사하지 않으면 그 권리는 소멸시키는 제도이다.

국세징수권은 이를 행사할 수 있는 때부터 5년간(5억원 이상 : 10년간) 행사하지 아니하면 소멸시효가 완성된다. 이 경우 국세징수권의 소멸시효는 이를 행사할 수 있는 때부터 진행하는데 납세의무가 나음의 구분에 따라 달라진다(국기법 §27).

구분	납세의무 확정 등	소멸시효 기산일
원칙	과세표준과 세액의 신고에 의하여 납세의무가 확정되는 국세를 신고한 세액의 경우	그 법정신고납부기한의 다음 날부터 기산함.
	과세표준과 세액을 정부가 결정・경성 등을 하는 경우	그 납세고지에 따른 납부기한의 다음 날부터 기산함.
예외	법정신고납부기한이 연장되는 경우	그 연장된 기한의 다음 날부터 기산함.

예컨대, 과세표준과 세액의 신고에 의하여 납세의무가 확정되는 증여세의 경우 신고한 세액에 대해서는 그 법정 신고납부기한의 다음 날부터 기산한다.

▌압류가 있는 양도소득세에 대한 징수권의 소멸시효는 어떤 영향을 있는가

양도소득세에 대한 징수권의 소멸시효는 압류에 의하고 압류를 해제한 때로부터 새로이 진행되는 것이므로 압류가 해제되기 전까지는 압류와 관계되는 양도소득세에 대한 징수권의 소멸시효는 완성되지 않는다(서면징세-310, 2015.6.24.).

Ⅱ 소멸시효완성 효과

국세징수권의 소멸시효가 완성하면, 소멸시효 기산일에 소급하여 징수권이 소멸한다.

Ⅲ 국세부과제척기간과 국세징수권소멸시효의 비교

구 분	국세부과의 제척기간	국세징수권의 소멸시효
성 격	국가가 국세를 부과할 수 있는 기간	국가가 국세징수권을 장기간 행사하지 않아 그 징수권이 소멸됨.
기산일	국세를 부과할 수 있는 날	국세징수권을 행사할 수 있는 날
기간만료시 효과	장래 부과권 소멸	기산일에 소급하여 징수권 소멸

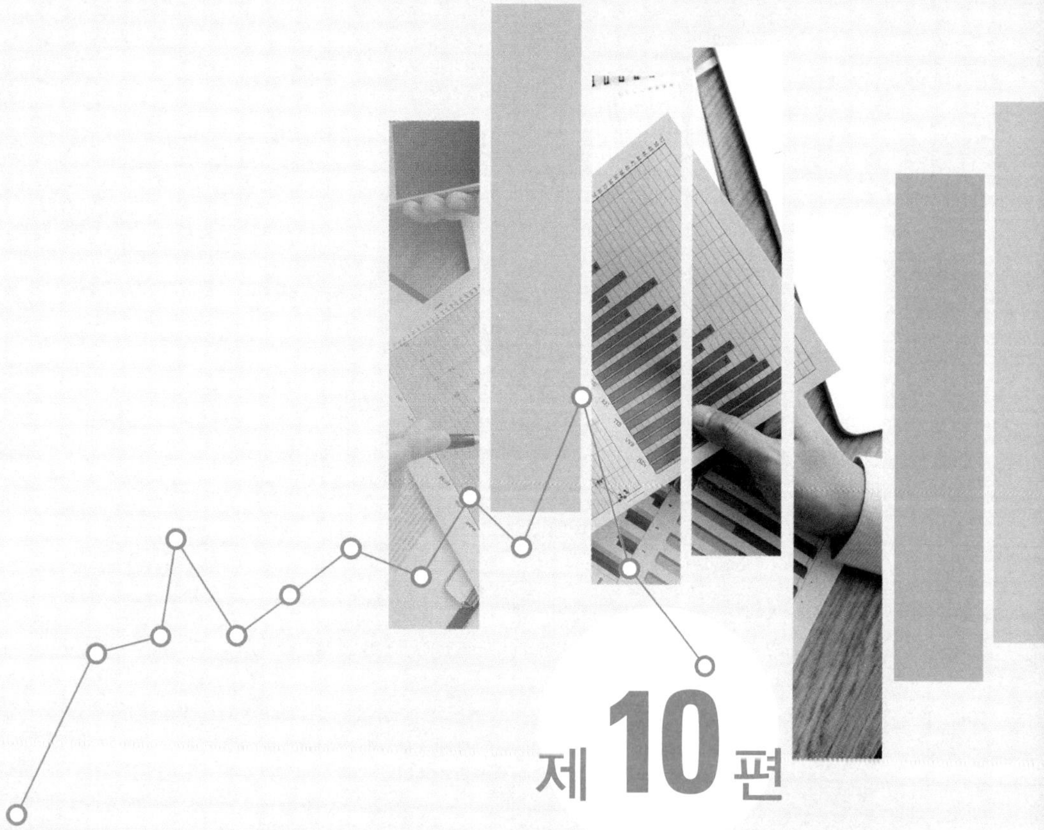

제 10 편

과세전적부심사

국세에 대하여 부당한 처분을 받았거나 필요한 처분을 받지 못하여 억울한 세금이 부담되는 경우가 있는데, 이런 경우 그 억울한 세금을 구제받기 위해서 과세전적부심사제도를 활용해서 구제받을 수 있다.

과세전적부심사제도란, 국세의 부과내용을 미리 납세자에게 통지하여 세금을 고지하기 전에 그 과세내용에 이의가 있을 때 납세자로 하여금 그 과세내용의 적법한 심사를 청구하여 양도소득세 등의 억울한 첩분에 대해 납세자권리구제의 실효성을 제고하기 위해 마련된 제도이다.

따라서 국세의 결정·경정에 대한 세무조사결과에 대해 서면통지 빛 과세예고통지를 받은 자는 그 통지를 받은 날부터 30일 이내에 그 통지를 한 세무서장 또는 지방국세청장에게 통지내용에 대한 적법성 여부에 대해 심사를 청구할 수 있으며, 그 통지서를 받은 세무서장 등은 이를 심사하여 30일 이내에 결정한 후 납세자에게 통지하여야 한다(국기법 §81의15).

제 11 편

가산세

가산세란, 세법에서 규정하고 있는 세금에 대한 신고서와 세금납부에 대한 의무의 성실한 이행을 확보하기 위하여 세법에 따라 산출된 세액에 가산하여 징수하는 금액을 말한다.

즉, 과세권의 행사 및 조세채권의 실현을 용이하게 하기 위하여 납세자가 정당한 이유 없이 세법에 규정된 신고·납부 등 각종 의무를 위반한 경우에 일정금액을 부과되는 행정상의 제재로서 납세자의 고의나 과실은 고려되지 아니한다.

보충설명

① 가산세는 과세권의 행사와 조세채권의 실현을 용이하게 하기 위하여 세법에 규정된 의무를 정당한 이유 없이 위반한 납세자에게 부과하는 일종의 행정상 제재이므로, 징수절차의 편의상 당해 세법이 정하는 국세의 세목으로 하여 그 세법에 의하여 산출한 본세의 세액에 가산하여 함께 징수하는 것일 뿐, 세법이 정하는 바에 의하여 성립 확정되는 국세와 본질적으로 그 성질이 다른 것이므로, 가산세부과처분은 본세의 부과처분과 별개의 과세처분이나(대법원 2004두2356, 2005.9.30.).

② 본세의 부과처분과 가산세의 부과처분은 각 별개의 과세처분인 것처럼(대법원 2004두2356, 2005.9.30.), 같은 세목에 관하여 여러 종류의 가산세가 부과되면 그 각 가산세 부과처분도 종류별로 각각 별개의 과세처분이라고 보아야 한다. 따라서 하나의 납세고지서에 의하여 본세와 가산세를 함께 부과할 때에는 납세고지서에 본세와 가산세 각각의 세액과 산출근거 등을 구분하여 기재해야 하는 것이고, 또 여러 종류의 가산세를 함께 부과하는 경우에는 그 가산세 상호 간에도 종류별로 세액과 산출근거 등을 구분하여 기재함으로써 납세의무자가 납세고지서 자체로 각 과세처분의 내용을 알 수 있도록 하는 것이 당연한 원칙이다(대법원 2010두12347, 2012.10.18.).

국세의 가산세는 신고의무, 자진납부의무 및 기타의 협력의무 등을 이행하지 아니한 경우에 부과하는 일종의 행정벌로서 무신고가산세 및 과소신고가산세 등이 있다.

▌과세관청이 양도소득세에 대한 안내에 따라 신고해야 하는지?

양도소득세는 납세의무자가 스스로 과세표준과 세액을 계산하여 신고 및 납부하는 세금으로서 과세관청이 이에 대한 안내를 하지 않았다고 하더라도 무신고·무납부에 따른 가산세 부과는 정당하다(조심 2015중5785, 2016.1.25.).

▌납세자의 고의 · 과실 또는 법령에 대한 무지 및 오인이 가산세 감면의 정당한 사유에 해당하는지?

주식에 대한 양도소득이 있는 자의 고의 · 과실 또는 법령에 대한 무지 및 오인은 가산세 감면의 정당한 사유에 해당하지 아니한다(조심 2015중1601, 2015.6.3.).

I 무신고가산세

가산세는 과세권의 행사 및 조세채권의 실현을 용이하게 하기 위하여 납세자가 정당한 이유 없이 법에 규정된 신고 · 납세의무를 위반한 경우에 다음과 같이 세법이 정하는 바에 의하여 부과하는 행정상의 제재이다.

1. 양도소득세의 경우

(1) 개요

주식 등에 대한 양도소득이 있는 자가 해당 과세기간의 예정(확정)신고기한(예정신고:양도일이 속하는 반기의 말일부터 2개월*)까지 신고를 하지 아니한 경우에는 무신고납부세액 20%(허위증빙 또는 허위문서 등의 부정행위인 경우 : 40%)에 상당하는 금액을 납부한다(국기법 §47의2). 이를 산식으로 표시하면 다음과 같다.

일반무신고가산세 = 무신고납부세액 × 20%
부정무신고가산세 = 무신고납부세액 × 40%**

* 부담부 증여의 채무액에 해당하는 부분으로서 양도로 보는 경우에는 그 양도일이 속하는 달의 말일부터 3개월이다(소법 §105 ① 〈3〉).

** 부정행위로 인한 무신고가산세는 기납부세액을 차감하지 않고 계산한다(조심 2017서2865, 2017.10.11.).

(2) 부정행위란

부정무신고가산세를 적용하는 경우 부정행위이란 다음에 해당하는 행위로서 조세의 부과와 징수를 불가능하게 하거나 현저히 곤란하게 하는 적극적인 행위를 말한다(조범법 §3 ⑥).

① 이중장부의 작성 등 장부의 거짓 기록
② 거짓 증명 또는 거짓 문서의 작성 및 수취
③ 장부와 기록의 파기
④ 재산의 은닉이나 소득 · 수익 · 행위 · 거래의 조작 또는 은폐
⑤ 고의적으로 장부를 작성하지 아니하거나 비치하지 아니하는 행위 또는 계산서, 세금계산서 또는 계산서합계표, 세금계산서합계표의 조작
⑥ 조특법(§5의2 〈1〉)에 따른 전사적 기업자원 관리설비의 조작 또는 전자세금계산서의 조작
⑦ 그 밖에 위계에 의한 행위 또는 부정한 행위. 예컨대, 명의신탁하여 양도한 후 수탁자의 양도소득으로 신고한 것이 부당한 방법으로 무신고한 경우에 해당한다(조심 2017서2865, 2017.10.11.).

(3) 적용사례

무신고가산세와 관련한 실무 적용사례는 다음과 같다.

① 예정신고 및 확정신고 모두 무신고(1건)한 경우 ; 무신고가산세를 적용할 때 예정신고와 관련하여 무신고가산세 또는 과소신고가산세가 부과되는 부분에 대해서는 확정신고와 관련한 무신고가산세를 적용하지 아니한다(서면법규-549, 2013.5.14.).
② 예정신고 및 확정신고 모두 무신고(누진세율 적용자산 2건 이상)한 경우 ; 예정신고 무신고 건별로 각각 예정신고 무신고가산세를 부과한 후 소득금액합산으로 증가된 산출세액이 있는 경우에는 그 세액에 대해 확정신고 무신고가산세를 부과한다(징세-513, 2012.5.9.).
③ 예정신고 무신고하였으나 확정신고한 경우 ; 예정신고 무신고가산세를 건별로 부과한다.
④ 단일세율 적용대상 자산을 양도한 후 예정신고 무신고한 경우 ; 확정신고와 관계없이 예정신고 무신고가산세만 적용한다.

2. 상속세 및 증여세의 경우

납세의무자가 법정신고기한까지 상속세 및 증여세의 과세표준 신고를 하지 아니한 경우에는 상증법상에 따른 산출세액(세대를 건너뛴 상속에 대한 할증과세와 직계비속

에 대한 할증과세 규정에 따라 가산하는 금액 포함)의 20%(부정행위:40%)에 상당하는 금액을 가산세로 한다(국기법 §47의3 ①).

이 경우 일반무신고가산세 계산시 사전증여 및 재차증여 합산누락분에 대한 납부세액이 있는 경우에는 동 기납부세액을 산출세액에서 뺀다. 그러나 일반무신고가산세 계산시에는 산출세액에 40%를 적용한다. 이를 산식으로 표시하면 다음과 같다.

일반무신고가산세 = 〔산출세액(할증세액 포함) − 사전증여·합산시 기납부세액*〕× 20%
부정무신고가산세 = 〔산출세액(할증세액 포함)〕× 40%
* 조심 2010중3492, 2011.8.24.

▌당초 증여세 신고한 주식이 상장 후 상장주식 차액의 무신고에 대한 가산세

비상장주식의 증여 후 코스닥시장에 등록된 경우 당초 증여세 신고를 하였다 하더라도 상장차익에 대하여 증여세 과세표준 정산신고를 이행하지 않은 경우에는 납부지연가산세(신고불성실가산세)가 부과된다(조심 2010부3714, 2010.12.23.).

▌비상장주식의 양도가액이 확정신고기한 이후에 변경되어 양도소득세를 수정신고하는 경우

거주자가 비상장주식을 양도하면서 대금을 청산하기 전에 명의개서를 하고 양도소득에 대한 예정신고를 하였으나 당해 양도가액이 양도소득 과세표준 확정신고기한 이후 변경됨에 따라 수정신고를 하는 경우 납부지연가산세(신고·납부불성실가산세)가 적용된다(서면인터넷방문상담4팀-63, 2006.1.18.).

▌10년 이상 장기간 피상속인의 사망신고를 하지 아니한 경우 가산세 적용

피상속인의 사망으로 상속이 개시되어 상속세 납부의무가 발생하였음에도 10년 이상 장기간 피상속인의 사망신고를 하지 아니하였고, 사망신고를 하지 아니할 경우 과세관청이 상속세 납부의무 발생 자체를 알 수 없는 점 등에 비추어 부당무신고가산세를 적용하여 상속세를 과세한 것은 잘못이 없다(조심 2017서4567, 2018.3.29.).

▌유상증자에 따른 이익에 대하여 신고하지 않은 경우 무신고가산세 적용

주식의 유상증자에 따른 이익을 당초 증여세로 신고하지 아니하여 처분청이 과소신고가산세가 아닌 무신고가산세를 적용한 것이므로 쟁점주식은 평가방법의 차이로 과세되는 것이므로 무신고가산세를 면제하여야 한다는 청구주장은 받아들이기 어렵다(조심 2017서3247, 2018.10.8.).

Ⅱ 과소신고가산세

납세의무자가 법정신고기한까지 세법에 따른 국세의 과세표준신고(예정신고 포함)를 한 경우로서 과세표준 또는 납부세액을 신고하여야 할 금액보다 적게 신고하거나 환급세액을 신고하여야 할 금액보다 많이 신고한 경우에는 과소신고가산세를 부과한다(국세기본법 §47의3).

1. 양도소득세의 경우

양도소득이 있는 자가 예정신고기한(주식;양도일이 속하는 반기의 말일부터 2개월)까지 양도소득 과세표준신고서를 제출한 경우로서 해당 과세기간의 다음 연도 5월 1일부터 5월 31일까지 신고한 과세표준이 신고하여야 할 과세표준에 미달한 경우에는 과소신고한 과세표준에 상당액이 결정과세표준에서 차지하는 비율을 과세표준 산출세액에 곱하여 계산한 금액의 10%(허위증빙 또는 허위문서 등의 부정한 행위인 경우 : 40%)에 상당하는 금액을 납부할 세액에 가산하거나 환급받을 세액에서 공제한다(국세기본법 §47의3 ①). 이를 산식으로 표시하면 다음과 같다.

① 일반과소신고가산세 =

$$〔(산출세액 \times \frac{일반과소신고\ 과세표준)}{결정\ 과세표준} - 기납부세액〕\times 10\%$$

= (과소신고한 납부세액* + 초과신고한 환급세액** − 기납부세액) × 10%(부정행위;40%)

* 과소신고 ; 납부할 세액을 신고하여야 할 세액보다 적게 신고한 경우

** 초과신고 ; 환급받을 세액을 신고하여야 할 금액보다 많이 신고한 경우

② 부정과소신고가산세 =

$$〔(산출세액 \times \frac{부정과소신고\ 과세표준)}{결정\ 과세표준}〕\times 40\%$$

▌허위계약서를 작성하면 양도소득세 비과세·감면이 배제되며 가산세가 부과된다

주식을 양도하고 허위계약서(up·down계약서를 말한다)를 작성하면 양도자와 양수인 모두에게 양도소득세 비과세·감면규정을 적용받을 수 없으며, 무신고 하거나 과소신고에 해당되므로 무거운 부정무신고·부정과소신고가산세 및 납부지연가산세가

적용된다.

예컨대, 허위계약서를 작성하면 양도인이 비과세대상자의 요건을 충족한 경우라도 양도소득세 비과세·감면을 적용받을 수 없다. 또한 양수인의 경우에도 해당 주식을 양도할 때 양도소득세 비과세·감면 요건을 충족한 경우라도 양도소득세 비과세·감면 적용받을 수 없다.

▌명의신탁 재산을 양도한 경우

주식을 명의신탁하여 재산을 은닉하고 명의수탁자들의 양도소득으로 허위신고한 것은 소득·수익·행위·거래를 조작 또는 은폐하여 과세표준을 부당하게 과소신고한 것으로 볼 수 있고, 허위 매매계약서의 작성과 대금의 허위지급 등 적극적인 행위를 한 것으로서 사기 기타 부정한 행위를 한 것으로 볼 수 있는 점 등에 비추어 부당과소신고가산세를 적용하여 과세한다(조심 2014중2095, 2014.12.31.).

2. 상속세 및 증여세의 경우

상속세 및 증여세의 납세의무자가 법정신고기한까지 과세표준신고서를 제출한 경우로서 과세표준에 미달한 경우에는 과소신고한 과세표준에 상당액이 결정과세표준에서 차지하는 비율을 양도소득과세표준 산출세액에 곱하여 계산한 금액의 10%(허위증빙 또는 허위문서 등의 부정한 행위인 경우 : 40%)에 상당하는 금액을 납부할 세액에 가산하거나 환급받을 세액에서 공제한다(국세기본법 §47의3 ①). 이를 산식으로 표시하면 다음과 같다.

① 일반과소신고가산세 =

$$\left[\left(\text{산출세액}^* \times \frac{\text{일반과소신고 과세표준}}{\text{결정 과세표준}}\right) - \text{기납부세액}\right] \times 10\%$$

② 부정과소신고가산세 =

$$\left[\left(\text{산출세액}^* \times \frac{\text{부정과소신고 과세표준}}{\text{결정 과세표준}}\right)\right] \times 40\%$$

* 할증세액 포함

Ⅲ 납부지연가산세

1. 양도소득세의 경우

양도소득이 있는 자가 납부기한까지 양도소득세를 납부하지 아니하거나 납부한 양도소득세액이 납부하여야 할 세액에 미달한 경우에는 다음 산식에 따라 계산한 금액을 납부할 세액에 가산하거나 환급받을 세액에서 공제한다.

납부지연 가산세	=	납부하지 아니한 세액 또는 미달한 납부세액	×	납부기한의 다음 날부터 또는 납부일까지의 기간*	×	1일 0.03% (2020.1.1. 이후는 1일 0.025%)

* 납세고지일부터 납세고지서에 따른 납부기한까지의 기간은 제외한다.

※ 주식에 대한 양도소득이 있는 자가 납세고지서를 받고서도 양도세를 납부하지 않으면, 체납된 양도소득세에 3%의 가산금이 부과되며, 체납된 양도세가 100만원 이상인 경우에는 납부기한이 지난날부터 매 1개월이 지날 때마다 1.2%의 가산금이 5년 동안 부과된다.

2. 상속세 및 증여세의 경우

상속세 및 증여세의 납세의무가 있는 자가 납부기한까지 상속세 및 증여세를 납부하지 아니하거나 납부한 상속세 및 증여세액이 납부하여야 할 세액에 미달한 경우에는 다음의 산식에 따라 계산한 금액을 납부할 세액에 가산하거나 환급받을 세액에서 공제한다.

납부지연 가산세	=	납부하지 아니한 세액 또는 미달한 납부세액	×	법정납부기한의 다음 날부터 또는 자진납부일까지의 기간*	×	1일 0.03% (2020.1.1. 이후는 1일 0.025%)

* 납세고지일부터 납세고지서에 따른 납부기한까지의 기간은 제외한다.

▌유류분 반환에 따라 상속세 신고·납부한 경우 가산세 적용

유류분 반환에 따라 상속세 신고·납부의무가 발생한 경우 그 기한은 유류분 반환청구소송의 확정판결일부터 6개월 이내로 보는 것이 합리적이라 할 것인바, 청구인들의 유류분은 확정판결일부터 6개월이 경과하는 날의 다음 날의 유류분은 실제 반환받은 날부터 6개월이 경과하는 날의 다음 날을 각 기산일로 하여 납부불성실가산세를 경정하는 것이 타당하다(조심 2017중551, 2017.10.18.).
이 경우 납세자가 법원의 확정판결에 따라 유류분으로 반환받은 상속재산에 대한 상속세액을 6개월 이내에 신고・납부하는 경우에는 무신고・과소신고가산세 또는 납부불성실가산세가 적용되지 아니한다(징세-219, 2012.2.16.).

Ⅳ 기장불성실가산세

법인(중소기업을 포함)의 대주주가 양도하는 주식 등에 대하여는 종목별로 구분하여 거래일자별 거래명세 등을 장부에 기록・관리하여야 하며 그 증명서류 등을 갖추어 두어야 한다. 다만, 「자본시장과 금융투자업에 관한 법률」에 따른 투자매매업자 또는 투자중개업자가 발행한 거래명세서를 갖추어 둔 경우에는 장부를 비치・기록한 것으로 본다.

만일 대주주가 양도하는 주식 등에 대하여 거래명세 등을 기장하지 아니하였거나 누락하였을 때에는 기장을 하지 아니한 소득금액 또는 누락한 소득금액이 양도소득금액에서 차지하는 비율을 산출세액에 곱하여 계산한 금액의 10%에 해당하는 금액을 산출세액에 더한다. 다만, 산출세액이 없을 때에는 그 거래금액의 1만분의 7에 해당하는 금액을 기장불성실가산세로 한다(소법 §115).

구 분	기장불성실가산세*
일반적인 경우	산출세액 × $\frac{\text{무기장・누락한 소득금액}}{\text{양도소득금액}}$ × 10%
산출세액이 없는 경우	거래금액 × 7/10,000

* 납부지연가산세와 기장불성실가산세가 동시에 적용되는 경우에는 그 중 큰 금액을 적용하고 가산세가 같을 경우에는 납부지연가산세만을 적용한다.

Ⅴ 가산세 면제

「국세기본법」 또는 「소득세법」에 따라 가산세를 부과하는 경우 그 부과의 원인이 되는 사유가 다음의 기한연장사유(국기법 §6)에 해당하거나 납세자가 의무를 불이행한 것에 대하여 정당한 사유가 있는 때에는 해당 가산세를 부과하지 아니한다.

① 납세자가 천재지변, 화재 · 전화 기타 재해를 입거나 도난을 당한 때

② 납세자 또는 그 동거가족이 질병으로 위중하거나 사망하여 상 중인 때

③ 납세자가 그 사업에 심한 손해를 입거나, 그 사업이 중대한 위기에 처한 때(납부의 경우에 한함)

④ 정전, 프로그램의 오류 기타 부득이한 사유로 한국은행(그 대리점을 포함) 및 체신관서의 정보통신망의 정상적인 가동이 불가능한 때

⑤ 금융기관(한국은행 국고대리점 및 국고수납대리점인 금융기관에 한함) 또는 체신관서의 휴무 그밖에 부득이한 사유로 인하여 정상적인 세금납부가 곤란하다고 국세청장이 인정하는 때

⑥ 권한 있는 기관에 장부 · 서류가 압수 또는 영치된 때

⑦ 기타 위 '①' · '②' 또는 '⑥'에 준하는 사유가 있는 때

Ⅵ 처분청이 신고안내 하지 아니한 경우 가산세 감면 여부

세법상 가산세는 과세권의 행사 및 조세채권의 실현을 용이하게 하기 위하여 납세자가 정당한 이유 없이 세법에 규정된 신고 · 납세의무를 위반한 경우에는 세법이 정하는 바에 의하여 부과하는 행정상의 제재로서 납세자의 고의 · 과실은 고려되지 아니한다.

따라서 정부는 국민의 권리와 의무를 규정하는 법령에 대하여 국민에게 알려야 할 의무가 있는 것과 같이 국민도 지켜야 하는 법령의 내용을 알아야 할 의무가 있는 것이고, 특별한 사정이 없는 경우 국민이 지켜야 할 법령의 내용을 알지 못하였다 하여 그 법령을 적용하지 아니할 수는 없다(국심 2007중2059, 2007.8.2.).

따라서 주식의 양도가 양도소득세 과세대상이라는 사실을 사전에 안내하지 않는 것이 신고 납부세목으로 규정하고 있는 양도소득세의 가산세 감면의 정당한 사유에 해당되지 아니한다(국심사-양도-2015-0154, 2015.12.30.).

저자소개

■ 피광준 경영지도사

- 명지대학교 경영학과 졸업
- 경희대학교 경영대학원 수료
- 경영지도사(재무회계)
- (전) 삼화회계법인 근무
- (현) 삼덕회계법인 근무

저서

- 부동산 부자들의 절세비법은 뭘까?(공저)
- 소득세신고서작성실무(공저)
- 알기쉬운 종합부동산세 해설(공저)
- 기업회계기준해설과 세무상 논점(공저)
- 원천징수와 소득별연말정산실무(공저)
- 알기쉬운 양도소득세 해설(공저)

E-mail : pkj-2001@hanmail.net

■ 김선명 세무사

- 경희대학교 졸업
- 고려대학교 조세법학 석사
- (현) THE TAX세무회계 대표
- (현) 경기도의회 고문세무사
- (현) 한국세무사회 세무연수원 교수/조세제도 연구위원
- (현) 한국세무사고시회 연수부회장
- (현) 중부지방세무사회 연수위원
- (현) 중부지방세무사회 조세제도연구위원장
- (현) 삼일인포마인 칼럼위원
- (전) 수원여대 세무회계학과 겸임교수

저서

- 주택임대사업자 세무실무(공저)
- 업무용승용차 관련비용 및 지출증빙에 대한 세무처리실무

최신판 **주식거래 유형별 세무실무**

2019년 9월 18일 초판 인쇄
2019년 9월 25일 초판 발행

저 자 피 광 준
김 선 명
발 행 인 송 상 근
발 행 처 **삼일인포마인**

저자협의
인지생략

서울특별시 용산구 한강대로 273 용산빌딩 4층
등록번호 : 1995. 6. 26 제3－633호
전 화 : (02) 3489－3100
F A X : (02) 3489－3141
I S B N : 978－89－5942－789－5 93320

♣ 파본은 교환하여 드립니다. **정가 70,000원**